中国史学的考析与评判

乔治忠 著

生活·讀書·新知三联书店

Copyright © 2024 by SDX Joint Publishing Company.
All Rights Reserved.
本作品版权由生活 · 读书 · 新知三联书店所有。
未经许可，不得翻印。

图书在版编目（CIP）数据

中国史学的考析与评判 / 乔治忠著. —北京：生活 · 读书 · 新知三联书店，2024.1
ISBN 978-7-108-06464-6

Ⅰ. ①中… Ⅱ. ①乔… Ⅲ. ①史学史－中国－文集 Ⅳ. ① K092-53

中国版本图书馆 CIP 数据核字 (2019) 第 010547 号

责任编辑 张 龙
装帧设计 蔡立国
责任印制 卢 岳
出版发行 生活·讀書·新知 三联书店
（北京市东城区美术馆东街 22 号 100010）
网 址 www.sdxjpc.com
经 销 新华书店
制 作 北京金舵手世纪图文设计有限公司
印 刷 河北鹏润印刷有限公司
版 次 2024 年 1 月北京第 1 版
2024 年 1 月北京第 1 次印刷
开 本 635 毫米 × 965 毫米 1/16 印张 36.5
字 数 473 千字
印 数 0,001－5,000 册
定 价 86.00 元
（印装查询：01064002715；邮购查询：01084010542）

目 录

历史观念研讨

中外史学比较

理论问题新探

自 序

已经发表过的学术论文，后来将之结集出版，再度面世，有必要性吗？答曰：此须析而论之。专业学者，治学积年，颇有业绩，借编汇文集做总结盘点，冷暖自知，以奋勉图新、再接再厉，从而提高学术水准，而该文集又具备相当的学术参考价值，自是利己利人，有益无害。又有学术名家，身故之后，或门生后学，或原属单位，为之搜集遗作，编辑出版，保存文献且集中展示，便于查阅和参考，更是嘉惠学界之举。倘若学术见识平庸，所发议论不具创新价值，甚或颇多舛误，已被学术界驳议否定，而无法辩解，此等文稿无论作者自订还是他人编辑，都大可不必。否则，即便勉强出版问世，令人一番浏览，即发觉其平淡无味，甚至满纸讹误，岂不大失颜面？

本人习史、治史，约计40年，撰述多部，论文160余篇，自忖在同辈学者中不至孱弱。算不上“名家”“大家”，从未得官方任何封号，也未身居学官之位，岂敢僭越称“家”？只专力于史学理论及史学史专业的教学与研究，坚持践行，兢兢业业，求真求是，大略不差。因此，今编订自选文集，当属于对一定年限内的作品予以总结盘点，以奋勉图新。此外，更有苦衷在焉，即所议之题不为不要，所发之论不为不新，所考之事不为不确，所言之理不为不深，却反响寥寥，甚至批驳某些学人某些主张相当犀利，也鲜见回应，而与此同时旧说依旧。是吾之人微言轻如许，无足关注，还是学界时贤大多忙于己务，因而对“额外”议论基本麻木？吾甚惑焉！又惑而无其解！不得已，权将鉴定拙文的得失正误，寄望于年轻一代，寄望于后世学人。此编辑文集其意旨之一耳。

十余年前，曾出版一部自选文集《中国官方史学与私家史学》。此次为免重复，收录之文基本为其后所撰，定名为《中国史学的考析与评判》。此中学术观点，自然对前所论述多有承袭及发展，而开拓新境、抒发新见处也十分明显。研治历史学，需要史料的逐渐积累，见识的持续进展，因而于正常的历史学者而言，大多是学识的进步伴随年岁的增长，这是史学区别于文学、艺术、自然科学等学科的特点。检点己作，大抵如此，虽不至于愧悔少作，但治史心得总体上还处于日积月累、持续进步的状态，乃真实感受。

本文集选文 32 篇，约 40 万字，分类编辑，拟定六个类目，每个类目中按发表时间顺序排列文章。分类仅是大体划分，实际内容多所交叉，谨请读者鉴之。

研治史学，不能不具备考据功力，高层次考据非仅以排列史料为能事，尚需深入的辨正解析，方可解决考证难题和复杂问题，此可以称为“考析”。如考析清代谢启昆夺取章学诚手中《史籍考》成稿等前后因由；考论《世本》非先秦之书，乃西汉刘向所编辑；考析史学原发性产生的三个条件，以及中国史学产生的时间和进程；考证《越绝书》的性质、撰写缘由及成书时间，准确到具体年份是公元 122 年；考论《左传》《国语》被刘歆窜乱，有如山铁证，指出某工程误用刘歆窜乱之文；等等。凡此考析，在学界可谓独步独得，发表后未见商榷和异议，故列“史学考析特见”为首编。

多年致力于中国古代史学史探讨，后触及近代史学史问题，经细读精思，方发觉误解、讹说，不一而足，惊愕之余，走笔论析。如批评王国维之“二重证据法”逻辑错谬，影响负面；揭示张荫麟以默证法问题诘难顾颉刚之论，为无理诡辩，充满谬说；提出要建立整理新发现史料的规范，指摘多种违规和误导的问题，特别是对银雀山出土兵书汉简的整理，严重违背考古学规范，以致形成现行的欺骗性结论；论雷海宗学术上乏善可陈，其撰述乃满纸的错谬荒唐；认为20世纪30年代的中国社会史论战，不像时人鼓吹的那样重要，《读书杂志》引领的社会史论战高潮时期，中共干部派有组织性地未曾参与，无论参与者还是其后的总结评议者，做出的评价都很低微。凡此诸论，核心观点皆为首发独创，其中不免有惊世骇俗之见，列入"近代史学评判"类目。

本人主业为研究中国史学史，有对改革开放以来中国史学史研究状况的总结，批评学科建设上的某些误区；有对古代"起居注"体制之起始和发展的考察，厘清其中"名""实"之间的纠葛；考察明代李东阳《历代通鉴纂要》的编纂宗旨，以及清乾隆朝四库全书馆将之隐没的阴暗动机与拙劣手段；主张发挥史学史研究具有的学术穿透力，即跨出本专业范围，干预一般的历史研究，从史学史角度点名批判某些历史研究的荒诞和错谬。凡此题材和论说，颇属开拓立新，列入"中国史学史论断"类目。

既言史学史研究具备学术穿透力，则从史学史角度审议其他历史学专业，考察一般历史问题，不可不付诸实践。如指出所谓"史料学"根本不能称为"学"，从史料应用出发的许多名家论述，偏仄讹误，亟须拨正；历来论述中国南北朝时期民族大融合，对其原因却无解释，本人从史学史专业眼光考察，才发现少数民族政权仿从汉晋的官方记史、修史，导致历史观念认同、文化认同和祖先认同，是民族融合的最要因素；至于历史知识普及工作的准则，至于中国古代政治历史观的形成及其"三联套"特色，均为个人新见；而揭示康熙帝与其祖母孝庄太皇太后的关系，绝非大多学者所述的融洽敦睦，乃是温情掩盖下的政治博弈。凡此诸说，其新其特，对历史研究当具启迪之效，列入"历史观念研讨"类目。

吾尝有论："史学史研究的任务，当以探索历史学发展规律为最高宗旨。"这需要对中外史学做贯通性宏观比较，才有可能走近目标。收录之文，有中国与西方古代史学的比较，从宏观的异同上考察，得出记史求真与治史致用之间的矛盾，是历史学的内在矛盾，亦为历史学发展的内在动力。在中国，官方史学与私家史学之间互补、互动又互有排抑的关系，使中国史学发展得最为繁荣。其他收录之文，有中日官方史学之比较，提出二者近代转型有所区别，皆多缺陷；有对中日近代疑古史学之比较，指出日本疑古思潮获胜而中国失败；有对中外史学比较的整体思考，认为中外史学比较有利于中国史学史本身的发展；有论证日本天皇“万世一系”的体制和日本很早就形成统一国家的意识，都得自中国传统史学的宏大影响。这些论断，不限于史学史研究范围，已经触及许多重要历史观点，并深入理论层面，列入“中外史学比较”类目。

以上各文，多在论述具体问题时引出理论性论断，是理论不脱离实际问题的体现。然撰文以理论性论述为主体内容，亦不可缺。本书选文6篇，其中关于中国史学史的学科体系，乃是在前此论述基础上的进一步思考；认为传统的“以史为鉴”观念，不适于当代中国；主张中国史学史应当扩展到东亚视域，将中国史学对外影响的考述作为一项重要内容；对“规律”这一范畴重新解析，从而肯定唯物史观的历史规律表述；提出史学理论区别于历史理论，论述史学理论应当建立在史学史研究的基础之上；主张史学史应当审视历史学发展状况，成为一个学术高地。如此观点，堪称新颖，能否获得学术界相当人数的认同，尚难知晓，列入“理论问题新探”类目。

本书收录之文，有本人所培养博士生署名在后者，按目录中所示，第二篇童杰署名第二，第八篇安学勇署名第二，第十二篇刘文英署名第二，第十九篇孔永红署名第二，第二十二篇时培磊署名第二。所有这些文章之学术观点、论述结构，都是我所设定，发表时本人署名第一，之所以采取合作方式，出于锻炼学生辈的认识能力和写作能力。在本次编辑文集时，所有32篇都经再一次校订，个别文句有所润饰，个别表述稍有更改。此文集从设想、立项到编纂，得到三联书店编辑朋友的鼓励、协助和参议，谨此对久所景仰的三联书店，致以衷心的感谢！

在选编本文集的过程中，一是对治学经历多所回顾及反思，二是关注当今的史学动态，思往抚今，感慨万千！历史学在蓬勃发展，新生代的学者在成长，新著述在涌现，对历史学的整体状况，我们没理由持悲观态度。但历史学内的结构和组成部分，发展得平衡吗？旧的和新的错误观念是不是还很流行甚至扩大？这些问题，不无令人忧虑之处。忠于历史学专业职责而倾心学术者，不能不思考，不能不申论。谨以撰写本序言时吟出的七言绝句录于结尾，作为本人与同仁学友的共勉：

编校文集有感

总计文章老更成，
立言长使世俗惊。
史坛多少难安事，
惹得匣中笔又鸣！

史学考析特见

《史籍考》编纂问题的几点考析

清代乾隆时期《史籍考》一书的纂修，为学术史、史学史上一件要事，备受研究者关注。其中牵涉章学诚、毕沅、谢启昆、胡虔、潘锡恩、许翰等几代学者与官员的复杂关系，细细考察，可以厘清许多史实，并且生动地展现清代学界的文化生态。近年有林存阳撰《〈史籍考〉编纂始末辨析》[1]一文，对《史籍考》从编纂至毁灭的历程详加考述，资料丰富，线索明晰，着力甚勤，但惜仍有辨析未能到位之处。今特做以下考析，商榷于林君及史学界时贤。

一　周震荣倡修《史籍考》以及对章学诚的推荐

周震荣（1730—1792），字青在，又字筤谷，浙江嘉善人。其父周沣，乾隆十六年一甲第三名进士，任翰林院编修。周震荣乾隆十七年中举，后曾任江南青阳、合肥知县，又调直隶永清县令，连任十二年。周震荣"购书都市，兼车累箧，或借钞馆阁，县吏无事，多役使缮书。一时文墨之士，闻风过访，往复讨论，县衙乃如名山讲社"，是一位崇重学术的"风尘吏中文雅士"，颇具名望。[2]他甚至时常"置酒行馆，招致一时同人"，著名学者邵晋涵、周永年、王念孙、任大椿、吴兰庭、顾九苞、章学诚等，都曾经作为宾客在周

〔1〕林存阳《〈史籍考〉编纂始末辨析》，《故宫博物院院刊》2006年第1期。

〔2〕章学诚《周筤谷别传》，《章氏遗书》卷一八，北京：文物出版社，影印嘉业堂《章学诚遗书》本，1985年，第179页。

震荣处聚谈文史，“宴会甚欢”。[1]

章学诚是现今学界人所共知的清代文史理论家，而周震荣对他的鼎力帮助，在其学术生涯中发挥了十分重要的作用。乾隆四十二年，周震荣聘请章学诚编纂《永清县志》，这是章氏所修大大小小各种方志中，唯一完整流传至今的一部，得之于周震荣的绝对信任和迅速刻印。《永清县志》的纂修对章氏的学识进展有很大推动，其“主要意义在于促使章学诚做更深入的学术探索”[2]，《校雠通义》四卷就是在编纂《永清县志》之后告成的。此外，章学诚经常生计拮据，周震荣不仅出资接济，而且尽力帮助他寻求诸如做书院主讲、充官员幕宾等出路，向时任河南巡抚的毕沅推荐章学诚，并设计了《史籍考》纂修项目，对乾嘉时期史学活动产生很大影响。

本来在乾隆四十五年、四十六年间，章学诚生计窘迫，旅途又遭劫掠，行囊尽失。因而谋求加入以礼贤下士、为人慷慨而闻名海内的毕沅幕府，委托邵晋涵举荐。虽反复努力，皆告落空。此事在章学诚《与邵与桐书》中有所表露：

> 学诚顿首与桐五兄足下：……夏间接读手示，以关中一席，毕中丞覆以缓商。不识中丞覆意如何，倘淡漠无意，则无可投矣，若犹有平原旧意，或未得坐拥皋比，即从事编摩术业，不无少有所获，惟足下斟酌为之。度其不可，则竟不须饶舌，如在可否之间，则再以一牍讯问。应侯有言：“疑则少尝之。”此类是也。但不为则已，果其为之，不妨少假羽毛，高抗其说，意谓中丞爱才如性命、慕贤如饥渴，而兰苕翡翠，无不处之上林，碧海长鲸，几不免于沟壑，当亦仁人君子所不忍闻……惟足下酌采其意、修饰其词而润色之，使不乖今人之视听，而不掩鄙人之所

[1] 章学诚《庚辛之间亡友列传·沈棠臣传》，《章氏遗书》卷一九，见《章学诚遗书》，第190页。
[2] 乔治忠《章学诚的史学创见与修志实践的关系》，《南开学报》（哲学社会科学版）1988年第4期。

长，抑亦可谓善矣，其成与不成，天也，又何尤焉！[1]

此信写于乾隆四十六年十月初三日，据上所引，是年夏间邵晋涵已经向陕西巡抚毕沅推荐章学诚，但毕沅回复以“缓商”，实际是婉言拒绝。章氏此时仍希望邵晋涵再做推荐，甚至要求推荐书“不妨少假羽毛，高抗其说”云云，足见心情之急迫。不仅如此，信中还怀疑已在毕沅幕府内的洪亮吉，会对此事“袖手冷笑”“不复顾屑”，实际上起到破坏作用。虽未直接点名，但言“斯人亦出竹君先生门下”，而当时毕沅幕府内，只有洪亮吉曾为朱筠（字竹君）的幕宾。[2]

邵晋涵或未能按章氏要求再次向毕沅推荐，或虽推荐而未成功，总之章学诚几年内未被毕沅接纳，则是事实。毕沅爱才重学、优遇文士，邵晋涵乃四库馆特别征聘纂修官，享誉天下，情面足够，推荐章学诚却不能成功，应有缘故。章学诚与洪亮吉治学理念不合，早有争论，互相轻视，因此，对洪亮吉有所怀疑也是情理中事。此时，章氏已对洪亮吉产生怨恨。

乾隆五十二年，周震荣产生编纂《史籍考》的设想，正好用以襄助章学诚。于是将这一著述项目与章学诚推荐给时任河南巡抚的毕沅，继而鼓励章学诚前往河南。这在章学诚写于乾隆五十四年年底的《上毕制府书》中有所回忆和追述：

制府大人阁下：学诚始侍铃辕，在丁未之仲冬，其端自永清周尹发之。周尹见秀水朱氏作《经义考》，未及于史，以谓学途之阙。仰知阁下心罗二十三史之古，文综八十一家之奇，而学诚于史学略窥涯涘，可以备钞胥而佐丹铅，是以觍缕于阁下，

〔1〕 章学诚《与邵与桐书》，《章氏遗书》卷二九《外集二》，见《章学诚遗书》，第334—335页。
〔2〕 林存阳对此已有考订，《毕沅对经史诸学的扶持与倡导》，见《清史论丛》2006年号，北京：中国广播电视出版社，2006年。

而督学诚以行役。[1]

这里追述的都是周震荣的作为，其一是周震荣设想纂修《史籍考》。其二是周震荣将《史籍考》的编纂设想、章学诚适宜编纂此书的学术素养“覼缕”于毕沅。“覼缕”者，详尽陈述也，表明周氏对《史籍考》内容、体例等的具体见解。其三是督促章学诚赴河南拜谒毕沅，这应当是在周氏得到毕沅的肯定性答复之后。关键问题是，在章学诚见到毕沅之前，是否了解周震荣对《史籍考》的设想和推荐？从现存史料推断，可以肯定章学诚完全未知，周震荣只是对章氏鼓励、督促，而未言原委。证据有如下列：

1. 章学诚乃是怀着极其忐忑与矛盾的心情前往河南，“寸心交战，达旦彷徨”，很惧怕被毕沅拒绝，仅仅是周震荣的激励给了他一点勇气，“学诚于周尹亦非面朋，岂作揶揄、都无所了。”[2]这道出章学诚除了相信周震荣不会捉弄他之外，其他概不知晓。不言而喻，如果章氏了解周震荣对《史籍考》的设想和推荐的原委，就不会如此担心。

2. 章学诚为了拜谒毕沅，写好了《上毕抚台书》[3]，并且准备献上《和州志例》与《永清县志》展示才干，恳求毕沅接纳，情真意切，但通篇未言《史籍考》之事，说明他根本不知周震荣的设计。否则，依章氏的性格与急切入幕的心情，安能只字不提？

3. 章学诚《论修史籍考要略》，乃乾隆五十二年仲冬面见毕沅之后，应毕沅指示而开始撰写，至次年二月提交毕沅，历时近三个月。这表明是毕沅说起纂修《史籍考》的设想缘由，章氏方知此事。倘周震荣早与章学诚共同谋划《史籍考》之事，则章氏似应早就动手准备这篇“要略”，何必在初见毕沅时进献《和州志例》《永清县

〔1〕 章学诚《上毕制府书》，刘承干编辑《章氏遗书·补遗》，见《章学诚遗书》，第611页。
〔2〕 同上。
〔3〕 章学诚《上毕抚台书》，《章氏遗书》卷二二，见《章学诚遗书》，第225页。

志》这两种关系不大的撰述呢？

周震荣为什么不对章学诚告知详情？因无法确考，这里仅可做些猜度：毕沅曾经拒绝接纳章学诚，当然是听到了对章氏的负面评价，所以即使邵晋涵推荐，亦未应允。此次因对纂修《史籍考》极感兴趣，方应允周震荣的推荐，但也会在答复书信中表示疑虑，其中会涉及章氏的负面传言。若周震荣将推荐实情告知章氏，章氏索看毕沅来信，则会加深章氏对毕沅幕宾的怨恨，于是，索性全然隐瞒，只是极力鼓励、督促之，这种做法虽是不得已而为之，但用心良苦。毕沅能够一改成见，决心接纳章学诚，表明对《史籍考》的性质有很深的理解，对此书的价值有很高的期待，因而极其重视。毕沅与周震荣在纂修《史籍考》上的作用，都是十分重要而不应忽略的。

据以上所述，可知胡适、姚名达《章实斋先生年谱》乾隆五十二年条所记载之“仲冬，因周震荣之介绍与启发，至河南见毕沅，欲借其力编《史籍考》”说章氏“欲借其力编《史籍考》”，乃误读史料，更误导学界，林存阳之文对此事的叙述，即是这种误导所造成，至于说“是以毕氏招章学诚前往河南巡抚官署”，“及至到了河南与毕沅会面，将自己的想法一一道出，而深为毕沅所赞许”云云，则是被误导后的讹传与发挥了。

二　章学诚未能专力纂修《史籍考》

根据《论修〈史籍考〉要略》的规定，《史籍考》是一部通贯古今的史部解题目录学著述，而且内容大有扩展，既将经部、子部、集部之中记述历史者揽入，也将已佚史书列入考录的范围，还要采择或登录对史书的已有评介资料，即各部史籍的序论题跋。编纂方法则“理宜先作长编。序跋评论之类，钞录不厌其详”[1]，可见这是一项规模

〔1〕 章学诚《论修〈史籍考〉要略》，《章氏遗书》卷一三，见《章学诚遗书》，第117页。

浩大的撰著工程。这样的大型著述，按理应当设立一个饱学之士和衷共济、规模相当的编纂组织，主要成员应该专任其责，不暇旁顾。

然而，毕沅仅委托章学诚负责编纂，派洪亮吉（字稚存）、凌廷堪（字仲子）等参与，最重要的纂修者章学诚，却从来不是专力于《史籍考》。乾隆五十三年编纂伊始，他即主讲归德文正书院，而毕沅任职于开封，因而与其他参与《史籍考》编纂的幕宾也依靠书信联系。是年冬，编纂中止，两年后才于武昌恢复，但为时不久，章学诚又主持《湖北通志》以及两湖地区多种府县方志的编纂，置身于修志馆局。这种状况，必然造成《史籍考》编纂的延缓，使之失去了顺利告成与刻印的时机。

清乾嘉时期，文人、学士的游幕活动是一种普遍现象，有结交朋友、增长学问、开阔眼界、展示才华、寻求仕途等作用，获取经济收入则多寡随缘，也不稳定。游幕者大多是单身一人或仅携一二家属，谈诗论学，悠然洒脱，寄身于人但不失高雅。其他家口，或有田产等借以营生。章学诚则有所不同，自家并无产业，往往全家随之旅行，倚仗他一人收入维持生计。嘉庆二年，章氏感慨平生遭际，作长诗《丁巳岁暮书怀投赠宾谷转运因以志别》，诗中有曰："四年转辗五迁家，疾病殇亡又相属……人言官畏屡迁贫，何况区区恃馆谷"，其自注写道："壬寅，自京师以十口之家远馆永平。甲辰，自永平携赴保定，皆作三二年住。以后家口渐增至二十人矣。丁未，保定失馆，移居旅店，戊申，自保定旅店迎至归德书院，其冬又迁亳州公廨……"[1]其拖家带口、奔波劳碌的状况，由此可见一斑。

毕沅虽然慷慨，但面对20余人的幕宾家口，也难开完全供养之例，于是一方面"许书成之日，赠买山资"[2]，即答应《史籍考》修

---

〔1〕 章学诚《丁巳岁暮书怀投赠宾谷转运因以志别》，《章氏遗书》卷二八，见《章学诚遗书》，第317页。

〔2〕 同上。

成之后就赠送购置田产之钱，同时又设法为章学诚寻求讲学修志等工作，编纂《史籍考》倒成了业余事务，这是很无奈的事情。这一客观史实，拖住了《史籍考》的纂修进度，致使毕沅很难做出合理、高效的纂修部署，是其最终毁败的重要原因。历来论者皆不及此，故予以揭示之。

三 《史籍考》纂修活动的浮沉与章学诚的出局

毕沅聘用章学诚纂修《史籍考》，固然因为周震荣的举荐，同时在学术上也是恰当的选择，因为章氏治学的两大特长，一是“史学义例”，二为“校雠心法”[1]，二者皆为《史籍考》编纂所特需的学问。章氏于乾隆五十三年撰写的《论修〈史籍考〉要略》和嘉庆三年代谢启昆起草的《史考释例》，乃是编纂的义例纲领与全盘规划，反映出《史籍考》一书的内容、性质和学术价值。《史籍考》遗稿未存，但上述两篇文献尚在，足以表明《史籍考》编纂活动在清代史学史上的重要意义。至迟从乾隆五十五年起，纂修《史籍考》成为章学诚积极投入和处心积虑推动的史学事业。毕沅在世之时，底稿已颇具规模，据称已经完成全部工作的十之八九。[2]这些都是在章学诚实际主持之下完成，贡献之大，不言而喻，此处不必多赘。

但是，章学诚自身的一些性格缺点与行为不智，也是《史籍考》未能及时修成而遭厄运的重要原因。章氏治学途径，本与当时风气不合，又兼争强好辩，常常片言起衅，纤芥不容，在学术领域里很容易树立对立面。而他批评戴震，丑化朱子，攻诋袁枚、汪中等名士败坏风教，又透出卫道士的酸腐之气，虽合乎朝廷提倡的伦理准则，但必定遭到许多有识学者的鄙视。洪亮吉有诗讥刺章学诚，虽不无私人厌恶情绪，亦可

---

〔1〕章学诚在《家书二》中称：“吾之所为，则举世所不为者也……至于史学义例、校雠心法，则皆前人从未言及……”《章氏遗书》卷九，见《章学诚遗书》，第92页。

〔2〕章学诚《与阮学使论求遗书》，《章氏遗书》卷二九，见《章学诚遗书》，第333页。

见章氏性格弱点："鼻室居然耳复聋，头衔应署老龙钟。未妨障麓留钱癖，竟欲持刀抵舌锋（自注：君与汪明经中议论不合，几至挥刃）。独识每钦王仲任，多容颇詈郭林宗。安昌门下三年住，一事何尝肯曲从（自注：君性刚鲠，居梁文定相公寓邸三年，最为相公所严惮）。"[1]

如上文所述，《史籍考》始修，毕沅安排洪亮吉、凌廷堪参与。章、洪二人早有芥蒂，此时若捐弃前嫌，自然有利于纂修。就在两人即将合作之际，章学诚造访洪家，批评起洪亮吉《乾隆府厅州县志》一书，因而发生争执。后来洪亮吉撰文痛驳章学诚，章氏发现后当即撰写《地志统部》[2]一文回击，并且在《与朱少白书》[3]中极力诋毁洪亮吉，这已经延续到了十年后的嘉庆二年。今观二人争论的所谓"古文辞"内容，算不上什么重要的学术问题，甚属无谓。据章氏写于乾隆五十三年三月的《与洪稚存博士书》，洪亮吉应首先抄录《四库全书总目》的史部提要，然后延伸到集部。章氏致信询问工作进度，还兴致勃勃详述在归德的活动与当地风光，以及将要主讲文正书院的状况，似乎忘记了不久前的争论。[4]但洪亮吉也会完全释然吗？观洪氏诗文著述甚多，但无一语道及《史籍考》者，也没有答复章学诚的书信，说明极其冷淡。是时章学诚身在归德，而洪亮吉等幕宾随毕沅居于开封，洪氏态度不可能不影响他人。当年七月，毕沅升任湖广总督，随后离开河南赴任，结果是洪亮吉等幕宾随毕沅到湖北，而章学诚却游移于外，暂时脱离了毕沅幕府，《亳州志》即为此间纂修，而《史籍考》已经搁置。毕沅离开河南，乃官职高升，按理不会对《史籍考》纂修有不利影响，时编纂工作尚在搜集资料阶段，具体事务也不必由毕沅来分心顾及。其所以忽然搁置，应是章、洪矛盾影响扩大，逢毕沅升迁之机而凸显的结果。

---

〔1〕洪亮吉《续怀人诗·章进士学诚》，见《洪北江诗文集·卷施阁诗》卷一五，《四部丛刊》本。
〔2〕章学诚《地志统部》，《章氏遗书》卷一四，见《章学诚遗书》，第121页。
〔3〕章学诚《与朱少白书》，《章氏遗书·佚篇》，见《章学诚遗书》，第691页。
〔4〕章学诚《与洪稚存博士书》，《章氏遗书》卷二二，见《章学诚遗书》，第222页。

上文所揭《上毕制府书》写于乾隆五十四年十二月，实际是恳求毕沅“使章学诚得治行具，安家累，仍充宾从之数，获成史籍之考”，即重回幕府完成《史籍考》的编纂。次年三月左右，章学诚到湖北，重新开始纂辑《史籍考》。是年，洪亮吉考中一甲二名进士，入翰林院，离开毕沅幕府。而胡虔（字雒君）入幕，助章学诚修《史籍考》，但乾隆五十七年胡虔、凌廷堪即先后离开毕沅，投谢启昆幕府[1]，这其中不知有何细故。至乾隆五十九年八月，毕沅被贬官罚款，《史籍考》纂修又遭辍止。

嘉庆元年九月，章学诚致书安徽巡抚朱珪，自称“今则借贷俱竭，典质皆空，万难再支”[2]，告求向各位官员推荐，谋取一书院之职。次年正月，更直接要求朱珪向浙江布政使谢启昆、学政阮元美言通融，谋求获得差使，以便编纂《史籍考》。他将希望寄托在阮元身上，极力要求朱珪及时策动阮元相助。章氏希望得到什么差使呢？根据这篇《又上朱大司马书》，他想获得“空名书院”“商家挂名教学”，只赚钱而并不实际任事，借机编纂《史籍考》。其最为垂涎的是“经理四库藏书”，因为“此最美缺，可以终身”，得到这样的职务，即可“自开局面，而阴收互益之效也”[3]，看来章学诚原本不想依附谢启昆来纂修《史籍考》，而是骗取一个实惠职务，自行、自主编纂。这封书信对谢启昆等颇有微词：“浙中当道，好事有余，而解囊多涩，往往借公济私……故办事不如秋帆先生爽快。”但章氏也想通过官场，钻营“借公济私”，未免过于天真了。

嘉庆三年春，对《史籍考》颇感兴趣的谢启昆招用章学诚，章氏为之起草了《史考释例》，作为编纂的新纲要。章学诚入谢启昆幕府可能得到口头的应允，但其他兼职则不能获取，谢启昆信任的是胡虔，即使胡虔也未能得到幕宾之外的“美缺”，这应当是章氏很

---

〔1〕尚小明《胡虔生平系年》,《中国典籍与文化》2005 年第 4 期。
〔2〕章学诚《上朱中堂世叔》,《章氏遗书》卷二八，见《章学诚遗书》，第 315 页。
〔3〕章学诚《又上朱大司马书》,《章氏遗书・补遗》，见《章学诚遗书》，第 609 页。

快离开谢启昆的主要原因。尚小明《胡虔生平系年》嘉庆三年条写道："章学诚为续纂《史籍考》至谢启昆幕，旋因与谢意见不合，辞去。（胡适《章实斋先生年谱》）"[1]查胡适、姚名达《章实斋先生年谱》，并无如此记述，不知尚文何所依据。但章学诚当年五月到苏州，在布政使陈奉兹处度日，随后到扬州，在盐运使曾燠（字宾谷）处居住过冬[2]，确实脱离了《史籍考》的编纂。嘉庆四年三月十五日，章学诚再次致信朱珪，请求帮助谋求职业，一副"家中嗷嗷已久"的可怜相，而这正好是谢启昆处编纂《史籍考》的热闹之时。毫无疑问，章学诚早已被迫从纂修《史籍考》内出局。历来研究者均未揭示这一重要史实，就难以真切破解几位当事人的庐山面目。

据谢启昆自述，他编纂《史籍考》是从嘉庆三年秋开始[3]，在排除掉章学诚（章学诚五月即已赴苏州）之后。谢氏专为编纂《史籍考》修整了若干房屋，题名"兑丽轩"，年内还撰写了多首有关诗文，何尝有片言提及章学诚？如诗歌《三子说经图》曰："铿铿嘉定钱可庐，《毛诗》古训穷爬梳。结跏趺坐捻其须，旁有抱膝清而腴。安定之望桐城胡，古文今文述《尚书》。髯也超群娴且都，三家识坠思萦纡，是为海宁陈仲鱼……兑丽轩开实佐余，《小学考》补如贯珠，史籍日夕供咿唔……"[4]这里赞赏的是幕宾钱大昭、胡虔、陈鳣，说他们"兑丽轩开实佐余"，即帮助了谢某编纂《史籍考》。请看章学诚从纂修活动中出局后，谢启昆是多么兴高采烈呀！今多数学者对此未遑认真查考，即以为章氏与谢氏似乎一直合作，亟须彻底纠正，而章学诚被迫从《史籍考》纂修中"出局"的史实，不可忽略。

---

〔1〕尚小明《胡虔生平系年》，《中国典籍与文化》2005年第4期。
〔2〕胡适、姚名达《章实斋先生年谱》嘉庆三年条，上海：商务印书馆，1933年，第139页。
〔3〕谢启昆《树经堂诗续集》卷一《兑丽轩集序》，《续修四库全书》集部，上海：上海古籍出版社，2002年，第1458册，第190页。
〔4〕谢启昆《树经堂诗续集》卷一《三子说经图》，同上书，第194页。

四　所谓章氏“盗卖”《史籍考》舆论之解析

谢启昆垄断《史籍考》编纂未久，一个关于章学诚盗卖毕沅《史籍考》原稿给谢启昆的传言不胫而走，形成巨大的舆论压力，其影响至为深重，乃是《史籍考》经久未成、最终沦灭的原因之一。

章学诚在嘉庆四年所写《又与朱少白》的书信中，提到他欲为已故友人邵晋涵撰写传记，向其次子邵秉华索读邵晋涵遗著，却遭拒绝，表现出断绝来往的姿态。章氏称：“仆甚疑骇，久乃得其退后之言，直云仆负生死之谊，盗卖毕公《史考》，又将卖其先人笔墨，献媚于谢方伯……”接着，章学诚做了一些自我辩护，其一曰毕沅纂修《史籍考》，海内尽知。谢启昆有能力组织人员编纂各种书籍，何必定要剽窃此书，“人情愚不至此”。其二曰在谢启昆接纂此书之前，“仆持《史考》残绪，遍吁请于显贵有力之门……当时知其事者，并无疑仆有如‘盗卖’‘献媚’所云”。其三则断定有“一种名流”人物，影响与教导了邵秉华，是此谣言的来源。“然吾党子弟，用此相猜，则世道人心实不胜其忧患！”[1]

对于这场风波，虽资料缺乏，但从种种相关迹象考察，仍可以做出以下推定：

其一，谢启昆幕宾众多，固然可以编纂其他书史，但《史籍考》若成，其学术价值岂他书所能比拟？官员组织修书，图的就是名声，谢氏不乏学术眼光，欲接续纂修《史籍考》，攘为己有，乃其由衷选择，章氏之辩解难以成立。

其二，章氏自嘉庆初就为编纂《史籍考》奔走求助，确为事实，这种做法若未征求毕沅同意，已属失当。但他毕竟还是强调先由自己修纂，“以待弇山制府军旅稍暇，可以蔚成大观”[2]，即最后仍归属

〔1〕 章学诚《又与朱少白》,《章氏遗书·佚篇》，见《章学诚遗书》，第642—643页。
〔2〕 章学诚《上朱中堂世叔》,《章氏遗书》卷二八，见《章学诚遗书》，第315页。

于毕沅，故无人疑其侵占。但是，嘉庆二年毕沅逝世后，钱大昕即将手自修订的《续资治通鉴》稿送归毕沅之子，这与章学诚持《史籍考》底稿不还的行为相比，反差极其明显。而嘉庆三年，章氏投入谢启昆门下，不久又离去，既不参与谢氏纂修之事，为何将《史籍考》稿件交与谢氏而不讨还？

平心而论，章学诚初无“盗卖”动机，他原本想在浙江谋得职事，解决生计，编纂《史籍考》，将谢启昆、阮元等人挂名其书作为报答，而著作者仍署毕沅。此意明显见于前引《又上朱大司马书》。但谢启昆则不会满足于仅仅列名其书，乃于毕沅去世之后，就产生由他自己署名著述的意图。在章学诚以谢氏名义撰写的《史考释例》，末尾还指出此书原为毕沅纂修，本人乃“半藉原文，增加润饰，为成其志，不敢掩前人创始之勤也”[1]。而此文写成后，必是谢启昆以章学诚不肯接受的待遇迫其离去，而留下书稿不还。当然，谢启昆这种文绉绉的官僚，不会只靠强权夺取书稿，他既然贪图名声，必然会开出价钱，软硬兼施，给章氏一笔“封口费”。面对家乡的父母官，十分穷困的章学诚还能有什么别的选择？因此，“盗卖毕公《史考》”的传言，绝非空穴来风，章学诚也无法辩解。

章学诚从《史籍考》中出局后，谢启昆记述《史籍考》纂修缘起的《兑丽轩集序》一文写道：“竹垞《经义考》之阙，予既作《小学考》以补之，成五十卷矣。又扩史部之书为《史籍考》，以匹《经义》”[2]，这里从朱彝尊《经义考》说起，强调自己用《小学考》补其缺遗，更延伸为编纂《史籍考》，似乎是一脉系统性的思路，以创始编纂者自居，避开毕沅等人而不提，“司马昭之心”已可略见。

其三，章学诚认为“盗卖”风波，起自某“名流”人物，林存阳的文章指出章氏乃是暗指阮元，因为阮元与邵秉华关系密切，这

---

〔1〕章学诚《史考释例》，刘承干编辑《章氏遗书·补遗》，见《章学诚遗书》，第618页。
〔2〕谢启昆《树经堂诗续集》卷一《兑丽轩集序》，《续修四库全书》第1458册，第190页。

不无道理。不管章学诚怎样猜测，“盗卖《史籍考》”的议论，已不是个别人的看法，而是学界乃至官场的公众舆论，否则不足以令谢氏放弃《史籍考》的编纂。因为在学术成果上，“盗买”与“盗卖”同样名声扫地，舆论的强度使谢启昆感到即使纂修完成，在名声上也是得不偿失，所以才会忍痛放弃。只是这种群情舆论仅出于观察推理，又碍于谢氏地方大员的官位与情面，无人将其笔于文章、著述，故今人难考其详。时光进入嘉庆五年，无论章学诚还是谢启昆，都尽量避免说起《史籍考》，本为热门业绩却化作唯恐遮掩不及的疮疤。当然，舆论迫使谢启昆放弃《史籍考》的编纂，对这部甚有价值的著述而言，成书、面世又为泡影，终为学术上的遗憾。

此后，“盗卖毕公《史考》”传言之余波，仍不可忽视。嘉庆六年十一月，章学诚逝世，半年后的嘉庆七年六月，谢启昆死于广西巡抚任上。而至道光二十二至二十六年间，《史籍考》之稿辗转落入时任江南河道总督的潘锡恩手中，遂请学者许瀚、刘毓崧、包慎言等襄理修订[1]，裁并重复、增补缺漏、纠正讹误，拟编为三百卷，最后由许瀚做总的校订。但是，道光二十七年前后，潘锡恩染病，便将未成稿件向许瀚“遽尔收回”，对此许瀚明确记述曰：“时芸阁翁告病，收还《史籍考》不办”[2]，以“不办”为说，“遽尔收回”，透露出潘锡恩的焦躁心态，应是他联想到毕沅逝世后《史籍考》被章学诚“盗卖”的传说，因而起了防范之心，急忙追讨，以免他人“侵占”。编纂《史籍考》这一学术事业前后卷进许多名利之争，因而变故几起，良机再失，其结果十分不幸。咸丰年间，太平天国运动造成急剧的社会动荡，战乱中潘家遭受火灾，《史籍考》“与藏书

[1] 潘锡恩（1785—1867），字芸阁，安徽泾县人。进士，历任国史馆总纂、江南河道总督等官。为著名水利专家，治水颇有功效。撰有《汉书地理志补注》《畿辅水利四案》等著述。许瀚（1797—1866），字印林，山东日照人。著名学者，但著述多所散佚，今有《许印林遗书》存世。

[2] 许瀚《攀古小庐文补遗》，转引自袁行云《许瀚年谱》道光二十七年条，济南：齐鲁书社，1983年，第201页。

同归一炬，并原稿亦不复存”[1]，彻底失去成书传世机会，损失无可挽回。反观最初周震荣无私献出纂修《史籍考》的设想，以兴学术，以助挚友，其后衮衮诸公，得无愧乎！

五　应当澄清的谎言

关于《史籍考》的纂修之事，还有两个谎言常被学界信从引用，不能不予以澄清。一是《史考释例》中“及宫保下世，遗绪未竟，实为艺林阙典，因就其家访得残余”[2]云云。二是谢启昆嘉庆四年致书孙星衍称“毕宫保《史籍考》之稿，将次零散，仆为重加整理，更益以文渊阁《四库全书》，取材颇富，视旧稿不啻四倍之，腊底粗成五百余卷，修饰讨论，犹有待焉”[3]云云。

第一，《史考释例》乃是以谢启昆名义撰写，其中所谓“因就其家访得残余”，即到毕沅家中求取《史籍考》稿件者，究竟是谁？谢启昆本人当然不会前往，人们自然认为应当是章学诚，胡适、姚名达《章实斋先生年谱》即作如是之说。但《史籍考》稿从来就在章氏手中，并未交与毕沅家人。在章学诚所有行踪中，没有他将《史籍考》稿件交与毕沅或其家人的迹象，也没有毕沅逝世后到毕沅家中求取《史籍考》资料的记述。相反，章氏在前引《又与朱少白》中则追述：“况浙局未定之前，仆持《史考》残绪，遍吁请于显贵有力之门……”是他一直持有《史籍考》稿件，殆无疑义。

《史考释例》撰写目的是拟定编纂纲领，待全书完成才会向时人公布，其中造作从毕沅家取来底稿的谎言，是为了欺骗后世，似乎谢启昆占据此项著述，乃毕氏家人情愿。此骗术果然有所成效，胡适、姚名达《章实斋先生年谱》竟为之寻找取稿时间，其书在嘉庆

---

〔1〕 潘骏文《乾坤正气集跋》，转引自袁行云《许瀚年谱》咸丰六年条，第259页。
〔2〕 章学诚《史考释例》，刘承干编辑《章氏遗书·补遗》，见《章学诚遗书》，第618页。
〔3〕 谢启昆《树经堂文集》卷四《复孙渊如观察》，《续修四库全书》第1458册，第321页。

三年条目中说：章学诚“是年曾到苏州，留在陈东浦处。大概到毕沅家取得《史考》原稿，即在此时”[1]。这完全是臆想，毫无依据，殊不知此时谢启昆已经拥有《史籍考》底稿，而章氏则被排斥在外，到苏州乃另寻生计，或排遣郁闷而已。

第二，孙星衍曾是毕沅幕宾，受毕沅很大恩惠，但与章学诚不和，对《史籍考》事不知详情。谢启昆向孙氏致信言“毕宫保《史籍考》之稿，将次零散”，说他自己“重加整理，更益以文渊阁《四库全书》，取材颇富，视旧稿不啻四倍之，腊底粗成五百余卷”，贬抑毕沅时期的纂修成绩，试图通过孙氏传出消息，抵消舆论讥评。此处所言，几乎句句扯谎。

《史籍考》稿本原本在章学诚处，章氏对此书极其重视，绝不会“将次零散”。况且《史考释例》中还说要“半藉原文，增加润饰”，岂不自相矛盾？

《史籍考》开始编纂，乃先作长编，第一步工作是抄录《四库全书总目》经、史、子、集四部资料，前引章学诚《与洪稚存博士书》讲得十分明确。而谢启昆“更益以”《四库全书》的说法，倒好像原稿根本没有接触《四库全书》一样。厚诬前人，莫此为甚。

所谓“视旧稿不啻四倍之，腊底粗成五百余卷”，也是随意夸大，混淆视听。据道光年间潘锡恩所得，乃“系毕秋帆、谢蕴山两先生原本，为卷三百三十有三”[2]，所谓“粗成五百余卷”，根本毫无踪影。

按照章学诚《论修〈史籍考〉要略》的设计，纂修工作是先有目标地收集、抄录相关资料，作出长编。经几年致力，应当积累了大量资料。章氏于乾隆六十年说“鄙人楚游五年，秋帆制府《史考》功程，仅什八九”[3]。次年又说：“小子《史考》之局，既坐困于一手

---

〔1〕胡适、姚名达《章实斋先生年谱》嘉庆三年条，第139页。
〔2〕潘骏文《乾坤正气集跋》，转引自袁行云《许瀚年谱》道光二十六年条，第181页。
〔3〕章学诚《与阮学使论求遗书》，《章氏遗书》卷二九，见《章学诚遗书》，第333页。

之难成，若顾而之他，亦深惜此九仞之中辍。”[1]这是指事关《史籍考》的全盘工作达到了十之八九的程度，应是资料大体收集齐备，但是远未到全部编纂归卷的程度，故章氏未言卷数。在当时，还有毕沅编《史籍考》“一百卷”的说法，也许是编纂归卷工作已开始，是为初步编成的卷数，但不能看作毕沅在世时期总的成绩，此外应当还有大量待编纂的资料。而谢启昆所编纂的阶段，前后仅仅一年多，不过是将原有资料接续编纂归卷，共成三百多卷，新补充的资料不会太多。唯其编纂业绩不足超越毕沅时期，才更需要扯谎。

这里无意对谢启昆做全面评论，也不否定他的幕府在编纂书史上亦很有成就，但在《史籍考》问题上，他确是个不大光彩的角色，不应隐讳。他最后放弃编纂，并不具有悔过之意，假如悔过，做法应当有二，必取其一：1. 将《史籍考》稿件归还原主；2. 积极编纂，但明确毕沅与章学诚的贡献，自己退居第三位。实际上他放弃编纂，使之荒废，仍是出于私利。清朝官方《嘉庆重修一统志》对他有个评定：“累官广西巡抚，性行纯良，才能称职。”[2]谢氏处世狡黠而知进退，看来算是得计。然而，谎言禁不住推敲，历史终将被澄清，是非功过，经考析而可彰明，信哉！

章学诚去世后，放弃了编纂《史籍考》的谢启昆，于嘉庆七年写诗怀念起章氏，其诗曰：

> 登第不求官，空斋耐岁寒。耳聋挥牍易，鼻垩运斤难。
> 晚境贫愈甚，芳情老未刊。近来稽水侧，谁授故人餐？[3]

想当初谢氏机关算尽、手段狡诈，夺取了《史籍考》草稿，到头来却竹篮打水，而章学诚还算是守口如瓶，至死没有公布真相。谢启

〔1〕章学诚《上朱中堂世叔》，《章氏遗书》卷二八，见《章学诚遗书》，第315页。
〔2〕《嘉庆重修一统志》卷三三二《南安府·人物》，《四部丛刊》本。
〔3〕谢启昆《树经堂诗续集》卷八《怀人诗·章实斋》，《续修四库全书》第1458册，第265页。

昆此时情绪是复杂的，诗意既有怜悯，也带讥刺。然而几月之后，谢氏也一命呜呼，是到会稽“补授故人餐”去了吗？他对章学诚来说乃是欠债户，光有些怜悯章氏心情是远远够不上忏悔的，何况诗句中更有讥笑成分。例如，章学诚字“实斋”，可谢氏诗句偏偏使用“空斋”二字，洪亮吉早年的诗用“鼻室居然耳复聋”嘲笑章学诚，而谢氏在章氏去世后继续以耳呀、鼻呀的入诗，岂为善意？况且“耳聋挥牍易”即指很容易地挥舞文牍，有指责其舞文弄墨的意思，“鼻垩运斤难”是说章氏难以改正错误，典故出自《庄子·徐无鬼》：“郢人垩漫其鼻端若蝇翼，使匠石斫之。匠石运斤成风，听而斫之，尽垩而鼻不伤。”[1]后以此比喻指正错误、改掉缺点。谢氏此诗上下对仗，都是说章学诚自身的问题，即挖苦章氏不仅舞文弄墨，而且难以改正自己的错误。所以，我们不要以为谢启昆真的将章学诚视为友人来怀念。呜呼！巧诈学人加奸猾官宦，孰能透视其五脏六腑？

（原载《史学史研究》2009年第2期）

---

〔1〕王先谦《庄子集解》(《新编诸子集成》本）卷六《徐无鬼第二十四》，北京：中华书局，2012年，第215页。

《世本》成书年代问题考论

《世本》是中国古代值得注意的一本史籍，中国史学史研究、历史文献学研究、先秦史研究、中国古代文化史研究，对此书均不能无所涉及。因此，考清《世本》的成书年代，是一个极其重要的问题，以往史学界有过不少探索，皆未得出系统、明晰而正确的结论。有些论述一起步就陷入误区，有些考述则在临近得出确论的边缘颠仆，实为憾事！由于《世本》成书问题未能正确解决，已经导致史学上的不少错误论断，有鉴于此，本文首先申明研究后的结论：《世本》并非先秦时期所成史书。

一 《世本》及其成书年代问题

《世本》为中国古代著名史籍，主要记载先秦时期史事。据南宋学者洪迈《容斋随笔》"姜嫄简狄"条所言："盖世次之说，皆出于《世本》，故荒唐特甚，其书今亡。"[1]大致可以判定《世本》佚失于宋代。后历有辑佚者，至清代文献辑佚和历史考据大兴，出现了多种《世本》辑本。1957年，商务印书馆出版清人辑佚的《世本八种》，统观各种辑本，虽各家篇目不一，但大多是除了有记上古帝王、诸侯、卿大夫世系的篇目之外，还有关于姓氏源流的《氏姓篇》、记述都邑的《居篇》、记发明创造的《作篇》等，俨然是史事的分类组

〔1〕 洪迈《容斋随笔》卷七"姜嫄简狄"条，济南：齐鲁书社，2007年，第75页。

合。《世本八种》的"出版说明"指出："总的说来，出处错漏，引文讹脱，以及误入非《世本》文字，是各本普遍存在的情形，只不过程度有所不同。"这就是说，《世本》的各种现行版本，都已经严重脱离佚失前的原书面貌，虽其中史料尚可为先秦史研究所择用，但据之作为历史文献学与史学史方面的研究，则很容易出现谬误。

在《世本》成书年代的问题上，不仅历代史家、文献学家记述歧异，而且近现代以来的学者也众说纷纭，今仅择重要的几种见解条列如下：

第一，左丘明所书。此说见于《颜氏家训·书证》："《世本》，左丘明所书，而有燕王喜、汉高祖……皆由后人所羼，非本文也。"自注称："此说出皇甫谧《帝王世纪》。"近代章太炎信从之，其《訄书·尊史第五十六》云："盖左丘明成《春秋》内、外《传》，又有《世本》以为胠翼，近之矣。"这个说法本无依据，无足征信，连"左丘明成《春秋》内、外《传》"的传统说法也为学术界所否定，更不用说《世本》的作者了。对于左丘明作《世本》之说，清人孙星衍、近人陈梦家皆有驳论，今可从略。

第二，楚汉之际好事者所录。此说源自晋代杨泉的《物理论》，其书虽久佚，但清人从唐代马总的《意林》和《太平御览》引文中，辑出其"楚汉之际，有好事者作《世本》，上录黄帝，下逮汉末"的记载。唐代史学家刘知幾《史通·古今正史》亦言："楚汉之际，有好事者，录自古帝王、公侯、卿大夫之世，终乎秦末，号曰《世本》，十五篇。"至唐代尚有此说流传，现代学者齐思和在《黄帝之制器故事》[1]一文中也倾向于此说。这种说法本就扑朔迷离，并无确指，已有许多学者对之辩难，似难成立，但既长期流传，亦不可简单否定，应当探析其因由。

---

〔1〕齐思和《黄帝之制器故事》，见吕思勉、童书业编著《古史辨》第七册（中），上海：上海古籍出版社，1982年，第381—415页。

第三，战国末年赵人所作。这一观点最早见于清人张澍《辑〈世本〉序》："《王侯大夫谱》云：'赵孝成王丹生悼襄王偃，偃生今王迁'，是作者犹值赵王迁时"[1]，近代学者陈梦家《〈世本〉考略》[2]一文见解亦同。此说影响甚广，但也有不少学者指出仅凭"今王迁"一语，不足判断全部文献的形成时间。

第四，古史官记述。此类说法见诸古籍记载，例如，司马贞《史记索隐》引西汉刘向之言称："《世本》，古史官明于古事者之所记也。录黄帝已来帝王诸侯及卿大夫系、谥、名号，凡十五篇也。"[3]《汉书·艺文志·春秋类》："《世本》十五篇，古史官记黄帝以来讫春秋时诸侯大夫。"这种记载模糊笼统，时代宽泛，不足以直接解决具体历史文献的考订问题，但如果结合语境认真地分析其中蕴意，则很有裨益。

第五，《隋书·经籍志·史部》径直著录曰："《世本》二卷，刘向撰"，因此学术界也有人主张《世本》为西汉刘向成书说，如李宗邺《中国历史要籍介绍》认为："最早校定《世本》成书的是刘向……刘向校正之后，才有《世本》这一种书名出现。"[4]但持这种见解者缺乏系统的论证，遭到反对意见辩驳也未做回应。

由于《世本》的作者与成书年代问题记载纷纭，难以考订，另有一些零星异说，如认为是西汉初年张苍所撰，全凭推想而并无实据，为学界所不取，这里不做详论。而当前流行于史学界的观点，是将《世本》归结于战国时期的史籍，即其成书于先秦时期。例如《中国史学名著评介》所载赵生群撰写的《世本》评介[5]，即认为

---

〔1〕商务印书馆汇编《世本八种》第五种，张澍稡集补注本卷首，上海：商务印书馆，1957年，第2页。

〔2〕陈梦家《〈世本〉考略》，见《西周年代考　六国纪年》，北京：中华书局，2005年，第191—197页。

〔3〕《史记》卷末附录，裴骃《史记集解序》第2页注［五］引司马贞《史记索隐》，北京：中华书局，1959年。

〔4〕李宗邺《中国历史要籍介绍》，上海：上海古籍出版社，1982年，第106页。

〔5〕仓修良主编《中国史学名著评介》第一卷，济南：山东教育出版社，2006年，第78—90页。

"《世本》成书，应在战国末年"。也有更细致的一些论述，如王玉德认为"《世本》产生于春秋战国之际，最初仅是记世系的谱牒书。现存《世本》中诸篇成书时间不一"，例如《作篇》，"产生于战国末期的可能性较大"[1]，即实际仍是战国时期成书。这些看法都是不妥当的，排除《世本》成书于先秦战国时期之说，对历史文献学与史学史的研究具有十分重要的意义。

二　解决《世本》成书年代问题的关键

考察《世本》的成书问题，史料不多且纷杂歧异，历代学者做过各种探索，得出许多不同见解。今欲研讨有所推进，不能不从理念、方法上予以重新思考，是为解决问题的关键。关于《世本》的成书年代，由于没有任何记载可以直接地说明真实状况，而需要在深入进行史料辨析的基础上做严格的逻辑推断，故而必须先在学术宗旨、研究方法上纠正不可靠的、偏颇的做法，树立以下几个基本理念：

第一，《世本》这种流传中历经佚失和辑存且版本复杂的古籍，判断其成书问题不能以其内容为主要依据。对此，许多学者业已指明：不能因为书中有"今王迁"一语，就判断是战国赵王迁之时赵国人所撰，不能根据其中有汉初史事和人物，就判断为西汉张苍所撰，等等。赵生群的前揭之文提出："今本《世本》有后人羼入的成分。因此，考论其成书年代，应当系统考察其内容，而不能仅据个别资料。"然而，对一种书籍"系统考察其内容"，就一定能够解决其成书年代吗？笔者认为这是不可靠的，道理甚明，如《四库提要》著录《宋遗民录》一卷，认为此书"或元人所作，或明初人所作，

[1] 王玉德《〈世本〉成书初探》，《华中师范大学学报》（哲学社会科学版）1986年第1期。

均未可知”[1]，即不能根据其内容判断成书年代。

第二，判断书籍的成书年代，在没有可靠的直接记载情况下，与书籍的辨伪一样，必须追踪其来历与流传轨迹，看它在相关时代其他文献中有怎样的记述，在史料仍然十分缺乏的状况下，就需要联系大的文化背景予以分析。对《世本》一书的记载，最早出现于东汉初年成书的《汉书》，《汉书·司马迁传》提到《世本》，《汉书·艺文志》著录了《世本》。《汉书》既然将《世本》与司马迁生平联系在一起，那么司马迁的史学活动对考察《世本》成书问题即为关键之一。《汉书·艺文志》的许多内容承袭了西汉刘向整理图书的成就，恰好唐初司马贞《史记索隐》片断地引述了刘向对《世本》的说明。因此，《汉书》中对《世本》的记述是最重要的史料，刘向对朝廷所藏图书、文献的整理，是与《世本》密切相关的文化背景。

第三，现存的较为可靠的文献，对《世本》来历的记述皆十分简略，需要结合这些史料的语境予以深入分析，发掘意蕴，避免误解。例如《史记索隐》引用的刘向之言，应当出自他整编《世本》所撰叙录之中，这种语境，应当作为深入考析的依据。《汉书·艺文志》著录《世本》之文，亦须与刘向之言对比，以有助于去粗取精，去伪存真，由此及彼，由表及里地剖析。

第四，考察《世本》的成书年代，研究宗旨亦须有确当的学科定位。《世本》的成书年代问题，可以归属于历史文献学的范围，然而历史文献学不是一个统一系统的学科，其组成之中如目录学、版本学、辨伪学等，虽互有知识上的联系，但各具独立治学体系，即单从治史资料出发的所谓“史料学”，也可以聊作文献学的组成部分，因此，以历史文献学的定位来研究《世本》，就可能漫无标的，导致不自觉地游移失据。研究《世本》，应当置于中国史学史的学术

---

〔1〕《四库全书总目》卷六一，史部传记类存目三，《宋遗民录》提要，北京：中华书局影印本，1964年，第548页。

层次，只有这样定位，才能将其与整个史学发展流程相连，与前前后后相关史书、相关史学活动有机地结合起来予以考析。当然，在史学史学科层次的研究，必须是真正认真的重新探讨。

以上四点，并非仅仅托之空言，以下的考析，将贯彻这些理念，当可引导至《世本》成书时间的正确解决之路上去。

三 《世本》乃刘向编辑的图书之一

现存最早提到《世本》的历史文献是班固撰写的《汉书》，其中《司马迁传·赞》的一段文字十分重要：

> ……及孔子因鲁史记而作《春秋》，而左丘明论辑其本事以为之传，又篹异同为《国语》。又有《世本》，录黄帝以来至春秋时帝王公侯卿大夫祖世所出。春秋之后，七国并争，秦兼诸侯，有《战国策》。汉兴伐秦定天下，有《楚汉春秋》。故司马迁据《左氏》《国语》，采《世本》《战国策》，述《楚汉春秋》，接其后事，讫于天汉。其言秦汉，详矣。至于采经摭传，分散数家之事，甚多疏略，或有抵梧（牾）。亦其涉猎者广博，贯穿经传，驰骋古今，上下数千载间，斯以勤矣。[1]

解决《世本》成书时间的问题，必须正确地解读班固的这一段论述。许多学者根据此处"司马迁据《左氏》《国语》，采《世本》《战国策》，述《楚汉春秋》"的描述，便将《世本》成书时间着意说成先秦时期，实乃对班固之言未做深层剖析而产生的误解。班固这段话的主旨，在于说明司马迁《史记》撰写的资料来源，而所谓"采《世本》《战国策》"，乃是从班固本人所见史籍出发，其完整的

[1]《汉书》卷六二《司马迁传·赞》，北京：中华书局，1962年，第2737—2738页。

说法应当是："采录我们现在所见到的《世本》《战国策》书中所包含的资料。"当然，古人用语简约，是不会如此讲究的。

关键的问题是：司马迁是否真的见到过《世本》其书？前辈学者对此早有考订，司马迁对自己所知、所读、所用典籍皆有记述，而整部《史记》绝无提到《世本》之处，这已经为学界公认。据卢南乔《论司马迁及其历史编纂学》[1]一文附录《史记》材料来源列表，司马迁自称曾阅读过"五帝德""帝系姓""牒记""历谱牒""五帝系牒""春秋历谱牒"等历史文献[2]，而这些文献大多未见于班固《汉书·艺文志》的著录。这样就形成一个反差：班固说《史记》采用了《世本》，司马迁竟未曾提到，而司马迁自称参阅的许多文献，班固《汉书·艺文志》却没有登录，最可能的原因是司马迁所见"牒记"之类的资料，已被人整理、编辑为《世本》一书，而进行过这项工作的只能是刘向。

西汉成帝河平二年（前27），刘向主持下的"校中秘书"，即校订宫廷内藏书的活动，是中国古代文化史的大事。在此之前，先是"求遗书于天下"，随即"诏光禄大夫刘向校经传、诸子、诗赋，步兵校尉任宏校兵书，太史令尹咸校数术，侍医李柱国校方技。每一书已，向辄条其篇目，撮其指意，录而奏之"，即对每一书皆撰写说明该书篇目、内容、源流以及整理经过的"书录"，上奏朝廷。刘向卒后，其子刘歆奉旨接续工作，刘歆完成图书分类性的解题目录学著作《七略》。[3]这里需要特别强调的是，这次图书整理，不仅仅是文字上的校对与订正，而且包含了大量图书汇编、排纂命名，以及对其中各篇命名的工作，即利用已有资料，纂辑了大量过去并不存在的书籍，《世本》乃其中一种，具体理由及相关问题条列如下：

---

〔1〕卢南乔《论司马迁及其历史编纂学》，《文史哲》1955年第11期；吴泽主编《中国史学史论集》（一），上海：上海人民出版社，1980年。

〔2〕参见《史记》之《五帝本纪·太史公曰》《三代世表序》《十二诸侯表序》。

〔3〕《汉书》卷三〇《艺文志》总序，第1701页。

第一，唐代司马贞《史记索隐》引述刘向之语："《世本》，古史官明于古事者之所记也。录黄帝已来帝王诸侯及卿大夫系、谥、名号，凡十五篇也。"[1]这种史料的可靠性不成问题，则刘向是第一个道出《世本》书名的古人，应是此书名称的实际命名人。司马迁《史记》中没有出现称为"世本"的史籍，是一个有力的旁证。

第二，这部《世本》，刘向等人是为现成的书籍命名，还是经过自行编纂后命名？虽史料缺失，但可以推断。刘向为《世本》撰写的《别录》，全文久已佚失，上述《史记索隐》引用刘向之语，应即出自《世本》别录，但过于简略。查今存刘向《战国策书录》达1100多字，叙事详明，《世本》之别录不应仅仅片言只语。班固称"司马迁据《左氏》《国语》，采《世本》《战国策》，述《楚汉春秋》"，这里对《左传》《国语》用"据"字，而《世本》与《战国策》同列于"采"的范围，则班固可能熟知《世本》与《战国策》具有多方面的相同性质。而《战国策》同样未见于司马迁《史记》，乃刘向等人将当时所存"或曰国策，或曰国事，或曰短长，或曰事语，或曰长书，或曰修书"[2]的众多零星文献修补校订，编辑为一书，得33篇，命名为《战国策》。1973年长沙马王堆3号汉墓出土类似《战国策》内容的27篇文献，其中16篇不见于今《战国策》书内。此墓下葬时间早于刘向整理图书百多年，更证明了刘向之前没有《战国策》其书，而只有散存的游士说辞、谋略等多种独立文献。《世本》的15篇，在先秦时期也应当是些散见零星文献，不具备一书的性质。故刘向之前，司马迁只见到"牒记""历谱牒""五帝系牒"之类散存文献。因此，《世本》与《战国策》一样，都是西汉季年刘向编辑而成，此前并无其书。

第三，《史记索隐》引述的刘向之语"《世本》，古史官明于古事者之所记也"，这里的"世本"，也是指其中各篇的具体资料，而

---

〔1〕《史记》卷末附录，裴骃《史记集解序》第2页注［五］引司马贞《史记索隐》。
〔2〕 刘向《战国策书录》，见吴师道《战国策校注》卷首，文渊阁《四库全书》本。

"古史官明于古事者"，更不是指一时一人，今学者大多也承认《世本》乃长时期由多人积累撰成。在战争频仍、天下分裂的战国时期，不大具备将分散于各国的帝王、诸侯、卿大夫家世谱系文件汇编成一书的条件。况且这些家世谱系文件应为各国上层秘存，不会比纵横家的说辞、谋略更流行于世，既然纵横家的零散谋略都未能在战国时期编成一书，那么当时没有汇编《世本》成书，就不难理解。

第四，《汉书·艺文志》乃是直接承袭了刘向父子整理图书的成果，为深入了解刘向编订图书工作与《世本》的成书时间，有必要细致分析《汉书·艺文志》对史籍的相关著录：

《国语》二十一篇（左丘明著）。

《新国语》五十四篇（刘向分《国语》）。

《世本》十五篇（古史官记黄帝以来讫春秋时诸侯大夫）。

《战国策》三十三篇（记春秋后）。

《奏事》二十篇（秦时大臣奏事及刻石名山文也）。

《楚汉春秋》九篇（陆贾所记）。[1]

……

从上引资料可以看出，虽然有先秦史籍《国语》存在，刘向仍然将其分割、重编为《新国语》54篇。随后的《世本》《战国策》《奏事》三书，都应是刘向等利用零散资料编辑成书。这种编纂方式有利于文献留存，却因刘向所撰《别录》和刘歆《七略》原文的大量佚失，往往令人不明编辑历程以及成书的时间。

第五，在刘向整理、编辑之前，官方或私家典藏文献，也可能将内容相类似的书简或帛书存放一起，但这并不等于已是一书。因为历史文献学对于将资料编辑"成书"，应有其严格的概念，它至少要具备这样几个条件：（1）经过取舍，确定了收录范围与篇目规模；（2）确定了各个组成部分的排序；（3）给全书予以命名，即具备可资登录的书名。

---

〔1〕《汉书》卷三〇《艺文志》，第1714页。

有的学者明知刘向之前还没有“世本”这个书名，却引述春秋时期就有“世”“周谱”等谱牒之类的文籍名目，将之说成《世本》的“滥觞”，把各种零散文籍混淆为完整的一书，等于偷换了概念，进而甚至强自为说，举出司马迁《史记》曾称“太史公”“太史公书”相比附，认为“《世本》在先秦也无定名……不称‘世本’，并不等于无其书”[1]，这就完全成了狡辩。《史记》一书的名称确实前后有变，但无论如何称谓，都有其特定书名，都确指司马迁纂修之书，都是包含本纪、书、表、世家、列传五体合一的130卷通史。请问在刘向整编图书之前，称作“世”“周谱”“牒记”[2]一类文籍，有哪一个是包含了“帝系”“氏姓”“谥法”“居篇”“作篇”等分门别类内容的？如此重大而显著的区别，焉可蒙混过关？

综上所述，我们的结论是：（1）《世本》是西汉季年刘向编辑成书，其中收揽了战国时期的许多零散文献。（2）《世本》书名为刘向拟定，各篇篇名也是刘向重拟。（3）刘向排纂的《世本》，虽确定15篇的规模及篇章次序，但仍然是互相独立的文献汇集，各篇之间不具备相互配合的有机联系，因此仅仅为“资料丛编”而已。

总之，《世本》是西汉刘向根据散存文献编辑而成的史书，作为一种史籍，如此判断，并不涉及其史料价值，判断记述的真伪、虚实，另当别论，因为它本来只是汇编了先秦时期的资料，但成书年代的早晚，在中国史学史上则具有非常不同的意义。历来对其成书年代的错误认识，已经造成很大的学术混乱，现在必须予以纠正。

四　误判《世本》成书年代的学术教训

刘向编成的《世本》连同书录，因佚失故，内容已经无法备知，

---

〔1〕王玉德《〈世本〉成书初探》，《华中师范大学学报》（哲学社会科学版）1986年第1期。
〔2〕先秦时期所谓的“世”“牒记”等，乃此类零散资料的笼统称呼，非书名亦非篇名。

后世重新辑佚，仍大失原貌。佚书的辑佚本，除了从《永乐大典》辑出的某些书籍之外，一般不可避免内容残缺、支离的情况，难以恢复原貌。但《世本》的辑佚，却非唯残缺、支离，而是肿胀、变形。所谓肿胀，是指把大量史料无根据地辑入《世本》，使其篇幅、内容膨大起来。所谓变形，是通过编排、命名和评议，改变《世本》原书的性质，抬高其地位。

清人辑本中或多或少都具有“误入非《世本》文字”[1]的倾向，而尤其以秦嘉谟的《世本辑补》为甚。秦氏将《左传》杜预注、《国语》韦昭注等言及世系、姓氏之类内容者，皆算作《世本》文字，而为了填充卷四的内容，更武断地认为《史记·世家》内容乃取自《世本》，径行“援《史记》成文以补之”[2]。这已经算不得辑佚，简直就是随意地另编一书了。

刘向将零散文献汇编一起，定书名为“世本”，共分15篇，也给每篇拟定一个篇名，各篇之间仍是互相独立，并非形成什么统一体系和逻辑结构，因为各篇原本就不是作为一部著作的组成部分来规划成书。秦嘉谟《世本辑补》分为10卷，各卷篇名依次是“帝系”“纪”“王侯谱”“世家”“大夫谱”“传”“氏姓篇”“居篇”“作篇”“谥法”。这些名目是否与刘向编辑的《世本》篇目完全符合？连秦嘉谟本人也不敢担保。但这一点已不必深究，因为各个篇名无论是完全出于刘向拟定，还是其中包含了清人臆造，都是司马迁去世后的产物，《世本》一书之所以有“纪”“世家”“传”等组成部分，其名目乃参照《史记》。但秦嘉谟反而说：“太史公书采《世本》，其创立篇目，如本纪、如世家、如列传，皆因《世本》”[3]，真

[1] 商务印书馆汇编《世本八种》卷首，《〈世本八种〉出版说明》，第5页：“误入非《世本》文字，是各本普遍存在的情形，只不过程度有所不同。”

[2] 商务印书馆汇编《世本八种》第四种，秦嘉谟《世本辑补》卷四《燕召公世家·案语》，第39页。

[3] 商务印书馆汇编《世本八种》第四种，秦嘉谟《世本辑补》卷首《诸书论述》，第3页。

是颠倒错乱，莫此为甚！本来刘向编辑《世本》，收录不同内容的零散文献，仅聚拢资料，便于留存。班固称司马迁“采《世本》《战国策》”，是指采用内中包含的史料。而到了秦嘉谟等清人这里，就将《世本》变形为先秦时统一规划、颇具整体义例的著作，并且将司马迁“采《世本》”解说为在著作体例上因袭《世本》，甚至断言“夫《春秋》为编年，《世本》为纪传，太史公述《世本》以成《史记》，纪传不自《史记》始也”[1]。后出的《世本》明明是后人参照《史记》拟定出“纪”“世家”“传”等篇目，却反诬《史记》体例模仿了司马迁不曾见到过的《世本》，这种怪论，其总的根源，就是硬将《世本》定为先秦成书所导致的恶果。

清人对《世本》多加夸诞，是主观上具有嗜古、崇古的情结，今天不能再蹈旧辙。客观如实地考察《世本》，不仅应当确认其为西汉后期刘向编辑成书，而且对其内容的史料价值也不可估量过高。刘向编辑的《世本》，揽取先秦零散文献，汇集分篇，内容是相当驳杂的。其中记述商周以下王侯大夫世系、谱牒，很可能源自各政权官方的记录，自有其宝贵的史料价值。但所言黄帝至尧、舜的所谓帝系，均为黄帝直系血亲后裔，岂可据为信史？至于“陆终娶鬼方氏之妹，谓之女隤，是生六子。孕三年，启其左胁，三人出焉；破其右胁，三人出焉”[2]之类，在古代也属于怪力乱神、妖言左道。即所谓《作篇》中的素材，随便漫言“伏羲造琴瑟”“神农作琴”“蚩尤作兵”“黄帝造火食、旃冕”“史皇作图”“胡曹作衣”[3]云云，把许多事物的发明归于臆造的远古帝王将相，其荒诞无稽且自相冲突，岂可曲意赞称？在《世本》尚未佚失的唐朝早期，主编《五经正义》的孔颖达就指出：“今之《世本》与（司马）迁言不同，《世本》多

---

〔1〕商务印书馆汇编《世本八种》第四种，秦嘉谟《世本辑补》卷首《自序》，第1页。
〔2〕商务印书馆汇编《世本八种》第七种，茆泮林辑本《世本》第一篇《帝王世本》，第9页。
〔3〕商务印书馆汇编《世本八种》第七种，茆泮林辑本《世本》第五篇《世本作篇》，第108—112页。

误，不足依冯（凭）。”[1]看来刘向在《世本》内收编的零散资料，有许多是战国时期民间流行的传闻杂记，秽乱芜杂，其后来全部佚失，并非无因。

清代以降，学术界凡将《世本》视为先秦成书者，大多有意无意地抬高《世本》的价值和意义，在历史文献学研究、中国史学史的研究上造成严重曲解和迷雾。以梁启超之博学强识，居然也相信《世本》“为《史记》之蓝本”，称其“开后此分析的综合的研究之端绪。彼能将史料纵切横断，分别部居，俾读者得所比较以资推论也”[2]。时至当今，类似“司马迁之《史记》，不论于材料上有取于《世本》，以至其所‘开创’之纪传体，亦受《世本》之影响”[3]的言论，仍在流播，颠倒错乱之见还在延续。实际上，司马迁《史记》才是第一部“将史料纵切横断，分别部居”的历史著作。梁启超的错误，很明显是误信《世本》成书于先秦、误信清人关于《史记》体例模仿《世本》的谬说。其他未加查考而随声附和之说，更是流弊极广，以致许多中国史学史的著述和教科书，均将《世本》列于先秦史籍加以述评，甚至认为在历史编纂方面颇具创意，“被视为综合体通史的先驱”[4]。可见西汉季年刘向编辑的《世本》，被混迹于先秦史籍之内，造成多么大的混乱！

将《世本》误判为先秦史籍，造成学术混乱的教训应当总结，今后的史学研究必须在以下几个理念上提起特别的注意：

第一，历史文献学的研究，对史料、文献、史籍，必须严格区分零星史料、散存文献、汇编之书与系统著述的不同性质，绝不能彼此混淆。以《世本》为例，本来先秦并无此书，只有零散史料和

---

〔1〕孔颖达《春秋左传正义》卷五二，昭公二十七年，北京：北京大学出版社，2000年，《十三经注疏》本，第1707页。

〔2〕梁启超《中国历史研究法》第二章《过去之中国史学界》，上海：上海古籍出版社，1987年，第14页。

〔3〕参见陈建梁《〈世本〉析论》，《史学史研究》1996年第1期。

〔4〕谢保成主编《中国史学史》第一编，北京：商务印书馆，2006年，第127页。

文献，待刘向汇编为书，仍是各篇独立存在，不能侈谈有什么精深的义例。因其佚失，清人秦嘉谟等再次搜罗编辑，即硬说成是系统性著作，强充先秦之书，一步步深陷谬误的泥淖。在文献研究上，这样导致学术谬误的例子不止《世本》一例，只是《世本》造成的混乱极大、错误更加积重难返而已。

第二，《世本》判断上的错误，对中国史学史研究影响甚大，已如上述。这个教训告诉我们：史学史研究不能现成地借用史料分析、文献评介等方面的旧有结论，必须尽力重新审视文献学上的具体成说，避免承讹袭误。因为史学史就其学科本质而言，就是要重新审视历史学的一切成果和全部历程，予以系统的评断与定位，这其中也涵括对史家、史籍、历史文献等具体问题的深入考订。

史学史研究，应当比历史文献学具有更深的理论层次、更大范围和更长时段的视野，这就是我们本文所强调的，应当把《世本》置于中国史学史学科层次来重新研究的理由。

（原载《史学集刊》2010年第5期）

中国史学起源问题新论

对于中国史学史的研究，其学术探索自然应当追溯到历史学的起源问题，只有真正明了起源，才能很好地把握历史学的发展历程和文化特点。迄今为止，许多学者对中国史学的起源做出了不同角度的探研，见解互有异同，虽多具启发性，但也有意见分歧，诸多论点尚未得到充分的辨析与整合。本文拟做新的探析，以求正于史学界时贤。

一　史学原发性产生的基本社会条件

探讨史学起源的问题，首先应当思考史学在一个国家或民族的产生与持续发展，需要怎样的社会条件和文化背景，这必须在中外史学比较的基础上才能做出允当的分析。史学在一个国家的存在，有两个不同的来源，一是本土上原发性的产生，二是从外国、外族传播而来，植入本国和本民族的社会文化肌体。区别这两种情况，确认历史学并不是在每一个民族内都会自然而然的产生，才能通过对不同国家和民族的早期历史文化的比较研究，探索史学在一个国家、民族或地区原发性产生的社会条件。

纵观整个世界史学的发展，自上古起即形成了两大最具活力的史学体系，一是以中国传统史学为核心的东亚历史学，另一是以古希腊史学为起源的西方历史学。上古的中国和古希腊，都是史学原发性产生并且得以持续发展的源头，将之与更早的却未能产生史学的文明古国古埃及加以比较，并且结合史学的本质特征综合分析，可以得出史学原发性产生的基本社会条件，主要有以下三点：

第一，比较完备的文字和可以运用的历法。文字产生并且用于记述史事，与口耳相传具有十分不同的意义，它能够使所包含的内容凝固下来，保持一定的面貌，避免口述往事那种不断流动、遗忘而无踪迹可以核查，或不断添加、渲染而脱离本真的状态。历法也是史事记述能否完备的一个重要条件，没有确切时间的记载，无论其真实程度如何，价值都会大打折扣，即使单单从史料利用角度而言，也必须先将其中关键的时间要素考订清楚，否则很难进行深入的研究。如果记事者没有写明确切时间的意识，记事文献缺乏完整的时间要素，则根本不能作为历史学产生的标志。因此，史学的诞生，只能在比较完备的文字和一定的记时方法通行之后。我国上古文字和历算方法，产生较早，殷墟出土的甲骨卜辞，显示出殷商时代已经有了相当完备和成熟的文字。

至于历法，传说自有夏就已产生，孔子曾主张“行夏之时”[1]，战国时有讲述夏历的《夏小正》一书。中国历法产生的详情，还有许多未能考察清晰的问题，但殷商甲骨卜辞中以干支记日，以及记载月份已十分普遍，唯在纪年上还存在较大的缺陷，这种缺陷到周代依然延续。当然，有了文字和历法，是否会自觉、充分地运用于记述史事，仍然具有不确定性。与中国一样，古希腊也是很早产生文字和历法的国家。

第二，社会运行机制产生了对于准确历史记忆的客观需要，或社会大变动、大事件引起系统性描述和记载的冲动，促使人们予以总结以及进行理性的思考。对社会大变动、大事件进行这种描述、记载、总结与思考之主体，可能是作为国家机构的官方，也可能是

---

〔1〕《论语·卫灵公》，朱熹《四书集注》本《论语集注》卷八，上海：上海古籍出版社，2001年，第193页。

某些有知识、有能力的私家，在古代中国是官方首先执行了此项使命，在古希腊则是私家学者如希罗多德等首先获得成功，希罗多德（约公元前484—前425）在他撰写的《历史》一书“绪言”中表示：其写作宗旨就是“为了保存人类的功业，使之不致由于年深日久而被人们遗忘”[1]，显然是希腊与波斯战争这个重大的事件，引发了希罗多德记述历史的意愿并且付诸行动。

第三，在追忆往事而渐次形成文字撰述的早期阶段，一定的社会历史背景和文化环境，造成较普遍的自觉记史意识与记史求真的强烈理念，并且只有此种理念得以立足于社会，历史学才能真正破土萌发，由可能性转化为现实。希罗多德的《历史》虽然采取有闻则录的编纂态度，但他对史事往往“亲自观察、判断和探索”，常常在叙述一个传说之后申明“我是不能相信这个说法的”。[2]因此，希罗多德具备了一定的记史求真意识。其后，修昔底德（约公元前460—前396）撰写《伯罗奔尼撒战争史》，声明“这些事实是经过我尽可能严格而仔细地考证核实了的”，他的著述中没有任何神话的成分，建立起严格求真的撰史规范，波里比阿（约公元前201—前120），发扬修昔底德的理念，认识到求真是史学的首要准则。[3]总之，希腊史学的产生和发展与记史求真观念的树立是同步的进程。

上述三个史学产生的社会条件，第一项文字、记时方法的掌握与第二项社会重大变动事件的出现，上古的许多民族都能够具备，唯第三项属于一种社会意识，能否具备的或然性很大，倘若错过时机，只能等待外来史学文化的影响。古埃及是最早的文明古国，文字产生甚早，远超前于其他古国，但始终未能独立地产生古代中国与古希腊那样的史学文化。汤普森在《历史著作史》中指出：“埃

---

〔1〕［古希腊］希罗多德《历史》，王以铸译，北京：商务印书馆，1985年，第1页。
〔2〕同上，第151、306页。
〔3〕参见［美］J. W. 汤普森著，谢德风译，李活校《历史著作史》上卷第一分册，北京：商务印书馆，1988年，第40、82—83页。

及人从来就不是一个很喜欢写历史的民族。”因此古埃及虽有丰富的史料，例如大量的铭文，但没有产生自己的史学。“埃及铭文的历史价值必须经常细心判断，因为诸法老往往把他们祖先的事迹，归到他们自己名下。他们用来达到自己目的的方法很简单，磨掉石柱或墙壁上已记载的事迹中那位英雄的名字，然后刻上自己的名字就行了；或者把别人的功绩记录抄刻在另一块石板或纪念物上，把过去完成那些功业的真正君主的名字改成他们自己的就行了。”〔1〕这种行为，是中国古代最荒唐的皇帝也不可能做出的，由此可见，古埃及几乎没有记史需要真实的观念，缺此意识，即无法原发性地产生本民族的史学。公元前3世纪，埃及僧侣曼涅托根据寺院档案等资料编写了一套埃及编年史，以希腊文撰成，明显是受到古希腊史学的影响。但就是这种次生的史学文化，也因缺乏一种社会性的史学意识而未能充分地发育和成长，这与希腊的社会文化条件大不相同，也与中国上古的社会文化迥然有别。以下，让我们从文化观念的线索探讨中国史学产生的进程。

二　中国史学产生的主导进程

中国上古史学的产生，与古希腊以希罗多德《历史》为史学产生标志的飞跃性特征不同，而经历了漫长的渐进式历程，主导线索可以大致分为两个阶段。

（一）“殷鉴”观念与官方文书的整编

殷商末期，周族建立的方国逐渐强盛，终于由周武王率兵讨伐商纣王，经过牧野之战攻陷殷都，取而代之。周武王伐灭商纣，在当时引发巨大的社会震荡，周占领殷商地区，仍然面临着殷民的顽

〔1〕［美］J. W. 汤普森《历史著作史》上卷第一分册，第6页。

强反抗，特别是殷商后裔武庚的武力叛乱，这不能不引发了周初主要统治人物的忧思：殷商为何败亡？周政权如何巩固，如何避免重蹈殷商的覆辙？于是形成了明晰的“宜鉴于殷，骏命不易”[1]观念，意思是：以殷商的覆灭为鉴戒，则知“天命”之难保，即从历史思考而重新认识天命。这种思考得到反复的强调与深化，例如《诗经·大雅·荡》说“殷鉴不远，在夏后之世”，《尚书·召诰》言“我不可不监于有夏，亦不可不监于有殷”，即将夏、商兴亡的历史引为借鉴。“殷鉴”是周初统治者提出的理念，表达出对历史的思索与总结，就是要以前代历史的经验和教训，作为政治的借鉴与警惕。

“殷鉴”观念是中国上古理性思维的第一线曙光，此前的殷商时代，对上帝是绝对的迷信，凡事皆须占卜，人间的一切似乎皆由神秘的力量所掌控，社会意识在整体上并不认可理性的思维与判断。“殷鉴”的观念初步撕开了禁锢思维发展的迷信罗网，开启了从前代政权兴亡变化来思考政治得失之端倪，理性思维由此勃发，天命与人事关系的新认识、敬德的政治原则、保民的行政理念等，都由“殷鉴”即历史的思考而导出，对“监于有夏”和“监于有殷”的许多细节也做出具体的解说，如《尚书·酒诰》之厉行禁酒、《尚书·无逸》之倡导勤政等，都是从殷商灭亡的历史教训来加以论证。

因此，中国上古最早的理性思维，乃产生于以“殷鉴”为标志的历史认识领域，首先通过对历史的思考来认识政治、认识天人关系，从而启沃心智，继而丰富逻辑思考能力，这对中国古代文化传统的发生发展产生了不可磨灭的影响，造成历史认识与政治文化结成密不可分的联系，积淀为凡事从以往历史中寻求根据、经验与教训的思维模式，中国古代史学的兴旺发达、历代官方史学活动之绵延不废、古代史学多以经世致用为根本宗旨等，这些西方所不具备的特点，皆可追溯至“殷鉴”这个源头。而“殷鉴”观念对史学文

---

[1]《诗经·大雅·文王》。按《文王》一诗，据《吕氏春秋》为周公旦所作。

化萌发的直接促进作用，乃是导致对官方公文书的保存和整编，即日后称为《尚书》的历史文献的形成，在中国古代史学史与学术史上影响广博而深远。

西周灭殷之后，统治者具备了“殷鉴”的历史认识，最初还只是从亲身经历与口耳相传的史事直接汲取借鉴。但“殷鉴”这种历史意识，必然导致对历史遗留文献的重视，同时也会注意保存本政权的官方文书。《周书》《尚书》之中不少历史文献，就是由于周初具备“殷鉴”的历史意识，才自觉地保存下来而且经过了整理编辑，其中包括整编了殷商时代留存下来的官方文书。据郭沫若等学者研究，《周书》之《牧誓》《世俘》《克殷》等多篇可定为周初之作。[1]又据张西堂《尚书引论》的考订，《尚书》中《盘庚》即为殷商遗留文件，在西周时期进行了整编。而《尚书》的《康诰》《酒诰》《多士》《洛诰》等篇，多数学者认为虽不免含有后来掺入、窜乱及被分合的文句，但仍可以相信是西周时期的成文。[2]这些历史文献能够保存、流传，有赖于历史意识的强化与朦胧史学意识的产生，而最早有目的、系统地整编官方文书，恐怕应在周公东征平叛与成王营洛之后，主持者似应为周公。第一次的整编非常重要，因为这改变了官方文书的秘存档案的性质，而成为在一定范围内传布的史籍。《国语》虽在战国时期成书，但它记载春秋时期人物的言论，其中颇有引述《夏书》《商书》《周书》者，《论语·为政》记载孔子也曾引用《尚书》，说明《尚书》于春秋时期或之前就已经在各诸侯国流传。

《尚书》（原称《书》）虽是最早的史籍，但许多篇目的时间线索很不明晰，其宗旨主要体现在政治功用方面，叙事求真的意识不强，不少文本充满修饰、更改、编造的痕迹，以至于时代不符、真伪相

---

〔1〕郭沫若《中国古代社会研究》附录《追论及补遗》，见《郭沫若全集·历史编》第一卷，北京：人民出版社，1982年，第299页。

〔2〕张西堂《尚书引论》六《〈尚书〉之考证》，西安：陕西人民出版社，1958年，第199页。

杂，因此，还不足以作为中国史学产生的完备标志，仅可视为“殷鉴”理念下历史文献编撰向史学方向迈进的一个重要的过渡阶段。当然，《尚书》后来成为儒学的经典，其中的史事记述被奉为上古信史，对中国传统史学的影响是十分巨大的。

（二）官方连续性记录史事及其制度化

“殷鉴”历史意识导致对官方所存文书的整编，从而初步具有朦胧史学意识，而自觉地系统记录历史的史学意识，在中国上古又经历了很长的时段。中国从何时开始自觉地、系统地记录史事？尚没有直接的证据，只能依据零星史料加以推论。白寿彝先生提出：

> 《墨子·明鬼》为证成己说，列举各书。于宗周晚年以后之事，引周、齐、宋、燕之春秋，而以所引宣王杀杜伯一事为最早。在此以前，不是引某国春秋，而是引《尚书》和《大雅》。《国语》记周事，以穆王征犬戎一事为最早，然记事同时又记年者却始于宣王。这两事似可提供一些迹象，说明编年体国史的出现在周宣王或其前不久的时期。[1]

这个见解很具有启发性，虽主要依据《墨子·明鬼下》的一段资料，却与整个社会文化的发展背景十分契合。周宣王之前，“国人暴动”、周厉王奔逃是西周政权的重大政治危机，造成一个“共和行政”的特殊时期。从“国人暴动”到“宣王中兴”，西周建国以来未曾有过的大事件竟然连续发生，具备了可激发出系统性、连续性记载史事的社会条件，按时间顺序连续记载史事的做法是极有可能出现的。

中国上古自殷商时代就具有较好的记月份、记日期的方法，但

---

〔1〕 白寿彝《中国史学史》第一册，上海：上海人民出版社，1986年，第210页。

纪年方法则有严重缺陷。甲骨文、金文中多有缺少纪年之件，若有纪年，也只是时王在位的年数，而在位的君主又缺乏特定的称谓，造成许多铜器的时代难以判断，其铭文史料的运用当然也受到很大的制约。这种不完善纪年方式的缺陷，只有靠形成连续的按时间顺序记事的系统性史籍来弥补。中国上古是从公元前841年开始具有确切的连续性纪年，这正是“共和行政”的开始之年，而这个确切纪年是否是记载史事的结果？尚无确证，但可以推断成立。连续的按年、月顺序记事，乃是确切的连续纪年体系产生的条件，同时也就是官方编年体历史记载制度的产生，这都是发生在“共和行政”初年。“共和行政”的掌权者，很清楚他的执政仅仅是个过渡阶段，于是要随时记载史事以备查究，连续性记事和连续性纪年都因此同时产生。所以，编年形式的官方记史体制的出现，在中国具有重大的文化意义，用编年体方式记录历史，是真正有目的、有系统地记载自身的经历以留存后世，是史学活动在中国完整意义上的产生。有意识地按时间顺序记载史事，不论内容怎样简单，在史学史上都比口头讲述往事、比保存公文文书的行为有更为重要的作用，官方记史体制亦当由此而形成。自觉地、连续地记述历史，进而体制化，记录历史的史学意识便得到了社会性的承认和确立。

由于史料的缺失，现在无法确切考证西周季年官方记史体制的详细情况，但仍可推断当时已经具有相当程度的记史求真意识。周宣王为中兴君主，功业卓著，据历代学者研究，《诗经》中颇多颂扬之词。然今存《国语》之中，载有宣王不少负面行为，如即位之初就“不藉千亩”，三十二年伐鲁且立鲁孝公为君，却造成“诸侯从是而不睦”的不良影响，三十九年“王师败绩于姜氏之戎”，等等。[1]这些必是史官早就记录于周之史册，才会转录于后来的《国语》，倘无“君举必书”的理念，这些史实就会为了褒扬“中兴”君主而隐没。实际上，

〔1〕《国语》卷一《周语上》，上海：上海古籍出版社，1988年，第15、23、22页。

经历了“国人暴动”“厉王奔彘”“共和行政”等大的政治动荡，朝廷和君主的阴暗面已经无法掩饰，历史记载不可能维持为那种青铜器铭文式的歌功颂德，如实述史的取向必然日益高涨。就连毛公鼎铭文所载周宣王的训谕，也不能不承认国家处于不安定的局势，满怀“趯余小子圂湛于艰”[1]的忧患。因此，“共和行政”至周宣王时期的官方记史活动，已经具有如实、求真的理念，是完全可以认定的。

至春秋时期，曹刿向鲁国君主进谏时曾说：“君举必书，书而不法，后嗣何观？”[2]表明记史制度遵循“君举必书”与讲究一定书法的规则。“君举必书”表现出自觉记史意识与如实记载史事的理念；讲究“书法”，则显现了官方记史的制度化。而从曹刿的语气来看，这些理念已是普遍的社会共识，应当由来很久，是西周季年记史理念的延伸和发展。

至于官方记史体制的发展，齐国的管仲说：“夫诸侯之会，其德、刑、礼、义，无国不记……作而不记，非盛德也。”[3]“无国不记”，显示了自觉记录史事已经在诸侯国普遍化，地处较为偏僻的秦国，也于周平王十八年（前753）“初有史以纪事”[4]，可见各诸侯国记载史事已普遍制度化，所谓“史不失书，矇不失诵，以训御之”[5]。由此逆推，西周季年周王室早应确立了官方的记史制度，然后扩展到各个诸侯国，至春秋时期，各主要诸侯国都已有制度化的史官记史活动，并且用于辅助政治，故墨子称其见过“百国《春秋》”[6]，即为各国的编年体历史记录。与西方相比，中国上古这项独

---

〔1〕《毛公鼎》此句“趯”字，孙诒让、吴大澂、郭沫若等释为“懼”（惧），高鸿缙认为音转为“闵”（悯）。参见石帅帅《毛公鼎铭文集释》（吉林大学2016年硕士论文），第72—74页。
〔2〕《国语》卷四《鲁语上》，第153页。
〔3〕《左传·僖公七年》，见杜预《春秋经传集解》卷五，上海：上海古籍出版社，1978年，第263页。
〔4〕《史记》卷五《秦本纪》，北京：中华书局，1959年，第179页。
〔5〕《国语》卷一七《楚语上》，第551页
〔6〕《史通·六家》篇引《墨子》佚文，见浦起龙《史通通释》卷一《六家》，上海：上海古籍出版社，1978年，第7页。

具特色的官方记史体制，是中国史学产生的主要标志，至迟确立于西周宣王时期。

在西方，按时间顺序编撰史料的史籍称“编年史”（中文译称），一般不被视作历史学的标志。但在中国史学史上，不能套用这样的观念，这是因为：第一，中国官方按时间顺序记录历史，虽内容简略，但成为制度化、组织化的行为，形成国家体制，而且是通贯的、连续不断的历史记载体系。第二，中国官方的这种历史记载，以“书法”等方式表达褒贬之意，例如晋国史官董狐记载“赵盾弑其君”，孔子赞扬“董狐，古之良史也，书法不隐”[1]，因而不能视为简单的记录。第三，中国史学起源于官方，这与古希腊不同。两种不同的途径，自当具体问题各作具体分析。

中国上古从西周初期“殷鉴”的历史意识进而保存和整编官方文献，逐步演化出“君举必书”的制度化记史意识，“良史”的“书法不隐”准则以及史学辅助政治、参与教化等经世理念，随官方的记史活动而渐次健全，这历时较久的过程是中国史学起源的主线，其他文化因素只对这个主线起到辅助作用。

三　相关问题的几点辨析

在对中国史学起源机制的研究中，还有一些相关的问题值得辨析，其中上古传说及神话、甲骨文和金文的记事方法、中国上古史官等社会文化现象，与中国史学产生之间的关系，极有必要予以厘清。

（一）传说与神话不是史学产生的原因

高等动物有相当强的记忆能力，所谓“老马识途”即为一例。人类不仅记忆力更强，同时还因为具备语言表达能力，可以将记忆

〔1〕《左传》宣公二年，见杜预《春秋经传集解》卷一〇，第541页。

的往事转述给他人，往事的长期反复地被转述，就成为传说。在文字产生之前，传说是人们试图了解过去、解释过去的主要方式，在文字产生之后，传说的这种功能依然不同程度地存在，在传说之中，肯定包含着历史。然而问题在于：传说能够在多大程度上符合真实的历史？往事的传说能否直接导致历史学的诞生？

一般说来，传说经历的转述者越多、流传的年代越久，就越远离真实的历史情节，因为每个转述之人都免不了对旧事有所渲染和融入个人的感情色彩。部分情节的遗忘或者本不完备，就可能用想象来加以弥补。这样，传布的故事趋于圆满，语言修饰也日益精湛，口述的内容走向文学化，渐渐偏离了真实性。在追述往事的操作中，必然将追述推向更久远的往事，而对于那些原本是无记忆或失去记忆的远久之事，就会不断地做出想象性的探讨，造出一些虚拟的故事，甚或改造原有的记忆以达到一致性，这是许多远古传说的来源之一，也就是说，一个民族的远古传说，在具体情节上往往已经远远离开了历史的记忆。

人类早期知识贫乏、社会生产力低下，对自然和社会的许多现象不能理解，但却有急于说明它的意愿。同时，人类又有着恐惧自然力的心情和征服自然力的愿望，往往以想象弥补认识的不足，将征服欲望寄托在神化了的历史人物或虚拟的英雄身上。所有这些想象和寄托都不能与往事的记忆区分开来，而是在长期的混淆中融合、嬗变，大失原貌，使历史的记忆神话化。在上古，一个部族还往往把自己的始祖予以神化，这就更使往事追述带上神话化的倾向。上古的口述往事演变成为神话传说，是人类征服外界的愿望、祖先崇拜心理、以想象补充所知不足等因素交织的产物。中国古代流行伏羲、神农、黄帝等人的传说故事，其中就颇多神异成分，具体现象和情节皆不能当作信史。

上古传说的失真不仅使之在史料价值上多所扭曲，也不是导致历史学能够产生的源头，因为经过改造、渲染的传说与富于奇异情节的神话，都具备很强的文学性，在上古要比往事的真实记忆更具有传布上的优势，致使上古传说在流传中不可避免地文学化、神话化，这样就越来越远离史学的产生。史学的产生需要的是包括求真意识在内的诸多条件，在史学产生之前，神话性的传说是阻挡史学产生的因素，但当史学从另外途径产生之后，传说与神话却可能被当作一种填充素材，经过一定时代限制下的整合而纳入历史的叙述。因此，世界上各个民族都有自己的传说和神话，但不是每个民族都会自行产生史学。

（二）甲骨文和金文的记事与史学的起源没有直接关系

甲骨文是刻划在龟甲或兽骨上的上古文字，大量地出现于中国历史上的殷商时代，多为贞卜之辞，其中对贞卜应验内容的记事，对研究殷商历史是珍贵的资料。金文是指上古青铜器上的铭文，至今所发现带有铭文的青铜器，多为殷、周两代之物，以周代的资料更为丰富，包含很多的记言、记事内容。甲骨卜辞的目的不是记事，其史事内容主要出现于验辞之中，另有一些不属于贞卜的甲骨记事性文字，则为显示功业或荣耀，有如后来的金石铭文。而西周青铜铭文追述祖上功德或记述自己成就，用以显示家族荣耀的意旨十分明显。因此，甲骨文和金文中的记事，是在完成其制作宗旨过程中的附带行为，而并无自觉性质，其历史意识十分薄弱，更不具有史学意识。即使西周后期到春秋时期，青铜器铭文的文字增多，记事内容增加，而其中的历史意识仍然远不能与西周初期形成的《大诰》《酒诰》《洛诰》等文献相比。

甲骨卜辞充满蒙昧和迷信，与史学产生的社会文化条件遥不可及，无须赘述。西周金文在年月日已有记录方法的背景下，整体上却或记，或不记，相当随意，无规范可言，反映出其中历史意识的薄弱。青铜器铭文所表达的是记功显德意识，这与反思以往政治得失、汲取经验和教训的历史意识并不相同。其材质和制作方式，适合长久保存，但不便用于传播也不是为了传播，迄今为止，还极少发现西周青铜器载有如同《尚书》之《酒诰》《多士》那样的政府布告。[1] 可见由于意识上有别，载体材料的选择也很不同，青铜载体的使用不是促进史学产生的途径。当然，金文作为史料，对于考订和研究西周的历史，价值极大，但史料与史学是不同的概念，在中国古代史学最初产生及初步发展的问题上，起主要促进作用的仍为“殷鉴”意识下保存和整编的那些历史文献。

甲骨文与金文具有记事与记言两种叙述方式，与上古史籍的记言、记事或许有方法上的联系。甲骨卜辞在其记述应验的事件中，面对上帝的威灵，吉凶祸福都要如实面对[2]，这有助于如实记事理念的形成。金文出于显示功德的目的，未免隐讳负面史事，但作为礼器文字，追述祖上之功德也是带有对祖先神的惶恐虔诚，同样不能随意捏造史事，这对于加强如实记史的理念，也具有积极意义。不过，这只是长期、细微的文化积淀而已，并非直接性的影响。

（三）中国上古史官与史学的关系

迄今的史学史著述，论述中国史学的产生，无不牵涉上古的史官问题，但在许多论著中出现思路的偏差，根源一是来自《说文解字》对“史”的解说，二是与职任复杂的“史官”纠缠在一起，此二者实际上连成一气，都未能准确地理解中国上古史官与史学的关系。

汉代许慎《说文解字》对“史”解说道：“史，记事者也。从又持中。中，正也。”[3] 这里“中，正也”当然难以令人信服，于是不同的解读纷纭出现，影响最大的解释是把“中”说成简册，这样，“史”就被视为从事文字工作的文官，或径直被说成负责记录

---

〔1〕 至春秋时期，才有郑国、晋国铸刑书、刑鼎的做法，但这仍不同于将政府公文制作于金属器具。

〔2〕 有学者认为甲骨文的“验辞”也有倾向性，一般多选择应验者刻写。

〔3〕 许慎《说文解字》，北京：中华书局，1985 年，第 90 页。

史事的官员。但《说文解字》解说的“史”义，乃为后起，不符合殷商与西周的实际官制。“史”字早在甲骨文中即已出现，兼具后来“事”“吏”“使”之义，任何受命办事的官员皆可称作“史”官，更重要的是甲骨文“史”字或写作“[illegible]”，被不少甲骨学家如胡厚宣等解释为田猎与战争中的手持武器者。“史”字的源头既然如此，依据汉代《说文解字》的字形来解说“史”，已经没有意义，因为殷周之“史”就是“吏”，可以是任何受命任职的官员，包括武官在内。

至于将记录历史的史官与“巫”“瞽”或祭祀、占卜、星相等活动联系在一起，搞成史官来历的多元化，就愈发模糊不清。其实，后世史官体制的渊源问题，应当结合殷周之间“作册”的职官系统及其演变来探讨，庶几可明晰其本源。

甲骨文与殷商金文反映出直至商末都有作册的官职，作册带有人名的记载很多，如“作册吾”“作册丰”“作册宅”“作册般”等。“册”肯定是由竹简、木简等书写载体连接一起的文件，殷商既有作册官员，那么古文献说“惟殷先人，有册有典”〔1〕，实为可信。但殷商的册、典还不能说是有了正式的历史记录，册、典内容乃是册命、文诰等政府文书，作册的职责为拟定与宣布册命。周初保留了作册这种职官，其职责应为以文字事务服务于周王朝以及诸侯国，包括册命、文书的撰拟。周初王室的作册，常以地位尊崇者担任，西周成康时期的荣伯，地位十分尊贵，《尚书序》《史记·周本纪》皆记载“成王既伐东夷，肃慎来贺，王俾荣伯，作《贿肃慎之命》”。宣布册命为作册之职，故荣伯是以高贵的身份出任周朝的作册。《史记》又载“康王命作策毕公分居里、成周郊，作《毕命》”〔2〕，“作策”即作册，而任作册之职的毕公，有紧紧排列于召公之下的尊贵身份。〔3〕

---

〔1〕《尚书·多士》，见王世舜《尚书译注》，成都：四川人民出版社，1982年，第209页。

〔2〕《史记》卷四《周本纪》，第133—134页。

〔3〕 毕公地位紧列于召公之下，参见《尚书·顾命》。

作册与“史”相比，无论殷商还是西周，显然具有了较大的专职性质，其主要职责是掌管官方文书事物，乃以文字性工作从事人世间的行政事务，不同于贞人、巫史的神秘性、神职性职务。而西周政权又建置了史官的系统，与作册系统并列。西周“史”官，担任的职责远比作册繁多、庞杂，金文如史颂鼎记述了史官颂被派出视察基层的“里君”“百姓”，史密簋记载史官密随军东征，史兽鼎记载史官兽被派出监督工程，其他诸如办理祭祀、随从出游、观天象、做筹算等，不一而足。〔1〕

但值得注意的是：西周初期分化出内史职官，进入了作册的职掌系列，成为宣布王命的执行人。周康王时的井侯簋铭文记载“王命荣及内史”〔2〕向周公旦之子宣布册命封赏，这里内史与尊贵的作册荣伯一起执行此事，表明内史加入了作册的职任。此后，由内史宣布册命屡见于金文，如穆王时虎簋盖铭文：“王乎（呼）入（内）史吴曰：册命虎”〔3〕，内史越来越取代作册的职务，使作册逐步地退出了古代职官制度的舞台，于西周中、晚期从官制中消失。〔4〕

内史加入了作册职能系统，先是与作册共同或分别担任同一文字性职责，继而逐渐侵蚀、消化了作册，是上古史官体系演变的重要一步，取得掌管文书、宣达命令这一职能，此后才演变出记录政务、时事的史官和纂修史书的史官，掌管政府文书则熟知史事，进而担负记史之任，是职务的延伸。必须注意的是：内史职务延伸到记录史事，不是史学产生的原因，而是史学产生的结果，因为只有记录史事成为官方的一种制度化行为，才会将此职任逐步地交给同一类文官去执行，从而产生真正意义的史官。

〔1〕 转引自张亚初、刘雨《西周金文官制研究》，北京：中华书局，1986年，第28页。
〔2〕 转引自张亚初、刘雨《西周金文官制研究·西周铭文职官资料集录》，第79页。
〔3〕 转引自张亚初、刘雨《西周金文官制研究·西周铭文职官资料集录》，第80页。
〔4〕 关于“作册”这种官员的消亡时间，彭曦《作册艺鬲铭文简释》（《宝鸡文理学院学报》（社会科学版）2005年第6期）一文根据拓片将作册艺鬲解释为西周末年器物，即作册至西周末年仍然存在，这个问题还应进一步研究。

《左传》记述春秋时期的史事，多有关于“大史”（或作“太史”）记载史事的事件，大史，应当是内史之中地位显贵之人，即取代了“作册”“作册尹”称谓的官员。《左传》襄公二十五年载：“大史书曰：‘崔杼弑其君。’崔子杀之。其弟嗣书，而死者二人。其弟又书，乃舍之。南史氏闻大史尽死，执简以往。闻既书矣，乃还。”这是先秦史学史的著名事件，而其中的“南史”之称，独此一处，在所有先秦典籍和所知金文资料中再无出现，历代亦无合理的解释。笔者认为“南史”应当是“内史”之讹，“南”与“内”古音声纽相同，读音易混，《左传》之书源于口语传讲，战国时期才编纂录写成为文本[1]，故而音近而讹。“南史氏闻大史尽死”应是“内史氏闻大史尽死”，此时理当低一级的内史出场，因而“执简以往”，才合乎逻辑，如此也才合乎上古史官制度的实际状况。

总之，中国上古史官的性质和职责复杂多样，其中从出现执掌文字性事务到记述史事，中间尚有许多未知环节需要考订，值得进一步研究。但总体的状况是，随着史学的产生才渐渐出现具有记史职能的史官，真正记史、修史的史官制度，即专职的史官和修史机构，更是晚至三国时期才开始设立。因此，不能从所谓的史官制度上探索中国史学的起源。

（原载《史学史研究》2011年第3期）

〔1〕 此说见于徐中舒《〈左传〉的作者及其成书年代》，《历史教学》1962年第11期。

《越绝书》成书年代与作者问题的重新考辨

《越绝书》是中国古代史学早期发展中一部比较重要的史籍，由于其作者和成书年代问题众说纷纭，引起了自古至今学界的广泛关注，研讨论辩，时起时伏，学术见解迄今莫衷一是。本文拟对此做出新的考析，相信不仅有利于具体问题的研讨，也会对古籍文献考证的思路和方法有所澄清。

一 《越绝书》成书年代与作者问题之众说纷纭

《越绝书》记述中国先秦春秋时期吴、越两国争霸的相关史事，今存之本分15卷，共19篇。各篇标题间或为“内传”或“外传”，却有两篇称作“内经”，即《计倪内经》和《内经九术》。这一著述的作者和成书年代问题颇为复杂，自古以来学界见解参差，臆测频出。简要总结，比较值得关注的说法有如下几种：

1. 认为该书是春秋末期子贡或子胥所撰。子贡为孔子的著名弟子，《论语》《史记》对他的事迹多有记载，特点是能言善辩、极具才干，曾经为官，后又经商致富。但《论语》《史记》都没有记载他撰写过什么著述。子胥即伍子胥，为春秋后期的政治家、军事家，从楚国逃亡到吴国，后率吴国军队攻破楚国都城，是《史记》中记述较详、颇得司马迁肯定的历史人物，但并无注明他写过史书，《汉书·艺文志》著录有《伍子胥八篇》《伍子胥十篇》，分别载于子部杂家类和兵家类。这种著录不排除是战国之后的伪托之作，其中附带记述一些吴、越之事亦完全可能，但与《越绝书》其书不能归属一类。

《越绝书·外传本事》虽自言“或以为子贡所作”及“一说盖是子胥所作”。[1]但稍稍审读其文，可知乃闪烁其词，实际已否定了子贡、伍子胥为作者。虽《隋书》、新旧《唐书》之《经籍志》《艺文志》依传闻而著录子贡为作者，但宋以后学者已极少信从者，因此《越绝书》作者为子贡或伍子胥的说法，盖属于讹传或伪托。

2. 认为是汉代袁康、吴平编撰。明代学者杨慎首倡此论，他通过对篇末《越绝书·篇叙外传记》中的一段隐语予以解读，断定《越绝书》的作者为东汉时期的会稽人袁康、吴平，其言曰：“或问:《越绝》不著作者姓名，何也？予曰：姓名具在书中，览者第不深考耳，子不观其绝篇之言乎？曰‘以去为姓，得衣乃成；厥名有米，覆之以庚。禹来东征，死葬其乡；不直自斥，托类自明’；‘文属辞定，自于邦贤’；‘以口为姓，承之以天；楚相屈原，与之同名’，此以隐语见其姓名也。去得衣，乃袁字也；米覆以庚，乃康字也；禹葬之乡，则会稽也。是乃会稽人袁康也……盖所共著，非康一人也。以口承天，吴字也；屈原同名，平字也。与康共著此书者，乃吴平也。不然，此言何为而设乎？或曰二人何时人也？予曰：东汉也。何以知之？曰：东汉之末，文人好作隐语，黄绢碑，其著者也。”[2]

此后，许多学者予以赞同和发挥，特别是清乾隆年间纂修《四库全书总目》，肯定了杨慎的说法，使之影响大增。今学界对此既有反对者，亦有迂回维护、进而发挥者，而自明代杨慎立说之后，至今多数版本仍题作者为汉代袁康、吴平，故研究者仍当对此说引为重视。

3. 认为该书乃“战国后人所为”，而汉代之人又加以附益。南

---

〔1〕《越绝书》，上海：上海古籍出版社，1985年乐祖谋点校本，第2—3页。
〔2〕杨慎《升菴集》卷一〇《跋〈越绝〉》，影印文渊阁《四库全书》本。

宋陈振孙倡导此说，其《直斋书录解题》卷五《杂史类》称：“《越绝书》十六卷，无撰人名氏，相传以为子贡者，非也。其书杂记吴、越事，下及秦、汉，直至建武二十八年，盖战国后人所为，而汉人又附益之耳。”[1]近代文献学家余嘉锡在《四库提要辨证》中主张：“自来以《越绝》为子贡或子胥作者，固非其实……以为纯出于袁康、吴平之手者，亦非也。余以为战国时人所作之《越绝》，原系兵家之书，特其姓名不可考，于《汉志》不知属何家耳，要之，此书非一时一人所作。《书录解题》卷五云：‘《越绝书》十六卷，无撰人名氏，相传以为子贡者，非也。盖战国后人所为，而汉人又附益之耳。’斯言得之矣。”[2]目前，这一观点赞同者较多，如著名学者黄苇、仓修良先生等，都大体上认同此说。当然在具体的见解上，仍然言人人殊。

4. 当代学者在“此书非一时一人所作”已有认识的前提下，加大力度扩展其成书年代的时间跨度和作者范围，遂提出古人未曾有过的见解。如周生春先生主张《越绝书》的成书过程是从先秦时期一直延续到东晋，可分若干阶段，但核心部分于秦、汉之交业已成书。他认为子贡、伍子胥、计倪、大夫种等人是间接作者[3]，直接作者包括袁康、吴平以及秦汉至东晋许多不知名的文人，而袁康、吴平起到主要作用，“袁康生活的时代大致应在秦代前后……吴平是西汉前期《越绝书》的增补修订者”[4]。这个说法标新立异，仅依据该书零零散散的迹象，诸如文字是否避讳、地名直接联系时代等，遂轻加判定。

5. 李步嘉先生提出：明代杨慎对《越绝书·篇叙外传记》之中

[1] 陈振孙《直斋书录解题》，上海：上海古籍出版社，1987 年，第 142 页。

[2] 余嘉锡《四库提要辨证》，北京：中华书局，2007 年，第 382—383 页。

[3] 周生春将这些人称为“原始作者”或“间接作者”，并不妥当。其书资料虽可能被新书采录，但其人若未参与新书之写作，即与“作者”名义毫无牵涉。

[4] 周生春《〈越绝书〉成书年代及作者新探》，见《中华文史论丛》第 49 辑，上海：上海古籍出版社，1992 年。

隐语的破解虽然正确，但“袁康”“吴平”并非人物名称，而是政治谶语，“袁康”与“吴平”最初暗示的是“袁术昌盛”和“吴国平安”，至于西晋初年又转为袁术政权被否定和平定东吴。因此他认为“《越绝书》是袁术称帝，统治吴地，进而想统一中国，在学术文化上所做的准备之一”，“其作者当为袁术身边之人，其书完整面貌今已不可知……在上书的基础上，《越绝书》增补改编当在孙吴统治时期”。[1]作者曾撰有《〈越绝书〉校释》，对相关史料融汇熟知，学术成就显著。既而著《〈越绝书〉研究》提出上述见解，论证中广征博引，不乏精见，然考释中颇多穿凿附会之嫌、因小失大之处。

以上仅择要列述几大不同观点，实际上的意见分歧远远不止于此，十分复杂。“此书非一时一人所作”这个估量，本身就会导致不同年代与多名作者的多重组合。更由于成书之后，仍有被人增删现象，其文字尤其难于分辨和梳理。有认为先秦时先有《越绝》，汉代增补编辑才出现《越绝书》者；有认为袁康、吴平乃“乌有先生”，出于臆造者；有将《越绝书》连接东汉王充提到过《越纽录》一书者。如此等等，论断多端。李步嘉《〈越绝书〉研究》一书，对不同观点有十分细致的条列，限于篇幅，这里不再过多叙述。关于《越绝书》的成书年代和作者，迄今所有观点都存在论点不完善、视线不深彻、解说不确切，甚或陷入认识误区的状况，本文试以新的思路予以探讨，谋求解决这一史学史研究的悬案。

二　对比《吴越春秋》以审视《越绝书》

《越绝书》成书年代与作者问题的众说纷纭，历久得不出圆满结论，除其他原因之外，存在着研究思路、考释方法以及文本解读方向等多方面的偏颇。因此，新的探讨必须开拓出符合历史实际状态

〔1〕李步嘉《〈越绝书〉研究》，上海：上海古籍出版社，2003年，第289、302页。

的新思路。笔者认为,《越绝书》与《吴越春秋》在具体内容、行文用语和编纂形式上，都有摆脱不开的关系，因此必须将之比较分析，从而完成对《越绝书》一书的全面审视。

《吴越春秋》一书，为东汉赵晔编纂,《隋书·经籍志》著录为12卷,《宋史·艺文志》著录为10卷。今存行本为10卷。记载春秋末期吴越两国争霸及其相关史事，其中颇多传说佚闻，间或掺杂神异荒唐故事，这一点与《越绝书》类似，因而《隋书·经籍志》评论云:“又有《越绝》，相承以为子贡所作。后汉赵晔，又为《吴越春秋》。其属辞比事，皆不与《春秋》《史记》《汉书》相似，盖率尔而作，非史策之正也。”〔1〕该书编纂中显露出“内吴而外越”，即凡记述吴国史事，标名或为“传”，或为“内传”，凡记述越国史事之篇，一律称之“外传”。一部著述篇目划分内外，这种现象起自西汉以后，其“内”与“外”的区别，或隐含内尊外卑，或寓主与从、正与偏、实与虚、典要与庞杂之分，总之略有轩轾厚薄之意。《吴越春秋》的篇目中卷九有《勾践阴谋外传》，题目即含贬斥。但作者赵晔毕竟是治经阅史较有功底的学者，厚吴薄越的情绪仅稍稍表达于编纂形式，而记述史事和采录传说，并不刻意回避吴国之短，也不掩盖越国之长，兼收旧籍所载和神异传说，对历史人物亦极少发表褒贬评论，乃以记叙历史故事的态度分类讲述。

赵晔其人在《后汉书》中有简短的传记:“赵晔字长君，会稽山阴人也。少尝为县吏，奉檄迎督邮，晔耻于厮役，遂弃车马去。到犍为资中，诣杜抚受《韩诗》，究竟其术。积二十年，绝问不还，家为发丧制服。抚卒乃归。州召补从事，不就。举有道。卒于家。晔著《吴越春秋》《诗细历神渊》。蔡邕至会稽，读《诗细》而叹息，以为长于《论衡》。”〔2〕由此可知：赵晔为越地会稽人，曾从师于杜抚

〔1〕《隋书》卷三三《经籍二》杂史部，北京：中华书局，1973年，第962页。
〔2〕《后汉书》卷七九下《赵晔传》，北京：中华书局，1965年，第2575页。

专门研习《韩诗》。对于吴越争霸这段历史，他作为会稽人却厚吴薄越，看似难以理解，有文章解释说“从世系上说吴传自太伯，尊吴即尊周”[1]。按此说未得要领，越王据称是大禹后裔，祖德不减于吴王。赵晔主要是比较了吴王夫差和越王勾践，内吴外越是出于贯彻《韩诗》的崇重礼、义精神。

《韩诗》之学自西晋之时衰微，及今《韩诗内传》佚失而《韩诗外传》尚有遗存，“其书杂引古事古语，证以诗词，与经义不相比附，故曰外传”[2]。但此门学派的精神宗旨仍大略可见，其于儒学思想体系中，尤强调礼与义。“在天者莫明乎日月，在地者莫明于水火，在人者莫明乎礼义。故日月不高则所照不远，水火不积则光炎不博，礼义不加乎国家则功名不白”[3]，这是书中反复申述的原则，该书反对“好利多诈”“废义而行诈”，特别主张：“礼义节奏齐乎朝，法则度量正乎官，忠信爱利刑乎下。行一不义，杀一无罪，而得天下不为也。”[4]以这样的政治价值观来品评吴越争霸的诸多事件，吴王夫差君臣固然也颇有违义之举，但到底是越王勾践诈伪甚多，不义之举极其严重，例如越向吴“请籴”，吴国许之，而次年越国却向吴国送上蒸过的种子，“吴种越粟，粟种杀而无生者，吴民大饥”[5]。越王勾践破吴次年，即迫使功臣大夫文种自杀，《吴越春秋》记载勾践逼迫大夫文种之言曰：“子有阴谋兵法，倾敌取国，九术之策，今用三，已破强吴。其六尚在子所，愿幸以余术，为孤前王于地下谋吴之前人。”[6]可知勾践为人，残忍刻毒、无情无义已甚。虽最终取得灭吴称霸的胜利，以礼义标准衡量，仍须加以

---

〔1〕许殿才《〈吴越春秋〉说略》,《史学史研究》2007年第1期。

〔2〕《四库全书总目》卷一六，经部《诗》类二,《韩诗外传》提要，北京：中华书局影印版，1965年，第136页。

〔3〕许维遹校释《韩诗外传集释》卷一，第五章，北京：中华书局，1980年，第6页。

〔4〕许维遹校释《韩诗外传集释》卷六，第二十三章，第229页。按：原标点有误，今改之。

〔5〕刘晓东等点校《吴越春秋》卷九《勾践阴谋外传》，济南：齐鲁书社，2000年，第87页。

〔6〕刘晓东等点校《吴越春秋》卷一〇《勾践伐吴外传》，第103页。

贬抑。

总之，《吴越春秋》作者赵晔，是东汉时较有学术素养的学者，故本书记述很有条理，逻辑思路清晰，语言叙述顺畅。至于其中收载有不确史事和神异传说，乃是作者立意网罗故事，兼存异闻，非以记史唯真为宗旨。是书对历史人物虽微有轩轾，但仅以编纂形式之内吴、外越略示意趣而已。

不言而喻，《越绝书》记述史事，也以春秋时期吴越争霸为核心，其内容与《吴越春秋》颇多相同之处，而且还多有他书不见、唯载于此二书的故事或传说，不仅如此，更有文句用语雷同之处。因此，两书之间存在参酌和采录的关系，是毫无疑问的。那么，到底两书撰成，孰前孰后？这实在是研究《越绝书》的一个至关重要的问题，不能不认真探讨。

检阅历代学者的有关论述，唯宋代学者黄震指出："'越绝'之义，取勾践功成，能绝人之恶，于理既无当矣。谓子贡所作，又疑子胥所作，而所载乃及建武二十八年，何其自为矛盾耶！其书大抵祖袭《吴越春秋》，而文则杂而不伦矣。"〔1〕这个见解，遭到晚清人钱培名的反对，但钱氏并未提出任何理由。迄今许多学者，大约是受《越绝书》初成稿于战国之说的影响，懵懂地认为《越绝书》撰成于《吴越春秋》之前，其中晁岳佩的文章值得玩味，他说："从内容上看，今本《越绝书》的内外篇，基本上全部见于《吴越春秋》，凡仅见于二书者，文字完全相同；又见于前人著作者，《吴越春秋》往往同于原书，而《越绝书》则多有改写痕迹……《吴越春秋》在内容的广博和体例的严谨方面都明显优于《越绝书》。"这段评述大体上正确，但作者却据此得出结论说："若吴平辑录外篇于《吴越春秋》成书之后，他应该有条件见到此书并吸取其优点，但在二书比较中，

〔1〕黄震《黄氏日抄》卷五二《读杂史二·越绝书》，影印文渊阁《四库全书》本。

很显然是赵晔借鉴了《越绝书》，而不是吴平抄袭《吴越春秋》。”[1]这真是匪夷所思的逻辑混乱，为什么后成的书就一定会吸取前书的优点？如果后之作者没有这种能力怎么办？如果后之作者根本就不想吸取前书优点呢？至今我们看到的后出之书抄袭拼凑、率尔编造者，难道还少吗？

笔者认为：《越绝书》编纂和成书都在《吴越春秋》之后，而且年限相隔并不很久，《吴越春秋》的面世和在会稽一带的流行，就是编纂《越绝书》的导因。理由以及相应的解析有如下列：

第一，《越绝书》较多地出现问答的行文方式和议论性的内容，其议论明确地表达出褒扬越国、赞颂勾践的情绪，首篇《外传本事》申明虽然编排上先叙述吴太伯之事，但实质精神是“欲以贬大吴，显弱越之功也”[2]。末篇《篇叙外传记》提出这样的设问与回答：“问曰：‘勾践何德也？’曰：‘伯德，贤君也。’”又设问：“行伪以胜，灭人以伯，其贤奈何？”回答：“是固伯道也。祺道厌驳，一善一恶。当时无天子，强者为右，使勾践无权，灭邦久矣……遭逢变乱，权以自存，不亦贤乎？行伯非贤，晋文之能因时顺宜，随而可之。”[3]大义是讲在“时无天子”的形势下，不管用什么手段保护了邦国，都是有“伯德”的贤君。

问题是为勾践所做的辩解缘何兴起？不可不寻其因由。先秦诸子和史籍对吴越争霸多有记载，但并无褒贬予夺。司马迁《史记》有《越王勾践世家》，记事详细，而颇有赞叹之意。这些早期的书籍，当然不会引起东汉时越人的争议。但赵晔作为当时、当地的越人，居然撰写抹黑越国的书籍，这对于乡土情结较为浓重的某些会稽人，必有很大的刺激，于是稍知文字的所谓“邦贤”挺身而出，

---

[1] 晁岳佩《也谈〈越绝书〉的作者及成书年代》，《山东师范大学学报》（人文社会科学版）1991年第5期。

[2]《越绝书·外传本事》，第2页。

[3]《越绝书·篇叙外传记》，第107页。

有人牵头、有人协从，撰一书予以抵制，乃顺理成章之事。《越绝书》即因此而产生，其主旨是申明越王勾践的贤君形象，抵消《吴越春秋》的负面影响。《越绝书》作者的这种努力，从其《篇叙外传记》等篇反复有“时莫能与”“时莫能用”之类感叹来看，效果很不理想，当时未必有很多人怀有乡土情结，赵晔的思想与行为就是证明。而赵晔一定也有支持者，因为他毕竟名望较高，且得到官府的器重，为《越绝书》作者所不能匹敌。《篇叙外传记》说“吴越相（攻）复见于今”[1]，许多学者据此将成书年代判断在东汉初年和末年的战乱时期，是错误的，实际上东汉初年和末年都没有吴、越两地相攻的战争，这里的“吴越相（攻）复见于今”，乃借指在评议吴越争霸问题上的意见相对立，这反衬出本书的编纂缘由。

第二，由于赵晔为本乡本土的名人，他在书中只是讲述和渲染越王勾践的不义之举，并未发布攻击、贬斥的议论。所以《越绝书》也不能指名道姓批评赵晔的《吴越春秋》，“乡贤”之间相攻击，不利于弘扬本乡本土之荣誉。于是《越绝书》采取重新编排历史故事，更增添了发表正面议论的方式。《越绝书》的内容大部分抄自《吴越春秋》，亦有来自传说和其他文献资料。多人分头摘录，形成专题性的篇目，其抄撮也是有选择的，例如《请籴内传》抄自《吴越春秋》的《勾践阴谋外传》，但《越绝书》不能容许将之视为阴谋，乃是当作越国的智慧来描述的，自然就删去了越国用蒸过的种子还贷而造成“吴民大饥”的情节。越灭吴后，功臣范蠡出逃、文种被逼自杀，《吴越春秋》与《史记》等书的记述相同，相信在越地的民间传说中也大体如是，但《越绝书》将具体情节全部删除，仅偶尔在议论中提到只言片语，而勾践逼死文种的狠毒言语[2]，范蠡评论勾践“越王为人长颈鸟喙，鹰视狼步，可与共患难而不可共处乐，可与履

〔1〕据明人钱培名校释，此句唯《汉魏丛书》本《越绝书》有“攻”字。笔者认为：有无“攻”字，不大影响语义，若无“攻”字，当为“吴越相覆”，其义亦妥。

〔2〕《越绝书·德序外传记》甚至为勾践杀大夫种强为辩解，见第102页。

危，不可与安”[1]之言，更不存一字。关于西施的结局，《吴越春秋》佚文是“吴亡后，越浮西施于江，令随鸱夷以终”[2]，这与《墨子》所言“西施之沉，其美也”[3]符合。而查《越绝书》佚文，却篡改为“西施亡吴国后，复归范蠡，同泛五湖而去”[4]，目的也是掩盖勾践之恶行。《越绝书》对吴国的伍子胥大为赞誉，其实是颂扬越王勾践的一种衬托，称伍子胥“子之复仇，臣之讨贼，至诚感天，矫枉过直”[5]，不必追究其“笞墓”等过分的举动，那么勾践为国复仇岂不更可以“矫枉过直”？这样，《越绝书》不期而然地倾向于复仇主义情绪，此乃作者刻意为勾践辩解所导致。

第三，《越绝书》与《吴越春秋》共有而不见于他书的记述，内容大体一致，甚至一些文句也极其雷同，但凡此情况，都是《吴越春秋》叙述完整、线索清晰，而《越绝书》记叙大加删略、支离破碎，甚至多有前言不搭后语现象，这一方面显示其作者文笔拙劣，也透露出是率尔抄撮而成。例如《吴越春秋》有大夫文种向勾践进献灭吴“九术”，详述了其中几项的具体施行情况，内容丰富，文笔生动。但在今本《内经九术》中，只简单列出“九术”的条目，然后举出两个例子，一是向吴国献巨大木材，促使其建筑姑苏台而大兴土木，另一是向吴王献上西施、郑旦两位美女。第一例开头是“于是作为策楯，婴以白璧，镂以黄金”，起始突然，毫无原委，似有脱文，疑今本脱落第一“术”全文以及第二“术”的开头。关于进献“西施”之“术”，叙述伍子胥进谏后即言“吴王不听，遂受其女，以申胥为不忠而杀之。越乃兴师伐吴，大败之于秦余杭山，灭

---

〔1〕刘晓东等点校《吴越春秋》卷一〇《勾践伐吴外传》，第 99 页。
〔2〕转引自周生春《吴越春秋辑校汇考》附录，见《吴越春秋佚文》，上海：上海古籍出版社，1997 年，第 270 页。
〔3〕《墨子》卷一《亲士第一》，《新编诸子集成》本，北京：中华书局，1993 年，第 2 页。
〔4〕《吴地记》引《越绝书》佚文，影印文渊阁《四库全书》本。按：《吴地记》旧题唐陆广微撰，但内容有出自唐后者，仍须考订。
〔5〕《越绝书·篇叙外传记》，第 108 页。

吴，禽（擒）夫差，而戮太宰嚭与其妻子”[1]。这与《吴越春秋》的记载比较，则删略过多而造成史实扭曲。

查《吴越春秋》记载的越国“九术”，在实施“尊天事鬼”后，越王说：“善哉，大夫之术！”在记叙进献木材促使吴国大兴土木造成民力凋敝后，越王曰：“善哉，第二术也！”在进献西施成功后，越王曰：“善哉，第三术也！”而实际上其他各“术”也有实行者，如通过“请籴”、还贷使“吴民大饥”，发展本国农业，加强兵力等，记述详细，都在“九术”之列，只是没有记载越王的赞叹。《越绝书》的作者抄撮《吴越春秋》时，见越王只赞叹三“术”，于是仅仅摘录此三事[2]，随之就以吴王杀伍子胥、越灭吴的字句含混结尾。这充分证明了《越绝书》抄撮于《吴越春秋》，否则不合逻辑。

确知《吴越春秋》与《越绝书》先后成书及相互关系，就可以对《越绝书》做出恰当的解析。

首先，《越绝书》各篇乃多人分撰，但不是有些学者所言跨很长年代的多人撰写，而是东汉同时期一些具有乡土情结者合伙分撰，除两篇记述吴、越地理者外，大多为宣讲的底稿，多篇开言都冠以“昔者”，显示了在人前讲说的迹象。《外传本事》曰“各辩士所述，不可断绝，小道不通，偏有所期。明说者不专，故删定复重，以为中外篇”[3]，这里的“各辩士”即指多名撰稿和宣讲人，他们争辩的目标是褒越贬吴。这个群体，学薄识浅，文笔拙劣，所以各篇多为随意抄撮，支离片断，既讲不清完整的历史过程，又掺杂无关的内容。例如《吴内传》开头就本于《春秋》公羊学贬吴国为“夷狄”[4]，然后拉拉杂杂讲述蔡昭公结怨楚国、越王欲伐吴国而范蠡进

[1]《越绝书·内经九术》，第83—84页。

[2] 如上文所言，第一“术”“尊天事鬼”，文字无多，《越绝书》原文可能与第二“术”开头文字一起脱失。

[3]《越绝书·外传本事》，第3页。

[4]《越绝书》这里的文字，不合乎《公羊传》书法原文，前人已有考述，此亦见《越绝书》之陋。

谏事，晋国、齐国、尧舜、夏启、商汤、周文王、周武王、周公事等，竟然没有多少吴国的事件，何谓“吴内传”？这种驳杂的行文，在几篇内不同程度地存在，如《外传纪策考》《外传记宝剑》都是杂沓漫谈，并无伦次。而有些篇章则内容比较专一，风格迥异，足见其作者非一，且缺乏统摄修订。

其次，全书编纂体例芜乱，作者眼见《吴越春秋》有内传、外传，也想采取类似形式，但没有领会“内”与“外”的含义，朦胧地把自以为重要内容的篇目名为内传，次要者名为外传，还有个别最重要的得意篇目，名之为“内经”。《外传本事》说：“经者，论其事，传者，道其意，外者，非一人所作，颇相覆载。或非其事，引类以托意”[1]，这种解释也不成立，我们从各篇中看不出“论其事”与“道其意”的区别，例如《计倪内经》与《请籴内传》比较，性质接近，若非要寻其区别，《请籴内传》倒更像“论其事”。《越绝书》之各篇只能说是随便定名。如《计倪内经》抄撮计倪的议论，《外传计倪》同样是抄撮计倪另外的议论，完全应当合并，然而一者为内经，一者为外传，莫名其妙。在中古时代，随意将文籍称之为“经”，可谓类若愚狂，而既无“外经”，何故称之“内经”？有的学者解说这是受谶纬学的影响，亦属牵强，谶纬之书乃是曲解儒学经典来发挥神秘观念，总称“纬书”，何曾将文籍随便自命为“经”？《越绝书》内还有文不对题者，《荆平王内传》实际是叙述伍子胥叛楚归吴之事，《内传陈成恒》主要叙述子贡游说各国，其篇名也不合于实际内容。窥其原因，应是内容抄自《吴越春秋》，而又不满于伍子胥、子贡之事都被叙述于吴国君主的传记，于是另寻相关政权的主宰者作为题目，遂成笑柄。其余如《越绝书》各篇次序散乱无章，毫无系统，各篇内容不相配合，每有抵牾之处，有目共睹，实为文化层次较低的人所编纂。

---

〔1〕《越绝书·外传本事》，第3页。

总之，将《越绝书》视为近两千年前的乡曲陋儒之作，并不过苛。当然，其书采录了一些当时当地的传说，不无史料参考价值，但从史学史角度评价史书优劣，些许史料价值不具重要意义。《越绝书》的编纂和撰写水平，不仅远远劣于早已有之的史籍名著，就与它所抄撮的《吴越春秋》相比，也望尘莫及。需要提出的是，《越绝书》展示的吴越争霸评议问题的争辩，只在很小的范围之内。《越绝书》长期在少数地域的民间流传，这样的书籍要比名家名著更容易散失、附益和窜乱。因此，摭取书内零碎、偶见的避讳字、年号等个别现象考订其成书年代，不足为训，往往还会陷入进退维谷的境地。必须从整体性的证据入手，正确解读可用的资料，才有助于问题的解决。

三 成书年代及作者的考析

如上所述，《越绝书》成书于《吴越春秋》之后，并且时间上相隔不太久远，这就需要先考订《吴越春秋》的成书时间。《吴越春秋》成书时间虽然也史无明文，但有迹可循。前引《后汉书・赵晔传》言赵晔师从杜抚研治《韩诗》有 20 年，至杜抚卒后归乡。关于杜抚，《后汉书》卷七九下《杜抚传》言其“建初中为公车令，数月卒官”。汉章帝建初共有八年，即 76—83 年，建初中应为 80 年前后，此时赵晔回乡，《吴越春秋》应为他归乡后撰著。根据赵晔年少离家求学、20 年后返回的履历，回乡时年纪应在 40 岁至 50 岁之间。《后汉书・赵晔传》称其“州召补从事，不就。举有道。卒于家。晔著《吴越春秋》《诗细历神渊》”。赵晔拒不为官，看来还是专心于治学，他可能先撰成《诗细历神渊》，后撰写《吴越春秋》，两书都已有知识基础，20 年内完全能够完成。《越绝书》在《吴越春秋》之后产生，则《越绝书》的开始撰写，不会早于汉和帝永元十一年即 99 年。而考虑到当时当地的具体条件，从赵晔写成《吴越春秋》，到决心将这部可能引起当地人反感的书抄录面世，达到一定程度的传布，引起某些乡绅不满，再有某人牵头另撰一书相抵制，这个过程也必经年所，但难以估算，且假定有5至10年，那么《越绝书》的初撰很可能在汉和帝永元十六年（104）之后。

《越绝书》的成书时间更为重要，要探讨这个问题，须结合对其作者的考察一并进行。前揭明代学者杨慎解说《篇叙外传记》的隐语，指出其作者是东汉时期的袁康、吴平，得到清四库馆臣群体和迄今多数学者的认同。〔1〕如果对此予以否定，需要先有理有据地证明《篇叙外传记》是伪造的，或其隐语并非涉及作者问题。然而审阅所有反对意见，绝大多数皆属全无证据。例如张仲清的文章认为《篇叙外传记》是宋代伪造的，这本为臆想，他又制造一系列的臆想来证明臆想，说是关于袁康、吴平的隐语太简单，“既无联想的意蕴，也无离合诗的韵味……未得汉末魏晋时期离合隐语的要领”〔2〕。这种说法武断得离格，关于董卓之死的谣谶“十日卜，不得生”〔3〕，不是更简明吗？是谁规定过“离合隐语的要领”？东汉时会稽的乡曲陋儒为什么一定遵守所谓的“要领”？宋代的什么人、有什么必要来伪造一篇文字掺入《越绝书》？不回答诸如此类的问题，就不能自圆其说。另一说是认为袁康、吴平“子虚乌有”，从未见于明代以前的历史记载，“是杨慎臆造的人物”〔4〕。此言非是，不成理据，查《隋书·经籍志》，失去作者名氏者触目可见，有的图书作者仅题“张氏”“孟氏”等，虽有作者姓名但其人事迹无考者也不少见，如潘杰撰《王霸记》三卷、毛范撰《吕布本事》一卷、姚恭撰《年历帝纪》三十卷、何仲熙撰《秦书》八卷等，潘杰、毛范、姚恭、何仲熙都是史事失载的人物。《越绝书》的作者在乡下虽被同伙捧为“邦贤”，实际乃乡曲略微知书之人，史籍未予记载是十分正常的。《越绝书》

〔1〕这里包括承认东汉袁康、吴平是《越绝书》之最重要的整理编辑者。

〔2〕张仲清《越绝书作者考辨》，《绍兴文理学院学报》2005年第4期。

〔3〕《后汉书》志第十三《五行志一》，北京：中华书局，1965年，第3285页。

〔4〕仓修良《越绝书散论》，《史学史研究》1998年第1期。

内容、体例、文字甚为谫陋，并非有影响的书籍，只是明代杨慎据隐语揭出其作者问题，才引起学界的兴趣。

唯李步嘉先生试图论证“袁康”“吴平”不是人名而是政治谶语，着实下了一番功夫，其论点、论据且待后文辩驳。这里谨说明：正是李先生考证了《篇叙外传记》的可靠性和杨慎破解隐语得出“袁康”“吴平”四字的正确。他说：“《篇叙》篇很早就被编入《越绝书》，不仅从早期类书曾经征引过该篇得到证明，而且，从该篇记述与《越绝书》多篇文字有联系也可以看出……今本《篇叙》篇应是真实可靠的。”〔1〕他经缜密考核指出：“杨慎把《越绝书·篇叙外传记》中的那段文字确定为隐语没有问题，杨慎的看法是对的……把隐语中的含义解释为‘袁康’‘吴平’，也是对的，没有问题。”〔2〕李先生的考证是确凿的，他引证古碑刻的隶书字指出“袁”字上部可以是“去”，引证《说文解字》中篆书展示了“米”上覆“庚”即为“康”字，将曾经有人对字形组合的质疑也解决了。〔3〕当然，这种字谜形式的隐语，本来大致符合即可，即使字形不太贴切，也不影响破解的正确性。

解决《越绝书》的作者和成书年代问题，最直接、最可靠的资料还是《篇叙外传记》，其他旁征博引只可作为旁证，但过度穿凿和东拉西扯则可能误入歧途。首先要对《篇叙外传记》有个整体的认识。此文隐语透露出最先牵头写作者是袁康，承接编订者为吴平，但文中说到吴平“怀道而终”，应当是在吴平去世后写成。全文内容分两部分，前为讲述全书意旨、文篇布局，以及解答评论吴越的一些疑难问题。其中称“及外篇各有差叙，师不说”，可见执笔者乃是吴平之弟子，而文内确实没有讲解“外篇”的次序安排，这是因为“师不说”之故，可知本文前部分内容，都是记述吴平所讲述过的观

---

〔1〕李步嘉《〈越绝书〉研究》，上海：上海古籍出版社，2003年，第266页。
〔2〕李步嘉《〈越绝书〉研究》，第264页。
〔3〕李步嘉《〈越绝书〉研究》，第269页。

点，成文也必在吴平故去不久。按一般惯例，这样的“篇叙”理应叙述作者特别是执笔者之师吴平的事迹，但此书不署作者之名是早就决定了的，《外传本事》言“是人有大雅之才，直道一国之事，不见姓名，小之辞也”，“嫌于求誉，是以不著姓名”[1]，这种解释不成为理由，真正原因恐不在此，难道陆贾、贾谊、司马迁、班固等著书署名者都可指摘吗？如前所述，《越绝书》是多人参与、各自谋篇，袁康、吴平虽前后牵头其事，但实际没有权威，参与其事者皆具一定势力，署名问题无法协调，又不能不维护这个松散的合作关系，故而才在内部打出“嫌于求誉”旗号，达成众人都不署名的协定。然而吴平的弟子即《篇叙外传记》的执笔者，心有不甘，故写出一段隐语于文中。大抵用隐语成文，多属貌似诙谐、形同游戏，唯此文不同，字里行间情绪苍凉，透出深沉的无奈和惆怅，作者和成书时间的信息隐喻其中。现解析其文如下：

“维子胥之述吴越也”，是说伍子胥曾经记述吴越之事，并非指本书是伍子胥所作。《汉书·艺文志》兵家类著录有“伍子胥十篇”，东汉时仍存，《越绝书》有佚篇称《伍子胥水战兵法内经》[2]，或许抄撮于“伍子胥十篇”。

“勾践以来，至乎更始之元，五百余年，吴越相复见于今。”所言更始元年，乃为“百岁一贤，犹为比肩”找一个时间起点，“吴越相复见于今”前已作解，是说于今出现了对吴越争霸评议的争论。以下一段，杨慎等早有解释，即关于作者袁康、吴平的隐语。

随后“明于古今，德配颜渊。时莫能与，伏窜自容。年加申酉，怀道而终。友臣不施，犹夫子得麟”，这一段带有非常重要的信息，而且全是关乎吴平的叙述。执笔人对袁康之事简略提到，真正颂扬的是“邦贤”吴平，“百岁一贤”也指的是吴平。看来袁康与吴平并

---

〔1〕《越绝书·外传本事》，第2—3页。

〔2〕颜延年《车驾幸京口三月三日侍游曲阿后湖作》，见萧统《文选》卷二二，上海：上海古籍出版社，1992年，第1054页。

无师生关系，袁康死后，吴平接续其事，应当是有势力的乡曲人士的推举。这里说吴平“德配颜渊”，暗示他如同孔子弟子颜回一样早死，故后文又言“后生可畏，盖不在年”，吴平享年应当不到50岁。吴平对编订《越绝书》贡献最大，却处于困难境遇，即“时莫能与，伏窜自容”，对古代越国的褒扬未能得到广泛支持。“年加申酉，怀道而终。友臣不施，犹夫子得麟”，是说吴平之做官吏的友人也未予以支持，像孔子《春秋》止笔于“获麟”一样，停下《越绝书》的编订。这里关键的是“年加申酉”，这是吴平病死的时间，也是《越绝书》基本成书的时间。

历来学者对于“年加申酉”，或回避不言，或解释讹误，如周生春先生认为：“申、酉在地支中位居第九、第十，‘年加申酉’系指年逾九十。”[1]这种解释毫无道理，天干、地支偶可表示序数，却从未被当作数字，把两个地支拼成两位数更是闻所未闻。而且吴平如果高寿，又为何说他“德配颜渊”？也有人认为“申酉”是一日中的时辰，即傍晚时分，更扞格不通。这里明言是“年加”，表达的只能是申年和酉年，即吴平于申年卧病，编辑《越绝书》停笔，酉年去世。

根据《越绝书》撰于《吴越春秋》之后，那么吴平之卧病、停笔时间，只可以考虑三个定点：汉和帝永元八年（96）丙申、汉安帝永初二年（108）戊申、汉安帝永宁元年（120）庚申，不能更早与更晚。全面衡量，以汉安帝永宁元年庚申为最大可能，理由如下：

1. 中国古代，干支纪年方法至东汉章帝元和二年（85）才由朝廷认可，此年“二月甲寅，始用四分历”[2]，为历算方法的一大调整，同时推行干支纪年。而这种纪年方式通行于社会，仍是渐进的过程，汉安帝元初元年（114）甲寅，此年改元年号为“元初”，应意味着

---

〔1〕周生春《〈越绝书〉成书年代及作者新探》，见《中华文史论丛》第49辑，上海：上海古籍出版社，1992年，第137页。

〔2〕《后汉书》卷三《章帝纪》元和二年二月甲寅，第149页。

官方着力统一干支纪年的序列，此前、此后的历年干支，皆以本年甲寅予以推算。“年加申酉”的“加”字，显示出这种纪年法是新加的，因此判断为甲寅年之后的庚申、辛酉年较为合理。

2. 吴平于辛酉年（121）逝世，若一年后其弟子撰成《篇叙外传记》及最后完成全书定稿，距更始元年（23）恰好百年，正合本篇中“百岁一贤”的年数。那么可以断定《篇叙外传记》写成，亦即《越绝书》全部完稿是在122年，即东汉安帝延光元年。能够考证出此书准确的成书之年，这足以令人大为惊喜！

或许有人说这里“百岁”不是个准确数字，此言非是！原文“勾践以来，至乎更始之元，五百余年，吴越相复见于今，百岁一贤，犹为比肩”，此处“更始之元”是撰文者倒推一百年而找出的准确定点时间，因西汉、东汉都没有该年年号，又不能使用王莽的年号，故只能用“更始之元”。如果“百岁”不是确切年数，则会采用稍晚的光武帝年号，仍合“五百余年”时段。后文又讲到“百岁一贤，贤复生也”，寄托作者的希望，也表达了下一个“百岁”的即将开始。

3.《篇叙外传记》两次写有孔子“获麟”，用以比附吴平编订《越绝书》之停笔，其中也有玄机。当时施行的四分历法，以孔子获麟之年为计算的支撑点之一，“岁在庚申，则孔子获麟。二百七十六万岁，寻之上行，复得庚申，岁岁相承，从下寻上，其执不误。此《四分历》、元明文图谶所著也”[1]。可见在当时的历法体系内，孔子获麟在庚申年，吴平著书停笔也恰为庚申年，其比附和标榜算是有所据依，若合符契。

4. 在《越绝书》中，“年加申酉”一语还出现于《外传记地传》篇开头的序文，讲说大禹在越地病死，葬于会稽。其中曰：“及其王也，巡狩大越……禹知时晏岁暮，年加申酉，求书其下，祠白

〔1〕《后汉书》志第二《律历中》，第3036页。

马。”[1]这里称大禹自知“时晏岁暮”，即将要死去，是因为正好赶上了“年加申酉”。看来东汉的四分历和某些谶纬书也推算了大禹的卒年，这在当时属于泛常的知识，而今所有纬书基本散佚，查考为难，但也还有踪迹可稽。《今本竹书纪年》载：“禹崩，三年丧毕，天下归启。帝启：元年癸亥，帝即位于夏邑，大飨诸侯于钧台。”[2]这当然不是真实的史事，但却是自古相沿的认识。从夏启即帝位的癸亥年倒推三年，大禹则正好死于庚申、辛酉年间。这样，出现于《越绝书》两处的“年加申酉”，可以相互映照。申、酉之年，在《越绝书》作者看来是不吉祥的，其中有浅显的五行相克观念。地支的申、酉，在五行属金[3]，越国之地，位于东南，五行属木，金可克木，故对越地贤人不利。而天干之庚、辛也是属金，庚申年的金势尤强。

综上所述，《越绝书》是东汉会稽一些乡土情结浓重的乡曲人士，出于对《吴越春秋》褒吴贬越倾向的反感而撰写，牵头领其事者，先是袁康，继而为吴平。吴平于汉安帝永宁元年庚申卧病，此时全书基本编成，次年去世。此后一二年间，吴平的弟子撰《篇叙外传记》，叙述吴平的著书宗旨，以隐语感叹吴平等人编书之事，因张扬“大越”效果不佳而抒发了“时莫能与”“论者不得，莫能达焉”的忧思。而《篇叙外传记》接着又写出关于吴平、袁康姓名的隐语，这不是简单重复，而是执笔者讲说姓名之谶。“以口为姓，万事道也。丞之以天，德高明也。屈原同名，意相应也”，前四句含义明晰，不必解释，后两句是说吴平与屈原同名，也同样具备热爱本邦的意旨。“姓有去，不能容也。得衣乃成，贤人衣之能章也”，讲袁康姓氏内有“去”字，所以不容于当世，但姓氏中有“衣”字，

[1]《越绝书·外传记地传》，第57页。

[2] 今本《竹书纪年》卷上，清嘉庆平津馆刻本。

[3] 关于地支与五行的对应，古来颇有复杂而歧异的说法。此据田合禄、田蔚《中医运气学解秘》（太原：山西科学技术出版社，2002年）第79页列表。该表按古籍《黄帝内经》《素问》的说法制作。

预示因得到“贤人衣（依）之”，名声能够彰显。“名有米，八政宝也。覆以庚，兵绝之也”，“八政”出于《尚书·洪范》，前两项“一曰食，二曰货”，指农业与商业，其余六项都是行政事务管理与执行。袁康名内有“米”，合于八政之首，为“八政宝也”，这应当是很吉利的，但“覆以庚，兵绝之也”，兵者，刀剑一类的兵器，天干的“庚”在五行内属金，兵器可以被视为“金”的物象之一。“兵绝之也”是说因为“庚”覆“米”上，使袁康名字的吉祥运会完全断绝。以姓名字谶做出测验，休咎范围是十分宽泛的，此处“兵绝之也”，可以代指各种人生坎坷和事业不顺，当然也不排除袁康死于意外的凶器伤害，但若认为他一定死于战乱，则为臆想，并不合乎“兵”字的含义。

“屈原隔界，放于南楚，自沉湘水，蠡所有也”，这是全文最后几句，盖考虑吴平既与屈原同名，是否包含不祥之谶？屈原是自沉湘水的结局，但他“放于南楚”，与越地“隔界”，所以吴平之名并无不祥因素，例如范蠡泛五湖而去，成为富商，结果吉祥，这就是结尾“蠡所有也”的含义，疑此四字之前脱失“水可生木”之类的一句。

这里解读《篇叙外传记》，颇费篇幅，但非常必要，因为能否全面、通畅地解说这段文字，是检验考订思路是否正确的一枚试金石。我们注意到：此前尚无一例将《篇叙外传记》全文都合理解读，而总是有所回避、有所牵强，论点偏正，于此概见。

四　几点祛疑与论辩

本文的主要结论是：《越绝书》撰于赵晔《吴越春秋》之后，起因是会稽的一些乡曲之士不满《吴越春秋》之贬抑越国。袁康、吴平乃前、后牵头之人，参与其事者似颇具地方势力，诸人各自撰文宣讲，抄撮《吴越春秋》之处甚多。袁、吴自撰文篇，也收集他人文稿，但并无驾驭和修订之力，只能委屈维护其松散的乡曲合作关系，甚至连成书后的署名也都放弃。吴平卧病于汉安帝永宁元年（120）庚申，此年纂辑工作止笔，次年逝世。再一二年间，吴平之弟子撰《篇叙外传记》，或同时对《越绝书》做出少许补订，故其最后成书应在122年。《越绝书》的参与群体与成书进程，决定了其内容芜杂、体式混乱、水平低下，是一部乡曲陋儒之作。

这个结论还面临今本《越绝书》文字上的一些疑问，必当将之祛除，方能立于确信之地。

第一，《越绝书》的文本或佚文，有与东汉时期不协同的地名，出现东汉之后的年号，导致某些学者对成书年代得出不同的见解。例如周生春先生根据《外传记军气》等篇中出现了汉武帝元狩时才有的郡国名称，就认为“只能成文于元狩年间”[1]。这种判断不能成立，从《越绝书》作者的素质来看，在抄撮西汉旧文献时，照录其中旧地名而不作任何考辨，是毫不意外的，因为即使很有学问的学者，也往往沿袭旧称。另外，《越绝书》靠民间传抄得以保存，而其并非名著，得不到抄录者的敬重，存有被随手改动、增益、删削的现象，远多于名家名著，因而即使出现个别东汉以后的地名、年号，也不足以证明整篇文字的写作时间。

《越绝书》中最易被后人添加内容的篇目，是《外传记吴地传》与《外传记地传》，两篇分别记述吴、越两地的山川、建筑、城乡地点以及各种历史古迹，后之阅读者、传抄者都可能添加附注或续写此后的沿革，因此可疑为东汉以后的地名、年号往往出现于此二篇内。故而对《越绝书》这种佚文和附益内容较多的古籍，不能以零星、个别的地名、年号以及某种语句作为考察成书年代的依据。

第二，周生春先生还较多地考察了《越绝书》各篇避讳字的使用情况，以此判断其撰写时间。例如《荆平王内传》《吴内传》《计

〔1〕周生春《〈越绝书〉成书年代及作者新探》，见《中华文史论丛》第49辑，第130页。

倪内经》《请籴内传》《内传陈成恒》《内经九术》皆不避讳先秦吴、越等国君主之名和不避汉高祖刘邦的“邦”字，加之他认为凡内传、内经都撰写较早，就断定这些篇目均写成于不大讲避讳的秦汉之际。[1]而《外传记吴王占梦》既是不避夫差、勾践等先秦君主之名，也不避刘邦、刘恒、司马师、司马昭之名，“其文字应写定于秦汉之间，或两汉之间，或三国时”[2]。这是错误的研究方法，因为撰文回避君主名讳，在唐代之后才渐渐严格，在清代民族矛盾的背景下才发展到极端。先秦至于两汉，则相当随意，是否避讳、如何避讳？官员、学者、民间各个人士，各自取舍，并无官方制度。在司马迁《史记》之中，邦字触目皆是，《汉书》内使用光武帝之名的秀字多得不可胜计，这类在朝中任职的大学者在著述中都不避讳，岂能以之判断村野俗儒之作？两晋南朝，避讳渐渐讲究，但避讳君主之名，不一定严于世族家讳，且讳与不讳，仍无定制。如韦昭撰《国语注》，西晋时将韦昭改称韦曜，以避司马昭名讳，但陈寿《三国志》内，昭字时时出现，并无避忌，难道《三国志》不是成书于西晋时期？可见用所谓避讳学方法考订《越绝书》，根本方法不当，结论必然坠入误区。

在《越绝书》的研究中，还有某些影响较大的不同观点需要面对，这里谨对两种观点予以辨正。

其一，认为《越绝书》是战国时期所作，汉人又附益之，由南宋时陈振孙最先提出，近人余嘉锡支持，前文已述。此说的致命弱点，一是言之无据，二为结论空泛。例如前揭余嘉锡辩驳《四库全书总目》时说：“余以为战国时人所作之《越绝》，原系兵家之书，特其姓名不可考，于《汉志》不知属何家耳。”这里毫无证据，岂能以“余以为”就下结论？“于《汉志》不知属何家耳”的说法，更

〔1〕周生春《〈越绝书〉成书年代及作者新探》，见《中华文史论丛》第49辑，第125—126页。
〔2〕周生春《〈越绝书〉成书年代及作者新探》，见《中华文史论丛》第49辑，第131页。

是乖戾，我们知道：《汉书·艺文志》中根本没有《越绝》的著录，严谨的文献学家不应当硬说战国时人撰有此书，更不应用“《汉志》不知属何家”这样语义不明的言辞混淆视听。余嘉锡指摘《四库全书总目》的讹舛，成绩斐然，但这一条却有故入其误之嫌。

《汉书·艺文志》未曾著录《越绝书》，是称该书“战国时人所作”论者无法攀越的屏障，因为《汉书·艺文志》源于西汉官方的图书整理和编辑。汉成帝河平三年（前26），“以书颇散亡，使谒者陈农求遗书于天下，诏光禄大夫刘向校经传诸子诗赋，步兵校尉任宏校兵书，太史令尹咸校数术”[1]，此次图书整理，规模宏大，历时较久，唐朝之前，政府征集图书多能得普遍响应，时人以藏书得到官方录写、保存为荣，即使有个别秘而不宣者，年久也会散佚毁失。先秦旧籍未在《汉书·艺文志》著录者，或在西汉中期以前已经佚失，或被刘向等合并编纂，题为另外书名。《越绝书》无论整体书名还是各篇篇名，都未见著录，也未见于先秦各种书籍提及，安得谓之战国时人有此著述？

有些现存书籍的作者和著述年代，确无资料可考，估测一下成书年代未尝不可，但仅可作为存疑备考。而关乎《越绝书》的作者和成书年代问题，有《篇叙外传记》这样的内证可资辨析，又何必匪夷所思地做没有边际的臆测、发挥和穿凿附会！

其二，李步嘉先生将“袁康”“吴平”都视为政治隐语，意为“袁术昌盛”“吴国平安”，认为《越绝书》是袁术政权文官撰写，三国时期孙吴政权又做了改编，他说：“在袁术称帝前后由其政权内部的文人，在原有古籍材料的基础上编撰一部这样的史书为其政治服务，也是顺理成章的事。”[2]

笔者认为恰恰相反，上述说法既不顺理，也未成章。按当时的

---

〔1〕《汉书》卷三〇《艺文第十》，第1701页。
〔2〕李步嘉《〈越绝书〉研究》，第290页。

社会文化背景，一个急于起事或僭位称帝的政权势力，可编排较为浅显的谣谶，或解说某种图谶，利用迷信观念以骗取人心归附。岂有兵马倥偬之际编纂寓意不明不白的史书“为其政治服务”？政治隐语固然曾经兴盛，但把隐语又隐藏到别的隐语之中，这也是从未有过的做法，再将之写于书序，更是无人理解，如何能够起到政治作用？假如袁术果真具有超越唐宗、宋祖的史学意识，应当讨厌《越绝书》这样支离、拙劣而且起不到预期政治效果的史书，定然是毁之犹恐不及。如果《越绝书》隐喻的是“袁术昌盛”“吴国平安”，那为什么不褒扬吴国，反而推重越国？袁术从未实际控制越地（今浙江），孙吴政权虽统领越地，但其政治中心在吴，国号为“吴”，他们若从政治角度编纂和改编《越绝书》，都没有贬吴扬越的道理。

按照李先生过度政治敏感的思路，实际无法解说《篇叙外传记》之文，例如文中“文属辞定，自于邦贤”“时莫能与，伏窜自容。年加申酉，怀道而终”等，明显是说吴平撰书和生平遭际之事，按照“袁术昌盛”“吴国平安”的政治寓意来解释，是无论如何也讲不通的。总之，李步嘉先生对《篇叙外传记》的解读，臆想加上穿凿，毫无真实历史的可能性和现实性。

《越绝书》的作者和成书年代，虽众说纷纭，而历史的真相只有一个，联系时代文化背景，对书中本自固有的《篇叙外传记》做深入、确切的剖析，摈弃东摘西引的穿凿，排除臆想和附会，是唯一正确的研究思路。如此疑问皆可化解，结论也并非特别难以判定。

（原载《学术月刊》2013年第11期）

《左传》《国语》被刘歆窜乱的一项铁证

——历史年代学家刘坦之说申论

在中国学术史上，《左传》作者问题的争论，自唐代以来，历久不息。其中《左传》是否为西汉末年刘歆所伪作？或者经过刘歆所窜乱？连接了对于《国语》的研讨，在学术争辩中最为激烈。这个问题，在近代涉及了中国学术史、史学史、政治史、思想史等各个层面，甚或掺入政治因素，并且延伸到国外学界。主张刘歆对《左传》做了手脚的学者，皆致力于搜讨《左传》内可以证明是刘歆窜入的内容，而对方则搜求反例，并且否定《左传》中会有所谓刘歆掺入的内容，这样的论辩极大地推进了《左传》研究的深化，却远未取得共识。当代民间历史年代学家刘坦，并未着意研讨《左传》的作者问题，却在深入研究中国古代星岁纪年法的过程中，顺便提供了刘歆窜乱《左传》的铁证，值得历史学界引为注意。

一　传本《左传》《国语》内出现的十二星次概念

中国古代很早就观测到木星每年所处天空的位置循序移动，约十二年运行一个周天。于是在对星空已有的四象（东方苍龙、北方玄武、西方白虎、南方朱雀）、二十八宿说法的基础上，再划分十二个星区，称为十二星次。这样，观察木星所在的星次，则可以纪年，木星也被称之为“岁星”，即为星岁纪年法的起始。但这里有一个问题，即岁星的行进方向与众星宿运行方向相反，与天象的整体性观测不大协调，因此想象出一个与岁星行进方向相反、速率一致的虚拟星体，初名之曰“太阴”或“岁阴”（后改称“太岁”），按十二地支困敦（子）、赤若奋（丑）、摄提格（寅）、单阏（卯）等的顺序顺时针运行，称“十二辰”。当然，十二辰与十二星次是存在对应关系的。星区、星宿与地面各个区域对应联系起来，称为“分星”或“分野”“星野”，星区内的天象、星象变化，则预示着下界相应地区的灾祥祸福，从而演化成一种星占之学。因此在中国古代，天文学、历法和纪年，往往与天人相通、天人感应的神秘说法纠缠一起。单就星岁纪年而言，由于岁阴（太岁）的加入，不但要观测或推算岁星的所居星次，还要推想此年太岁所处的辰次，方法复杂化且带来新问题，给后来干支纪年的产生提供了发展的契机。这一套星岁纪年法，都产生于战国中期之后，其学说体现于战国后期石申、甘德分别撰写的天文星象著述[1]。但岁星运行一周天，并非正好为12年，而是11.8622年，即速率比古人的观察稍快。于是经若干年之后，必然会观察到岁星超越了一个星次，古人对此虽有觉察，但仅仅以星空“盈缩”的模糊说法敷衍解释。直至西汉季年，刘歆发明了岁星有规律“超辰”的学说，这是一个很大的进步，但他认为是经过144年超辰一次，并且将此编入《三统历》和中国历史的年谱《世经》。实际上，现代天文学的测算是约86年超辰一次，可知刘歆的超辰之说有很大的误差。

十二星次的划定，各个星次是有专门名称的，且名目曾经有过很大的变化，这一点十分重要，不能忽略。今传世本的《左传》一书，其中出现若干处十二星次名称与纪事，是最应当深入剖析的历史信息，谨将其条列如下：

> 《左传》襄公二十八年：春，无冰。梓慎曰：“今兹宋、郑其饥乎！岁在星纪，而淫于玄枵……玄枵，虚中也。枵，耗名

[1] 石氏、甘氏所撰书名，古文献记载不一，一般混通言之曰《甘石星经》。

也。土虚而民耗，不饥何为？”……岁弃其次，而旅于明年之次，以害鸟帑，周、楚恶之。

《左传》襄公三十年：过伯有氏，其门上生莠。子羽曰：“其莠犹在乎？”于是岁在降娄，降娄中而旦。裨灶指之曰：“犹可以终岁，岁不及此次也已。”及其亡也，岁在娵訾之口。其明年，乃及降娄。

《左传》昭公八年：晋侯问于史赵曰：“陈其遂亡乎？”对曰：“未也。”公曰：“何故？”对曰：“陈，颛顼之族也，岁在鹑火，是以卒灭。陈将如之。今在析木之津，犹将复由。”

《左传》昭公九年：夏四月，陈灾。郑裨灶曰：“五年，陈将复封。封五十二年而遂亡。”子产问其故，对曰：“陈，水属也。火，水妃也，而楚所相也。今火出而火陈，逐楚而建陈也。妃以五成，故曰五年。岁五及鹑火，而后陈卒亡，楚克有之，天之道也，故曰五十二年。”

《左传》昭公十一年：蔡凶。此蔡侯般弑其君之岁也，岁在豕韦，弗过此矣。楚将有之，然壅也。岁及大梁，蔡复楚凶，天之道也。[1]

《左传》昭公三十二年：史墨曰：“不及四十年，越其有吴乎！越得岁，而吴伐之，必受其凶。”[2]

以上所引《左传》之文，出现了十二星次的名称有星纪、玄枵、降娄、鹑火、娵訾、豕韦、析木、大梁。其中豕韦是娵訾（又写作诹訾、娵觜）星次的别称，二者为一。总之，传本《左传》中出现了十二次中的七项名称。而《左传》昭公三十二年的“越得岁”，虽未明言星次名

〔1〕见杜预《春秋左传集解》，上海：上海人民出版社，1977年，第1092—1096、1142、1316、1323、1337页。

〔2〕杜预《春秋左传集解》，第1596页。按：杜预《春秋左传集解》注释曰：“此年岁在星纪。星纪，吴越之分也。岁星所在，其国有福。吴先用兵，故反受其殃。”

称，但西晋学者杜预根据各种典籍，认为越地的分野乃为星纪，故注释为“此年岁在星纪”。这条“越得岁”史料虽寥寥三字，但在近代以来的学术研究上，曾引起很大争议，这里暂且存录，后文还将涉及。与《左传》同是记述春秋时代史事的《国语》，也出现了十二星次的名称，所涉史事延及上古，更为广远，不得不引为注意。如：

> 《国语·周语下》载：昔武王伐殷，岁在鹑火，月在天驷，日在析木之津。
>
> 《国语·晋语四》载：文公在狄十二年……过五鹿，乞食于野人。野人举块以与之，公子怒，将鞭之。子犯曰：“天赐也！民以土服，又何求焉！天事必象，十有二年，必获此土。二三子志之，岁在寿星及鹑尾，其有此土乎！天以命矣，复于寿星，必获诸侯。天之道也，由是始之……”
>
> 《国语·晋语四》载：……晋之始封也，岁在大火，阏伯之星也。
>
> 《国语·晋语四》载：董因迎公于河，公问焉，曰：“吾其济乎？”对曰：“岁在大梁，将集天行。元年始受，实沈之星也。实沈之虚，晋人是居，所以兴也。今君当之，无不济矣，君之行也，岁在大火。大火，阏伯之星也，是谓大辰。辰以成善，后稷是相，唐叔以封……”〔1〕

据上引资料，今传本《国语》出现鹑火、析木、寿星、鹑尾、大火、大梁、实沈等七种星次名称，其中寿星、鹑尾、大火、实沈，是《左传》中没有的，这四个星次名称加上《左传》内已有的七个，总计两书达十一个星次之名，于十二次称谓的既定体系中，只差鹑首没有出现，已属相当完备。以上罗列的十二星次资料，都是通过记

---

〔1〕《国语》下册，上海：上海古籍出版社，1989年，第138、337、342、365页。

述春秋时期历史人物的言论而道出，至于这些历史人物在春秋时期能否具备此种十二星次的知识，此种知识产生于何时，是何人将此类知识强加于春秋时期的历史人物，均为本文将要解析的关键问题，也涉及了中国古代史学史、政治文化史、文献学史上极其重要的学术疑案。

二　刘坦所揭示的问题及相关论辩

有关《左传》作者与成书时代的争议源远流长，不同观点的交锋往往呈现学派门户倾向，甚至带有政治立场的因素，因此持论情况复杂。而且多数参与论辩的学者皆自认为占有理据，不愿改变观点，尤其自康有为发布《新学伪经考》，极力主张是刘歆伪造了《左传》以及多种经史典籍，致使争议不可开交。各方执守成见，甚或先预定主张，再寻理据，互相诘难，议论繁多，却无法取得共识。这里不能再详细缕述各派学术名家的不同观点，谨彰明民间学者、历史年代学家刘坦的见解，他在研讨中国古代星岁纪年的过程中，顺便指出《左传》被刘歆所窜乱这一史实。刘坦并未专题研究《左传》的成书及其作者，仅顺便发现刘歆对《左传》《国语》的掺假、窜乱。刘坦终身生活在乡下，独立研治历史年代学，不曾与史学界各派学者有所过从，因此其结论不带有主观先验性或学术派系的倾向。

刘坦（1910—1960），原名允恭，后改名郁，中年再改名坦，天津武清区王庆坨镇人。幼年家贫，无力求学。9岁方从乡下塾师王猩酋习读经史。王猩酋为当地名师，能诗善文，并工于书法绘画，又以研究雨花石著述闻名于世。刘坦潜心于历史学，由研究《史记》入手，而发现中国古代纪年方法上的诸多问题，1937年，他在上海商务印书馆出版了精于历史年代学考证的著作《〈史记〉纪年考》，此时年方27岁。后又撰成《〈史记〉系年考》（未刊行）等著述，并且逐渐转入对古代星岁纪年问题的研究。1955年8月，科学出版社将刘坦的长文《论星岁纪年》作为单行本出版发行。1956 年 7 月 9—12 日，刘坦参加了中国第一届全国自然科学史学术讨论会，是唯一以乡村农民学者身份参与此次会议之人，这得自科学院院长郭沫若的提携。会后，刘坦没有响应郭沫若希望他到北京做专业研究者的建议，返回故乡，继续独自做历史年代学研究。1957 年 12 月，科学出版社又出版刘坦的《中国古代之星岁纪年》一书，篇幅约 27 万字。此后，他进一步撰写了《星岁纪年之研究》一书约 12 万字，未得出版，今存手稿。除著书之外，刘坦还撰有《"吕览"涒滩与"服赋"单于"淮南"丙子之通考》[1]《论殷历纪年》等重要论文。多年以来，他撰写的学术论文还有《孔诞再考》《孔诞再考补》《汉高祖生年稽疑》《三五通考》《世经纪年考》《竹书纪年考》等多篇，有些未能刊发，甚至连手稿也不知下落。刘坦 1960 年因病逝世，享年仅 50 周岁。

《中国古代之星岁纪年》是刘坦的主要著述，融合了《论星岁纪年》《世经纪年考》《〈吕览〉"涒滩"与〈服赋〉"单阏"〈淮南〉"丙子"之通考》三文的学术成果，并经过新的研讨、补充而撰成。其书系统梳理了先秦石氏、甘氏，西汉《淮南子》《太初历》，西汉末《三统历》的星岁纪年方法，析解各项历法的要义和讹误，进而针对史籍载有的多处星岁纪年的定点资料，予以深入考证，辨其真义或指明虚构。其中对于汉末刘歆的《三统历》与《世经》的纪年，考析尤深，所占篇幅也为最大。正是在这种研讨中，刘坦独立地发现了汉末刘歆窜乱《左传》《国语》的行为，这主要表现在上文所引见于《左传》《国语》的岁星纪事内容。

简要言之，古人以 12 年一周天的速率，只要做出一两次观测，就不难推定其他年份的岁星位置。而无论《左传》《国语》内记述的

[1] 刘坦《"吕览"涒滩与"服赋"单于"淮南"丙子之通考》,《历史研究》1956 年第 4 期。

春秋时人，还是撰著《左传》《国语》的战国时人，都绝对没有岁星“超辰”的理念。那么从《左传》昭公十一年“岁在豕韦”计算，《左传》昭公三十二年记载的“越得岁”，应当是岁在析木。但杜预注释《左传》，认为越国的分野是“星纪”，故指出“此年岁在星纪”。而刘歆《三统历》在春秋鲁昭公十五年，值岁星超辰一次，正好与昭公三十二年“岁在星纪”吻合。《左传》的星岁纪年居然符合刘歆144年超辰一次的体系，即说明这不可能是《左传》原有之文。因此，刘坦提出：

> 吾人对于以上《国语》《左传》所述春秋时代之岁星纪年，不能因其记叙为春秋当时人论述春秋当时星次，遂认为春秋时代岁星纪年之星次，即是如此。亦不能因《国语》《左传》作者之时代或在战国，遂认为其所论述岁星纪年之星次，系战国时代之岁星星次。而应根据实测岁星超辰年数，校订其与刘歆《三统历》星岁纪年之一息相通，证明其为刘歆伪托，更进而追寻刘歆羼乱经史之踪迹。[1]

刘坦认为：“《国语》所见有关春秋时代之岁星纪年，均出刘歆伪托，据是，所谓‘武王伐殷，岁在鹑火’者，踵其踪迹，亦是刘歆羼入之文。”[2]

查以上所述，认定刘歆窜乱了《左传》，乃因为其中岁星纪年体现了刘歆创建的岁星超辰理念，这系于杜预对《左传》昭公三十二年“越得岁”的注释，即“此年岁在星纪”，切合于《三统历》中鲁昭公十五年有过一次超辰的推算。而《左传》本文并未明言此年岁

〔1〕刘坦《中国古代之星岁纪年》第二章，北京：科学出版社，1957年，第133页。

〔2〕刘坦《中国古代之星岁纪年》第二章，第128页。按：日本学者饭岛忠夫早已论述过《左传》《国语》内岁星纪年内容为刘歆之作，且他主张整部《左传》乃刘歆伪造，与刘坦的结论不同。

星之所在，所以仍存在证据薄弱之环节。1981年，胡念贻发表长篇论文《〈左传〉的真伪和写作时代考辨》，主要观点为：1.《左传》原名《左氏春秋》，是一部独立的史书，并非为解释《春秋》而作。2.《左传》绝不是刘歆伪造。3.《左传》成书于春秋晚期，其中有些内容是后人加入的，但总体上保持了原貌。全文既有精到的学术见解，也存在相当明显的偏颇之论。其中反驳刘坦的论点说：

> 刘坦《中国古代之星岁纪年》，其中第二章第二节提出《国语》和《左传》里面的岁星纪事为刘歆伪托。刘坦没有进一步论断《左传》一书为刘歆伪作，这还比较审慎。但是，刘坦的论证也是错误的，《左传》里的岁星纪事，和刘歆不发生关系。[1]

胡念贻先生承认《左传》成书之后曾陆续被人掺入一些文字，而且认为"《左传》和《国语》里面的岁星纪事不是本书的作者所写，而是后人写了插进书中去的"[2]，但就是否认刘歆是可能的掺假者，这真是十分执拗的逻辑！胡文认为，刘坦引用杜预对《左传》昭公三十二年"越得岁"的注释是来推断其为超辰，是不能成立的，《左传》和《国语》的岁星纪事都不存在超辰现象，他用注解方式提出："据徐发《天元历理·考证之四》说，战国时越的分野在析木，这年应当岁在析木，则和《左传》所有岁星纪事都能契合。"[3]

这种论辩之辞实际取自日本学者新城新藏《东洋天文学史研究》，是日本学界曾经争辩的问题。查徐发其人，乃清朝康熙年间官员，他认为战国时越国的分野本为析木，汉初将析木分野夺取而给予燕国，越与吴遂共为星纪分野。这样，杜预的注释就不符合先秦

---

〔1〕胡念贻《〈左传〉的真伪和写作时代考辨》，《文史》第十一辑，北京：中华书局，1981年，第13页。
〔2〕胡念贻《〈左传〉的真伪和写作时代考辨》，《文史》第十一辑，第24页。
〔3〕胡念贻《〈左传〉的真伪和写作时代考辨》，《文史》第十一辑，第33页注释53。

时期的状况，即鲁昭公三十二年乃岁在析木，不存在超辰问题。然而汉初为什么会采取这种改变分野的做法呢？徐发说："汉初燕最有功，越最负固，故易之燕……理或有之。"[1]这个"理或有之"乃是臆想和猜测，没有任何史料根据，而且所叙的内容又张冠李戴，因为所谓"越最负固"，是南越（即今广东一带的政权）曾顽固地抵制汉王朝的统一，"越得岁"的越国是春秋、战国时的政权，为今浙江地方的东越，二者时代、地区皆不相同。汉初燕之功勋并非显著，只是封君卢绾与汉高祖刘邦同里，从父辈即相互亲近，功劳被夸大，故封为燕王，后被刘邦怀疑抓捕，逃往匈奴，死于他乡。[2]再者，朝廷通过予夺分野来奖功惩过，亦闻所未闻。因此，徐发的臆测不具有任何合理性，其动机只是为了弥合《左传》几种星岁纪事间的不协调现象，胡文将徐发的臆测看作可信的考证，亦属无谓。新城新藏在学术上反对《左传》为伪书，但他也表示徐发的说法不能轻信，因而另寻依据，他引证《左传》昭公九年郑禅灶的预言：陈国再封五十二年后，"岁五及鹑火，而后陈卒亡"，陈亡之年果然应验[3]，"五及鹑火"排斥了超辰现象，故新城新藏以此否定《左传》中带有刘歆的超辰之说。[4]至此，两种对立观点可谓势均力敌，难以定论。但刘坦研究星岁纪年所提供刘歆窜乱《左传》《国语》的证据，不止上文关于"越得岁"的分析，而是有更确凿的发现，谨于下文申论。

三　刘歆窜乱《左传》《国语》问题申论

刘歆是否有过窜乱经史典籍的行为，对立的观点持久争议，难

[1] 转引自［日］新城新藏《东洋天文学史研究》，沈璿译，上海：中华学艺社，1933年，第383页。

[2]《史记》卷九三《卢绾传》，北京：中华书局，1959年，第2637—2639页。

[3] 春秋末陈国灭亡之年，是个复杂的问题，《史记》之本纪、世家、表等记载参差，此处暂不具论。

[4]［日］新城新藏《东洋天文学史研究》，第434—438页。

得确认。例如，康有为提出刘歆从《国语》中抽出大批内容重加编辑，并掺入私货而伪造了《左传》，支持者如崔适、钱玄同皆为之补充了根据。而反对者引司马迁《史记》中有“左氏春秋”书名来辩驳，但康有为、崔适等学者，早申明《史记》也被刘歆做了手脚，窜入不少与伪造《左传》相互呼应的内容。于是问题遂复杂化，欲证明《史记》内确有后人添加的文字，这并不困难，但要确切证明某一具体内容并非司马迁原文，则极不容易。疑信之间，只好听凭人们任情选择，遂成为学派分歧或门户之争，颇属无奈。要之，须发现一种明晰快捷而无法做另外解释的史实证据，方能打破僵局，突破难点。对于《左传》《国语》被刘歆窜乱的问题，刘坦《中国古代之星岁纪年》已经提供了明快而无可置疑的史实知识。

战国后期，古代天文学有了显著发展，渐成体系，有石申、甘德各撰的天文学著作，俗传称之为“星经”。其书虽久佚，但石氏之说体现在《史记·天官书》与《汉书·天文志》，甘氏之说在唐代《开元占经》一书内有较详细的叙述，保存的内容都相当完整。刘坦梳理了石氏、甘氏的天文学说与星岁纪年方法，可知其中已有岁星 12 年运行一周天的知识，并且将星空分出十二星次，也构拟了与岁星逆向而行的太阴，以太阴所在位次作为十二支纪年的根据。而十二次的名称是监德、降入、青章、跰踵、启明、长列、天音、长王、天睢、大章、天泉、天皓。这里不必深究其名称形成的缘由，但须了解这个天文学和星岁纪年的体系，一直沿用到西汉，《史记·天官书》的采用即为明证。刘坦又深入考察刘歆《三统历》[1]，指明刘歆虽大量沿袭以往的天文、历法知识[2]，但在名称等形式上大肆更张，例如将虚拟的太阴改为

---

〔1〕 刘歆《三统历》载于《汉书·律历志》，并且录有刘歆撰、班固续补的《世经》。此后文还将论及。

〔2〕 张培瑜、陈美东等《中国古代历法》指出：三统历许多基本数据与汉武帝时的太初历相同，但也有不同之处。参见该书第四章第三节，北京：中国科学技术出版社，2013 年，第 295—301 页。

太岁，将一些数据来源套上《周易·系辞》的象数，以增强正统性和神秘感。而在星岁纪年方面，则将十二次的名称完全改变，重新制定。《中国古代之星岁纪年》叙述这种变化之后，且列表对照如下。

宿次	辰次	石（甘）氏星名	三统历星名
斗、牵牛	丑	监德	星纪
婺女、虚、危	子	降入	玄枵
营室、东壁	亥	青章	诹訾
奎、娄	戌	跰踵	降娄
胃、昴、毕	酉	启明	大梁
觜觿、参	申	长列	实沈
东井、舆鬼	未	天音	鹑首
柳、七星、张	午	长王	鹑火
翼、轸	巳	天睢	鹑尾
角、亢	辰	大章	寿星
氐、房、心	卯	天泉	大火
尾、箕	寅	天皓	析木

资料来源：刘坦《中国古代之星岁纪年》，第 29 页。

从上表可以看出，刘歆《三统历》除了将原先监德、降入、青章等十二星次名称一一对应地更改为星纪、玄枵、诹訾等之外，各星次内分配的二十八宿并无变动，所属地支也照旧。众所周知，王莽改制有许多单单改动名称的把戏，似乎改名即可图新，刘歆作为王莽的国师，这类改制建议应不在少数，他与王莽一样，具有通过改变外在名称、形式来寄托内心意向的神秘化心理，对十二星次名称的全然改换，在理念上乃如出一辙。

大多数研讨中国天文学史的学者，忽视了战国时期石氏天文学的十二星次名称，把刘歆创始的星纪、玄枵、诹訾等名称体系当作战国时期就固有的说法。[1]新城新藏《东洋天文学史研究》即如此

〔1〕郭沫若《释支干》长文提出星纪、玄枵、诹訾等一系列星次名称乃刘歆制造，前此绝无。参见《郭沫若全集·考古编》第一卷，北京：科学出版社，1982 年，第 320—321 页。但刘坦居于信息闭塞之乡下，未见到郭著，乃独立研究所得，而且全面考察星岁纪年之源流、演化，所论更为系统。

论述，浑然不觉其非。当代天文学史专家陈久金《中国十二星次、二十八宿星名含义的系统解释》一文[1]，列有《各类文献恒星分野异同表》，竟然在《淮南子·天文训》《史记·天官书》《汉书·天文志》栏目中，都写入刘歆的十二星次名称来表示分野之说，而寻查此三部原书，则只字不见。作者将如此重要问题粗疏对待，造成误导，十分遗憾。可见关于刘歆改变十二星次名目这件大事，迄今学术界知之甚少，也未重视，充满模糊认识。十分重要的是《史记·天官书》乃昭然地采用先秦石氏之十二星次的名称，有如下列：

以摄提格岁，岁阴左行在寅，岁星右转居丑。正月与斗、牵牛晨出东方，名曰监德。

单阏岁，岁阴在卯，星居子。以二月与婺女、虚、危晨出，曰降入。

执徐岁，岁阴在辰，星居亥。以三月居与营室、东壁晨出，曰青章。

大荒骆岁，岁阴在巳，星居戌。以四月与奎、娄、晨出，曰跰踵。

敦牂岁，岁阴在午，星居酉。以五月与胃、昴、毕晨出，曰开明。

叶洽岁，岁阴在未，星居申。以六月与觜觿、参晨出，曰长列。

涒滩岁，岁阴在申，星居未。以七月与东井、舆鬼晨出，曰大音。

作鄂岁，岁阴在酉，星居午。以八月与柳、七星、张晨出，曰为长王。

阉茂岁，岁阴在戌，星居巳。以九月与翼、轸晨出，曰天睢。

---

〔1〕《自然科学史研究》2012年第4期。

大渊献岁，岁阴在亥，星居辰。以十月与角、亢晨出，曰大章。

困敦岁，岁阴在子，星居卯。以十一月与氐、房、心晨出，曰天泉。

赤奋若岁，岁阴在丑，星居寅。以十二月与尾、箕晨出，曰天皓。[1]

《史记·天官书》的这些记述，有若干要点务须注意：1.《天官书》全部符合先秦以来石氏的星岁纪年体系及其十二次的名称，唐司马贞《史记索隐》的注释指出“出石氏《星经》文”[2]。对虚拟星体称“岁阴”而不是“太岁”，也与刘歆《三统历》星次名称不同。2. 其中因使用同音字、近音字，而与其他文献略有不同，是乃古籍中的常态。而“敦牂岁，岁阴在午……曰开明”，不是“启明”，则因汉景帝刘启之名而讳改。作为私修史的《史记》本不留意避讳“启”字，因此“启明”被改作“开明”，似汉朝官方所为，可见当时石氏天学乃公行于世。3. 摄提格、单阏、执徐等岁阴纪年名称，来源悠久，而刘歆《三统历》则将之摈弃，此亦可区分《史记》与《三统历》之不同。4.《史记·天官书》是专门记载天文学说者，司马迁著书首要宗旨乃是“究天人之际”，倘若当时世上有如刘歆《三统历》之星次名目，焉得不加记录？这足以证明截至汉武帝时，世间绝无星纪、玄枵、诹訾等十二星次名称。

据此，不仅《左传》《国语》内的星纪、玄枵、降娄、鹑火等一系列星次名称，是司马迁之后人士窜乱，其他任何书籍出现上述星次名称者，皆形成于司马迁之后。问题很清楚，《左传》是刘歆于西汉末提供定本、立于学官，《国语》流传至今者也是刘歆的底本，新

〔1〕《史记》卷二七《天官书》，第1313—1316页。
〔2〕《史记》卷二七《天官书》之注释《史记索隐》，第1313页。

制定的十二星次名称也是刘歆《三统历》所首创，传本《左传》《国语》中出现《三统历》中十二星次的系列名称，那么这些内容毫无疑义乃刘歆所窜入，舍此无法做其他解释。

著名天文学家张培瑜虽然不主张刘歆伪造或窜乱了《左传》，但他利用现代天文科学的运算方法进行研究，却实际上为刘歆窜乱《左传》《国语》提供了旁证，其文章指出：

> 《国语》记载有6条岁星位置。笔者对《国语》所书岁星位置也做了考察，情况与《左传》类似：所书位置与天象全不相符，也皆非其时观测实录。但有一点值得注意，《国语》所书岁星位置失天的规律与《左传》如出一辙。这不能不使人怀疑《国语》《左传》中关于天文历法内容的作者或改写者是否是同一个人所为或是两人有着某种密切关系。

他又提出论断说："《左传》《国语》中特有的天象记载，凡有年代可考、可返求者，无一真实。而史实年代更久更古更远而无考者，如伶州鸠所述伐纣天象、武王克商'岁在鹑火'，唐叔始封'岁在大火'等等这类的天象记载，恐怕也很难令人相信其有别的什么依据。"最后，文章特别提出：

> 另一方面，太史公推古天变，极重视天运……《天官书》记载了不少天人感应的例证，甚至认为"天变"与"政治俯仰"之间最近"天人之符"……所以《史记》中也记载了不少天象，如宋襄公七年陨五石（表）、陨星如雨（世家）；宋景公三十七年荧惑守心；秦始皇十五年彗星四见，久者八十日，长或竟天；汉之兴，五星聚于东井；平城之围，月晕参、毕七重；诸吕作乱，日蚀，昼晦；以及其他大量的日食、彗星资料等等。但在《周本纪》和诸《世家》中，太史公用"究天人之际，通

古今之变”的史笔，依据《春秋》《诗》《书》《礼》《乐》《左氏春秋》《国语》《世本》，等等，来撰写“两周”历史，却完全没有采用现存《左氏春秋》《国语》特有的诸多天象记载中的任何一条。这是非常值得我们深思的。[1]

其实，不用太费力气深思，结论已然呼之欲出了。既然《国语》与《左传》中岁星位置弄错误的规律“如出一辙”，令人觉得似乎出于一人之手，而“究天人之际”的《史记》没有收载其中任何一条，那么只能是司马迁根本没有见到过这些内容，都是西汉末刘歆所窜乱、羼入，任何他人无此学术资质和背景条件。值得深思的是《国语》中“昔武王伐殷，岁在鹑火”，当今仍被当成断代工程考订周朝起始之年的依据之一，并且引证《利簋》的32字金文：“珷征商，唯甲子朝，岁鼎，克，昏夙有商，辛未，王在阑师，赐有事利金，用作檀公宝尊彝”，从而构成“二重证据”。然而关键之处是解读“岁鼎”二字，郭沫若、王宇信等不少专家将之解释为战前的祭祀兼占测[2]，是妥当的，正与克商之后“赐有事利金”符合。也有人将之解说为“岁星当空”，乃大错特错，将木星称之“岁星”，最早也是战国时期的观念，多数天文史专家包括具有信古倾向学者如新城新藏，都是这样的主张[3]。这在学界自然还有不同主张，但皆预设了先民在极早期就观测了木星的主观想象，不足采信。中国古人在生活中自然而然地就可以感受一年的周期变化，将一年的周期称之一“岁”在先，与观测木星联系起来要在很久之后，最初的先民不可能早就具有记录和比较木星十二年期间在天位置的文化意识。将《国语》内荒唐的掺假文献捆绑对金文的谬误解释，用来考订周武王

〔1〕张培瑜《试论〈左传〉〈国语〉天象纪事的史料价值》，《史学月刊》2009年第1期。
〔2〕参见《关于利簋铭文考释的讨论》，《文物》1978年第6期载黄盛璋、王宇信之说。
〔3〕新城新藏提出，战国中叶，木星用为纪年的指标，才称之“岁星”，参见《东洋天文学史研究》，第191页。

克商之年，真好比两粒毒药毁了一整锅菜肴。呜呼！此“二重证据法”之贻害，又何其甚也。

附带说明：先秦《诗经》《周易》《尚书》《楚辞》、百家诸子著述及《吕氏春秋》，汉代董仲舒《春秋繁露》、刘安《淮南子》等，与司马迁《史记》一样，都丝毫没有星纪、玄枵、降娄、鹑火等十二次名称，在西汉政权的诏诰文书中也不见应用，唯独见于《左传》《国语》，此乃内容窜乱的旁证。倒是王莽政权多次使用这些星次概念纪年，例如《汉书·王莽传》记载王莽诏旨自言始建国五年（13）“岁在寿星，填在明堂，仓龙癸酉”，始建国八年“岁缠星纪”，后来又下诏预先计划某些政务活动：“更以天凤七年，岁在大梁，仓龙庚辰，行巡狩之礼。厥明年，岁在实沈，仓龙辛巳，即土之中洛阳之都。”〔1〕这里的星岁纪年，完全符合《三统历》系统，“寿星”“星纪”“大梁”之类的名目，产生年代不是很明显了吗？

若有人举出《尔雅》载有这种星次名称来做反证，也是无效的回护，原因如下：

第一，《尔雅》成书时代问题，言人人殊，有主张出于汉代者，如梁启超、周祖谟等，指出其书含有无法否认的汉代痕迹。但大多学者认为《尔雅》于战国末年成书，因其中较多采用了《吕氏春秋》的概念和语句〔2〕，即其晚于《国语》《左传》。不过需要注意的是，《尔雅》是一部辞书，辞书的特点是随时被添写、改动，这还不会像其他著述那样被视为篡改。《四库提要》在介绍《尔雅注疏》时说：“大抵小学家缀缉旧文，递相增益……观《释地》有鹣鹣，《释鸟》又有鹣鹣，同文复出，知非纂自一手也。”〔3〕因此以这样处于不停流

〔1〕《汉书》卷九九中《王莽传中》，第4131、4132、4134页。按：这里预先计划天凤七年巡守，次年到东都洛阳，以对应岁星位置所启示的天运。实际上，预计的天凤七年，届时则改元为地皇元年，即公元20年。

〔2〕参见胡奇光、方环海《〈尔雅〉成书时代新论》，《辞书研究》2001年第6期。

〔3〕《四库全书总目》卷四〇，经部小学类，《尔雅注疏》提要。

变过程中的辞书内容，作为文献考订的时间坐标，是很不妥当的。

第二，辞书的另一特征，是已经普遍流行的概念和命题，才会载入其中，除非有人能够故意添加，无所顾忌。那么《尔雅·释天》内出现9个星次名称即寿星、大火、析木、星纪、玄枵、诹訾、降娄、大梁、鹑火，是否也是刘歆羼入呢？十分可能。正是刘歆《七略》将此书置入六艺部类，附于经典，不能排除他做了手脚。但细查《尔雅·释天》所述，遗漏三个星次，语句也显粗率，又不似刘歆所精心炮制。古代有学者认为《尔雅》一书，"毛公以前，其文犹略，至郑康成时则加详"[1]，说明东汉之时此书渐渐补充，显著地扩大了内容，解说星次的内容很可能是东汉时期所搀入。

第三，或许会有人质问：假如《国语》《左传》中的星次纪事不是刘歆掺入，而是原先即有，后出的《尔雅》从而采录，不是也合乎逻辑吗？答曰：否！《尔雅》所述星次内容，确有抄录传本《左传》的痕迹，但其中叙述各个星次所包含二十八宿之内的某些星宿，例如"寿星，角、亢也"，"星纪，斗、牵牛也"，"降娄，奎、娄也"，"柳，鹑火也"[2]，等等，与刘歆《三统历》契合（参见上文所引刘坦表），那是从《国语》《左传》中根本得不到的知识。只能是既读取了窜乱后的《左传》，又直接或间接依据刘歆《三统历》撰成，才会了解寿星、星纪、降娄究竟对应取代了原先天学体系中哪一具体的星次名称，才会得出与刘歆主张相同的十二次之星宿分配。因此，《尔雅·释天》中的星次内容也是从刘歆《三统历》学习来的，它无法充当《国语》《左传》未被刘歆窜乱的证据。

综上所述，岁星纪事中星次名称问题，是破解刘歆窜乱《国语》《左传》案情的关键，是一项使辩护者无可置喙的铁证。刘坦提供了考订这个重要问题的基本知识，即强调了刘歆改变十二星次

---

〔1〕《四库全书总目》卷四〇，经部小学类，《尔雅注疏》提要。按：郑康成，即东汉经学家郑玄（127—200）。

〔2〕郑樵注《尔雅注》卷中，文渊阁《四库全书》本。

名称的史实，但他没有将之利用于论证刘歆的窜乱行为，这是由于其著述宗旨并不在此。尽管如此，仍不可埋没刘坦在这个问题上的贡献。

四　刘歆窜乱经史书籍的背景与动机

上文申述了刘歆窜乱《国语》《左传》的铁证，这只是一个最低限度的结论。从逻辑上推断，刘歆做了手脚的当不止于此二书，其所作所为还应有深刻的社会背景和主观动机。康有为以及后来许多的疑古派学者，大多将刘歆之窜乱经史指斥为谄媚王莽和助其篡位，这仅仅道出了部分的而且是不大重要的那一部分原因，需要重新审视和研讨。

西汉建国以后，重视学术文化建设，至汉文帝、景帝时期，今文经学已然兴起，虽然尚未居于主导地位，但已为进一步发展奠定了基础。汉武帝时期，遂发扬壮大，逐步成为显学。董仲舒的学说在汉代学术史占有极其重要的地位，他以改造后的儒学思想结合阴阳五行说，使用比附思维的方法构建出天、地、人及一切事物统合一体的哲理系统。其学说凝聚于天人感应的政治历史观念，主张上天具备主宰一切的力量，君主虽然对世间臣民具有绝对的统治地位，但其合法性却是上天授予的“天命”，并且时时受到上天的监督。统治者行为违背天意，上天会以天象异常或各种灾异来谴告，甚至转移天命，改朝换代。当然，上天也会以祥瑞来表彰君主和人间的德政、善行，或以各种异象暗示人世的前程。这是十分神秘化的天人合一学说，开启了究天人之际的无限法门。他还参照战国时期邹衍建立的各代政权演变的“五德终始”说，大加改造，创立了“三统论”历史观，即朝代的转换按黑统、白统、赤统而循环，人间政权应当从服色、正朔、礼制等方面顺从之，这就将历史的循环发展与现实的政治机制紧密联结起来。董仲舒并未摈弃五行之说，在他的

《春秋繁露》一书中，分别于第58篇、第59篇论述了“五行相胜”和“五行相生”，但在朝代替代上，董仲舒以“三统”说覆盖了“五德终始”论，这两种历史循环论的共同特点，逻辑上都是认可改朝换代，而且视作符合天运、不可避免。“五德终始”说与“三统”说在西汉学者中是并行的，但不同学人的认识有不同的偏重。

汉武帝的大肆征战和大兴土木，“多杀士众，竭民财力，奢泰亡度，天下虚耗，百姓流离，物故者半”[1]，使西汉的国势迅速衰落，民怨沸腾。汉武帝之后，根据天人感应学说和五德终始论历史观，思想界认为汉德已衰，预言“易姓革命”的舆论开始涌动，关注和解说天象变异、五行灾祥，甚至探讨禳解之方，成为显学，大量儒者兼带了“方士”职能。今人时常赞誉司马迁“究天人之际，通古今之变”的治学宗旨，实际上在汉代董仲舒早开其端，整个西汉学界都是如此，而汉武帝之后，“究天人之际，通古今之变”渐渐达到走火入魔的程度。汉昭帝时，董仲舒的再传弟子眭弘，竟然仅因听闻某些五行变异，就委托官员上奏：“汉家尧后，有传国之运。汉帝宜谁差天下，求索贤人，禅以帝位，而退自封百里，如殷周二王后，以承顺天命。”[2]结果眭弘与代为上奏者皆遭诛杀，但至汉宣帝即位，则将眭弘之子招任为郎官，类若平反。待到汉成帝时因灾异频仍，曾多次征询易学家谷永，谷永大谈亡国之征，当然也讲了不少荒诞的解救方法。[3]这样的实例不胜枚举，朝野上下皆惶惶然生活在改朝换代的阴影之内。

刘向于汉成帝时校理群书，学问广博，然而对于汉室危亡，耿耿于怀，上奏时直言兴亡之事：“王者必通三统，明天命所受者博，非独一姓也……自古及今，未有不亡之国也。”[4]他得知外戚王

---

〔1〕《汉书》卷七五《夏侯胜传》，第3156页。
〔2〕《汉书》卷七五《眭弘传》，第3154页。
〔3〕《汉书》卷八五《谷永传》，第3443—3464页。
〔4〕《汉书》卷三六《楚元王传附刘向》，第1950—1951页。

氏（即王莽家族）祖坟有“梓柱生枝叶”的“非常之变”，遂上封事向汉成帝进言，应警惕“国祚移于外亲，降为皂隶”[1]。这固然体现了作为皇家宗族的刘向，对汉朝廷有一片忠心，同时也不可否认其笃信五行变异和天人感应，预感到汉朝灭亡的危机。刘歆与其父刘向在学术上有同有异，《汉书·五行志》记载了他们父子的解说灾变之词，据说取自二人分别论述《洪范》五行的著述，具体看法不尽一致，但相信灾异预示政治动荡和家国兴衰，则并无区别。士人承认朝代兴亡的合理性与必然性，将之归结于天命，对朝廷的作为不断地失望，在这种思想、心理和情绪的氛围内，一旦有“德”之人出现并且具备更新政治的条件，就容易被视为天命攸归的希望之星。王莽前期的作为，使之获得诸多的崇重，刘歆改为拥护王莽，任其国师，是合乎“天运”的选择。康有为和一些疑古学者，一味批斥刘歆惑乱经史是出于谄媚王莽，未免过于贬低了刘歆的志趣。

刘歆学问淹通，学界共知，而其思维宏阔，学术志向高远，超越其父刘向。汉成帝时，刘歆“受诏与父向领校秘书，讲六艺传记，诸子、诗赋、数术、方技，无所不究”[2]，这是他增强学问的重要契机。在此次整理国家图书中，刘向主持撰辑《别录》，即给每一整理过的书籍撰一提要，介绍该书的来历及内容。随后刘歆在《别录》的基础上编纂《七略》，将所有图书划分为六大略，各略细分为38小类，又撰写了总论图书事业的《辑略》，第一次实施了系统的图书分类工作。学术界皆认为刘向、刘歆创立了目录学，但严格而言，实乃刘歆真正创建了图书目录学，刘向《别录》缺乏归纳分类的观念，仅是分散无序的图书介绍，刘歆则完成对图书整体的把握和系统的归类，见识更为深广。刘向、刘歆都撰有论述《洪范》五行的著述，“发明大《传》，著天人之应”[3]，即将天人感应、五行变

[1]《汉书》卷三六《楚元王传附刘向》，第1961页。
[2]《汉书》卷三六《楚元王传附刘向、子歆》，第1967页。
[3]《汉书》卷三六《楚元王传》文末赞语，第1972页。

异明晰地解说，对应人事。故刘歆有治乱兴衰皆由天定的思想，信从“易姓革命”的理念。父子二人均精于天文星占，但刘歆形成系统的天文、历法学说，非其父可比。《汉书》赞刘歆的学术称：“《七略》剖判艺文，总百家之绪；《三统历谱》考步日月五星之度，有意其推本之也。”[1]《三统历谱》，即指《三统历》以及与之配合的《世经》，这两种文献今载于《汉书·律历志》，但经过了删节[2]，同时，班固对《世经》补上了王莽之后到东汉初的内容。

《三统历》试图建立自具特色的“究天人之际”体系，在历法上虽基本承袭汉武帝时的《太初历》，但采取从《周易·系辞》推衍出一系列数据，这种附会拼凑，在古代却显得更为正统高深。在结构上，分类论说“统母”“纪母”“岁数”“五步”（五星运行）“统术”“纪术”“岁术”等，显示宏观概括与细致剖析相结合，层次分明，系统周密。而更改十二次名称，亦收令人耳目一新之效。《世经》是新编帝王世系与历史大事年谱，完成了超越《史记》谱系的系统性新说，远古帝王从伏羲开始，为五德中之木德，随后为炎帝、黄帝、少昊帝、颛顼帝、帝喾、唐尧、虞舜、夏禹、商、周、秦汉等，依次为火德、土德、金德、水德、木德、火德而循环。还在伏羲之后安排了共工、帝喾之后安排了帝挚，皆以水德闰位，与周后的秦国搭配。整合传说，煞费苦心，显得十分周密。其中尽管不能排除如顾颉刚所揭示，《世经》是为汉朝的火德、且为王莽新朝土德而设计[3]，但其成为一个“通古今之变”的体系，则毫无疑问，其帝王系谱至今还有颇大影响。《世经》中涉及的春秋时期历史，引证刘歆自己窜入《国语》《左传》的语句，其中包括岁星纪事，借以表明

---

〔1〕《汉书》卷三六《楚元王传》文末赞语，第1972—1973页。

〔2〕《隋书》卷三四《经籍志三》历数类《四分历》条注释：“梁又有《三统历法》三卷，刘歆撰，亡。”今《汉书》所载《三统历》较简略，据此知《汉书》引录时有所删节。

〔3〕顾颉刚《五德终始下的政治和历史》，见《古史辨》第五册，上海：上海古籍出版社，1982年，第583—589页。

所论有正当根据，从而以售其欺，但许多内容与王莽篡位并无关联，乃是为了完善刘歆自己的大学术、大体系。他极力推重古文经学，也是试图构建新式大学术的组成部分。汉代学派颇多，今文、古文仅为大的门类，实际研讨每一经典，均存门户之见，各尊师承，互相倾轧。刘歆提倡古文经学，但并不否定今文经学，正如汉哀帝为之辩护曰："歆欲广道术，亦何以为非毁哉？"[1]刘歆提倡古文经学，目的也是"广道术"，即建构学术大体系。"五德终始"论与"易姓革命"思想，是刘歆系统学说的组成部分，这种西汉早已风行的观念，也是推动王莽逐步采取篡汉举措的舆论工具，因此不能把王莽看成天生的阴谋家，篡位行为也是当时社会观念所造就。刘歆与王莽的合作，是"易姓革命"理论与篡权实践相结合，二者互动，不能简单地归结为刘歆对王莽的谄媚。

现在回到星岁纪年和十二次名称问题。岁星的运行，是星岁纪年法产生的基础，刘歆发明岁星超辰的观念，尽管数据不确，但无疑是个重要创见，迄今学界对此多所肯定。这个创见在天文学上具有进步意义，但用于星岁纪年，却大为不便。岁星超辰，虚拟的太岁怎么办？假如太岁仍然以整齐的每 12 年一周天运行，那么因为岁星超辰，就与太岁失去了固定的对应关系，纪年折算也相当困难紊乱，因此，刘歆规定了虚拟的太岁同样超辰，以保持岁星与太岁的固定对应。可是新的麻烦随即产生，待到岁星、太岁超辰之年，干支或者越过一辰，或者一年两个干支，刘坦《中国古代之星岁纪年》所还原列出的《三统历》年表，就是采取一年两个干支的方法，但这样的纪年方法如果实行，是社会公众难于接受的。好在王莽新朝迅速灭亡，刘歆的星岁纪年法很快废弃，没有遇到超辰之岁。然而岁星超辰毕竟是客观的天象，它使星岁纪年法遇到难以处理的问题，倒逼纪年方法在东汉时甩掉了岁星、太岁，仅用六十甲子的干支纪

[1]《汉书》卷三六《楚元王传附刘向、子歆》，第 1972 页。

年，简洁方便，这可以说是刘歆的超辰理念导致了纪年方法的进步。

按说刘歆《世经》作为贯通古今的历史年谱，在几千年的历史演变中，应当大加突出的岁星超辰理念，但今存《世经》之文，明确道出超辰者，只有对鲁昭公三十二年“越得岁”的解释：“岁在星纪，距辛亥百四十五岁，盈一次矣。故《传》曰‘越得岁’”[1]，这是在杜预之前已肯定了“越得岁”是“岁在星纪”。而仅仅这一条论述，表明刘歆在《世经》中对贯彻超辰理念不很积极，至于窜入《左传》《国语》的相关内容，就有更大的犹豫和纠结。第一，对岁星超辰观念在天文学上的价值，刘歆自然明白，因而未必舍得放弃发明权，即不愿将之赠送给古人；第二，超辰之说为刘歆所创，时人必多知晓，若公然塞入《左传》，岂不当即暴露了掺假，反弄巧成拙？所以仅在《左传》襄公二十八年羼入“岁在星纪，而淫于玄枵”，即岁星本应位在星纪，却侵淫进入玄枵，即“岁弃其次，而旅于明年之次”，暗示岁星可以超辰。而于《左传》昭公三十二年，仅写“越得岁”，并不明言岁星所在位次，故意留下迷雾。近现代不同观点的学者，在《左传》是否具有超辰观念和如何解释“越得岁”问题上争辩，只是使学术讨论陷入泥淖而已。

刘歆在岁星纪事上窜乱《国语》《左传》，主要目的是树立其更改十二星次名称的依据，这个更改对于建立新的天文、历法体系，起到刷新门面的作用。《三统历》的“岁术”一章，专讲十二次的新名目，条列星纪、玄枵至大火、析木等各星次包含的星宿度数，在全篇内十分显著，占据显眼地位，效果是改换了先秦石氏“星经”的门庭，而吸纳其内容。《三统历》对超辰之说的叙述，却相当低调，与《世经》的做法大体一致。

刘歆所定新的十二次名称，难以一一考释其具体的用意，但总括而言，其中有星名，如寿星、大火、实沈；也有传说的人名和部

[1]《汉书》卷二一下《律历下》引《世经》，第1021页。

族之名，如娵訾（豕韦）、玄枵、析木；更出现了地名，即大梁；另外，鹑首、鹑火、鹑尾合起来，是象征“南方朱雀”那一片天区。[1]这些命名，体现天、地、人的三统合一理念。其中“大梁”曾是战国、魏国的都城名称，而《汉书》记述说：“刘向云：战国时刘氏自秦获于魏，秦灭魏，迁大梁，都于丰……汉帝本系，出自唐帝，降及于周，在秦作刘，涉魏而东，遂为丰公……丰公，盖太上皇父。”[2]据此，大梁可谓汉高祖刘邦祖父的居地，当然也是刘向、刘歆的祖先之地。如果新定十二星次的名称中必须要有一个明确的地名，那么选择“大梁”，乃是隐含对刘氏宗族渊源的拳拳情结。值得注意的还有“星纪”，其含义指星宿的总纪，“言其统计万物、十二月之位，万物之所终始，故曰星纪”[3]，这是总括性的名称，涵盖十二星次学说的整体，《三统历》正是将星纪列于首位。请看：以十一个星次分别象征天、地、人，又做一个总括性的“星纪”，这与《七略》中特立一个总论的《辑略》，在思维理路上完全一致。由此可知，这一套十二星次的新名称，只能出于刘歆手笔，他人是想不到、做不出而且绝无此等抉择的。

刘歆立意要构建一个弥伦宇宙、包吞千古的大学术体系，学问深广而志意高远，但学品败坏，并且一边研讨学术，一边热衷于政治投机，这些欲望导致他步入邪途。其才力再强，也终难实现如意算盘，随着政治局势的骤变，无可奈何地遭受了覆灭的下场，身败名裂。刘歆对于经史文献，并无敬谨崇重之心，利益驱动，欲达目的，不择手段。其学术上作伪、掺假的行为，自唐宋以来屡被揭发，疑案重重，争议不绝。于今所揭示之星岁纪年及十二星次名目问题，可以作为刘歆窜乱《国语》《左传》的一项铁定不移的确证，壁垒已

〔1〕关于此十二星次各个名称的一些具体解释，参见李维宝、陈久金《论中国十二星次名称的含义和来历》，《天文研究与技术》2009年第1期。
〔2〕《汉书》卷一下《高帝纪下·赞》，第81页。
〔3〕瞿昙悉达《开元占经》卷六四《宿次分野一》，文渊阁《四库全书》本。

然突破，有待于继续考论以扩大成果。刘歆的行为，至今仍须引为学术史上的鉴戒，治学的真髓在于求真、求是，不能为了某种“体系”的构建，就悍然步入作伪的歧途，因为任何制假行为，总会露出马脚。

学理昭昭，天下共识，可不敬哉！可不畏哉！

[原载《北京师范大学学报》(社会科学版) 2016 年第 3 期]

近代史学评判

王国维“二重证据法”蕴义与影响的再审视

王国维是20世纪初期杰出的史学家，早在1917年，他就通过辨识甲骨文字、破解其中历史信息而撰成《殷卜辞中所见先公先王考》《殷卜辞中所见先公先王续考》等重要论著，取得了考证殷商君王世次的重要学术成就。1925年，他又高调提出所谓“二重证据法”的命题，成为学术史上被多数人评价极高的史学方法。然而细检众论，随声者多、考实者寡，对于“二重证据法”这个影响重大的问题，理应置于大的学术背景及史学史的进程中重新审视。

一 “二重证据法”风靡于世的时代因缘

历史学在其持续发展之中，史料范围的扩充是一个必然的推进过程。早在西汉，据说就在孔宅旧居墙壁内拆出先秦古字录写的《尚书》，西晋时期，河南汲郡魏襄王墓出土《汲冢纪年》等古字史籍，都曾经用于研究和考订历史。在考据学兴盛的清乾嘉时期，广泛利用各种资料考史蔚成风气，钱大昕、孙星衍、王鸣盛等学者以及乾隆朝官修《西域图志》，均有利用金石文字等史料治史的实例。王鸣盛说：“恒独处一室，覃思史事……又搜罗偏霸杂史、稗官野乘、山经地志、谱牒簿录，以暨诸子百家、小说笔记、诗文别集、释老异教，旁及于钟鼎尊彝之款识、山林冢墓、祠庙伽蓝碑碣断阙之文，尽取以供佐证。”[1]这已经从史学理念上认识到治史应当运用多方面的资料共同验证。在王国维之前，已有孙诒让据甲骨文论断“作册”乃为官名，纠正近两千年间说经解史的一项讹误，众所周知的还有罗振玉在利用甲骨卜辞考订史事上取得丰富成果。王国维的古史考订，正是承袭乾嘉至清季历史考据家治学的方法，又得之于罗振玉的引导、资助而取得突出成就。

1913年，王国维《明堂庙寝通考》初稿中首次提出了“二重证明法”的概念，他说：

> 宋代以后，古器日出。近百年之间，燕秦赵魏齐鲁之墟，鼎彝之出，盖以千计，而殷虚甲骨乃至数万。其辞可读焉，其象可观焉。由其辞之义与文之形，参诸情事，以言古人之制，未知视晚周、秦汉人之说何如？其征信之度，固已过之矣……然则晚周、秦汉人之书遂不可信欤？曰不然！晚周、秦汉之际，去古未远，古之制度、风俗存于实事者，较存于方策者为多，故制度之书或多附会，而其中所见之名与物，不能创造也。纪事之文或加缘饰，而其附见之礼与俗，不能尽伪也。故今日所得最古之史料，往往于周秦、两汉之书得其证明，而此种书亦得援之以自证焉。吾辈生于今日，始得用此二重证明法，不可谓非人生之幸也。[2]

但是，这里“二重证明法”的命题没有引起什么反响，甚至王国维自己后来也从《明堂庙寝通考》文中删去了这段议论[3]，未加重视。1914年年底，王国维开始涉足甲骨学，学术大进，《生霸死霸考》《殷卜辞中所见先公先王考》《太史公行年考》《殷卜辞中所见先

〔1〕王鸣盛《十七史商榷》卷首“序”，上海：上海书店，2005年，第2页。
〔2〕罗振玉校补《雪堂丛刻》(三)，北京：北京图书馆出版社，2000年，第298—299页。
〔3〕1921年王国维编辑的《观堂集林》卷三收载《明堂庙寝通考》，已经删去上引此段文字。

公先王续考》《殷周制度论》等力作频出，学术声望直线上升。1925年，王国维就任清华国学研究院导师，开“古史新证”之演讲课，在“总论”中重新提出“二重证据法”理念，此次表述与1913年之说意旨一致，但语句颇有不同，且录其文于下：

> 吾辈生于今日，幸于纸上之材料外，更得地下之新材料；由此种材料，我辈固得据以补正纸上之材料，亦得证明古书之某部分全为实录，即百家不雅驯之言，亦不无表示一面之事实。此二重证据法，惟在今日始得为之。虽古书之未得证明者，不能加以否定；而其已得证明者，不能不加以肯定，可断言也。[1]

这就是几十年蜚声于中国史学界、考古学界的所谓“二重证据法”，历来论者对之赞不绝口，极少的质疑意见也被淹没于鼓吹的声浪之中。为什么1925年提出的“二重证据法”，与1913年的“二重证明法”命运截然不同，能够风靡于世而享誉至今呢？择要而言，有三大因缘：

第一，王国维此时已经具有很高的学术名气，其《殷卜辞中所见先公先王考》《殷卜辞中所见先公先王续考》等著述利用甲骨文资料，将商代君王世系以新方法作出考证，且与《史记》等古籍记述一一对照，很是吻合，有这项突出的成就做后盾，对王氏关于史学方法的论述起到有力的烘托作用。这一点相当重要，但还不是最主要的原因。

第二，1925年王国维重提“二重证据法”，实际有着明确的针对性，即出于反对1923年兴起的古史辨派疑古学风，不点名地将批评的矛头指向顾颉刚以及倡导“尧舜禹抹杀论”的日本学者白鸟库吉、

〔1〕王国维《古史新证——王国维最后的讲义》第一章《总论》，北京：清华大学出版社，1994年，第2—3页。

内藤湖南等人。而顾颉刚倡导的古史辨派之学，是冲击旧史学上古史体系的学术运动，具有伟大的思想解放意义。同时因“疑古过勇”而未免个别问题上矫枉过正，于是不仅遭到守旧学者的激烈反对，某些具有新思想的学者由于种种复杂原因一时也难于接受。但是在新思想大有传播、“圣王”油彩已经褪落、“孔孟之道”灵光不再的历史条件下，守旧派对古史辨派的抵御是十分乏力的，这时节，只有王国维的考订成果证明了《史记》记述殷商史事的可信度，成为维护旧古史系统的一捆救命稻草，王国维也正好站出来标榜“二重证据法”以反对古史辨派，其名声大噪，盖缘于此。

第三，1925年表述的“二重证据法”与1913年的说法相比，已经策略性地披上了“新”学的外衣。例如1913年提出“故今日所得最古之史料，往往于周秦、两汉之书得其证明，而此种书亦得援之以自证焉”，立足点是“所得最古之史料”；1925年则曰“幸于纸上之材料外，更得地下之新材料”，而“地下之新材料”被许多人理解为现代性的考古学成果。当时中国的考古学已经兴起，为学术界新生事物，得到广泛关注与推重，特别是王国维讲课时所面对的年轻一代学者，思想上更趋于求新。这个表述上的细微变化，获得了接受新学术思想影响群体的青睐。但在实质上，“虽古书之未得证明者，不能加以否定”的断言，比起1913年坦言古籍“或多附会”“或加缘饰”更为守旧，与极力反对古史辨派的人们灵犀相通，故能左右逢源，广得赞誉。

这样分析，并非深文周纳。1922年《东方杂志》刊载题名抗父的《最近二十年间中国旧学之进步》[1]一文，据学界考订，该文章乃王国维代笔撰成，该文叙述罗振玉、王国维等利用出土铜器、汉晋竹简、金文、甲骨文考证古史的成就，大力赞扬，但从标题上概括为“中国旧学之进步”，是王国维当时仍以“旧学”自居。至

---

〔1〕抗父《最近二十年间中国旧学之进步》,《东方杂志》1922年2月第19卷3号。

1925 年暑期，即开讲“古史新证”的同一年，王国维在清华国学研究院做“最近二三十年中中国新发现之学问”[1]讲演，其宗旨、内容与抗父之文基本相同，只是为了突出一个“新”字，删去先前谈到的王先谦等人以传统治史方法所取得的成绩，而将自己的学术定为“新发现之学问”。可见这种隐“旧”标“新”的变动，是有意做出的调整。

以上第二、第三两项原因，使“二重证据法”乘着新兴考古学之风而扩大影响，也得到守旧学者的首肯。而第一条原因，使顾颉刚等古史辨派学者，也不能不对其取得的学术成就由衷称许。但是，不能因为王国维获得具体的历史考证成就，就不加分析地追捧他的史学方法论理念，因为史学方法论属于理论的层次，在学术史、科学史上做出显著具体成就却得出荒谬理论的学者，早已不乏其例。因此，必须对“二重证据法”进行严格剖析。

二　王国维“二重证据法”之解析评判

依据王国维对“二重证据法”的表述，并且结合其实际的研究业绩予以解析评论，可得出以下三点判断：

第一，1925 年王国维提出“二重证据法”，主要依托于他利用甲骨文字对商代诸王世系的考订，但在方法论上这根本算不得“二重证据法”，因为他实际运用的乃是甲骨片上的文字记录。王国维明确解释说：“地下之材料，仅有二种：（一）甲骨文字。殷时物，自盘庚迁殷后讫帝乙时。（二）金文。殷周二代。”[2]既是文字记载，就与古籍记载实际属于同一性质，不过更加可信而已。如果从图书馆、档案馆的角落发现可靠的文件，在史料性质上与地下出土的甲骨的

〔1〕王国维《最近二三十年中中国新发现之学问》，《学衡》1925 年 9 月第 45 期。
〔2〕王国维《古史新证——王国维最后的讲义》第一章《总论》，第 4 页。

文字记载一样，这是很明白的道理。考订清朝历史，若利用清内阁档案算不算“二重证据法”？如果再加以满文资料，算不算“三重证据法”？再加上蒙古文资料是“四重证据”吗？加上英文资料、日文资料、法文资料、德文资料呢？因此，可以赞誉王国维对殷商历史的考据成就，但标榜为“二重证据”，并且将这种标榜提升到普适性的方法论层次，多少有炒作、唬人之嫌。甲骨文、金文资料具有明显的记事内容，用于考订上古历史是个很自然的学术趋势，必会随着材料的大量发现、文字辨识的进展而广泛展开，无须打起“二重证据法”的旗号来鼓动。

王国维的“二重证据法”，其实是个很模糊的概念，怎样的史料才算是“二重”？“二重”的材料怎样结合而成为证据？这种结合有什么规范？如此等等，皆属朦胧状态，极易被人任意发挥，引入歧途，变为荒唐的穿凿附会。在一个强调经世致用的文化环境下，名家提出适度模糊的命题、略具朦胧的理念，更有可能走红，因为留下了他人各以己意理解和发挥的空间。王国维之“二重证据”，如果参照他的史学实践予以准确的解读，应当是“纸上之文字材料”与“地下之新文字材料”，都是文字史料。但后来对“二重证据法”的推崇和发挥，普遍地将之引入考古学领域，将器物、遗迹等与古籍文献的记载对接，从而导致研究方法和结论上复杂而严重的混乱。

第二，王国维《古史新证·总论》说：“虽古书之未得证明者，不能加以否定；而其已得证明者，不能不加以肯定，可断言也。”这里将“古书”分为“未得证明”与“已得证明”两类而予以“断言”，表现出王国维思想的守旧、逻辑上的武断、结论上的错误。

“未得证明”之古书是不是可以否定，需要经过考核、研究，发现疑点即可质疑，有疑点而无法辩解、开释的部分，则可否定，但还不是否定全书。若疑点太多，覆盖了全书的主要组成部分，则可基本否定。因此“古书之未得证明者”，应当是可怀疑、可部分否定、也可全面否定的对象。

对于古书“其已得证明者”，除了要追问“证明”的方法和结论能否成立之外，还应当审视其到底证明了其中什么内容，绝不允许证明该书其中一点，就肯定全书。王国维恰恰犯了这种大的谬误，他的《古史新证》认为：“《史记》所述商一代世系，以卜辞证之，虽不免小有舛驳而大致不误，可知《史记》所据之《世本》全是实录。而由殷周世系之确实，因之推想夏后氏世系之确实，此又当然之事也。”他更做推论：“然则经典所记上古之事，今日虽有未得二重证明者，固未可以完全抹杀也。”[1]

这在逻辑上是非常荒谬的，但至今仍然有人因袭且发扬其谬误，可谓贻害无穷，不得不详为剖析。

1.《史记》所述殷商世系，不是根据《世本》，因为《世本》乃西汉刘向将先秦零散资料汇集分篇而编撰成书，司马迁不可能见到《世本》其书。据《史记·三代世表序》，司马迁称其根据的文献是“五帝系牒”“尚书集世”等，因此《史记》所记述的夏代世系，未必与记述商代世系同一资料来源，这样，从商代的世系去推想夏代世系的可信度，就连基本的前提也不成立。王国维识不及此，姑且不论。然而，假若《史记》的夏、商世系记载出于同一文献来源，就可以判断为同样确实吗？答曰：不可！特申论如下。

2. 从甲骨文资料已可确知：商朝极其重视祭祀先王、先祖，且已形成反复进行、颇具规范的定制。这正是殷商甲骨文能够稽考商代诸王世系的根基。“惟殷先人，有册有典”[2]，即殷商具有文字书写的官方册典，而商朝既然重视祭祀先王，则必当编制记载先王世次的谱牒册籍，这应是《史记》等史籍记载商王世系的最早的文献来源。假如夏人也有较成熟的文字，有极其重视祭祀先人的定制，同样“有册有典”，当然可能留下可靠的记载先王世系的文献，但如果

〔1〕王国维《古史新证——王国维最后的讲义》第四章《商诸臣》，第52—53页。

〔2〕《尚书·多士》，见王世舜《尚书译注》，成都：四川人民出版社，1982年，第209页。按：此篇应出于西周之初周公旦所撰拟。

三个条件缺其一项，就不能与商朝相比拟。于今，考古发掘工作已经尽了极大努力，仍未发现有夏的文字，罔论另两个条件。王国维之“而由殷周世系之确实，因之推想夏后氏世系之确实”，已属于错误的逻辑，今人若还遵从这种推想，则是不可理喻的荒诞无稽。

3. 西周攻灭商纣王，还面临殷商“顽民”的反抗以及诸多忧患，周公旦等统治者提出了理性的“殷鉴”理念，推动了政治改革、历史文献的整编和历史往事的清理。商朝既然“有册有典”，加之殷商遗民仍在，西周对商代历史的叙述自然有所依据，至少商王世系不会全误。但有夏之史则大不相同，一是距西周为时已久，二是文献无凭，其根据何在？综合一些疑古学者如杨宽、陈梦家、顾颉刚等人的说法，西周统治者将曾经被商朝兼并的有夏，夸大为一个统摄万邦的朝代，借机对“顽民”宣传灭商之合理，同时又作为一项“殷鉴”来教导官民，是十分可能的。当然，有夏到底是部族、酋邦，还是一个王朝，仍属需要研讨的复杂问题，但《史记》等古籍排列的夏代君王世系并无可靠依据，则可以断定。

西周既认定有夏是与商朝一样的朝代，此后就会出现参照商王世系编写的夏王世系，依此上溯，一系列的“先王”时代也都有了世系，甚至都有了在位年数。司马迁说：“余读牒记，黄帝以来皆有年数。稽其历谱牒终始五德之传，古文咸不同，乖异。夫子之弗论次其年月，岂虚哉！”[1]可见在战国时期，这类谱牒文籍种类繁多，而且内容复杂，司马迁撰写《史记》，虽然对“黄帝以来皆有年数”深为怀疑，却因《史记》记史乃从黄帝开始，遂删去黄帝以下各个先王在位年数，却又不得不姑且采用那些世系，致使司马迁自己也未必确信的夏代世系以及更早的先王世系进入了史册。

第三，王国维并非盲目相信所有的古书，但他却有笃信的古书范围，他的古史考证，就是欲图尽力证明一些古籍记载的确实可信。

[1]《史记》卷一三《三代世表序》，北京：中华书局，1963年，第488页。

如果没有办法考证，他还是要相信经典、正史的记载，例如对于尧、舜、禹，王国维虽然拿不出有力的“二重证据”，仍然抨击“疑古之过，乃并尧、舜、禹之人物而亦疑之”，明显表现了学术立场的守旧性。

对于王国维的“二重证据法”，有人推崇并解释说：“‘二重证据法’就是‘纸上之材料’与‘地下之新材料’的互相结合，彼此印证。”这里“结合”与“印证”两语，就是这种史学方法论的要害，就是仅从结合、印证上用心着力，排斥怀疑精神。

正确的学术态度，应当是以客观的求真、求是态度对待新发现的史料，能够印证原有史料和结论者，固当印证之，而若可以否定原有材料和结论，亦当予以否定之。王国维以甲骨文考订商王世系，恰好能与《史记》相结合、相印证，其原因正如上文所述：商朝具有反复祭祀先人的规范性典制，并且“有册有典”。周代金文也有大量可以印证古籍文献的例证，是因为中国最迟自西周季年就具有了如实记史的观念，提高了历史记载的真实性。这是有条件的特例而已。但若从商朝再向上追溯到无文字、无文献的时代，便不具有商周时期那种体制上和观念上的依据。因此商朝之前“地下之新材料”，应当是以否定“纸上之材料”的内容为多，可“印证”者居少。

总括上述解析与评判，可以浓缩为简短的结论：王国维之“二重证据法”，实际不过是以新的文字材料印证原有的文字材料。这种方法仅强调“印证”而排斥否定，具有片面性和学术思想的守旧性。因其守旧观念做出的推想，在逻辑上是错误的。因此，将“二重证据法”夸大和发挥，将使历史研究更多地进入误区。

三 “二重证据法”在中国史学史上的作用

评析“二重证据法”在中国近现代史学史上的影响，应当与古史辨派置于对立统一的两个方面进行考察，认识才能深入。王国维虽然没有激烈地批评顾颉刚，甚至批评中未曾点名，出语也似乎宽和，但他的“二重证据法”依托于殷商史考证的杰出成就，对于疑古思辨史学的发展势头，牵掣最为有力，抵御作用也最为长远。

1923年，顾颉刚提出“层累地造成的中国古史”的命题，指出中国旧的上古史体系的不可信从，揭示出许多大的疑点，立即引起很大的反响。随后，关于中国商代以前古史的辩论在学界展开。1926年，顾颉刚主编《古史辨》第一册出版，使辩论更为升级，且随着《古史辨》第二至七册的陆续印行，一波继一波地愈演愈烈。以顾颉刚为代表的“疑古”学者，提出许多具体的辨伪事例，针对许多争论往往在具体事例上纠缠，顾颉刚申明了他的学术宗旨有四点：1．打破中国民族出于一元的观念；2．打破地域向来一统的观念；3．打破古史人化的观念，即将神话中古神“人化”，多了一层伪史；4．打破古代为黄金世界的观念。这些史学理念，现在看来仍然是正确的。从此四条可以看出这场“疑古”波潮，实为20世纪中国史学的革命运动。早在1926年《古史辨》第一册出版之后，胡适就评论说：

> 这是中国史学界的一部革命的书，又是一部讨论史学方法的书。此书可以解放人的思想，可以指示做学问的途径，可以提倡那“深澈猛烈的真实”的精神。[1]

蒋俊《中国史学近代化进程》认为：“对于‘古史辨派’的评论，只能有一个标准，即史学革命。中国近代的史学革命，是经过几代进步史学家的努力才初步完成的，其中也包含着‘古史辨派’的努力。”[2]同样称“古史辨”为史学的“革命”，但其含义并不一

〔1〕胡适《介绍几部新出的史学书》，见《古史辨》第二册，上海：上海古籍出版社，1982年，第334页。
〔2〕蒋俊《中国史学近代化进程》，济南：齐鲁书社，1995年，第106页。

致，胡适所言近之，但尚未充分。

中国的传统史学自从产生，是在记史求真与社会功用的矛盾中摇摆前进，虽留下了丰富的史籍，但历史的叙述真中有伪，在古代不可能得到全面的清理。1902年，梁启超标举“新史学”的旗帜，唱出“史界革命”的时代强音，为中国史学发展之一大转机。然而梁启超对旧史学的批判是“知有朝廷而不知有国家”，“知有个人而不知有群体”，“知有陈迹而不知有今务”，“知有事实而不知有理想”，指责“二十四史”为“二十四姓之家谱而已”[1]。这些论断激烈而欠准确，其新史学的观念，只涉及史书中应当记述哪些事实、采用什么形式、贯穿什么思想以及撰史人的立场等问题，乃是社会改革观念的折射，并非史学革命的根本方向。但这种“新史学”的宣传，推进了历史教育的革新，特别是新式教科书的编写。清朝灭亡之后，新式大学以及研究机构的设置和发展，给史学一定的学科地位，有利于史学的核心即学术层面的凸显，古史辨派的疑古辨伪，就是这种史学之学术革命的时代标志。以顾颉刚为代表的疑古辨伪活动，实质是贯彻史学求真的理念，表现出不惧任何阻力和非难的彻底性。顾颉刚不仅要坚定地打破疑点重重的旧古史体系，同时也乐于修订、改正自己具体见解出现的偏差，《古史辨》不仅收载疑古辨伪之文，也载入反对者的文章，体现了公正的学术情操。

对古史辨派批评和反对者的议论，重要者大致有以下三类：

1. 仍以旧有的经、史著述为根据，甚至认为疑古有害于世道人心。这是信古守旧派的理念，是根本出发点的错误，不足深论。

2. 指摘具体的疑古见解证据不足，或证据难以成立。其中有人将顾颉刚作为疑点引证的资料，以重新曲解的方法予以弥缝，也有人质问：战国之人有何必要伪造尧、舜史事，他们为何具备这样高的伪造能力？诸如此类，文繁不录。最值得注意的是张荫麟指摘顾

---

〔1〕 梁启超《新史学》，见《饮冰室合集》文集之九，北京：中华书局，1989年，第3页。

颉刚过度使用“默证”方法，例如《诗经》《尚书》《论语》都没有关于禹与夏朝关系的记述，顾颉刚据此质疑后人伪造了禹为夏朝的开国之祖。张荫麟则认为这种“默证”法不对，认为《诗经》《尚书》《论语》都没有一定要记述此类内容的必须性。[1]这项辩论实际是表明了研讨上古史无论“信古”“疑古”，都面临证据不足的问题，但颠倒了举证的责任方。疑古者只要根据现存资料发现疑点，即有理由质疑，信古者则应当举证解疑，而不应仅仅挑剔疑古者的证据不足。这类批评对辩论的深入有所推动，但并不触动疑古辨伪的根本宗旨。

3. 挑剔顾颉刚等只是破坏古史体系，而缺乏建设性成绩。认为顾颉刚的学术不充实，特别是没有考古学造诣，难以研讨上古史。此类议论，是欲从整体上否定疑古辨伪活动，王国维即在其中。在1924年12月，李玄伯发表文章，认为“要想解决古史，唯一的方法就是考古学”[2]，这个见解很正确，但李氏却据此主张没有必要根据文献资料做古史的辨伪讨论。

顾颉刚回应李玄伯等这类以考古学为旗号的文章，是同意上古史的问题应由考古学最后解决，但他指出文献记载的辨伪十分重要，不能放弃文献的辨伪考订。他认为学术应有分工，“古史的破坏和建设，事情何等多，哪里可由我一手包办？”他还指出：“有许多古史是考古学上无法证明的，例如三皇五帝，我敢预言到将来考古学十分发达的时候也寻不出这种人的痕迹来……难道可以永远‘存而不论’吗？但是在书本上，我们若加意一考，则其来踪去迹甚为明白，固不烦考古学的反证而已足推翻了。”顾颉刚谈到自己的辨伪工作宗旨时说：“希望替考古学家做扫除的工作，使得他们的新系统不致受旧系统的纠缠。”[3]

---

〔1〕张荫麟《评近人对于中国古史之讨论》，见《古史辨》第二册下编，第271页。
〔2〕李玄伯《古史问题的唯一解决方法》，见《古史辨》第一册，第270页。
〔3〕顾颉刚《古史辨》第二册卷首“自序”，第4、5、7页。

1924年，傅斯年在给顾颉刚的支持信件中也说："你这古史论无待于后来的掘地，而后来的掘地却有待于你这古史论。现存的文书如不清白，后来的工作如何把他取用？"[1]顾、傅二人说出的道理是成立的，然而他们对史学、考古学后来的发展却始料未及。

最早具有考古学家才干而又反对疑古的学者，似为徐旭生。他在1943年就曾出版《中国古史的传说时代》，其中批评顾颉刚等"把传说的东西一笔抹杀，把文化的黎明时期完全不谈，我国的历史因此就被砍去一截！"他认为："古书因为受造谣的嫌疑而被抛弃，对于地下的工作，将来由何物启示或解释？王国维能开始解释甲骨文上的文字，因为他相信殷代现存的文献。如果殷代文献被猜疑而蔑视、而散佚，那虽有王氏湛深治学的精神，亦无从寻得下手处矣。"于是他主张"抛却过正的一切抹杀办法，用信古的正确方向，小心谨慎地、辛勤地寻求古代略近的真实，则今日学者之任也。"[2]

徐氏的言论强悍无理，攻击顾颉刚把历史"砍去一截"，已近于诬蔑，把文献佚失的原因归结为疑古，类似于栽赃。这些姑且不论，单就其治学理念，将考古（所谓"地下的工作"）依赖于古书，认为没有古书就得不到"启示或解释"，是极端错误的，因为世界多数地区（如埃及、印度）的考古学，不用古书的"启示或解释"而成就十分辉煌。徐氏特别举出王国维的事例，公开主张信古，可见他就是以王国维为榜样，力图将"二重证据法"扩大到考古学领域的早期学者。至20世纪50年代，徐氏首先发现和认定二里头先商遗址为夏文化，开拓了考古遗存与文献结合的"二重证据法"实例。[3]倘若作为一家之言，这种尝试亦未尝不可，但在信古、守旧的前提下，将"二重证据法"扩充、发挥而定为一尊，使古书与考古捆绑

---

〔1〕 傅斯年《谈两件〈努力周报〉上的物事》，见《古史辨》第二册下编，第297页。
〔2〕 徐旭生《中国古史的传说时代》，重庆：中国文化服务社，1943年，第12—13、23页。
〔3〕 徐旭生《1959年夏豫西调查"夏墟"的初步报告》，《考古》1959年第11期。

一起，则是埋下了很大的隐患和无穷的乱象。

中国古代史学具有深厚的文化积淀和优良传统，从春秋时期具备“君举必书”“书法不隐”等记史求真的理念以来，正规的史籍记载，其可信度很大。但是从西周初年形成“殷鉴”的历史观念，到西周季年和春秋时期官方形成记史体制，经历了很长的发展时期，追述西周之前的历史不可能不掺入较多的传说、想象的成分。西周之后的历史记载也在记史求真与政治功用的矛盾中摆动、偏移。因此，中国旧史学就其优良传统而言，完全具备与新时代新史学相衔接的基础。而从史学产生、发展的历程来看，越是上古较早史事的记述，就越多神话、传说、模糊、想象、失实和伪造的成分。顾颉刚等选择商周之前古史作为辨伪的重点，进行打破旧古史体系的扫除活动，是一场新史学发展时代所需要的适当的史学革命。

“古史辨”运动取得了不可磨灭的成就，其纯正求真、勇敢辨伪的精神，将永远成为新史学健康成长的源泉，但从史学革命的层次观察，整体上已经失败。失败的原因除了政治与社会各种因素的影响之外，学术的原因是上述中国旧传统史学所具备的优势，而这个优势正好由王国维考证殷商史的特例和“二重证据法”的提出而闪亮登场。于是不仅信古者的信心大增，一些具有新观念的史家也被唤起了对“地下之新材料”来证实古书的无穷期待与遐想。徐旭生的学术理念和考古学实践，标志着中国考古学与上古史文献的结合，开始远离顾颉刚、傅斯年等人原来的预想，走上膨胀、扩大的“二重证据法”之路，保留与发扬了王国维“二重证据法”原有的信古、守旧因素与近乎武断的“推想”。从史学史角度考察，王国维“二重证据法”对史学发展的作用，是将旧的上古史体系与新史学的建设过早地衔接起来，在旧史学的糟粕未能充分清扫的条件下，传统史学以不适当方式过早衔接于新史学，携带了庞杂成分、落后理念和虚假记述，降低了新史学发展的健康度。这虽然不应由王国维承担责任，但追溯渊源，“二重证据法”及其滥用起到了杠杆作用。这个杠杆一方面拨起上古史研究的嘈杂与兴旺，一方面搅得沉渣泛起，其影响值得深入反思。

四 “二重证据法”滥用的不良影响

当“二重证据法”大力推行于考古发掘与古籍记述的结合，其研究方法大部分立足于直接的比附和穿凿。通行的思路是：根据考古发现遗址的地区与所测定的年代，从各种古籍描述的上古“先王”和朝代中选一相似者予以指认，随之对出土之物与古籍的描述做最大限度的比附解说，将考古发现与某些古籍的叙述交叉编织，完成一个具有所谓“二重证据”的故事。编织的故事也会参照考古文物，对古籍的记述做出一些补订，但在历史的整体线索上则总不离上古史旧说的框架。

然而，各种古籍对上古“先王”的描述早就五花八门，自相矛盾，距今的年代、活动的区域都不能准确认定。考古发现遗址的年代学测定，也只能是一个跨度相当大的时间范围，出土文物的复杂多样，很可能做出不同的解释。考古学的特点，即使在排除干扰、按本学科规范独立研究状态下，也不免出现较大的学术分歧，再加入古籍中庞杂的记述，其乱象丛生乃势所必然。在扩大的“二重证据法”的指导下，一些有资格对考古学新发现进行解说的专家，不仅没有接受顾颉刚等人对上古史的扫除工作，就连顾颉刚预言地下之材料“寻不出”的三皇五帝，也披上考古学的外衣，从他们的口中卷土重来。

现在从伏羲氏以下的“先王”“先圣”，大多都建造了气势恢宏的陵墓，都有了“故里”“出生地”，有些本为古代皇朝所钦定，地方仅仅“奉旨”修筑而已，姑且不论真伪。单说“炎帝”一个传说人物，今人则有了许多新的考订，由官员和学者构成的“二重主体”队伍，运用“二重证据法”，产生了不同论断。依照古籍记述，炎帝故里本来早有河南、山西、陕西、湖北、湖南等多种说法，近年陕西宝鸡拿出了“二重证据”，即除古籍资料外，还有考古发现的新石器时代遗址中农业生产、生活的痕迹，由于古籍有炎帝即神农氏或神农后代的说法，于是被热捧为炎帝故里，祭拜声势大振。此番热闹尚未稍减，湖南会同县同样摆出“二重证据”，于是学术研讨会在该地召开，许多名流学者表态支持，据传当地曾斥巨资准备兴建纪念建筑，举办祭拜工程。炎帝与神农氏是否为一人？炎帝与黄帝是什么关系？古籍记述本已纷乱，直接影响信古者对炎帝距今多少年的估算。传说中的“先王”“先祖”只有炎帝或神农氏实行农业生产吗？这也缺少论证。那么以考古遗址中的农业痕迹指认炎帝故里，并且发生不同地点的争论，这与西方中世纪基督徒争论“一个针眼里究竟能住几个天使”有什么区别？毛泽东《贺新郎·读史》曰：“五帝三皇神圣事，骗了无涯过客”。现在则是行骗与被骗一起狂欢，有人为之辩解，说是增强民族凝聚力。可是具有讽刺意味的是：炎帝一身，就至少建筑了分布于陕西、湖南、山西的三座“国家级”“省市级”的豪华陵墓，墓主连自己尸体都不能“凝聚”，怎么能够对现代人的精神产生凝聚力？现代中国真的有赖于上古圣王来凝聚吗？

对禹以及大禹治水传说的质疑，是顾颉刚早期疑古考辨的一个突破口，引起轰动和争议最大、最多。然而细检所有反对顾颉刚意见者，并未拿出证明实有“禹”存在的证据（按：这个问题也是应当由信古者举证）。且不言是否有“禹”其人，但大禹治水乃是神话，则越来越被证实。顾颉刚早曾指出：“《商颂·长发》说：‘洪水芒芒，禹敷下土方……’……看这诗的意义，似乎在洪水芒芒之中，上帝叫禹下来布土……”[1] 2002年发现的西周中期铜器遂公盨，其

[1] 顾颉刚《与钱玄同先生论古史书》，见《古史辨》第一册，第62页

铭文开篇即云“天命禹敷土，随山濬川”[1]，可见很早的传说就是上天命令禹布土治水，有力地支持了顾颉刚的解释。

但某些学者完全不顾这些证据，居然细致地研究起当作真人的大禹是用什么办法去治水。如徐旭生认为禹“利用他们家世的失败的经验，觉悟到从前所用枝枝节节的办法不能解决问题，必须大规模疏导，使水畅流，才有办法”[2]。当今另一学者则大作“新探”，说禹和其父鲧，治水不在水灾的一个阶段，所以方法不同，禹之治水是在大洪水过后，“只需要疏通各条河水，使人们安居乐业即可”。洋洋万言，煞有介事，然而证据何在？除了顾颉刚等早就质疑和剖析过的文献资料外，附加的还是属于战国时期的文字，可以充当“二重证据”者，只是考古发现龙山文化时期的中原和南方，都曾有大洪水留下的遗迹。[3]这算得什么证据？江河洪水，历代有之，发现洪水遗迹的同时，发现治水的工具了吗？如果大禹真有其人，那只能是在石器时代，请问他们用什么工具开挖河流、疏导洪水？在上古的社会生产力水平之下，大洪水发生，只能逃走或等待洪水自然退去。马克思指出：“任何神话都是用想象和借助想象以征服自然力，支配自然力，把自然力加以形象化。”[4]“大禹治水”的故事，完全是因为人们无力治理大洪水又渴望平定水患而想象出的神话，天帝、大禹不过是一种征服自然力欲望的形象化。

上古传说乃至于神话，都包含了历史的信息，都可以用社会发展史的知识、民俗学的知识等予以历史的解读。但是传说、神话只能作为被重新解读的材料，而不能当成被证实的对象，例如古书记述有姜嫄“出野见巨人迹，心忻然说，欲践之，践之而身动如孕者，

〔1〕李学勤《遂公盨与大禹治水传说》,《中国社会科学院院报》2003年1月23日。
〔2〕徐旭生《中国古史的传说时代》，北京：文物出版社，1985年，第146页。
〔3〕王晖《大禹治水方法新探》,《陕西师范大学学报》(哲学社会科学版)2008年第2期。
〔4〕《马克思恩格斯选集》第二卷，北京：人民出版社，1995年，第29页。

居期而生子”[1]，即为周朝先人后稷。这可能反映了人类经历过“知其母不知其父”的母系氏族时期，绝对不能认为姜嫄踩了大脚印而怀孕是真人真事。对待三皇五帝的传说，均应从传说中解读其反映的古代社会状况，而不是企图坐实其人的存在。但一些有学问的学者，如王晖教授却声称：“战国时期流传的五帝时代这些著名领袖人物及其重要事迹还是应该可信的，也是我们应该根据出土古文字资料和古文献相互印证并重新整理的。”[2]审视其引用的“出土古文字资料”，不过是战国时期的郭店楚简等，虽为新出土资料，但对于东周以前历史的研究，并不比传世的《国语》更有价值。

让人奇怪的是：此前考古发现的山西襄汾陶寺文化遗址，早就被许多人风风火火地鼓吹为尧、舜故地，王晖教授怎么不收揽为“二重证据”呢？大概因为陶寺文化遗址显示出那里发生过惨烈的大屠杀、大毁灭，而王晖先生是力主尧、舜、禹禅让的吧。将陶寺文化遗址指认为尧、舜故地的学者，只好承认《竹书纪年》所云“舜囚尧于平阳”[3]的篡夺也可能真实，这其实还是不能解释宫廷政变式的篡夺，何以会有陶寺遗址中毁城、掘墓、杀人、分尸的惨烈战争。迷信古籍之中上古史记述的学者，为什么不将陶寺遗址指认为黄帝与蚩尤的战场，或者是颛顼与共工的战场啊？那既不伤害儒学经典和正史的可信性，又能编织新的故事，认证更多古籍以及神话传说的可信。由此可见，用“二重证据法”令考古发现来印证古籍，不仅穿凿附会，而且挑挑拣拣、各取所需，还常常照顾不周，顾此失彼。这样搞出来的古史新证，鲜不成为秽史。

即使把考古发掘新发现的文字资料与已有的历史记载相互印证，也不合乎考古规范。例如1972年发现银雀山兵法书简后，被认定为

---

〔1〕《史记》卷四《周本纪》，第111页。
〔2〕王晖《出土文字资料与五帝新证》，《考古学报》2007年第1期。
〔3〕释法琳《对傅奕废佛僧表》引《汲冢竹书》语，《广弘明集》卷一一，影印文渊阁《四库全书》本。

《孙子兵法》与《孙膑兵法》二书同时出土，声称解决了关于《孙子兵法》作者的一大疑案。何以会认定这是属于两种书？因为有“纸上之材料”记载过两种书名，按照王国维“二重证据法”，“地下之新材料”的出现，正好用来“印证”古籍的记载。但是那批竹简上并未标明两种书名，竹简形制也无区别，按照规范，就应当谨慎地按原始状况归于一起，标以“银雀山出土兵法书简”之名，余下的问题听凭学术界研究讨论，各抒己见，这才是科学的方法。在这个兵法书简问题上，分为二书还是归为一书，史学意义正好相反，尤应高度审慎地处理，保持原貌。这个实例，足以说明“二重证据法”即使在文字资料的范围内，也不完全符合科学精神。

时至今日，中国各地考古发现的文化遗址已经相当密集，远非王国维时期所可比拟，剥离古籍中的圣王传说，利用考古学独立地考察上古文明的产生和发展，已能展现出轮廓。现在实行顾颉刚所主张的“新系统不致受旧系统的纠缠”，是完全必要的。古人将以往的历史记忆寄托于若干逐步塑造的圣王、英雄，是一种普遍现象，在古籍中，甚至所有工具、器物也都归为黄帝等圣王或个别人物的发明，这是未充分开化阶段的人类以形象思维弥补理性思维的表现。现代史学可以从远古传说中解读和提取关于社会生活状况的信息，而不能轻易相信其中英雄人物及其具体事迹，更不能够把考古的发现，装入陈旧的上古史体系的框架。“二重证据法”的滥用，正是一种将考古学装入古籍记载框架的错误方法，应当及早摒弃。以考古发掘的实物、实迹，经科学的分析，摆脱种种纠缠，独立地重建中国远古文明发展的历史，是当今历史科学之要务。

［原载《南开学报》（哲学社会科学版）2010 年第 4 期］

张荫麟诘难顾颉刚默证问题之研判

1923年5月，顾颉刚发表《与钱玄同先生论古史书》[1]，提出“层累地造成的中国古史”理念，认为中国古籍中关于尧、舜、禹“圣王”事迹的记述都不可信，乃出于后世的层层叠加。对这些圣王其人的有无，也做出质疑和否定，这立即激发了学术界的辩论。在多篇反驳顾颉刚的文章中，青年学者张荫麟的文章主要不是讨论上古史的具体问题，而是直接否定顾颉刚的研究方法，提出了历史考订是否可以运用所谓默证方法的问题，这已经涉及史学方法论的理论层面。由于顾颉刚及古史辨派学者没有答辩，这项公案之是非曲直，尚未明正，故本文加以研判，以澄清八十年来相关领域的混沌认识。

一 张荫麟关于默证法的发难及其影响

顾颉刚发起疑古考辨的主要思想方法，是尽量全面地清理中国古籍关于上古历史的记载，排列这些记载文献产生的时间顺序，发现越是后出的古籍，记述的上古历史越是久远，记载的情节也越是丰盛，因此，这样形成的古史乃是累加而成，其真实性大可怀疑，遂提出“层累地造成的中国古史”这个理念。顾颉刚具体地考察尧、舜、禹问题并指出，从《诗经》等书籍来看，中国上古最早的圣王是禹，西

〔1〕 顾颉刚编《古史辨》第一册，上海：上海古籍出版社，1982年，第59页。按：此文初载于《读书杂志》（《努力》增刊）1923年5月第9期。

周时还没有黄帝、尧、舜的观念。而“商族认禹为下凡的天神，周族认禹为最古的人王”。到春秋时期的《论语》中，出现了尧、舜，并且居于禹之前，“但尧与舜、舜与禹之间的关系还没有提起”，更没有把禹与夏代联系起来的记载。《论语》之后，才出现尧与舜的翁婿关系，尧、舜、禹之间第次的君臣关系。[1]自战国以降，在尧、舜之前又加上了许多古帝王，同时大禹也被安排成了夏代的创始国王。[2]这是顾颉刚最初做出古史考辨的部分结论，已经体现出严密的系统性，每一论点都不仅列举大量的史料，更指明某一时期的古籍并无哪种记述，其全面考察和梳理历史的特征十分明显。由于观点的惊世骇俗，立即引起了学术争辩，而论敌如刘掞藜等人，主要反驳顾颉刚对一些具体史料做出的解析，其中某些见解甚至得到顾颉刚认可[3]，但并不能动摇“古史是层累地造成”这个系统的整体性认识。此后将届两年，张荫麟发表《评近人对于中国古史之讨论》[4]一文（以下简称张文），其中也反驳顾颉刚对具体史料的解释，却不是分散地纠摘罅隙，而体现于一个总的宗旨，即试图从根本上否定顾颉刚的研究方法。

张荫麟认为：“吾观顾氏之论证法几尽用默证，而什九皆违反其适用之限度。”他搬出西方论著《史学原论》作为理论依据，张文提出：“因某书或今存某时代之书无某史事之称述，遂断定某时代无此观念，此种方法谓之‘默证’。默证之应用及其适用之限度，西方史家早有定论。”接着他对《史学原论》原文予以引录[5]，其要点可以归结为以下二项：

---

〔1〕顾颉刚《与钱玄同先生论古史书》，见《古史辨》第一册，第60—63页。

〔2〕顾颉刚《讨论古史答刘胡二先生》，见《古史辨》第一册，第117页。按：本文初载《读书杂志》1923年8—12月第12—16期。

〔3〕顾颉刚在前揭《讨论古史答刘胡二先生》一文中，表示依照刘掞藜说法，再经研究，放弃原先对于“下土”的解释。

〔4〕张荫麟《评近人对于中国古史之讨论》，《学衡》1925年4月第40期；又见顾颉刚编《古史辨》第二册，第271—288页。以下凡征引此文不另注释。

〔5〕张荫麟此文特别注明：李思纯已然翻译朗格诺瓦与瑟诺博斯二人合著的《史学原论》。然而张荫麟并未采用李思纯译文。李思纯的译文内没有“默证”这个词语，而将之表述为消极的“理想推度”。今不纠此事，姑且全依张荫麟之行文研判。

1．运用默证方法的思想根基和出发点，是“其中实暗藏一普遍之论据曰：倘若一假定之事实果真有之，则必当有纪之之文籍存在”。即凡使用“默证法”，都是设想凡事皆会记载，并且凡记载都会留存。这个前提当然不可能成立，由于“古事太半失载，载矣而多湮灭”，故而“默证法”似乎毫无现实基础而且不合逻辑，已经从根本上被否定。

2．否定了默证的合理性之后，张文又自相矛盾地规定了两个适用条件，其一是没有记述某事的载籍，其作者“立意将此类之事实为有系统之记述，而于所有此类事皆习知之”。其二是“某事迹足以影响作者之想象甚力，而必当入于作者之观念中”。就是第一要证明作者立意记述这类事件，并且完全了解此类事件；第二是该事件是一桩影响力很大的事件。

张荫麟随即对照上述理念，评议顾颉刚的观点而加以指责。顾颉刚因《诗经》以及同时期成文的《尚书》篇目，均仅记述禹，并未提到尧、舜，从而断言“禹先起，尧、舜后起，是无疑义的”。张文先以《诗经》等书没有责任记述尧、舜之事，从总体上反驳顾颉刚，随后又以“夏禹史迹辨正”“尧舜史迹辨正”两个专题，继续反驳顾颉刚对史料的解释和指责他滥用默证法。其中关于史料解释的驳议，学术理性远不及同样反驳顾颉刚的刘掞藜等人，其杀手锏还是默证法的适用度问题。而法国人 19 世纪末发表的主张[1]是否完全正确？张文是什么学术水平？非三言两语所能剖析，这里先略述张文在学界的影响。

张文发表之后，顾颉刚等人未做反驳，这与对待刘掞藜之文区别明显，顾颉刚对刘文是既有反驳，又有肯定，如前引《讨论古史答刘胡二先生》一文。为什么对张文不当即予以回应呢？事过八十多年，我们只能根据当时情景做出几方面的估测：1．顾颉刚坚信自

---

〔1〕按：朗格诺瓦、瑟诺博司合著《史学原论》，1897 年出版于巴黎，见李思纯译《史学原论·译者弁言》。

己的研究方法总体上正确，对《史学原论》的观点很不信服，但所谓默证乃史学方法论的理论问题，顾颉刚尚未做好这种理论论辩的准备。2. 工作极其忙碌，正在研究重大问题，因而虽在《古史辨》第一册附录中预告将于第二册发布《答张荫麟先生》，但终归未能成文。3. 知张荫麟为年轻学子，认为不必痛加回击，可静待其觉悟。按顾颉刚一向爱惜和提携青年才俊的作为，完全可能产生这种心态。后来，张荫麟不仅与顾颉刚关系较好，甚至历史观点也日益靠近。此在后文还将叙述。4. 实际欲准备回答张荫麟时，发现张文对具体问题的论议十分浅陋，不值一驳，故收录其文于《古史辨》第二册，认为读者会很容易辨别是非，不屑于再写反驳之文。

综合揆度，上述第2条应为次要因素，第3条是以后不再追究批驳的原因，而不是当时不予以回应的打算，因为顾颉刚曾经准备答辩。第1、4条的结合，才构成顾颉刚未做回应的主要原因。关于第4条，这里有必要先举出一例辨析之。

顾颉刚根据《诗经》以及与《诗经》同时代成文的《尚书》篇章，有多处写到禹，但都没有将之与夏联系在一起，遂认为当时人们还未产生禹是夏国君主的观念。他特别指出“信彼南山，维禹甸之”“丰水东注，维禹之绩”“奕奕梁山，维禹甸之”[1]等诗句，“禹”之前加一虚字“维”以衬字数，却未出现“夏禹”等称谓[2]，这是一项有力的证据。而张荫麟反驳说：

> “夏”“禹”二字既无不可分离之关系，而“维”与“夏”声调不同（一为平声，一为仄声），维字置于句首，又可顿重语气（此顾氏言之），是故此处“维”字与“夏”字实不能相代。……吾侪读《乐府诗选》《玉台新咏》《明诗综》《清诗别

---

〔1〕依次见《诗经·小雅·信南山》《诗经·大雅·文王有声》《诗经·大雅·韩奕》。

〔2〕顾颉刚《讨论古史答刘胡二先生》，见《古史辨》第一册，第115—116页。

裁》，其中亦未尝有照后稷、公刘、王季之例称刘邦为“帝刘邦”、称朱元璋为“帝朱元璋”，亦未尝有尊夏后、夏桀之例称刘邦为“汉刘邦”、称朱元璋为“明朱元璋”，然则刘邦、朱元璋非汉帝、明帝矣。嘻！

这里张文提出“禹”字之前加“维”字凑足四言诗句，是因为“维”字平声，达到平仄协调，而“夏”是仄声，所以不能用以取代“维”字，这是一个十分低级的谬误。在一句诗文中讲究平仄用字，是在南朝宋、齐、梁、陈时期逐步兴起，《诗经》何尝涉及如此规格！《诗经·周颂·有客》中“有客宿宿，有客信信”两句八字全是仄声，《诗经·大雅·生民》中“后稷肇祀，庶无罪悔”，《诗经·大雅·云汉》中“后稷不克，上帝不临”，都是两句内仅一个平声字，而且“后稷肇祀”“后稷不克”与“维禹甸之”在语式上相同，为何没把“后”字换成“维”字？《诗经·周颂·闵予小子》有诗句曰“闵予小子，遭家不造……维予小子，夙夜敬止”，如果后一个“维予小子”是做了协调平仄的处理，那么前面“闵予小子”如何解释？况且一个“维”字之后有七个仄音字，也起不到平仄调剂作用。事实很明显，《诗经》各诗，除韵脚之外根本没有平仄音律的规范。

无论顾颉刚还是别的学者，在征引和解说古文献资料时，都难免有遗漏个别史料或解释不甚妥当的疏失，经人指出，加以补充和更正即可，不必攻其一点而不及其余。但张荫麟的谬误不同，《诗经》中几乎每一篇都存在与其说法相冲突的例句，竟视而不见，公然以无中生有的杜撰来论辩，已经不属于个别疏误的性质。尤可议者，张文在“又可顿重语气”之后用括号添注“此顾氏言之”字样，完全歪曲了顾颉刚文章的原意。查顾颉刚原文为：

何以《诗》《书》上九处说禹，却只有一个禹字或衬上一个维字？……就说“维”字不为衬字而为顿重语气之用，赞美禹功必用维字以致其情，用了维字则四字已全，禹只能为单字，这无论只适用于《诗经》上的三条，尚有六条说不过去。即就这三条而论，顿重语气原不必定为四字之句，如“维仲山甫补之”……[1]

意思很明显：第一，顾颉刚是将“维”看成衬字；第二，设想论敌可能把“维”字说成有顿重语气作用，随之予以辩驳；第三，如果说“维”字可顿重语气，在六条史料上说不通，在其他三条史料上也有问题。但是，张荫麟却瞒天过海地把“维”字可“顿重语气”的说法强加于顾颉刚，迷惑读者，使之不去思考“维”字是否真的不可替代。

张文举出《乐府诗选》等四本书，质问假如其中没有“帝刘邦”“帝朱元璋”之类的称呼，是否可以得出“刘邦、朱元璋非汉帝、明帝”的判断，这纯属胡搅蛮缠！第一，顾颉刚是将《诗经》及其同时代的所有文献通同检阅，找出九条禹与夏不相联署的史料而并无例外，而《乐府诗选》等四本书同时代的书籍、文献，则会有无数关于汉高祖、明太祖的记述，二者焉能妄加比拟？第二，汉代以后，“帝刘邦”与直呼“刘邦”同样是不敬，语言和礼节大不同于先秦。况且刘邦、朱元璋皆有被后人訾议之处，即使偶有诗人直称其名，也不能与被尊为治水神圣的大禹相类比。第三，张荫麟能够从他所列出的四本书内找出九条直呼“刘邦”“朱元璋”的字样吗？如果书中反而有汉高祖、明太祖的称谓，张文岂不是自打耳光？[2]

---

〔1〕顾颉刚《讨论古史答刘胡二先生》，见《古史辨》第一册，第116页。

〔2〕笔者按：张荫麟所举出的诗集，绝无直呼“朱元璋”之名的文字，而《清诗别裁集》中称“明祖”之处很多。《乐府诗选》《玉台新咏》《明诗综》中也无直呼“刘邦”字样，却有“汉高祖”之称，例如《明诗综》(《四库全书》本）卷六四有《过汉高祖庙》诗。《清诗别裁集》仅偶有“刘邦”字样一处，即邵岷《长歌留别江汉诸同学》：“……吾为若楚歌，若为吾楚舞。刘邦项籍天下雄，一听楚声泪如雨。”这是同情项羽，而诗句又将刘、项联署，情况极其特殊。但此书中称汉祖、汉高祖者却有多处，更有多首诗歌咏怀楚汉相争的历史，叙述沛公最后成为“汉天子”，例如卷四王士祯《符离吊颍川侯傅公》、卷七陶澄《蛮触行》、卷三〇翁照《咏史》等诗篇。阅读《清诗别裁集》绝对会得出刘邦是汉朝开国皇帝的知识。张荫麟漫言这几种书用来诘难顾颉刚，不仅自掴，而且是自欺欺人。

张文这一段篇幅不大的议论，就出现了诸多知识浅陋、刁蛮无理甚至疑似学术不端的问题。顾颉刚当时有很多学术事务缠身，研读其文之后，很容易由于鄙视而决定不予理睬，仅将之采录于《古史辨》，相信学界能够判断是非。然而顾颉刚错了，传统旧史学千年积淀的守旧情绪，束缚多数史家的头脑，虽然脑后留辫子者只有王国维等数人，但辫子跑到脑壳之内者则不知凡几，即使出国留学也难以去除贵恙。于是张荫麟的刁文反而获得许多喝彩，顾颉刚的不回应则被看成理屈。直至近年，这种状况积重难返，例如谢贵安《中国史学史》说：张荫麟议论一出，“古史辨派学者竟无人回应”〔1〕，并未认真审读张文，仅因顾颉刚等人未加反驳就得出了判断。

近年有质疑张荫麟此文的学者，如彭国良博士2007年发表《一个流行了八十余年的伪命题——对张荫麟默证说的重新审视》一文〔2〕，提出许多精到见解。其一是剖析和反对《史学原论》为默证适用限度所设立的苛刻条件，甚至认为那是“伪命题”。其二是指出，对于默证法的贬斥乃起源于欧洲基督教势力打击理性主义思潮的舆论需要，这是全文最重要的学术贡献。其三是向张荫麟之文提出反诘，指出张荫麟对顾颉刚的批评不能成立。但彭文也有严重的局限和错误，局限性之一是对于张荫麟的批驳过于软弱，似有将两种对立的理念调和折中、都不加否定的倾向，仍给张荫麟的思想加上“实证主义”历史认识论的桂冠。彭文的最大错误，是得出历史不可知论的见解，甚至说“当以认识历史本体为历史学的目的，认为通过对史料的精密考证可以认识历史本体时，默证是个逻辑错误，无从使用”。这实际上比《史学原论》更加贬损了默证法，是大错特错的糊涂观念。

彭文对张荫麟批评的软弱，招来的却是毫不客气的抨击，有一

〔1〕谢贵安《中国史学史》，武汉：武汉大学出版社，2012年，第554页。
〔2〕彭国良《一个流行了八十余年的伪命题——对张荫麟默证说的重新审视》，《文史哲》2007年第1期。

篇《“层累”说之“默证”问题再讨论》的文章[1]，抓住彭文的弱点极力斥责，并且强词夺理地为张荫麟的议论辩护，甚至将顾颉刚没有的说法也强加给顾颉刚然后予以批评，以证明张文的正确。这说明在涉及重要学术原则的问题上，必须旗帜鲜明地辨清是非，不可一味迂回调和，而全面审查张文理论依据和具体议论，实为当今不能再拖延的学术要务之一。

二　默证适用限度问题解析

法国19世纪成书的《史学原论》对默证使用限度的规定，到底是什么货色？不可不辨。其书论述默证方法的前提，即凡事必有记载和记载必当留存，这根本不可能实现，实际上已经彻底否定默证的合理性，上文已经述及。但《史学原论》同时提出使用默证的两个条件，而且还举出实际可行的例证[2]，说明《史学原论》的作者并不认为默证绝对不可运用，这就陷入自相矛盾的泥淖。《史学原论》规定的默证适用限度，并不是“伪命题”，而是一个逻辑上自相矛盾的命题。仅此一点，即可判为不足为训。

专门研讨史学方法理论的著述何以会自相矛盾？这有着思想和立场的根源。正如彭国良文章所提到，默证方法的争论，始于欧洲宗教迷信与理性主义思潮的斗争。欧洲基督教会的主要文献中有四福音书，叙述耶稣降生、复活等重大事件，但情节神奇，而且相互矛盾，教徒内部也对之颇有争议。而18世纪理性主义思潮兴起，许多学者看到1世纪、2世纪时古希腊、古罗马的大量史籍和其他文籍，对耶稣降生诸事全无记载，遂怀疑福音书作伪，甚至怀疑耶稣其人的实际存在。杰出的英国史学家爱德华·吉本在他的名著《罗

[1] 宁镇疆《“层累”说之“默证”问题再讨论》，《学术月刊》2010年第7期。
[2] 关于默证的两个条件见上文，《史学原论》举出默证可用的实例，见其书商务印书馆1933年《万有文库》本下册，第51页，张荫麟文亦有引录。

马帝国衰亡史》中，对基督教的宣传予以讽刺说：“……自然规律则往往为教会的利益暂时停止作用。希腊、罗马的圣哲却不理睬这些惊人的奇迹，如同往常忙于生活和学习，对于精神和物质世界的任何改变，似乎完全无所觉察。提比略统治时期，整个世界或至少在罗马帝国的一个著名的行省，出现过三小时违反自然的景象，天地一片漆黑。如此神奇的现象，理应引起人类惊愕、好奇和虔诚。然而在一个注重科学和历史的时代，竟然无人注意，就那么放过不提。”〔1〕这里指出教会鼓吹耶稣降生与受难所引起的各种神异变化，在古希腊、古罗马的著述中竟然没有记述，因而完全不可凭信，这无疑是使用了默证的方法。吴于廑先生评论说：“史料的沉默是怀疑的起点。不言而喻，重复见于后出的福音书中关于这一奇迹的记载，不但不足征信，而且完全可能，会招致作伪的嫌疑。吉本这段文字中的含蓄摇曳之词，其所暗示的，也正是这一点。……凡理性所不能验证的，就必然是虚妄的。”〔2〕

然而基督教在文化上也具有强大实力，神学家、宗教史家依靠形式逻辑的思维方式，得出默证不合逻辑的理念，并且凭借教会势力将之推广宣扬，博取广泛的赞同，以抵御理性主义学者的质疑。众所周知，《史学原论》的作者属于客观主义的兰克学派，德国史学家兰克及其学派注重史料和文献的鉴定，标榜记述历史务求真实的宗旨，但兰克本人及其追随者却多为虔诚的宗教信徒，这使《史学原论》的作者在默证问题上充满了纠结。因此，该书作者既从逻辑上否定默证以附合宗教信仰，又给默证的应用留下小小活口，以慰藉客观求实的理性观念，这就不能不出现史学学理上的矛盾，不能不为默证设立苛刻而片面的限定条件。至此，我们需要再从逻辑和

〔1〕［英］爱德华·吉本《罗马帝国衰亡史》第十五章第六节，席代岳译，长春：吉林出版集团，2004年，第408页。

〔2〕吴于廑《吉本的历史批判与理性主义思潮——重读〈罗马帝国衰亡史〉第十五、十六章书后》，《社会科学战线》1982年第1期。

适用限度两个方面分析默证方法在辨伪考据中的运用。

默证法根据现存文献是否有所记载而做出判断，而难以估量已经佚失的文献，也难以预计还可能发现的文献，这似乎不合逻辑，但它不太符合的逻辑只是形式逻辑，却切合于更高级的辩证逻辑。形式逻辑固然是分析问题的有力工具，但有着较大的局限性，那就是与形而上学思想方法关联，往往用孤立、静止、绝对化和割裂整体的眼光观察问题。辩证逻辑包括形式逻辑所有的优点，同时能够从事物的整体系统上考察，又予以分层次的对比分析，以发展的眼光进行判断，比形式逻辑有更大的维度，越是面对复杂和大范围的问题，越能显示其优长之处。《史学原论》认为默证法的使用前提是所有史事都有记载且都不佚失，是一个绝对化的思维模式。史事不可能全部记载，文献不可能毫无散佚，这确实影响史实考订的准确性，但不止于默证法，任何历史研究方法都受到这种状况的制约。即使叙述一个资料丰富的历史往事，也不能保证不会有佚失的或有待发现的史料与之冲突，难道所有历史研究都应当就此停止吗？因此，单单如此苛责默证法，是极不公正的。《史学原论》规定默证适用限度为作者立意记述这类事件，并且应当了解所有的此类事件；而该事件又必须是一桩影响力很大、足以进入作者观念中的事件，这更不合理。第一，作者的动机、意愿、能力、观念，以及是否了解所有相关史实，全都难以证实，争论起来可能会无止无休。第二，默证应当从一个时段所有资料的全面清理出发，这正是其特点和难点。而《史学原论》却将之割裂为单独个体的作者和著述，而且仅仅限于系统性的史书，没有照应其他书籍，也没有顾及群体作者或不明作者的各种文献，是片面、孤立、割裂整体和见木不见林的眼光。

张荫麟引用《史学原论》时，将其原有的缺陷加以扩大。顾颉刚依据《诗经》等文献不载尧舜，指出西周中期至春秋中期人们尚没有尧舜的观念。张文辩驳说：

> 此种推论，完全违反默证之限度。试问《诗》《书》(除《尧典》《皋陶谟》)是否当时观念之总记录？是否当时记载唐虞事迹之有统系的历史？又试问其中有无涉及尧舜事迹之需要？此稍有常识之人不难决也。

张文的前两问，一是要求《诗经》等必须为“当时观念之总记录”，二是要求有“记载唐虞事迹之有统系的历史”，否则就违反“默证之限度”，这是蛮横的说法，把“默证之限度”真正变成了“伪命题”。任何时代的社会观念都是极其庞杂多样的，无法出现一个“总记录”。但观念有大有小、有重有轻、有广有狭，重大的、影响广泛的观念具有特别优先的被记录的机会，这不能与庞杂、暂时的观念混为一谈。《史学原论》规定默证的运用条件，本来有“某事迹足以影响作者之想象力”一条，对事件的大小予以区分，张荫麟则把这一点点合理因素也阉割掉了。尧舜的事件和观念可谓重大，足以影响作者的想象力，不需要什么“总记录”之书也应当得到记录。至于质问《诗经》等是否为“记载唐虞事迹之有统系的历史”，乃是令人惊诧的狡辩，顾颉刚本因《诗经》等没有提到唐尧、虞舜，才用默证法发出议论，如果《诗经》竟然是“记载唐虞事迹之有统系的历史”，岂不应当充满了尧舜的记载，这还会有默证的余地吗？假若忠于《史学原论》中“作者立意将此类之事实为有统系之记录”原文以及原书举出的例证，张荫麟最多只能发出《诗经》是否为“记载古帝王事迹之有统系的历史”的质问，方符合《史学原论》“此类之事实”的原意，这当然也是不合理的苛刻规定，但还不算“伪命题”。而张荫麟把“此类之事实”变成具体的“唐虞事迹”，则成为荒谬绝伦、伪得不能更伪的伪命题。

张荫麟第三问是《诗经》等书“其中有无涉及尧舜事迹之需要”？看上去似乎有些道理，因为诗歌不同于系统的通史，并不一定必须涉及某个圣王。但是我们以辩证逻辑分析《诗经》的整体内容，打破孤立观察尧舜事迹的局限，同样可以提出《诗经》"有无涉及禹和后稷事迹之需要"的质问。如果诗歌吟咏山川、田野之类的内容时，需要涉及传说中治水的禹，那么吟咏清明政治之时也需要涉及尧舜；如果吟咏农业生活之时需要涉及后稷，那么同样也需要涉及神农。在是否有"涉及之需要"的问题上，神农、尧舜与大禹、后稷是等值的，而《诗经》偏偏只提到禹和后稷，只字不提神农、尧舜，于是默证方法在此处就能够成立。

《诗经》是一部诗歌总集[1]，其作者群体或知名，或佚名，囊括了当时社会的各个阶层，其地域上至周朝的庙堂之内，远及各大小封国的乡村山野，在反映当时社会文化观念方面，具有广大而且深切的涵盖性。就一首诗篇而言，提到禹而未提尧舜本不值得质疑，但所有诗篇显示出这一特点，性质就完全不同。顾颉刚根据《诗经》及其他同时期的文献判断西周中期至春秋中期（孔子之前）没有尧舜的观念，实无可指责。也许有人会说：《诗经》仅仅305篇，是经过删略的总集，还有许多当时的诗歌未被录入。但尧舜事迹和观念的重要性无可争议，涉及尧舜的诗篇倘若曾经存在，就没有理由会被全部淘汰。

如上文所述，关于默证适用限度的争论，起自欧洲宗教迷信与理性主义的斗争，但默证的运用则古来即有，是辨伪考证的普适方法。宋欧阳修因孔子没有说到尧舜之前的史事，因而批评司马迁《史记》"乃上述黄帝以来，又详悉其世次"[2]是错误行为。明胡应麟论古书辨伪方法八条，前四条讲的是从各种艺文志、图书目录撰述中查其有无著录，从同时期与随后书籍中查找是否被引用和记述，

〔1〕这里仅分析《诗经》，与之同时形成的文献还有《尚书》的某些篇目，但《尚书》乃单篇档案文献的汇编，并无严密体系，且各篇成文时间问题相当复杂，本文姑且从略，以免篇幅过繁。

〔2〕欧阳修《文忠集·居士集》卷四三《帝王世次图序》，文渊阁《四库全书》本。

若皆缺如，则可疑为伪书[1]，很明显这正是默证的方法。梁启超承袭胡应麟的观点并且发扬光大，仍将默证性质的辨伪方法定为重要手段。[2]这样的事例很多，不必一一列举。而一些批评顾颉刚观点的文章，其实也是使用了默证方法，例如指责顾颉刚等没有举出尧舜禹并非真人的直接证据，认为顾颉刚没有回应张文就等于张文正确，这与因《诗经》未提到禹与夏国的联系而认为禹并非夏之君主，在思路上具有基本一致的特征，唯其区别在于默证的运用是否合理而已。

以上论述了《史学原论》在默证限度上的自相矛盾以及张文的谬误，但并非主张默证方法可以随意使用，其运用确实需要有条件、有限制地掌握。对于默证运用的条件和规范，可以初步归纳为以下几条：

1. 默证的应用需要面对一定时段、一定范围内的所有文献和资料，应具备视域的整体性。对视域内的各种文献、资料，又必须做出准确的梳理和鉴定，因而难度很大。对视域的整体范围和具体文献的把握，都须力求不出遗漏和偏差。

2. 默证方法不能代替直接相应文献史料的详确解析，当相应文献的解析能够得出结论之时，默证最多仅仅起到辅助作用，但也可能失效。例如笔者考辨章学诚之史德观念，认为其中不含有如实记述历史的思想，主要基于对章氏《史德》一文的解析，特别是指出“尽其天而不益以人”一语，乃理学家朱熹“有以尽夫天理之极而无一毫人欲之私”[3]的翻版。随即指出《史德》以及章学诚的所有撰著，都没有明确主张直书实录的论述[4]，而这个默证仅起辅助作用。

---

〔1〕胡应麟《少室山房笔丛》卷三二《四部正讹下》，北京：中华书局，1958年，第423页。

〔2〕梁启超《古书真伪及其年代》第四章“辨别伪书及考证年代的方法”，见《饮冰室专集》之一〇四，上海：中华书局，1936年，第40—42页。

〔3〕朱熹《四书章句集注·大学章句》，上海：上海古籍出版社，2001年，第4页。

〔4〕乔治忠《章学诚“史德”论思想评析》，见《中国官方史学与私家史学》，北京：北京图书馆出版社，2008年，第542—553页。

但将顾颉刚等人没有回应张荫麟的现象作为口实，而不去审核张文是否正确，则是违规的默证方法。

3. 以默证提出对相应问题的质疑，是完全可行的方法，但得出确定结论，则须审慎，需要进一步深入研究。甚至稍不规范的默证，也具有提出质疑的合理性，例如对于顾颉刚没有回应张荫麟之文，可以提出顾颉刚是否理屈词穷的质疑，但不能得出定论，因为还有另外的可能性。顾颉刚将张文收录于《古史辨》，则凸显了另外可能性的判断取向。

4. 默证方法是由提出质疑起始，随着史料开发与研讨深化，逐步得出结论或者放弃怀疑，这是动态的进程，体现辩证逻辑的特征。用其他方法研究复杂的历史难题，也常如此，但不若默证方法典型和明显。在提出质疑而结论未定的阶段，应由论辩的对方负责举证释疑，随着研讨的开展，如果没有确切证据可以释疑，却有符合质疑指向的新证据、新疑点，则相应结论的得出就逐步明朗。

总之，默证是一种推动历史研究深入发展、提倡理性思考的方法，完全否定默证法的使用，乃是一种提倡盲从、维护迷信的观念。

三　张荫麟等人信古议论的要害

张荫麟称顾颉刚疑古考辨的默证是“根本方法之谬误”[1]，即使搁置以上的论述，仅就顾颉刚的研究方法而言，默证也不是他根本的研究方法。顾颉刚的史学方法，主要是对史事和文献做循流溯源的考察，即胡适所言的“历史演进方法”，默证乃处于附属的地位。但反观张荫麟等人反驳疑古考辨做出的议论，才真有“根本方法之谬误”性质的要害。

张文的要害，是无视历史和历史文化的发展演进，以后代的社

〔1〕 见前揭张荫麟文章第一段小标题。

会体制、文化观念想象上古的历史状况，甚至随意挑选后代的个别事例，虚妄假设，强行比拟。上文剖析了张文反驳顾颉刚关于《诗经》等不载尧舜问题的三个质问，而张文接下来还有一段文字：

> ……呜呼，假设不幸而唐以前之载籍荡然无存，吾侪依顾氏之方法，从《唐诗三百首》《大唐创业起居注》《唐文汇选》等书中求唐以前之史实，则文、景、光武之事迹，其非后人“层累地造成”者几希矣！

这种对默证方法的攻讦，完全是建立在虚妄假设的基础之上，而且不顾历史文化的实际发展状况。两晋南北朝时期，虽然社会常常动荡，但传统史学却迅速发展，官方、私家皆重视史学，历史著述层出不穷。该时《汉书》的研治成为显学，东汉史的撰述也十分兴盛，南朝范晔著《后汉书》，并不因其人罪涉谋反而被查禁，所谓假设唐之前载籍“荡然无存”是绝不可能之事。此其一。倘若真有惊天灾难使载籍“荡然无存”，那必定是中国文化的大断裂，《唐诗三百首》《大唐创业起居注》《唐文汇选》等恐怕不会出现，甚至也就不会在20世纪20年代出现古史辨派和张荫麟这样的史家，一切无从谈起。此其二。如果唐以前文献“荡然无存”，后世再产生文、景、光武之传说，一定与真实的历史大相径庭，还真的就成为“层累地造成”的伪史！此其三。由此可见，张文的议论是何等荒唐和无效。

张文多次采取将后世之事比拟上古的方法，哗众取宠，以售其欺，如上文批评过的拿南朝齐梁时期诗句讲究平仄音律强加于《诗经》，亦属此类，这还是比较容易辨识者。而有些比拟手段，其错谬则比较隐蔽。例如顾颉刚发现“《左传》上所说的陶唐和有虞乃夏代时的二国……在《左传》上，舜没有姚姓，虞亦不言舜胤，尧没有唐号，唐亦不言尧后，或犹保存得一点唐、虞二国的本相”[1]，因而怀疑“唐尧”“虞舜”的说法也是后起的，不可据信。张文反驳说：

> 夏代之有陶唐、有虞二国，毫不害尧之为唐帝、舜之为虞帝。夫刘邦之有天下也名汉，而刘龑之据粤也名南汉；李渊之有天下也名唐，而徐知诰之篡吴也名南唐。吾侪其可因南汉、南唐为后周之二国，遂谓汉唐非刘邦、李渊之朝名乎？……顾氏此处之误，亦因误用默证。

这段议论的思路，仍然是无视历史的演进，用后代王朝之国混淆商周之前所谓的“国”。众所周知：无论南汉、南唐，其命名都是借助已有的兴盛朝代来张扬自我，相类似的情况甚多，周代尤其是汉代之后几为普遍现象。而商周以前的上古时期有没有这种通例？这是张荫麟应解答的问题。上古之所谓“陶唐氏”“有虞氏”“有扈氏”“有林氏”等，今日视之不过是众多部族而已。不同的部族不大可能有相同的名称，即使从一个部族分开的各个支派，历史上也大多会改变名称。因此，张荫麟的议论是缺乏理据的。

顾颉刚治学的特点是特别注重历史的演进，“层累造成”的理念就是要揭发以后世之事想象上古而造成的讹误，如果与之辩论的论敌，仍然充满漠视历史演进的议论，只能令其鄙视。笔者认为，撰写论文并非完全排斥比拟的手法，但比拟乃一种修辞方式，在有确切论据得出结论的前提下，用某种比拟把问题讲得更加清晰是可以的，但绝不应当用比拟的修辞方式充当论据。细读张文，用跨时代的比拟充当论据的现象比比皆是，此乃真正的“根本方法之谬误”。

张文以及众多的反驳古史辨派论著，基本上不能为自己的信古主张找出确切的证据，而是不断地在顾颉刚等人的文章中寻求瑕疵，

[1] 顾颉刚《讨论古史答刘胡二先生》，见《古史辨》第一册，第118页。

这是问题的又一要害。在疑古和反对疑古的论辩中，到底哪一派负有正面举证的责任？道理也是相当浅显的。例如在尧、舜、禹事迹是否真实的问题上，顾颉刚等已经指出诸多疑点，信古者应当列举证据证明其人其事的存在。但吊诡的是，聪明的信古者总是想方设法逃避举证责任，仅仅指摘疑古者方法不当或证据不足，如同张文的思路。这如同两人辩论是否有鬼魂存在，相信鬼魂的人指责不信鬼的人还有许多地方没去考查，不能说就没有鬼，而他自己却不肯担当展出一鬼或拿出真凭实据的责任。当然，也有无知无畏的信古者试图证明尧、舜、禹等事迹的存在，其议论都是逻辑混乱加上牵强附会，并无例外。

由于研讨内容的复杂和广泛，由于上古史料的缺乏，由于上古文献史料的含义往往模糊，任何学者的解说都可能出现偏差，任何学者搜集史料都可能有所疏漏，因而顾颉刚等人的议论和判断并非无懈可击。于是，那场论辩给人的印象是古史辨派确有讹误、其证据也不充分，大是大非的问题就此被搅成一池浑水。将之澄清，需要进行认真剖析。

纠缠顾颉刚等人一些具体、个别的讹误，或牵强地指责古史辨派某些议论失误，能否驳倒其整体的古史质疑和立论思路？回答是否定的，顾颉刚本人对此有过申辩，他承认某些史料解说的个别讹误，但坚持总体的看法，更提出了“打破（中国）民族出于一元的观念”“打破地域向来一统的观念”“打破古史人化的观念”“打破古代为黄金世界的观念”〔1〕四大宗旨。纠缠个别细节问题虽有学术意义，但远远不能扳倒疑古考辨的总体思路。这里提请读者阅读张京华教授的一篇短文《顾颉刚难题》〔2〕。顺便提示，张京华研讨“古史辨”问题多年，有著作对相关论辩做出了系统性清理，故能窥得

〔1〕顾颉刚《答刘胡两先生书》，见《古史辨》第一册，第99—101页。按：此文初载《读书杂志》1923年7月第11期。

〔2〕张京华《顾颉刚难题》，《中国图书评论》2008年第2期。

关键之处，但他在评论上或多或少是偏袒信古派的。《顾颉刚难题》一文指出：

> 考古学无法添补古文字和古文献上的这片空间，因使疑古学者得以从容周旋，用最新的考古成果维护古史辨派对古代学术传统的批判。即便找到了《陈侯因資錞》[1]有关“黄帝”的原始记录，那也只是战国时期的材料；找到了《秦公敦》和《齐侯镈钟》有关“禹”的原始记录，那也只是春秋时期的材料；找到了甲骨文中“四方和四方风”名的原始记录，那也只是商代后期的材料。三者都不是“黄帝”或“禹”或“尧”当时的一级材料，如何能证明那时的情况？……上古实物特别是文字与文献的遗失，使得“以全部之真证全部皆真”为不可能，使得古史重建“拿证据来”为不可能，使得疑古“永远有理”，此可称之为“顾颉刚难题”。

其实，还有一个明显的道理没有摆明：如果一个时代的文献都没有记载某人某事，我们是应当用默证法做出质疑，还是硬说越没有记载就越存在？如果上古文献记载上古的某人某事却充满了歧异、冲突或荒唐怪异，我们是应当怀疑其存在，还是要坚持相信并且曲为辩解？疑古与信古的根本区别即在于此。

四　中国上古史研究需要默证法的回归

张荫麟否定默证方法的文章，产生了很大的负面影响，几乎令默证成为历史研究法的禁区。然而张荫麟自己后来却改变了信古的

---

〔1〕 对于这件铜器名称，因学界文字解读有别，而称谓不同，如“陈侯因齐敦”“陈侯因资簋”等，为排印方便，姑且作此措置。

初衷，思想认识向顾颉刚靠拢，这主要表现于他所著《中国史纲》一书中。此书从先秦起始写到东汉以前，1941年出版，展现了张荫麟杰出的写作才干，简明生动，识见明晰，字里行间充满对读者的启发功效。而以他先前攻讦顾颉刚时表现的立场，似当大谈黄帝以来的上古史，然而并非如此，《中国史纲》叙事从殷商开始，只是在殷商史事叙述将尽，才引出此前的历史传说，而且是倒退着向前追溯，即从传说的夏代至黄帝，总共仅寥寥千余字而已。就在这简略的内容之内，穿插不少张荫麟的议论，例如他说："从夏朝再往上溯，则见历史的线索迷失于离奇的神话的理想化的传说中不可析辨了。凡此种种，本书自宜从略。"〔1〕又说："还有一位值得提到的传说中的重要人物，那是黄帝。他所占故事中的时代虽在尧舜之先，他的创造却似在尧舜之后。照传说的一种系谱（《史记·五帝本纪》），他是尧的高祖，舜的八世祖（舜反比禹低三辈，这很奇怪），也是商周两朝王室的远祖……"〔2〕请看：这里倒着叙述殷商之前的历史传说，指出夏之前的史事迷失于"离奇的神话"，尧舜的故事创造在前，黄帝的故事创造于其后，又轻蔑地称《史记·五帝本纪》为"传说的一种系谱"，其中舜居然比禹低了三辈，"这很奇怪"。整个思路不就是顾颉刚的主张，不就是阐明旧的上古史体系乃"层累地造成"吗？很明显，张荫麟最终已经醒悟，暗地附从了顾颉刚的理念，但未能做出公开的检讨，此乃缺憾，但孰是孰非，已见分晓。顾颉刚在《当代中国史学》一书热情赞扬张荫麟《中国史纲》〔3〕，而处于文化保守主义立场的学衡派创始人吴宓，是最早提携张荫麟的导师，一直赏识张荫麟的史才，张荫麟诘难顾颉刚，也具有报效吴宓等人情谊，以及与柳诒徵等人相呼应的动机。但吴宓却对《中国史纲》极为不满，批评说："宓素以荫麟为第二梁任公，爱其博雅能

---

〔1〕 张荫麟《中国史纲》，上海：上海古籍出版社，1999年，第12页。
〔2〕 张荫麟《中国史纲》，第13页。
〔3〕 顾颉刚《当代中国史学》，上海：上海古籍出版社，2002年，第82页。

文，而惜其晚岁《中国通史》之作，创为新体，未免误入歧路。”[1]顾、吴二人对《中国史纲》褒贬之大不相同，而且颇具“阵营”颠倒的表征，其深层的因由发人深省。倘若至今仍然鼓吹张荫麟反对默证如何正确，对于已经最终纠正谬误的张荫麟也不啻是一种亵渎。

几十年间，随着新的历史文献的发现和考古学发现日益增多，上古史的研究中默证方法的应用有了更大视野和更准确的适用程度，因为史料越是丰富，全部史料中皆无记述的上古传说越是可以判断为伪说，新文献和考古学的发现，如果不作曲解和不掺假货的话，实际效果是以否定中国上古史旧系统为主要趋向。

中国境内考古发现的至今五六千年到三四千年前的遗址数量甚多，已经被形容为如同满天星斗。这些分布广泛的考古发现根本没有传说中从黄帝到尧舜禹的事迹所能对应的迹象，因此运用默证方法完全可以达到否定那些传说的判断，因为茫茫大地，已经不存在安插黄帝至尧舜禹等圣王事迹的空间。“万国林立”、互不统摄的局面，谨慎地推论也要延续到商之前期。山西襄汾发现的陶寺遗址，距今有4000多年，据说相当于传说中尧舜时代，地点也与之正好相仿，而正是陶寺遗址的出现，完全排除了尧舜政权存在的可能性。遗址反映的是一幅惨烈的种族灭绝之战，哪里有传说中尧舜时期清明祥态的半点踪影？有人竟然以陶寺遗址坐实为尧舜之都城，说什么顾颉刚的主张“不攻自破”[2]，甚至自诩要解答“顾颉刚难题”，对于这种大胆得不知深浅的人们，可发给一张“愚不可及”的奖状。

多年来在河南二里头、偃师一带发掘出许多遗址，被人描述为夏代与商代历史交接的考古依据，其中据说是发现了“夏都”，颇有学者以此坐实夏朝的存在。然而，如果真的是发现了“夏都”之城，

[1]《吴宓日记》第8册（1942年10月26日），北京：生活·读书·新知三联书店，1998年，第404页。

[2] 刘光胜《史学：在主观与客观之间——从顾颉刚难题到层累说的变型》，《学术探索》2009年第6期。

那么在“夏都”没有发现文字，用默证方法可以推断：寻找夏文字的努力已经彻底失败，其他地方即使发现文字，也不能说是夏的文字。于是，历史记载的“有夏”就仅仅是撮尔一邑，因为无法证明各地的部族受其统摄。历史上可能有夏国而绝没有夏朝、夏代，夏可能是被不经意地灭掉的，因甲骨文都没有提到其事。夏没有文字的默证，至少还会导出两个推论：1. 没有文字，就不是当时最先进的部族，辽西牛河梁考古遗址、浙江良渚文化等，都比所谓“夏都”时代更早而且更先进，夏有什么资格代表中国上古的一个时代？2. 夏无文字，凭什么记得住那几百年的传承世系？可见所谓“夏朝”及其世系，是西周以来为了政治需要杜撰的，《史记》不辨真伪地将之记载，淆乱了真实的历史。总之，以往许多疑古的观点，都因新的考古发现而增加了力度。

这样的事例还有很多，限于篇幅，不一一列述。当今的中国上古史研究，应当利用史料开发、视野扩大的条件，充分发挥默证方法整体考察历史的辩证逻辑，荡涤陈旧历史观遗留的错误认识，清理基础，真正做好“古史重建”的学术事业。

（原载《史学月刊》2013 年第 8 期）

建立鉴定与整理新发现历史文献的学术规范

对于历史学而言，新发现的历史文献具有十分特殊的学术意义，它提供了前所未知的史料，因而引人注目，比较容易产生崭新的学术成果，甚至带动某一史学领域的整体性进步。如清季至民国时期对于甲骨文、敦煌文书和清内阁大库档案文献的发现和利用，是众所周知的“史料大发现”，在一定程度上改变了先秦史、中古史和清史研究的面貌。不过，许多新发现的文献，需要经过鉴定和整理才能妥善地用于研究，而随着新发现文献的增多，鉴定与整理也必须建设明晰的学术规范，以防止新发现文献的利用在起始阶段就发生偏颇和迷惑。

一　亟须建立新文献鉴定与整理的学术规范

历史文献是历史研究的基本素材和立论依据，中国无论古代抑或近代，都保存有丰富的文献遗存，这是珍贵的历史文化遗产。在学术研究和史料开发的历程中，还陆续不断地从考古发掘中，从档案清理中，从各种书、报、文物等的搜辑和整编中，发现未曾面世、未为人知、从未利用的新文献，这对学术探讨的深入进行提供了新的契机和有利条件。

但是，新发现文献在运用于历史研究之前，原则上都应当有一个合理的学术鉴定的过程。鉴定之所以必要，这是因为：

第一，各类文献都程度不同地存在造伪的现象，甲骨文以及青铜器之铭文，都可以视为一种新发现文献，由于备受学界重视，造伪者也应时而生。现存的、尚未充分开发利用的甲骨文之中，混杂着伪造品，这是不争的事实。台湾学者蔡哲茂研究员曾撰文列举了《北京大学珍藏甲骨文字》内70个造伪之例，并且就此于2010年8月在中国社会科学院历史研究所先秦史研究室进行学术讲座，有关报道指出“传世甲骨必须先要做辨伪，否则无法用于学术研究。辨伪要熟悉辞例，注意同文例，看得多了，就能发现问题。蔡先生以《北京大学珍藏甲骨文字》中的伪片为例，谈了具体辨伪方法”。蔡哲茂研究员还曾综合指出《上海博物馆藏甲骨文字》中也有作伪之例。[1]但学界对此等问题不够关注，整体上还缺乏深入的鉴别与研究。青铜器以及金文的造伪问题更为显著，据研究，中国至迟在宋代即已开始仿制商周时期的青铜器，清代乾隆朝之后，已经形成以牟利为目的的造伪行业。金文作伪，有的是在真器上凿刻伪铭，有的是整体造伪，最有名者如流落国外、曾经藏于英国维多利亚与阿尔伯特博物馆的晋侯盘，盘内底有铭文550字，器与铭均为伪造。甲骨文与金文的鉴定需要较强的专业技术，但作伪者也会受专业技术的局限，因此鉴定和辨伪多可在专业技术的层面进行。书籍、文献的作伪，也是古已有之的现象，至今仍未绝迹，新出现的文献无论是纸本、简牍抑或其他载体，都需要予以真伪鉴定。近年出现的所谓抄本《孙武兵法》82篇、两千多枚的“清华简”，以及多种大大小小的新发现文献、书籍，都存在着或真或伪的争议。争议之中，包括对已有的鉴定工作也提出了质疑，可见有必要对新发现文献进行认真的学术鉴定，并且建立起明晰的规范。

第二，文献、书籍的鉴定远远不是“非真即伪”这样简单，真伪之间其实存在多种附加的制约因素和前提条件。例如《今文尚书》之所以被认为是真实的历史文献，仅仅表示它是西汉所恢复的战国

---

〔1〕见中国社会科学院历史研究所先秦史研究室网页（http://www.xianqin.org/blog/archives/2034.html）。

后期的文本，是西汉时期基本确定下来的内容，其中《尧典》《禹贡》等篇目，并不反映所谓从尧舜到大禹时代的历史面貌，更不是那个时代的文献，而是撰写于战国时期，在历史信息是否确实的意义上，实际也可属于伪作。所以《今文尚书》之“真”，是以汉代的文本为基点。这个事例说明文献的鉴定，应当包括对其形成时代的鉴定、对其内容归属的鉴定。特别是从地下出土的多种文献混杂状况，判别时代和内容归属，与下一步的整理密切关联，殊为重要。

新发现或新开发的历史文献，如果形态和内容大致完整，自然可以不经整理就直接公布与利用，但如此理想的状况极其罕见，如20世纪70年代出土的山东银雀山书简、湖南马王堆文件，多种内容混在一起，并且多有残破、断裂现象，不经专家的整理就难以成为研究者可资利用的资料。在考古发掘所发现的文献中，大多需要艰苦、细致的整理，才能呈现文献的宝贵价值。

如果新发现的文献、书籍数量巨大，或同时存在残破、散乱、混杂等状况，就使得整理工作不可或缺。如清朝内廷档案，整理工作长期而且艰苦，至今远未完成。许多特殊文字的文献，不是多数学者所能辨识，也需要各类专家予以解读和翻译，例如甲骨文、金文或其他古文字的释读，满文、蒙古文或其他古民族文字文献的翻译，这在一定意义上也可归属于深层次的文献整理工作。实际上多年以来，学术界也是将特殊文献的撰述释文当成文献整理来看待的。缺少这样的工作，新发现文献的利用将会受到极大的局限。如果利用，这种特殊历史文献群体过于狭小，也就不能发挥其在历史研究中的重要作用，实现其应有的学术地位。

无论文献的鉴定还是整理，都是专业性、技术性甚强的工作。越是专业性较强的工作，越可能受到专家个人素质、水平、主观意愿等因素的限制或干扰，越可能在不同的专家之间产生意见分歧。加之新文献的掌握带有一定的垄断性，并非人人可以同时窥其全貌，新文献的相关背景、真实形态也难以具备充分的透明度，少数整理者或有意，或无意地扭曲真相，就可能造成广泛的欺骗性误导，遗患无穷。因此建立严明的学术规范，严格按照学术规范从事文献的整理和鉴定，在当下尤为必要、尤为迫切，应当引为学术界和整个社会的重视。

二　关于新文献鉴定与整理规范的几点思考

如上所述，新发现的文献史料往往零碎、支离，不如许多传世史籍的内容系统和完整，需要进行前期的鉴定与整理，而这种整理工作，一般由少数学者封闭式进行，学者的文化观念、学术造诣，难免投射到新文献的整理之中。以往的新发现文献鉴定与整理工作虽然成就显著，迄今却未形成明晰的学术规范，进行这项工作的学者，只是遵从自古以来模糊的文献学观念来操作，或凭借学者的学术良知、学术见识和相互商榷。虽然较少出现大的谬误，但偏差广泛存在，其中的经验和教训应当予以总结，以作为前车之鉴。在当代，面对新发现历史文献的日益增多，具体情况趋于复杂化，将文献鉴定和整理的结果付托于部分学者的“良知”，已经很不可靠。为了避免新发现文献的公布给学术事业造成误导，为了历史的真实不被歪曲，建立新文献鉴定和整理学术规范，具有不可忽略的重要性和紧迫性。对此，笔者提出几点思考，以供学界时贤予以商榷。

第一，对于新发现、新开发的文献，整理者不应当以己意轻加带有学术倾向性与文化判定性的篇名或书名，因为这种做法会给后来的读者和学者造成误导，等于利用最先掌握文献的优势而向读者和其他学者隐蔽地强加了自己的见解。

强加己意于学界，本是不合学术道德的表现，却在历史文献的整理中常常出现。例如罗振玉是在中国近代文献学上做出杰出贡献的学者，其中尤为人们称道的是对于清朝档案文献的挽救和整理。

但他在王国维辅助下整理编辑清朝档案的《史料丛刊初编》[1]，就颇有强加文献标题造成误导的现象。《史料丛刊初编》中有《太宗文皇帝日录残卷》两篇，其标题就会引起很大的误解，使人以为清入关前的皇太极时期，就有汉文"日录"这种文籍。例如《清代中枢决策研究》一书即曾论述：清太宗时期"儒臣"为后世"留下了太宗朝《满文老档》和《天聪皇帝日录》等经过初步整理的编年体资料"[2]，这就是由于罗振玉漫加篇名、误导学界而造成的误上加误。

查所谓《太宗文皇帝日录残卷》其文，第一篇记述的是清太宗天聪二年（1628）之事，凡涉及清太宗言行，均称之为"上"，仅此一端，即可判定该件出于清入关之后，绝不可能是入关前天聪年间的当时记录。因为清入关之前，没有将君主称为"上"的用语，崇德元年（1636）修成的《太祖武皇帝实录》也无此类称谓。再看其中人名、称谓的译音用字，尚未达到康熙时力求儒雅的程度，如阿巴泰还写作"阿八太"、岳托还写作"约脱"、巴克什还写作"榜式"，特别是"巴图鲁"仍写作"巴兔鲁"。[3]可以判断该件是清顺治时期纂修《清太宗实录》时的草稿残件，偶尔混入档案资料而已。此件不用干支记日，亦为顺治时期纂修实录的书写特征。第二篇记述崇德六年（1641）之事，已经采用干支记日方法，这是康熙朝修订《清太宗实录》时仿照明朝实录的做法。而其中的人名、称谓，译音用字也已经与定本《清太宗实录》基本一致。可见此件应形成于康熙朝，是康熙年间纂修《清太宗实录》的草稿残件。总之所谓《太宗文皇帝日录残卷》，并非清入关前文献，而且两篇的形成时间也不相同。罗振玉等将之合为一卷，未作文献学的深入鉴定，率尔

---

〔1〕罗振玉编辑，东方学会1924年刊印；又见《明清史料丛书八种》，北京：北京图书馆出版社，2006年。按此书前有王国维撰《库书楼记》，极力称誉罗氏挽救和整理清朝档案之事。揆度罗王关系，王国维应亦致力于《史料丛刊初编》的整理编辑。

〔2〕白新良《清代中枢决策研究》，沈阳：辽宁人民出版社，2002年，第60页。

〔3〕《史料丛刊初编·太宗文皇帝日录残卷》，见《明清史料丛书八种》第2册，第139—159页。

命名，已开错误先机。若依照这种不严谨的命名来揣度其为清入关前文献，则是进入了认识误区。罗振玉、王国维之所以给此残缺文献错误地命名为《太宗文皇帝日录残卷》，乃是以遗民身份褒扬清朝的心态，这无可否认也不必隐讳。

故宫博物院于1933年印行《多尔衮摄政日记》一书，其文本乃清朝刘姓官僚后裔刘文兴所提供，刘氏私下题其名为“摄政王起居注”，但经过清史专家论辩，采取孟森教授主张，指出清朝初设起居注馆、录编皇帝起居注，始于康熙年间，顺治朝本无起居注，遂另拟“多尔衮摄政日记”为书名，于1933年排印出版。但刘文兴又于民国三十六年（1947）一月二十八日《中央日报·文史周刊》上发表《清初皇父摄政王多尔衮起居注跋》的文章，声称其父在清廷见过“顺治时太后下嫁摄政王诏”，又说此事亦载于《清史稿》，皆为查无踪迹的弥天大谎。他更编造说，此书原有“黄绫装背，面钤有弘文院印”，而且写有“皇父摄政王起居注”字样。言之凿凿地称说此书曾不慎丢失，一年后又在书肆发现而购回，但书之封面已被扯去。这又是一席不能自圆的谎话。第一，清初记录和撰拟本朝史事由内国史院掌管，刘氏说其书“钤有弘文院印”，是不懂清廷体制的肆口胡言，内弘文院根本无权在所谓“起居注”上用印。第二，所谓其书丢失一年而从书肆购回，有如童话故事，若为购回，何以单单失去黄绫封面？须知无论窃书还是卖书之人，都会保其封面以谋求高价，此理甚明。第三，多尔衮假如真令人编录起居注，死后议罪，定然是图谋篡位的证据，而顺治八年对多尔衮议罪罪状中，根本没有此事，可见刘氏私藏的文献绝非起居注。

刘氏这等低劣的谎言，早应戳穿、批斥，却偏偏有人以猎奇心态，认歪为正者，1981年有署名熊克的《清初皇父摄政王起居注原本题记》[1]一文发表，说是在四川师范学院图书馆发现了所谓“皇父

〔1〕 熊克《清初皇父摄政王起居注原本题记》，《四川师范学院学报》1981年第1期。

摄政王起居注”的原本，并且极力强调此书原名就是“起居注”，不应题作“日记”。但只要仔细分析，就可发现正是熊克之文透露的资料暴露了刘氏作伪之迹。原来这件所谓“原本”，正是刘氏出售之书，其题跋讲述他约在20世纪40年代添写了“皇父摄政王起居注”的书名，目的是“乃以易米”，即试图卖个好价钱。此等作伪行为十分拙劣，但熊克之流却宁愿将伪书据为奇货。更遗憾的是有些清史专家也随从轻信，不分是非。可见占据一些新奇文献再加上耸动人心的名称，将会如何严重地扰乱学术。

今严格审视，刘氏之父从清宫内盗出的仅仅是清初一叠零散的记事档案，并非书册，刘氏将之抄录和装订成册，自题“起居注”书名，招摇过市。虽档案中的具体材料不伪，但整体上已经是书籍造伪行为。这些零散记事档页，时间上不相连贯，乃零散、间断的12天的记录，时段跨度乃4个月，不仅不是起居注，连“日记”也不够资格，即使一定要作为一书印行，书名也应当题作“清初若干散见记事档案汇编”而已。

总之，新发现文献的拟定名称必须实事求是，不能主观地定性和试图抬高其价值。笔者并非全然反对给新发现文献加以标题，相反，以实事求是的态度添加标题，可以起到内容提示、便于传播的积极作用，但最忌将标题掺入个人主观意愿。如刘文兴强加零散记事档页为“起居注”之类的做法，是要以真实的零散资料制造伪书，这种现象不止一例，值得警惕。

第二，整理和发布新发现的文献，要求资料的真实性、完整性，不能经过修剪、改动，也不应隐瞒部分情况，不应有选择地发布信息，当然更不能像刘文兴那样编造虚假的信息。清朝乾隆时期纂辑《四库全书》，公然对许多书籍予以更改文字、抽毁内容，使之失去完整的原貌，甚至所载的《资治通鉴》一书，也缺失宋神宗所撰《御制序》。这种做法，已经被近代以来许多学者予以抨击。但近现代一些文献整理和汇编的工作，仍然存在自觉或非自觉的删削、改动、片面选择的现象，则是对文献学的学术理念和规范缺乏真正的理解，将文献的整编看成实施个人意见或支持某个派别观点的方式。在政治干预学术的背景下，这种做法尤其常见。

在整理新文献的工作中，删减和改动原文献，有时也可能是纯属学者的个人行为，并无政治或其他因素干扰，这正是文献整理缺乏明晰规范的结果。罗振玉整理编辑的《天聪朝臣工奏议》〔1〕三卷，是十分重要的清入关前历史资料，得到广泛应用。其中收录的奏议，都拟定了标题，如《丁文盛等谨陈愚见奏》《孙得功陈丹薄圭事奏》《马国柱请阅本章奏》〔2〕等，其题目下大多附注奏议时间，看似十分完整，却是经过了改动的文本。查清代奏议档案，无论原件、录副，凡上奏过的都会在第一纸或最末页注明上奏时间与有关事宜，此为通例。今日本京都大学藏有著名史学家内藤虎次郎以晒蓝法复制的清天聪年间奏议，《丁文盛等谨陈愚见奏》文后附注："本日奏了，本人写来金字"，《孙得功陈丹薄圭事奏》文后注明："本日奏了，龙老爷吩咐：卖粮任民便，不必奏，止奏前段"，《马国柱请阅本章奏》文后附注："此本系天聪六年十一月份到的，未得看。于七年五月内带在放马处奏过，故附此。"〔3〕在内藤虎次郎复制的各篇中，诸如此类的附注尚多，而罗振玉所编辑的《天聪朝臣工奏议》概付阙如，即使所据底本与内藤虎次郎不同，也断无所有原件均缺附注之理，似乎是罗氏出自己意、以为无关紧要而全部删掉。这一做法修剪了档案原件，大为不妥。从上引三条附注可以看出，清入关前汉人官员上奏，需要由关衙门翻译为金字（满文），也可由上奏者自己提供金字文本。所上奏内容，最后还须由掌权官员斟酌裁定，如孙得功之奏议，言军营吸烟恐致火灾与允许街市卖粮两件事，被龙老

〔1〕罗振玉编《天聪朝臣工奏议》，见《史料丛刊初编》，东方学会1924年刊印；又见《明清史料丛书八种》，北京：北京图书馆出版社，2006年。

〔2〕均见《史料丛刊初编·天聪朝臣工奏议》卷中。

〔3〕以上引证的京都大学所藏内藤氏复制文本资料，系南开大学杜家骥教授提供，谨此致谢。

爷裁定只上奏前一事。马国柱奏请君主应当阅读奏章，但这件上奏本身也被积压半年，看来清太宗皇太极虽然鼓励汉人官员上疏奏事，但实际上并不怎么重视，从中可以领略当时后金政权的行政体制问题。这种重要资料，是不应删略的。笔者曾编辑《清文前编》一书，于2000年出版。[1]其中仅根据罗振玉《天聪朝臣工奏议》收录其文，是因为当时未获相关信息与资料，亦为遗憾。

台湾影印出版的《旧满洲档》，是研究清入关前历史的宝贵资料，其中天聪九年的档册尤其重要，是乾隆年间整理编辑《满文老档》时尚未发现的文件。此后，国内出现翻译文本，辽宁大学历史系1979年翻译印行的《汉译〈满文旧档〉》即为最早译本。该书承袭日本东洋文库译本的做法，将原档涂抹的文字、后加的批示文字等都予以翻译和用符号加以标明，如多数记事条目之前都有满文的批示“要写”或者“不要写”，此汉译本就用双引号“”来表示“要写”，用单引号‘’表示“不要写”。这种做法，十分妥善，但此印本并非正式出版图书，流传不广。后有某出版社1987年5月出版《天聪九年档》，将原档涂抹的文字和“要写”“不要写”的批示全部删略，大煞风景。原档被涂抹的内容，可反映档册记载、抄录的实况，而对具体条目“要写”与“不要写”的批示，就更加重要，凡注明“要写”的记事条目，都录入了内国史院满文档册，而内国史院满文档册是后来纂修《清太宗实录》的主要依据。[2]这是考察和研究清初官方修史活动的枢机之一，轻易删削，实属缺乏文献学基本理念所导致的谬误。

第三，对于考古发掘而发现的新文献，其埋藏的原初状态是十分重要的历史信息，应当详加记述，以扼制鉴定和整理中可能出现的牵强附会、随意拼合。考古活动之中新发现的文献，应当尽量保

---

〔1〕乔治忠编《清文前编》，北京：北京图书馆出版社，2000年。
〔2〕乔治忠《〈旧满洲档〉与“内国史院档”关系考析》，《历史档案》1994年第1期。

持原初状态，考古发现多种、大量文献出土，如果不得不进行分类编排的整理，也是越少人为加工越好。即使对于不得不予以分类整理的出土文献，也应当恪守保持文献的原初形态的基本原则，尽量按载体形式、自然表象、浅层特征分类，而不应有少数人研究后掺入学术观点予以编辑和取舍。因为对考古发现的历史文献，整理的目标只是提供给整个学界研究，而不应成为少数人借此突出个人主张的机会。新出土文献乃公共历史文化资源，绝不应当被部分学者偏私地利用。

1972 年 4 月，在山东临沂银雀山汉墓出土了一大批书简，其中有兵法内容的书简，兵法书简内有些内容与行世的《孙子兵法》相符合，有些是传世的《孙子兵法》所没有的内容，而且行文中涉及了战国的“孙膑”。恰好《汉书·艺文志》著录有“吴孙子兵法”82 篇、“齐孙子”89 篇两部旧籍，据唐代颜师古注释，“吴孙子兵法”为春秋时吴国孙武所著，“齐孙子”是战国时齐国的孙膑撰述。于是，银雀山兵法书简经过专家的整理，就被分为两书，一是以流传至今的《孙子》13 篇内容为参照，另外又补充一些杂篇，仍名《孙子兵法》，定为春秋时期孙武撰著；二是将余下的多篇简册内容予以编排，定名为《孙膑兵法》，指认为战国时孙膑及其后学撰著。这样处理之后，遂宣称《孙子兵法》与《孙膑兵法》两部兵法之书一起于银雀山汉墓出土，解决了自古以来是否存在孙武其人，以及他是否撰有兵法著述的争论，坐实了《孙子兵法》为春秋时孙武亲撰，这成为大加宣传的流行观点。

然而值得提出的疑问是：同一地点出土同类内容的书简，在文字和竹简的形制也无区别的情况下，把它分成不同的书籍，符合考古学的科学规范吗？完全不能符合！这仅仅按古籍的某种记载行事，乃是受王国维“二重证据法”错误方法影响而导致的错误行为。按照考古规范，同一地点出土、同一兵法内容，载体规格、文字特点若无显著区别，就应当谨慎地按原始状况归于一起，标以“银雀山出土兵法书简”之名，余下的问题听凭学术界研究讨论，各抒己见，争取经论辩而达到逐步趋同的认识，这才是科学的考古学、文献学与历史学的方法。文献的整理者需要明确的是，鉴定和整理文献，是一项为学术界公众服务的事业，而不是显示个人或部分人独到学术见识的契机。像银雀山兵法书简区分为《孙子兵法》《孙膑兵法》两书的做法，已经是贯彻部分学者见解的“深加工”，越出文献整理规范所应有的权限。某些学者的此类见解，可以另撰论著来表达，而无权直接将出土文献依照己意编排。

李零先生在著作中列举了五大证据，批驳了孙武其人撰著《孙子兵法》之说，指出《孙子兵法》（包括银雀山出土版本）在战争规模的描述、在其文字和整体内容上都显示为战国时期的特征，不可能是春秋时的作品；其军事思想，也属战国时期水平；全书分篇立题、组成体系这种著述方式，体现的是战国中期之后的文化状况。因此，“有理由否定《孙子》是由春秋末孙武亲著的说法。它的成书时间很可能是在战国中期”[1]。但即使战国时期，也未必有单独流行的“吴孙子兵法”，在战国时期流行的诸多兵法文篇，应当是到西汉恢复先秦文化遗产时期，才逐步被划分到不同作者名下的，这个过程到汉成帝时刘向、任宏等人整理国家图书，排纂定名，遂成为后来《汉书·艺文志》著录的根据。而在汉初，正如李零先生所说：“我们怀疑，《吴孙子》十三篇、《吴孙子》杂篇、《齐孙子》最初很可能是以笼统的‘孙子’之名一起流传。”[2]由此可知，对银雀山兵法书简强行分作二书，主观地定以书名，成了一件欺世之作，至今仍在蒙骗整个世界。其谬误的关键是以错误的“二重证据法”践踏了考古学的科学规范，同时也是某些文献整理者突破文献学规范，

〔1〕李零《孙子十三篇的综合研究》第四部分“关于银雀山简本《孙子》研究的商榷”，北京：中华书局，2006年，第355页。

〔2〕李零《孙子十三篇的综合研究》第四部分“关于《孙子兵法》研究整理的新认识”，第404页。

将文献整理当成体现个人见解的手段。这个事例显示，鉴定和整理新发现文献却缺乏严格规范，其后果是多么严重。

三　新文献鉴定规范的社会辅助机制

新发现文献的鉴定与整理工作，应当原原本本、真切如实地将之公布于世。但这种工作往往牵涉部分单位与个人的利益，尤其是有些文献（如铜器铭文）的鉴定，又与文物的鉴定联系在一起，利益关系更为复杂。因此，建设学术规范并且有效地推行，难度很大，不可能在学术界范围内自然而然地形成，需要整个社会提供有力的辅助机制。为了防止造伪现象的蔓延，国家的公权机构有必要负起组织与推动鉴定工作的责任，使之得以健康、健全地进行。对于新出现的文献，如果数量庞大、影响深广，可能导致历史文化研究的某些重大改观，在规范关注中存有严重疑义的，即可由国家相关机构调动无利益牵涉的专业技术人员予以鉴定，同时由各派学者代表参与监督。这不是用行政手段干预学术，而是用行政机制援助学术的健康发展。这里的行政机制绝不可干预鉴定的结论，而只是合理地组织专业队伍，提高鉴定工作的公信度。在法制建设的基础上，公权机制对于疑点明显、争议激烈的重大文献，应当有权决定采取学术鉴定的强制性措施。

新文献的持有者主观上一般不愿意其中存有伪造的成分，自然趋向于将之说成全真。同时，新文献的持有者只要条件具备，往往倾向于将之进行研究后再依己意公布，这就与广大学者对文献利用的诉求之间发生矛盾。学术鉴定的规范和社会公权的辅助机制，应当从长远的学术发展出发，照顾广大学者对新文献利用和研究的需求，首先促成其真实度的判断，才符合社会正义、学术纯真的原则。

对于涉及很大经济价值的文物、文献，对于中国历史文化研究可能发挥重大影响的新发现文献，如有造假嫌疑和相关争议，往往会陷于僵持的境地，使收藏、管理和研究无所适从或各行其是，导致学术同行之立场、观念的裂变，负面作用甚大，影响的波及面并不仅仅限于学术层面，因此理当有必要开拓公正解决的途径。公权机制面对这种学术性较强的争议，既不可横加干预，也不应袖手旁观，应当以毫无利害关系的立场充任公平学术裁断的推动者和组织者。应当通过国家立法，建设和完善解决此类问题的法律机制。

较大型的文物、文献造假，危害大且影响远，可能搅乱对中华历史文化的科学认识，已经不属于哪些人、哪些机构的私有资产的问题。大型的文物和文献造假，同样带有很大的牟利能效，其恶劣影响和破坏作用，绝不亚于伪造货币的行为，完全应当参考伪造货币的罪名制定追究和处罚的法律程序。其实有些争议很大的文献真伪问题，如果置于公权辅助或者立法层面之上，并不难以查明，如近年民间出现手抄本《孙武兵法》82篇以及两千多枚“清华简”问题，即属于公众性的文化悬案，而且不难鉴定，应当尽快解决。如果这些文献是真实的，对于历史文化研究可以起到极大的推进作用，如果是伪造赝品，那就应当追究作伪责任并且阻断其流行，这里需要却欠缺的只是一个辅助机制及法律依据的制定。

任何一种适应学术发展需要的规范，都应当是在集思广益、共同讨论、反复斟酌过程中产生，其基本的理念必须以力求真实为立足点。求真的原则必然与私利发生严重冲突，求真的目标有时会被学者推行一己之见的私心所屏蔽，因而产生文献鉴定与整理工作的谬误或偏差，因此建立公众性学术规范就十分必要。对于鉴定和整理新发现文献的规范，这里只是试图提出问题，且结合实例做些初步的思考，希望引起关注。通过学术界的共同努力，经过社会辅助机制的建立，鉴定与整理文献的学术规范必将最后形成，使历史研究和文献学研究，沿着更加健康的发展途径前进。

（原载《历史教学》2013年11月下半月刊）

雷海宗学术评价问题新议

雷海宗（1902—1962）在大学的历史学系从业甚早，而除1940年至1942年因随从林同济、陈铨等人形成学术、文化上的战国策派受到瞩目之外，生前在学术上不显于世。但自20世纪90年代之后，特别是进入21世纪之后，对雷海宗的学术赞誉之声日益高涨，直至号称“历史学家”，甚至加以“史学大师”名衔。在学术史上，确有学者在世时声名不显，如清代的崔述，而历时愈久愈显现出学术造诣的精湛。雷海宗是否属于这种情况呢？查迄今所有的赞誉之词，颇少切实的学术依据。“历史学家”之类的名衔，不能随意滥加于一般的历史学科从业者，必当通过对其史学建树做出公允的学术评析。否则，其论文、论著原文俱在，迟早要经受史学史研究的严格审视。

一　雷海宗“文化形态史观”的根本性谬误

雷海宗受到学术界、理论界的瞩目，实缘于参加到战国策派内发表议论。当年战国策派的主张刚一出现，立即受到左翼学者从政治角度的严厉批判。战国策派的论说本来就是议论中国政治和国际政治，予以政治性批判并不为过。但作为战国策派理念基础之一的文化形态史观，特别是雷海宗的关于中国经过“两周”的历史循环论，应当予以理性的学术审视，廓清当前存在的随意发挥、无原则赞誉的理性迷失。文化形态史观是德国人斯宾格勒在第一次世界大战之后建立的历史观念，其特点是将世界不同区域的历史，先验性划分为若干“文化”，并且为之规定从产生到衰亡的几个阶段。战国策派的林同济、雷海宗二人皆秉持这种历史观，以此构建宏观历史框架，而具体见解则稍有区别。

雷海宗热衷于构建历史体系的框架，却不予以认真研究和检验，表现为极端的主观先验论特色。他在1942年发表的《历史的形态与例证》中，根据斯宾格勒的文化形态史观，提出历史发展必经的五个阶段：封建时代、贵族国家时代、帝国主义时代、大一统时代、政治破裂与文化灭亡的末世。但套用在中国历史上，发现很难料理，不得已砍成两截，每截仍是五个阶段，于是宣称中国文化“独具二周”，“由殷商西周至五胡乱华为第一周，由五胡乱华以至最近为第二周”，并且列表说明。[1]然略一推敲，即可知其牵强附会、漏洞百出。例如：仅仅因为春秋时期有邓析、孔子等人，宋代有“二程”、朱熹、陆九渊等人，就定性为分别处于两个周期的第二阶段，稍有历史知识就能够看出这完全不伦不类。秦朝、两汉被置于第一周的第四阶段，晚明至盛清为第二周的第四阶段，那么二者有何共同特点呢？雷海宗在列表中填写了汉代的经学训诂、盛清的汉学考证。用这样片面、皮相的比附来判定整个社会形态，十分偏颇。汉代的显学乃是今文经学、天人感应、五德终始论和东汉的谶纬学说，训诂学并非占据主导地位，岂能为了满足其中国历史循环论框架，就不顾最基本的历史常识？

更有趣的是，雷海宗说中国文化第二周“在政治上并无新的进展，大致只能墨守秦汉所定下的规模，但思想文艺上，却各代都有新的活动”[2]。政治如果无新的进展，只能意味着生造的周期及阶段之说不能成立，但他却抽出思想文艺来为整个社会定性，于是在文章之中列表，把中国两个周期之五个阶段变成了宗教时代、哲学时

---

〔1〕雷海宗《历史的形态与例证》，见《伯伦史学集》，北京：中华书局，2002年，第253—256页。原连载于重庆《大公报·战国副刊》1942年2月4日、25日，3月4日。

〔2〕雷海宗《历史的形态与例证》，见《伯伦史学集》，第256页。

代、哲学派别化与开始退步时代、哲学消灭与学术化时代、文化破裂时代，这样就把刚刚套用在埃及、希腊历史上的封建时代、贵族国家时代、帝国主义时代、大一统时代、政治破裂与文化灭亡时代五阶段也丢掉了。当然，即使做出如此变化，还是无法解释为什么董仲舒的天人学说、五德终始论、谶纬学说等十分畅行的两汉时期，竟然不归于宗教时代或哲学时代，而硬被说成哲学破灭的时代。

早在1936年，雷海宗发表《断代问题与中国史的分期》[1]一文，就提出了中国已有两个周期的说法，而“第一周的时代各有专名，第二周的时代只以朝代为名”[2]，这当然不像个周期循环的样子，但至少还未敢肆意牵强附会、硬立名目。而上述1942年的文章，就给“第二周”每个阶段定了专名，弄得更加混乱且前后抵牾，可见其学术见识乃沿着错误路径每况愈下，更深地陷入主观主义的泥淖。

“既有第二周，也就可有第三周”，中国的努力方向是“建起第三周的中国文化”[3]。雷海宗描述第三周的可能性时，说“如果能够作到，思想学术方面的前途就很可乐观”。[4]可是按照雷海宗的文化形态循环论，中国“第三周”文化的第一阶段，是应当属于封建时代或宗教时代，他自己在同一文章中已经描述这个阶段“是宗教的天下”，“团体或个人的许多例行事务，几乎都为宗教的规则所围范”[5]，怎么可能会对“思想学术方面的前途就很可乐观”呢？看来，这里忽然又把刚刚制造的中国文化周期循环框架全都忘记了！世间很难再找到如此前后矛盾而随意开说的历史理论。因此，雷海宗构

〔1〕雷海宗《断代问题与中国史的分期》，《社会科学》1936年2卷1期，收载于《伯伦史学集》。
〔2〕雷海宗《断代问题与中国史的分期》，见《伯伦史学集》，第148页。
〔3〕雷海宗《历史的形态与例证》，见《伯伦史学集》，第257、258页。
〔4〕雷海宗《历史的形态与例证》，见《伯伦史学集》，第257—258页。
〔5〕雷海宗《历史的形态与例证》，见《伯伦史学集》，第245页。

建的历史体系，只能用“体无完肤”这个词语来形容。

雷海宗对于文化形态史观的阐述，思想方法上是主观主义错误倾向的集成，例如强行构建历史体系、随便臆测、生硬比附、罔顾史实而不惜削足适履，而且根据表面性的个别历史现象就敢于得出宏观性结论等。这些谬误的思想方法也表现于他的其他论著之中，均为历史研究的大忌。

二 评雷海宗的历史考证

热衷于先验地构建历史体系的学者，一般不善于甚至不屑于做具体历史问题的考证，但雷海宗是个例外，2002年出版的《伯伦史学集》开卷第一篇即为《殷周年代考》，这是选取一个极其复杂、十分艰难的课题。众所周知，1996年开始的中国上古史“断代工程”，要解决的关键问题就是“殷周年代”，多学科专家分工合作，投入大量经费，耗时几年，得出的结论仍被学术界许多学者质疑，可见其难度之大。但这个问题在雷海宗先生手中，却处理得无比简单。那么，雷先生是怎样考证的呢？

关于周武王克商即周代开始之年，自古代至近现代曾众说纷纭，据统计重要主张共有44种之多[1]，其中古代学者的说法就有12种。雷海宗认为重要的说法只有两种，即刘歆《三统历》记述的公元前1122年与根据《古本竹书纪年》推算的公元前1027年，于是径直选定了后者。对其他重要说法例如《今本竹书纪年》的公元前1050年、《诗经·大雅》注疏的公元前1130年等都一概抹去，这种做法从前提上就脱离了历史考据的规范。更须指出的是，即使相信《古本竹书纪年》的记载，也存在不同的推算方法，按裴骃《史记·周

〔1〕 席泽宗《武王克商之年研究·序》，见《武王克商之年研究》，北京：北京师范大学出版社，1997年。

本纪集解》引《竹书纪年》“自武王灭殷以至幽王，凡二百五十七年也”，将“以至幽王”理解为幽王即位之时或理解为被杀之时，皆符合文义，例如学者姜文奎就曾提出“以至幽王”应当是截至周幽王即位之时，他举出《竹书纪年》言“自周受命至穆王百年”，就是截止到周穆王即位，“《纪年》既曰‘至幽王’，自应算至幽王即位止”[1]。其余异说尚多，这里不作罗列。雷海宗未对不同解说加以辨正，即按幽王被杀之时计算，率尔纵论，有失严谨。

雷海宗考订周武王克商年代，所用方法十分特殊，他设定一代君主为平均25年，再修订每一王朝君主的世代之数来进行测算。那么这个25年一代的数量是怎么得出的呢？雷海宗说：周宣王即王位是在公元前827年，至东周赧王共传位23代，按每代25年平均计算，应当共有575年，但实际是572年，“推理与实际之相差可谓微乎其微”[2]，就这么定了。这只是文章的叙述方法，实际上确定每代君主平均25年而不是24年、26年及30年，那是用除法得出的，即以周宣王到周赧王共积年572年，除以23代，约等于每代24.869……（无限循环小数）。每代君主的平均年数，当然不方便拖着长长的小数点后的数字，故约取为25年，但是君主在位的平均数能够这样来确定吗？这真能用于历史年代的考证吗？在社会上，有时人们习惯将30年看作“一代”，这只是一种约略的说法，不应作为考订任何历史问题的依据。至于君主在位的时间年限，受政局、寿命等多种因素影响，偶然性甚大，焉能定下每代25年之数而用于考证的依据？

雷海宗把自定的平均25年一代的数字，用于测算周代起始之年，认为“武王晚年得天下，相传七年即崩……故可不计为一世”，他又写道：

---

〔1〕姜文奎《西周年代考》，见《武王克商之年研究》，第396页。
〔2〕雷海宗《殷周年代考》，见《伯伦史学集》，第5—6页。

> 由成王至厉王八世，宜为二百年。宣王元年为公元前 827 年，则周元当在公元前 1027 年左右，此与《竹书》所纪恰相符合。若以西周全体而论，则共为十世，合二百五十年，周元当在公元前 1020 年左右。《竹书》纪西周共二百五十七年，所差不过七年。若以二周全体而论，则三十一世合得七百七十五年。周亡之次年为公元前 255 年，是周元当在公元前 1030 年左右。……周元似当在公元前 1030 与 1020 年间，而《竹书》纪为公元前 1027 年。推理与史录吻合如此，《竹书》所纪必为可信无疑矣。[1]

雷海宗似乎认为只要差距不超过 10 年，就算是可信无疑，但从历史考据的规则来看，同一测算年代的方法，在不同时段的运用而得出不同的结果，这种测算方法就应该抛弃。在具体史事发生年代上，相差二年也不能认为准确；而其方法不合考据规范，即使猜对了结果也不能冒充为历史考据。对于周武王克商的年代，雷海宗以《古本竹书纪年》的记载作为目标，所取年数未加论证，而计算世系数目，又加以修剪，如对西周世系，就删去武王不算一世，但同时却将武王在位的年数计入总数之内，对其他朝代的计算也都如此，大有硬性拼凑之嫌。对实在拼凑不成 25 年一代的元朝、清朝，说成“此特殊之例外”，轻轻避过或曲为回护，[2] 而不肯反思所定君主平均 25 年一代的主观臆想是否合理。

迄今为止，周武王何时克商？仍然是尚未解决的问题，笔者也不否定《竹书纪年》的记载有很大的可信度，但随着青铜铭文的不断发现，公元前 1027 年西周克商的说法，在分配西周诸王在位年限上已觉捉襟见肘，特别是与众多文献记述武王伐纣之时的天象完全

---

〔1〕 雷海宗《殷周年代考》，见《伯伦史学集》，第 7—8 页。
〔2〕 雷海宗《殷周年代考》，见《伯伦史学集》，第 6—7 页。

不能相符。其他各种说法也都存在这样、那样的矛盾。因此，审视有关考订文章的水平，主要是看其方法的优劣。笔者认为：雷海宗在此项问题的考证上，根本未入门径，实难恭维。但何炳棣对雷海宗的这项考订则大加赞誉，他说：

> 近代学人之中，雷海宗先生早在1931年就以《史记·鲁世家》《左传》《孟子》等资料证明《竹书纪年》1027 B.C.之说之可信。迟至1945年，瑞典汉学名家高本汉（Bernhard Karlgren）教授，在一篇论商代某类武器和工具长文里，才放弃了刘歆1122 B.C.之说，发表了与雷文几乎方法全同的对西周年代的看法。雷文在中国、在海外都甚少人知，而高文在西方影响甚大，一般称《纪年》武王伐纣之年为"高本汉的年代"。如果今后1027 B.C.在东亚、在西方被普遍接受为绝对年代，从学术公道的立场，我们有义务称之为"雷海宗的年代"。〔1〕

这是典型的欺人之谈。第一，近代学人之中，最先笃信和引据《古本竹书纪年》而主张周武王克殷为公元前1027年者，是梁启超在1922年所撰的《最初可纪之年代》一文。这在1997年出版的《武王克商之年研究》一书中早已揭示，不容何炳棣不知。第二，何炳棣称雷海宗"以《史记·鲁世家》《左传》《孟子》等资料证明《竹书纪年》1027 B.C.之说之可信"，这很不合乎事实，因为雷文主要以每代君主平均25年的运算来附和公元前1027年之说，这是无法否认的。雷海宗确实提到《史记·鲁世家》《左传》《孟子》的个别资料，但他自己已经声明是作为旁证。〔2〕《史记·鲁世家》因缺少鲁国君主伯禽在位的年数，无法用于准确的计算，《左传》提到的"商

---

〔1〕 何炳棣《雷海宗的时代》,《博览群书》2003年第7期。
〔2〕 雷海宗《殷周年代考》，见《伯伦史学集》，第8、11页。

祀六百"、《孟子》按"五百年必有王者兴"[1]的历史循环论说出的"由文王至于孔子五百有余岁"[2]，既是个约数，也难于凭信。何炳棣闭口不言雷海宗按照君主平均25年一世的计算方法，乃是抹杀事实的恶劣做法，估计是他懂得雷海宗方法的荒谬却硬要吹捧，因而采取瞒天过海的方式。第三，瑞典汉学家高本汉确实根据《史记·鲁世家》《左传》《孟子》的相关材料加上主观估测，认可源自《古本竹书纪年》的周元在公元前1027年，但是他针对W. P. 叶慈"给每个王以15年的在位时间"来推算年代的方法，尖锐地批评："很容易证明这种计算实际上是多么愚蠢"[3]，这恰好也是对雷海宗基本方法的批判，虽然他未必读到雷海宗的文章。因此，何炳棣说高本汉"发表了与雷文几乎方法全同的对西周年代的看法"，不仅违反事实，而且简直是厚诬前人。这样歪曲史实、淆乱视听的做法，岂为一个治史名家应有的史德？

雷海宗的另一考史文章是《汉武帝建年号始于何年？》，这同样触及了十分复杂的问题，《史记》《汉书》的许多记载，宋代司马光、吴仁杰以及清代众多学者的研讨都涉及于此。现存资料中，《史记》的记载最早，可资考订的线索也较多，但关键的《封禅书》中的记述有所脱漏。《汉书》对相关史事多有记载，但为了弥缝《史记》的脱文，反而弄出讹误，增添了史料的纷乱和抵牾，加大了考订的难度。雷海宗考证这样复杂的难题，还是十分的简便，既不列述前人的研讨，也不梳理相关的人物和事件，仅仅将《汉书·武帝纪》与《汉书·郊祀志》的记述列表对照，然后随心所欲地挑拣和篡改史料，轻易地得出结论：汉武帝建年号是在元鼎元年即公元前116年，声称"这是中国历史上年号制度创立的一年，值

〔1〕《孟子·公孙丑下》，朱熹《四书章句集注》本，上海：上海古籍出版社，2001年，第292页。
〔2〕《孟子·尽心下》，朱熹《四书章句集注》本，第446页。
〔3〕［瑞典］高本汉《殷代的兵器与工具》，见《武王克商之年研究》，第608页。

得大书特书的！”[1]

雷海宗的整个考订过程，充满了各种谬误，第一，雷海宗对《汉书·郊祀志》记述史事的列表和解释，多有讹误。例如对汉武帝病重而居于鼎湖事，不经考订就随意填写于元狩五年，实际应为元鼎元年[2]；关于在汾阴获得宝鼎，《汉书·郊祀志》在记述元鼎三年之事之后，又说“其明年，立后土祠于汾阴脽上，其夏六月汾阴得鼎”，这是说“得鼎”是在元鼎四年。而雷海宗却将此填表于元鼎三年栏目，似乎连“其明年”三字也没有读懂。

第二，为了苟合己说，雷海宗将《史记》《汉书》都明言汉武帝生病后的“其后三年，有司言元宜以天瑞，不宜以一二数”，硬改为“其后二年”，加之已经错误地把武帝病于鼎湖之事件提前，于是“有司”的建议就从元鼎三年被前移到元鼎元年，这是极端武断地淆乱史实。《史记·封禅书》《汉书·武帝纪》等叙述了“有司”奏请以“天瑞”定年号之后，接续“其明年”的事件都是元鼎四年的事件，例如“天子郊雍”、首次亲祀后土、在汾阴建立后土祠、巡游至洛阳、册封周朝后人等，这些史实岂能都向此前两年挪移？

第三，雷海宗竟然定出一个“通则”强加于西汉：“因事改元，都在事件发生的当年或次年，如元光元年为长星见的次年，元狩元年为获麟的当年；绝没有在祥瑞发生后倒推上三四年去改元的道理。”[3]可惜汉武帝没有遵照雷海宗的意见执行，元鼎以及此前的年号都是追认的、倒推的，汉武帝的纪年原先是每过六年改元，仅称一元、二元、三元、四元，至第五元的第三年（元鼎三年）“有司言元宜以天瑞，不宜以一、二数”，才给前四元命名年号，即依次为建元、元光、元朔、元狩，除建元不属于祥瑞之名外，其余各元只要是在此六年内或前一年出现的祥瑞，都可以作为年号的名称，如

〔1〕雷海宗《汉武帝建年号始于何年？》，见《伯伦史学集》，第130—131页。
〔2〕汉武帝病愈后大赦天下，据《汉书·武帝纪》在元鼎元年五月。
〔3〕雷海宗《汉武帝建年号始于何年？》，见《伯伦史学集》，第129页。

元朔名号乃得之于元朔最后一年的“朔旦冬至”，即“不仅朔旦与冬至重逢于同一天内，而且还又回归了同一时刻……这种天象远隔七十六年始得一遇”[1]。因此元朔元年年号，乃是根据六年后的所谓“天瑞”而倒推定名。

《汉书·武帝纪》记载元鼎元年、四年都曾获得宝鼎，雷海宗之所以造出“因事改元，都在事件发生的当年或次年”的规则，是为了否定元鼎四年得鼎，正好是取错弃正。元鼎四年得鼎有十分丰富的证据，《史记》《汉书》多处描述，汉武帝为此发布制诰，明言“朕临天下二十有八年”[2]，稍一推算即可知是元鼎四年，绝无疑义。至于《汉书·武帝纪》记述的元鼎元年“得鼎”，孤零一条，朝廷无任何相应举动，司马光早已考订为“误增”[3]。不知为何雷先生在相互歧异的史料之中，专取讹误的一项。

雷海宗此文刚一发表，立即受到日本学者藤田至善的严厉驳斥。藤田至善为京都大学教授，见到《清华学报》1936年11卷3期的雷文，很快就在《东洋史研究》1936年2卷1号（1936年10月出版）发表《漢武帝の年號制定に就いて：雷海宗「漢武帝建年號始於何年？」の批判》一文，对雷文做了逐条的反驳，论定了元鼎三年（前114）建立年号的近真说法。对于这类复杂的问题，当然不能苛求每个发表议论者都完全正确，古代、近代学者考订汉武帝建立年号者，多有结论的错误或偏差，关键在于考订方法是否合乎考据规则、治史态度是否实事求是。雷海宗对《史记》最基本的史料也不多加搜集，对前人的研讨也大多置若罔闻，更随意地修改史籍明确记载的年数，已然脱离考史的基本理路。

考订汉武帝建立年号的问题，其难度很不寻常，近代学界不乏历史考据大家如陈垣、陈寅恪等，但都未曾着手考证此事，盖缺乏

---

〔1〕辛德勇《重谈中国古代以年号纪年的启用时间》，《文史》2009年第1辑。
〔2〕《汉书》卷二五上《郊祀志上》，北京：中华书局，1962年，第1224页。
〔3〕司马光《资治通鉴考异》卷一，《汉纪上》“元鼎元年”考异，《四部丛刊初编》本。

全面梳理有关史料和前人研讨的条件，难以获得满意的结论。直至2009年，北京大学教授辛德勇发表《重谈中国古代以年号纪年的启用时间》[1]，用5万字的篇幅才梳理和考订出比较确切的结论，其中既解释《史记·封禅书》相关记载之文的脱漏，也考明《汉书》为之弥缝造成的舛误，更清理了历代学者的考释，将年号建立的过程疏解清晰，许多歧异的记载得以辨析，还特别指出年号元朔名称的来源。得出的主要结论是：汉武帝初期是每六年改元，第五元之第三年（即元鼎三年），因有司之奏议追认了前四元（共24年）的年号，依次为建元、元光、元朔、元狩，第五元虽已三年，仍未有年号，次年获得古鼎于汾阴，方确定年号为元鼎。但所有这些年号皆用于追述往事，并非用于当时的纪年，朝廷发布诏令时均不采用，此后的元封年号依然如此。至太初建号，方正式用作纪年，而此后也改为每四年改元的体制。总之，追认年号自元鼎三年（前114）开始，但年号并不用于当时的即行纪年，只用于追述往事，尚不是年号纪年制度的确立。到太初元年（前104）才真正开始实行年号纪年。考订西汉建立年号纪年制度的难度，由此可见一斑。而雷海宗本不擅长历史考据，染指如此艰难的问题，可谓无知因而无畏。

三　析雷海宗对中国历史的见解

雷海宗对中国历史的论述和讲说，数量上超过了涉及外国历史的内容，其中大量属于课程讲义、一般历史知识、文献知识的叙述，此中时或也有零星的个人见解，但本文限于篇幅，不能一一评述。除上文论及的关于文化形态循环论历史观和历史考证之外，雷海宗还撰有一些学术独见的论文，如《中国的兵》《无兵的文化》《司马迁的史学》等，值得注意。为行文方便，先来看《司马迁的史学》

〔1〕 辛德勇《重谈中国古代以年号纪年的启用时间》，《文史》2009年第1辑。

一文，此篇发表于1941年，全文对《史记》做出了空前的全盘否定，其主张主要表现在三个方面：

第一，指出《史记》的记述史事大量失实，且举出若干例证。这个指责在具体史实层面是正确的，但雷海宗的总结和评论则很片面。《史记》记事有不确之处，这是自古以来学者的共识。唐、宋之后，学者对《史记》载事讹误的具体指摘日益增多，清代历史考据学兴盛，梁玉绳著《史记志疑》一书达36卷，专门指摘《史记》记载史事的疏误。但所有这些学者都没有全盘否定司马迁的史学成就，原因在于《史记》毕竟系统记载了上古直至汉代的许多真实史事，创造了纪传体的史籍编纂方式，其功甚巨，不容抹杀。至于记事讹误很多，自然是司马迁史学的局限，但同时也是那个时代的局限，西汉时期还没有形成对史实精密考订的史学意识，撰述书史的方法是“厥协六经异传，整齐百家杂语”[1]，即对不同文献的异同记述进行调和和拣选，经学、史学皆如此，这在顾颉刚1935年发表的《战国秦汉间人的造伪和辨伪》[2]中早已阐释。对于《史记》这样开创性的著述，指出其中若干讹误而予以全盘否定是不允当的，况且雷海宗列举的事例和依据，无一不是取自前人的考订，如清人梁玉绳《史记志疑》、邵泰衢《史记疑问》、顾炎武《日知录》等，并非自己的发现，[3]也未注明原作者和原出处。近代学人引用前人的成果若偶未注明，不必过于纠摘，但似雷文这样引录如此多项前人的考订，却对来源含混不言，岂无掠美之嫌？

第二，雷海宗认为《史记》大量抄袭旧籍，而且很不善于抄袭，

---

〔1〕《史记》卷一三〇《太史公自序》，北京：中华书局，1959年，第3319—3320页。

〔2〕顾颉刚《战国秦汉间人的造伪和辨伪》，见燕京大学《史学年报》1935年9月第2卷第2期。又见《古史辨》第七册，1941年。

〔3〕雷文指摘《史记·晋世家》中的讹误，取自于《史记志疑》卷二一《晋世家第九》（见中华书局本，第972、973、996页）、《史记疑问》卷中。对《史记·孔子世家》关于“宁武子”记述的指摘，袭自《日知录》卷25《史记》“传记不考世代”条。关于“孟厘子”记述的指摘，直接得自《史记》“三家注”之一的《史记索隐》。指摘《史记》将齐宣王灭燕之事系于齐湣王之时，也是抄自《史记志疑》（见中华书局本，第427页）。

即该抄写者多有未抄，而寡要之文、荒诞之说却抄写不少，自然也举出一些实例。这确实是《史记》作为史籍所存在的问题。在汉代，扬雄即指出司马迁撰《史记》有“爱奇”之弊[1]，即采用传闻故事，载事驳杂。历代学者对《史记》之中许多新奇有趣故事和上古传说，做过质疑和考辨，如对春秋时孙武的讲述、晋国的“赵氏孤儿”的故事等，都因《左传》未有此等记载而深被质疑。而《左传》载有的重要史事，也有不少未能载于《史记》，东汉经学家颍容的《春秋条例》一书，即曾批评司马迁述史与《左传》每有出入，“尤多阙略”[2]。因此，自古就有学者认为司马迁未曾见到《左传》一书，甚至认为西汉前期《左传》并未行世，如刘知幾即言“且当秦汉之世，《左氏》未行，遂使五经、杂史、百家诸子，其言河汉，无所遵凭”[3]。至于清代、近代，则形成怀疑《左传》为西汉末年刘歆伪造的说法，康有为《新学伪经考》就力倡此说，这种见解已经走向了另一极端。平心而论，司马迁受刑之后著书，没有根据可以证明是得到了朝廷认可和支持，不一定具备大力查寻资料的条件，他在《史记》中提到《左氏春秋》，却未言曾经阅读，与明言“予观《春秋》《国语》”[4]有所不同，故司马迁完全可能未曾见到《左传》。因此，如果根据《左传》的记载，考订《史记》具体史事记载的疏失，属于有益的学术研讨，但若据此攻击“司马迁对古人古事可说完全缺乏了解的能力”，谴责“司马迁抄袭术的低劣”[5]，则显得极端的刻薄。

雷海宗指出《史记》记述周宣王事迹过简，没有综合《诗经》的资料整理出周宣王的功业，此言近是。但在《史记》之其他篇目

---

〔1〕扬雄《法言》卷九《君子篇》，文渊阁《四库全书》司马光添注本。

〔2〕颍容之书久佚，此见《太平御览》卷六一八《正谬误》转引，其中有讹字，据陈直《汉晋人对〈史记〉的传播及其评价》(《四川大学学报》1957年第3期）校改。

〔3〕刘知幾《史通》卷一四《申左》。见浦起龙《史通通释》，上海：上海古籍出版社，1978年，第421页。

〔4〕《史记》卷一《五帝本纪·太史公曰》，第46页。

〔5〕雷海宗《司马迁的史学》，见《伯伦史学集》，第241、242页。

如《秦本纪》《鲁周公世家》等，也都记载周宣王事略。《诗经》中哪些是关乎周宣王之诗，其含义如何？至今尚有很多争议，难以贸然引为史事根据。宋人赵与旹《宾退录》批评了《史记》记载周宣王事迹“不若《国语》之详也”，而同时也说：“周宣王中兴之贤君也，然考之于《诗》，曰箴、曰规、曰诲、曰刺，不一而足，第序《诗》者不能直书其事，故后世儒者无敢訾议。”[1]可见《诗经》中的相关资料较难判定和利用。后来史家撰著的先秦史书如宋代苏辙的《古史》、清代李锴的《尚史》等，均与《史记》类似，也未能做到详述周宣王的事功。因而今人可以按照史学的标准评议《史记》的缺陷，却不该脱离历史条件的分析而对司马迁横加贬斥。

第三，雷海宗认为《史记》对秦汉之间人物的记述十分生动，但都是抄自陆贾的《楚汉春秋》一书，而凡无书可抄的叙事之文“几乎都是空洞虚弱的”，除非是“有牢骚可发时，才有可观”[2]。这就是说，司马迁连写作文笔也是很拙劣的。雷海宗的这个观点前无古人，但是并不正确。司马迁撰写《史记》，自然会将汉初陆贾的《楚汉春秋》作为史料来源，但雷文说“全部《楚汉春秋》除次序的变动外，大概一字不改被收入史公的作品中”[3]，则全然不符事实。查《史记》三家注援引《楚汉春秋》之文，多与《史记》之文不同，有的叙事根本不被《史记》采纳，如《史记·高祖本纪》记述“三老董公”拦路向汉王刘邦说义帝之死事，没有采取《楚汉春秋》之文“董公八十二，遂封为成侯”[4]。笔者实在不明白，雷海宗在做出论断之前，怎么也不读读《史记》的三家注而稍稍做些对照呢？

《史记》记述陆贾撰书，向汉高祖“每奏一篇，帝辄称善”，雷

[1] 赵与旹《宾退录》卷一，影印文渊阁《四库全书》子部杂家类三。
[2] 雷海宗《司马迁的史学》，见《伯伦史学集》，第237页。
[3] 雷海宗《司马迁的史学》，见《伯伦史学集》，第236页。
[4]《史记》卷八《汉高祖本纪》，《史记正义》注引《楚汉春秋》，第370页。

海宗就说“可见陆贾是一个善于文词的人”[1]。但陆贾上奏的是他的《新语》而并非《楚汉春秋》，汉高祖“称善”乃因其政治见解合意，与文词优劣无关，更丝毫不能证明司马迁全部抄录其文。这类淆乱史实的评论方式，岂不是自欺欺人？《楚汉春秋》到宋代仍存于世，如果《史记》全部抄袭其书，为何汉代学者“刘向、扬雄博极群书，皆称迁有良史之材，服其善序事理”[2]？为什么批评司马迁的汉明帝也承认“司马迁著书成一家之言，扬名后世”[3]？答案只能有一个，即司马迁《史记》的文笔之优乃有目共睹，自古以来除雷海宗之外再无一人予以否定。从此篇《司马迁的史学》对《史记》的全盘否定来看，雷海宗的史学评论极为欠缺实事求是精神，史德可议，行文刻薄，其治史态度实难恭维。

雷海宗对中国史的研讨，以《中国的兵》《无兵的文化》为重要代表作，《中国的兵》一文主旨，在于叙述中国自先秦至东汉末年的军事状况，从而树立这样的观念：“由春秋时期到汉代的发展经过，总括一句，先是军民不分，后来军民分立，最后军民对立”[4]；西汉之后，军制越来越堕落，从征兵制度变为募兵制，令防御外部侵略的能力大为降低。其结论是战国时期的征兵制最为优越，汉代以后的募兵制是国力衰弱、民族屈辱的根源。

此文虽多臆测无据之词，但特别关注军制问题，不无历史研讨的启迪作用。不过，作者偏颇地以军事制度为核心来看待历史，不从经济发展、政治体制上寻求军制变化的原因，反而将国力盛衰归因于军制，则是根本性错误。实际上无论古今，军力的强弱主要决定于经济力量的大小、经济的构成，以及经济与政治机制的组合、运行状况，片面夸大军事制度的作用实属浅薄的历史认识，无论文

---

〔1〕雷海宗《司马迁的史学》，见《伯伦史学集》，第236页。
〔2〕《汉书》卷六二《司马迁传》赞语，第2738页。
〔3〕班固《典引·叙》，《东汉文纪》卷一〇，影印文渊阁《四库全书》本。
〔4〕雷海宗《中国的兵》，见《伯伦史学集》，第79页。

人还是军官都应当懂得这个道理。不仅如此，雷海宗所谓的军制，只是纠缠于征兵制抑或募兵等兵士来源问题，似乎用什么方法解决兵士来源就是军制的根本性质，这也是大错特错的看法。军事制度的核心，在于军队的组织方式、管理体制、训练和教育内容、奖惩与升迁的规则等，这要比征兵、募兵等兵源来历问题更为重要。在战争中，影响军队战斗力的因素很是复杂，其中一个较大的因素，就是包括军队在内的官场政治是否清明。古代中国军力软弱的王朝，大都由君主与将领的权力纠葛、军内将官与普通兵士之间的利益对立所导致，很难想象在君主长期严密防范将领、将领长期欺压和剥削兵士的条件下，军力还能保持强盛状态。

在雷海宗看来，征兵制是绝对的好，古代王朝因废黜征兵制而衰弱化，“长期积弱局面的原因或者很复杂，但最少由外表看来，东汉以下永未解决的兵的问题是主要的原因”[1]。这是本末倒置的谬误观点，须知能否实行征兵制，不由统治者的意志所决定，而是受政治、经济和社会背景的综合制约。征兵制的第一个必要条件，是统治政权能够有效施行“编户齐民”的社会管理，而黄巢起事、李自成起事等并没有征兵制的条件，但其军力却横扫中国，朱元璋起兵和建立政权初期也无法实行征兵制，但削平诸雄、驱灭元朝，这充分说明军力强弱与征兵制没有必然联系。第二，兵制受政治局势和经济体制的制约，被雷海宗视为“半征兵的府兵制”之所以废止，就是因均田制的解体而导致。因此，即使能够维持统治秩序的政权，也要以多种方式解决兵源问题，如明朝“弘治七年立佥民壮法。州、县七八百里以上，里佥二人；五百里，三；三百里，四；百里以上，五。有司训练，遇警调发，给以行粮，而禁役占放买之弊。富民不愿，则上直于官，官自为募，或称机兵”[2]。这就是征兵与募兵的结合，

〔1〕雷海宗《中国的兵》，见《伯伦史学集》，第101页。
〔2〕《明史》卷九一《兵制三》，北京：中华书局，1974年，第2250页。

另外明朝还定有身份制、职业化的“军户”。近现代军事技术与军事装备对于军力的影响加大，雷海宗所鄙视的职业兵也就越发重要，各国都设置许多军事院校来培养这种职业性官兵、军种，即为明证。

雷海宗对于兵的论述，不但在整体上是错误的，而且在具体史事的叙述上也常常凭空臆测，甚至曲解史料。例如《论语·季氏》记载孔子“君子有三戒”之言，其中“血气方刚，戒之在斗”，意思十分明白，这是说人们在某个年龄段要注意防止武力争斗。但雷海宗为了证明春秋时期人人勇敢善战，却解释为“他们要‘戒之在斗’，必有‘斗’的技艺与勇气……”〔1〕这真是匪夷所思的逻辑！照此说来，如当时下令不许抵抗日本侵略者的军队，岂不也是必有抗日的“技艺与勇气”？《吕氏春秋》记述秦穆公曾有恩于一群“野人”，后来在与晋国的韩原之战时，得到三百多野人的意外救助，因而取胜。雷海宗为说明春秋时期必有平民参军，即称“由这个故事我们可见韩原一战秦国军队中最少有三百个平民出身的兵”〔2〕。史料中清清楚楚写明这是“野人”，怎么就说成“平民出身的兵”呢？连这样记载明确的史料也敢公然曲解，哪还有治学的严肃态度！

《无兵的文化》一文拉杂地讲说汉代至南北朝的官制、改朝换代、人口与治乱等，杂糅最表层的中国历史知识、斯宾格勒的历史理念、道听途说的马尔萨斯人口论等，不知要领何在，甚至文不对题。既然题目是“无兵的文化”，那么雷海宗至少应当解释：《孙子兵法》以及曹操对此书的注释，为什么也属于“无兵的文化”？据《隋书·经籍志》，魏晋南北朝时期产生了上百部兵书，为什么文化上还算是“无兵”？但雷文对此无一字述及，而在叙述官制之时，也对汉代以后权势甚大的大司马、大将军等军事官职避而不谈，文章对官制说到南北朝时期为止，也令人怀疑是因为无法面对隋唐之

---

〔1〕雷海宗《中国的兵》，见《伯伦史学集》，第60页。
〔2〕雷海宗《中国的兵》，见《伯伦史学集》，第59页。

后官制中有了六部之一的兵部设置。大概雷海宗以为，叙述官制不谈军事建置，就算是中国古代的“无兵的文化”，这岂不酷似掩耳盗铃的寓言？

1939年，雷海宗以《中国的兵》《无兵的文化》二文为中心，将以前发表过的《皇帝制度之成立》《中国的家族制度》《断代问题与中国史的分期》《世袭以外的大位承继法》等文改换题目，加上一些新撰之文，合集出版，书为《中国的文化与中国的兵》，这被视作雷海宗的代表作。各文意在梳理中国古代社会的几种传统文化，但目的是寻求将中国历史套入斯宾格勒的文化形态史观框架的方法，因此可视为后来宣扬战国策派历史观念的预备阶段。各篇文章固然也讲出一些中国传统社会的某些史实，但总方向既然错误，具体观念就多有纰缪，例如《皇帝制度之成立》一文对秦始皇的暴政帝国情有独钟，频加赞誉，称推翻暴秦者是“反动的势力”。《世袭以外的大位承继法》开篇就对当时世界大势做出预计，认为各国政治都要走向独裁，所有这些见解都是按文化形态循环观念“套”出来的。《皇帝制度之成立》发表于1934年，这里已经推崇专制君主使用暴力维持的集权、一统，暗示中国需要参酌皇帝制度建立新的元首制度。《断代问题与中国史的分期》发表于1936年，已经基本形成中国历史两周循环的轮廓。因此，有些文章为战国策派的主张辩护，称其违背民主的政治主张和“战国时代重演”的说法，是产生于全国抗日战争的背景，情有可原。这完全不合乎史实，抗战的背景不过使一批持这类主张的人结成群体而更加活跃而已。

雷海宗的中国史论述还有很多，但无论在宏观还是微观问题上，都不时出现按照自己意志曲解史料而随意发论，这是其治史生涯中的致命伤。例如《章学诚与蓝鼎元〈饿乡记〉》一文，本于其家所藏清代河北永清县人贾澎手本《耕余集》，发现被章学诚录于《永清县志》的贾澎《饿乡记》，原来是剽窃康雍间名人蓝鼎元的作品。章学诚不仅失察，而且还当作贾澎之文予以修改，并称赞“其命意立志，矫矫不同于流俗者矣”[1]。雷文将蓝鼎元原文、贾氏手稿与章学诚录于《永清县志》的文本，予以列表对照，主题本应是揭示贾氏的剽窃，并且批评章学诚的失察，但雷海宗议论的落脚点，却是为章学诚争取一部分“著作权”：“实斋增删更改处甚多，几可称为章氏饿乡记。”[2]“章氏饿乡记”的提法已属无聊，而雷文更引出一个怪戾的伪问题：“并且关于《饿乡记》一篇，他实际是在改正鹿州（蓝鼎元号鹿洲，雷文此处有错字——笔者）的文字，至于他是否有资格为鹿州的师保，或改后的文字与原文孰优孰劣，那只有请文学批评家去判断了。”[3]明明是章学诚孤陋寡闻，误将剽窃之文当成贾氏之作，但雷文竟然提出章学诚改文的“资格”和与原文比试“孰优孰劣”的讨论，这岂不是对被剽窃者蓝鼎元的进一步伤害？荒唐无理，莫此为甚。本有文献学价值的论题，也被弄到是非颠倒的地步，真是令人哭笑不得。

四　关于雷海宗的世界史与中外历史的综合构想

在世界史与对中外历史的综合认识上，1949年之前雷海宗是秉承斯宾格勒的文化形态学说，这在上文已有评析，此不多赘。但1950年之后，他已经不能公然坚持原有观念，因此在世界史教学中，雷先生所叙述的都是一般性教科书内容，没有多大的学术特见。1956年在世界上古史教学大纲的讨论中，才对中外历史的综合构想提出新的见解，并且写出作为教学参考材料的长文，即《上古中晚期亚欧大草原的游牧世界与土著世界》。此文比较细致地梳理古代欧亚大陆游牧部族与“土著”民族之间的关系，试图提供研讨宏观历史的另一角度，认为游牧部族对世界文化贡献很大，如马匹使用上

〔1〕章学诚《永清县志六·诸贾二张刘梁列传第六》，见《章学诚遗书》，文物出版社，1985年，第497页。
〔2〕雷海宗《章学诚与蓝鼎元〈饿乡记〉》，见《伯伦史学集》，第195页。
〔3〕雷海宗《章学诚与蓝鼎元〈饿乡记〉》，见《伯伦史学集》，第196页。

的推广，如服装的特有设计，如起到亚欧之间交通媒介的作用，等等，对历史教学有一定的启迪作用，在当时不失为一股清新的空气。但重视游牧民族的历史作用，不是雷海宗的发明，西方早有史家做出先例，文化形态史观本就强调蛮族侵扰的重大影响，甚至据此划分历史阶段。

雷文之中“土著”这一概念含义有些模糊，因与“游牧”对应，似指基本定居的农业民族。一般说来，古代定居的农业民族的文化要比游牧民族先进，古代世界文化的重大进步，主要是定居民族创建的。游牧民族对定居民族的侵扰，具有很大的破坏作用，但这一过程中也会使游牧民族学得一些先进的生产力和社会文化。因此，从历史发展的角度考察，世界史学科偏重对定居民族的研究是合理的。而从雷文的描述来看，似乎定居民族完全处于历史的被动地位，这是单单从进攻和防守的战争眼光来思考历史，观点已有偏颇。

更值得注意的是：雷海宗的论述从土著与游牧的民族关系上切入之后，随即犯了习于构建历史体系的老毛病，夸大这种古代民族关系的历史地位，将之认定为划分历史阶段的关键，他提出：“6世纪末，570年左右，由中国到罗马扰攘了几百年的游牧、土著关系的澄清，是最恰当的此种标帜，所以我们把上古史的学习就结束在公元570年的分界线上。”[1]这是什么意思呢？第一，雷氏认为中国与欧洲（罗马帝国）都在570年前后解决了游牧与土著之间冲突的问题。第二，认为这具有划分世界历史发展阶段的标志性意义。但是，6世纪时真的解决了游牧部族与土著地区的冲突吗？没有！至13世纪仍存在蒙古族政权的世界性扩张，这是极其明显的问题，照雷先生的标准上古史要下延到13世纪了！但雷先生居然视而不见，随意将上古史下限定在了570年，既曲解了古代历史，也未能贯彻他自己划分历史阶段的标准。雷海宗提出对游牧部族予以一定的关注是

〔1〕 雷海宗《上古中晚期亚欧大草原的游牧世界与土著世界》，见《伯伦史学集》，第373页。

正确的，但随意夸大其历史地位，就滑向了荒谬。雷海宗将中国上古史下延至南北朝时期，是史学界不能接受的观点，因为中国的文化在两汉时期就已奠定基础，政权建设、经济制度的成熟，儒学地位的树立，史学、文学的繁荣，都是在汉代初具雏形。既然文明发展在世界各地、各民族中并不平衡，那么也没有必要统一划定各地区的上古史时段，划定古代历史发展的阶段，主要应看其内部的社会状况、阶级关系，而不以民族之间的关系为标准。

《上古中晚期亚欧大草原的游牧世界与土著世界》传播了不少古代游牧民族的具体知识，但其中也有重大错误，错误中显现出治史态度的不严谨。例如文中将中国殷周时期猃狁、鬼方、昆夷、犬戎、西戎等许多部族一股脑归到一起，都说成是秦汉时匈奴的前身，认为“以上的这些名词，如鬼、昆、混、犬、畎、串、猃狁，实际都是同一名词的音转，只是汉字的写法不同而已”[1]，这是非常武断的谬说。1915 年王国维发表《鬼方昆夷猃狁考》[2]一文，通过罗列古音韵的字音转变，将三个名称的上古部族说成一族。这是错误的，拨正其误者是西南联大王玉哲 1943 年答辩通过的硕士论文《猃狁考》。文章反驳王国维并且得到答辩中各位教授的高度赞扬，这在校内应是很轰动的事情，正在西南联大任教的雷海宗岂能毫无所知？王玉哲接着又发表一篇《鬼方考》[3]，进一步否定了王国维的说法，并指出了王国维在研究方法上的错误，此文获得当时教育部 1945 年度的学术发明奖金，这是整个史学界给予的肯定，雷海宗也应有所闻知。王国维只是主张三个上古部族的同一，还设法做了很多论证，雷海宗之文把王国维的错误大为扩充，却什么论证也没有。1956 年，王玉哲教授也在南开大学历史系任教，已为全国驰名的上古史专家，

---

〔1〕 雷海宗《上古中晚期亚欧大草原的游牧世界与土著世界》，见《伯伦史学集》，第 354 页。

〔2〕 王国维《观堂集林》卷一三，北京：中华书局，1961 年，第 583—606 页。

〔3〕 王玉哲《鬼方考》，见《华中大学国学研究论文专刊》第一辑，1944 年；又见王玉哲《古史集林》，北京：中华书局，2002 年，第 289—308 页。

且对古音韵、古文字的造诣，更居于全国屈指可数的大家之列。雷海宗与王玉哲同在一个单位工作，居所也近若咫尺，遇到这种涉及上古部族问题时，雷海宗理应与王玉哲商讨，而中国上古音韵学是很艰深的学问，没有任何证据表明雷海宗稍懂此学，焉得肆口言说“鬼、昆、混、犬、畎、串、猃狁，实际都是同一名词的音转”？由此可见，雷海宗对待学术问题太轻率了。

《世界史分期与上古中古史中的一些问题》一文，源自雷海宗的一次讲座，随之发表于《历史教学》1957年第7期，其中关键之处是表达了对于人类社会发展是否经历奴隶制社会的怀疑。这在当时是政治上相当敏感的问题。人类社会是否必然经过奴隶制社会，中国是否有过奴隶制时代？这是十分复杂的历史问题，20世纪30年代的社会史大论战，即对此有过激烈的争辩，辩论双方都提出过许多事例与理由。

从学术的角度言之，判断几千年前的社会状态、生产关系、阶级矛盾，绝非易事，需要进行缜密的理论思维，更需要艰苦地发掘、考订和准确地解析历史资料。雷海宗直接讲出自己的想法，认为只有古罗马具备充分发展的奴隶制度，其他欧亚古国皆难以确认为奴隶制社会。这种提法具有引发学术思辩、推动历史研究的积极作用，但雷海宗自己却未经缜密研究，仅摭取一些零散事例，就凭个人的解释和发挥得出宏大的结论。这个直率的做法从另一角度观察就等于轻率。此与另一史家黄现璠的做法进行对比，即可了然。

几乎与雷海宗对奴隶制社会发表怀疑同时，黄现璠于1957年6月印行《广西僮族简史》一书，从广西壮族历史的研究中提出有些民族未经过奴隶社会，论证中充满了具体历史状况的考订和清理，虽为个案，但有力地挑战了关于人类社会必然经历奴隶制社会的学说。随后，他对整个中国的上古史做出多年的清理、考订和研究，最终写成《中国历史没有奴隶社会》一书，其中对西亚、印度、古代雅典、斯巴达、罗马的上古社会，也做了深入研讨，从多种语言文字源流与社会地位上查考被称为“奴隶”群体的身份，谨慎地做出鉴定，认为在整个世界的上古，都不必然经历奴隶社会。而雷海宗显然未进行这种具体问题的深入研究，其敷陈的事例和主张都缺少坚实的证据，有很多颇具争议的提法、臆想的成分和讹误的观念，例如：试图以铜器时代、铁器时代划分古代的历史阶段，是浅层的方法，没有多大实际意义；认为“农民都是善于消极抵抗的，统治阶级只要叫他感到不满，他就会怠工、破坏、故意减产，除了自家糊口外一粒无余。所以农民一般是不能奴役的”〔1〕，这纯属臆想；对于生产力，雷海宗仅仅重视生产工具，认为劳动者的“技术经验只是一个假定数”〔2〕，因而否定人的作用，这显然也是不正确的。另外，在对具体的疑难之处缺乏深入研究的状态下，雷海宗同样急于构建新的认识体系，他先是主张以铜器时代、铁器时代划分古代历史阶段，又考虑这种提法不能表达社会性质，遂又提出“依社会性质这两大时代可分为两个或三个阶段：部民社会、古典社会、封建社会”，却紧接着又说此乃早就具有的说法，“并无大的毛病，但也无深奥的道理”〔3〕。如此游移不定、迟疑不决的态度，难言其具备学术底蕴。

应当指出：到今天为止，历史是否必然经过奴隶制时代、中国是否有过奴隶制社会，学术界仍在辩论，这两种对立的观点，被学界简称为有奴学派与无奴学派。当初，有奴学派的主张，是一种概略的、粗线条的论证，在政治因素的参与下成为不可冒犯的主流思想。在这种情况下，如果与主流不同的主张也是粗线条地概略表述，结果将无缘产生学术效应，因此必须做艰苦、深入的详细研究。改革开放以来，黄现璠教授为代表的许多学者，以具体考订结合宏观的考察，强化了“无奴”的理念，迫使有奴学派也进入细致考索和

---

〔1〕雷海宗《世界史分期与上古中古史中的一些问题》，见《伯伦史学集》，第385页。
〔2〕雷海宗《世界史分期与上古中古史中的一些问题》，见《伯伦史学集》，第382页。
〔3〕雷海宗《世界史分期与上古中古史中的一些问题》，见《伯伦史学集》，第397页。

理论修订的状态。胡庆钧、廖学盛主编的《早期奴隶制社会比较研究》[1]一书，就是从细致考察凉山彝族的社会历史起始，扩展到对中国上古史、欧洲上古史的探讨，得出“奴隶占有制是人类社会历史发展的必然”之结论，并且重新提出“授产奴隶”“分居奴隶”等值得注意的理论性概念。其思路历程，也是从深入考察一个少数民族的历史而切入，随之扩展开来，竟与黄现璠的治学路径惟妙惟肖但观点相反。这场学术论辩，一时还难以得出最后结果，但论辩的意义在于：双方都会对社会历史的理论有所阐发，对上古世界社会群体的身份地位予以考释，在古代社会阶级关系的探索上、在具体历史事物的清理和考订上做出成绩，这才是值得赞许之处。但雷海宗在与政局形势不协的条件下，粗放地提出逆反的意见，不可能取得发展理念、考明史实的效果，因此他对无奴学派也未做出实质的贡献。

综上所述，如果实事求是地以学术功力是否深厚、逻辑理路是否缜密、治史态度是否客观、论点论据是否确凿等标准衡量，雷海宗的历史学成绩实为乏善可陈，相当平庸，远离“历史学家”的头衔不可以道里计。

五　雷海宗“走红”问题简析

雷海宗长期从事历史学的教学工作，特别是在20世纪三四十年代，中国尚十分缺乏世界史学术人才的条件下，就在大学宣讲世界历史课程，其贡献不可一概抹杀。他的论文论著虽多有讹误，但也不乏富于启发性的新颖提法。[2]雷海宗并未自诩为历史学家，他在史学上的讹误已经时过境迁，现今也无人承袭，若无他故，原本没

〔1〕胡庆钧、廖学盛主编《早期奴隶制社会比较研究》，北京：中国社会科学出版社，1996年。

〔2〕例如：《殷周年代考》提到“至所谓夏代，其传说多属神话；当时恐只有与各国并立之夏国，并无所谓夏代也。”（《伯伦史学集》，第12页）；《无兵的文化》认为“语言文字若不失掉，民族必不至全亡，文化也不至消灭”（《伯伦史学集》，第123—124页）。

有细致指摘的必要。但是在某种人为地竞相打造偶像的风气下，历史学科的世界上古史专业恰恰缺乏如同中国古代史之王国维、陈寅恪、顾颉刚、陈垣那样年辈相当的学术大家，于是雷海宗被强抬上轿，意外“走红”，被捧上了学术大家的地位。加之某些争名声、争利益需求的推动，循环炒作，越闹越热，以至于学术理性逐渐流失，不仅人云亦云酿为惯例，甚至竞相捧场，过甚其词。例如王敦书在1988年发表介绍雷海宗文化形态史观的文章中，指出“雷海宗的历史观与施宾格勒、汤因比的理论观点一样，在本质上属于历史唯心主义，具有历史循环论和宿命论的色彩”[1]，这不失为具备学术理性的分析。但随着“挺雷”热度的逐年上升和学术理性的缺失，连明显荒诞的战国策派观点，也不断出现曲为辩护之词；雷海宗不合规范的所谓“历史考证”，也被一些人吹嘘为史学佳作；连雷海宗“脑子特别好”，因而大脑被天津市总医院留作标本这样无知的谎言，也被信以为真。雷海宗的论文、论著白纸黑字，水平如何是明摆着的，史学专业人士只要细读，即可认知。如果哪位学人在无理性的喧哗中被抬举为学术大家，却无相应的学术成就支撑，那将使学人感觉到所谓“大家”，乃可随意打造，不必具有真正的学术贡献，这对学风的影响不可忽视，此为学术的公正性、严肃性所关，不得不明辨之。

在随风赞扬雷海宗史学成就的群体中，有人是出于对其遭受政治挫折的同情，于是道出泛泛的褒扬之语。但应当理性地认识到：学术建树与政治境遇毕竟不在一个层面，不能因为政治方面的同情就用学术的捧场来弥补。

有人是出于对老一辈教师的尊敬之心，或者早年得到雷海宗的某些惠顾。这种尊师、感恩的心情是可以理解的。但是理性地思考这个问题，应知尊师不是只尊敬成名成家的教师，所有尽心传授知识的小学教师、

---

〔1〕王敦书《雷海宗关于文化形态、社会形态和历史分期的看法》，《史学理论研究》1988年第4期。

中学教师，都应当从内心予以尊敬和感谢。同时，我们也不能将自己尊敬的教师，都鼓吹为学术大家，否则，学术史将会是何等的混乱无序?

也有一些人根本不明就里、不知详情，被盛情邀请而做应酬性赞誉，但三番两次的应酬也就积重难返，被裹挟其中，一发不可收拾。

无论是学术评议还是社会舆论，在某种社会背景或情绪化的波潮涌动下，都可能出现众口一词的暂时“理性缺失”状态，当然其中不能完全排除隐藏了少数人的利益驱动因素。因此，学术研讨必须强调客观公正和保持学术理性的原则，提倡深入审视、实事求是的学术评价，绝不可随波逐流，避免被裹挟于错误的话语之中尚不自觉。

雷海宗的主要治学活动是在清华大学（包括西南联大阶段）与南开大学两校，当年清华大学名师众多，雷海宗根本排不上学术“大家”的座次，何炳棣透露出当年陈寅恪、吴晗等人对雷海宗学问的鄙视，雷海宗所主讲的“中国通史”课程仅列于不大适合史学专业学生的乙组。[1]在赵俪生教授回忆中，对雷海宗的讲课内容不免有所贬抑[2]，均可反映真实状况。而雷海宗在南开大学仅工作5年，至1957年就结束了学术活动，无论学术成果还是对南开世界史学科建设的贡献，都远远不及同辈的吴廷璆教授，也比不上年纪轻些的杨生茂、俞辛焞、张友伦诸教授。因此，仅仅在南开大学历史学科的范围内，肆意抬高雷海宗一人的地位和作用，也是极不公允的。当前，依据真实的历史资料，以学术理性的精神冷静审视以往的议论，客观公正地评析历史学的全部历程，重新评价近现代史学界的人物和事迹，这是中国学术史与史学史学科的要务。

（原载《学术研究》2014年第1期）

---

〔1〕何炳棣《读史阅世六十年》，桂林：广西师范大学出版社，2005年，第115—116页。

〔2〕赵俪生回忆雷海宗讲中国通史课“就像说相声似地（似的）‘扯’吧……古往今来，天底下地皮上，哪有讲中国通史这么个讲法的？！真是令人百思不解了”。见《篱槿堂自叙》，上海：上海古籍出版社，1999年，第35页。

20世纪30年代中国社会史论战问题探实

20世纪30年代发生的中国社会史大论战，既是一场关涉现实政治的理论争斗，也是一场对中国历史的研讨和论辩，具有社会政治和史学学术的双重意义，值得深入细致地反思。作为历史学研究的对象，弄清基本史实是予以评析的前提，而深入的评析也有助于史实的清理，两相结合，乃为研究复杂问题的要略。本文拟在学界已有研究成果基础上，结合这场论战背景的分析，探索一些尚未明晰的史实。

一　对社会史论战史实描述的遗留问题

30年代的中国社会史论战，在国内外早已成为重要的研究课题，历年发表的论文和出版的著述不可胜计。在诸多的论著中，虽然对论战过程都做了大体上的梳理，但还是有些史实细节尚未清晰，制约了相关研究的深入和历史评析的真确。

第一，关于论战的起因问题，许多论著有所涉及。早在1937年，何干之就撰成《中国社会性质问题论战》《中国社会史问题论战》等小册子，较为详细地叙述了苏联学界对中国历史问题的不同见解，并指出苏联的争论传播到了中国。但他强调的仍是大革命的失败，从而导致了人们对中国社会性质的探讨[1]。美国学者德里克

〔1〕何干之《中国社会性质问题论战》，上海：上海书店，1989年，第39页。

《革命与历史：中国马克思主义历史学的起源（1919—1937）》[1]一书，更注重中国国内当时的社会文化条件和革命思想的积淀。而李勇的文章则强调苏联托洛茨基与斯大林对于中国问题多年来的意见分歧和争论，发展为政治斗争，引发了中国的社会史论战，“本来是共产国际内部的争论，后来变成中国政界的纷争”，“中国学者的分歧，完全是对共产国际内部争论的响应”。不过，他又补充道：“这场在学术上没有根由的论战，却有着丰厚的现实土壤，或者说是社会变革需要有一场理论层面上的交锋。”[2]迄今为止，学术界对于论战起因的论述几乎涉及历史背景的各种因素，但问题在于：哪一种因素是最根本的？不同派别之参加论战是否有共同的起因？

第二，关于大论战的发展阶段和主要内容，学术界的研究与描述大致相同，即论战的全过程，经历了关于当下中国社会性质的论战、中国社会史的论战和中国农村社会性质的论战这样三个阶段。这三个阶段各有内容上的特点，又互相关联。一般讲社会史大论战，乃单指第二阶段专门对中国历史内容的论辩，但三个阶段都贯穿政治性的宗旨。从历史学的角度看，人们主要关注中国社会史论战，其主要内容学术界已经做出归纳，包括三个焦点问题：1．亚细亚生产方式以及历史发展是否有一定顺序；2．中国是否经历过奴隶制社会；3．中国封建社会的起讫时间、特点，以及接续其后的社会性质，即是否有商业资本主义社会这一历史阶段。中国社会性质、中国社会史和中国农村社会性质这三组论战，当然有着密切的联系，而各阶段的论战有怎样的政治效应和文化影响，还需要进一步清理资料，阐微探实。

第三，关于参与社会史论战的群体，许多论著对其中三个派别做出了描述，但称谓并不一致：有称之为新思潮派、动力派、新生

---

〔1〕［美］阿里夫·德里克《革命与历史：中国马克思主义历史学的起源，1919—1937》，翁贺凯译，南京：江苏人民出版社，2005年。
〔2〕李勇《“中国社会史论战”对于唯物史观的传播》，《史学月刊》2004年第12期。

命派，这是根据论战最初的三个刊物划分的；有称之为中共干部派、托洛茨基派、国民党改组派，这是根据参与者的政治身份划分的；还有一些变称，如将中共干部派称为共产国际派、斯大林派等。按照当时的历史状况，何种称谓最为贴切？三派之外还有没有其他参与者？这些都是应当厘清的历史问题。

第四，关于社会史大论战的结局及其对于中国历史学的影响，研究者多有论述。这个问题带有评价的成分，但论战的结局和影响究竟如何，说到底仍然是个史实的问题。较早通行的看法是：马克思主义史学取得了论战的胜利，有力地促进了中国革命事业的发展。近年来，有些学者力图从"学术"上定位这场论战，认为"社会史论战确为民国史学的一大转折"[1]，结局和影响是将"考据派独霸史坛"的局面扭转过来。而德里克则认为随着"论战的消退"，中国的马克思主义史学走向了"学院化"[2]，说不上影响了整个民国史学的发展。总结社会史论战的结局和史学影响，不能凭想象和议论，而需要对客观历史状况进行认真探索。

总之，虽然研讨中国社会史论战的著述层出不穷，评论的角度多种多样，但历史真相并未完全显露，求真探实的工作仍须进行，这是做出准确历史评论的根基。

二　论战的起因与参与者群体

整个大论战首先从中国当时社会性质问题开始，其起因应该是相当明晰的。分析社会性质以确立革命的目标和策略，这是马克思主义学说指导革命运动的重要特点。1927年，第一次国共合作全面

〔1〕 陈峰《民国史学的转折——中国社会史论战研究》，济南：山东大学出版社，2010年，第186页。

〔2〕［美］阿里夫·德里克《革命与历史：中国马克思主义历史学的起源，1919—1937》，第221页。

破裂，促使受过马克思主义学说影响的学者及政界人物，重新思考中国社会的性质以及革命的出路。但是如果没有其他原因，这种思考大多会是零散的或隐性的，不大可能很快形成颇具声势的论战。因此，苏联上层领导人斯大林与托洛茨基之间公开的争论与斗争，确是引发中国发生论战的最重要因素。

在苏联，对中国社会性质和中国革命方针的争议由来已久。斯大林和布哈林主张当时的中国仍是封建势力占据优势的社会，因而应当进行民主革命；而托洛茨基与拉狄克认为，中国已经成为世界资本主义的组成部分，封建势力仅剩残余，无关宏旨，革命目标应该是推翻资本主义，实现社会主义。两派的理论争辩针锋相对，但斯大林的主张依靠政权的力量，成为共产国际的指导方针。1927 年 4 月，蒋介石在上海以大屠杀的方式清共、反共，导致托洛茨基在会议上当众激烈地指责斯大林的方针葬送了中国革命，斯大林认为在武汉以汪精卫为首的国民政府乃是国民党左派，国共合作尚可维持，而托洛茨基则预言汪精卫也很快会与共产党决裂，结果被托洛茨基言中。这一事实致使一些中国共产党人和留学人士同情和信服托洛茨基，称为政治主张上的“托派”。斯大林和第三国际将托洛茨基分子看作最不能容忍的政敌，实施十分残酷的打击。在苏联的中国“托派”人员回国后，中共也将之清除出党，予以排斥，其中就包括思想文化上的斗争。1930 年间，中共推动在上海组建中国社会科学家联盟，创办《新思潮》杂志，首要目的就是批判“托派”。而“托派”创办《动力》杂志，也具有申其政治主张的目的。因此中共干部派与“托派”的论战，无疑是苏联政治斗争在中国的延伸。

以陶希圣为代表的国民党改组派人士，在汪精卫分共后与蒋介石势力合流，但仍然受到排挤和打压，因而颇多失落情绪。他们发起和参加中国社会性质的论战，同样受到苏联政治争论的激发。在斯大林与托洛茨基的争论中，如何看待改组派的领袖汪精卫，成为双方的论据和赌注，陶希圣等人对此不能不有所注意。1928 年，陶希圣在上海劳动大学劳工学院讲演，提出：

布哈林说，中国是封建制度的社会，所以中国革命，必须打破封建制度。而托洛茨基则说，中国是资本主义发达中的社会，急待解决的是关税自主问题。我们要解决中国革命问题，本不要人家替我们做。我们必须自己打开中国历史来看，究竟中国有没有封建制度？是不是封建社会？[1]

很明显，陶希圣熟知苏联发生的争论，而且正是因苏联的争论才推动他去公开探索这一问题。

论辩中国社会性质并追溯中国社会发展史，是深化认识中国社会之所必需的、合乎逻辑的结果，陶希圣对此早有领会，他在 1929 年就出版了《中国社会之史的分析》《中国封建社会史》两部著述，将研讨伸入到中国社会史领域。中共干部派对社会史的问题也很注重，清晰地认识到理清中国社会发展的来龙去脉，有助于论定中国当下的社会性质，从而构成中国历史发展整体链条的描述，以强化中国革命的理论基础。1930 年郭沫若《中国古代社会研究》一书，就是因应当时急需而出版。陶希圣与郭沫若的这些著述推动了社会史论战的兴起，而 1931 年王礼锡的推波助澜和创办《读书杂志》这一平台，将论战推向高潮，在声势上超越了中国社会性质问题的论战。

如前所述，对于参加论战的群体和派别，向来有不同的分类和称谓，究竟哪种说法比较允当？笔者认为，应当以参加者所属组织状况作为分派的标准，论战中的论点、主张仅仅具有参考性，因为论战一开始，主要参与者均有政治的和组织的背景。以杂志、刊物命名论战派别，尤其表层、肤浅，《新生命》《新思潮》《动力》等杂志，无一不具备政治组织性。《新思潮》1930 年内即已停刊，《动力》杂志仅出两期即停。《新生命》杂志所发表的文章观点不一，周

〔1〕 陶希圣《中国社会之史的分析》附录二“中国社会史的一个考察”，上海：新生命书局，1930 年，第 254 页。

谷城、朱其华都曾在此杂志发表论文，无论政治观点还是历史观点，都与主办刊物的国民党改组派不同。所以用这些刊物的名称来代指一个派别，是不确切的。何干之等人的早期论著使用这种划分派别的方法，乃是在有所隐讳而难于表述状态下的权宜之计。按照组织性的特征划分论战的派别，特别符合论战的缘起，反映其政治性背景，有利于准确地研究和评议。在三个阶段的整体论战中，有四个参与者群体，可依次称为中共干部派、“托派”、改组派，还有大量不具备组织系统的个人参与者，这是不能忽视的。

在论战中，中共干部派有很严格的组织性，在论点上必须符合中央与共产国际的政治方针，遵从人类必须历经五个社会形态的历史规律学说，组织内的个人一般不能自由参加论战。“托派”的参与论战者，有政治组织的身份背景，但发表议论的自由度较大，其后期组织溃败，人员星散，但在中国社会性质问题上仍恪守托洛茨基的理论，即主张中国已是资本主义占主导地位的社会，由此也影响他们对中国社会史的见解。除这一共同点之外，其他历史见解各有不同，甚至互相攻击。改组派是国民党内的一个失意的派系，思想上受到马克思主义不同程度的影响，见解驳杂，政治上组织松散。在社会史论战中，此派内部一开始就存在意见分歧，其共同点是在社会史研讨中排斥阶级斗争学说，对中国社会性质与社会史的见解绝不同于中共干部派，却有不少人近乎“托派”的观点。

论战的独立参与者来源复杂，有从未加入任何政党的学者，如王亚南；有从政治组织脱离出来的人员，如朱其华[1]，也有很早就重

---

〔1〕朱其华（1907—1945），本名朱雅林，字其华，浙江海宁人。早期中国共产党人，在黄埔军校郭沫若属下任政治教官，1927年参加南昌起义。1928年即已避居上海，离开革命运动。1929年违抗中共中央任其为红十四军首长的指令，仍在上海，则脱离了共产党。后来使用朱新繁、朱佩我等多个笔名撰写论著，请求陶希圣帮助出版，具有撰著成名和以文谋生的双重目的，不少论点接近中共干部派，但时有反复，甚至否认自己发表过的文章，实际上是社会史论战的独立参与者。朱其华的生平、履历，尚有许多不清晰之处。

视中国社会史问题的熊得山[1]。此外，还有虽然身为某个政党党员，却采取独立参与论战的立场，《读书杂志》主编王礼锡就是典型，他虽为国民党员，但不是改组派成员，所以被学者称为“左倾自由主义”者[2]，这符合他在社会史论战中的独立身份。诸多独立参与社会史论战者的积极作为，搅乱了论战初起时的格局，冲淡了论战背后的政治意图，给人以历史学学术论辩的印象。一部分原来的“托派”、改组派人士，随着组织性的消沉，或向着独立参与者的身份滑移，或退出论战，这是社会史论战群体动态变化的基本趋势。

三 中共干部派与中国社会史的大论战

在参与30年代论战的各个派别中，中共干部派得到共产国际的指导与支持，无疑是最有组织性的，亦自信为正宗马克思主义的团体。1927年第一次国共合作完全破裂之后，中共不仅组织各地起义、暴动和重建武装，同时也展开思想文化方面的攻势。1928年，一些归国的创造社的青年成员，在上海举办《文化批判》《流沙》《思想》等杂志，按照郭沫若的建议接受了中共的领导，弘扬马列主义革命理论，攻击各种非马克思主义的文化，思想观点十分激进。这些刊物的主要撰稿人和编辑者李一氓[3]、朱镜我、彭康、李初梨、冯乃超等，随后多在中共中央宣传部文化工作委员会任职。此时，《新生命》杂志正在讨论中国社会性质的问题，陶希圣的论著已经颇有影响力，其《中国社会之史的分析》《中国封建社会史》二书相继出

〔1〕熊得山（1891—1939），字子奇，湖北江陵人。早年留学日本，后曾加入中国共产党。但在第一次国共合作之初，因政见分歧脱党。1927年著有《社会问题》一书，1929年出版《中国社会史研究》《社会思想》，随后加入了中国共产党领导的左派组织中国社会科学家联盟，但文化行动和历史见解上不受组织约束，1931年短期参与社会史论战。1932年任广西大学教授，1939年2月病逝。

〔2〕李红岩《从〈读书杂志〉看中国社会史论战》，见中国社会科学院近代史研究所编《青年学术论坛》（1999年卷），北京：社会科学文献出版社，2000年。

〔3〕李一氓是中共中央派入创造社的共产党领导人，与彭康、李初梨等后来入党者不同。

版。[1]“托派”不满共产国际与斯大林对中国问题的强行裁定，也在发表抗争言论。显然，1929年底筹办的《新思潮》杂志，1929年策划而1930年出版郭沫若的《中国古代社会研究》，1930年5月组建中国社会科学家联盟等，都是中共中央在思想理论方面应对时局的重要举措。《新思潮》杂志是中共中央专为批判“托派”和改组派思想而创办的理论刊物，中国社会科学家联盟在中共中央控制下，其组织纲领就是要“严厉的（地）驳斥一切非马克思主义的思想——如民族改良主义，自由主义，——及假马克思主义的理论——如社会民主主义，托洛茨基主义及机会主义”[2]。可见无论改组派的论述，还是“托派”的文章，当时都被中共干部派列为应该痛斥的敌对思想。

至于1930年郭沫若《中国古代社会研究》一书的出版，迄今学者皆将其视为个人的著述行为，有的文章甚至认为郭沫若此书的出版与国内的政治斗争、理论争辩无关，“据现存各种记载，这时的郭沫若与党并没有任何组织上的联系……如果说郭沫若介入了社会史论战和批判‘托派’言论，那是以后的事”[3]。这种看法有失偏颇。郭沫若在《中国古代社会研究》卷首的《解题》第七条（末条）写道：

> 本书之出版，全靠李一氓兄之督促斡旋，各种参考书籍的搜集也多靠他，我特别向他感谢。一九二九年九月二十一日。

很明显，身为中共中央宣传部文化工作委员会委员的李一氓介入了此书写作和出版的过程，难道李一氓帮助和督促居于日本的郭沫若写作和出版此书，也是一项闲来无事的个人行为吗？合理的推断应当是“这是组织决定了的举措”。李一氓是郭沫若的入党介绍人之

〔1〕陶希圣《中国社会之史的分析》，上海：新生命书局，1929年；《中国封建社会史》，上海：南强书局，1929年。
〔2〕《中国社会科学家联盟纲领》，《新地月刊》（即《萌芽》）1930年6月1卷6期。
〔3〕谢保成《重评〈中国古代社会研究〉》，《中国社会科学院研究生院学报》1992年第6期。

一，最适宜出面做策动郭沫若的工作。

不仅如此，《新思潮》第二、三期合刊发表了署名“杜荃”的文章[1]，批判陶希圣《中国封建社会史》，此“杜荃”其实就是郭沫若的笔名。同时期另有一篇“杜荃”的文章，攻击、谩骂鲁迅，成为污点，故而后来郭沫若推托说忘记了是否用过“杜荃”笔名。但深知底里的李一氓则明确认为“杜荃”就是郭沫若，指出：“关于‘杜荃’的问题，我想应该是郭老，他生前未承认……说杜荃不是郭老反而不好。说杜即郭，是实事求是。”[2]《新思潮》是由中共中央宣传部文化工作委员会主持组稿的期刊，按杜荃批判陶希圣之文发表的时间推断，征求和推荐此稿者，也应当是李一氓，因为这正是在他督促郭沫若撰辑和出版《中国古代社会研究》的时段之内，李一氓对于“杜荃”的真身，应当说是了然在心，记忆深刻。

由于郭沫若居于日本，并且有着特殊的名望，研究和写作确有很大的自主性，但他也积极配合国内中共的文化思想工作。在日本期间，郭沫若还曾会见中共的其他来访者，接受征文写作题目，“表示愿意来做党的喇叭”[3]，可知即使避居日本，郭沫若也与中国共产党保持着联系。中共中央宣传部文化工作委员会选取郭沫若已经写成的文章，并且督促他补充其他内容，合成一部《中国古代社会研究》在上海出版，以应对陶希圣等人的著述，夺取研讨中国社会史的制高点，这在当时既属必要，也是急需。因为要压制陶希圣的势头，郭沫若名声足备，又有学术根基，简直是不二人选，而这样仓促出书，则未必合于郭沫若本意。

1931年之后，王礼锡《读书杂志》将中国社会史的论战推向高潮，中共干部派对这场论战采取静观态度，直至《读书杂志》1933

---

〔1〕 杜荃《读〈中国封建社会史〉》，《新思潮》1929年12月第2、3期合刊。
〔2〕《李一氓致周扬的信》（1980年8月4日），见徐庆全《“杜荃（郭沫若）”：惊动高层的〈鲁迅全集〉一条注释》，《纵横》2004年第4期。
〔3〕 林林《做党的喇叭——忆郭老在日本二三事》，《人民文学》1978年第7期。

年9月被迫停刊，实际并未参加论战。即使郭沫若之书受到李季、陈邦国、李麦麦等多人的抨击，中共干部派学者仍无一人回应，郭沫若本人也未做争辩，这大不合于常态，应当是有组织性地避开论战。其间有刘梦云（张闻天）、刘苏华等人文章发表于《读书杂志》，批驳“托派”严灵峰、任曙关于中国当前社会性质问题的观点，表明中共干部派此时最关心的还是中国社会性质的论战，因为这是直接打击“托派”的斗争，也符合共产国际和斯大林的意旨。而对于中国社会史的几大具体问题，中共干部派一时未从史料和理论上做好深入研究的准备，郭沫若《中国古代社会研究》存在很多讹误，不能再仓促地发表不大成熟的论断。同时，苏联史学界对几大论题还未得出官方认可的观点，干部派需要等待，以免见解严重出入而造成被动。到1934年之后，状况才开始有所改变，苏联学界对于中国社会史的主流观点渐次形成[1]，中共领导下的学者也提出与之大致相近的研究成果。但这时已经不具备各派论战的气氛，在中共干部派内部，在关于鸦片战争之前、之后的中国社会性质问题上，绝无分歧，不同见解仅在于奴隶社会、封建社会的起始时间，这在当时无关大局，纯属学术上的难题而已。

四　如何看待社会史论战的结局与史学影响

对于这次社会史大论战的结局与影响，历来论者颇多，国内史学界相当长的时期内是从“革命意义”的角度做出评述，认为“这场持续多年的大论战，绝不是一般的历史问题和理论问题的学术争

〔1〕1934年初，苏联历史学家科瓦列夫斯基发表演说和文章，明确论定中国等东方地区也经历过奴隶制社会，但东方与西方的奴隶制都有着表现形态上的区别。这种见解逐渐系统化为苏联的主流观点，迅速影响了日本与中国的唯物史观学者。1934年下半年，苏联历史学者对中国封建社会的研究也有所深化。参见何干之《中国社会史问题论战》，上海：生活书店，1929年，第111—115、182—184页。

论”。论战的结果是真正的马克思主义史学取得了决定性胜利，“通过这场大论战，进步知识分子捍卫了中国共产党关于中国社会性质和革命性质的科学理论，向全国人民揭示了真实的中国国情，从而直接地促进了马克思主义的基本原理与中国革命实践的进一步结合，推动了中国革命的发展，并为中国共产党的新民主主义理论的发展，提供了历史的现实的基础”[1]，即对于中国革命的胜利具有深远的意义。

近年来，史学界出现淡化社会史论战之政治性的论点，主张对此做“学术视野中的重新审视”。经过一番研讨，部分学者得出了几个值得注意的结论：1. 认为参与论战者都以马克思主义唯物辩证法为指导，使用马克思主义的概念、术语，是马克思主义史学内部的辩论。2. 认为论战的结果，是马克思主义史学空前壮大，为了证明这一观点，论者将陶希圣《食货》派的经济史资料清理工作以及后来的史学跨学科研究，都归结于社会史论战的推动。3. 认为社会史论战造成民国时期史学的“一大转折”，“这批论战者在学术领域的一番冲杀，为中国史学开启了‘新汉学’之外的一条新路，将中国史学的发展带入一个新的领域……考据派独霸史坛的局面一去不复返了”[2]。笔者以为以上观点，造成了对史实的曲解。

第一，论战者使用马克思主义的概念和某些方法，是否一定是马克思主义史学内部的论辩，不能从表层现象来轻易判定。任何学者甚至反马克思主义的政客都可能片断地使用马克思主义的词语、概念和某些方法，这在马克思生前和逝世不久就已出现，故恩格斯曾用谚语“我播下的是龙种，而收获的却是跳蚤”[3]对此类人等予以讽刺。马克思主义者的标志是全面、系统接受其思想体系，不能杂

---

〔1〕吴泽《大革命失败后中国社会性质革命性质及社会史问题论战研究（续）》，《社会科学辑刊》1990年第2期。

〔2〕陈峰《民国史学的转折——中国社会史论战研究》第三、五、六章和“结论”，济南：山东大学出版社，2010年。

〔3〕《马克思恩格斯选集》第4卷，北京：人民出版社，1995年，第695页。

糅其他理论，不能依己意随便曲解。而陶希圣和其他改组派人士将国家主义及形形色色的观念与马克思主义的一些观点杂糅在一起，往往得出十分怪异的历史见解；“托派”和独立参与论战者也多将个人的臆见掺杂其中。因此，不应把参加论战的人们都无区别地视为马克思主义者。马克思主义向来将意识形态、政治方向与学理认识联系在一起，反对割裂。论战中各派相互攻击，背后多有不同的政治主张，并非纯学术辩论，无视政治背景而单单谈论社会史论战的学术性，远离了实事求是的原则。

研究社会史论战，当然需要将其置于“学术视野”中考察，所谓“学术视野”，就是要以学术研究的眼光客观地审视研究对象。如果研究对象属于或带有政治性质，就需要仔细探讨其中的政治背景、政治主张、政治后果以及政治因素所占据的权重，绝不能借口“学术视野”而抹杀和摒弃史事内本来具有的政治性。否则，出发点就违背了实事求是的原则，哪里还有什么学术视野？

社会史论战起源于政治立场的分野和政治的斗争，论战中具体见解虽然多种多样，但在关键问题上均由政治见解主导着历史观点。例如“托派”人士之间，虽然相互攻击甚至谩骂，但涉及鸦片战争后的中国社会历史，都主张鸦片战争之后中国已经进入资本主义社会，即皆遵从托洛茨基的观点；改组派的历史见解花样多变，但共同的特点是否定中国需要进行阶级斗争。独立参与论战者成员复杂，动机不一，从中国共产党内脱党出来的熊得山，比较恪守马克思主义的历史观，也不乏独立思考，如他曾否认中国有过奴隶制社会。朱其华则面目多变，多抄袭中共党内文件且加以拼凑，动机专为谋取稿酬和哗众取宠，当时就被论战者揭发和鄙视。[1]王礼锡、

〔1〕在王礼锡主编《读书杂志·中国社会史论战专号》第三辑中，有署名“胡子”《战场上的汉奸》和李季《对于中国社会史论战的贡献与批评（一续）》等文章，揭出朱其华著述的大肆抄袭，将别人文章、年鉴和报纸以及共产党的决议都拼命地抄，光对《满铁公报》的材料就连抄57页，“都是换面包吃的作品”。

胡秋原等亲近国民党的独立参战者，则在关键的历史观点上反对中共干部派。胡秋原后来追忆当初参与社会史论战的动机时称："使用马克思主义语言"，其实是"与第三国际和中共对立"、是"非共反共"[1]。总之，社会史论战的政治性十分明显，在探讨中国历史时，也具有学术研究的成分，但学术观点始终从属于政治见解，这是无法否认的历史真相。从学术角度审视这场社会史论战，其中各种主张，包括"托派"、改组派人士对中国社会史的一些推断，即使没有史实依据，毕竟也以理论思维方式做了各个角度的探讨，思路多样，其中荒谬的思路正可引以为戒。而这种引以为戒是通过批判达到的学术效果，并非其原有的价值。因此，不能笼统地把当时的论战各方都算作马克思主义史学，也不能认为各种观念都具有学术作用。

第二，社会史的论战确实推动了马克思主义史学的发展，但这是在论战基本消退后，何干之、吕振羽、翦伯赞等人在总结、评议和重新研究过程中实现的。这不该算作论战本身的效果。至于对《读书杂志》高潮期的大论战，经历者与随后的总结者似乎都评价不高。翦伯赞说："争辩的双方，都只以引经据典为能事，不以事实去说明历史，而以公式去推论历史，从而，这一为了解决现实的革命问题而引发的历史研讨，反而离开现实，变成经院派的空谈。"[2]何干之则认为这场论战的参加者"对于历史方法论的了解，大多数是在水平线之下……问题提了出来，又不能好好的讨论下去，常常陷入混乱的状态中"[3]。陶希圣对此也不太积极，他反感论战中"证据不足之处，以谩骂补足"[4]的倾向，因此筹划《食货》半月刊，准

〔1〕胡秋原《古代中国文化与中国知识分子》第四版"序言"，台北：学术出版社，1978年。转引自林甘泉《二十世纪的中国历史学（续）》（《历史研究》1996年第2期）与吴泽《大革命失败后中国社会性质革命性质及社会史问题论战研究（续）》（《社会科学辑刊》1990年第2期）。按：胡秋原此书2010年于北京中华书局印行时，第四版"序言"已被删节，失去原貌。
〔2〕翦伯赞《历史哲学教程》，石家庄：河北教育出版社，2000年，第193页。
〔3〕《何干之文集》第一卷，北京：北京出版社，1993年，第293页。
〔4〕陶希圣《汉儒的僵尸出祟》，《读书杂志》1932年第7、8期合刊。

备大力整理中国经济史资料。何兹全指出："中国社会史论战陷入理论之争，参加争论的人中国书读得不多，争论半天也争不出个结果……《食货》半月刊的出现，是在社会史论战大潮之后，对大潮的反思。"[1]这反映出陶希圣是对社会史论战不满，才做出了学术的转向。胡秋原则认为，论战中的许多文章"可说很少发表价值"[2]。特别积极参加论战的"托派"人士李季，对社会史大论战也予以贬低。他说："参战的人平日对于社会科学和中国问题没有多大研究，所以在论文中处处露出捉襟见肘的样子"，"就论战中针锋相对的一点看，不独赶不上古史辨的论战，并且赶不上科学与人生观的论战，这是一种羞辱"[3]。可知当时各派的经历者、总结者，都不看好社会史论战。

陶希圣从论战的开始就没有遵从唯物史观，他的《中国社会之史的分析》罗列了"士大夫阶级""官僚制度""知识阶级""宗法势力""男系制度"等概念，把中国社会描述成一幅官僚士大夫与外国资本相结合、大封建系统崩坏而小军事封建系统林立、宗法制度崩溃而宗法势力仍然存在的杂乱景象。这与马克思主义关于生产力与生产关系、经济基础与上层建筑矛盾运动推动社会发展的学说，很难联系在一起。而且其立场是追随孙中山主张的，"决不是共产党的理论"，声明"我们决不取'无产阶级的领导地位'的一阶级论"[4]。这样的思想和立场，使用再多的唯物史观话语也不能说是马克思主义。论战后期，陶希圣在经营《食货》杂志期间更加疏离了历史唯物论，故将《食货》派的经济史研究纳入马克思主义史学的范围和归入社会史论战的成果，极不妥当。至于历史学界的跨学科研究，主要是受西方鲁滨逊"新史学"以及年鉴学派的影响，将之记在社

[1]《何兹全文集》第一卷，北京：中华书局，2006年，第592页。
[2] 转引自李季《中国社会史论战批判》序言，上海：神州国光社，1936年，第73页。
[3] 李季《中国社会史论战批判》序言，第74—76页。
[4] 陶希圣《中国社会之史的分析》，上海：新生命书局，1930年，第81—82页。

会史论战的功劳簿上，实在过于勉强。

第三，民国时期，西方各种历史理论纷纷传入中国，从来没有“考据派独霸史坛的局面”。其中，进化论历史观长盛不衰，传统史学理念根深蒂固，各类史学流派难以尽数。即使以考据见长的史家如陈寅恪、钱穆、顾颉刚等，何曾缺少宏观史识与理论思维？更不用说萧一山、柳诒徵、何炳松、蒋廷黻等著作家各有思想宗旨，还有朱谦之、常乃德等专事构建历史体系的学人，可谓诸子百家、众说纷纭，此乃民国时期学术文化的基本特点。虽则中国社会性质的论战定然会导出社会史论战，但《读书杂志》的出现和社会史论战达到高潮，多少具有偶然性，其结果和影响固然存在，但评价不宜过高。

就民国史学而言，社会史论战根本未能触动整体的史学格局，董作宾考释甲骨文的工作依旧，顾颉刚编纂《古史辨》与考察历史地理依旧，梁思成调查研究古建筑史依旧，陈垣考订历史文献与宗教史依旧……哪里显示出考据史学衰退的迹象？陶希圣开展经济史资料的搜集、考订，乃是向历史考据风格靠近，就连郭沫若后来也把主要精力放到金文、甲骨文资料的整编和考释上。有一种学术观点，将民国时期的史学描述为史观派与新考据派（或称史料派）的对立，恐怕是主观虚构，根据不足。事实上，不同历史观之间的矛盾、对上古史之疑古与信古的矛盾，远远大于不同治史方法之间的区别。把马克思主义史学与庸俗进化论历史观、人种论历史观、文化形态史观、社会生物历史观等混同而称为史观派史学，认为其共同的对立面是历史考据派，此见解昏聩糊涂，难以成立。同样，将相互激烈论辩的信古派与疑古派史家，一股脑儿算作新考据派，认为他们都压制史观派，也是很武断的说法。这种观点，是把复杂、多元的近代史学简单化、公式化，严重违背史实，应当重新审视和思考。

在马克思主义史学内部，对社会史论战的清理、总结和重新研究，有助于新的马克思主义史学家的成长，吕振羽就是这样的典型。但由于论战的背后是政治斗争，也使一批原先信奉唯物史观的“托派”人员，离开和放弃了马克思主义。社会史论战对于史学的直接影响，是强化了马克思主义史学内部学术与政治的紧密联结，促进了革命史学体系的建立。至于整个论战的政治作用，前引吴泽先生的论述：“直接地促进了马克思主义的基本原理与中国革命实践的进一步结合，推动了中国革命的发展，并为中国共产党的新民主主义理论的发展，提供了历史的现实的基础。”这里需要注意的是：吴泽先生是将中国社会性质、中国社会史、中国农村社会性质的论战合在一起论述的，所以这个结论大体不错，但取得这样的成果，主要应归功于中国农村社会性质的论战。

中国农村社会性质的论战，是从中国社会性质论战延伸而来的，与社会史的论战关系不大。何干之《中国社会性质问题论战》[1]一书就是将中国社会性质论战与中国农村社会性质论战合在一起、作为同一问题论述的。对于中国的社会性质，核心问题是如何估量现存封建势力的大小，评析封建生产关系占据什么地位。当时“托派”、改组派人员，大都主张中国已经是资本主义社会，封建残余势力已很微弱，而城市的状况似乎支持其说法。中共干部派要维护共产国际和第六次代表大会关于中国处于半殖民地半封建社会的结论，必须在农村社会性质问题上取得突破。德国留学归来的陈翰笙[2]，1929年被蔡元培聘为中央研究院社会科学研究所副所长，借机组织起一个左派的研究队伍，其中有钱俊瑞、吴觉农、孙冶方、薛暮桥等后来的经济学才俊。他们利用中央研究院的便利条件，开展农村调查，

---

〔1〕何干之《中国社会性质问题论战》，上海：生活书店，1937年。

〔2〕陈翰笙（1897—2004），马克思主义经济学家，原名陈枢，江苏无锡人。早年留学美国、德国，1924年获柏林大学博士学位。1926年即秘密加入共产国际，1929年被蔡元培聘为中央研究院社会科学研究所副所长，借机开展农村经济调查，为论断中国半殖民地半封建社会性质准备了充分的依据。

特别关注农村生产关系问题，积累了丰富的资料。1933年，他们成立中国农村经济研究会，次年创办《中国农村》月刊，宣传马克思主义学说，论证中国农村的社会性质，被称为农村派。

1935年初，王宜昌撰文批驳农村派的观点，引发了一场论战[1]。王宜昌的论文得到王毓铨、张志敏、王景波（尹宽）等人的支持，他们主要以中国经济研究会和《中国经济》杂志为阵地，被称为经济派。在这场论战中，农村派的参战主将有钱俊瑞（陶直夫、周彬）、薛暮桥（余霖）、孙冶方、赵梅僧等[2]，其理论、资料和阵容都远超论敌，长期调查积累的农村资料成为最有力的证据。钱俊瑞、薛暮桥等遵从马克思主义基本原理，结合中国农村的实际状况，论证了中国农村封建生产关系占主要地位，帝国主义政治和经济的侵入并没有改变农村的生产关系，土地问题是农村的核心问题。由此自然地得出中国是半殖民地半封建社会的结论，给中共土地革命的斗争方针提供了坚实的理论基础。无论从政治上还是学术上，其所取得的业绩都是社会史论战无法比拟的。史学界理应对中国农村社会性质的论战开展更细致的研讨，给予更高的评价。

结　语

总而言之，对20世纪30年代中国社会史论战的研究，应当以求真探实为根基，任何评论都不能违背历史的真相，避免主观性、片面性。社会史论战的真实状况包含着许多复杂的具体情节，需要进一步考察，但有几个要点绝不应当忽略：

---

〔1〕本文限于题目和篇幅，仅介绍中国农村社会性质论战的简况，可参见雷颐《“中国农村派”对中国革命的理论贡献》，《近代史研究》1996年第2期；汪效驷《中国农村经济研究会述论》，《安徽史学》2011年第2期等文。

〔2〕人名后括号内附注的是笔名。又按：此时陈翰笙、吴觉农先后到国外工作和考察，故未直接参加论战。

第一，社会史论战既然是中国社会性质论战的延续，就具有很强的政治性质，各派的不同历史见解都受其政治观念的主导和制约。因为探讨的是历史问题，而且多有无组织的独立参与者加入论战，其中包含不少学术探索的因素，但独立参与者也各有不同的政治观点，同样具备很强的政治特征。因此，不能剥离和脱开政治性来研讨论战的史学影响。

第二，参与社会史论战者可归纳为四个群体，即中共干部派、改组派、"托派"和独立参加者。中共干部派早期参加者以郭沫若为主，《中国古代社会研究》一书、《读〈中国封建社会史〉》一文，都是有组织性的作为。在论战高潮过后，何干之、翦伯赞等对论战做了总结性研究，吕振羽等对中国社会史重新做出了较深入的研究。

第三，王礼锡创办《读书杂志》掀起论战的高潮，多少具有偶然性。中共干部派有组织性地没有参加论战，改组派代表人物陶希圣也未积极对待。《读书杂志》社会史论战的专辑，实际上主要成为"托派"和独立参与者的舞台。

第四，社会史论战的政治作用和史学影响都很有限，不宜夸大。在史学影响方面，基本限于马克思主义史学内部，而且是经过后期的总结和重新研究才得以凸显，不是社会史论战本身的作用。真正起到重要政治作用，为中共土地革命和新民主主义革命方针提供充实理论依据的，乃是中国农村社会性质的论战。

以上的观点并非对社会史论战的评论，而是立足于对当时历史状况的求真探实。

（原载《天津社会科学》2014 年第 5 期）

中国史学史论断

改革开放以来的中国史学史研究

自1978年以来，中国进入改革开放的新时期，政治、经济、文化等各方面都取得显著的发展成就，对此，总结性论述已经发表很多，就历史学中的中国史学史学科而言，近两年间也已出现几篇综述之文，反映了不同撰者的视野、专业学识与价值取向。因此，学术综述和总结，有必要各抒己见，互为补益，以求全面和准确。笔者认为：总结以往的学术成果，不单单为了展示其兴盛，更重要的是从中发现问题和启示，克服缺陷，促进学科建设向新的高度迈进。

一　中国史学史的专业基本理论的探讨

所谓“专业理论”，是指对于一个相对独立的学科，得出其性质、特点、学术任务、研究内容等方面的系统论述。任何学科、专业的基本理论建设都是极其必要的。如果某种“专业”无法明晰地论证其性质、特点、任务、内容等，漫无界定，内涵模糊，随意出入，那就可能或为零拼杂凑，或为巧立名目，不具备社会科学的价值。基本的“专业理论”若不能建立，不知道今后最应该做些什么，就不必侈谈发展方向。

中国史学史学科自初创伊始，就伴随着基本专业理论的探讨，梁启超的《中国历史研究法补编》将史学史视为学术史的一个组成部分，其中专有一节论“史学史的做法”，提出“中国史学史最少应对于下列各部分特别注意：一史官，二史家，三史学的成立及发展，四最近史学的趋势”[1]。这个论述对本学科的建立与研究产生了重大影响。20 世纪 60 年代前几年，在教育部决定恢复中国史学史课程教学的背景下，学术界对本专业的研究任务、研究对象、注意事项、阶段分期以及与相邻学科的关系，进行了广泛讨论。然而，十年的“文革”打断了学术研讨的正常发展进程。

“文革”结束之后，经过政治路线的“拨乱反正”和改革开放治国方针的确立，各项学术事业也进入新的发展时期。对于史学史学科的基本理论，虽然专门的研讨会议不多，但各家学者发布的见解接踵而出，整体上将认识推进一步。迄今对史学史基本理论的探讨，主要为关于中国史学史研究的任务与内容，关于史学史学科的性质、特点、作用与意义，关于中国史学发展规律的问题等三个方面。

（一）关于中国史学史研究的任务和内容

1978 年，郭圣铭发表《应当重视史学史的研究》一文[2]，其重要意义在于该文的题目就是一项响亮的倡议，及时地将史学史置于与历史学其他专业同步恢复和发展的地位。郭文认为，史学史研究的内容应将历史哲学、历史编纂学、史料学与史学方法论包含在内。“史学史的基本任务要正确阐明上层建筑和经济基础的关系，揭示历史科学的发展规律，指出历史科学的发展方向。”这种见解，基本没有超越 60 年代初的水平，但史学界当时并未进行有关的学术讨论，而是在大学的课堂上、在中国史学史的撰著中，各自申述对于中国史学史基本理论问题的阐释。例如多年从事中国史学史研究与教学的杨翼骧教授，于 70 年代末 80 年代初几番讲授中国史学史，在《中国史学史绪论》中提出中国史学史的研究范围应是以下几项

---

〔1〕 梁启超《中国历史研究法补编》第四章，上海：上海古籍出版社，1987 年，第 297 页。
〔2〕 郭圣铭《应当重视史学史的研究》，《上海师范大学学报》1978 年第 1 期。

内容：1. 历史观；2. 历史编纂学；3. 史学思想；4. 史学理论；5. 史官制度；6. 史家的生平及其成就。特别指出了历史观与史学思想是不同的概念，“历史观是人们对社会历史发展的总体认识”，“史学思想是对史学的看法”。〔1〕

白寿彝教授多次指出，中国史学史的任务是研究“中国史学发展的过程及其规律”，内容包括“中国史学本身的发展，中国史学在发展中跟其他学科的关系，中国史学在发展中所反映的时代特点，以及中国史学的各种成果在社会上的影响”〔2〕。瞿林东教授将中国史学史的任务和内容列为六点，即关于中国史学发展过程及其阶段性特点；史官、史家与史学成果及其特点；历史思想与史学思想；史学与社会的相互关系；史学发展与相关学术文化领域的关系；史学发展的规律性。〔3〕

乔治忠的《论中国史学史的学术体系》〔4〕专文探讨中国史学史的基本理论问题，后又做出补充。其中把史学史的任务归纳为三项：“史学史是研究历史学发生、发展与各个时期史学活动状况，以及史学与各种社会因素相互关系的学科，它有着清理史学遗产、阐明史学演进过程、揭示史学发展规律的任务。”而且“这三项任务不是互相分离的，前项是后项的基础，后项是前项的指导”，对于中国史学史的研究内容，则归纳为8点：1. 历史观；2. 史学思想；3. 历史编纂学；4. 官方修史制度和史学活动；5. 史家的史学活动；6. 史学评论；7. 史学与其他社会因素的相互关系；8. 史学发展的社会运行机制。文章对以上内容作了阐释，指出“历史观在整体上不属于史学史的研究范围……史学史将历史上对史学造成很大影响的历史观以及

〔1〕 杨翼骧《中国史学史绪论》，见《南开大学历史系七十五周年纪念文集》，天津：南开大学出版社，1998年，第274—276页。
〔2〕 白寿彝《中国史学史》第一册第一章第三节，上海：上海人民出版社，1986年，第29页。
〔3〕 瞿林东《中国史学史纲·导论》，北京：北京出版社，1999年，第24页。
〔4〕 乔治忠《论中国史学史的学术体系》，见《史学理论与史学史学刊》2002年卷，北京：社会科学文献出版社，2003年。

重要史家的历史观，作为本学科的研究内容之一”。文章认为“史学思想是对历史学本身的一种认识，涉及历史学的性质、功能、治史目的以及与此相关的方法论问题……各种史学思想也有一个从零星的、个别的认识逐步完善化、系统化的发展过程，而史学思想一经形成体系，即成为一种史学理论”。对于中国史学史学科任务和研究内容的理解和掌握，十分重要，“真正解决了史学史研究的任务和内容问题，就大体上把握了它的学术体系”。

在史学史的学术任务与研究内容问题上，应当克服两种倾向，一是超越学科性质界定的范围，使其外延泛滥，造成著述内容的驳杂混乱，淆乱作为相对独立学科的基本特征；二是回避与其他专业相交叉的内容，导致缺乏与相关专业对接的开放性。例如，如果将“历史观”全盘揽入，让史学史学科囊括历史哲学之史，绝不适当。但若不论述对史学产生重大影响的历史观以及重要史家的历史观，则会令史学史的著述思想苍白，缺乏深度。

（二）关于史学史学科的性质、特点、作用与意义

上文提及梁启超的《中国历史研究法补编》中，是将中国史学史归入文化专史、学术思想史的范围之内。后来的学者一般都认为史学史应当属于学术史中的一个门类，似乎没有多少意见分歧。例如杨翼骧认为：“中国史学史，是中国史学发展的历史，是众多学术史中的一种。”〔1〕瞿林东则认为，史学史既是社会科学史的一部分，又“近于学术史的一部分”以及“近于分科学术史”，还特别指出史学史“是对史学自身发展的反思和前瞻”。〔2〕这种表述，似显示出史学史学科具有不同于一般学术史的性质和特点。乔治忠的文章认为，史学史固然是一门学术专史，但与其他学术史有着不同的特点，“如

〔1〕杨翼骧《中国史学史绪论》，见《南开大学历史系七十五周年纪念文集》，第273页。
〔2〕瞿林东《中国史学史纲·导论》，第21页。

果历史学是对于人类社会的一种反思，那么史学理论、史学史则是对于历史学的反思，是一种新的、更深一层次的反思”。

早在1964年，师宁就论述了研究中国史学史的作用和意义，归结为6点：“具体而深刻地领会到史学的阶级性”；有助于了解中国历史科学的现状并认识它的发展规律；为批判地继承史学遗产所必须进行的工作；研究中国近代史学史则有助于对资产阶级史学思想进行斗争；有助于充实和发展马克思主义历史科学的理论与方法；“对中国文化史，以至于中国通史的研究和编写，也有着重要的迫切的意义”。[1]撇开当时社会背景下的一些套语，其中有十分中肯的见解。

1978年之后，学者亦有相关论述，如许凌云《读史入门》[2]一书认为中国史学史研究有助于批判地继承史学遗产，从而总结出我国史学的经验与精华，“对我们进行历史传统的教育，从事历史研究和编写历史，都有巨大的启发和帮助”。高国抗阐述了史学史研究的4点意义：第一，了解中国古代史学的光辉成就，激发民族自豪感和自尊心。第二，有助于深入理解马克思主义史学理论。第三，对于今天马克思主义史学的发展，具有借鉴价值。第四，通过对古代史籍的介绍，为学习和研究历史提供方便。[3]乔治忠认为中国史学史的系统研究具有重要意义：第一，为建立和丰富史学理论提供必要的条件。第二，有助于历史研究的全面和深入。第三，有助于其他学术史、专门史研究的全面与准确。第四，中国史学史的研究，应在端正历史学学风上发挥重要的作用。史学评论本是史学史学科的分内之事，“在终极目标上，历史学对历史活动的审视将是无情的，史学史对史学活动的审视也将是无情的，这正是史学史学科在历史学内的可敬可畏之处，也是史学史学术体系的最大价值取向”[4]。

---

〔1〕师宁《简论为什么要研究中国史学史》,《文史哲》1964年第1期。

〔2〕许凌云《读史入门》，北京：人民出版社，1984年，第136页。

〔3〕高国抗《中国古代史学史概要》，广州：广东高等教育出版社，1985年，第3页。

〔4〕乔治忠《论中国史学史的学术体系》,《史学理论与史学史学刊》2002年卷。

（三）关于中国史学发展规律的问题

在中国史学史的基本理论问题上，20 世纪 80 年代之前的议论绝大多数都强调探讨历史学的发展规律，但 90 年代之后，关于探索历史学发展规律的论述明显减少。值得注意的是：瞿林东 1999 年出版的《中国史学史纲》仍将“史学发展的规律性”列为中国史学史研究的一大任务，并且在括号内注明：“历史的进步与社会生活的日益复杂与史学内容的逐渐丰富的一致性，不同的历史观点、史学观点的矛盾斗争促进着史学的进步，求真与致用的对立统一，史家作为一个整体总是在历史进步和史学发展中不断完善着自己，等等。”〔1〕这里反映出作者在理论层面的深思，具有很大的启迪作用。

乔治忠在上引论文中，将“揭示史学发展规律”定为史学史研究三大任务中最高层次的一项，认为：“揭示史学发展规律，是史学史研究的重要任务……历史学的系统一经形成，它的发展也具有相对的独立性，有它内在的动力。”〔2〕此后，作者探索了历史学发展的内在动力，提出：“历史记述的真实性与历史撰述的社会功用之间的矛盾，是历史学发展的内在动力……一个民族和地区，如果在其追忆往事而渐次形成文字撰述的早期阶段，未能形成强劲的记史求真理念，其社会的记忆就会过度呈现为神话想象和文学渲染，从而不能发展出自己的真正意义的史学。我们看到，许多古文明地区，只可谓之存有史料与传说，而并无史学。中国上古与西方古希腊、古罗马，记史求真的意识十分强烈，是世界上这两个史学支派得以持续发展到今天的主要原因。因此，历史记述的真实性，是史学产生、存在和发展的第一必要条件……而一定的社会功能帮助史学发展、壮大。追求史学的社会功用，会冲击真实性的彻底贯彻，而史学在

---

〔1〕 瞿林东《中国史学史纲·导论》，第 24 页。
〔2〕 乔治忠《论中国史学史的学术体系》，《史学理论与史学史学刊》2002 年卷。

发展中又不断克服社会功用冲击造成失真的不良后果，反复运转，以互动、互补、互为牵制的方式前进。但在特殊政治背景下，利用历史以党同伐异、大兴文字狱等等，则会出现对抗性的矛盾。”文章认为史学发展的规律的体现在于：“史学真实性与功用性的矛盾，使史学总的发展方向为逐步强化其学术性，走向史学专业化，形成相对独立的历史学社会系统。”[1]

关于中国史学史学科性质、任务、内容等基本理论问题的论文，还有王天顺《史学史的研究需要开拓新局面》、桂遵义《史学史研究的对象和任务略论》、周文玖《关于中国史学史学科基本理论的思考》、乔治忠《论学术史视野下的史学史研究》[2]等。这里用较大篇幅总结史学史的基本理论问题，是因其最为重要而又未能得到大多数同仁的共同关注。今后加强这种基本理论的研讨，非常必要。

二　中国史学史社会机制与学术基础的建设

近现代的社会条件下，任何学科必须具备一定的社会机制与学术基础的建设，才可持续存在和发展。中国史学史的学科建设在1978年之前，是十分薄弱的，1978年恢复研究生的招考，史学史专业乃与其他专业同步进行，是一个很有意义的新起点。当年，北京师范大学、华东师范大学、南开大学、中国社会科学院历史研究所等招收了本专业第一批研究生，迈出培养高级研究人才的步伐。北京师范大学、华东师范大学成立了史学研究所，中国社会科学院历史研究所设立了史学史研究室。史学史专门研究机构的建立，这还是首次，显示了史学

[1] 乔治忠《中国与西方古代史学的异同及其理论启示》，《学术研究》2007年第11期。

[2] 王天顺《史学史的研究需要开拓新局面》，《华中师院学报》（人文社会科学版）1985年第1期；桂遵义《史学史研究的对象和任务略论》，《历史教学问题》1985年第6期；周文玖《关于中国史学史学科基本理论的思考》，《齐鲁学刊》2002年第1期；乔治忠《论学术史视野下的史学史研究》，《南开学报》（哲学社会科学版）2004年第2期。

史学科受到重视的程度。至20世纪80年代，上述4处——北京师范大学、华东师范大学、中国社会科学院历史研究所、南开大学，成为中国最早的4个史学史博士学位授予单位，即通常所称的博士点，白寿彝教授（北京师范大学）、吴泽教授（华东师范大学）、杨翼骧教授（南开大学）先后招收本专业博士研究生，中国史学史研究人员的培养进入新的阶段，对专业人才队伍的壮大起到关键性的促进作用。与此同时，各个综合大学及文科院校，原缺史学史教学课程安排者也都陆续增设"中国史学史"的课程。至20世纪90年代，史学史与史学理论合并为1个二级学科，成为一级学科历史学之下的8个二级学科之一，与中国古代史、中国近现代史、世界史、历史文献学、历史地理学、专门史、考古与博物馆学等并立，其余各种研究方向，则属于三级学科。这项国家规定，标志着史学史已经具备相当巩固的学科地位。

在史学史的学科建设中，白寿彝乃是贡献最大的史学家，他不仅在北京师范大学切切实实做好史学史人才的培养，高瞻远瞩地建立起专门的研究机构、筹办本专业专门刊物，而且经常奔走于全国各个高校，疾呼开设中国史学史教学、开展史学史研究。同时，白先生也利用一切机会向国家的教学领导机构、学术主管部门以及其他学科的学者，申述中国史学史学科的重要性。正如南开大学杨翼骧教授所说："现在，史学史成为国家规定的历史学二级学科，这符合中国自古以来史学遗产丰富、史学活动的社会影响巨大这一特点，同时也与白先生等德高望重一辈学人的积极倡导密切相关。史学史学科之所以有今天的学术地位、研究水平与专业队伍，应当说是白先生起到了最关键、最重要的作用……有白先生这样杰出的史学家始终关注史学史的学科建设，而且几十年间亲自从事研究，实为本专业的一大幸运！"[1]近十余年来，国家加大对社会科学与人文学科的支持力度，教育部也依据各高校的学术实力，建设各专业的全国

---

〔1〕 杨翼骧《学忍堂文集》，北京：中华书局，2002年，第418页。

人文社会科学重点研究基地，北师大史学理论及史学史研究中心为其中之一。此研究中心在瞿林东教授主持下，破除本位主义观念，放眼整个史学史学科的发展，调动许多高校的专业学术队伍，分别承担基地的重大项目，开拓各种方向的研究专题，并且每年举办规范的全国学术研讨会，真正起到带动全国的作用，形成促进中国史学史学科发展的新机制。其胸襟、其作为，应当载入新时期史学发展的史册。

一个学科的发展，需要社会运行机制上的基本条件，也需要学术基础的建设，中国史学史的教学和研究走上正轨之后，这方面的工作即开始起步。首先，北师大史学研究所于1979年恢复了《史学史资料》[1]的编印，每年五期，在全国发卖和赠送。1981年改为正式出版发行的学术季刊，定名为《史学史研究》，今已成为驰名于世的核心期刊。这种专门的学术期刊，既是推动学科发展的重要机制，也是专业发展的学术基础，白寿彝等史学史专家对本刊的组稿、征稿、审稿，起到学科发展的促进和导向作用。

其二，吴泽、杨翼骧主编的《中国历史大辞典·史学史卷》于1983年出版，这是《中国历史大辞典》最早面世的分卷。该书发行，立即引起学界的普遍关注和好评，在中国香港、台湾和日本也反响很大，台湾甚至有人将之盗版用繁体字排印，改名为《中国史学史辞典》出版发行。[2]中国史学史有了自己的专业性辞书，极大地方便了教学与研究。

其三，南开大学杨翼骧教授以多年积累的史料，编纂《中国史学史资料编年》，从1987年至1999年先后出版3册，上起先秦，下

〔1〕1961年教育部委任白寿彝主持编纂中国古代史学史教材，北师大随即编印《中国史学史参考资料》，作为内部参考，次年改名“中国史学史资料”。1979年恢复之时，又定名为“史学史资料”。

〔2〕《中国史学史辞典》，题台北明文书局1986年编印，用繁体字重排《中国历史大辞典·史学史卷》，删去吴泽、杨翼骧主编姓名，但仍存各条目撰者姓名。

至明末，清代尚待编辑。本书采取编年的方法汇集中国史学发展进程中的有关资料，间或以按语形式做必要的考订与说明，朴实精审，具有很高的学术性和实用性。凡是研治中国史学史的学者，皆可将之作为发现问题与解决问题的工具书。全书具备勾画中国史学发展全景的学术宗旨，举凡史馆建置、史官任用、史书编纂、史学事件、史学宏论、史家生平等资料一应俱全，是中国史学史研究素材取之不尽的渊薮。第二册（宋代部分）出版后，白寿彝教授即在亲笔信中说："此书搜罗甚富，大有益于宋代史学的研究。"〔1〕这部著述，将长期以"润物细无声"的方式嘉惠后学。

在《中国史学史资料编年》的启迪下，史学界也出现一些类似的资料编年撰述，同样起到治学的参考作用。另外，在杨翼骧教授的密切关注下，乔治忠、姜胜利合撰的《中国史学史研究述要》〔2〕一书，条理中国史学史各项内容的研究状况，有介绍、有评论，且附有中国史学史论文、论著索引，但惜时间下限止于1987年而尚未接续。

史学史的研究本与历史学的整体研究相联，历史学资料基础的各项建设都与史学史的研究有关，特别是近三十年间大量书籍整理出版，各种丛书编辑面世，给史学史的研究提供了前所未有的优越条件。例如《文渊阁四库全书》《四库全书存目丛书》《续修四库全书》《北京图书馆古籍珍本丛刊》等大型丛书的影印出版，其中包括大量史籍，使原先很难得到研读机会的贵重史籍、稀见史籍、未知存佚的史籍，能够很方便地利用，中国史学史无疑是受益最大的学科之一。

史学史学科社会机制的建设与学术基础的建设，给整个专业奠定了比较稳固的学术地位，使之初具学术发展的内力，是总结三十年来学术发展不可忽视的一个方面。

---

〔1〕白寿彝致杨翼骧信件，《杨翼骧先生中国史学史手稿存真》卷首图版，北京：国家图书馆出版社，2013年。

〔2〕乔治忠、姜胜利《中国史学史研究述要》，天津：天津教育出版社，1996年。

三　中国史学史系统专著或教科书的编撰

中国史学史专著或教科书的编撰水平与个案研究、专题研究的开拓和积累相关，更与史学史基本理论上的认识水平密切联系。在梁启超倡言“史学史的做法”启迪下，20 世纪 30—40 年代产生多种中国史学史的专著，其中正式出版者以魏应麒《中国史学史》（上海商务印书馆，1941 年）、金毓黻《中国史学史》（重庆商务印书馆，1944 年）最为驰名。50 年代的中国内地，由于种种原因，大学停止中国史学史的课程，新的专著阙如，仅重印金毓黻《中国史学史》流行于世，但删去了该书的近代部分。1961 年，教育部下达恢复“中国史学史”课程和编写教材的指示，全国学界掀起讨论史学史问题的热潮。但其间政治运动不断，且距 1966 年“文革”爆发仅有数年，故未能出版中国史学史的系统著述。

1980 年，朱杰勤《中国古代史学史》率先出版，共 18 章，重要史家、史书设立专章或专节，有突出重点之效。作者颇有独立见解，例如认为清代章学诚并无多少史学新见，仅在方志学上多所创树。是书出版早因而影响大，当时推动了史学史的学习和研讨。但既然是“中国古代史学史”，却将近代的《元史译文证补》等书作为讨论专题，混淆了史料利用与史学史的界限。此后，各家中国史学史专著接踵而出，至 2008 年约有 27 种[1]，有的内容限于古代，有的仅为近代，篇幅不一、结构各异，对中国史学史体系的理解有较大区别，亦不免有率尔操觚之作。这里不能一一介绍，仅择其中几种简略概述。

---

〔1〕《史学月刊》1993 年第 10 期有瞿林东《近五十年来中国史学史研究的进展》一文，列表统计此类著述 22 种，今可续补魏文清编《中国古代史学史》（哈尔滨：黑龙江人民出版社，1990 年）、汤勤福主编《中国史学史》（太原：山西教育出版社，2001 年）、杨翼骧《中国史学史讲义》（天津：天津古籍出版社，2006 年）、谢保成《中国史学史》（北京：商务印书馆，2006 年）、白寿彝主编《中国史学史》（上海：上海人民出版社，2006 年）等 5 种。

刘节《中国史学史稿》，中州书画社1982年12月出版，是作者生前讲课稿经他人整理付梓。由于作者史学功力深厚，对史家、史书、史学现象的不少个案有深入研究，资料丰富，见解独到。但涉及史学史体系，却出现失误，如在唐代史学史部分讲述敦煌文献利用，在明代史学史部分讲述《明史》的编纂，在清代史学史部分大讲《清史稿》的纂修，这实际是混淆了史学史与所谓“史料学”的区别。

仓修良、魏得良《中国古代史学史简编》，黑龙江人民出版社1983年6月出版。本书是作者在课程讲稿基础上整理的，纳入史学界当时的不少成果，也具有作者颇多的研究心得。虽称“简编”，但篇幅超过同时期同类著述。全书分为四编，从第二编起，标题就力图概括此一阶段史学的发展特点，如“以人物传记为中心的汉魏六朝史学”“主通明变的唐宋元之史学”“具有启蒙色彩的明清史学”，这还是史学史专著中的首次尝试，概括是否准确，当然是见仁见智、可以商榷的。

尹达主编《中国史学发展史》，中州古籍出版社1985年7月初版。这是中华人民共和国成立后第一部贯通中国古代与近代史学史的著述，按照当时流行的历史分期划分各编。重于史学思想方面的评析，例如对民国时期《清史稿》等书的编纂，批判为封建旧史学的“回潮”，是值得重视的见解。作者主张中国历史“战国封建说”，但将《左传》归入第一编“奴隶社会的史学”，大概是因为《左传》记载春秋时期史事，却忽略了此书成书于战国时期，是与上述朱、刘二书有同样的失误。

吴泽主编，袁英光、桂遵义分撰《中国近代史学史》上下册，江苏古籍出版社1989年5月出版。本书资料丰富、内容充实，致力于探讨近代史学思想及其与社会政治、经济、哲学的联系。作者本于多年的学术积累，颇多论述深刻的亮点。但关于“中国近代”的范围，仍恪守下限于1919年，在80年的史学发展中，划分了三个阶段，以太平天国运动、义和团起事作为界标，套用“革命史观”的历史阶段分期来叙述史学发展，允当与否实值得商榷。

陈其泰《中国近代史学的历程》，河南人民出版社 1994 年 1 月出版。分总论、上编和下编，总论探讨中国近代史学发展趋势，上、下编分别论述 19 世纪的史学与 20 世纪的史学，基本是按顺序评析龚自珍、魏源、徐继畬、夏燮、黄遵宪、梁启超、夏曾佑、陈寅恪、陈垣、郭沫若、范文澜、侯外庐等人的史学，议论平允，见解深入。而起点从 19 世纪始，是因中国社会已向近代转化，但史学尚未转型，故本书所论，似应为“近代中国的史学历程”。

蒋俊《中国史学近代化进程》，齐鲁书社 1995 年 9 月出版。本书以近代化为纲领整合史学现象，归纳为多种史学思潮、史学派别、治史风格，考察其特点、成就、作用和影响。全书的主旨是“从史学思想史的角度，探讨资产阶级史学在中国史学近代化进程中的功绩与局限”，具有新的思路和见解。但本书不是全面的中国近代史学史研究，“近代化”只是观察问题的一个侧面，且其内涵、标准、价值尺度仍有进一步研讨的必要。

瞿林东《中国史学史纲》，北京出版社 1999 年 9 月出版。本书分为九章，叙述上古至清末的中国史学史，并且附录了作者对于现代史学的综合论述，以体现史学史研究的“通识”观念。全书立足于作者自己的研究和思考，九章的标题均以概括阶段性史学特点为出发点，足成一家之言。资料丰富，分析深入，注重史家、史籍之思想内涵的发掘，是本书的又一优点，第四章专节标识出“史家主体意识”问题，第五章第一节讨论了史家的“忧患意识”，是值得注意的新概念，值得深入讨论。本书篇幅较大，以此绳之，似可适度压缩一些论述的详细程度，以增入诸如《四库全书总目・史部》提要对史学遗产和成果的总结等类内容。

谢保成主编《中国史学史》，商务印书馆 2006 年 10 月出版。本书叙述中国上古至清末的史学史，分为三册，篇幅很大，故涉及的史籍、史家皆数量较大，资料丰富，颇多史籍解题性质的内容，便于读者查阅。但统摄尚属粗疏，乃至于不免驳杂。文成众手，有亏精练，安排布局，亦未臻于允当，例如将夏燮《明通鉴》、李有棠《金史纪事本末》等史籍归于清前期史学，即为很欠斟酌的显例。

白寿彝主编《中国史学史》，上海人民出版社2006年12月出版，为六卷本的洋洋巨著。第一卷为白寿彝先生亲撰，其余各卷由白先生弟子、隔代弟子分撰。本书内容是论述先秦至近代的中国史学，而“近代”概念虽以1919年“五四”运动为下限，但对于非马克思主义史家成就的论述，则做了适度下延而不强行割断。又以陈独秀、李大钊的历史观念殿后，预示中国马克思主义史学的即将产生，这种处理比较妥当。全书评论透彻，颇多创新，开大型多卷本中国史学史成功著述之先河，对推动学科发展很有意义。各卷均由具有相应研究特长的学者担纲，内容取舍，似乎各自拟定，不尽一致，可予以见仁见智之议。而为了保持白先生原作原貌，导致第一卷与其后各卷在结构、体例上很有不同，这对于全书而言是得失参半。

近三十年间出版二十余种中国史学史系统著述，成果可谓丰盛。上述各书，以及本文未遑述及之书，均有作者辛勤研讨的心得，包含各自的学术新见，对繁荣中国史学史的研究做出重要的贡献。迄今著述虽多，亦不会穷尽中国史学史专著的发展空间，随着研究范围的扩展和研究难度的加深，还会给系统性专著提出新的内容及新的要求。笔者认为中国史学史的系统性专著，还应在以下几点予以加强和增补：

第一，中国历代史学的发展，呈现为官方与私家两条相互联系的轨道。中国史学史应当凸显这个区别于西方史学的显著特点。上述各书虽程度不同地叙述了官方修史事项，但没有足够重视，没有进行官、私史学互动机制的探讨，甚至有的著述对官方史学予以贬斥。这并不符合中国历代史学发展的实际状况。

第二，中国史学史的古代部分，应当讲述中国传统史学对朝鲜半岛、日本等亚洲邻国的影响。朝鲜、日本古代的史学，其实是现成地接受中国史学的观念和方法，然后发展出自己的一些特点。凡中国通史著述，皆包含了中外文化的交流，所以中国史学史著述亦当将对外影响作为自身学科体系之内的必备内容。

第三，中国史学史的近代部分，应适当关注非先进、非主流史家的重要成就，因为史学史不是革命史，它应当反映一定时期史学成就的全貌。有些史家思想不很先进，但史学成就不低，这在古代、近现代皆不乏其例，例如司马光就是思想十分保守的史学家。在近代，如王先谦的史学成就、沈家本在法制史上的贡献、罗振玉的历史文献学贡献、丁谦的历史地理学著述等，绝非不值一提，况且他们的学术思想并不明显落后。

四　中国史学史个案研究的丰盛

史学史学科学术任务的第一个层次，是清理史学遗产，其中重要内容是对史家、史籍、史学事件的个案研究。这种个案研究做得越广泛、越深入，就越有利于阐明史学发展的进程。近三十年间，中国史学史的个案研究，无论是广度还是深度都有显著的发展，取得十分丰盛的成果。由于论文、论著的数量巨大，研究者与研究对象都甚为广泛，这里无法一一介绍，谨按以下两种状况做示例性评介。

（一）对史家、史籍开发出新的关注点

20世纪70年代之前的中国史学史研究，有许多未曾涉及的史家和史籍，在近三十年间得到很大的发掘，是中国史学史研究得到发展的明显现象。这与专业研究人员队伍扩增，大量硕士、博士学位论文需要探寻新颖论题不无关系。

先秦时期史籍数量尚少，大多早就为历代学者所详细考究。在新时期仍有很多研究成果，然而少有新开发的个案。唯《越绝书》

这部史籍，近代曾有余嘉锡等学者论及，但20世纪50—70年代中没有得到学界注目，一般接受明代杨慎之说，即凭借一段隐语得出作者乃东汉袁康、吴平，因为这已经被清朝《四库全书总目》所采纳。1979年，陈桥驿发表论文《关于〈越绝书〉及其作者》〔1〕，提出质疑，认为余嘉锡《四库提要辨证》所言“盖战国后人所为，而汉人又附益之”，比较公允。随后，黄苇撰《关于〈越绝书〉》〔2〕一文，补充论述，结论是该书非一时一人所完成，但其草创于战国，至东汉袁康、吴平整理、补充而成今本。这类议论还有不少，但皆没有否定杨慎所解说的隐语，至仓修良则认为杨慎乃是造假，历史上根本没有袁康、吴平其人踪影。〔3〕

对汉代史家、史籍的研究，官修的《东观汉记》与荀悦《汉纪》很受关注，朱桂昌《〈东观汉记〉考证》〔4〕、吴树平《〈东观汉记〉初探》〔5〕是发表较早的重要文章。刘隆有发表《〈汉纪〉对编年体的创新》〔6〕、《试论荀悦撰写〈汉纪〉的政治目的》〔7〕等多篇论文，强调了《汉纪》对编年史的发展有很大贡献。郑先兴《荀悦对史学理论的贡献》〔8〕、汪高鑫《论荀悦的历史编撰思想》〔9〕等文都对研讨有所推进。魏晋南北朝时期史家众多、作品繁多，谯周《古史考》，华峤《后汉书》，袁宏《后汉纪》，干宝、孙盛的史学等均成为探研对象，史学发展全景更加明晰。一些新的见解值得注意，例如，乔治忠指出孙盛具有编撰系列编年体史书的全盘规划，其《异同评》一书是编年史的副产品，是早于司马光七百多年就写成的史料考异专

---

〔1〕陈桥驿《关于〈越绝书〉及其作者》，《杭州大学学报》（哲学社会科学版）1979年第4期。
〔2〕黄苇《关于〈越绝书〉》，《复旦学报》（社会科学版）1983年第4期。
〔3〕仓修良《〈越绝书〉散论》，《史学史研究》1998年第1期。
〔4〕朱桂昌《〈东观汉记〉考证》，《史学史研究》1985年第4期。
〔5〕吴树平《〈东观汉记〉初探》，《文史》第28、29辑连载。
〔6〕刘隆有《〈汉纪〉对编年体的创新》，《史学史研究》1981年第3期。
〔7〕刘隆有《试论荀悦撰写〈汉纪〉的政治目的》，《河南大学学报》（哲学社会科学版）1985年第1期。
〔8〕郑先兴《荀悦对史学理论的贡献》，《南都学坛》1999年第4期。
〔9〕汪高鑫《论荀悦的历史编撰思想》，《人文杂志》2002年第5期。

书；[1]周文玖和汪高鑫的文章[2]，都认为袁宏的史学包含着玄学的影响。

隋唐至清代前期，中国史学史新个案的研讨更不胜枚举，《隋书》《贞观政要》《南史》和《北史》、朱熹的史学、王世贞的历史著述，不仅论文数量很多，亦有专著出版，如谢保成《〈贞观政要〉集校》（中华书局，2003年）、汤勤福《朱熹的史学思想》（齐鲁书社，2000年）、孙卫国《王世贞史学研究》（人民文学出版社，2006年）等。其他如对《唐六典》《大唐新语》《册府元龟》《续资治通鉴长编》、清官修《西域图志》的研讨以及对胡应麟、张岱、吴任臣、邵晋涵、龚自珍等人史学贡献的考述，都丰富了史学史的研究内容。瞿林东论述唐太宗与唐代史学的关系[3]，乔治忠论述清高宗的史学思想[4]，皆将中国史学史的个案研究扩展到某些有作为的皇帝。

中国近现代史学史的个案研究，大多是近三十年间新开发的学术课题。顾颉刚、陈垣、陈寅恪、钱穆、吕思勉等名家的研讨广泛展开，其热烈程度可与早就成为学术研究热点的梁启超、章太炎、王国维等相比拟。其他如对徐继畬《瀛寰志略》、黄遵宪《日本国志》以及刘师培、罗振玉、柳诒徵、何炳松、傅斯年等众多史家的研究，也出现不少论文和论著。关于马克思主义史学家与当代史学家吕振羽、范文澜、翦伯赞、侯外庐、黎澍、白寿彝、郑天挺、吴晗等人的事迹、成就与思想，发表了许多研讨、回忆、纪念性文章，同样是史学史研究新的素材和成果。对新研究个案的开拓，反映了中国史学史研究全面铺开的盛况。

---

〔1〕乔治忠《孙盛史学发微》，《史学史研究》1995年第4期。

〔2〕周文玖《袁宏史学思想再探讨——袁宏〈后汉纪〉史论浅析》，《济宁师专学报》1996年第2期；汪高鑫《论袁宏史学思想的玄学倾向》，《史学史研究》2005年第1期。

〔3〕瞿林东《一个政治家的史学自觉——略论唐太宗和历史学》，《山西师大学报》（社会科学版）2003年第4期。

〔4〕乔治忠《论清高宗的史学思想》，《中国史研究》1992年第1期；《乾隆皇帝的史地考据学成就》，《社会科学辑刊》1992年第3期。

（二）中国史学史热点个案的再研讨

中国史学史学科自建立以来，就逐渐形成一些个案研究的热点。1978年之后，许多热点的研究长盛不衰，如《尚书》,《左传》，司马迁《史记》，班固《汉书》，刘知幾《史通》，杜佑《通典》，欧阳修的史学，司马光《资治通鉴》，朱熹的思想，马端临《文献通考》，顾炎武与黄宗羲及王夫之的史学与思想，顾祖禹《读史方舆纪要》，清官修《明史》，章学诚的史学，魏源《海国图志》，梁启超、章太炎、顾颉刚、陈寅恪、陈垣、李大钊、郭沫若等人的史学成就和思想，相关文章不胜统计，专门著述接踵而出。

在中国古代史学部分，《尚书》各篇成书年代的考订是艰难与多有分歧的问题，经几十年学术界的研讨，共识逐步扩展，蒋善国《尚书综述》（上海古籍出版社，1988年）、刘起釪《尚书学史》（中华书局，1989年）二书对各种研究见解予以梳理，加以自己的判断，是值得注意的成果。《左传》的作者、成书年代以及与《春秋》关系，亦属聚讼纷纭，但其成书于战国时期已经取得绝大多数研究者的认同。对刘知幾《史通》的研究，成果显著，张振珮《史通笺注》、张舜徽《史学三书平义》的相应部分，在校勘、考释和评论上皆多中肯特见。对于杜佑《通典》的研究，瞿林东发表多篇论文，肯定其进步的经世思想，并在《杜佑评传》（广西教育出版社，1996年）中做了集中整合，其见解为多数学者认同。但是，也有评价迥然的论述，如朱维铮认为杜佑重视的是礼制，历史观是形而上学的，不值得赞誉。[1]关于清朝所修《明史》的研究，新时期文章数量不大但新说显著，黄爱平指出王鸿绪对于《明史》稿多有修订，并非“攘窃”万斯同稿。[2]乔治忠认为《明史》完全属于官修，而贡献最

---

〔1〕朱维铮《论“三通”》,《复旦学报》（社会科学版）1983年第5期。

〔2〕黄爱平《王鸿绪与〈明史〉纂修——王鸿绪“窜改”、“攘窃”说质疑》,《史学史研究》1984年第1期。

大的个人是徐元文、朱彝尊、万斯同、王鸿绪四人，“否定王鸿绪对《明史》的贡献与无视徐元文的贡献一样，是多年来史学界最不公正的评论之一”[1]。王嘉川专论了徐元文对纂修《明史》的贡献，[2]乔治忠、杨艳秋的文章认为《四库全书》本《明史》在学术上超越此前刊本，是官修《明史》的最终成果。[3]而近三十年中国古代史学史个案研讨一直热度高涨者，以司马迁《史记》与章学诚的史学为最。

司马迁《史记》这样的名著，自产生以来就得到最广泛关注，截至20世纪70年代，相关论文与论著已经层出不穷。近三十年来，参与研讨者持续增加。但多数文章乃翻炒过去原已有过的论点，真正的突破性创新成果数量不大。1981年，白寿彝出版《〈史记〉新论》[4]一书，篇幅虽然不大，但对《史记》的写作背景、撰著宗旨、体例结构设计、编撰方法、司马迁的思想与贡献等做了全面阐释。后来的许多论文，都是直接发挥此书的理路或从中得到启示。1985年，程金造《〈史记〉管窥》[5]出版，这是作者积累的研究心得。该书对《史记》的体例渊源、司马迁的生卒、《史记》的撰述意旨，均博引古今，详加议论梳理，辟谬正讹，得出功力深厚的判断。其中专从“成一家之言”来阐释司马迁的著述宗旨，以及力驳清人秦嘉谟《史记》体例“皆因《世本》”之说，乃是极应注意的论点。施丁《司马迁行年新考》[6]一书，发现了日本南化本《史记正义》之文本，为司马迁生于公元前145年增添新的证据，继而梳理了司马迁的生平履历，这也是以扎实功力见长的成果。乔治忠、王盛恩的文章认为，司马迁喜爱司马相如的大赋，受汉赋内容恢弘、分类叙述的启

---

[1] 乔治忠《清朝官方史学研究》，台北：文津出版社，1994年，第196页。
[2] 王嘉川《徐元文与〈明史〉纂修》，《史学史研究》1995年第2期。
[3] 乔治忠、杨艳秋《〈四库全书〉本〈明史〉发覆》，《清史研究》1999年第4期。
[4] 白寿彝《〈史记〉新论》，北京：求实出版社，1981年。
[5] 程金造《〈史记〉管窥》，西安：陕西人民出版社，1985年。
[6] 施丁《司马迁行年新考》，西安：陕西人民教育出版社，1995年。

发，才开创纪传体通史的撰著[1]，这不失为新的探讨思路。此外，学术界对《史记》与其他书史的比较及影响、对《史记》某些版本的介绍与校雠，对司马迁心理、情感、思想侧面的分析等，许多论文不无新的角度和发现，这里不详加列举。

对于章学诚的研究在近代已成热点，许多史学名家参与，而意蕴发掘犹有未尽。20世纪70年代之后，较早、较全面予以研究者是仓修良教授，不仅发表论文多，还于1984年出版了《章学诚与〈文史通义〉》专著。三十年来，仓修良始终从事章氏遗文的搜集、整理与评论，成就显著。同一时期，其他参与研讨者数以百计，文章著述，层出叠见，而观点看法，分歧颇大。如对于章氏的总评价，有认为他具有启蒙思想家性质，有认为其迂腐落后、死死维护陈旧的纲常伦理。关于章氏的思想基础，有认为他具有朴素唯物主义思想，有指斥为唯心观念。对于章氏提出的“史德”，有认为他主张客观记述历史而不掺杂主观意念，但有人指出其“史德”只是遵从旧的伦理道德，毫无撰史求真理念。对于章学诚史学创见的成因，有人从浙东学派的影响探源，亦有论者指出其史学创见主要来自纂修方志的实践。[2]诸如此类，不胜枚举。因此，关于章学诚的研究，议论既多而且复杂，需要进一步深入研讨。

1979—2009年，是中国近现代史学史成果辉煌的时期，对主要史家，几乎都有研究专著或论文集出版，且多为不止一部，论文数量尤其众多。多数论文、论著除了注重学术性评论，占有资料丰富扎实外，还有以下几个优点：

第一，视野扩大，将研究对象联系相关学术群体、社会背景以及外来思想、外国史学的影响。这在研究梁启超史学中体现得极其

---

〔1〕乔治忠、王盛恩《试论汉赋对〈史记〉创作的影响》，《史学月刊》2003年第4期。

〔2〕关于对章学诚研究的各种论点，缘由繁杂，这里难以详列，请参见乔治忠《章学诚学术的百年来研究及其启示》，见《史学理论与史学史学刊》2003年卷，北京：社会科学文献出版社，2004年。

突出。近代史学，本就是在社会变动中产生和发展，本就在学者之间、各门学科之间、国外思想影响之中成长。梁启超在20世纪初倡导“史界革命”，振聋发聩，意义深远。学界对梁启超的评论，早已将之置于中国社会的时代变化上分析。1979—2009年间，思路继续拓展，深入到与国外史学著述关系的考察，而且由泛论进而直接指明梁启超承袭了日本浮田和民《史学通论》[1]等书的思想。在国内，胡逢祥1984年发表《二十世纪初日本近代史学在中国的传播和影响》[2]一文，对此初有发现，蒋俊《梁启超早期史学思想与浮田和民的〈史学通论〉》[3]立题专论，遂渐成共识。邬国义《梁启超新史学思想探源》[4]则将梁启超《新史学》《中国史叙论》《地理与文明之关系》《中国历史研究法》等著作，与日本浮田和民《史学通论》《西洋上古史》以及其他日人著述一一对照，加以条列，以实证方式探索了梁启超史学主张的渊源。

第二，力求客观公允，兼指评论对象的长短得失。这本是对史家、史著进行研究的基本原则，但若能切实做到，仍应予以赞称。1985年出版的《中国史学家评传》，是以表彰为出发点组稿的，但其中不少文章能做到评论的兼指得失。如孟祥才所撰《梁启超》、耿云志所撰《胡适》、朱瑞熙等所撰《范文澜》等。特别是尹达撰写的《郭沫若》，明文指出郭沫若“某些史著显得不够严谨”，“驰骋想象”，有的“用革命的义愤代替了科学分析”[5]，而人所共知：尹达对郭沫若是极其崇敬的，关系十分亲密。这种优良史学作风，本应大力发扬，但情况似乎不太乐观，近年吹捧之风有蔓延之虞，已引起

[1] 此书在中国清光绪年间有几种译本，今可见四种，书名分别称《史学通论》(2种)、《史学原论》、《新史学》。参见邬国义编校《史学通论四种合刊》，上海：华东师范大学出版社，2007年。

[2] 胡逢祥《二十世纪初日本近代史学在中国的传播和影响》，《学术月刊》1984年第9期。

[3] 蒋俊《梁启超早期史学思想与浮田和民的〈史学通论〉》，《文史哲》1993年第5期。

[4] 邬国义《梁启超新史学思想探源》，《社会科学》2006年第6期。

[5] 尹达《郭沫若》，见《中国史学家评传》下册，郑州：中州古籍出版社，1985年，第1435、1434页。

学界批评指摘。新进学者刘浦江《正视陈寅恪》[1]一文，批评了学界对陈寅恪的一味“斜视”或“仰视”，盛赞陈寅恪的学术与为人，同时也指出他在治史上的诸多不足及思想的保守落后。文章还提出一些重要的学术理念，可以用于史学评论的方方面面。

第三，思想解放，对原先的批判对象重新予以学术上的评论。这主要表现于对胡适、傅斯年等人的研究。胡适提倡的“大胆假设，小心求证”的治史方法，20世纪50年代曾被作为唯心主义史学的典型范例严厉批判。而近三十年间，史学界予以新的考量，分析了其中的合理因素，也指出其中不完善之处，得出比较平实的分析，对胡适在近代文化与史学发展中的作用，也形成较为客观的评论。傅斯年“史学即史料学”的理念，过去也作为批判资产阶级史学的靶子，近年许多论者分析了傅斯年强调史料作用的背景与思想渊源，比较全面地评述了傅斯年的史学建树。如张书学认为傅斯年提出对史料的强调，在史学科学化的初始阶段是必要的，他正是依据这样的理念为中国史学科学化做出了卓越贡献。[2]蒋大椿分析了傅斯年这一主张的积极作用与消极影响[3]，陈其泰则通过实例指出：傅斯年虽然在理论上不赞成超出考证史料之外的推论或解释，“但是，恰恰正是傅斯年本人，对史料做了大胆的解释”。实际上，傅斯年研治史学是贯穿着“民族—文化”历史观念。[4]这些结论，从史实出发，以学术求是为旨归，并无故意轩轾或故意翻案的杂念。但史学界也存在无原则、无理据的喧嚷，一些人对战国策派史家的过度捧场，就是最显著的事例。这种现象，值得反思。

---

〔1〕刘浦江《正视陈寅恪》，《读书》2004年第2期。

〔2〕张书学《傅斯年与中国现代史学的科学化》，《东岳论丛》1997年第6期。

〔3〕蒋大椿《傅斯年史学即史料学析论》，《史学理论研究》1996年第4期。

〔4〕陈其泰《“民族—文化”观念与傅斯年、陈寅恪治史》，见《史学理论与史学史学刊》2003年卷，北京：社会科学文献出版社，2004年。

五　中国史学史长短时段和大小专题的研究

自 1978 年以来的中国史学史研究，最能体现水平提高之处的是其中的长短时段、大小专题之探讨。所谓长短时段，是截取某一历史时期的史学史内容加以探研。所谓专题，是指以史学史中某一方面内容作为研究对象。横向的断代与纵向的专题结合、交织，构成纷纭的研究选题，形成绚丽的学术成果。

内容全面的断代史学史著述，数量不会太多。而专题性著述则变化多端，丰富多彩。举例而言，断代之作有谢保成《隋唐五代史学》（厦门大学出版社，1995 年）、燕永成《南宋史学研究》（甘肃人民出版社，2007 年）、罗炳良《南宋史学史》（人民出版社，2008 年）、钱茂伟《明代史学的历程》（社会科学文献出版社，2003 年）、杨艳秋《明代史学探研》（人民出版社，2005 年）、傅玉璋等《明清史学史》（安徽大学出版社，2005 年）、张越《新旧中西之间——五四时期的中国史学》（北京图书馆出版社，2007 年）、张剑平《新中国史学五十年》（学苑出版社，2003 年）等。其中有的著述远未讲出一代史学发展的全貌，甚至如《明清史学史》还缺乏最基本的清代史学的内容。

中国史学史的专题可大可小，情况复杂，为了不至于过于琐碎，谨将重要者归并为以下四大项目，即中国古代与近现代史学思想、史学思潮的论述，史学发展中具体内容与编撰方法的研究，对官方史学的考论，关于中外史学交流与比较的研讨。

（一）关于中国古代与近现代史学思想、史学思潮的论述

吴怀祺《宋代史学思想史》（黄山书社，1992 年）、胡逢祥与张文建合著《中国近代史学思潮与流派》（华东师范大学出版社，1991 年）是此类专著出版较早者。前书初版作者分人论述，但已经具备研究中国史学思想的理念，后来主编多卷本《中国史学思想史》，形

成引人注目的大型成套著述。《中国近代史学思潮与流派》一书力图把握近代史学发展全局，从中归纳出若干种史学思潮予以评析，思路颇具创新性。作者认为："中国近代真正形成史学思潮的主要有经世致用史学思潮、新史学思潮、国粹主义史学思潮、疑古史学思潮以及屡屡泛起的封建复古主义史学思潮等。这些思潮的依次递兴，大致经历了一个由依附于一般的学术思潮到逐步形成独立史学思潮的过程。"这些确为近代史学发展所呈现的大问题，但是否一概属于"思潮"，尚有讨论的余地。

王学典《二十世纪后半期中国史学主潮》（山东大学出版社，1996 年），是视角独特的撰述。该书试图抓住内地现代史学发展的矛盾主线，破解整个史学界的现代际遇。作者认为，20 世纪 50—90 年代中国内地史学的主要矛盾，是阶级观点与历史主义的冲突，由此引发多年反复的激烈论战。作者剖析了中国"历史主义"思想的实质、特点以及产生的背景，叙述与分析了论战各派的状况、观点及归宿，涉及了历史理论的许多重大问题。但作者的一些概念和命题，实有辨析的必要，如第三章以"平民主义历史观"为核心概念，而查其论述，是指过分主张"只有人民才是历史发展的动力"一类的观点，这就混淆了"人民"与"平民"这两个根本不同的范畴。

研讨史学思想、史学思潮的著述还有罗炳良《18 世纪中国史学的理论成就》、周少川《元代史学思想研究》、路新生《中国近三百年疑古思潮研究》等，恕不一一详列。至于论文，更似风帆竞发，历历满目。其中瞿林东《中国古代史学理论发展大势》[1]、杨翼骧与乔治忠合撰《论中国古代史学理论的思想体系》[2]，皆为通贯地考察了中国古代史学理论的总体发展，前者以时间顺序论述，后者归纳为几项内容予以考析。葛志毅《经世致用史学传统的源流利弊辨析》

---

〔1〕 瞿林东《中国古代史学理论发展大势》，《历史研究》1992 年第 2 期。
〔2〕 杨翼骧、乔治忠《论中国古代史学理论的思想体系》，《南开学报》（哲学社会科学版）1995 年第 5 期。

等文，指出传统史学"经世"宗旨的弊端，冲破流行说法的桎梏，是值得注意的见解。侯云灏《20世纪中国史学思潮研究及相关问题》[1]认为"新史学"思潮、新历史考证学思潮、马克思主义史学思潮是中国20世纪三大史学思潮，其他被人称为史学思潮者皆可归入此三类中。该文显示出关于"史学思潮"的内涵与中国史学思潮的研究，还应进一步切磋、讨论。

（二）史学发展中具体内容与编撰方法的论述

关于中国史学史的分支内容与具体内容，研究角度十分丰富，有涉及历史文献学、关乎史学批评、探讨历史地理学内容、综论史学发展趋向或史学现象，有研讨历史编纂学的体例和方法等问题，如瞿林东《中国古代史学批评纵横》（中华书局，1994年）、姜胜利《清人明史学探研》（南开大学出版社，1997年）、侯德仁《清代西北边疆史地学》（群言出版社，2006年）、曹刚华《宋代佛教史籍研究》（华东师范大学出版社，2006年）等专著，论文之多，则不计其数。而对所谓史学流派问题的研讨，最值得注意。

对史学流派的研究本与史学思潮相关联，但目前对于史学派别的界定，尚无一致性认识，更有质疑某种学派是否存在的意见，故毋宁作为中国史学史一项内容对待。

中国古代所谓浙东学派、乾嘉学派，包含着史学但并非单指史学。关于浙东学派，学术界意见分歧甚大，有大量论述浙东学派史学特征、人脉源流的文章，也有根本不承认其实际存在的见解。这个问题在内地尚未得到充分讨论。对于乾嘉学派，新时期扭转了20世纪60年代以批判为主的评论，大量论文对乾嘉考据方法和成就给予肯定，同时对乾嘉考据学风形成原因做出多种因素的分析，指出乾嘉考据大家并非缺乏理论性探索。综论乾嘉学派的专著有漆永祥

---

[1] 侯云灏《20世纪中国史学思潮研究及相关问题》，《史林》2002年第1期。

《乾嘉考据学研究》(中国社会科学出版社,1998年)、陈祖武《乾嘉学派研究》(河北人民出版社,2005年)等,而专论乾嘉历史考据的专著有罗炳良《清代乾嘉历史考证学研究》(北京图书馆出版社,2007年)一书,对各考史大家的方法、理念和思想,阐释精到,评析中肯,但内容向乾嘉时期之前、之后延伸颇多,似值得商榷。

关于近代的史学流派,史学界陆续发表多篇论文,论述国粹派、学衡派、古史辨派、战国策派等的史学活动,其中在古史辨派的评论中,大多肯定其促进思想解放的意义,但又一度与中国上古史研究的断代工程相关联,出现"走出疑古"的倡议,使不同意见的辩论力度加大,上升为理论层次与史学实践反思的双重性问题。

(三)对官方史学的考论

在历来的中国史学史的专著和学术论文中,都涉及中国古代的官方史学问题。1994年,乔治忠《清朝官方史学研究》(文津出版社,1994年)出版,首次在专著中标举"官方史学"的概念。此后,其又发表文章认为:"中西史学从发生和发展上看,其根本区别就是中国具有纳入政权机制的官方史学,因而形成官方、私家史学的双轨发展"[1],这是中国古代史学异常兴旺的原因。这实际提出了将官方史学视为与私家史学对等,并且居于主导地位的理念。岳纯之《唐代官方史学研究》(天津人民出版社,2003年)、王盛恩《宋代官方史学研究》(人民出版社,2008年)是后继的两部专著。蔡崇榜《宋代修史制度研究》(文津出版社,1991年)、谢贵安《中国实录体史学研究》(武汉大学出版社,2007年)等,实际上也是以官方史学作为研究对象的。

加强对官方史学的研究,是抓住中国传统史学的最大特色,关键是将官方史学置于与私家史学对称的地位,从官、私史学互动、

---

〔1〕 乔治忠《中国与西方古代史学的异同及其理论启示》,《学术研究》2007年第11期。

互益又互有排挤的机制上考察，而不是停顿于简述官方部分修史举动的水平，方能起到深化学术认识的作用。

（四）关于中外史学交流与比较的研讨

在中国史学史专著中，中外史学交流与比较的内容尚属薄弱，仅涉及西方史学对中国近代史学的影响。而专题论文、论著则日益增多，可望出现渐成热点的趋势。

王晴佳、胡逢祥撰写的几篇文章，探讨中国与西方古代史学的异同，有较深刻的论述，王晴佳注意到中国古代史家的政治观与统治者大体一致，而西方则不一定；中国古代的史官制度导致史书体裁的发展，而西方私人撰史多为叙述体。〔1〕胡逢祥认为，中、西古代史学在起源与演变上都有明显不同，中国史官制度发达，官、私史学相并发展，乃西方所缺，是造成中、西史学差别的原因之一。〔2〕至于具体史家、史书的比较，如司马迁与希罗多德的比较、梁启超“新史学”与鲁滨逊《新史学》在思想观念与时代意义上的比较等，史学界有过不同见解的讨论。〔3〕关于西方史学在中国的影响与传播，于沛、张广智等均曾撰文梳理和评论，时间范围下延到近年。〔4〕朱政惠《20 世纪中外史学交流回顾》〔5〕一文，以丰富扎实的资料叙述了欧美史学在中国的传播和影响，还特别考察了中国史学走向西方汉学界产生的影响，这是他治学的独得之处。李勇《鲁滨逊新史学派研究》（安徽人民出版社，2004 年）一书论述了鲁滨逊新史学观念

〔1〕王晴佳《中国和欧洲古代史学比较试析》，《社会科学》1984 年第 8 期。

〔2〕胡逢祥《中西史学源起比较论》（《史学理论研究》1992 年第 4 期）、《试论中西古代史学演变的不同途径与特点》（《学术月刊》1997 年第 9 期）。

〔3〕李勇《20 世纪 80 年代以来国内中西史学比较研究回顾》，《史学理论与史学史学刊》2006 年卷。

〔4〕于沛《外国史学理论的引入和回响》，《历史研究》1996 年第 3 期。张广智《20 世纪前期西方史学输入中国的行程》《20 世纪后期西方史学输入中国的行程》，《史学理论研究》1996 年第 1、2 期。

〔5〕朱政惠《20 世纪中外史学交流回顾》，《史林》2004 年第 5 期。

在中国的影响，细致深入。特别值得表彰的是青年学者李孝迁所著《西方史学在中国的传播》(华东师范大学出版社，2007年)，作者发掘了大量第一手资料，以实事求是的精神考述和评论了西方各派史学理念在中国传播的缘起、状态、影响和归宿，纠正了不少已有的讹误说法。

中国史学在东亚地区的影响以及中日、中朝古代史学的比较，起步并不晚但进展迟慢。梁启超就已略论魏源《海国图志》对日本的影响，20世纪60年代，国内学者又做了进一步阐发，但研究课题并没有从而做更多的扩展。1978年之后，古代中日、中韩的文化交流研究成果显著，考察中国古籍在日本和朝鲜半岛的流布，亦为学界所广泛关注，但是专论中日、中朝史学交流与影响的研究成果，仍然十分稀少。

李润和《中韩近代史学比较研究》(社会科学文献出版社，1994年)一书在中国内地出版，但作者是在中国访学的韩国学者。朱政惠1995年发表《关于中韩史学比较研究的若干问题》[1]，将史学比较的一些构想专门提出，很有意义。至21世纪，孙卫国发表一系列论文，如《〈明实录〉之东传朝鲜及其影响》[2]、《〈明实录〉与〈李朝实录〉之比较研究》[3]、《清修〈明史〉与朝鲜之反应》等[4]，将研讨的问题大为扩展和具体化。

盛邦和《中日华夷史观及其演化》[5]是较早注意中日史学比较的论文，作者深入讨论日本接受中国"华夷史观"，并演化出不同于中国的特色，这种观念演化的不同，在社会动荡与史学取向上体现出

[1] 朱政惠《关于中韩史学比较研究的若干问题》，《韩国研究论丛》第一辑，复旦大学韩国研究中心编，上海：上海人民出版社，1995年。
[2] 孙卫国《〈明实录〉之东传朝鲜及其影响》，《文献》2002年第1期。
[3] 孙卫国《〈明实录〉与〈李朝实录〉之比较研究》，《求是学刊》2005年第2期。
[4] 孙卫国《清修〈明史〉与朝鲜之反应》，《学术月刊》2008年第4期。
[5] 盛邦和《中日华夷史观及其演化》，《华东师范大学学报》(哲学社会科学版)1996年第2期。

来。牟发松《内藤湖南和陈寅恪的“六朝隋唐论”试析》[1]深入分析了日本内藤湖南与陈寅恪在六朝隋唐史研究上的不同观念。乔治忠《〈十八史略〉及其在日本的影响》[2]，考察了一部在中国已经不大出名的史籍却在日本影响深远的问题。其他如《论中日两国传统史学之“正统论”观念的异同》[3]、《论中日两国传统史学的比较研究》[4]、《中日两国官方史学及其近代转型的比较》[5]等文论述了古代日本接受中国史学传统后，如何经过演化，形成自己特色并发挥了重大的社会作用。

总之，中国史学史的专题研究还有很大的开发空间，尤其是中国传统史学在东亚等周边地区的影响，应当大力探讨，中日传统史学的比较研究亟须加强，这对于揭示史学发展规律、深入认识史学在社会发展、社会文化中的地位和作用，都具有重要的意义。

六　中国史学史学科发展中的难题与启示

中国史学史的学科发展，近三十年虽然取得显著成果和具有纳入二级学科的地位，但面临的难题仍然很大，成就的鼓舞与难题的忧患，促使每个关心本专业的学者去思考，从中获取启示、寻求对策。姜胜利发表于2004年的文章《中国史学史学科的发展与存在的问题》[6]，列举了6条问题及解决办法。笔者深有认同并且曾经切磋，这里不再过多重复，仅做扼要概括与补充。中国史学史研究面临的难题，可以分成两个方面，一是学科建设问题，涉及社会机制；二是学术性因素，涉及学科特点、学术体系成熟程度等。

---

〔1〕牟发松《内藤湖南和陈寅恪的“六朝隋唐论”试析》，《史学理论研究》2002年第3期。
〔2〕乔治忠《〈十八史略〉及其在日本的影响》，《南开学报》（哲学社会科学版）2001年第1期。
〔3〕乔治忠《论中日两国传统史学之“正统论”观念的异同》，《求是学刊》2005年第2期。
〔4〕乔治忠《论中日两国传统史学的比较研究》，《学术月刊》2006年第1期。
〔5〕乔治忠《中日两国官方史学及其近代转型的比较》，《史学月刊》2008年第7期。
〔6〕姜胜利《中国史学史学科的发展与存在的问题》，《南开学报》（哲学社会科学版）2004年第2期。

在学科建设方面，经老一辈学术领路人的努力，史学史定位于二级学科之后，未能与中国古代史、中国近现代史等二级学科获得可比的建设和发展。行政管理机构对本专业仍然重视不够，这还问题不大，严重的是许多高校和社会科学研究机构也不以切实发展史学史学科为念，这就造成本专业在全国发展的瓶颈。例如，有的高校仅为凑足历史学的二级学科，随意安排教授直接招收史学史硕士、博士研究生。如果该教授从此致力于史学史研究，当然并非不可，但实际上仍然从事原来专业，对于史学史仅仅聊任“导师”而已。这样，不仅培养的研究生难以保证学术水准，而且造成对专业领域的轻视观念，其辐射出的负面效应不可低估。更有一些大学，原本具备中国史学史学科的较好基础，但因其历史学发展规划中的舍弃，使之萎缩甚至于荡然无存，实例发生于江南两个教育部属顶端级别的重点大学，其余更何须多言！

究其原因，大略有二：其一是由于20世纪50年代全国基本缺乏史学史学科教学与研究，60年代初虽予以恢复，但多数大学仍未来得及准备，便又停止。1978年之后，史学史的本科教学虽有很大发展，但因基础单薄又荒置多年，师资欠缺，课时安排普遍偏少。[1]这使许多历史学者对史学史学科也不甚了了。其二是史学史学科偏偏在国外也不大兴盛，如美国、日本等国，没有相对独立的史学史专业。[2]在中外学术交流增多、与国际接轨呼声加大的氛围里，容易造成许多学术部门不重视中国史学史的研究。

中国自古以来史学发达兴盛，历史记载和历史著述在时间上连续不断，形式多样，使中国历代的史书极其丰富。中国传统史学与政治联系紧密，史学的社会功能明显，史学直接成为社会政治、文

---

〔1〕 自历史学硕士研究生考试的专业部分统一通考后，大学历史学科对中国史学史课时安排更有压缩。影响本专业后备人才培养，实可忧虑。

〔2〕 国外的史学史研究往往与史学理论融合于一，其史学理论研究实际是要对史学的发展做深入研讨。

化和生活机制的一个组成部分。诚如梁启超所言，“中国于各种学问中，惟史学为最发达。史学在世界各国中，惟中国为最发达”，[1]中国传统史学的遗产，不仅没有任何单一的民族或国家可与比拟，而且超越古代欧美国家的总和。因此，中国史学史研究理应成为中国历史学中独具特色的学科，其他单一的民族和国家若缺乏成熟的史学史学科体系或无大碍，中国若不重视史学史研究，则为历史学的一大残缺。梁启超说：“治一学而不深观其历史演进之迹，是全然蔑视时间关系，而兹学系统终未由明瞭。”[2]

历史学的“历史演进之迹”，就是史学史学科的内容。我们看到：治军事学者必通军事史，治哲学者必通哲学史，治经济学者必通经济学史，此为学界共识，缘何历史学者可以对史学史学科浑浑噩噩哉？负有学科建设之责的历史学者，应自觉地进行中国史学史的学习和培训。

在学术方面，中国史学史的发展也有其难点，浮躁之风、不端行为，在各个专业皆有存在，此处且不具论，带“特色”的问题，这里略述三项：

第一，在学科任务、研究内容上具有大体一致的认识，在概念、范畴运用上具有大体一致的规范，是一个学科成熟的标志，中国史学史于此尚有一段距离。例如关于史学史的研究内容，究竟是否应该全盘包括历代的历史观、历史思想？史学史与历史文献学之间是什么关系？诸如此类的问题，尚缺乏充分的研讨。其他如史学思想、历史编撰学等概念，学者的理解和应用也很有差别。业内人士尚无定见，业外人士何能明了史学史学科的性质？

第二，中国史学史研究要想做到成果的创新和学术观点的突破，较断代史等专业艰难。因为要深入评析史家的贡献、史籍的地位和

〔1〕梁启超《中国历史研究法》第二章《过去之中国史学界》，上海：上海古籍出版社，1987年，第10页。
〔2〕梁启超《中国历史研究法》第三章《史之改造》，第38页。

影响，不仅需要通晓整个史学发展史，而且需要了解其政治、文化、社会背景，考察史籍的史料来源与可信程度，更需丰富的知识、细致的研究。但是，史学史又有简易的一面，如翻览一部不常见的史书，写出表象的介绍文章并不困难且题目亦新。由此可知史学史研究的选题，难易反差极大，是为本专业的一个特点。在学术评估系统普遍看重成果数量的机制下，促使许多学者趋易避难，拖住整体水平的提高，也使业外人士对史学史学科产生错觉。

第三，中国史学史研究尚有不少较大的疑难分歧问题，尚未解决，切磋也不多，不同学者凭己意各说各话。例如关于孔子与《春秋》的关系，早有疑古派学者认为孔子根本未曾修订此书，提出不少依据，是为存疑未决问题。治史者暂取一说，亦无大碍，但也只应简单表明个人倾向而已，倘若以《春秋》为据，大论孔子的史学思想、史学贡献，甚至依据《春秋》而将孔子与古希腊希罗多德进行史学比较，则太不严谨。此类情况，在中国史学史的论述中并不少见，不能令相关专业的学者心服，负面影响较大。

上述学术问题，自然要依靠全国的学术研究、学术讨论、学术交流来解决。解决中国史学史的基本理论问题、重要问题和疑难问题，需要进行全国性共同研讨，才会形成明显的学术成效。而这种学术的协同工作，要有一定的学术机制来组织运作，史学史界迄今连全国性学会也未建立，其难度可想而知。1977—1978年间，尹达先生体会到史学史学科的重要性，决心在中国社会科学院历史研究所设立史学史研究室，并招收研究生。其实，在尹达先生的学术构想中，有更大更宏伟的蓝图，他要以自身的地位、威望和影响，依托中国社会科学院历史研究所这个学术机构，协调全国已有的专业学术力量，团结合作，推动与促成史学史学科在全国的大发展。1981年，尹达先生将内心的抱负向南开大学杨翼骧教授倾诉，商谈规划和前景。[1]但是正

---

〔1〕此事系业师杨翼骧先生健在之时，两次亲口向笔者转述。

当这种努力已颇见成效之际，1983年，尹达先生病逝，壮志未酬，乃史学史学科的巨大损失。感念至此，令人浩叹！今之矢志于中国史学史研究者，皆当继前人遗志，尽心尽力、协同研讨，克服学科建设的难点，实为当务之急。

（原载《史学月刊》2009年第7期）

中国古代起居注记史体制的形成

在中国古代，朝廷记载起居注的制度，在中国史学发展中极具特色，为世界文化史上的一项独创。起居注作为一种官方记载史事的文献，其形式、内容最后成熟化的规范，是制度化的、按照日期先后顺序编辑的、以当朝皇帝言行和政务活动为中心的朝廷大事记。然而，这种起居注记史体制是如何形成的？古今史籍的图书著录、文献记述、论文、撰著大都循其名而忘其实，造成中国史学史认识上的淆乱和迷误，有必要予以考察与澄清。

一　从先秦的记史理念到汉代著记

追溯起居注记史体制的源头，要从先秦时期官方的记史理念说起。中国上古很早就有了按时间顺序自觉地系统记载史事的官方行为，这应当开始于公元前841年的共和行政时期，因为此年是中国具备确切的连续纪年的开始之时，在上古中国纪年方法很不完善的条件下，出现确切之连续纪年，乃是依赖于官方的按时间顺序连续性记录史事。连续纪年和连续记事是同时发生、结合在一起的。到了周平王十八年（前753），连处于较为偏僻地区的秦国也“初有史以纪事”[1]。春秋时期齐国管仲说：“夫诸侯之会，其德刑礼义，无国

〔1〕《史记》卷五《秦本纪》，北京：中华书局，1963年，第179页。

不记……作而不记，非盛德也。”[1]可见到西周之末，各个诸侯国官方皆施行了史事记载的制度。至迟春秋时期，如实记史的观念，已经形成无可争议的共识，先秦史籍《国语》记载曹刿对鲁国君主进谏时说：“君举必书，书而不法，后嗣何观？”[2]《左传》宣公二年记载晋史官董狐于史册书“赵盾弑其君”，后来孔子赞扬：“董狐，古之良史也，书法不隐。”同书襄公二十五年记载齐国史官不顾接连被杀，坚持记录“崔杼弑其君”的事迹，成为古代史官不惧强权、奋笔直书的典范。

这些史事体现出当时的记史理念包括：第一，“君举必书”展现的是历史记载要以君主的举动为核心内容。第二，君主或其他当权者的善行、劣迹都要记载，“书法不隐”方为“良史”。第三，历史记载已经具有一定的语言规则，即“书法”。第四，史官应当具有为记史真实而献身的无畏精神。但先秦官方的记载制度尚为简单，没有产生记载历史资料与纂修系统史书的分工，当然也没有名为“起居注”的载籍。《礼记·玉藻》总结先秦记史制度称“动则左史书之，言则右史书之”[3]，《汉书·艺文志》说古时“左史记言，右史记事，事为春秋，言为尚书，帝王靡不同之”[4]。唐代史学家杜佑指出：西周时设有左、右史，“记其言、事，盖今起居之本”[5]。然而，无论《礼记》《汉书》，还是杜佑的《通典》，称先秦设左、右史官记言、记史，都带有理想化的揣测色彩，难以确证。先秦官方存在单一的记史体制，这种历史记录是各种编年体史书以及所有朝廷史学发展的共同源头，不必单算作后世起居注的本源。但必须承认先秦记史理念对后世起居注记史制度的重大影响，特别是“左史记言，

---

〔1〕《左传》僖公七年，杜预《春秋经传集解》卷六，上海：上海古籍出版社，1978年，第263页。
〔2〕《国语》卷四《鲁语上》，上海：上海古籍出版社，1988年，第153页。
〔3〕《礼记·玉藻》，陈戍国校注本，长沙：岳麓书社，2004年，第211页。
〔4〕《汉书》卷三〇《艺文志第十》，北京：中华书局，1962年，第1715页。
〔5〕 杜佑《通典》卷二一《职官典三》，影印文渊阁《四库全书》本，台北：商务印书馆，1986年。

右史记事”的理想化说法，确实成为后世建立起居注制度的依据。

秦朝虽然有“焚书坑儒”之举，但未废除史事记载，存有“秦记”，司马迁曾阅读之[1]。西汉进行了先秦以来文化传统的恢复与建设，而关于汉朝记载史事的制度，在《史记》《汉书》等史籍中都缺乏明晰的叙述。但在《汉书·艺文志》内著录有“汉著记百九十卷”，唐颜师古注释曰：“若今之起居注。”[2]“著记”又写作“著纪”或“注记”，在《汉书·律历志》中，叙述了西汉各朝皇帝的著记，朱希祖《汉十二世著纪考》一文对此做了清理和探讨，指出这是一种编年体的史籍，但怀疑唐颜师古将“著记”视为“若今之起居注”的说法，引据残存资料加以分析，提出“故著记一书，为天人相应之史，决非起居注专详人事可比”[3]。笔者认为，朱希祖先生的这个看法是偏颇的，其致误原因有以下两点：

第一，汉代著记，全部佚失，而现存古籍对其注明来源的引用，也十分稀少。《汉书·五行志》引述较多，由于《五行志》内容的制约，所引述者皆为附会于日食的天人相应现象。朱希祖据今存残缺资料，提出对“著记”全部内容的判断，是不能成为确证的。而汉代天人相应学说畅行，一朝史事记载包含日食以及灾异应验的内容，是理所当然的。

《汉书·律历志》罗列西汉高祖到东汉光武帝各个皇帝的著记，由于《律历志》的内容特点，主要记述在位的时间和年限，缺少史事内容。但也有例外，如“汉高祖皇帝著纪：伐秦继周，木生火，故为火德，天下号曰汉”，“孺子著纪：新都侯王莽居摄三年，王莽居摄，盗袭帝位，窃号曰新室”，“更始帝著纪：以汉宗室灭王莽，即位二年，赤眉贼立宗室刘盆子，灭更始帝”。[4]这其中包含了班固

---

〔1〕《史记》卷一五《六国表序》称：“太史公读秦记”，北京：中华书局，1963 年，第 685 页。
〔2〕《汉书》卷三〇《艺文志第十》，北京：中华书局，1962 年，第 1715 页。
〔3〕 朱希祖《汉十二世著纪考》，《国学季刊》1930 年第 2 卷第 3 号。
〔4〕《汉书》卷二一下《律历志第一下》，第 1023—1024 页。

对相关著记记载史事的概括，说明这类著记乃是记载史事的史籍。据《汉书·律历志》，汉高祖至东汉光武帝每朝皆有，连高后（吕后）、孺子婴、更始帝亦不遗缺，构成完整系列，可见汉代皇帝著记的编撰，乃是制度化、体制化的行为。

宋人章如愚说："非有《汉著记》百九十卷、《大年纪》五篇，则孟坚十二帝纪何所考证而作也？"[1]这一设问不仅针对《汉书》，同样适合于《史记》。《史记》从汉高祖到汉景帝的《本纪》也应当是依据各个著记所编撰的，否则其中详细的史事及其确切的时间从何而来？但由于汉朝著记属于宫廷的内部档案，故而司马迁在《史记》中未像其他史籍那样将之提及。

第二，汉代"著记"，或曰"著纪"，或曰"注记"，足见此名称并非专门之书名，而只是记载、记述之泛称。东汉王充《论衡》述他人对王充的质疑："今吾子……故徒幽思属文，著记美言，何补于身？"[2]陈寿在《三国志》中评论曹操手下将领张郃等人说："而鉴其行事，未副所闻。或注记有遗漏，未如张辽、徐晃之备详也。"[3]晋司马彪《续汉书》说："炎汉大兴，道备前代，封乎太山，刻石著纪，禅于梁父，退省考功。"[4]很明显，这些"著记"一类语词，都是泛指记载、记述。朱希祖将之看成专一的书名，不知汉代可能会有各种不同的著记，以至于判断失误。

东汉安帝时，刘毅上书称"古之帝王，左右置史，汉之旧典，世有注记"[5]，这里所谓"汉之旧典"是从西汉算起的，而"注记"与"左右置史"呼应，性质必当相近，岂能仅记天人感应、灾异应

〔1〕章如愚《群书考索》卷一三《正史门》，影印文渊阁《四库全书》本。
〔2〕王充《论衡》卷三〇《自纪篇》，见黄晖《论衡校释》，北京：中华书局，1990年，第1204页。
〔3〕《三国志·魏志》卷一七《张辽乐进于禁张郃徐晃传·评》，北京：中华书局，1982年，第531页。
〔4〕《北堂书钞》卷九一《封禅二十九》引司马彪《续汉书》，影印文渊阁《四库全书》本。
〔5〕《后汉书》卷一〇《皇后纪·邓皇后》，北京：中华书局，1965年，第426页。

验而不载国家政务？且东汉初期汉明帝时，马严与杜抚、班固等共同“杂定建武注记”[1]，即编撰光武帝的著记。“杂定”就是正其繁杂，定其可依，从多种记述中整理出定本著记。这是东汉第一部皇帝著记，其编纂方法应当是从西汉承袭而来。而皇帝的著记是由“杂定”而成，说明汉朝各个重要机构可能皆有著记，不排除有观测天文机构的专门著记。今人现在不了解西汉记史制度的详情，但刘勰《文心雕龙》却说：“在汉之初，史职为盛，郡国文计，先集太史之府。”[2]“史职为盛”大约表现于官方机构皆记载史事，还具有将之汇总编撰的机制，不过这些文献都成为政府的档案资料。

汉代的著记是“杂定”而成，而非随时的最初记载，体制上确与唐代起居注不完全相同。但就其形式、内容而言，以编年体记载一朝皇帝事迹及国家大事，且作为朝廷档案文献，将之比拟为起居注并无大误。宋王应麟曰：“唐陈正卿作《续尚书》，其表谓‘汉臣著记，新体互约于表志’，则著记为汉起居注，昭昭矣！”[3]因此，汉代为一朝皇帝编订的著记，是一种史事记载的“新体”，即后来起居注记史体制的前身。

二　东汉起居注名目的显现

作为书籍或文献的称谓，起居注的名目始自东汉，清人杭世骏指出所谓“汉武帝禁中起居注”乃并不存在的伪书。朱希祖《汉唐宋起居注考》一文清理出东汉明文记载有三种起居注，即“明帝起居注”“灵帝起居注”“献帝起居注”。但文中认为“自明帝始有起居

---

〔1〕《后汉书》卷二四《马援传附马严》，第859页。

〔2〕刘勰《文心雕龙》卷四《史传第十六》，杨明照增订校注本，北京：中华书局，2000年，第207页。

〔3〕王应麟《玉海》卷四八“汉著记”条，日本中文出版社1977年合璧影印本，第959页。按：王应麟引语来自萧颖士撰《为陈正卿进续尚书表》，见《唐文粹》卷二五，影印文渊阁《四库全书》本。

注，其后章帝、和帝、殇帝、安帝，亦必世有起居注”[1]，则毫无根据，纯属武断。前揭刘毅“古之帝王，左右置史，汉之旧典，世有注记”[2]一语，是说自西汉以来，每朝都有著记，因为东汉大臣，凡言“汉”世，自当从西汉起始，“汉之旧典，世有注记”符合汉著记的状况，与东汉才出现的起居注毫无关系。

根据现有资料，对东汉出现的起居注可以做出如下判断：

1. 东汉的起居注乃记载后宫日常起居杂务，并不包括朝廷大政和国家大事。汉末荀悦《申鉴》云：“先帝故事，有起居注，日用动静之节必书焉。宜复其式，内史掌之，以纪内事。”[3]这里讲明起居注记述的是“内事”，即皇帝的“日用动静之节”。更重要的是：荀悦是在详细论述设置尚书官统摄的史官记载重要史事之后，再言起居注记载“内事”聊为补充而已。荀悦所言，反映的应是整个东汉起居注的状态，如关于汉明帝起居注，今所见史料乃是其生病医治之事。因此，东汉的起居注仅载“起居”一类后宫杂事，倒正是名副其实的。

2. 东汉明文记载的起居注，仅三朝而已，不是每朝皇帝都一定具备。荀悦称之为“先帝故事”，即先帝曾有过的做法而已。荀悦主张“宜复其式”，即要求恢复，可见其断续存在。这与刘毅所言汉著记为“世有”的“旧典”（即典章制度），判然不同。大抵起居注名目初始显现，有人倡导编辑则有，无人倡导则缺，远未制度化。

3. 东汉起居注不一定是随时记录，有的可能于事后纂辑，如汉明帝起居注即明帝逝世之后纂辑。《后汉书》记载：“……及帝崩，肃宗即位，尊后曰皇太后……自撰《显宗起居注》，削去兄（马）防参医药事……太后曰：‘吾不欲令后世闻先帝数亲后宫之家，故不

〔1〕朱希祖《汉唐宋起居注考》，《国学季刊》1930年第2卷第4号。
〔2〕《后汉书》卷一〇《皇后纪·邓皇后》，第426页。
〔3〕荀悦《申鉴·时事第二》，黄省曾注释，上海：上海古籍出版社，1990年，影印明文始堂刊本。

著也。'"[1]朱希祖认为："盖《明帝起居注》，必当明帝御宇时，先有撰述，故马后欲削去防名。若马后自撰，即不记载马防参侍医药事，又何用削去耶？"[2]这个质疑没有道理，作为皇太后来编纂文籍，岂能没有助其拟定草稿者？起草者记入此事，马太后自然可能删削，这又怎么能够证明汉明帝生前就有起居注呢！范晔编纂《后汉书》，史料来源多可追溯到东汉官方的纪传体国史《东观汉记》，没有充足理由，不可乱开疑窦。

4．东汉的起居注，不是后世起居注记史制度的前身，因为它只记载后宫杂务，甚至古人认为"汉时起居，似在宫中为女史之职"[3]，从记述朝政大事的制度化记史体制来看，汉代各帝的著记才是后世起居注制度的前身，但"起居注"的名称却被采纳。"著记"的本意本为记载行为的泛称，后世被取代，而起居注不再仅仅为"起居"内容，这其中有一个名与实转化的过程，也衍生出不少名实参差的现象，下文还将论及。

三　两晋南朝起居注的演变

三国魏明帝时，即专设史官，"中书著作郎专修国史，而起居注无闻焉。吴、蜀分据，亦各有史职"[4]。据此，三国时期魏国虽设立专门史官曰著作郎，但尚无记载起居注的制度。在西晋、东晋时期，则是起居注记载方式发生演变，以及名、实转化的重要时期。晋朝沿袭史官专设体制，仍称著作郎。晋惠帝元康二年（292），置著作郎一人、佐著作郎八人，隶属于秘书省。"著作郎掌起居集注，撰

---

〔1〕《后汉书》卷一〇《皇后纪·明德马皇后》，第410页。
〔2〕朱希祖《汉唐宋起居注考》，《国学季刊》1930年第2卷第4号。
〔3〕《隋书》卷三三《经籍志二》，北京：中华书局，1973年，第966页。
〔4〕《册府元龟》卷五五四《国史部·总序》，影印文渊阁《四库全书》本。

录诸言行勋伐旧载史籍者。”[1]这表明起居注成为官方制度化的载籍，但称“起居集注”，乃是依据各种公文文献集合编纂而成，与汉著记、东汉起居注编辑相同，而非“左史记言、右史记事”那种理想化的原始记录。这个判断，从现存零星资料中就足以证明。

晋起居注虽皆已佚失，但大量被《世说新语注》《北堂书钞》《艺文类聚》《太平御览》等典籍片段引录。清人章宗源、黄奭、汤球等人均曾辑佚。根据现存晋起居注各种辑本，可知其中多有皇帝的诏令与封赏、颁赐等，其中皇帝诏令占最大比例，内容涉及国家政事各个方面，均为正式的官方文书形式。如署名刘道荟（一作刘道会）的《晋起居注》载有“太始元年诏曰：若县令有［缺］，掾属才堪治民者，当以参选”[2]，“武帝太（泰）始七年诏曰：中护军职典武选，宜得堪干其事者。左卫将军羊琇，有明赡才见，乃心在公。其以琇为中护军”[3]。也有大臣或衙门的上奏，有的还兼载处理的结果，如署名李轨的《晋咸康起居注》载有“侍御史秦武奏：平陵前道东杉树一株萎死，以备预柏栽补之。请收陵令推劾”[4]。《晋义熙起居注》载：“十年，有司奏：太常谢澹遣四人还家种葱菜，免官。”[5]很明显，有这类官方文书抄录入起居注，必为事后编辑而成。

更值得注意的是：官方编辑起居注之后，还会有以个人名义重新编辑者，仍然名为起居注，从《隋书》和《旧唐书》的《经籍志》著录来看，署名李轨的有六种，分有西、东两晋。署名刘道荟的《晋起居注》一种，达322卷，乃汇总西晋、东晋各朝起居注而成。而李轨为东晋人，刘道荟则为南朝刘宋人，他们都是将晋朝官方已

［1］《史通》卷一一《史官建置》，见浦起龙《史通通释》，上海：上海古籍出版社，1978年，第320页。
［2］《北堂书钞》卷七八引，见《众家编年体晋史》，天津：天津古籍出版社，1989年，第456页。
［3］《太平御览》卷二四〇引，见《众家编年体晋史》，第464页。
［4］《艺文类聚》卷八九引，见《众家编年体晋史》，第516页。按：这里“平陵”应为“兴平陵”。
［5］《太平御览》卷九七七引，见《众家编年体晋史》，第521页。

有的起居注再次汇总编辑而成书。

南朝刘宋政权，设“著作郎一人，佐郎八人，掌国史、集注起居”[1]，但实际上已开其他官员编辑起居注之例，如宋文帝元嘉十二年，无著作之职的裴松之“受诏撰《元嘉起居注》”[2]。待到南齐以降，著作佐郎渐渐成为门荫途径初入官场之职，不具史才，“历梁、陈，国史、起居之任，多以他官兼领”[3]。不过，这只是官员职任的偏离，而起居注的形式、内容、编纂机制等并无显著变化。南朝仍是“集注起居”，就是集各种各方公文文献编辑起居注，与晋代同样非即时记录。

不仅如此，南朝还有一朝皇帝逝世之后补修起居注者，如陈开国君主陈武帝的起居注，乃其子陈文帝时追补纂辑。《陈书·刘师知传》记载：“初，世祖敕师知撰《起居注》，自永定二年秋至天嘉元年冬，为十卷。”[4]此处“世祖”即陈文帝，“永定”乃陈武帝年号。至于将以往起居注重新编纂者，除前揭刘宋时刘道荟纂辑《晋起居注》外，南朝梁徐勉“尝以《起居注》烦杂，乃加删撰为《流别起居注》六百卷”[5]。这种私家删订的起居注，已经不在王朝记史制度的体制之内。

综上所述，两晋南朝的起居注，从官方史学的发展角度可以概括为以下几点：

1. 在两晋、南朝，起居注内容和体制上承袭了两汉著记，进入官方记史的制度格局，而名称则取用东汉兴起的起居注，因而掩盖了其前身乃两汉著记这一源流。揆其名称取舍原因，恐著记毕竟是泛指记录、撰写行为的词语，很不专一。而起居注之称，具有私密

---

〔1〕《隋书》卷二六《百官志》，第723页。
〔2〕裴子野《宋略总论》，见《文苑英华》卷七五四，影印文渊阁《四库全书》本。
〔3〕《册府元龟》卷五五四《国史部·总序》，影印文渊阁《四库全书》本。
〔4〕《陈书》卷一六《刘师知传》，北京：中华书局，1972年，第233页。
〔5〕《梁书》卷二五《徐勉传》，北京：中华书局，1973年，第387页。

性的意味，且为东汉新创的专门词语，较适于表示皇帝行为和宫廷政务。

2. 此时期的起居注，仍不是即时的史事记录，而是将政府公文与皇帝言行等汇总，按时间顺序予以纂辑，故有“起居集注”或“集注起居”之称。

3. 两晋、南朝的集注起居，在记史制度上并未成熟，有断续，有后补，且更有私家重新编辑。私家编辑后仍然冠以“起居注”之名，表明朝廷尚未在这种重要记史方式上独居权威地位，这是朝廷制度尚未成熟的表征之一。

四　北朝至隋唐：起居注记史体制的确立

西晋末年，北方各个民族政权更迭兴起，史称“十六国”时期。是时虽战争频仍，但十六国政权仿从汉文化，特别是仿从东汉以来官方记史、修史活动，成为普遍的现象。后赵石勒政权、南燕慕容氏政权、前秦苻坚政权等都有纂辑起居注的记载，但详情无考，应属仅袭名目，并无规范，如石勒曾受匈奴刘氏政权封为“大将军”，自行称帝之际，竟然下令追纂《大将军起居注》[1]，可见对于起居注的性质缺乏起码的认知。真正在起居注记史体制发展上做出贡献者，应从北朝元魏政权说起。

历史上锐意从政制、文化上汉化的少数民族政权君主，北魏孝文帝是最为典型的范例。太和十四年（490），魏孝文帝“初诏定起居注制”，而次年正月，即“分置左右史官”。[2]刘知幾《史通》记述其事曰：“元魏置起居令史，每行幸宴会，则在御左右，记录帝言及宾客酬对。后别置修起居注二人，多以余官兼掌。”[3]查《魏书·官

---

〔1〕《晋书》卷一〇五《石勒载记下》，北京：中华书局，1974年，第2735页。
〔2〕《魏书》卷七下《高祖纪下》，北京：中华书局，1974年，第165、167页。
〔3〕《史通》卷一一《史官建置》，见《史通通释》，第320页。

氏志》，确有“起居注令史”一职，这在官员职名上属于首创。综观《魏书》与《史通》的记述，可知太和十五年“分置左右史官”，就是《史通》所言的“别置修起居注二人”，这是按照所谓“左史记言，右史记事”的理想化方式建立起居注制度。孝文帝还曾对史官说：“直书时事，无讳国恶。人君威福自已，史复不书，将何所惧？”[1]也明确了遵从先秦以来的理想化史学理念，这些在历代朝廷也是首次。据今存史料，北魏纂辑起居注者历朝不断，孝文帝时称文官李伯尚为“李氏之千里驹”[2]，敕令修《太和起居注》。其后各朝职任纂辑起居注者略有邢峦、崔鸿、房景先、裴延儁、山伟、辛贲、温子昇、阴道方、羊深、阳斐、魏收、邢昕、李彦等[3]，直至北魏末年。反映出魏孝文帝之后虽然政局变动、乱态横生，许多原汉化改革措施废止，但当初所制定的起居注制度则基本沿袭下来。

至北魏分裂为东魏、西魏，后又相继被北齐、北周取代，其起居注记载制度仍相因未废。据史籍记述，“北齐有起居省，后周有外史，掌书王言及动作之事，以为国志，即起居之职”[4]。历朝都坚持了起居注的撰修。东魏见于记载的起居注官有许绚、郑伯猷、崔愍等[5]，西魏见于记载的起居注官有申徽、卢柔、柳虬、薛寘等[6]，北齐起居注官有王晞、崔发、李希礼、阳休之等[7]，北周起居注官有

---

〔1〕《魏书》卷七下《高祖纪下》，第186页。

〔2〕《魏书》卷三九《李宝传附李伯尚》，第893页。

〔3〕以上众人任职修起居注，依次见于《魏书》卷一〇四“自序”、卷六七《崔光传附崔鸿》、卷四三《房法寿传附房景先》、卷六九《裴延儁传》、卷八一《山伟传》、卷四五《辛绍先传附辛贲》、卷八五《温子昇传》、卷五二《阴仲达传附阴道方》、卷七七《羊深传》,《北史》卷四七《阳尼传附阳斐》、卷五六《魏收传》,《魏书》卷八五《邢昕传》,《北史》卷七〇《李彦传》。

〔4〕《通典》卷二一《职官三》，影印文渊阁《四库全书》本。

〔5〕依次见《魏书》卷四六《许彦传附许绚》、卷五六《郑羲传附郑伯猷》,《北史》卷二四《崔逞传附崔愍》。

〔6〕依次见《周书》卷三二《申徽传》、卷三二《卢柔传》、卷三八《柳虬传》、卷三八《薛寘传》。

〔7〕依次见《北史》卷二四《王宪传附王晞》、卷三二《崔鉴传附崔发》、卷三三《李顺传附李希礼》、卷四七《阳休之传》。

张轨、李孝威、刘行本、牛弘等[1]。从北魏孝文帝明确“诏定起居注制”到北周，北朝政权一贯将编修起居注纳入必备的制度设置，这在古代起居注记史体制的发展中具有重要作用。

西魏史官柳虬认为史官“密为记注，徒闻后世，无益当时，非所谓将顺其美，匡救其恶者也”，因而上书请求“诸史官记事者，请皆当朝显言其状，然后付之史阁。庶令是非明著，得失无隐，使闻善者日修，有过者知惧”。[2]这里透露出北朝政权规定起居注严格保密、不令君主观看，而自先秦、两汉、两晋到南朝，皆未见有君主不观历史记载的规定，应是北朝少数民族政权自行形成的规则。“密为记注”虽确实有“徒闻后世”的缺点，但对于历史记述的真实程度，具有十分积极的作用。

隋朝统一全国之后，最初“以吏部散官及校书正字有叙述之才者，掌起居之职，以纳言统之”[3]。隋文帝曾任用王劭“为员外散骑侍郎，修起居注”[4]，隋炀帝时“置起居舍人二员，职隶中书省，如庾自直、崔濬祖、虞世南、蔡允恭等，咸居其职，时谓得人”[5]，后经王胄修成《大业起居注》[6]。隋朝自开国后，官制逐步改革以脱离北周的体制，而起居舍人的设置，实际仿从了北魏之起居令史。因此，隋朝的起居注记史体制，多由北朝因袭而来，对唐朝的建置而言可谓承上启下。

唐朝承接隋制而更加健全，“大唐贞观二年，省起居舍人，移其职于门下，置起居郎二人。显庆中，复于中书省置起居舍人，遂与起居郎分掌左右”[7]。此后，因政局动荡官名虽仍有变化，但在唐中宗神龙初年，恢复了唐高宗显庆年间的制度和名称。既设起居舍人又设起居

---

〔1〕依次见《周书》卷三七《张轨传》、《北史》卷三三《李顺传附李孝威》、卷七〇《刘璠传附刘行本》、卷七二《牛弘传》。
〔2〕《周书》卷三八《柳虬传》，北京：中华书局，1971年，第681页。
〔3〕《通典》卷二一《职官三》，影印文渊阁《四库全书》本。
〔4〕《隋书》卷六九《王劭传》，第1601页。
〔5〕《史通》卷一一《史官建置》，见《史通通释》，第320页。
〔6〕《史通》卷一二《古今正史》，见《史通通释》，第370页。
〔7〕《通典》卷二一《职官三》，影印文渊阁《四库全书》本。

郎，分掌所谓左、右史之责的建置，是唐高宗时期确立的起居注记史体制，唐朝史学家刘知幾描述唐朝的起居注制度说：“每天子临轩，侍立于玉阶之下，（起居）郎居其左，舍人居其右。人主有命，则逼阶延首而听之，退而编录以为起居注。……夫起居注者，编次甲子之书，至于策命、章奏、封拜、薨免，莫不随事记录，言惟详审。凡欲撰帝纪者，皆因之以成功。”[1]杜佑《通典》卷二一有相同的叙述。而《旧唐书》卷四三《职官志二》对唐代起居注体制的叙述亦十分详明：

> 起居郎掌起居注，录天子之言动法度，以修记事之史。凡记事之制，以事系日，以日系月，以月系时，以时系年。必书其朔日甲乙，以纪历数，典礼文物，以考制度，迁拜旌赏以劝善，诛伐黜免以惩恶。季终则授之国史焉。
>
> 起居舍人掌修记言之史，录天子之制诰德音，如记事之制，以记时政损益。季终，则授之于国史。

统观上述记载，唐朝除了起居注官定职定员之外，更在制度上明确了以下几点：

1. 规定了年、时、月、日及必书朔日等记事时间的书法，指明起居注是以“天子之言动法度”“天子之制诰德音”与国家政务为核心的内容范围，“随事记录，言惟详审”是起居注的内容特点。

2. 形成了即时记录朝堂上君臣议政，立即编录为当日起居注的机制，成为直接记载成文的历史文献。但为了内容详备，并不完全排除抄录公文和其他书面资料，如制诰、章奏等。

3. 规定每季度提交给纂修国史机构，明确了起居注不仅起到劝善惩恶的政治作用，而且更重要的是纂修国史的重要依据。

但唐朝确立的起居注记史体制，实质不在于上述具体的官员配置、

---

〔1〕《史通》卷一一，《史官建置》，见《史通通释》，第320—321页。

机构建设以及实施方法，那些都是可以改动的，这个体制的实质乃是朝廷独占的一种记录历史的方式，朝廷独占、不再有私家参与，是体制成熟的关键，所形成的起居注册为关于皇帝言行与朝政大事的具有档案性质的史料编年，成为官方史学中本朝史纂修机能的基础建设之一。

与官方史学内的其他史料与史籍相比，起居注还被赋予极其特殊的性质，即唯一一种君主不能阅览的史籍。唐太宗贞观九年十月，唐太宗正式下令要亲观起居注，而谏议大夫朱子奢上表认为：君主观览起居注，从长远来看不可取，“中主庸君，饰非护短，见时史直辞，极陈善恶，必不省躬罪己，唯当致怨史官。但君上尊崇，臣下卑贱，有一于此，何地逃刑？既不能效朱云廷折，董狐无隐，排霜触电，无顾死亡。唯应希风顺旨，全身远害，悠悠千载，何所闻乎！所以前代不观，盖为此也”。[1]于是唐太宗欲观起居注的打算，终被谏止。贞观十六年四月，唐太宗再次试图亲观起居注，又受到臣下褚遂良的阻止，而房玄龄等“遂删略国史，为编年体，撰高祖、太宗实录各二十卷，表上之”[2]。此非起居注，乃是删略起居注等史料另外修成之书，即由此而产生的实录。总之，唐太宗终归未能得观起居注。后来唐文宗欲观起居注，仍然被谏止[3]，使唐代君主不得观看起居注成为定例。而唐人不知这只是北朝的规则，经唐太宗这个具有英明形象的帝王予以认可，遂成为起居注应有的独特地位。所以，在起居注记史体制确立的问题上，北朝政权的贡献和影响远超越南朝。

五　余　论

起居注的记史制度，在中国古代史学发展上具有特殊的意义，

---

〔1〕《唐会要》卷六三《史馆杂录上》，影印文渊阁《四库全书》史部政书类，第606册，第812页。

〔2〕吴兢《贞观政要》卷七《文史二十八》，上海：上海古籍出版社，1984年，第224页。

〔3〕《旧唐书》卷一七六《魏謩传》，北京：中华书局，1975年，第4569页。

但在历来叙述和研究中，多为语焉不详或屡出讹误。笔者认为研讨这个问题，要在唐代形成定制之前史事的梳理中，注意起居注的“名实之辨”，即区分史籍名称与内容实质的不同；在唐代之后的考察中，要注意“名实之变”，即把握起居注记载方式在实际施行中的变化。

汉至唐初，起居注的“名实之辨”前已略述，即汉代著记就其记载方式和内容范围而言，乃后世起居注前身，但未得其名。而东汉起居注是载宫内杂事，内容不合于后世的起居注。晋朝以来，官方取汉著记之实、用起居注之名，为一项重要演变。但私家仍可删略修改，同样名之曰起居注，如南朝刘道荟、徐勉的做法，造成起居注名与实之间貌合神离的复杂关系，是起居注发展为官方记史体制进程中的偏离和干扰。

刘道荟编辑的《晋起居注》与徐勉的《流别起居注》，是根据原官方起居注修订而成的，其史籍形式、体例与原本一致。而唐初曾任记室参军之职的温大雅撰《大唐创业起居注》三卷，叙述隋末李渊自起兵反隋直到攻克长安、建号称帝这一段唐王朝创建的历史，只能算是温大雅自己的回忆录，无论编撰机制、史籍体例、内容规范、行文方法，都与北朝至唐初的官方起居注制度毫无共同之处，是前代偶将起居注随意作史籍称谓的最后一次延续。但是古来目录之书均将此书归于各朝起居注类别之内，近人著述也往往循其名而不察其实，这些都是亟须纠正的。深入进行中国史学史的研究，对这一类史籍现象理应严执名实之辨，厘清官方记史体制的发展脉络。

唐朝之后，起居注的变化十分复杂，这里仅概略言之。由宋至清，凡设有起居注之时，组织机构似有进一步发展，如宋朝曾设立起居院，清朝有常设的起居注馆，起居注官人数也有增加，但这只是枝节问题，实质上记史的机制变化颇多。有宋一代基本坚持了起居注的编撰，然而从宋太宗时起就公然实行“每月先进御，后降付史馆”[1]，即起居注首先由皇帝予以审阅。[2]元、明两代，起居注记载时断时续，皇帝对此并不热心。清朝自康熙十年才设立起居注馆，而五十七年三月清圣祖宣布“此衙门甚属无益”[3]，当月即行废止。雍正朝之后，起居注每月必须编撰成册，成为制度，但编撰方式大为改观，除简略记述皇帝行止动静外，不再直接记录朝堂议政实况，而是抄录成文的谕旨、诏令、章奏等公文，以摘录公文档案构成主要内容。[4]发生这种变化的原因，在于理想的起居注记史体制，直接在现场记录皇帝言行举止，书写处理政务的原初过程，而且奉从据事直书原则，不许皇帝查看，这对君主行为有所牵制，有利于统治者的长远利益。但同时保留了史官一点相对独立的史权，游离于皇权直接掌控之外，与不断强化的君主专制发生矛盾。起居注由皇帝审阅、停止和废止编撰、变换记载方式和记述内容等，都是皇权对相对独立史权的取缔。

既然唐朝之后的起居注多有变化，那么，说唐代已然确立这项中国特有的记史体制是否还能成立？回答是肯定的。因为：第一，朝廷独占、官方垄断的性质始终未变，私家不再能以起居注名称撰述史籍。第二，宋代君主审阅起居注，当代就反复被大臣批评，要求恢复唐代旧制。宋帝默然不答，最终未能接受谏议，元、明、清三代君主，并未依从宋朝做法，而是在形式上坚持了不观起居注。第三，凡起居注停辍之时，均有上奏要求增设，朝廷只能拖延，而无法否定奏议的合理性。第四，清朝起居注改变记述方法和内容后，亦有臣下强烈不满，如咸丰时许宗衡撰文批评清朝的起居注“与古人左右史记言动之义，仅存其貌，以视历代，固不尽同，尤不若唐

〔1〕《宋史》卷四三九《梁周翰传》，北京：中华书局，1977年，第13004页。
〔2〕李焘《续资治通鉴长编》卷三五，太宗淳化五年四月丙戌，北京：中华书局，1979年；《宋史》卷四三九《梁周翰传》。
〔3〕《康熙起居注》，康熙五十七年三月初三日壬子，北京：中华书局，1984年，第2498页。
〔4〕乔治忠《说康熙起居注》，《史学史研究》，1991年第1期。

制之善"[1]。而民国初清朝遗老于式枚、缪荃荪等认为清朝"起居注止载发抄之谕旨，更属无用，此起居注之不同于古也"[2]，可谓盖棺论定。第五，唐朝之后以理想化方式记载的起居注并非毫无成果，今存明朝《万历起居注》、清朝《康熙起居注》，即为直接即时记录、资料原始、内容全面、未经皇帝审阅的史籍，体现了唐代确立的起居注体制。总之，唐代的起居注体制成为史学上正义的"直道"，无论多么强势的皇帝与朝廷，在起居注记载上如果脱离唐代的体制，就会遭受批评而无以回应，仅能在违理坏法的状态下低调拖延，陷于理论上的弱势。因此，唐朝确立起居注记史体制的事实与意义是不可否定的。

（原载《史学史研究》2010 年第 2 期）

---

〔1〕许宗衡《起居注官考》，见葛士浚辑《皇朝经世文续编》卷二〇《吏政三 · 官制》，台北：文海出版社，1972 年。

〔2〕于式枚等《谨拟开馆办法九条》，见朱师辙《清史述闻》卷六，上海：上海书店出版社，2009 年，第 83 页。

李东阳《历代通鉴纂要》及其在清朝的境遇

明朝正德初年，官方修成一部名为《历代通鉴纂要》的史书，由大学士李东阳奉表奏进。近代以来，学术界一直对此不大关注，多种中国史学史著述都很少提到该书，然而从明清两代官方史学角度审视，《历代通鉴纂要》不仅是明朝官修史的一个亮点，而且对清朝的官方史学造成了微妙的影响，值得发掘阐释，认知评析。

一 《历代通鉴纂要》的编纂及其普及性史学的文化背景

《历代通鉴纂要》始修于明弘治十六年（1503），《明实录》记载此事缘起称：

> 大学士刘健、李东阳、谢迁言："昨二十四日，司礼太监扶安传奉圣旨：《通鉴纲目》并《续编》深切治道，命臣等撮取节要，撰次一本，仍分卷帙陆续进来，以便观览。次日，安又传谕圣意：欲自三王五帝以来历代事迹，通为一书。臣等仰见皇上稽古图治之盛心，宗社之庆，生民之福，端在于此。窃闻经以载道，史以纪事，二者盖相为用，而不可相无者也……切照历代事迹，各有旧史。其荟萃成编者，战国以后之事则有《通鉴纲目》，宋元之事则有《纲目续编》，若三王五帝夏商之事，则有《通鉴节要》《通鉴前编》等处书。上下数千年间，篇帙浩繁，事端分散，万机之外，岂暇周详？信有如圣谕所及者。臣

等拟将前项历代史书，摘其尤切治道者，各照原文通加节省，贯穿成编，以便御览。或有宏纲要义，宜用发挥者，间述臣等愚见，附注于后，以代讲说。务令事理明白，鉴戒昭彰，可以补益宸衷，恢张治化，亦臣等辅导启沃，图报于万一者也。”[1]

随即拟定由吴宽、谢铎、张元祯、杨廷和等19名礼部、翰林院、詹事府、太常寺以及左、右春坊等衙门官员担任纂修官，且调集大量文官充任誊录官，人员组成具有较大的规模，纂修进度亦相当可观。

从上述叙述可知：明廷纂修《历代通鉴纂要》，是承接《续资治通鉴纲目》之后的又一官方修史举动。然而《历代通鉴纂要》是通史性的撰述，与《续资治通鉴纲目》不同，明孝宗原本是要将《通鉴纲目》与《续资治通鉴纲目》合编一书，但次日就改变主旨，意欲重新编纂一部完整的通史，这说明其中有一种文化背景所激发出的修史意图，这就是明初以来史学普及性潮流的发展趋势。

史书之冠以“普及性”之称，是一个相对的概念，史书如果具备相当的流布广度，且能以较为简明、浅显、生动的叙述满足社会各阶层了解、学习历史知识的功能，可视之为具有普及性功能。普及性史书形成一定规模，加之部分史家以传播历史知识为宗旨而撰史，具有明确的史学普及意识，二者相结合，即构成一定社会历史时期的普及性史学，这种状况应当从雕版印刷术真正用于印行史籍的宋代开始。

元朝承南宋之绪，对于原先缩编《资治通鉴》的各书，多有重编与翻刻，特别是宋代江贽（人称“少微先生”）的《少微通鉴节要》，曾以“少微家塾点校附音通鉴节要”等商业性名称刊印，对后来普及性史书的发展影响很大。元人亦编辑一些适于普及历史知

[1]《明孝宗实录》卷一九九，弘治十六年五月辛卯，台北：“中央研究院”历史语言研究所校印本，1962年，第3694—3695页。按：本文以下所引《明实录》均为同一版本。

识的书籍，如胡一桂《十七史纂古今通要》、陈栎《历代通略》、察罕《帝王纪年纂要》等。而宋遗民曾先之撰《古今历代十八史略》一书，具有简明生动的特点，最初仅为课蒙教本，后大为流行，又为普及性史书开一新境。由于元朝十分推重朱熹理学，《资治通鉴纲目》的地位显著上升，南宋尹起莘撰《资治通鉴纲目发明》，元朝王幼学编《资治通鉴纲目集览》、刘友益撰《资治通鉴纲目书法》，都广为流行，成为普及史书的又一类别。

明朝史学的发展，从明初就呈现出普及性史书增长壮大的势头[1]，官方的史学举措，一定程度上也促进了史学普及意识的形成与发展。明太祖朱元璋曾下令纂辑《臣戒录》，收载历代悖逆不道王侯、宗戚、宦官事类，“颁布中外之臣，俾知所警”[2]，又令编写《志戒录》，“采辑秦、汉、唐、宋为臣悖逆者，凡百有余事，赐群臣及教官、诸生讲诵，使知所鉴戒”[3]。洪武十一年（1378），明廷还编撰《春秋本末》一书，体现“尊王攘夷”精神，“敕内官刊梓禁中，以传示四方”[4]，这不能不认为其中带有普及历史知识的意识。明初的私家学人十分关注普及性史书，特别是元初宋遗民曾先之的《古今历代十八史略》得到格外重视，注释、增编者层出，各种版本广传全国。朱熹《资治通鉴纲目》及其注解、阐释性撰述，仍是重要的普及性史籍，传扬正统政治历史观念的作用十分突出。

大约到明宪宗成化年间，以简明通史普及史学知识的风气已经相当强劲，故朝廷有敕命考订《资治通鉴纲目》之举，订正一些讹误，去除后人所加“考异”等文字，附上《资治通鉴纲目发明》《资治通鉴纲目集览》的内容。此项考订于成化九年（1473）告成，“命

[1] 关于明代的普及性史学发展，详见乔治忠《明代史学发展的普及性潮流》，见张国刚主编《中国社会历史评论》第4卷，北京：商务印书馆，2002年，第439—452页。
[2]《明太祖实录》卷一三二，洪武十三年六月甲申（于月末以“是月”补述），第2100页。
[3]《明太祖实录》卷一七九，洪武十九年十月辛亥，第2712页。
[4] 宋濂《文宪集》卷五《春秋本末序》，影印文渊阁《四库全书》第1223册，台北：台湾商务印书馆，1986年，第363页。

缮录正本，附以凡例，并刻诸梓以传”[1]。同年，官方开始纂修《续资治通鉴纲目》，于成化十二年（1476）成书，明宪宗的序文称此书与《资治通鉴纲目》一样，“诛乱讨逆，内夏外夷，扶天理而遏人欲，正名分以植纲常，亦庶几得朱子之意，而可羽翼乎圣经。仍命梓行，嘉惠天下”[2]。从这些举动来看，明朝朝廷已经意识到普及性史学发展的重要性，试图由官方掌控历史评论的基调，主导历史观念的思想取向。而成化、弘治年间，各种普及性通史史书继续在民间流行，特别是经过改订的《古今历代十八史略》《少微通鉴节要》和《通鉴节要续编》，各种版本改头换面、反复刊行，炽热流行，遍于全国且传布海外。一些官员也投身于这种普及性通史的撰修，如时为翰林学士、国子监祭酒的丘濬，成化十三年（1477）撰成编年史《世史正纲》，记事起于秦代，终于元朝，他在“自序”中称：

> 愚为此书，直述其事，显明其义，使凡有目者所共睹、有耳者所共闻，粗知文义者，不待讲明思索，皆可与知也。苟或因是而驯致夫贤人君子之地，则夫圣贤婉而正之书，亦可由此而得之矣。[3]

此书历史思想的主旨在于申明纲常伦理、华夷之辨和政权正统观念，但撰述用意则是要面对大众读者，体现了强烈的史学普及意识。

由此可以推知，官方也认识到普及性通史简明扼要、线索清晰的优点，而致力于编纂更为系统的朝廷应用之书。于是，明孝宗在弘治十五年（1502）《大明会典》告成、腾出人力之后，次年就敕令纂修《历代通鉴纂要》，从而整合官方认可的历史体系和历史观，作

〔1〕《明宪宗实录》卷一一三，成化九年二月丁丑，第2197页。
〔2〕《明宪宗实录》卷一五九，成化十二年十一月乙丑，第2910页。
〔3〕丘濬《世史正纲》卷首《世史正纲序》，《四库全书存目丛书》史部第6册，济南：齐鲁书社，1996年，第152页。

为君臣便于学习、掌握与讲说的史书蓝本。在各类普及性史书之中，通史撰述能够提供贯通古今的历史知识和历史观念，尤其是编年体通史，线索单纯而清晰，便于表述历史演变的宏观大势。编年体通史中有通鉴、纲目两类撰写方式，纲目形式便于寻检阅读，更容易通过纪年、书法等手段展示政权统绪和人物褒贬，因此官方对此情有独钟，《历代通鉴纂要》即为编年体纲目类的简要通史。

弘治十八年（1505）五月，明孝宗逝世，政局大变。继位的明武宗生性好游乐，刘瑾等一应宦官投皇帝所好，因以得势。自明孝宗时就已主持政务的刘健、谢迁等，发起对宦官刘瑾一伙的斗争，终归失败，刘健、谢迁被致仕免官，继而削夺名位，独留李东阳仍居大学士职位。这样，纂修《历代通鉴纂要》的主持人就落在李东阳肩上。明武宗正德二年（1507）本书告成奏进，进书表名列第一者为李东阳。名列第二者焦芳，亲近于刘瑾，他对本书的纂修之事不大关注，而是将注意力集中于同时纂修的《明孝宗实录》。[1]因此，《历代通鉴纂要》后期的撰写直至定稿成书，主要为李东阳所裁定。该书卷首有御制序和进书表，自属于官修史，但纂修过程经历政治变动，主修者唯李东阳始终其事，可视为李东阳的撰述。

二　李东阳在明武宗朝的政治角色

李东阳是明代重要的历史人物之一，一生事迹卓有特色，在政治、文学、史学等方面都发挥了很大影响，值得予以多角度的研讨。李东阳（1447—1516），字宾之，号西涯，祖籍湖南茶陵，但其曾祖父即已随军驻扎燕京，其父李淳教书为生。正统十二年（1447），李东阳出生于北京，幼年极为聪颖，以“神童”闻名遐迩，十八岁即

〔1〕《明史》卷三〇六《焦芳传》，北京：中华书局，1974年，第7836页，记载焦芳“总裁《孝宗实录》”。焦芳对纂修实录倍加关注，而不大干预《历代通鉴纂要》的编纂。

中进士，后于翰林院供职。弘治年间参修《明宪宗实录》，职位屡屡提升。李东阳文笔典雅，书法精湛，著述宏富，诗歌更开创流派，乃明代茶陵诗派宗主，享盛名于海内。弘治年间入内阁参与机务，朝廷典诰多出其手，编纂书史，常为主笔，是具备多种优长才干的学者型高官，且清廉正直。在明孝宗弘治朝，李东阳官礼部尚书兼文渊阁大学士，与内阁首辅刘健、东阁大学士谢迁和衷共济，辅助朝政。《历代通鉴纂要》的开始修撰，就在此春风得意之际。

明孝宗逝世而武宗继位，刘瑾等原东宫宦官八人皆在宫内任事，时称“八党”，这些宦官想方设法引导皇帝游乐，因而花费侈增而朝政荒废，于是刘健等发起清除“八党”运动，连章上奏，请诛刘瑾等人。明武宗不仅不听，反而任命刘瑾为司礼太监，标志着刘健等大臣的彻底失败。刘健、谢迁等愤而乞请致仕，得到旨准，李东阳虽也参与弹劾刘瑾，事败后同样乞请致仕，却被挽留，仍任原职且居于首席大学士之位。李东阳独被挽留且不降职的原因大抵是：其一，刘健、谢迁等朝臣请诛刘瑾，而李东阳态度则比较缓和；其二，明武宗不想将先帝重臣尽数斥去，留用李东阳可以搪塞舆论；其三，李东阳乃一代文宗，朝廷文治事务及纂修书史多所倚仗；其四，李东阳诗文传扬天下，人望颇高，据说就连刘瑾也对其保持表面的敬重。

史称刘瑾得势之后，“务摧抑缙绅，而焦芳入阁助之虐，老臣、忠直士放逐殆尽。东阳悒悒不得志，亦委蛇避祸……凡瑾所为乱政，东阳弥缝其间，亦多所补救”[1]，特别是刘瑾借机意欲谋害刘健、谢迁、刘大夏、杨一清等正直之士，赖李东阳进言救免，其中杨一清就是日后诛除刘瑾的关键人物。因此李东阳的政治作为起到了积极效果，其功绩不可抹杀，《明史》称“其潜移默夺，保全善类，天下阴受其庇”[2]，是公允的评价。在皇帝游乐无度和阉党专政的昏暗政

〔1〕《明史》卷一八一《李东阳传》，第4822页。
〔2〕《明史》卷一八一《李东阳传》，第4823页。

治局面下，李东阳之所以坚持任职而不告退，目的正在于匡救时政，而非贪图官位，这从其为官两袖清风、极其清廉，死后家无余资的境况即可得到验证。然而处在困窘的局势下，要实施自己的政治作为，自不能完全排除对刘瑾的附从，例如正德三年（1508）“刘瑾创玄真观于朝阳门外，大学士李东阳为制碑文，极称颂”[1]，这很受时人与后世诟病。李东阳在朝为官，名节屡受訾议，其中也包括他的门生，总之受到来自阉党排斥和舆论攻击的两方面压力。在其诗文集《怀麓堂集》之中，就有不少诗作道出心迹：

《红梅为力斋题》：谁道南枝胜北枝？北枝偏耐霜雪欺。雪霜消尽春风改，只有丹心似旧时。

《竹雀图》：爱听琳琅戛素秋，恶闻啁哳绕枝头。若教爱恶浑无迹，须向天机静处求。

《泥金梅》：梨花如雪柳如金，俗眼犹将较浅深。争似能黄更能白，两般颜色一般心。

《题画芥》：雨洗尘沙不受侵，短篱横圃带秋阴。城居不改山林味，世上何人识苦心。[2]

以上各诗均以竹木花鸟为借喻，申明无须纠缠于“南枝”“北枝”，“城居”“野居”，也不必计较颜色浅深，关键在于内心的真谛。时人往往爱听清脆顿挫的鸟鸣，而讨厌细碎噪杂之音，但爱憎无迹的深邃追求，乃在于“天机静处”。这里表达了李东阳在政治上自觉地“争似能黄亦能白”，即能屈能伸，与各种对手周旋，但保持“两般颜色一般心”的根本立场，这是一种忍辱负重、忠君为国、识大体顾大局的价值观。当处于奸邪势力猖獗得势的状况下，出于正义、

---

〔1〕谷应泰《明史纪事本末》卷四三《刘瑾用事》，北京：中华书局，1977年，第647页。
〔2〕李东阳《怀麓堂集》卷二〇，影印文渊阁《四库全书》，第1250册，第210、213、214页。

气节，以势不两立姿态抗争，是为大义凛然，值得敬仰，然这种抗争类若孤注一掷，激变的结果反而导致朝政更加昏暗。如此特殊时期，出现李东阳这样有地位、有能力而又善于周旋的角色，采用政治柔术匡救弊政、保全正人，乃是时势不幸中之幸事。清代学者这样评论李东阳：

> 当武宗不听（刘）健、（谢）迁之谏，东阳岂不能出一语力争？争之不得亦去，岂不计之熟哉？乃委屈隐默，卒谋诛瑾。是健、迁任其易，东阳任其难；健、迁所见者小，东阳所见者大；健、迁所处者安，东阳所处者危。若东阳者，诚大臣之所为也。……或讥其《玄真观碑》颂（刘）瑾功德，夫危行言逊者，居乱邦之苦心；阳顺阴违者，制小人之要术……崇气节而立门户者，有明士大夫之积习，彼于东阳攻之不遗余力，皆未权其轻重缓急，而究夫用心之所在也。〔1〕

他还认为，“延明祚百有余年，谓非东阳一人之力不可也”〔2〕，给李东阳在明武宗朝的政治作为予以全面肯定和极高评价。明清以来，李东阳的心迹越来越被更多的研究者所理解，这是总的趋势。但还有许多问题缺少深入探查，其中《历代通鉴纂要》如何体现了李东阳的政治历史观念，亟须讨论评析。

三 《历代通鉴纂要》撰著宗旨评析

《历代通鉴纂要》纂修之初，必然先确定记事的起止，商讨编纂方案，其详情今已难知，今尚可见到谢铎《与李西涯论〈历代

---

〔1〕 法式善《李东阳论》，见李东阳著，周寅宾点校《李东阳集》卷三“附录”，长沙：岳麓书社，1984年，第470—471页。

〔2〕 法式善《李东阳论》，见李东阳著，周寅宾点校《李东阳集》卷三“附录”，第471页。

通鉴纂要〉书》讨论义例，应当是弘治朝纂修伊始时撰写。此书信似乎透露出李东阳最初就是《历代通鉴纂要》的实际主修人，因为谢铎讨论义例，单单致信于李氏一人，而不顾及刘健、谢迁。谢铎（1435—1510），字鸣治，号方石，浙江太平（今浙江温岭市）人。年长于李东阳，而与之十分友善，二人同属于茶陵派诗人。弘治十六年，谢铎被任命与吴宽、张元祯一同负责《历代通鉴纂要》的“通行润色”[1]，是较为重要的纂修官。他在这封信件中，向李东阳提出建议，要点有：1. 认为秦不可以为正统政权。“以其强暴并吞，非若汉、唐、宋诸君之犹有志于救民者也。秦既不得为统之正，而司马晋、杨隋之篡窃弑逆，亦新莽之流亚耳，又可以上阶诸君而例以正统予之哉？”2. 主张记史从伏羲氏起始，因为伏羲是《易传·系辞》提到的，符合儒学的经传本义，伏羲、炎帝、黄帝列为三皇，这与《史记》的古帝王系列已然不同。3. 体例上“先为编年，略如《春秋左传》之例，而又每事别记，以仿佛《书》与《国语》之例”，即修纂成为编年与分别集中记言和记事的混合体裁。他特别强调义例不能拘泥于《资治通鉴纲目》，在正统论方面，有“《纲目》之所未尝正、今日之所当正也”，“虽《纲目》之所已书，而义理无穷，参之后贤之论，恐亦未必无可议也”[2]。这种见解，反映了明代中期之后涌动的将正统论极端化的历史观念，是纲常伦理准则日趋苛严、理学思想体系愈加僵化的体现。

《历代通鉴纂要》于正德二年六月告成，全书92卷，记事起于伏羲氏，终于元末。今南开大学图书馆存有明内府刊印的善本，分装8函56册，每册首页多有“表章经史之宝”红色正方篆印，亦间有“广运之宝”篆印，卷首有明武宗的《御制历代通鉴纂要序》、李东阳等《进书表》和本书凡例，还特别列出《纂辑书籍》和《引用

〔1〕《明孝宗实录》卷一九九，弘治十六年五月辛卯，第3696页。
〔2〕谢铎《与李西涯论〈历代通鉴纂要〉书》，见贺复征编《文章辨体汇选》卷二三三，影印文渊阁《四库全书》第1404册，第746页。

先儒姓氏》。《纂辑书籍》表示史事的编纂来源于哪些书籍，而《引用先儒姓氏》显示引用历史论断的范围。据此可知本书编纂主要取自 19 种经史著述，而引录的历史论断则来源于 88 人，另外加上本书的编纂者，可见纂修功力主要用于史论的斟酌取舍，着重表达正统的历史观念。

该书第一卷将伏羲、炎帝、黄帝列为三皇，随之以少昊金天氏、颛顼高阳氏、帝喾高辛氏、帝尧陶唐氏、帝舜有虞氏为五帝。这是自宋代兴起的一种上古史体系，刘恕的《资治通鉴外纪》已有此说，元代成书而在明代畅行的曾先之《古今历代十八史略》、察罕《帝王纪年纂要》等普及性史书，也都采用了这种三皇五帝的序列。因此，《历代通鉴纂要》在这里施行的是李东阳与其他纂修官的共识，并非依据谢铎一人的建议。谢铎主张不承认秦、晋、隋三朝的正统地位，但李东阳并未采纳，说明他并不认同过激的正统论观点。《历代通鉴纂要·凡例》的第一条就强调“纂要之法，编年叙事，一以《通鉴纲目》为主”[1]，即在政权是否正统的判断上，因袭《资治通鉴纲目》和《续资治通鉴纲目》的成例，这是稳妥的抉择。

正如《历代通鉴纂要·凡例》所言，本书编年叙事，虽然书名没有“纲目”字样，仿照的是《资治通鉴纲目》，而不是《资治通鉴》。在书页天头外以干支纪年，大书正统政权年号，非正统政权年号写为双行小字；记事内容有“纲”有“目”，“纲”的内容概括、简明，近似于标题，“目”较为具体地讲述史事。这都是朱熹《资治通鉴纲目》使用过的写作方式，眉目清晰、便于寻绎。至于在某些史事叙述之后，选择引用前人的相关史论，司马光《资治通鉴》、朱熹《资治通鉴纲目》皆有前例，本书将之发扬扩大，加强了评论历史、汲取鉴戒的特征。《历代通鉴纂要·凡例》称：“时有经先儒论断、《纲目》所采而关系治乱及切于时宜者，仍存其旧。其未采者

[1] 李东阳《历代通鉴纂要》卷首“凡例”，广雅书局刻本，清光绪二十三年。

间亦补入，词繁者并从省节，各著姓名。或未经论断而尤大且急者，别为论说以代讲读。及有所考订厘正者，亦附其下，以‘臣等谨按’别之。”这说明本书引用先人史论，多是从“切于时宜”出发，而自拟的史论标明“臣等谨按”者，更值得注意，乃具有“尤大且急”的意义。可见本书的史论，强烈体现着针砭时局的以史为鉴、以史资治的撰著宗旨。

这里不拟全面评述《历代通鉴纂要》的政治历史观，仅从以下几个方面择要分析其中最切时政的史论，以展现李东阳撰史发论的良苦用心。

第一，李东阳《历代通鉴纂要》选择史论和发表史论的主要出发点，是要阐扬儒学，强调纲常伦理准则。本书卷一连续引用元朝人胡一桂的议论，对于尧禅让君位一事，声称：“中者，天下之大本，而天下之事物，莫不有一中。举天下与人，大事也，而授受之际，不过曰‘允执厥中’。圣经‘中’之为义，自尧发之，《中庸》一书，亦本于此。然则开千万世圣学之源，尧之功顾不大乎！”至舜禅让禹的记事后，又引其言，鼓吹所谓十六字箴言即“人心惟危，道心惟微，惟精惟一，允执厥中”，认为“此十六字实万世心学之要”。这里借前人之口把儒学的基本原则说成是起自尧舜时期，而且儒学一开始就具有理学的味道，表现出《历代通鉴纂要》的思想基础乃是宋明理学。《历代通鉴纂要》尊奉的理学思想力求纯正，因而力排佛教，也反对道教，以此体现其“惟精惟一”。在对南朝梁武帝的记事中，连续引录胡寅、尹起莘批驳佛教、挖苦梁武帝信佛而乱国的史论。[1]甚至在东汉明帝“始遣使之天竺求佛法”的记事之后，引用胡寅的史论从理论上批佛，指出：“佛固人耳”，不能脱离夫妇、父子、君臣三者，“何乃立教使天下之人必去此三者以为心也？”随

〔1〕《历代通鉴纂要》卷三九，梁武帝大同三年“梁修长干塔”事、梁武帝太清元年梁主舍身于同泰寺条；卷四〇，梁武帝太清三年“梁以侯景为大丞相”事所引胡寅、尹起莘等史论。

之立即托名“史臣”发论：“此佛法入中国之始，自天地开辟以来，夷狄之祸，未有甚于此者也……呜呼！岂非天地间之一大变欤！《春秋》之法，推见至隐，必诛党恶之人，必原开端之始，若明帝者，岂非名教中万世之罪人哉！”[1]汉明帝并不是很糟糕的皇帝，而本书仅以佛教传入一事而彻底否定，可知其排佛思想之强烈。《历代通鉴纂要》对道教批驳较少，但从根本上予以否定，如建安六年记张鲁为汉宁太守，李东阳加“臣等谨按”评论：“此张道陵之孙，所谓五斗米贼也。史明言其以鬼道惑众，后世乃崇尚其教而世封其子孙，果何道哉？”[2]

讲求理学，在政治上必然强调纲常伦理。《历代通鉴纂要》在唐代的历史记述中，多引用范祖禹的论点，如关于唐太宗发动玄武门兵变夺取帝位，本书接连引录范祖禹《唐鉴》之言，斥责唐太宗：“悖天理、灭人伦而有天下”，“以弟杀兄，以藩王杀太子而夺其位，太宗亦非可事之君矣！”[3]后又引范氏之论说：“太宗杀其弟而纳其妃，其渎人伦甚矣！又以明继元吉后，是彰其母之为弟媳也。”[4]对于唐太宗违背纲常伦理的行为，均不因其政绩而有丝毫回护。而五代时历仕几代的冯道，本书引用了欧阳修的批斥，仍觉不尽其意，又加“臣等谨按”指出“冯道反君事仇，奸臣之尤也”[5]，同时批驳苏辙对冯道的辩解，提醒读者不要被异说所惑。

纲常伦理准则，一向为中国古代政权的立国之本，是借以维护统治秩序的基本理念。但上层统治者往往自坏其制，这为历代“正臣”所忧患，往往借论史以申其说，李东阳《历代通鉴纂要》表达

---

〔1〕《历代通鉴纂要》卷一六，汉明帝永平八年，“遣使之天竺求佛法”事史论。

〔2〕《历代通鉴纂要》卷二〇，汉献帝建安六年，“张鲁取巴郡诏以鲁为汉宁太守”事“臣等谨按”。

〔3〕《历代通鉴纂要》卷四六，武德九年，“秦王世民杀太子建成”事、“以魏徵、王珪为谏议大夫”事，引范祖禹史论。

〔4〕《历代通鉴纂要》卷四七，贞观二十一年，“立子明为曹王”事引史论。按：唐太宗之子李明，其母杨氏原为李元吉之妃，此时封为曹王，是继李元吉之嗣。

〔5〕《历代通鉴纂要》卷六六，后周世宗显德元年，“冯道卒”条“臣等谨按”。

的正是这种观念。

第二，《历代通鉴纂要》在主张维护正常统治秩序的史论中，非常突出的一点是特别反对宦官干政。在记述秦朝赵高之事后，以“臣等谨按”论述说：“宦者之祸，始于赵高，盖皆隔绝蒙蔽之术以愚其君，而利其私图，遂为后来奸佞乱贼之祖……秦固不足惜，宁不贻千万世之永慨乎！”〔1〕这简直就是对现实刘瑾行为的一种影射。在对三国时曹魏政治的论述中，“臣等谨按”再次申明：“外戚专政而西京亡，中官擅权而东京亡，此曹魏不远之鉴也，夫禁微者易，而救末者难……岂非万世人君所当谨守者哉！”〔2〕字里行间，隐含对明朝由来很久的宦官干政，予以深切反思。其余引范祖禹批评唐朝“宪宗以中官为大将，乱政也”〔3〕，“臣等谨按”斥责宋徽宗封宦官童贯为王，认为君主颠悖如此，无怪乎“他日屈辱虏庭”〔4〕。这类评论尚多，不一一列举。可得而知者，《历代通鉴纂要》的史论无论引自前人还是自行撰写，其中多有针对时局、有为而发，值得注意。

第三，论述为君之道，以史讽谏当朝。《历代通鉴纂要》每随史事的叙述而发表史论和引用史论，申明有利于国家长治久安的“为君之道”。如提倡君主节俭、要求君主纳谏，主张人主应当研经读史、重用贤臣等，此处不做详述。而有些记述配合以史论，则显示出针对时事的特征。明武宗是个游乐无度的君主，且绝不听取大臣的进谏，李东阳对此郁结于心，发于史论，在评论隋炀帝时说：“臣等谨按：炀帝之筑西苑，穷极华丽，自以为此乐可以长保也，不知江都西阁之祸已伏于此。千日之乐，不足偿一时之苦，岂非万世之

〔1〕《历代通鉴纂要》卷九，秦二世二年“以赵高为中丞相”事“臣等谨按”。

〔2〕《历代通鉴纂要》卷二一，曹魏文帝黄初二年，“魏立法自今后家不得辅政”条“臣等谨按”。

〔3〕《历代通鉴纂要》卷五五，唐宪宗元和四年，“削夺王承宗官爵发兵讨之”事，引史论。

〔4〕《历代通鉴纂要》卷七六，宋徽宗重和七年，“封宦者童贯为广阳郡王”条“臣等谨按”。

永鉴哉！”[1]此处言“千日之乐，不足偿一时之苦”，应当是李东阳苦思出来用以讽谏君主的理念。《历代通鉴纂要》记载汉武帝建元年间，“天子方召文学，尝曰‘吾欲云云’，（汲）黯对曰：‘陛下内多欲而外施仁义，奈何欲效唐虞之治乎？’上怒罢朝”。随后即引录胡寅的史论：

> 汲黯“多欲”之言，岂惟深中武帝之病，凡为人君莫不然矣。所谓“欲”，或酒或色，或货利，或宫室，或游畋，或狗马，或博奕（弈），或词艺、图书以为文，或抚剑疾视以为武，或辟土服远以为功，或耽佛好仙以为高。虽污洁不齐，欲有大小，然皆足以变移智虑，荒废政理。虽欲勉行仁义，而行之无本，其不足以感人心而正民志矣。[2]

这段充满理学色彩的论断虽来自引述，但却恰到好处替李东阳做出申论，表现了善于选择思想资料针砭现实的用辞之妙。再如记载唐武宗时宦官仇士良嘱咐其他宦官之言：“天子不可令闲，常宜以奢靡娱其耳目，使日新月盛，无暇更及他事，然后吾辈可以得志。慎勿使之读书，亲近儒生。彼见前代兴亡，心知忧惧，则吾辈疏斥矣！”紧接着引录孙甫的史论：“观士良之言，则内臣惑乱人主之术尽见矣。”[3]这里的史事选择和史论选录，都颇具心机，不用自己发论，就将记史、论史从唐武宗朝的仇士良出发而径直指向了明武宗宠信的刘瑾。

自刘健、谢迁免官，李东阳深知无法再就宦官受宠、君主耽于游乐等问题谏止明武宗，于是将之寄托于撰史发论以申政见，也不无借此讽谏君主的希望，但在当时的局势下也只能曲折地做出表达，

---

〔1〕《历代通鉴纂要》卷四三，隋炀帝大业元年，“筑西苑”条“臣等谨按”。
〔2〕《历代通鉴纂要》卷一一，汉武帝建元六年，“以汲黯为主爵都尉”条引史论。
〔3〕《历代通鉴纂要》卷五七，唐武宗会昌三年，“内侍监仇士良致仕”条。

这仅仅算是以史讽喻、“以史代谏”而已。在《进历代通鉴纂要表》中，李东阳希望皇帝读此书而“考治乱存亡之故”，明武宗却未必对读史有多大兴趣，他虽在继位之初设经筵，曾讲读本书初成之首卷[1]，但此后再无讲经读史的记载。

本书修纂告成后即交付内府刊刻，其间出现了变故，《明武宗实录》记述说：“《通鉴纂要》进呈后，司礼监官即至内阁传示圣意，令刊刻板本。中官督刊刻者，检其中有一二纸装潢颠倒，复持至内阁见示，欲更定其序耳。是日值大学士李东阳家居，惟同官焦芳、王鏊在阁，芳以为编纂总于东阳，非己责也，慢其人，不加礼遇。其人怒，遂以白于瑾。瑾方欲以事裁抑儒臣，初一日早朝，毕集府部大臣、科道等官于左顺门，以进呈本出示，遍摘其中字画之浓淡不均，及微有差讹者百余处，以为罪。给事中潘铎、御史杨武等遂劾：‘礼部左侍郎兼翰林院学士刘机等受命编纂，光禄寺卿周文通等职专誊写，不能研精其事，俱宜究治。东阳等失于检点，责亦难辞’……”[2]

此事已经有兴起大狱的端倪，虽各种史籍、文献记载不一，而共同处在于许多编纂官员都受到惩罚。《明史》述其结局曰：“东阳奉命编《通鉴纂要》，既成，瑾令人摘笔画小疵，除誊录官数人名，欲因以及东阳。东阳大窘，属（焦）芳与张彩为解，乃已。”[3]焦芳、张彩都是勾结刘瑾的阉党朝臣，李东阳不得不向他们请求帮助以避祸。今有学者对此大不以为然，认为出现这一点点问题就向阉党人物求救，质问道：“这能说是真正具有能屈能伸、舍弃私利吗？”[4]这种质问不成道理，刘瑾具有灵敏的政治嗅觉，他既然找出《历代

〔1〕刘健等奏请讲读《大学衍义》《历代通鉴纂要》，得旨应允。参见《明武宗实录》卷六，弘治十八年十月己卯，第205页。

〔2〕《明武宗实录》卷二八，正德二年七月癸卯，第713—714页。

〔3〕《明史》卷一八一《李东阳传》，第4822页。

〔4〕薛泉《李东阳的仕宦意识》，《中南大学学报》（社会科学版）2005年第4期。

通鉴纂要》"微有差讹者百余处"，则已经体味出该书贬斥宦官、讽喻时局的隐义，他以"差讹者百余处"打开缺口，穷追根究，势头非可小觑。李东阳抓紧时机，利用焦芳本人也挂名于本书总裁之列，求其平息此事，是非常必要和巧妙的斗争策略，因为刘瑾欲在修史问题上发难，不能不依靠朝中文官的协同，焦芳等态度如此，刘瑾也只好作罢。而此事件也表明：无论皇帝还是宦官党羽，在《历代通鉴纂要》纂修中都没有投入起码的关注，成书后才发现若干问题。是其书的内容，专由李东阳裁定。

《历代通鉴纂要》刊成后，对明代官、私史学均有不小的影响。明神宗时曾多次将本书用于经筵日讲，并且常以此书赏赐藩王和大臣。《历代通鉴纂要》对普及性史学的发展也起到推动作用，今《中国古籍善本书目》仍著录有明正德十四年《历代通鉴纂要》慎独斋刻本[1]，可知官方刻行不久即在民间传播与刊印。明代后期兴起"纲鉴"类史籍，是为"纲目"类通史而罗列大量历代名人的史论，其体裁与《历代通鉴纂要》相仿佛，不能排除其中含有这部官修史书的影响。总之，明朝李东阳主修的《历代通鉴纂要》一书，史事和史论的鉴择相当精要，而且具备深湛的编纂意图，其中表达了李东阳的历史观和政治态度，具有针砭时弊、谴责宦官干政和以史事讽谏皇帝的撰著宗旨。在明代繁杂的普及性通史史籍中，具有精简、典雅、正规的史学特征，成就卓著，值得深入细致地研究。

四 《历代通鉴纂要》在清朝的境遇

清朝皇帝入主中原，多能接受和发扬儒学文化，以维护其统治地位，读经讲史，是清帝学习儒学文化的主要途径。清高宗选取的

---

〔1〕中国古籍善本书目编辑委员会编《中国古籍善本书目》史部上，上海：上海古籍出版社，1993年，第128页。

通史读物正是《历代通鉴纂要》，从中收益甚大，而且直至年老，仍然喜读不厌。但是，这样一部被皇帝喜爱的史书，却没有被收入清朝的《四库全书》，也没有在《四库全书总目》中列入“存目”，只是在其他史书的提要中附带提到，《四库全书总目》卷四七，史部编年类《御批历代通鉴辑览提要》称：“内府旧藏明正德中李东阳等所撰《通鉴纂要》一书，皇上几暇披寻，以其褒贬失宜，纪载芜漏，不足以备乙览，因命重加编订。”[1]《四库全书总目》卷四八，史部编年类存目《少微通鉴节要提要》称：“宋江贽编……是书取司马光《资治通鉴》删存大要，然首尾赅贯，究不及原书。此本为明正德中所刊……又《明史·李东阳传》称李东阳奉命编《通鉴纂要》……‘纂要’当即‘节要’，盖史偶异文。”[2]

其他清朝官修史书中还有相关记述，但内容都不出以上的两段史料之外。从这两段史料可以分解出几点含义：第一，清高宗读过宫廷中存有的《历代通鉴纂要》；第二，说是该书水平低劣，“不足以备乙览”，所以才下令纂修《御批历代通鉴辑览》；第三，一些四库馆臣认为《历代通鉴纂要》就是《少微通鉴节要》。

把《历代通鉴纂要》混同于《少微通鉴节要》，是一个极大的错误，明武宗时期确实刊印了《少微通鉴节要》且稍做校改，但与纂修《历代通鉴纂要》是两件事。二书撰写时代不同，卷数不同，记述历史时间跨度不同。[3]那么，清朝官方学者对于《历代通鉴纂要》是否如此无知，以至于《四库全书》将之漏略呢？是否清高宗真的认为《历代通鉴纂要》不值一提，乃至于连《四库全书》存目也不屑于将其列入？笔者经过考究，发现情况恰恰相反，清高宗对《历代通鉴纂要》实乃珍爱有加、推崇备至，《四库全书》不收录此书，

---

〔1〕 永瑢等《四库全书总目》卷四七《御批历代通鉴辑览》提要，北京：中华书局，1965年，第430页。

〔2〕《四库全书总目》卷四八《少微通鉴节要》提要，第432页。

〔3〕 按：《少微通鉴节要》记史范围与《资治通鉴》一致，即起于战国，仅止于唐后五代。

应当另有原因。

清高宗何时开始阅读《历代通鉴纂要》，已经难于稽考，但可以确知的是：他经常反复地阅览此书，将之作为习知历代史事的基本读物。为了随时阅读，清高宗下令翰林院专门书写了一部便于携带的袖珍本，这部特制之书现今仍然保存于北京国家图书馆善本室，书册尺寸仅高 11 厘米，宽 6.3 厘米，装订为一函十册，文字有红、黑两种颜色，即干支纪年与事件之“纲”为红色，详述史事的“目”为黑色，仍分 92 卷，但删去了历史评论内容。此书每册首页、末页皆有长圆形“乾隆御览之宝”篆印和扁圆“古希天子”篆印。

另外，清廷还抄写有较大开本的《历代通鉴纂要》一套，书写、装帧都异乎寻常的考究和精致，现存故宫博物院图书馆。此书共 20 册，书册高 25 厘米，宽 18 厘米，装于精致的木匣。字体为精美正楷，用三种颜色抄写，干支纪年、帝王纪年与“纲”都用红色，每一正统帝王即位时的称谓用黄色书写，起到十分醒目的效果。每册首页、末页皆有长圆形“乾隆御览之宝”篆印和长方形“养心殿鉴藏宝”篆印。

毫无疑问，这两部《历代通鉴纂要》因为都有“乾隆御览之宝”，所以都是为乾隆皇帝本人精工制作的，说明清高宗对该书的赏识。袖珍本卷首更录有清高宗的题诗，是由“臣曹文埴奉敕敬书”。这首诗是：

御制题袖珍书

初年翰苑遴文臣，小字蝇头书聚珍。塞北江南属车挈，花朝月夕拂庐陈。匆匆弗展逾数岁，冉冉忽惊逮七旬。兴到吟诗重一阅，雾中花对梦中宾。

臣　曹文埴　奉敕敬书

清高宗的题诗前两句，说明早年就令翰林官写成了这部袖珍书，接着是说南北巡游中随车携带，从早至晚摆放于行宫的案头。第三联转折，言其因为事务繁忙而几年未读此袖珍本，在时光慢慢流逝中突然发觉自己已经七十岁了。最后说兴致很高地重新一阅，并且吟诗抒情，而往昔阅读此书以了解古代史事的那些情景，似乎成为一种朦胧、依稀的复杂感受。这首诗透露出对《历代通鉴纂要》的肯定和赞扬，绝无一点贬斥语意。清高宗在宫中养心殿时常阅读《历代通鉴纂要》的三色书写本，又特别备有袖珍本在出行时阅读。清高宗年过七十，重读而颇多感触，七十岁如果按中国古人年龄以虚岁计算，则为乾隆四十四年（1779，“古希天子”篆印就是此时制作的）。作诗之时[1]，《四库全书》正在纂修，《四库全书总目》的纂修也在进行[2]，应是逐步进入裁定取舍及修订、补充的阶段，抄录清高宗诗作的曹文埴，于乾隆四十四年起官任《四库全书》馆总阅[3]，因此无论如何，《历代通鉴纂要》绝不可能是偶然、无意地漏收，而是乾隆君臣自觉确定将之隐没的方针，“雾中花对梦中宾”的诗句，或许就含有这个复杂的心态，寻其原因，则与清廷纂修的《御批历代通鉴辑览》密切相关，即《御批历代通鉴辑览》的纲目正文，过多地抄录了《历代通鉴纂要》的原文。例如：

《历代通鉴纂要》卷一记帝尧陶唐氏，“置谏鼓立谤木”纲，“置敢谏之鼓，使天下得尽其言；立诽谤之木，使天下得攻其过”。

《御批历代通鉴辑览》卷一将其文一字不差地抄录。

《历代通鉴纂要》卷一记帝舜有虞氏“三十二载命禹摄位”纲，“帝子商均不肖，于是命禹摄位。禹让于皋陶，帝曰：惟汝谐。命之

〔1〕按：此诗亦载于清高宗《御制诗四集》卷七七，编于辛卯年之初，应作于乾隆四十六年。见影印文渊阁四库全书第1308册，第545—546页。

〔2〕按：《四库全书总目》主体基本告成于乾隆四十七年七月，但后来仍做修改和补充。

〔3〕《清高宗实录》卷一〇七六，乾隆四十四年二月丙辰朔，记载：“……窦光鼐、曹文埴、金士松、李汪度、朱珪、倪承宽、吉梦熊，着充《四库全书》馆总阅。书成时，与总裁一体列名。”见《清实录》第22册，北京：中华书局影印本，1986年，第437页。

曰：人心惟危，道心惟微；惟精惟一，允执厥中”（下有明代学者胡一桂的史论）。

《御批历代通鉴辑览》卷一仍一字不差地抄录其纲目正文，但删去胡一桂的史论。在清代，学者早已考证《古文尚书》是伪书，出于其中的“十六字箴言”应不可信，但乾隆朝修史仍然抄录之。

《历代通鉴纂要》卷二载夏朝王癸癸巳岁，“五十一岁，太史令终古奔商”纲，“王凿池为夜宫，男女杂处，三旬不朝。终古执图法泣谏，不听，遂奔商”。

《御批历代通鉴辑览》卷二仅仅把夏桀的称谓由“王癸”改成“后癸”，把纲中的“五十一岁”改成“五十有一岁”而已，其余文字全同。

《历代通鉴纂要》卷六七，“宋以范质、王溥、魏仁浦同平章事，吴廷祚为枢密使”纲，“旧制，宰臣上殿，命坐而议大政，其进拟差除，但入熟状画可，降出举行而已。质等自以周朝旧臣，稍存形迹，且惮宋主英睿，乃请用札子面取旨，退各疏其事，同列书字以志。宋主从之，坐论之礼遂废”。

《御批历代通鉴辑览》卷七一记述此事，仅在纲中对出现的人名，用双行小字加有简略注释，其余全录原文。

《历代通鉴纂要》卷九二，“元翰林学士承旨欧阳玄卒”纲，“初，玄以湖广行省右丞致仕，将归，帝谕留之，仍为承旨。及天下盗起，玄献招捕之策千余言，皆切实可行，时不能用。后以中原道梗，欲乞致仕，由蜀还乡，复不允。至是卒”。

《御批历代通鉴辑览》卷九九记述此事，删纲中“元翰林学士”的“元”字，改“欲乞致仕”为“欲致仕去”，因避康熙帝名讳改欧阳玄的“玄”为“元”，其余文字皆同。[1]

---

〔1〕以上内容、文字的对照，《历代通鉴纂要》据明正德二年内府刻本。《御批历代通鉴辑览》据影印文渊阁《四库全书》，依次见第335册，第40、46、57页；第337册，第759页；第339册，第159页。

这样的实例不必过多枚举，因为只要将两书对读，处处都见因袭抄录。当然，《御批历代通鉴辑览》并非机械地抄袭，内容和文字做出改写、补充、删略之处亦多，原书史论都已删去，改为天头上录写清高宗的批语。按古代编纂史书的惯例，并没有近现代“著作权”的概念，是不必严加苛责的，《历代通鉴纂要》也同样抄录了《资治通鉴纲目》及其他同类史书。在古代，史籍的相互因袭为惯常做法，尤其是明代畅行的普及性史籍，各书体式雷同，内容近似，乃普遍现象。即使清朝皇帝，对此也无苛刻讲求，御用文人沈德潜、钱陈群常为清高宗撰文写诗，代笔捉刀，而一些作品不仅收入清高宗《御制诗文集》，有的也在二人别集之中收入原文，并不隐讳。

但是，这里有着十分特殊的情况：《御批历代通鉴辑览》之最初编纂，本作为本朝的历史知识的普及读本，朝廷和皇帝并未特别重视，乃至于《清高宗实录》及所有官书都未记载开始纂修的时间，也没有相关的谕旨。[1]但当纂修大半，且清高宗撰有大量批语之后，《历代通鉴辑览》才受到空前推重，清朝君臣将此书奉为治史圭臬，视如经典性的史籍，抬为纂修前代通史的至尊地位。称其“必公必平，惟严惟谨……则所以教万世之为君者，即所以教万世之为臣者也”[2]。“予夺进退，悉准致公……凡向来怀铅握椠、聚讼不决者，一经烛照，无不得所折衷……诚圣训所谓此非一时之书，而万世之书也”[3]，清高宗自己也称此书可提供“一本至公，以为万世君臣法戒”[4]。这样，如果将《历代通鉴纂要》与《御批历代通鉴辑览》一同收录于《四库全书》，让人们轻易看到两书文字、内容有着诸多

〔1〕笔者曾以间接资料，考订此书始修于乾隆二十四年，乾隆三十三年告成。参见乔治忠《〈四库全书总目〉清代官修史书提要订误》，《史学集刊》1990年第1期。

〔2〕傅恒等撰《御批历代通鉴辑览》卷首《御制历代通鉴辑览序》，影印文渊阁《四库全书》，第335册，第2页。

〔3〕《四库全书总目》卷四七《御批通鉴辑览提要》，第430页。

〔4〕庆桂等编纂，左步青点校《国朝宫史续编》卷八九《史学二·圣制阅〈通鉴辑览〉作》，北京：北京古籍出版社，1994年，第868页。

的雷同，毕竟会对《御批历代通鉴辑览》的光辉形象形成负面影响。于是，只好将《历代通鉴纂要》隐没不彰，更昧着良心地把时时阅览、大加称赞之书硬说成“不足以备乙览”。现在回过头来看看前引《四库全书总目》曾将《历代通鉴纂要》混同于《少微通鉴节要》的问题，两书在明代都是流传极广的普及性史书，清代治史者初涉史学，也往往用作入门之书，四库馆臣竟然混同，难道真的愚钝无知，不加查对吗？揆之情理，四库馆内的考据学者，断不至于如此，最大的可能性是四库馆臣甘居舛误，以掩饰故意隐没《历代通鉴纂要》的真实意图。《历代通鉴纂要》之境遇如此，可谓中国史学史上一本具有特殊意味的著述，明清官方史学的机理和利弊，由此而充分显露，即官方充分了解记史应当求实的史学规范，也热衷于编纂史籍，重视高质量的史书，但清廷在史学上，以维护统治者根本利益为至上目标，对于历史文籍的评价和处置，稍有碍其某种私利，就会做出专横阴暗的行为，并不顾及学术性的良知。

（原载《中国史研究》2014 年第 4 期）

试论中国史学史研究的学术穿透力

中国史学史的研究，要取得较深层次的开拓和创新，应当具备相当的学术穿透力，但迄今学界对此探讨不多，因而对于思维的“穿透力”的理解，还往往是浮泛的。所谓穿透力，一般指研究问题周密、敏捷，直击核心，切入准、层面深，即具有透彻的思维和表达能力。这里显然没有讲明思维和研究穿透可以达到多大的范围，是否可以由此及彼、跨越个案，成为跨越本专业的穿透。本文将对此予以讨论，以征求史学界同仁的商榷。

一　史学史研究必当具备学术穿透力

史学史研究应当且必须具备较强的学术穿透力，这是由其学科的性质和内容所决定。这里所谓的学术穿透力，主要是指突破本身专业范围，扩展到整个历史学甚至越出历史学界限而做出的评判，不言而喻，学术穿透的广度也必然包含着学术的深度。

史学史是研究历史学发生、发展与各个时期史学活动状况及其与各种社会因素相互关系的学科，它有着清理史学遗产、阐明史学演进过程、揭示史学发展规律的学术任务。中国史学史就是把演进的范围大体规定在中国的范围之内，清理我们祖国自古以来的史学遗产，阐明中国史学的演进过程，揭示中国史学发展的特有规律。中国史学史研究应当关注的内容，可以分类方式，归结为历史观、史学思想、历史编纂学、官方修史及其相关的制度与举措、史家的史学活动、史学评论、史学与其他社会因素的相互作用、史学发展的社会运行机制等8个方面。[1]很明显，阐明史学演进过程的任务，表明了史学史学科应该具有对以往史学发展状况予以系统总结的功能；揭示史学发展规律的任务，推动史学史研究向史学理论思维的层次迈进。而总结性、理论性的学科，需要具备更强的学术穿透力，否则就不能很好地完成其学科任务。

史学史研究之中，不可避免地要对以往诸多史家、史书进行分析和评论，因此史学评论是史学史学科的内在功能。史学史面对历史学中不同的研讨对象，势不能对以往史家及史书涉及的各种内容懵懂无知。因此史学史研究做出的史学评论，需要在更宽广知识结构的基础上进行，才能使思维穿透具体专业的界限，达到深刻、中肯和准确。

史学评论，并不限于史学史研究的范围，各个专业内的学术讨论都不缺少史学评论的内容。每个历史个案的研究都会出现意见的分歧，论者申述自己的主张，或支持相同、相近的学术见解，或对不同意见予以批评，自然就包含着史学评论，这种史学评论十分及时，你来我往，形成学术论辩，对学术的发展很有促进，十分宝贵。例如20世纪50年代评价历史人物曹操，这种讨论就十分热烈，学者平等争鸣，基本没有来自学术之外的干预，也不顾忌论方身份、地位等种种因素，仅以观点、论据的是非曲直发表评论、进行分析。这样的学术讨论事例还有一些，但未能保持和继续发扬，非学术因素渐渐成为历史研究论辩的主导力量，给历史学带来很大的负面影响。此后虽经历了观念和认识的拨乱反正，史学评论却一直没有恢复到完全正常的学术氛围，一方面是大面积的无原则吹捧，另一方面是不时出现非学术性的党同伐异。有鉴于此，凸显了从史学史角度进行总结性史学评论的迫切性。

---

〔1〕乔治忠《中国史学史》第一章《绪论》，北京：中国人民大学出版社，2011年，第4—8页。

史学史角度的史学评论，一般要迟于同一专业内的评论，其好处在于可以等到矛盾现象充分展开，背景原因更多显现，因而能够观察得更加全面，对于历史学较大问题应当并且可以追求最终的裁决水平。缺点是其往往滞后，难以尽快地支持正确见解，反对错误主张。因此，在某些专业的历史问题出现主流上的大偏差，或是学术讨论不正常的氛围下，更应当提倡和较早地启动史学史角度的史学评论，这就要求史学史的研究者具备较强的学术穿透力，即有能力审视各个断代史中论说的偏差讹误，以纠正之。

迄今为止，历史学在发展进程中出现和积累了不少偏差、讹误和颠倒是非的扭曲性观念，需要从史学史研究的机制上予以纠正。偏差和扭曲的观念表现多端，试举例如下：

其一，缺乏史学史的学术意识，以断代史的"史料"眼光考察问题，容易出现偏差。例如关于《史记》取材问题的论述，班固说："司马迁据《左氏》《国语》，采《世本》《战国策》，述《楚汉春秋》，接其后事，讫于天汉。其言秦汉，详矣。"[1]这其实是说《史记》的资料来源，有班固所见到的《世本》《战国策》二书中的内容，从史料角度来看并无大碍，但从史学史角度考察，班固的说法并不确切，因为司马迁在世时根本不存在《世本》《战国策》这两种史籍，《世本》和《战国策》都是汉成帝时刘向（约前79—前7）整理图书时将零散资料汇总编辑，拟定书名而成，此时司马迁早已逝世几十年之久。即司马迁在世时并未见到过《世本》《战国策》，但确实利用了后来被编入此二书中的文献资料。刘向汇编多种资料命名为《世本》一书，至宋代亦已佚失，故其书内容、体例难以尽知。经清代学者辑佚，采用了不同编排方式，是为今日所见之本。著名先秦史家陈梦家《〈世本〉考略》[2]根据书中"今王迁"一语，判断

〔1〕《汉书》卷六二《司马迁传》，北京：中华书局，1962年，第2737页。按：班彪所言语意全同，从略。

〔2〕陈梦家《西周年代考　六国纪年》，北京：中华书局，2005年，第135—141页。

《世本》撰于战国赵王迁时期，不少人接受这种观点，遂使谬说流行。实际上，书中的内容并不能作为判断成书时间的依据，《全唐文》中的内容都属于唐代，但该书却是清朝官方所修，其理甚明。刘节先生的《中国史学史稿》[1]，在唐代史学部分讲述清末发现敦煌文献的事件，将清朝官方纂修的《明史》放在明代史学中论述，民国时期撰成的《清史稿》也置于清代史学中评论，都是缺失史学史的学术意识，误把史学史的研究对象当成了断代史研究的史料。

其二，接受上方任务的观念以及强制求成的学风，是造成谬误判断的重要原因之一，甚至可能导致整体方向性的重大失误。最典型事例是“夏商周断代工程”中西周克商年代问题的设定，其立论过程动用了复杂而专业性的天文运算，但全部推算却是建立在伪文献史料与铭文之错误解说相结合的基础之上。今本《国语·周语下》有一段文字：“昔武王伐殷，岁在鹑火，月在天驷，日在析木之津”[2]，早有学者指出这是西汉末投靠王莽的刘歆所伪造羼入。[3]西周时不可能有“岁星”的概念，更没有“鹑火”等星次的名称，这一点可以说是学术界的共识，连承担武王伐纣之天文运算的学者们也心知肚明。但青铜器利簋有32字铭文：“珷征商，唯甲子朝，岁，鼎，克，昏夙有商，辛未，王在阑师，赐有事利金，用作檀公宝尊彝。”[4]这里的关键是解读“岁，鼎”二字，郭沫若、王宇信等不少专家将其解释为战前的祭祀兼占测[5]，“利”是占测者之人，因此被赐以金，遂用这些金制作了利簋。也有人将之解说为“岁星当空”，这无法解释为什么要“赐有事利金”，而且木星称之“岁星”，最早

---

〔1〕刘节《中国史学史稿》，郑州：中州书画社，1982年。

〔2〕《国语》下册，上海：上海古籍出版社，1989年，第138页。

〔3〕刘坦《中国古代之星岁纪年》（科学出版社，1957年）第128页指出：“《国语》所见有关春秋时代之岁星纪年，均出刘歆伪托，据是，所谓‘武王伐殷，岁在鹑火’者，踵其踪迹，亦是刘歆羼入之文。”

〔4〕关于《利簋》的释读，有多种分歧的见解，参见《关于利簋铭文考释的讨论》，《文物》1978年第6期。

〔5〕参见《关于利簋铭文考释的讨论》，《文物》1978年第6期，载黄盛璋、王宇信之说。

也是战国时期的观念，因此明显讹误。但断代工程的决策者，偏偏采取伪造的文献和错误解释，让二者互为指证，这好比一个案件的审判官指使伪造者与说谎人互相串供做证，然后依此断案。推其动机，乃是为了完成工程任务而“特事特办”，强制求成，舍此便走投无路。将学术问题视为行政任务来执行，是完全不可取的，强制求成，所“成”者大多荒谬。

其三，逻辑混乱而导致论据与论断之间全不搭界，这尤其体现在一些信古、佞古学者之论断中。例如关于《尚书·禹贡》的撰成年代，古代传统说法是相信为大禹治水之后的行政区划，以体现中国自古大一统理念。近现代史学界的信古派，虽然不好意思坚持古代旧说，但将其成文时间尽量提前的主观意愿则是极其强烈。顾颉刚先生不仅从《禹贡》所反映的社会经济、文化整体水平上论证其成文于战国时期，将天下划为“九州”也是战国时期才可能具备的文化意识，还举出地理、水道、物产等方面的五大具体证据，指出《禹贡》成文不可能早于战国，如其中“华阳黑水惟梁州”的内容，应当表明这是在战国之时秦国打开蜀地交通之后的信息。这个结论，早被许多学术大家认同。

但是，受过考古学科教育的邵望平女士，于1987年发表了冗长的文章《〈禹贡〉九州的考古学研究》，认为《禹贡》中的九州，既不是古代的行政区划，也不是战国时的托古假设，乃是“自然形成的人文地理区系”。随之不厌其烦地引述考古发现的上古三千年以来各地的山川、田野、物产以及人类的遗迹，比附于《禹贡》对九州的描述，于是认定“九州”反映了公元前一千多年的中国实况，反对将《禹贡》的撰著时间定为战国时期，实际上是主张《禹贡》撰于殷商或西周之初。其实，对于《禹贡》及其中关于“九州”的描述，论辩的问题是在何时人们才可能具有这种地理划分的观念，而邵先生下笔两万言，离题百光年，她顶多是说明了“九州”言及的那些地区和物产早就在地球上存在，也在很久以前就有过人迹，至于人们什么时候把几十万平方公里大地看成九个州，其文是一丁点儿也不沾边的。所谓“九州”不是行政区划而是“自然形成的人文地理区系”的说法，是企图逃避辩驳，但终归是逃不脱的。地球上有“自然形成”的地理区系，例如七大洲、四大洋，几万年前人类就散布在除南极洲之外的各大陆地，也面对着各大海洋。但将这种自然的地理状况总括成为清晰的认识，那是哥伦布发现新大陆、麦哲伦环球航行之后多年才达到的水平。中国的状况一样，战国之前，根本不会对几十万平方公里大地做出“地理区系”的准确划分，《禹贡》“九州”的描述是一种宏观地理架构内的具体考察，越与实际地理状况靠谱，就越成文较晚，相反，凭借想象发挥的观念，倒可以早些形成，例如《山海经》内最荒唐的地理故事即是。然而，自邵氏之文面世，考古学界、历史学界掀起一波又一波的鼓噪，许多大牌学人不仅吹捧邵文，而且肆意发挥，连顾颉刚的学生辈也被卷入，这是中国当代学术史上的一项耻辱，而且至今仍未洗刷。检索相关的学术论断，只有陈立柱先生的《考古资料如何证说古文献的成书时代？》《〈禹贡〉著作时代评议》两篇论文[1]，对邵文以及相关的文章做出系统、深入的批驳，堪称杰作。但陷入信古狂潮的一些人对此视而不见，继续重复和扩大邵文的逻辑错误与史料穿凿，谬论百出，不胜枚举，因此需要在史学史研究的总结中予以严厉批判。著名先秦史学家王玉哲既不疑古也不反对疑古，绝无半点结派偏私之习，治史唯求真、求是，他对九州之说探本溯源地考证，指出春秋时期之前“九州”“九有”“九域”“九土”“厹由”等，都是一地，乃是“今山西境内之一小地名”，九字纯为声符，不是数目。[2]那些信古大家们，在考索“九州”这一概念的形成源流上毫无作为，只是东摘几句文献，西列几处考古，横竖穿凿，就得出毫无逻辑的结

〔1〕陈立柱《考古资料如何证说古文献的成书时代？》，《文史哲》2009年第3期；《〈禹贡〉著作时代评议》，《古代文明》2010年第1期。

〔2〕参见王玉哲《中华民族早期源流》，天津：天津古籍出版社，2010年，第245、248页。

论，把王国维之本来就不科学的“二重证据法”进一步堕落为“二重游荡法”，是否应该有些自惭呢？

其四，因某种利益驱动或随声附和而失却了学术理性，主要表现在学界兴起吹吹拍拍的不良学风，犹当注意的是集体性甚至有组织的横加夸饰，影响广泛而恶劣，典型实例之一就是近十几年对雷海宗的肆意吹捧。雷海宗信奉一战后的德国史家斯宾格勒的“文化形态史观”，这是一种以主观臆想构建的历史循环论。雷海宗因为受荒唐历史观的指导，所有历史见解皆处于根本性错误的状态，不仅如此，他对历史事实也多所曲解或随意摘取，因而在学术上乏善可陈。如备受热捧的《中国的文化与中国的兵》一书，讲说汉代至南北朝的官制、改朝换代、人口与治乱等，杂糅最表层的中国历史知识、斯宾格勒的历史理念、道听途说的马尔萨斯人口论等，避而不谈汉代权势极大的军事长官大司马、大将军，浑然不知《隋书·经籍志》著录有魏晋南北朝时期产生的上百部兵书，连曹操注释《孙子兵法》也不提一字，然后断言中国属于“无兵的文化”。继而谈到中国古代皇帝制度、家族制度等，大加赞扬秦始皇的暴政，咒骂推翻秦朝者是“反动的势力”，1935年前后就预言世界各国政治都应当走向独裁。笔者曾著文对此予以全面评判，限于篇幅，这里不再重复。但需注意的是，出于利益驱动和随声附和的夸饰风气积重难返，以至于学术理性渐至流失。把见识平庸并且谬误百出的学人捧为大师，会使整个学术史严重扭曲，使人觉得“学术明星”可以随意打造，其恶劣影响既深且远，不可忽视。

史学史的研究内容之一是史学评论，或称之为史学批评，史学史研究以往的史家、史书、史学状况，离不开史学评论的手段。而当代人的史学活动和历史著述，在其完成之时就进入史学史的视野，因此当代史学评论实际仍是史学史研讨的延续。史学评论者并非都是史学史学科的从业人士，史学评论的文本也并非都具有史学史研究的性质，但史学史角度的史学评论，是将评论对象置于史学发展的整体线索中进行定性和定位分析，评论的眼光是长时段、广视野的，这明显具有学术优长之处。当前历史学的各种评价机制，大多是短期狭窄的，即便一部史书被部分人赞扬，或获得很高评价，然而一旦放到史学发展史内评议，其论点是否禁得起检验？究竟有没有学术上的创新？是否值得今后的史学史著述写上一笔？在史学史上是值得肯定还是无足称道抑或应当指摘批判？这才是最终的审判。

中国史学史学科在史学评论方面有很重的学术责任，应为历史学的发展把住最后的学术关卡，这就要求研治史学史的学者也需要关注、了解和审视一般历史研究中的大问题、关键问题、一时还说不清的问题、争论激烈的问题、论述模糊且证据薄弱的问题、名家定调而人云亦云的问题、非学术因素扰动的问题等，特别是这类问题涉及史学史学科的内容，更不能现成地接受其他专业提供的结论，一定要重新审视。史学史是在历史研究中后续的、等待历史学积累到一定程度才启动的研讨活动，可以在矛盾充分展开、事实显露清晰之时进行，具有后发的优势。史学史研究具有对史学总体状况及其社会背景进行综合考察的特点，因而较容易做到个案研究的全面性。史学史学科具备理论思维的品格，与史学理论的研究密切联系。所有这些优点，可以促进史学评论深入、确切，为历史学强化学术、端正学风做出长远的贡献。此即史学史学科的学术穿透力之一。

二　史学史学术穿透力的一些体验

从认识论角度而言，历史学是对人类社会发展的自我反思，而史学史则是对历史学的总结性反思，即人类自我反思进一步展开，提高到一个新的层次。史学史研究以其“反思之反思”的特点，通过对历史学整体的把握，穿透历史学而关注一般历史问题的探讨，不仅具备理论总结的可能性，而且为了评判已有的历史研究，更具有现实讨论的必要性。

史学史研究不能局限于本专业知识的范围之内，即使为了史学史本身课题的研究，也必须了解、领会、探索一般的通史、断代史问题。至于审视和评论其他历史著述，就更应当真正了解该书内容所涉及的知识与技能。更有进者，史学史既然是比历史学高一层次的反思，那么其思维方法穿透到一般历史问题，完全可以提出和发现其他史学专业未能达到的思路，解决其未能得出的论断。如白寿彝先生在《司马迁与班固》[1]一文中，论述从西汉到东汉的史学演变，对于刘向、刘歆父子做了研究，指出这对父子之间在政治观点、五行相生相克理念、学术思想上都有很大不同，与前人并论“向、歆父子”的见解大为不同，但理据充分，已经从史学史穿透到其他史学领域。对于中国史学史研究可以穿透到一般历史问题的探讨，笔者也略有体验，谨此举出三例。

其一，关于两晋南北朝时期的民族大融合，中学、大学的历史课程均有讲述，多种中国古代史、通史著述中也列为专题，但发生民族大融合的原因是什么，却都含糊其词。

民族融合主要依靠文化认同而形成凝聚力，在中国古代，整体性的文化认同是从史学开始。政治的清明、经济的昌盛对民族融合有可能起到推动作用，但如果缺乏文化认同，一旦政治变动或经济衰败，就很容易导致民族分离，从古至今无数史实足以为证。在中国传统文化中，史学占据极其重要的地位，因此对传统史学的认同，就成为中华民族最重要的凝聚力。传统史学所先导的古代民族凝聚与民族融合，上层统治者的作用不容低估。在华夏、汉族方面，统治政权崇尚“大一统”的政治历史观，推行“用夏变夷”的文化传布；在少数民族方面，虽然也存在抗拒“汉化”的势力，但历史的主流是各族政权向慕悠久丰厚的中华历史文化，进而模仿传统的官方修史体制。这种现象始于西晋末年的十六国时期，例如后赵石勒

[1] 白寿彝《司马迁与班固》，《北京师范大学学报》（社会科学版）1963年第4期。

（羯族）称王之后，即命任播、崔濬为史学祭酒，“擢拜太学生五人为佐著作郎，录述时事”。[1]氐族前秦苻坚政权设著作郎等史官之职，赵渊、车敬等记录起居注等史书。[2]鲜卑族慕容氏建立的前燕、后燕和南燕政权，皆设置史官，进行记史、修史活动，《史通·古今正史》称：“前燕有起居注，杜辅全录以为《燕记》。”“董统受诏草创‘后书’，著本纪并佐命功臣王公列传，合三十卷。慕容垂称其叙事富赡，足成一家之言。”南燕有王景晖在慕容德、慕容超时任官，“撰二主起居注”，后撰写《南燕录》六卷。[3]鲜卑族南凉秃发部君主乌孤“初定霸基（约 387 年），欲造国纪，以其参军郎郭韶为国纪祭酒，使撰录时事”[4]。鲜卑拓跋部建立北魏政权，“初称制即有史臣，杂取他官，不恒厥职”[5]，虽有波折，但北魏最终确立了比其他少数民族政权更为健全的修史制度，从而导致全面的文化认同。这种状况，在秦汉时期的匈奴政权以及更早的其他少数民族政权不曾有过，而在十六国、北朝及其之后，则相当普遍，这是因为东汉确立的官方修史制度不仅记载史事，而且纂修成品著述性的史书，使统治者的业绩被正面记述。修史可使统治者的功业垂于后世，可使当时人物青史留名，也可使撰史者立言传世，不仅具有很强的社会功能，而且具有极大的文化魅力。由仿从修史继而接受华夏的历史观念，更将自己说成与汉人有共同的祖先，因而“认祖归宗”，如匈奴族的赫连勃勃，自称是“大禹之后”，鲜卑族自称黄帝之苗裔等，这都是形成民族融合之强大稳定的因素。[6]不立足于对史学史的深入研讨，是不能发现并解决这项历史课题的。

---

〔1〕《晋书》卷一〇五《石勒载记下》，北京：中华书局，1974 年，第 2735、2751 页。
〔2〕《晋书》卷一一三《苻坚载记上》，北京：中华书局，1974 年，第 2904 页。
〔3〕《史通》卷一二《古今正史》，见浦起龙《史通通释》，上海：上海古籍出版社，1978 年，第 358—359 页。
〔4〕《史通》卷一一《史官建置》，见浦起龙《史通通释》，第 313 页。
〔5〕《史通》卷一一《史官建置》，见浦起龙《史通通释》，第 315 页。
〔6〕乔治忠《中国传统史学对民族融合的作用》，《学术研究》2010 年第 12 期。

北魏孝文帝的改革、清朝将传统文化遗产加以大规模总结与提炼，是显著的范例。在世界历史上，很难见到中国古代这样经常的由异族上层迅速、全盘、系统、主动地接受另一民族文化的现象，原因在于唯中国具备这种包含官方修史的独特繁荣的史学传统。以往人们总是把中国民族融合的积极因素归结于下层民众，而将上层统治者说成民族融合的阻碍力量、消极因素，是缺乏史实依据的。世界许多地区、民族（如以色列与巴勒斯坦），尽管经过长期杂居和共同的经济生活，仍然离民族融合甚远。各族人民如果缺乏整体文化的趋同，仅在杂居与生活中融合，总是缓慢与不稳定的。

十六国、北朝这一历史阶段，是汉族和汉族政权相对弱势的时期，北方多个少数民族相继勃兴，纷纷建立政权，甚至形成以少数民族为统治者的强盛国家。这时期民族关系、民族文化如何发展，应当说很有变数。但是恰恰在这一时期，各少数民族政权纷纷开始记史、修史的官方史学活动，反而确立了汉文化的主导地位，推动了以汉族为中心的民族大融合，甚至出现北魏孝文帝时期全面、主动的“汉化”改革。在某种意义上可以说：这一时期，传统史学引导了历史，改变了历史。

其二，关于康熙帝与其祖母孝庄太皇太后的关系，清朝官方书史描绘得温情脉脉，亦被现今清史研究者的许多史学著作认同，歌颂孝庄后的论述颇多，文学艺术作品就更加绘声绘色。然而史实真的如此吗？孝庄后是在顺治朝与康熙朝初期拥有政治裁决大权的人，因此不能不联系顺治末与康熙初的朝廷大政来考察。顺治帝后期与其母孝庄后极其不和，甚至长年不去探望问安，说明矛盾已经公开化。顺治逝世，辅政大臣拟定所谓“遗诏”，有如一件认罪书，特别是检讨了“于淳朴旧制，日有更张”[1]的过错。接着，清廷大肆改变顺治朝“汉化”了的政权机构与制度，宣布“率循祖制，咸

〔1〕《清圣祖实录》卷二，顺治十八年三月甲子，北京：中华书局影印本，1985年。

复旧章”[1]，同时兴起“哭庙案”“江南奏销案”“庄氏史狱”等，皆为对南方汉人士绅的打击。这一系列做法均靠孝庄后坐镇才可施行，连守旧满洲贵族四位辅政大臣的任用，也必然是由孝庄后所决定。

康熙六年（1667）康熙帝亲政，继承其父政治制度“汉化”的方针，第一个大的举动是下诏纂修《清世祖实录》，在谕旨中指示：“卿等督率各官，敬慎纂修，速竣大典，表彰谟烈，以副朕继述显扬先德之意。”[2]为此还特别撰写了“孝陵神功圣德碑”文，将顺治帝“遗诏”几乎逐条否定，标志着向守旧势力发起反击。但是，纂修实录工作也受到守旧大臣鳌拜之党羽、实录馆总裁官班布尔善的抵制，僵持不下。在此期间，康熙帝每隔几日就到孝庄后住处问安，一则表示亲热，二则防备守旧势力离间，三则窥探孝庄后的行为打算，似乎关系融洽，实乃政治博弈的手段。与此同时，康熙帝积极积蓄力量，准备出手反击。康熙八年（1669）五月，康熙帝以召鳌拜入宫议事为由，发动突然袭击，一举擒拿鳌拜，随之捉拿其党羽班布尔善等人。这次断然举措，事先是瞒着孝庄后的，据白新良教授考证，擒拿鳌拜实在康熙八年五月十日。[3]至十二日拟定《钦定鳌拜等十二条罪状谕》，局面已经有效控制。同日，康熙帝再次向孝庄后“问安”，实际是一次摊牌，孝庄后即使不快，也无计可施，而康熙帝举出鳌拜欺君、专权的罪状，对孝庄后也具有一定的影响力。最后，首犯鳌拜免死监禁，而党羽班布尔善等人被处以死刑，这个不正常的结案，应是孝庄后与康熙帝达成的妥协。随后，康熙朝逐步采取政治体制和文化建设“汉化”的措施。为推行这种政治方针，瞒着孝庄后擒拿鳌拜，是一项政治豪赌，但康熙帝赌赢的把握是充分具备的，因为孝庄后一定要保住自己的嫡系儿孙坐稳帝位，此乃

---

〔1〕《清圣祖实录》卷三，顺治十八年六月丁酉。
〔2〕《清圣祖实录》卷二四，康熙六年九月丙午。
〔3〕 白新良《康熙擒鳌拜时间考》，《满族研究》2005 年第 3 期。

最大的政治利益，况且康熙帝又多年表现得十分恭顺。这里，对孝庄后的评论，对康熙帝与孝庄后关系的判断，对顺治末到康熙初清廷政治的论述，都需要做出重大的改变，而所有这些，是在对康熙朝纂修《清世祖实录》进程细致研究时发现的，可见史学史研究可以穿越历史探讨真实，取得独到的创见。

其三，王国维1925年提出“二重证据法”的史学方法命题，他说：

> 吾辈生于今日，幸于纸上之材料外，更得地下之新材料；由此种材料，我辈固得据以补正纸上之材料，亦得证明古书之某部分全为实录，即百家不雅驯之言，亦不无表示一面之事实。此二重证据法，惟在今日始得为之。虽古书之未得证明者，不能加以否定；而其已得证明者，不能不加以肯定，可断言也。[1]

这个命题得到普遍赞誉、高度评价，至今被视为研究先秦史的重要手段。从断代史家撰文立论的角度出发，运用“二重证据法”真是十分便利，但将之置于史学史中考察，则弊端立见，而影响所致，颇多负面效应。

首先，王国维提出的“二重证据法”乃针对顾颉刚等的疑古思想，试图阻止古史辨这一史学革命思潮。“虽古书之未得证明者，不能加以否定”的断言，反映出强烈的信古观念。后来推崇“二重证据法”的学者，基本都是要以出土文献和考古资料来“印证”古书记叙，将上古传说和神话坐实为可信历史，造成先秦史研究整体主流方向的迷失。其实，考古发现的文献和遗迹，有些当然可以印证

〔1〕王国维《古史新证——王国维最后的讲义》第一章《总论》，清华大学出版社，1994年，第2—3页。

古文献的记述，但大多数考古发现是会否定古文献、古传说的内容，例如偃师二里头发现的所谓“夏文化”遗址，既无文字，又无明显超越其他地区的社会先进性特征，实际宣示了夏朝历史传言的崩溃，即历史上也许有过“夏”这个酋邦或方国，但并无所谓“夏代”，那么一丁点儿地方，又不能证明周边部族是受其统领，有什么资格可以代表中国上古的一个朝代？又如山西陶寺遗址的发现，据说时间、地点都相当于传说中的尧、舜时代，但遗址反映出人类残酷的大屠杀、大毁灭现象，既毫无权位禅让的祥和气息，也不是宫廷政变的样态，而是种族灭绝之类的战争。于是，关于尧、舜的历史传说彻底破产，因为再没有其存在的时间和空间。

其次，王国维的“二重证据法”立足于他利用甲骨文对殷商世系的考证，具体成果体现于论文《殷卜辞中所见先公先王考》和《续考》。但这种考证算不上“二重证据”，因为都是文字资料，甲骨文与藏于档案馆的密档，文献性质并无实质区别。考订清朝历史，若利用清内阁档案算不算“二重证据法”？如果再加以满文资料，算不算“三重证据法”？再加上蒙古文资料是“四重证据”吗？加上英文资料、日文资料、法文资料、俄文资料呢？其实都是一种，即文字史料而已。后来考古资料的利用，这倒是有别于文献的另类证据，但不同体系的资料强行比附，甚至以古文献所记述为主体的“印证”性穿凿，造成极大的混乱，每一考古发现，皆与文献连接为“二重”，论说五花八门、莫衷一是，可见其中并无科学性。更糟糕的是：某些考古学者也致力于将考古材料穿凿于神话传说，把考古的发现装入陈旧的上古史体系的框架，使本应居于科学高度的考古学，变成信古思潮的下等婢女，甚至连基本的逻辑思维也弄得混乱不堪，如上述关于《禹贡》“九州”的鼓噪，败坏学术，莫此为甚。

最后，王国维的“二重证据法”以守旧的信古观念为出发点，因而存在很严重的逻辑谬误，例如他谈到《史记》的记载时说：

"由殷周世系之确实，因之推想夏后氏世系之确实，此又当然之事也。"[1]姑且不论《史记》所述"殷周世系"是否真的"确实"，仅就其根据殷周世系"确实"就推想"夏后氏世系之确实"，就是十分明显的荒谬逻辑。《史记》一书，有大量确实的记载，也有许多失实的记述，纷纭斑驳，甚至同一史事叙述得自相矛盾，此为自古以来的学界所共知，岂能因为一项记载可信就推想其他记载也同样确实？王国维此说，在逻辑上几乎可以视为弱智，但至今史学界仍有人每每引证此说或模仿此说发论，真是匪夷所思，莫非信古观念真能令人变傻并且具有传染性？

以上事例足以显见"二重证据法"的纰缪与流弊，但因其可以给先秦史家提供随意撰文的方便，故将之当作铁饭碗一样地护惜。以此种方法撰写的文章多如秋风落叶，却极难寻见学术的科学性和确定性，史学史学科理应对之予以审视、剖析和评判。

三　史学史学科建设的新思考

史学史学科以历史学的发展状况为研究对象，而中国历史学积累问题之多，给中国史学史的学科建设以很大的挑战，需要做出突破常规的新思考。简要言之，有以下三点尤其值得倡导和推动。

第一，史学史学科一般被认为是历史学中的一个分支专史，从上述史学史的学术任务来看，这种定义是远远不够的。史学史虽则是从历史学中纵割分出，然一旦独立并且形成体系，就要与史学理论紧密结合而凌驾于整个历史学之上，起到审视、总结、评判与纠偏的作用。当前，历史学界的学科结构轻重失衡，中国历史仍然偏重于断代史，此乃几千年以来陈旧史学模式的延续，总体上造成学术眼光短浅，理论思维贫乏。历史学必须通过反思，清理自身的演

〔1〕王国维《古史新证》第四章《商诸臣》，第52—53页。

进历程，才能更为成熟，梁启超说："凡一种学问经过历史的研究，自然一不会笼统，二不会偏执。"[1] 然而十分遗憾，史学界恰恰正是对历史学最缺乏"历史的研究"。白寿彝先生曾经说："史学史的研究状况，很不正常。学哲学的人都知道，必须要学哲学史。学文学的人也知道文学史很重要。但学历史的人，偏偏不重视史学史的研究。……这种情况反映了我国史学工作水平之不足，也为史学的发展带来损失。"[2] 近年情况稍有改善，但作为一门二级学科，学术队伍还是格外薄弱，依然属于"很不正常"，需要大力扩充，否则难以很好地总结和审视历史学的发展状况。

第二，改变历史学的学科结构，是需要从高校教学抓起的工作。现今高校历史学的课程以中外"通史"课程占去绝大多数课时，而所谓"中国通史"，实际不过几段断代史的拼凑，并无通史意旨。这样，断代史不断复制，形成持续循环。白寿彝先生早就指出：

> 我们历史系的课程，几十年来主要是开设了中国通史和世界通史两门课程，每一门课程都包含古代、中世纪、近代、现代，都教4年。我们把这两门课程叫作"八大块"，这"八大块"的设置，是从苏联学来的，我们授课时数比苏联已经消减不少。但分量还是很大，为开设别的课程留下的时间已经不多了。这两门课程，主要是靠课堂上讲，课堂下看讲义，很少有阅读参考书的机会。而且，一门课搞了4年，要经过好多位教师去讲授。这个"通"字很难做到，可以说是"通史"不"通"。[3]

---

〔1〕梁启超《中国近三百年学术史》十一《科学之曙光》，北京：东方出版社，2004年，第166页。

〔2〕白寿彝《关于历史学科教学、研究的几点意见》，见《白寿彝文集》之《历史教育·序跋·评论》，开封：河南大学出版社，2008年，第57页。

〔3〕白寿彝《关于历史学科教学、研究的几点意见》，见《白寿彝文集》之《历史教育·序跋·评论》，第55页。

因此，白先生主张通史就讲一年，提纲挈领，腾出课时安排其他各种专史、读书与研讨，特别要抓史学史与史学概论。这是多年教学与研究得出的体会，上升为教学改革的设想，应该下最大的决心予以施行。

第三，史学史及史学理论学科的发展，不仅要求学术队伍的扩大，更需要专业人员学术素质的提高。提高本专业学术素质主要体现在两方面，一是知识结构的扩展和研究技能的掌握，二是理论思维能力的增强。历史学涉及的问题十分广泛，史学史专业学者的整体知识结构必须优于断代史专家，在一些特殊知识技能方面也需要有所作为。例如先秦史专业往往辨识和利用甲骨文、金文资料，史学史专业之中也应具有相应的内行人员，才能做出审视和评判。理论思维对于史学史研究尤为关键，在方法论上的辩证逻辑与形式逻辑，是为发现问题、破解问题的利器。一项研讨历史的议论，如果逻辑上已经悖谬，再多的资料罗列也无济于事，许多错误观点常常是在理论和逻辑上失足的，这样的失足比史料的缺陷更为严重，往往一被揭示，就再难以站立。史学史专业的学者，掌握渊博的知识与多方面的研究技能，练就敏锐的理论思维，就会在学术研究中发挥强劲的学术穿透力，从而为历史学的健康发展做出突出的贡献。

［原载《淮阴师范学院学报》（哲社版）2016年第1期］

历史观念研讨

对史料学、历史文献学与史学史关系的探析

历史学包含多方面、极丰富的内容，其内部分出多种专门的研究内容、探讨角度及治学方法，不仅顺理成章，而且很有必要。但不同的视角、方法具有不同的特点，深度、广度亦存区别，应当配合运用、互为补益。倘若以偏概全、墨守一隅，则难免导致舛误之见。本文谨拟对中国史料学、历史文献学与史学史之间的关系，从命题内涵到学术实例做一番解析，抛砖引玉，以供史学界时贤思考和商榷。

一　三个专业命题的内涵与视角

史料学以史料为学，史料之含义甚明，就是可以用于说明历史、研究历史的所有资料。而实际上，史料的范围几乎无所不包，文字形态的史籍、文集、诗歌、议论，实物形态的文物、器物、遗址，社会现存的民俗生活、追忆口述等，均可能成为很有价值的史料。以史料为学，若不限定于具体的历史研究对象，真乃漫无边际。因此，所谓的中国历史的史料学，实际是从研讨一定范围历史问题的需要出发[1]，汇总相关的、可能利用的各种资料，予以排列、介绍和分析。其本质上体现的是对已知历史文献及历史遗存从利用角度的

---

〔1〕这种研究范围或是很具体的专题，如历史人物或事件，或以断代史为区间，如唐史史料、明史史料。

提取与组合。

历史文献的概念也具备广泛的内涵，古代“文”指文字性资料，“献”指贤者的叙述和议论。现代合称“文献”，意义有变，主要是指书面文字材料，历史文献就是蕴含真实历史内容的书面文字资料。而蕴含历史内容的书面文字资料，在形式、体裁、内容、性质上多种多样，史籍自莫能外，而举凡经、子、集部书籍，大多也可归入，方志、笔记、档案、公私文书、散见碑铭等也概属其中，此外还有如甲骨文献、金文文献、敦煌文献、汉晋书简等专门类别。以历史文献为研究对象的历史文献学，不仅面对众多类别的文字资料，而且研究手段也多种多样，目录学、版本学、辨伪学、金石学、档案学及古文书学等，各有其独立的研究方法，各成体系，而又统括于历史文献学之中。这样，由于内部分支的各成独立体系，历史文献学就难于形成统一、严整的学术体系，造成某些分支学科的学术光芒反而比历史文献学的整体更加夺目。但历史文献学的所有分支，研究的都是涉及历史问题的书面资料，这一共性使之可以联结为一个整体，相互补益，比单一分支更能加深与拓宽对历史文献总的底数以及具体对象的认识。历史文献学的研究对象类别众多，却具备一个基本共性，这无疑是优于史料学的学科概念。因为史料学是以史料利用的眼光组合已知的资料与知识，这些知识或来自历史文献学研究，或来自考古学、文物学等学科的研究，但它不能将提供知识的学科包括进来。

历史文献学的宗旨与视角是要深入认识具体文献的形式、内容和性质，并且按不同类别或不同方法组织成知识序列，如目录学的序列、版本学的序列、辨伪学的序列等。而“史料学”是估量一定范围内历史问题所可能利用的已知资料，其知识的组合不成序列。二者的区别是明显的，认识问题的角度不同，对认识的关注点及深度也会有差异。

史学史是研究历史学发生、发展及其规律的学科，具有严整的理论系统和明晰的学术界定。史学史的学术宗旨和任务是：第一，清理史学遗产；第二，阐明史学演进历程；第三，揭示史学发展规律。第一项任务与历史文献学的研究内容有所交叉，第二项表现为史学史独有的学术特征，第三项是史学史学科理论层次的探讨。

中国史学史研究的内容包括：1. 对史学造成很大影响的历史观以及重要史家的历史观，如中国古代的“五德终始论”“正统论”等。2. 史学思想，即对历史学本身的认识，涉及历史学的性质、功能、治史目的以及与此相关的方法论问题。3. 历史编纂学，即关于编撰历史著述具体方式、方法的学问，如史料的整理、鉴别和筛选，史书的结构安排，史文的斟酌、修饰等。4. 官方史学及相关的制度与举措，是中国古代特有的史学现象。5. 史家的史学活动，是历史观、史学思想、历史编纂学等方面内容具体、生动、活化的体现，能够生动、真切地反映史学演进状况的内容。6. 史学评论，就是对历史著述进行诸如材料真伪、结构优劣、成就高低、影响大小等方面的判断和论证。7. 史学与其他社会因素的相互作用，即史学发展必联系于一定的社会条件，而史学也对社会发展予以很大影响。8. 史学发展中的社会运行机制，以及这种运行状况给史学的发展方向带来怎样的影响，这是比上一内容更深层次的探讨。这个问题至近现代已经凸显，成为史学发展极其重要的因素。由于西方文化与体制的影响，历史教学与研究形成专业化、职业化的特点，史学的学术活动与学术队伍的建设，成为运转于社会的一项机制，是中国史学史应当深入研究的内容。[1]以上八项内容，既有扎实的史实考订与分析，又具理论层次的概括和评断，而且各项内容有机地联系在一起，构成严整而又开放的学科系统。从史学史角度认识历史文献和历史资料，应当能够达到更全面、更深入的效果。

---

〔1〕乔治忠《论中国史学史的学术体系》,《史学理论与史学史学刊》2002年卷，北京：社会科学文献出版社，2003年。

二　单一史料学眼光的学术偏差

如上文所述，所谓“史料学”，乃是以史料利用的眼光，对已知的资料与知识予以某种组合。由于其视角仅仅是从利用出发来对待资料，往往发生认识和表述的偏差，最典型的实例是东汉班彪、班固父子关于《史记》取材问题的论述，班固说：“司马迁据《左氏》《国语》，采《世本》《战国策》，述《楚汉春秋》，接其后事，迄于天汉。其言秦汉，详矣。”[1]这其实是说《史记》的资料来源，有班固所见到的《世本》《战国策》二书中的内容，从“史料学”角度来看并无错误。但从历史文献学角度考察，班固的说法极不确切，因为司马迁在世时根本不存在《世本》《战国策》这两种史籍，《世本》和《战国策》都是汉成帝时刘向（约前 79—前 7）整理图书时将零散资料汇总编辑，拟定书名而成，此时司马迁早已逝世几十年之久。即司马迁在世时并未见到过《世本》《战国策》，但确实利用了后来被编入此两书中的文献资料。

刘向编辑多种资料命名为《世本》一书，至宋代亦已佚失，故其书内容、体例难以尽知。经清代学者辑佚，形成了不同编排方式、不同内容的多种版本。《汉书・艺文志》著录：“《世本》十五篇，古史官记黄帝以来，迄春秋时诸侯大夫。”唐代司马贞《史记索隐》注释《史记集解序》时说：“刘向云《世本》，古史官明于古事者之所记也，录黄帝已来帝王诸侯及卿大夫系谥名号，凡十五篇也。”据此，刘向的《世本》是以记载帝王世系为主要内容，也可能收载了先秦时期其他零散篇什，加上“居篇”“作篇”之类的题目作为篇名。其书久佚，而后人辑佚则踵事增华，细分门类，如清人秦嘉谟的辑本，俨然成了类目齐备、构成体系完整的史书。

在《史记》中，司马迁说到他阅读过《牒记》《帝系姓》《历谱牒》《五帝系牒》《春秋历谱牒》等书籍或历史文献，却从未提到过

[1]《汉书》卷六二《司马迁传》，北京：中华书局，1962 年，第 2737 页。

"世本",[1]后来刘向编辑《世本》,大约就是汇集司马迁所读的上述零散文献,整理成书。明了先秦至司马迁之时本无《世本》一书,即可知清人秦嘉谟等所谓《史记》的体例皆因袭《世本》,乃无稽之谈。而刘向编辑《世本》与秦嘉谟辑补《世本》,仿照《史记》体例命名各篇倒是极其可能的。今人著述往往认为《世本》是先秦时的一部史书,实为流行悠久的失误。追其根源,都是班固从单一史料眼光出发,含混叙说司马迁"采《世本》《战国策》",而后人未从历史文献学上考察,误认先秦时期即已成书,才导致这个源远流长的失误。但我们不应怪罪古人用语不严密,实际上,史学界对于《世本》等史籍成书的来龙去脉,早就应当从历史文献学角度去考证,并且划清史料利用、文献形成以及史学史定位的界限。

刘节先生治史功力十分深厚,但其《中国史学史稿》[2]在"唐代史学"部分讲述清末发现敦煌文献的事件,在"明代史学"部分讲述清朝官修的《明史》,在"清代史学"部分讲述《清史稿》,显然是混淆了断代史的史料利用与史学史之间的界限。这种疏失并非偶然,朱杰勤先生《中国古代史学史》[3],专立标题讲述近代洪钧撰写的《元史译文证补》,越出自己划定的古代史学史范围,这也是因史料学眼光而造成的失误。长期研究一般的历史问题与研究断代史,可能令学者养成一种思维习惯,即以史料应用的眼光来看待史籍、文献,稍不留意就可能忘却历史文献学、史学史的学术定位和规范,这是值得引为注意的学术偏差。

三　史学史研究缺位时的学术误区

文字性史料的运用,实际是历史文献学研究的延伸,而历史文

〔1〕卢南乔《论司马迁及其历史编纂学》,《文史哲》1955年第11期。
〔2〕刘节《中国史学史稿》,郑州:中州书画社,1982年。
〔3〕朱杰勤《中国古代史学史》,郑州:河南人民出版社,1980年。

献学与史学史研究存在密切的联系，已如上述。因此，在史学史知识缺位的状况下，对历史文献的认识有时会进入误区，尤其是在未进行深入史学史研究之前，却要用直观的文献知识论断说明史学史性质的问题，误判可能会十分严重。

著名学者罗振玉对清朝内阁大库档案的挽救和整理，做出了极其杰出、不可替代的贡献。他整理编辑的《史料丛刊初编》，早已传播于世，久享盛名。但其中有《太宗文皇帝日录残卷》两篇，其标题会引起很大的误解，例如有的著述即误以为清太宗时期“儒臣”为后世“留下了太宗朝《满文老档》和《天聪皇帝日录》等经过初步整理的编年体资料”[1]，更是误上加误。查所谓《太宗文皇帝日录残卷》其文，第一篇记述的是清太宗天聪二年（1628）之事，凡涉及清太宗言行，均称之为“上”。仅此一端，即可判定该件出于清入关之后，绝不可能是入关前天聪年间的当时记录。因为清入关之前，没有将君主称为“上”的用语，崇德元年（1636）修成的《太祖武皇帝实录》就无此称谓。再看其中人名、称谓的译音用字，尚未达到康熙时力求儒雅的程度，如阿巴泰还写作“阿八太”，岳托还写作“约脱”，巴克什还写作“榜式”，特别是“巴图鲁”仍写作“巴兔鲁”。[2]可以判断该件是清顺治时期纂修《清太宗实录》时的草稿残件，偶尔混入档案资料而已。此件不用干支记日，亦为顺治时期纂修实录的书写特征。第二篇记述崇德六年（1641）之事，已经采用干支记日方法，这是康熙朝修订《清太宗实录》时仿照明朝实录的做法。而其中的人名、称谓，译音用字也已经与定本《清太宗实录》基本一致。可见此件应形成于康熙朝，是康熙年间纂修《清太宗实录》的草稿残件。

总之所谓《太宗文皇帝日录残卷》并非清入关前文献，而且两

---

〔1〕白新良《清代中枢决策研究》，沈阳：辽宁人民出版社，2002年，第60页。
〔2〕《史料丛刊初编·太宗文皇帝日录残卷》，见《明清史料丛书八种》第2册，北京：北京图书馆出版社，2005年，第139—159页。

篇形成时间也不相同。罗振玉将之合为一卷，未做文献学的深入鉴定，率尔命名，已开错误先机。若以此不严谨的命名来揣度其为清入关前文献，则是在缺少史学史研究的状况下，进入了认识误区。这与将《世本》称为先秦时的一部“通史”，乃属同样的疏误。

然而蔓延最广、影响极大的学术误区，莫过于对清太祖、清太宗、清世祖三朝实录纂修问题的流行说法。从史学史的角度研究清朝官方纂修前三朝实录的历程，资料明确，史实清晰，本无太多的疑问，谨将简要情况条列如下：

1．关于清太祖朝实录：入关前崇德元年十一月，修成满文、汉文、蒙古文分三栏书写，并且穿插83幅战图的第一部实录，其中战图于前一年即天聪九年（1635）提前绘成。书名并题“太祖武皇帝”与“孝慈武皇后”即皇太极生母的尊号。由于三种文字与插图合为一体，全书四卷，分订八册。顺治年间纂修清太宗实录之时，分别抄写了满文、汉文、蒙古文三个无图文本，与清太宗实录分三种文本一致。康熙年间修成《清太宗实录》之后，鉴于原《太祖武皇帝实录》体式不合规范，重新纂修，康熙二十五年（1686）二月成书，按清太祖新议定的谥号题为“太祖高皇帝”实录。雍正十二年（1734）十一月，清廷又对康熙年间修成的《太祖高皇帝实录》、《太宗文皇帝实录》中人名、地名等译音用字予以修订，与新修成的《清世祖实录》一致，至乾隆四年完成。

乾隆四十四年（1779）初，清廷照入关前太祖实录的原来样式绘写，以利保存。即由门应兆一人依入关前太祖实录图原式重绘其图，另派精于满、汉、蒙古字内阁中书各四员在南书房缮录文字[1]，乾隆四十五年写成两部，一存上书房，一存盛京。乾隆四十六年五月，又奉旨再办一部[2]，书成后存于避暑山庄[3]。

---

〔1〕《清高宗实录》卷一〇七五，乾隆四十四年正月乙卯。

〔2〕《清高宗实录》卷一一三〇，乾隆四十六年五月辛巳。

〔3〕 乔治忠《清太祖一朝实录的纂修与重修》，《南开学报》（哲学社会科学版）1992年第6期。

很明显，关于清太祖朝实录，真正的全文纂修只有入关前及康熙年间的两次。顺治朝仅仅将入关前太祖实录的一页三栏三种文字，抄录三个文本，而未绘其图，略去书名中有关“太后”的字样。雍正、乾隆时期，仅仅修订译音用字，另在每卷之首补入给清太祖新添加的尊号。

2．关于清太宗朝实录：顺治六年（1649）正月，清廷诏修太宗实录。然而次年底多尔衮逝世，转年被议以“阴谋篡逆”大罪，实录馆总裁刚林等人卷入案件，纂修之事中止。顺治八年十二月，大学士希福又奏请编纂太宗实录，九年正月，清廷再次组成实录馆。约顺治十二年初，清太宗实录稿完成，此稿充满粗俗、鄙俚的记述内容，体例也不大符合传统的实录编纂规范。因此，清廷不认可其书，令郑亲王济尔哈朗校阅，但不久济尔哈朗去世，了无结果，遂与同时修成的清太宗“圣训”一起被封存搁置。[1]康熙八年纂修清世祖实录之时，仍欲同时校订清太宗实录，但大臣初步校阅即上奏请旨，认为舛误极多，“似应重修”。[2]待《清世祖实录》告成之后，于康熙十二年八月开馆重修《清太宗实录》，康熙二十一年九月告成。[3]雍正时又开始校订人名、地名译音用字，其进程与校订《清太祖实录》相同。

这里，顺治朝纂修的“清太宗实录”，清廷既未认可，不应算作成书。台湾今存顺治朝清太宗实录稿，可证明其书确实鄙俚、粗率，康熙时重新纂修无可指摘。雍正、乾隆间的校订文字，不属于重新纂修。《清太宗实录》实际只在康熙朝修成一次而已。

3．关于清世祖朝实录：康熙六年七月，开馆纂修清世祖朝实录，但在纂修之中，实际蕴含康熙帝与鳌拜等守旧权臣的政治斗争。康熙八年五月，鳌拜被捕，原实录馆总裁班布尔善被处以绞刑。次

---

〔1〕乔治忠《略论顺治朝的官方史学》，《史学理论与史学史学刊》2006年卷，北京：社会科学文献出版社，2006年。
〔2〕《明清史料》甲编第一本，徐中舒《内阁档案之由来及其整理》引“未具名题稿”。
〔3〕《清太宗实录》卷首，康熙朝《进实录表》。

月，重组实录馆纂修，于康熙十一年五月修成《清世祖实录》144卷，合凡例、目录共146卷。

清朝纂修前三朝实录的历程如此清晰，为何世间学界却异说纷纭？这是因为康熙年间纂修三朝实录时的不少草稿、初稿，被史官私下携出或抄录，流向民间，后辗转倒卖，有些被日本人购得。现流传的康熙本三朝实录如日本编辑出版的《清三朝实录采要》等，皆系康熙时纂修实录过程中的稿本或私抄，不应视作修成之书。早在20世纪30年代，学者方甦生以幸存的康熙朝满文小本《太祖高皇帝实录》（为进呈御览本，因存于他处免遭焚毁）对勘雍正、乾隆时校订之本，发现载事上并无不同内容〔1〕，因此不存在乾隆朝改修实录的问题。

而《清三朝实录采要》之类的草稿之本，与定本的记事、文字存在出入，本不足为奇，评论清朝的纂修书史活动，自当从定本修成的实际历程出发。但明清史专家孟森发表一个说法："改实录一事，遂为清世日用饮食之恒事"〔2〕，其影响颇大，加之民国时期的排满贬清情绪，史学界多人遂将《清三朝实录采要》等视为奇货，凡定本实录记述与之不同，就斥为篡改、掩饰，认为清三朝实录多次重修、篡改，每种草稿都被当作改修的证据。流播至今，竟有论文仅因《清三朝实录采要》中清太宗实录仅为八册，就断言"康熙本清太宗实录"为八卷，连卷数也少于所谓乾隆本正文的十卷，全然不顾康熙帝《太祖高皇帝实录序》及勒德洪《进实录表》中关于康熙时修成太祖实录正文十卷的可靠记述。〔3〕这种立论，匪夷所思，却相当流行。许多人的研究都是在误区之内劳作，校对文字，比较内容，甚至将满文、蒙古文记述与汉文细细勘比，用力越勤则头绪越乱、误解更多。

---

〔1〕方甦生《清太祖实录纂修考》，《辅仁学志》7卷1—2期，1938年12月。
〔2〕孟森《读清实录商榷》，载《明清史论著集刊》下册，北京：中华书局，1959年，第622页。
〔3〕齐木德道尔吉《满文蒙古文和汉文〈清太祖实录〉之间的关系》，《内蒙古大学学报》（人文社会科学版）2003年第1期。

这种学术误区的形成，从史学方法论言之，乃是在完全缺乏史学史研究的状况下，仅从现存实录不同文本的内容予以简单对比，就做出史学史性质的判断，即声称发现清三朝实录多次改修的依据。因此不仅造成对清朝官方史学的谬说，而且对清实录这种历史文献的认识也步入歧途。

与此相关的又一误区，是清史研究中过于怀疑清朝实录，因而过度推重档案史料的倾向。例如关于清朝光绪帝之死，本来早有清人恽毓鼎的《崇陵传信录》等书，以及许多清朝遗老口述，指出是被慈禧太后害死。但这些却被视为野史、传言，许多学者从清宫医疗脉案等档案资料梳理，断定光绪帝为正常死亡。幸亏光绪帝尸体尚有遗存，经严格科学检验，证明光绪帝确系砒霜中毒致死。否则，历史真相岂不被档案史料所歪曲、蒙蔽？治清史者应当清醒地认识到：第一，档案也不过是一种文献而已，不具备超过其他文献的神圣地位。第二，现存档案是严重残缺的，还存在着也许恰恰是不能真实反映史实的部分，而否定现有档案资料的其他档案也许佚失。因此，根据较全档案编纂的清朝实录，有时反而会去伪存真，更为可信。第三，档案同样是可以伪造的。当掌权者迫切需要伪造某种原始文献之时，这种伪造甚至比篡改史书更加容易、更为隐秘。光绪帝的所谓医疗脉案，肯定存在大量伪造部分。同样道理，清慈安太后（东太后）死因，亦不能遽然断定为病死，《崇陵传信录》等野史、笔记记述为慈禧太后趁慈安太后小有病症之机谋害致死，很可能符合史实，只是未能像光绪帝那样幸运地进行尸身的科学检验而已。

四　史学史研究与治史理路

史料的准确使用，有赖于对史籍、文献予以深入的研究，而对于重要历史文献的研究，有赖于在史学史研究体系中予以全面剖析与定性、定位。在相关问题的研究中，为了避免造成学术偏差和认识误区，有时需要对治史理路、研究方法进行必要的整合。这里，特别应该注意的有以下几点：

1. 以历史文献学的研究指导史料的运用。文字史料的利用，要立足于对相关文献的审慎研究，考订其可靠性。这是研治历史的基本法则，其道理甚明。但在实际的历史研究中，却并非时时事事都能够自觉贯彻。上文述及对于《世本》的种种误解，即为显例。孙文良等著《乾隆帝》[1]第八章《盛世修书》的“褒忠贬奸”一节，述《明臣奏议》一书，“编满族要典”一节述《辽金元三史国语解》一书，均属名实不符，《明臣奏议》不具备“褒忠贬奸”的内容，《辽金元三史国语解》也不是“满族要典”。这是作者对《明臣奏议》《辽金元三史国语解》两部史籍的内容，未做深入的文献学研究，仅将书名作为史料而拈来使用。

在一般历史问题的认识中，因为对作为史料来源的历史文献缺乏深入研究，而造成错误观点长期流行者，事例更多，例如关于岳飞的事迹，就因为《宋史》采用岳飞之孙岳珂私撰的《鄂王行实编年》，使不少浮夸、虚构的“莫须有”史事流传若真，影响直至当今，大失历史本来面目。

为了不被讹误的史料所蒙蔽，以历史文献学的手段追究史籍中史料的来源，是十分必要的。文字史料根本离不开历史文献学的研究，非文字史料也离不开相关学科研究的成果，所谓史料学根本不能独立成学，它仅仅是将其他专业知识做一应用性质的组合而已。而且所组合的知识既不可能无所遗漏，也不会在具体研究中总被完全利用。这一点必须认识明确，才能避免随意误信和误用史料。

2. 对历史文献予以史学史研究的定性和定位。为加深对重要的历史文献或史籍的认识，应当将之置于史学发展进程中予以探讨，得出关于其性质与地位的研究结论，这实际上已经进入史学史研究的

〔1〕 孙文良、张杰、郑川水《乾隆帝》，长春：吉林文史出版社，1993年。

学术领域。史学史对于重要历史文献的研究，具有较大的认识深度与较高的理论层次，具有提高学术水平和避免认识失误的重要作用。

明朝典籍中有一卷《天潢玉牒》流传至今，“载明太祖历代世系，及其自微时以至即位后事略，以编年为次。凡皇后、太子、诸王谥号、封爵皆详列之”[1]，编纂于明太祖永乐年间。此书与后来明朝、清朝的皇室玉牒有所不同，即不仅登录皇室成员身世谱系，而且以编年体记载重要事件，有如正史本纪。有这种体例、内容的巨大差异，是否可以怀疑它不是明朝官方正式编纂的册籍呢？不能！以史学史的眼界观察，可知这部玉牒乃是仿照宋代玉牒的编纂方式，宋朝玉牒都要记载朝政要事，类似正史本纪。明初政权的文化建设，往往欲图仿照宋朝，贬抑元代，但后来感到宋朝官方史学措施过于重叠繁富，于是有所简化。

今存《多尔衮摄政日记》一书，是清朝官僚后裔名刘文兴者提供文本，经过清史专家讨论议定，拟定该书名于1933年排印出版。然而，1981年，署名熊克的《清初〈皇父摄政王起居注〉原本题记》[2]一文发表，说是在四川发现了所谓《皇父摄政王起居注》的原本，并且极力强调此书原名就是“起居注”而不应题作“日记”。但仔细分析即可发现，正是熊克之文透露的资料，暴白了此件“原本”的作伪之迹。第一，作伪者刘文兴供认原件并无书名，只声称其父于三十多年前的宣统年间，在宫廷内见过此书册上有“皇父摄政王起居注”的题名，于是添写，而添写书名乃是为了出卖，即“今乃以易米”。这种时隔三十多年之后，为了卖个好价钱，造作缘由而填写的书名，当然绝不可信。第二，作伪者刘氏跋文曰：“清初入关，悉赖多尔衮。重以太后下嫁，遂尊之为皇叔父，又尊称曰皇父，其事具详《清史稿》等。”此乃信口雌黄，无一丝学识。多尔衮称“皇

[1]《四库全书总目》卷五〇别史类存目，《天潢玉牒》条，北京：中华书局，1965年，第454页。
[2] 熊克《清初〈皇父摄政王起居注〉原本题记》，《四川师院学报》（社会科学版）1981年第1期。

叔父”“皇父”原因，孟森先生早已周密论证，并且考证“太后下嫁”之事绝无任何凭据，《清史稿》等根本无此等记述。刘氏竟然说“其事具详《清史稿》等”，无知诞妄，实不值一噱。第三，多尔衮假如真的令人编录起居注，死后议罪，定然是图谋篡位的证据，而顺治八年的议罪罪状中根本没有此事，可见该书册绝非起居注。其余破绽甚多，暂不多举。似“熊克”之不学无术者将伪书据为奇货，尚无可怪。但有些清史名家也随从轻信，则只能归属于史学史研究缺位状况下的学术误区。

其实，不管该书册是否题写“起居注”，都不影响清朝正式设立起居注馆的时间。唐宋之后，起居注乃是专记皇帝言行、政务，并严密收藏的档案性史籍，有专门机构负责和特定制度的约束。多尔衮即使将私下记录偷偷称为起居注，也不能当作起居注制度的开始。只要从史学史研究的角度对此文件定性与定位，就不会出现误解。但史学界类似误解却不一而足，例如唐朝温大雅撰有《大唐创业起居注》，有的著述就将之与唐朝其他起居注等同视之。[1]查《大唐创业起居注》乃一人私撰，成于唐初，并非当时对皇帝事迹、言行的记载，而是事后撰述，也不是起居注制度内的产物。只是唐初尚未形成起居注专指特定史籍的体制，故可以此作为书名。这也需要以史学史的研究对该历史文献予以定性和定位，而不应为其书名所迷惑。

3. 从史学史的认识层次反观历史研究。如果历史研究是对人类社会以往社会活动历程的系统性反思，那么史学理论、史学史的研究就是上述反思的一种系统性反思。从认识论的意义上来看，史学理论和史学史研究是一种新的更深层次的反思，是学术探讨不断深化的结果，是整个历史学蓬勃发展的产物。历史学本身在不断发展的进程中，一方面继续认识人类的既往历程，即研究历史，另一方

---

〔1〕陈高华、陈智超等《中国古代史史料学》(修订本)，天津：天津古籍出版社，2006年，第161页。

面则向内做历史学自身的反思，即史学理论及史学史的研究。前者的积累推动后者的发生与发展，后者的开展促进前者的深化。人们一般不会反对史学理论对历史研究的深化作用，而史学史对史学的反思与史学理论属于同一层次，一是概括性反思，一是总结性反思。因此，从史学史的认识层次反观一般历史问题的研究，必然会取得新的突破。

中国西周初期，统治者形成“殷鉴”的观念，其含义就是要以殷商的覆灭引为鉴戒，从而思考如何巩固政权的问题。天命可以转移即“惟命不于常”的认识，以及必须“敬德”“保民”的政治思想，都是从“殷鉴”的思考得出的。从史学史研究的学术视野来考察，“殷鉴”观念不仅是中国史学萌发的根源，而且是中国上古理性思维的最初曙光。中国的理性思维，乃是从历史的思考开始，这对于中国古代文化及社会历史的发展，有极其巨大的影响。至今诸多的中国哲学史、思想史著述强调西周产生怀疑天命的观念，却不知其来自“殷鉴”，即来自历史的思考，所以难免得出本末倒悬、因果错位的结论。[1]

西晋末年至南北朝时期，各个少数民族政权之间战争频仍，但同时又进行着民族的大融合。一般通史、当代史的著述，未能合理解释这个历史阶段民族融合的原因。而从史学史研究中可以发现，少数民族政权大多仿照东汉以来内地政权记史、修史的官方举措，这是西晋以前少数民族势力未曾有过的现象。为了流传后世而记史、修史，必然会接受汉族传统的历史观念，各族政权普遍自称其祖先为黄帝、夏禹等，对汉人的祖先认同是历史观念趋同的集中体现。在民族融合中，文化认同是最基本的促进因素，而在这个历史时期，各民族文化认同中最为稳定、最为深入的因素乃是史学意识及历史

〔1〕乔治忠《中国先秦时期的史学观念》，载《文史论集》二集，天津：天津社会科学院出版社，2001年9月。

观念。史学，特别是官方记史、修史的史学传统，在中国民族融合中起到了开先的作用。[1]

关于清乾隆帝的传记著述，数量颇多，但均未将乾隆帝的思想作为系统的研究专题。如果从史学史角度研究《御批通鉴辑览》一书，就可以看出乾隆帝在天命与人事、朝代更替与正统论、君权与君臣关系、用人行政以及臣节、忠孝、储贰等问题上的独特见解，乃形成了一套比宋明理学更严密、更纯粹的封建主义历史政治思想体系。乾隆帝自称该书"此编体例一本至公，以为万世君臣法戒，史册权衡"[2]，表明他不但是独揽乾纲的专制君主，还要做思想上的教主。不抓住乾隆帝生平思想的这一要领，就不能深入理解和正确评析其某些举措和行为。在这个问题上，史学史研究的视角也可为历史研究提供深化的枢机。

缺少史学史专业的视野和思想方法，有时会明显限制治史的思路。例如今存的《旧满洲档》，来自清入关前满文记录的《汗的档子》，而另有清初内国史院编录的满文档案，这是两个系列的满文史籍。清史专家常常接触与利用这两套文献资料，又经许多学者进行过翻译与整理。但是，为什么《汗的档子》至清太宗崇德元年戛然停止？《汗的档子》与内国史院满文档案之间有什么关系？这应当是研究、利用这两套历史文献时面临的重要问题。长期以来，却没有清史专家提出这个看来十分明显的问题，直至笔者攻读史学史专业的博士学位，撰写《清朝官方史学研究》，才提出并且论证了《旧满洲档》与内国史院档案之间的承绪关系。[3]即由于崇德元年中改国号为"清"，定年号为"崇德"，政权的组织结构、礼仪制度等都进行改革和调整，记史、修史职能正式归属内国史院，次年就由内

〔1〕乔治忠、王秀丽《十六国、北朝政权的史学及其历史意义》，《齐鲁学刊》2004年第4期。
〔2〕清高宗《阅通鉴辑览作》自注，《国朝宫史续编》卷八九，北京：北京古籍出版社，1994年，第868页。
〔3〕乔治忠《〈旧满洲档〉与"内国史院档"关系考析》，《历史档案》1994年第1期。

国史院编录满文记事性档案，并且摘编天聪元年至崇德元年部分，构成清太宗朝完整档册，以备将来纂修实录。

总之，历史研究者绝不应当用单一的史料眼光揣度丰富复杂的史籍与文献，深入的历史文献学研究实为历史研究的必要条件之一。而重要历史文献的研究，往往也需要从史学史研究的角度定性与定位，以防肤浅和偏颇的判断。尤其要防止用直观、孤立的文献知识做出史学史性质的学术论断，否则就可能陷进误区、步入歧途而难于自拔。从史学史研究的认识层次反思历史研究的结论，有助于治史的精深与思维的缜密。以上论述，并非欲在不同治学方法、不同史学专业之间有所轩轾，在历史研究中，各种专业方法与专业知识本应互相配合、互为补益，而面对当今史学界存在对史学史学术体系与历史文献学深层机制的认知缺欠，不得不条理剖析，以期引起广泛的关注。

（原载《学术研究》2009 年第 9 期）

中国传统史学对民族融合的作用

关于中国古代的民族融合与中华民族的凝聚力，是一个学术讨论的热点问题。学术界对此既有很多共识，又有不少见解上的分歧。在分析中国古代民族凝聚力的来源方面，诸多论著从政治、经济、思想文化、社会心理、语言文学等方面进行了探讨。其实，民族融合的关键因素在于文化的认同，即精神上的凝聚力。然而，文化的内容十分广泛，在古代中国，传统文化的突出特点是史学异常兴盛，正如梁启超所言："中国于各种学问中，惟史学为最发达；史学在世界各国中，惟中国为最发达。"[1]研究中国古代宏观的历史问题，如果忽略了"惟史学为最发达"这一特点，就难以取得比较深入和全面的认识。因此，考察中国传统史学对民族融合、民族精神凝聚的作用，是历史研究的一个必要的选项。

一　文化是古代中国民族凝聚力的核心

人类自产生时就是采取群体的生活方式，这是在各种不同的环境下生存与繁衍的需要。在人类发展的早期，社会关系与生产力推动着人类群体规模渐渐扩大，族群内部以及族群之间形成凝聚的动力，社会组织结构比较严密、生产力水平相对较高和精神文化显得

〔1〕梁启超《中国历史研究法》第二章《过去之中国史学界》，上海：上海古籍出版社，1987年，第10页。

先进的族群，一般会成为凝聚的核心。而族群凝聚达到一定规模，则可能对外产生排抑，甚至发生互相争战。因此，古代的族群凝聚和排抑是民族发展史上的一对矛盾，二者错综交织，在世界不同地区形成复杂多样的民族和国家的演变。在这一问题的研讨中，明确区分民族同化、民族融合及民族凝聚力的概念，是十分必要的。早有史学家提出过这样的主张[1]，但所谓“民族同化”，应指被同化族群被迫放弃自己原来的文化习俗、社会团体，投寄、归并于另一强势族群之中。这种被迫失去自我的原因很多，例如：族群生存处境的极端艰难，民族之间残酷的战争，异族统治的压迫与歧视，生产和生活资源被剥夺，族群人员被强行分散和奴役，等等。所谓民族融合，应当指不同民族之间自然而然、自愿选择的社会生活、文化习俗的趋同过程。民族融合的结果，既可能是和谐相处、差异缩减，也可能最终归并为同一民族。和平方式进行的民族融合，一般是以政治、经济、文化比较先进的民族为核心，因此，诸如稳定的社会秩序、丰富的社会文化、清明的政治机制、发达的经济生活都可形成民族凝聚力。但随着历史的发展，各个民族不同的政治机制与经济方式积淀成较为巩固的模式之后，文化就越来越成为民族凝聚力的核心。这里所说的文化，是指社会体制、社会生活升华而达到的精神层面的价值与意义，伦理规范、思想道德、意识形态、礼仪风俗、教育理念、学术文艺等，皆为整体文化的组成部分。

人类的生存与发展，需要凝聚成社会团体来面对自然界与环境的挑战，但人类先民的族群之间也会互相排抑，甚至相互残杀。古代民族关系史上民族交往、民族战争、民族同化与民族融合交织在一起，异常复杂，不过在古代世界的不同地区，民族间的和或战，具有不同的表现。今中国境内，上古的华夏族很早就形成农业种植为主的社会经济，生产力与社会文明的程度超过周边地区。种植业

〔1〕 翦伯赞《关于处理中国史上的民族关系问题》，《中央民族学院学报》1979年第Z1期。

具备收成比较稳定的优点，但是从投入到产出的周期较长，生长的农作物难于保护，也无法转移，战争中无论胜负都会遭受重大破坏。因此，守卫先进农业经济、防御周边民族侵扰抢掠的社会需要，促成中国早期的华夷之辨的历史观，这包含以下几点内容：（1）内诸夏而外夷狄，视夷狄为未知礼义的族类，予以戒备与防范；（2）不主动征伐，主张相安共处，各居其地；（3）力求“用夏变夷”，推行华夏的礼仪文化制度以改变蛮夷之人。很明显，这虽然含有对夷狄族群的贬抑和排斥，但更为重要的是在和平共处主导方向上的政治文化融合。孟子提出“吾闻用夏变夷者，未闻变于夷者也”〔1〕的论断，充分表达了华夏礼制和文化可以化导周边民族的信心。

随着儒学在社会文化中越来越占据重要地位，至于汉代，在政治文化上越来越倾向于谋求和谐、安定的民族关系。对周边的民族政权，“来则惩而御之，去则备而守之。其慕义而贡献，则接之以礼让，羁縻不绝，使曲在彼，盖圣王制御蛮夷之常道也”〔2〕。而同时的《春秋》“大一统”政治历史观，则有力地促进着“用夏变夷”式的民族政治文化的融合。“及周之盛时，天下和洽，四夷向风，慕义怀德”〔3〕，被塑造为国家政治的最理想局面。不可否认，中国古代发生过很多民族之间的战争，战争打破原先的民族关系格局，但强制性“民族同化”之外的民族融合，还是依赖文化因素进行，这在战争中与战争后都是如此。况且，即使汉武帝所取得的对匈奴战争的巨大胜利，在儒学的政治价值观上仍然被訾议和贬斥。因此，系统的礼制伦理文化和“大一统”的政治历史观，成为民族凝聚力的精神核心，亦即文化因素成为民族融合的主导条件，这些在汉代即已十分明显。民族融合而形成极其强盛的汉族、儒学之占据文化要津、“大

〔1〕《孟子》卷五《滕文公上》，见朱熹《四书章句集注》，上海：上海古籍出版社，2001年，第305页。
〔2〕《汉书》卷九四下《匈奴传下》，北京：中华书局，1962年，第3834页。
〔3〕《史记》卷九九《刘敬叔孙通列传》，北京：中华书局，1959年，第2716页。

一统”观念之不可逆转地确立、史学及其他学术的兴盛，等等，都在汉代奠定根基，绝非纯偶然的巧合。汉代无疑是中国汉民族形成的关键时期，也是汉文化彰显出强大民族凝聚力的时期。

二　史学凸显为民族融合的先导

西汉时期，司马迁撰成纪传体的中国通史《史记》，开创了中国古代史学发展的新局面。东汉初，班固将纪传体应用于撰写西汉时期的断代史，其书尚未完成之际，汉朝廷一面支持班固个人修史，一面组织官修本朝纪传体史书《东观汉记》。朝廷不仅记载历史、保存历史文献，而且纂修成品著作性的史书，这是中国史学在世界上独树一帜的创举，标志着中国古代官方史学与私家史学双轨发展的形成。三国时期，魏国已设立专职史官，西晋承之，官方有组织、制度性的记史、修史，对中国社会文化的发展有重大影响，而且对民族融合产生了重大影响，这种影响在西晋末年凸显出来。

西晋政权统一全国不久，晋惠帝时就出现宗室争战的“八王之乱”，北方少数民族军政集团乘机起事，战火蔓延，晋室南迁，北方形成政权纷立、频繁更替的不稳定局面，史称“五胡十六国”时期。这些少数民族政权存续时间、势力强弱不一，但多数仿照东汉以来的汉族政权，进行了官方记史、修史活动。此为汉代之前周边民族政权从未出现的特点，也是世界民族史上独特的现象。

首先叛离西晋的匈奴族首领刘渊，曾长期生活于西晋内地，“幼好学……《史》《汉》、诸子，无不综览”〔1〕。304年，刘氏建立匈奴政权，打起承袭汉朝的旗号，定国号为“汉”。311年后刘聪之时，“领左国史公师彧撰《高祖本纪》（按：即刘渊）及功臣传二十人，甚得

〔1〕《晋书》卷一〇一《刘元海载记》，北京：中华书局，1974年，第2645页。

良史之体”[1]。公师或领有左国史之职，并且实际纂修本国之史，是古代少数民族政权首见记载的史官建置与官方修史活动。

东晋初，羯族首领石勒建立后赵政权，设史学祭酒一职，并任命官员撰写了《上党国志》《大将军起居注》《大单于志》多种本国史。332年，石勒强化史官建置，“擢拜太学生五人为佐著作郎，录述时事”[2]。是后赵自建国初始，就将记述历史作为一项官方的必备行为。

鲜卑族慕容氏建立的前燕、后燕和南燕政权，皆设置史官进行了记史、修史活动。《史通·古今正史》称：“前燕有起居注，杜辅全录以为《燕记》。”可见前燕官方实际地进行了比较完整的记史工作。后燕慕容垂建兴元年（386），“董统受诏草创‘后书’，著本纪并佐命功臣王公列传，合三十卷。慕容垂称其叙事富赡，足成一家之言”。南燕有王景晖在慕容德、慕容超时任官，“撰二主起居注”，后来仍撰写《南燕录》六卷。[3]

其他如氐族前秦政权的君主苻坚，设置著作郎等史官，有史官赵渊、车敬、梁熙、韦谭等等记录起居注等史书。[4]鲜卑拓跋部建立北魏政权，“元魏初称制即有史臣，杂取他官，不恒厥职”[5]。匈奴赫连氏建立的夏国，也有自己的历史撰述，后被鲜卑拓跋氏攻灭，史书被毁。[6]鲜卑秃发部君主乌孤“初定霸基，欲造国纪，以其参军郎郭韶为国纪祭酒，使撰录时事”[7]。可见在十六国时期，少数民族政权已经普遍出现官方自觉的记史、修史活动。

匈奴族的刘渊、羯族的石勒以及鲜卑族慕容氏的先辈，曾在晋

[1]《史通》卷一二《古今正史》，见浦起龙《史通通释》，上海：上海古籍出版社，1978年，第358页。
[2]《晋书》卷一〇五《石勒载记下》，北京：中华书局，1974年，第2751页。
[3]《史通》卷一二《古今正史》，见《史通通释》，第358—359页。
[4]《史通》卷一二《古今正史》，见《史通通释》，第359页。
[5]《史通》卷一一《史官建置》，见《史通通释》，第315页。
[6]《史通》卷一二《古今正史》，见《史通通释》，第360页。
[7]《史通》卷一一《史官建置》，见《史通通释》，第313页。

朝内地居住、任职，受到汉族文化的长期影响，设置史官记史、修史，似有渊源。但氐族前秦政权、匈奴赫连氏、鲜卑拓跋氏并无在内地接受汉文化的记载，而他们建立政权，同样能够模仿官方记史、修史的体制，说明汉代以来的传统史学，具有极大的文化魅力，特别是官方的记史、修史体制，能够记录统治者的军政业绩以流传后世，可使许多人物青史留名，致使各个民族政权的许多首领知而向慕、进而模仿，而同时私人与别国的记史又可能对本政权不利，这形成一种史学文化环境的压力，因此迟早会意识到本国官方修史的必要性。例如北魏太武帝灭匈奴赫连氏夏国，见到其官修史的记事，十分恼怒，随后又因追述本国君臣的功业，忧虑"史阙其职，篇籍不著，每惧斯事之坠焉"，因而任命崔浩等"综理史务，述成此书，务从实录"。[1]这就是在史学文化的环境下，为防止功业失传或讹传，做出了大力纂修国史的决定。

少数民族政权向慕内地的史学机制，前提是对汉人的史书、史学有所了解，所以其模仿汉族官方修史是与接受传统历史观同步并行的。从西汉开始，传统史学早已构筑了黄帝以下完备的帝王政权体系，形成了大一统史观和历史正统论。这个源远流长、朝代更迭、盛衰起伏、统绪衔接的历史线条同样具有很强的文化魅力，使许多少数民族政权将自己的祖辈连接到这个系统之内。例如匈奴赫连氏自称是大禹后裔，国号为"夏"，鲜卑拓跋氏自认为是黄帝的后裔，匈奴族的刘渊自认为是汉帝刘氏后代，国号亦称"汉"。其他政权称"燕"、称"魏"、称"秦"、称"赵"等，大多数都是历史上有过的国名。总之，历史观、史学意识的文化认同，祖先血脉的认同，构成持久的民族凝聚力，凸显为民族融合的先导因素。

在少数民族政权整体文明尚为滞后的状态下，率先仿照内地的修史活动，也会造成激烈的矛盾冲突，最典型的事例是北魏太武帝

[1] 《魏书》卷三五《崔浩传》，北京：中华书局，1974年，第824页。

诛杀崔浩的史狱。由于崔浩不加忌讳地“尽述国事”，并且刊石示众，引起魏太武帝震怒，崔浩灭族，且牵连多人致死。此案虽然惨烈，但并没有动摇传统的史学理念，参与这次撰史活动的高允当时就为崔浩辩解：“浩之所坐，若更有余衅，非臣敢知。直以犯触，罪不至死！”后又申明：

> 夫史籍者，帝王之实录，将来之炯戒，今之所以观往，后之所以知今。是以言行举动，莫不备载，故人君慎焉。然（崔）浩世受殊遇，荣耀当时，孤负圣恩，自贻灰灭……至于书朝廷起居之迹，言国家得失之事，此亦为史之大体，未为多违。

约十年以后，北魏基本统一北方，撰述国史渐次回复，“大较续崔浩故事”[1]。魏孝文帝时期，官方史学活动全面恢复，并且做出大幅度补偿，后来又设起居注，孝文帝指示史官：“直书时事，无讳国恶。人君威福自己，史复不书，将何所惧？”[2]这在魏孝文帝一系列汉化改革中，也处于先导的显著地位。从两晋至南北朝，玄学思想畅行，佛教、道教也广为传播，儒学影响力并不十分强盛。北魏统治者尊崇儒术，是与其仰慕三代、两汉以来深厚的历史底蕴分不开的。孝文帝逝世之后，北魏政治走向昏暗，许多改革措施逆转，但史学理念基本保持下来，且深入人心，连北魏宗室成员元晖、元怿、元顺三人，都先后按照传统的历史观念撰成史书。[3]至北齐，具体修史活动虽有波折起落，传统史学的理念与准则却更为巩固，大一统与正统论的历史观处于主导地位，官方、私家的修史活动皆卓有

---

〔1〕《魏书》卷四八《高允传》，第1071、1086页。
〔2〕《魏书》卷七下《高祖纪》，第186页。
〔3〕元晖著《科录》270卷，分类编纂历代史事；元怿撰《显忠录》20卷，载往昔忠烈之士；元顺编《帝录》，辑帝王史事。依次见《北史·魏诸宗室传》；《魏书·清河王怿传》；《魏书·任城王顺传》。

成效。北朝时期北方民族政权的官方史学机制趋于稳定化，传统史学与历史观已经成为古代中国民族融合的最稳固的因素，发挥了持久的民族凝聚作用。

十六国、北朝这一历史阶段，是汉族和汉族政权相对弱势的时期，北方多种民族相继勃兴，纷纷建立政权，间或形成少数民族为统治者的强盛国家。这时期民族关系、民族文化如何发展，应当说大有变数。但恰恰在这一时期，各少数民族政权纷纷开始记史、修史的官方史学活动，反而在汉人政权弱势的形势下确立了汉文化的主导地位，推动了以汉族为中心的民族大融合，甚至出现北魏孝文帝时期全面、主动的汉化改革。中国传统史学从先秦到汉、晋的长足发展，当然是历史进程的一个组成部分，但在某种意义上可以说：这一时期，传统史学引导了历史、改变了历史。

唐朝是传统史学、特别是官方史学发展的重要时期，是民族大融合的重要时期，是中国古代汉人王朝比较强大的时期，是社会文化繁荣的时期，这与唐初统治者开明的民族政策不无关系。唐太宗说："自古皆贵中华、贱夷狄，朕独爱之如一，故其种落皆依朕如父母。"〔1〕，认为这是他治国成功的原因之一。其实，唐代统治者的民族观念首先是在唐初官方修史中得到体现与确立，唐高祖武德五年，即诏修北魏、北齐、北周、梁、陈、隋六代史书，其诏书称南北各个朝代"莫不自命正朔，绵历岁祀，各殊徽号，删定礼仪。至于发迹开基，受终告代，嘉谋善政，名臣奇士，立言著绩，无乏于时。然而简牍未修，纪传咸缺……朕握图驭宇，长世字民，方立典谟，永垂宪则，顾彼湮落，用深叹悼，有怀撰录"〔2〕。很明显，诏书对于各个"自命正朔"的政权无论华夏、夷狄，一概承认其"发迹开基，受终告代"，因而要为之撰写纪传体正史。唐太宗贞观年间，继续这

---

〔1〕《资治通鉴》卷一九八，贞观二十一年五月庚辰，北京：中华书局，1956年，第6247页。

〔2〕宋敏求《唐大诏令集》卷八一《命萧瑀等修六代史诏》，上海：学林出版社，1992年，第422页。

种修史宗旨并且将之撰成。更值得注意的是：《南史》《北史》虽为李延寿所撰，但官方时时关注，监修国史令狐德棻曾予以改订，而且“遍谘宰相”。李延寿本人就是参与官修史的史官，他改变其父李大师“编年以备南北”[1]的撰史义例，采取分作二书的纪传体，就是要与官方的主导史学思想保持一致，给北朝少数民族政权以独立的历史地位。

北宋司马光《资治通鉴》、南宋朱熹《资治通鉴纲目》等以编年体对北朝政权做出一定程度的贬抑，但毕竟改变不了唐代奠定的正史体系，因为恰恰是宋代流行着“十七史”的总括性说法。至元代，分别纂修了《宋史》《辽史》《金史》，各自独立为书，其实这只是继承了唐代官修史书的做法。辽、金、元三朝，开国不久也都仿照汉人政权进行了官方修史活动。明代前期对元朝的正统地位予以肯定，后期华夷之辨渐趋激烈，但元朝大一统的地位难以撼动，即使在官修《续资治通鉴纲目》等编年史书中，元代也居于历史发展主线的一个阶段，体现了传统史学的务实精神。清朝以满族入主中国，面临尖锐的“华夷之辨”思想挑战，统治者除镇压反清势力之外，也试图从理论上解决问题。雍正帝提出：

> 本朝之为满洲，犹中国之有籍贯。舜为东夷之人，文王为西夷之人，曾何损于圣德乎！……自古中国一统之世，幅员不能广远，其中有不向化者，则斥之为夷狄。如三代以上之有苗、荆楚、猃狁，即今湖南、湖北、山西之地也，在今日而目为夷狄可乎？至于汉唐宋全盛之时，北狄、西戎，世为边患，从未能臣服而有其地，是以有此疆彼界之分。自我朝入主中土，君临天下，并蒙古极边诸部落，俱归版图，是中国之疆土开拓广

〔1〕《北史》卷一〇〇《序传》，北京：中华书局，1974年，第3343页。

远，乃中国臣民之大幸，何得尚有华夷、中外之分论哉！[1]

这里包含几个思想要点：（1）民族有如籍贯，无彼此高下之分，古圣王舜、周文王都为“夷”人；（2）随着历史的发展，原先认为属于夷狄者，早已成为中华，即民族在融合中逐渐消除差异；（3）疆域广阔的大一统国家，不得有华夷之分。雍正帝的这段议论充满历史发展观念，从学理上看是正确的，符合中国民族融合的史实，有利于民族凝聚力的增长。

无论与宋朝并立的北方辽、金政权，还是统一中国的元、清政权，都存在着残酷的民族压迫，这些政权还程度不同地采取防范本民族汉化的措施，尤以清廷时时强调保持薙发、衣冠、满语、骑射为典型。但是，辽、金、元、清统治者都整体地接受了传统的史学与史学思想，均将本朝接续于历代正统政权的序列之中，其官方与私家的史学活动持续不断，历史教育和历史认识是遵从五帝、三代以来的体系，阅读、研习的是《尚书》《春秋》以及一系列的正史。这样，史学、史学著述中蕴含的极其丰富的文化内容，则使各个少数民族政权从根本上难免汉化，其制度、政策或早或迟，或急或缓地要向汉制靠拢，参照的就是史籍上详细记载的典章制度。可见传统史学在中国古代，始终成为各民族文化认同的系统性、稳定性因素。

三　几点总结与思考

综上所述，探讨中国传统史学对民族凝聚的独特作用，可以提出以下几点总结与思考：

1. 民族融合主要依靠文化认同而形成凝聚力，在中国古代，整

〔1〕《清世宗实录》卷八六，雍正七年九月癸未。北京：中华书局影印本，1985年。

体性的文化认同是从史学开始。政治的清明、经济的昌盛对民族融合有可能起到推动作用，但如果缺乏文化认同，一旦政治变动或经济衰败，很容易导致民族分离，世界从古至今的无数史实足以为证。在中国传统文化中，史学占据极其重要的地位，因此对传统史学的认同，就成为中华民族最重要的凝聚力。

2. 中国历史上民族间的战争同样频繁残酷，但最终结果是民族融合，而不是像世界有些地区那样留下世世代代的仇恨，这主要由于中国传统的史学文化具备博大的包容性能，大多数民族都可以从华夏历史传说或历史著述中找到本族的衔接口，自《史记》开始，纪传体史书就较完整地记载周边民族与国度，换言之，周边民族和国度最早的史事乃记载于中国传统的史学著述之中。这种系统的史学文化在古代很有魅力，促进各族由历史认同到祖先认同而形成凝聚力，因此民族间的战争创伤逐渐淡化，民族融合趋势加强。

3. 传统史学所先导的古代民族凝聚与民族融合，上层统治者的作用不容低估。在华夏、汉族方面，统治政权崇尚“大一统”的政治历史观，推行“用夏变夷”的文化传布；在少数民族方面，虽然也存在抗拒汉化的势力，但历史的主流是各族政权向慕中华悠久、丰厚的历史文化，模仿传统的官方修史体制，从而导致全面的文化认同。北魏孝文帝的改革、清朝将传统文化遗产加以大规模总结与提炼，是显著的范例，可知古代少数民族的上层统治者，在民族融合中有意无意地起到推动作用。在世界历史上，很难见到中国古代这样经常的由异族上层迅速、全盘、系统、主动地接受另一民族文化的现象，原因在于唯中国具备这种包含官方修史的独特繁荣的传统史学。以往人们总是把中国民族融合的积极因素归结于下层民众，将上层统治者过分地说成是民族融合的阻碍力量、消极因素，这是缺乏史实依据的。各族下层民众如果缺乏整体文化的趋同，仅在杂居与生活中融合，总是缓慢与不稳定的。

4. 从民族融合角度出发的历史教育，应当重视普及中国古代史学史的内容，让各族群众了解古代各族政权大都认同的传统史学文化。总之，中国传统史学文化的精神实质，是走向文化认同，而不是从历史中寻求仇恨。

（原载《学术研究》2010 年第 12 期）

论历史知识普及工作的基本原则

历史学在中国是源远流长，至今仍持续发展的成熟学科。当今史学向人类社会提供的历史知识，在空间上不断扩大，在时间上继续延长，在史实上更加精确，在认识上日益深化。这样的成效，主要来自于整个史学界的学术研究与相互探讨，而任何学科的学术前沿，总是与社会群众中大多数人的认识拉开差距，因此学术界应当肩负起将最新知识普及到大众的任务。历史学科在普及历史知识方面，有着更大的必要性，因为民间不确切的历史传说，某些文艺作品对历史的曲解，过时而错讹的历史判断，一些史籍记载的偏差，个人或团体出于私利对历史的扭曲，诸如此类的负面因素，虽不一定占据主流地位，但其造成历史认识的错误与迷乱，也不可低估。因此，使真实、科学的历史知识得以普及，尤其迫切。历史知识的普及，有多种形式，但无论形式如何，都必须树立明确的原则和规范，否则会增添新的认识混乱，降低史学知识的可信度，最终被读者所疏离。这里，我们仅讨论属于史学活动范围内的历史知识普及，略申几条基本原则以征询于识者。

一 普及历史知识的宗旨

以符合史学规范的方式撰述历史知识普及性读物，也与历史研究的学术宗旨有所区别，学术论著应当具有属于作者的新发现、新见解、新理念，但普及性史书并不要求一定具有学术的创新，而可以是史学界多人研究成果的汇集。因此，历史知识的普及具有面对一般公众的撰述宗旨，即为了传布历史的知识和智慧，提高全民族的综合素质，增强理性思维的水平和认识能力。历史知识以及对历史事件的精确评析，虽不一定可以直接作为行动的借鉴，但有益于整体上提高思维能力、认识水平，这是无可争议的。历史知识将使读者的认识范围在时间上延展、在空间上扩大，有力地促进人们心怀的宽广、眼界的开阔、意念的彻悟、智慧的升华。

在编纂普及性史书的宗旨上，不可降低史学的品位。如果把历史知识当作一种随便用来休闲、娱乐的产品，将历史撰述的目标和品位压低，则可能出现沦为流俗的倾向。例如很多历史读物，甚至是出于专业人员之手的史书、史文，热衷于谈论名人的隐私琐事，或专讲一些宫闱隐秘，真真假假，伴以渲染、夸张、怪诞的情调，以玩世和"玩史"的态度翻弄历史垃圾，从而淡化历史发展的主线、抵消历史知识的理性内容，是历史知识普及性作品的下乘，大有媚俗、哗众之嫌。

从长远的效果来看，历史知识的普及也不宜过于追求具体直接的社会效果，提供明晰、真实、全面、分析精到、有学术根基为保障的历史知识，应当成为普及历史知识的不可逾越的规范。且不言古代，中国自近代以来，历史知识不断地被用作宣教鼓动的工具，爱国旗号、民族主义主张更成为传播历史知识，甚至成为历史研究的宗旨和动力。由于近代中国饱受列强侵略与欺侮，以史学经世的方式宣传爱国主义、鼓动民族解放思想，是完全正当必要的。但也不能不看到：过于追求宣传的效果，在民间有时会造成对历史的不完整认识，例如片面地宣传南宋岳飞的抗金业绩和被害之冤，则令许多人误会岳飞对金兵百战百胜，靠他个人能力就可以恢复全部失地。而且隐蔽了岳飞之死的复杂原因[1]，描绘成所谓"投降派"不愿

---

〔1〕据《金史》的记载，岳飞对金作战，多曾败绩，而《宋史》所载岳飞战绩，有夸张之处。岳飞贸然上奏，请立"储君"，导致宋高宗猜忌，乃是其被害的重要原因之一。与岳飞同时的南宋大臣赵鼎《忠正德文集》卷九、南宋熊克《中兴小纪》卷二一，对此事均有详细记载。

收复失地、害死民族英雄来讨好金国的误解。这些都是很不符合史实的。将历史弄成简单的图像化，用古代的民族战争与抵抗日寇的反法西斯战争相比附，也存在简单化倾向，不利于“历史使人明智”效能的实现。

在中国完全独立自主、国力迅速增强的当代，在以经济建设为中心工作的时期，巩固人民的团结、激励爱国主义思想，主要是依靠经济发展的辉煌成就和贯彻民主与法制的力量，依靠全国人民生活质量的不断提高，已不再依赖于对历史事件的鼓动宣传。因此，普及历史知识不应将某种鼓动宣传作为宗旨，只要普及真实、正确、深入、全面性的历史知识，从而提高读者的理性精神，自然就会起到激励爱国主义思想、增强民族凝聚力的作用，这是一种更加积极、稳定和长久的作用。

在形式多样的普及性史书之中，应当将各级历史教科书包括在内，因为教科书实际是起到知识普及的社会作用。当然，教科书要求知识体系的完整性、系统性，甚至需要考虑使用对象的接受能力，以及可能安排的课时量，这是一种特殊的、更有规范的普及性书籍。20 世纪 50 年代之前，历史教科书从来没有统一化，学校从已有的多种教科书中选择，或者组织学者编写新的文本。后来中国中小学历史科目实行统一教材，似乎与普及性史书分途，但实际社会作用并无实质改变，且影响力尤其广大。因此，这里所主张的历史知识普及工作的基本原则，包括各种历史教科书在内。

至于历史内容的小说、影视、戏剧等文艺形式，对历史知识很有传播作用，但文艺作品需要以强烈的形象思维塑造故事、编排场景，情节的渲染和夸张不可缺少，无法刻意保持历史的真实。因此，历史文艺的作品即使能够传播一些历史知识，也必然同时出现虚构历史和曲解历史的成分。因此，普及历史知识不能依靠文艺作品，相反，正规的史学普及，应当将纠正流行文艺作品中对历史的虚构和曲解，作为任务与宗旨。

二　恪守记史求真的根本原则

记史求真是史学存在的根本条件，任何民族的先民，如果在其追忆往事而渐次形成文字撰述的早期阶段，未能形成较强的记史求真理念，那么这个民族的历史记忆就会过度呈现为神话想象和文学渲染，从而不能独立发展出真正意义的史学。例如古埃及的文明发祥虽早，却只有史料留存而并无史学，须待外来文化的影响才会具备历史学这一文化形式。因此，没有历史的求真理念，就没有历史学，遵循绝不违背史实的记述原则，是历史学的底线。

在历史知识的普及中，同样需要恪守记史求真的规范，并且将之作为首要的根本原则，不能因其面对一般非专业的读者群体，就将这项根本的原则放宽。在撰写普及历史知识的读物中，如果客观史实与预设目的相冲突，仍不可放弃求真的准则，应当根据史实调整预设的撰写用意。

在中国古代，普及性史书起源甚早，北宋时期随着雕版印刷术的推广应用，普及性史书的编纂开始兴起。司马光《历年图》本为进献朝廷之书，却被人改头换面，刻印传播。[1]同时期章衡撰《编年通载》10卷进献于宋神宗，十年之后，族人认为其书“得居简执要之术”而谋求刊印，章粢为之写序称：“募工镂版，以广其传，庶几读之者用力甚少，而收功弥博。”[2]其刊印目的就是为了普及。北宋诸葛深撰《历代帝王绍运图》、南宋马仲虎撰《历代帝王编年互见之图》[3]，皆为以历代帝王为中心的简明大事表，是专为普及而撰写、刻印和发卖。元代宋遗民曾先之编成《十八史略》2卷，用作课蒙

〔1〕《司马文正公传家集》（乾隆六年刻本）卷七一《记历年图后》。

〔2〕章粢《刊印编年通载序》，见《编年通载》卷首。按：《编年通载》今仅残存4卷，见于《四部丛刊》三编，原书藏国家图书馆。

〔3〕此二书有日本仿刻本，今存日本公文书馆。这类史籍宋代必有多种，只是保存至今者十分稀少。

教本，在当时就流行开来，成为传世之书。这种逐步兴起的普及性史书，至明代形成一个社会文化的潮流，构成明朝后期史学史发展的主要特征。其显著表现是纲鉴类编年通史、《十八史略》之类的史抄和人物传记之书层出不穷、风行于世，并且撰写的目的就是“出而广于世，俾人人皆得而见之”〔1〕，“使凡有目者所共睹、有耳者所共闻，粗知文义者，不待讲明思索，皆可与知也”〔2〕。

明代的普及性史书，虽然大多相互抄纂，从编辑到刻印都很粗率，但其体裁、内容，均符合史学与史书规范，特别是对已知失实的素材，绝不载入书中，原在《晋书》等正史中仍存在的神怪、荒诞情节，也基本剔除殆尽，这就遵从了记史求真的准则，守住了史学规范的底线。至于清代，史学发展的普及性潮流虽然逐步衰退，但没有消失，因为历史知识的普及，已经成为社会文化不可缺少的组成部分。清康熙朝晚期出现了吴乘权《纲鉴易知录》这部优秀的普及性史书，其文笔简洁、条理清晰，史实也精核明确，不断刻印，至今仍是获取历史知识的很好读物。

近代中国的普及性史书，种类更加繁多，所有的中小学历史教科书，几乎皆可归入系统化普及史籍的范围，报刊上发表的历史知识专文更是不可胜计，还出现了专门组织专家撰写的普及历史知识的丛书。例如20世纪20—30年代，中华书局陆续出版《国民外交小丛书》，其中包括《中国交通与外国侵略》《近代中日关系略史》《领事裁判权与中国》等分册，在普及历史知识上十分必要又相当及时。至40年代后期，大成出版社出版了《中华民国历史小丛书》，涉及面很广，关于“二十一条”、“五四”运动、迁都重庆、太平洋战争爆发、远征缅甸、开罗会议、台湾光复等，皆有分册。

中华人民共和国成立后，史学界重视在人民群众中普及历史知

---

〔1〕 梁寅《历代叙略》卷首《历代叙略题辞》，日本内阁文库存本。
〔2〕 丘濬《世史正纲》卷首《自序》，海口：海南出版社，2005年。

识的工作，单独编撰的普及性史书不计其数，更有大量成套的历史知识丛书面世，其中1958年开始出版的《中国历史小丛书》是这类丛书中的佼佼者。这套丛书是著名历史学家吴晗所创议和主编，由各有专长的历史学专家执笔，至1965年已经出版140多种，1978年之后史学界接续撰写，累计达到200多分册，涵盖了中国历史重要的事件、人物、历史专题，简明扼要，深入浅出，文笔生动，发挥了良好的社会功效。吴晗还主编了《外国历史小丛书》，编纂宗旨同于前书，1962年开始出版，到1966年初，出版了59种分册，发行约160万册。两套丛书的出版皆为普及史学的辉煌成就。

以上各种普及性史书，内容难免带有各自的时代烙印与局限，但共同的特点是以史学的规范、史书的体裁讲述历史，遵从了如实记述、不凭空塑造历史情节的原则，其性质属于史学范畴，以此区别于形形色色的文艺作品。

记史求真是撰史者自律的准绳，也是史学评价的主要标准。求真，关键在于“求”字，即自觉追求，如实记述，这当然不等于史书实际上完全达到真实无讹，事实上，完全真实而无偏差是很难做到的，这里有学术基础、认识水平、资料丰腴等多种条件的制约。但是必须强调的是：执笔撰写史书的史家，应恪守求真的准则，认真、细致地予以考订，绝对不能将明知不可据信的记述当作史实写入各种形式的史书之中。如果有人借口史书实际上难以达到绝对真实，于是就认可编造行为，贬低或排除求真的规范，则不是昏庸无知，即为别有用心。

三　全面叙史，避免偏失

记述史事倘若出现较大的片面性，即选择性忽略某些重要情节，乃是记史失真的一种隐性表现。因此，贯彻叙史求真的原则，还需要延伸为全面叙史，避免偏失的诉求，这是撰写普及性史书的又一重要准则。

这里所谓的“全面叙史”，并非是指内容的详尽、周悉，相反，普及性史书所面对的是群众读者，叙事往往需要简明扼要，不能篇幅过大。全面叙史，是要将不同侧面的史实不加隐瞒地予以叙述，无论学术性历史著述还是普及性历史撰述，皆应如此。而真正切实地做到叙事不偏失、不隐瞒，不仅难度更大，而且这个问题至今未能得到充分的重视，因此有必要格外强调。

例如对于第二次鸦片战争中英法联军侵占北京，放火焚毁圆明园，相关史书当然需要叙述此事，揭露和谴责侵略者的罪行。但同时也应以一定篇幅讲述清廷此前的一系列荒唐行径，特别是拘押巴夏礼等英法谈判代表团 39 人，在圆明园内监禁且予以残酷折磨，导致半数以上毙命。这无疑是极其野蛮和愚蠢的行为，直接成为英军公然贴出布告宣布火烧圆明园的歪理。[1]清咸丰帝及其朝廷，早已成为腐朽的政权，我们今天毫无隐瞒其愚昧和狂妄的必要，全面记载此事，一点也不会减轻侵略者的罪行，而且还会认清清廷统治者的愚狂和丑陋，有助于认识历史、总结历史，提高理性思维的水平。但许多叙述第二次鸦片战争的史籍，对此不做必要的记述，乃是典型的片面叙史。多年以来许多撰史、讲史者，在叙述某些反抗压迫的农民起义运动时，避而不谈或执意辩解其首先殃及社会下层民众的野蛮暴力；在叙述某些朝代如元朝、清朝的开国、统一业绩时，忽略其民族压迫和烧杀掳掠的残酷史实。诸如此类的偏向很多，积弊颇深，已经造成不良的社会影响，为学者、群众所诟病，史学界应当予以大力度的批评和扭转。

普及性史书比学术著述更有责任传达全面、真实的历史，以免造成历史认识的误导，以免间接损害历史认识的理性精神和民众的

---

〔1〕关于此次事件，《筹办夷务始末》（咸丰朝）、《中国近代史资料丛刊·第二次鸦片战争》以及其他多种档案史料有确切记载。另参阅洪燕《巴夏礼事件与火烧圆明园》，《历史教学问题》2004 年第 1 期。

心智。普及性史书既然要向广大受众讲史，就不能剥夺群众对完整历史的知情权。要求全面叙史，与叙事突出重点的写作方法并不矛盾，普及性的史书必须在有限的篇幅中将中心内容讲清，当然不能巨细无遗地堆积史事。但是，史事的中心内容仍需全面，而不是片面选择，不能以篇幅简短与突出重点为理由，使史实割裂、残缺和偏失，只留下历史的单一侧面。完整的历史可以具有多个侧面，史书的撰写，不应缺失那种足以影响历史认识整体正确性的侧面。

四　融入学术性的原则

史学与许多学科一样，具有学术性、知识性、可应用性，其中学术性是本质的、主导的特征，决定着其他性能的实现。在普及性史书之中，是否需要体现史学的学术性？回答是肯定的，普及历史知识的工作必须融入历史学的学术性，这主要表现于以下两个方面：

第一，普及性的史书应当汲取学术上的新发现、新成果与新观点，将历史知识的传播立足于学术进展的前沿位置。例如四川三星堆史前遗址和大量文物的发现，对其意义虽然还未得出深入、确定的研究结论，但起码显示出中国西南地区存在早于殷商的青铜器文化，这种文化又具有与中原地区不同的特点。[1]因此，中国上古文明史叙述的整体框架，自应有所调整。重大历史资料的发现，不用等待完全研究清晰和取得共识，就应当对所知情况、对由新发现所导致的历史疑问和历史探索，做出适度的历史知识的普及。

历史学的学术研究随时会出现新的成果、新的观点，其中哪些对历史认识关涉较大，哪些新的观点证据较为充实，史学界诸多学者是能够辨识的。因此，撰写普及性历史读物的专家，应当出于公心，尽可能地反映最新的研究成果。例如清光绪帝的死因，清史学

〔1〕 段渝《三星堆文化研究的回顾与展望》，《中国史研究动态》2007年第1期。

界多年来见解不一，有被毒药害死和正常病死两种观点，病死说有清宫医疗档案为根据，一时占据了主流地位。但近年发掘陵墓，采取对遗址、遗骸予以科学化验的方法，从而考证光绪皇帝应为砒霜中毒而死，被慈禧太后所谋害之说，已有最新得力证据。[1]因此，无论学术著述还是普及性读物，都应当论及这个最新的研究成果。

第二，普及性历史知识读物与学术著述有所不同，那就是不要仅仅采纳一家之言。在历史研究中，观点的不同是十分正常的，学术著作应当提倡有独到的见解，可以坚持一家之言。而普及性读物是为了向非专业群体传播准确、科学的知识，如果在不同的研究见解之中独取一种观点，代替读者做出选择，则不合乎历史知识普及的宗旨，必须兼顾不同的说法，才是负责任的态度。

对于同一历史问题的不同见解，有时是二说并立的关系，如关于明末李自成起义军中李岩其人是否存在，自北京师范大学明史专家顾诚教授发表《李岩质疑》[2]一文，追溯李岩这个人物被塑造的过程，提出历史上并无其人，随即引起了争论，形成一个小小的热点。特别是河南博爱唐村《李氏族谱》[3]的发现，给李岩的实际存在找到了新证，使不同观点的对立更加凸显。但《李氏族谱》作为一个孤证，而且是民国初期的抄本，仍有质疑和讨论的必要。在这种情况下，普及性史书的撰写，需要像工具书《中国历史大词典》[4]那样两说俱存，不管作者倾向于哪一说法，皆应如此处理。

有些流行于世的说法，实际早有相反的证据和不同的见解，只是因为种种原因被漠视和遗忘，导致似有定论的表象。如果普及性史书将流行说法强化，很可能造成片面不实的历史认识而积重难返。

---

〔1〕 国家清史编纂委员会《清光绪皇帝死因专号》,《清史编纂通讯》2008 年第 9 期。

〔2〕 顾诚《李岩质疑》,《历史研究》1978 年第 5 期。

〔3〕 参见王兴亚、马怀云《博爱发现李岩李牟的重要资料——唐村〈李氏家谱〉历史价值探析》,《中原文物》2005 年第 5 期。

〔4〕 按:《中国历史大词典》对于李岩的解说，既介绍《明史》所载的事迹，也记入其人并不存在的说法。郑天挺等主编《中国历史大词典》，上海：上海辞书出版社，2000 年，第 1365 页。

撰写普及性史书的学者，应当着力做些历史学之学术史的发掘，清理不同的观点，甚至纠正流行见解的讹误。例如明清史专家孟森曾言“改实录一事，遂为清世日用饮食之恒事”[1]，其影响颇大，加之民国时期的排满贬清情绪，遂传播开来。然而次年，学者方甦生就以不同版本的清太祖朝实录加以校对，指出孟森说法并不确切[2]，但长期未被学界注意，至今清史研究人员仍多有侈谈清朝大肆篡改实录者，实为以讹传讹。王国维1917年发表《殷卜辞中所见先公先王考》及《续考》，利用甲骨文资料与古籍文献联系互补，考订殷商君主世系，在学术上有所创新，更据此倡言“二重证据法”。但是，著名甲骨学家丁山经认真考证早就指出：商汤之前的“那群祖宗都是神祇，不是人物”，殷人也是将其作为神来祭祀的。[3]1956年先秦史专家陈梦家出版专著，根据甲骨文的考释和先秦祭祀规则的发现，也指出“王国维以为上甲至示癸为先公的说法，已不能成立。上甲以前属于神话传说的时代，也可以得到证明”[4]。这就是说，商汤之前的所谓先公、先王世系仍是不可信从的，王国维将之说成信史，既是考证未为精到，又反映出他在上古史理念上的守旧。然而，至今相关的普及性史书与学术著述中对王国维成就的介绍，都将他对殷商世系的考订夸大为定论，极力追捧，这是非常片面和错误的倾向。

让普及性的史书涉及这些专业性较强的问题，看似有些要求过高，其实不然，只要认真查阅已有的史学成果，不难发现不同学术观点的存在。而且普及性史书并不要求作者一定做出评论和判断，只需将不同观点如实、适当地反映出来，即能达到妥善的效果。当

---

〔1〕 孟森《读清实录商榷》，原载《大公报》图书副刊，1937年3月25日，见《明清史论著集刊》下册，北京：中华书局，1959年。

〔2〕 方甦生《清太祖实录纂修考》，《辅仁学志》7卷1—2期，1938年12月。

〔3〕 丁山《中国古代宗教与神话考》，上海：龙门联合书局，1961年，第547—549页。按：丁山（1901—1952），安徽和县人。著名历史学家、甲骨学家，历任中央研究院历史语言研究所研究员，中央大学、山东大学教授。著《甲骨文所见氏族及其制度》一书，1956年曾由科学出版社出版。

〔4〕 陈梦家《殷墟卜辞综述》，北京：科学出版社，1956年，第336页。

然，这样的普及性史书，还是需要具备较高学识与负责精神的学者、专家来撰写为好。普及性史书之融入学术性，在操作技术上不存在大的困难，关键还是在于解决理论和理念的问题。

以上所提出的几项基本原则，只能由史学界撰写符合史学规范的普及性史书来贯彻，历史文艺作品无法担当此任。有人做抽样调查，据云当前许多青年人首先是从历史文艺作品中了解历史，但这并不表明文艺作品对于传播历史知识的重要，而是反映了小学、中学历史教学的严重缺位与极端薄弱，反映了历史知识普及工作的贫乏，致使广大青少年首先接收真伪相参甚或扭曲变形的历史知识和历史观念，令人堪忧、值得反省，当前的史学界，理应对此引为重视。历史研究的学术性进展日新月异，新的成果接踵而至，这是史学发展的主导方向。与此同时，史学界也应当向整个社会层面传播历史知识，着手组织新一代的普及性史书，需要尽早提到工作日程。按照成熟的编纂原则撰写普及性史书，一定会继承前人的优良传统，弥补缺憾，达到新时代的更高水平。

［原载《郑州大学学报》（哲学社会科学版）2011 年第 1 期］

论中国古代的政治历史观

在中国古代传统的社会意识中，政治思想处于最显著的核心地位，如何在政治上求治、弭乱，古代在朝的政治家与在野的思想家，都予以积极的思考和论述，构成政治思想史的丰富内容。而中国古代政治思想史的主流，又表现出一种政治历史观的特色，这是思想史研究不应忽略的问题。何谓政治历史观？这种政治历史观在中国是怎样产生、如何运行的？其社会作用和长远影响何在？本文试做初步探讨，以供史学界时贤参考与商榷。

一　中国传统政治历史观的形成

一般说来，只要有国家政权的产生和存在，就会导致一些政治观念的出现，当然，政治观念有感性与理性、简单和复杂、零散与系统的区别，政治观念与其他社会意识一样，一般是从直觉、简单、零散的初始状态向理性化、系统化、复杂化（多种观念的矛盾）的状态过渡。中国上古的殷商时期，已经出现简单的政治概念，但社会意识整体处于迷信上帝的牢笼之中，政治观念也缺乏理性成分。那么中国上古理性思维是如何起步的呢？这要从西周之初说起。西周“武王伐纣”，经过血战而灭商，无疑是一场极大的社会动荡，这场动荡不仅完成了地域占领与政权的更替，而且撬动了殷商时期对神秘力量的顽固迷信。

商代的卜辞，反映出凡事皆须仰求上帝以定然否，一切皆由冥冥中的神秘力量所决定，人是绝对被动的，统治者也没有对事务独立判断的自觉意识，而最早的脑力劳动者基本上均担任或兼任占卜、祭祀一类的神职，并不具备独立进行理性思考的社会条件。周灭殷商之后，西周政权面临殷民的反抗，这一切引发了周初主要统治人物的忧思：殷商为何会败亡？周政权如何去巩固？于是形成了明晰的“宜鉴于殷，骏命不易”观念[1]，意思是：以殷商的覆灭为鉴戒，则知“天命”之难保，即从历史思考而重新认识天命。《尚书》中《康诰》《多士》《无逸》《君奭》《多方》等篇记载周公等统治者详细总结夏、商、周政权变革的历史，认为统治者如果对天帝失敬、行为放纵、贪图安逸、弃德任刑、残害无辜，就会被上天遗弃并降下惩罚，转移天命。《尚书·酒诰》的主旨是下令戒酒，文中首先引证文王训导，除祭祀之外不可饮酒。其次说明殷商从成汤到帝乙，因为勤政而根本没有时间饮酒，而后的商王却“荒腆于酒”，终于导致“天降丧于殷”。

对于一项政治主张，甚至仅仅是戒酒一类的具体政令，就以历史上正反两方面的事例，从政治的成败、兴亡的角度立论，体现了中国上古政治观念具备政治历史观的特征。所谓政治历史观，就是从历史的叙述与分析中得出政治见解、政治方针，而且以历史的事例来论证自己的政治理念，形成政治观点与历史知识的互动与循环。同时，又按照政治价值观、政治利益构建历史认识体系，形成政治与史学的纠结。西周时的“殷鉴”思想，即是这种政治历史观的肇始。

西周统治者将这种思考反复地强调与深化，如《诗经·大雅·荡》所云：“殷鉴不远，在夏后之世。”这里所说的“殷鉴”，是指殷朝应以夏为鉴，这自然会推导出周以夏、殷为鉴的认识，《尚

〔1〕朱熹《诗集传》卷一六《大雅·文王》，上海：上海古籍出版社，1980年，第176页。据《吕氏春秋》等书，《文王》一诗传说为周公旦所作。

书·召诰》言："我不可不监于有夏，亦不可不监于有殷"，即将夏、商兴亡的历史引为借鉴。"殷鉴"是周初统治者提出的概念，表达了对历史的思索与总结，就是要以前朝历史的经验和教训，作为行政的借鉴与警惕。这种思索深化到天命与人事的关系、民众的作用以及施政措施和政治原则等问题，形成了在天命论外壳包覆的理性精神的历史观与政治观。"惟命不于常"[1]"天惟时求民主"[2]等天命可以转移的思想，在政务上"不可不敬德"[3]的原则，"用康保民"[4]的政治策略，等等，都是从"殷鉴"的思考中产生的。

因此，"殷鉴"乃是中国理性思维的第一线曙光，统治者首先是通过历史的思考来认识政治、认识社会、解读天人关系，继而启沃心智，丰富逻辑思考能力，打开哲理的眼界。这对于中国传统文化形成了不可磨灭的影响，使历史认识与政治文化结成密不可分的联系，积淀为凡事从以往历史中寻求根据、经验与教训的思维定式，中国特有的政治历史观在此基础上渐形渐著。

据说西周穆王令史官戎夫撰写了《史记解》[5]，通篇总结上古政权灭亡的历史教训，经过探讨许多政权的灭亡原因，实际得出了讲求政治信、义，做好文德、武备，君主不可好财货、不可大建宫室、不可贪图享乐、不可穷兵黩武，防止臣下形成朋党之争，掌握适度的赏罚、刑法等政治理念，还批判了依赖占卜做出政治决策的那种"谋臣不用，龟策是从"的迷信行为，反对"好变故易常"而造成"事无故业，官无定位"的政治运作。《逸周书序》[6]称："穆王思

〔1〕《尚书·康诰》，见王世舜《尚书译注》，成都：四川人民出版社，1982年，第161页。
〔2〕《尚书·多方》，见王世舜《尚书译注》，第233页。
〔3〕《尚书·召诰》，见王世舜《尚书译注》，第186页。
〔4〕《尚书·康诰》，见王世舜《尚书译注》，第152页。
〔5〕《史记解》载文渊阁《四库全书》史部别史类，《逸周书》卷八第六十一。此文涉及许多不见于一般史籍记载的上古政权，但有的见于《竹书纪年》，如"玄都""皮氏""有洛氏"等，故虽不能排除其中有些词语被后世所修改，但可以信从为西周时文献。参见黄怀信《〈逸周书〉源流考辨》，西安：西北大学出版社，1992年，第120—121页。
〔6〕《逸周书》卷首，影印文渊阁《四库全书》本，台北：台北商务印书馆，1986年。

保位惟难，恐贻世羞，欲自警悟，作《史记》”，撰述宗旨就是以若干政权灭亡的前车之鉴，来总结政治上保守基业的指导方针，《史记解》可以说是贯彻以史为鉴精神、熔铸政治历史观于其中的早期代表作之一，是与周公时期所撰《酒诰》《康诰》《召诰》《多士》《无逸》《君奭》等《尚书》篇章的“殷鉴”观念一脉相承的。但《史记解》的特殊性在于：它不是像《酒诰》《康诰》等那样专对某一特定人物或发自某一具体政务的论述，而是一般性的综论，因而更具有建树政治思想的意味。

春秋时期，关于历史和史学作用的观念大为丰富。周灵王时，太子晋畅谈往古胜败兴衰，提出：“若启先王之遗训，省其典图刑法，而观其废兴者，皆可知也。其兴者，必有夏、吕之功焉；其废者，必有共、鲧之败焉。”〔1〕这明确表达了应当从历史文献记载中寻求兴亡成败教训的观念，而不仅是讲历史的鉴戒，突出了历史记载的作用。在各个诸侯国政权，历史经验教训有辅助当代政治的作用，日益得到重视，晋悼公时，叔向“习于春秋”，被认为可以做到“日在君侧，以其善行，以其恶戒”〔2〕，楚昭王时，其史官倚相被视为国宝，因为他“能道训典，以叙百物，以朝夕献善败于寡君，使寡君无忘先王之业”〔3〕。这些都表现出历史的鉴戒作用，有力地影响着统治者的政治观念。自西周至春秋，周王室与各诸侯国判断政治措施的可否，一个重要的标准就是引证“先王”来说明是非。例如周穆王欲征犬戎，祭公谋父即进谏称“先王耀德不观兵”，并且叙述周后稷、周武王的事迹，来申述不应当动兵的理由。〔4〕春秋最早的霸主齐桓公重用的管仲，即曾引述“昔吾先王昭王、穆王世法文武远绩以成名”，提出仿照“圣王”实行“四民者勿使杂处”的统治措

〔1〕《国语》卷三《周语下》，上海：上海古籍出版社，1988 年，第 108 页。
〔2〕《国语》卷一三《晋语七》，第 445 页。
〔3〕《国语》卷一八《楚语下》，第 580 页。
〔4〕《国语》卷一《周语上》，第 1—3 页。

施。[1]郑国子产铸刑书，叔向写信反对，声称“昔先王议事以制，不为刑辟，惧民之有争心也”，甚至说“夏有乱政而作禹刑，商有乱政而作汤刑，周有乱政而作九刑”，铸刑书会导致“乱狱滋丰，贿赂并行”的亡国后果。[2]以上对“先王”的引证，实际是对以往历史经验的理解或发挥，不免带有主观解释和保守的倾向，但是将“先王”作为论证的理由，本身就表现了政治上以史为鉴获得了普遍的舆论认同。

战国时期是思想十分活跃的历史阶段，诸子百家的历史观各不相同，但是大多流派都将政治观与历史观纠结于一起，在根本上没有脱离西周以来思想文化的发展趋向。虽然战国时期的思想家、政客及辩士引证历史事例为根据，往往并不忠于史实，而是多有臆造和发挥，但这不影响思想方法上的政治历史观特色。儒家和墨家的政治思想，常常是言必称尧舜、言必称先王，政治见解与历史论证缠绕一起是明显的。大儒孟子认为《春秋》为孔子所修，其中充满政治主张和政治伦理的“义”，功能可以与大禹、周公之平定天下相类比，“《春秋》，天子之事也”，“昔者禹抑洪水而天下平，周公兼夷狄驱猛兽而百姓宁，孔子成《春秋》而乱臣贼子惧”[3]，这是将评断历史的政治作用拔高到了极点。《墨子》不仅通过推崇尧舜以来的圣王而申明宏观的政治主张，而且在《明鬼》篇对神鬼的存在也引述历史上政治人物的事例作为证明。法家如商鞅、韩非，都叙述人类社会总的发展历程，指出历史的不断变动，从而为其政治见解做出总体纲领性的论证，说明随时变法的合理性，他们将政治历史观推进到历史哲学的高度，所追溯的历史比儒家更为遥远，也更加宏观。道家崇尚“自然”，将“小国寡民”当成理想的社会，似乎不牵涉历

---

〔1〕《国语》卷六《齐语》，第223、226页。

〔2〕《左传》昭公六年，见杜预《春秋经传集解》卷二一，上海：上海古籍出版社，1978年，第1275—1276页。

〔3〕《孟子·滕文公下》，见朱熹《四书章句集注》，上海：上海古籍出版社，2001年，第320页。

史认识，但实际上其思路与法家有些近似，是认定在现存的充满纷争的社会之前，有过近乎“自然”的原初社会。与法家的历史进化论不同，道家认为历史发展走上错误的方向，“故失道而后德，失德而后仁，失仁而后义，失义而后礼。”“夫礼者，忠信之薄，而乱之首”〔1〕。因而，道家的政治思想是以否定当前历史前进方向的历史观为基础的。

总之，在先秦时期，政治历史观虽并非无所不在，但着实占据了思想界的重要地位，由“殷鉴”观念而积淀的历史文化意识，已融入多数政治家、思想家的思维方式。战国后期赵国的虞卿，在政治失意时撰写历史论著，“上采春秋，下观近世，曰节义称号，揣摩政谋，凡八篇，以刺讥国家得失。世传之曰《虞氏春秋》”〔2〕。《虞氏春秋》即为史论，又是政论，为先秦时期自觉有意识撰成的政治历史观著作。

经过秦统一后短暂的极端文化专制，西汉政权逐步走上恢复学术文化的途径。汉高祖刘邦接受儒士陆贾的建议，开始讲求文治、礼仪，“乃谓陆生曰‘试为我著秦所以失天下，吾所以得之者何，及古成败之国’”。陆贾于是撰《新语》十二篇，在朝堂逐次宣读，“高帝未尝不称善，左右呼万岁”〔3〕。《新语·术事》称：“善言古者，合之于今；能述远者，考之于近。故说者上陈五帝之功，而思之于身；下列桀纣之败，而戒之于己，则德可以配日月，行可以合神灵。”〔4〕西汉统治者自汉初始，将以史为鉴作为政治要则，此后历代皆畅行以史论政和因政述史，贾谊所撰《过秦论》、东晋干宝的《晋纪总论》，直至王夫之整部的《读通鉴论》等，都具有政论兼史论的特点，政治历史观成为主流意识持续不替的表现方式。

---

〔1〕《老子》第三十八章，见王弼编著《老子道德经注校释》，北京：中华书局，2008年，第94页。
〔2〕《史记》卷七六《平原君虞卿列传》，北京：中华书局，1959年，第2375页。
〔3〕《史记》卷九七《郦生陆贾列传》，第2699页。
〔4〕陆贾《新语·术事第二》，《诸子集成》本，上海：世界书局，1935年，第4页。

二　中国古代政治理论的“三联套”

中国古代历届王朝在施政探索、政权更迭和时代进展的历程中，政治思想也逐渐地丰富和发展，汉代以降，与中央集权政治体制相适应，形成以改造后儒学为基础的主流思想体系。而略成体系的政治思想，即可形成为政治理论。作为社会意识形态，任何理论皆与宗教的盲目崇拜不同，理论需要论说自己的正确性，不同的理论可能具有不同的论辩范式，或称论辩的“套路”。中国古代政治理论的论辩套路是由三大环节组合的“三联套”：第一，“天人”比附；第二，引经据典；第三，以史论政。这三个环节循环相扣，相互配合，为古代多数政治家、思想家所采纳，不过不同人物的政治思想所倚重的环节各有不同，理论思维也表现出多种样态。

政治思维“三联套”的第一环“天人”比附，源自天命观框架下对人事作用的承认，亦可追溯到西周初年。西周统治者形成“殷鉴”观念之后，并未摒弃天命观，敬德、保民都是为了获得上天的永久护佑，巩固统治，《尚书·召诰》言“肆惟王其疾敬德。王其德之用，祈天永命”，表达的就是这种观念。西周周公所发布的《尚书·大诰》，通篇贯穿着统治政权得自天命，而人间统治者的行事应当符合天意的思想。“呜呼！天明畏，弼我丕丕基！”意思是说：“啊！明确的天意令人敬畏，护持我们伟大的基业吧！”[1]既然上天的意志已经与人间的政治连接在一起，那么顺理成章地就会出现探讨天人关系的政治思维，约春秋时期形成的《尚书·洪范》[2]，被后世视为关于古代政治理论的经典文献，其中论述说：曰休徵：曰肃，时雨若；曰乂，时旸若；曰哲，时燠若；曰谋，时寒若；曰圣，时风若。曰咎徵：曰狂，恒雨若；曰僭，恒旸若；曰豫，恒燠若；曰

---

〔1〕《尚书·大诰》篇据《史记》叙述，是周公东征后发布的文告，但当代学者据其文意研究，应为东征前夕以周王名义发布的动员令。参见王世舜《尚书译注》，第136页。

〔2〕关于《洪范》的成文时代，学术界尚有不同的说法。

急，恒寒若；曰蒙，恒风若。这就是说，如果君主恭谨、清正、明理、智慧、高尚，相对应的雨水、阳光、温暖、寒凉、季风，都会应时而来，恰到好处。君主如果张狂、违制、懈怠、急躁、昏聩，相对应的阴雨、干旱、炎热、严寒、大风均会没完没了，形成灾害。因此国君的行为好坏，会影响一年的天气是否风调雨顺。这已然清晰地呈现出政治上天人相应观念的基本框架。

西汉初年，政治家陆贾就具有天人合一的观念，认为上天对人间社会有“改之以灾变，告之以祯祥”〔1〕的神秘作用。汉武帝时期，董仲舒将儒学与阴阳家的思想结合起来，系统地论述了“天人感应”学说，其思维方式充满了天人之间的比附，如提出人头圆而足方，为天圆地方之像，头发之多像星辰，耳目像日月，鼻口呼吸像风气，“天以终岁之数成人之身，故小节三百六十六，副日之数也；大节十二分，副月数也；内有五脏，副五行数也；外有四肢，副四时数也”〔2〕。他把神秘的天地、阴阳、五行比附到所有的社会结构、政治体制和思想意识，构建了统一的宏观伦理哲学，认为“唯天子受命于天，天下受命于天子”〔3〕，借天意的权威演绎出三纲五常的政治理论。同时，又以天道制约君主政治，制造了一整套天人感应的灾异“谴告”说法，使其政治观染上浓厚的神学色彩。这种牵强的比附思维，理性的因素不强，况且天象祥瑞与灾异之征，可以做出不同的解释，穿凿于人事，往往明显荒唐。因此“天人”比附这一环节在政治理论中的权重，自汉末便日益衰减，但最终还是保存未泯，如北宋吕公著上疏宋神宗仍然强调：“盖天虽高远，日监在下，人君动息，天必应之。”〔4〕直至清代，乾隆帝依然声称“盖闻国之将兴，必

〔1〕《新语·道基第一》，上海：世界书局，1935年，第1页。

〔2〕董仲舒《春秋繁露》卷一三《人副天数第五十六》，凌曙注本，北京：中华书局，1975年，第442—443页。

〔3〕《春秋繁露》卷一一《为人者天第四十一》，凌曙注本，第386页。

〔4〕《续资治通鉴长编》卷三五七，神宗元丰八年（六月癸未），北京：中华书局，1990年，第8539页。

有祯祥，然祯祥之赐由乎天，而致天之赐则由乎人”[1]。因为这不仅作为“君权天授”“三纲五常”之说的支撑，而且可以在政治论说陷入矛盾和困境时归结为“天命”，成为古代政治理论最后可以退守的营垒。

“三联套”的第二环“引经据典”，前提是要树立一种学说的思想权威，这在中国古代是与“天人相应”的比附思维同时构建的，即董仲舒提出、为汉政权采纳的“罢黜百家，独尊儒术”，从而形成以儒学经典作为是非标准。本来，在先秦时期政治家、思想家论证自己的见解，有各种不同的方式，除了以天象、灾异、史事为证据之外，老子、孔子偏于自作裁断，或随机立言，庄子则多以寓言故事做讽喻，儒家后学颇有引证“《志》曰”“《诗》曰”“《周书》曰”“君子曰”等预设权威性言论为根据的思路，这是后世“引经据典”理论模式的滥觞。汉朝既已树立儒学经典的权威，引经据典来论定政治原则自然最为兴盛，达到“朝臣论议，靡不据经”[2]的程度。古人坚信“《六经》者，圣人所以统天地之心，著善恶之归，明吉凶之分，通人道之正”[3]，可以提供解决政治难题和社会问题的不二法门，在政治观念上“援据经义，酌古准今，郁然成一代休明之治”[4]，是政治体制建设的要旨。

儒学经典权威地位得以建立，是靠政权的强制力量与统一的教育模式达成的。以经典的说法为政治理论和政治行为的依据，取得了表面、直观的合理性，然而经典的意蕴需要阐发，经典未能直接涉及的问题需要引申，分歧困扰时时出现，引经据典不得不求助于述史，即以历史认识为根据。况且经典中，《尚书》《春秋》性质上本为史籍，其他经书也必须结合历史来解说才有经典的意义，这就

[1]《己未岁萨尔浒之战书事》，见《清高宗实录》卷九九六，乾隆四十年十一月癸未。
[2]《汉书》卷九九上《王莽传》，北京：中华书局，1963 年，第 4073 页。
[3]《汉书》卷八一《匡衡传》，第 3343 页。
[4]《明史》卷一三六《陶安詹同朱升等传·赞》，北京：中华书局，1974 年，第 3939 页。

是古人所强调的“以史翼经”“经与史相表里”。

“三联套”的第三环“以史论政”，体现的就是政治历史观，为中国古代政治理论中最具理性思维的部分，它通过引述历史事实，阐明经验、教训，提供解决同类政治问题已经有过的先例，给人以言之有据印象。同时，历史经验的积累又是一个越来越厚重的进程，这无疑可以不断拓展“殷鉴”观念所涵括的政治思维空间，因而具有一定程度的活力。历代政治家和学者，无不推重历史和史学的鉴戒、惩劝与资治的作用，如唐太宗赞叹曰：“大矣哉！盖史籍之为用也……彰善瘅恶，激一代之清芬，褒吉惩凶，备百王之令典。”〔1〕司马光认为认真习史可以“鉴前世之兴衰，考当今之得失，嘉善矜恶，取是舍非，足以懋稽古之盛德，跻无前之至治”〔2〕，这是从史学的角度讲以史为鉴、以史资治的政治作用。龚自珍在清季社会已然呈现危机之时，仍主张“尊史”，力倡“欲知大道，必先为史”〔3〕，声言“何敢自矜医国手，药方只贩古时丹”〔4〕。这种政治历史观的影响颇为深广，直至现代仍在持续。

古代政治理论的“三联套”，是三环相扣、联结一起，从而组成一个外形圆满的稳定性思维模式。在这三个环节之间，儒学经典与史学撰述互动互补，结成一体的经史之学，成为中国古代学术的主体格局，南宋李杞说：“经辩其理，史纪其事，有是理必有其事，二者常相关而不可一缺焉。……不质之于史，则何以见圣人之经为万世有用之学也耶！”〔5〕这里通过“理”和“事”的关系的论断，指出经与史的密不可分，而且主要是从政治观念出发的。引经据史、两相配合，确为中国政治思想主要的理论模式。而儒学经典的《周易》

〔1〕《唐大诏令集》卷八一《修晋书诏》，北京：学林出版社，1992年，第422页。
〔2〕司马光《进书表》，北京：中华书局，1956年版《资治通鉴》卷末，第9608页。
〔3〕龚自珍《尊史》，见《龚自珍全集》第一辑，上海：上海人民出版社，1975年，第81页。
〔4〕龚自珍《己亥杂诗》，见《龚自珍全集》第十辑，第513页。
〔5〕李杞《周易详解自序》，见影印文渊阁《四库全书》本《周易详解》卷首。

《尚书·洪范》《春秋》公羊学，以及《仪礼》的各种规定，都与天人相应理念萦绕在一起。检讨天人关系，也离不开历史事例的引证。近代以来，思想界巨变，天人感应之说已被鄙弃，经学式微，“三联套”原有的两个环节基本瓦解，唯以史为证、以史为鉴的政治历史观，不仅依然延续，而且时有强化趋向，应当予以认真的反思和剖析。

三 政治历史观的社会效应与基本信念

在中国古代的历史进程中，社会经济的利益矛盾与政治体制的权势结构，固然在整体上起到决定性作用，但政治历史观的一贯性理念历代传承，造就厚重的思想文化积淀，其影响及效应亦不可小觑，其中利弊得失，是社会史研究、思想史研究亟须关注的问题。

（一）中国的政治历史观与传统史学

由“殷鉴”观念导发的政治思维，从先秦到汉代逐步形成中国特色的政治历史观，上文已经概述。西汉以降，随着政治历史观的强化，反作用于社会的效应日益展现开来。

古代政治历史观的显著效应之一，是中国传统史学的格外兴盛和步入定轨。司马迁著《史记》，在其受刑之后转入“成一家之言”的宗旨，而“究天人之际，通古今之变”只是“成一家之言”的途径和手段。他受宫刑而“所以隐忍苟活，函粪土之中而不辞者，恨私心有所不尽，鄙没世而文采不表于后也”[1]，明白无误地表示了《史记》撰著意图与司马迁的人生目标，其特点是并不理会先秦以来以史辅政、以史教化、惩恶劝善等社会功用，摒弃了原先要记载汉朝“盛德”的打算，也没有为当前政治提供鉴戒的意旨，撰史在司

〔1〕《汉书》卷六二《司马迁传》，第2733页。

马迁心中，最终是自我的、个性的事业，这具有将史学拉入另一条发展路向的趋势。司马迁的《史记》尽管体例独创、文采飞动、载事广博，成就无可抹杀，却仍受到“是非颇谬于圣人”[1]等尖锐的批判，东汉明帝更发表了代表官方的评论：“司马迁著书，成一家之言，扬名后世，至以身陷刑之故，反微文刺讥，贬损当世，非谊士也。”[2]

采纳《史记》的历史编纂学成果，但改变司马迁的史学宗旨与思想理路，班固的《汉书》是一典范之作，他贯彻“尊汉”的宗旨，恪守“唯圣人之道然后尽心”[3]的思想准则，以私修史达到与官方立场的一致化效果。然而东汉朝廷随即启动官修的《东观汉记》，正式形成了官方史学与私家史学两条相互联系的发展轨道，不仅促进了传统史学的繁荣兴盛，而且把史学纳入国家政治机制之内，成为中国传统史学最突出的特点。汉末史家、政论家荀悦，对史学有“夫立典有五志焉，一曰达道义、二曰彰法式、三曰通古今、四曰著功勋、五曰表贤能”[4]的理论表述，他编纂编年体断代史《汉纪》的目的就是“爰著典籍，以立旧勋，综往昭来，永监后昆”[5]。这承袭了先秦的史学观念和政治历史观，并且有所发展，在实践和理念上完成了传统史学基础的奠定，古代史学此后的发展，整体上再没有动摇和离开这个基础。

中国传统史学的这个特色，并不单单是一种文化的现象，而是整个社会的效应，因为格外发达的史学，特别是官方史学，已经成为政治机制的组成部分，撰史、论史，均包含政治的意旨，新王朝纂修前朝的断代史，一是要宣示本朝的正统地位，二是要从前朝的

---

〔1〕《汉书》卷六二《司马迁传》，第2737页。
〔2〕班固《典引·序》，见严可均辑《全后汉文》卷二六，北京：商务印书馆，1999年，第256页。
〔3〕《汉书》卷一〇〇上《叙传上》，第4207页。
〔4〕《后汉书》卷六二《荀淑传附荀悦》，北京：中华书局，1965年，第2062页。
〔5〕张溥辑《汉魏六朝百三家集》卷一七《荀悦集·汉纪序》，影印文渊阁《四库全书》本。

兴败之中汲取借鉴，更有出于具体目的之修史行为，如宋代的新党与旧党斗争，胜败反复，致使《宋神宗实录》多次改写；明朝天启年间，魏忠贤“阉党”垄断朝政，编纂了《三朝要典》这部当代史，用以打击东林党；清朝乾隆帝指示编纂《古今储贰金鉴》，目的是论证历代册立太子的举措，均为致乱之阶，唯雍正帝创办的秘密建储方法最为妥善，从而将之确立为清朝的定制。这样的事例不胜枚举，既是一种政治举措，也属史学活动。私家史学在儒学思想体系的引导下，史学思想、史学宗旨的主流实与官方大体一致，私修史也往往以进献朝廷、得到官方认可作为价值的实现。撰史注目于政治的兴衰，史学将经世作为根本的宗旨，史学成为政治的附庸，反过来进一步强化政治历史观，给引史论政提供更多的根据和素材。

（二）古代政治历史观的社会效应

政治历史观的大行其道，对古代社会政治的运行和政治思想的演变施加了深刻影响。由于政治主张的合理性要寻求历史的例证，因而促成向后看的思维模式和社会价值观，保守观念必然占据主流地位，拖住社会发展的步伐，阻遏文化的更新。政治历史观越是成熟和系统化，保守的力量就越大，即使有所改革也往往需要“托古”，如王莽改制将自己的王朝定名为“新”朝，但改制的措施却形式化地仿从《周礼》，北宋王安石的变法同样从《周礼》中寻求依据，近代康有为宣传变法维新，仍然打出“孔子改制”的旗号。无论这些政治人物是出于本心还是权为策略，都反映了以史论政的思维模式已然深入人心，难以回避。按照这种政治历史观的逻辑，需要树立历史上正、反两方面的样板和标本，要有“盛世”“圣王”的形象以资参证。于是，真实状况比较模糊的夏商周三代开国史，甚至更久远、更混沌的唐尧、虞舜时期，自战国以来就被渲染、夸张为黄金时代，成为政治思想家发表政见随时拈取的论据。汉代以后，又不断构建“治世”“盛世”，让历史上的“榜样”光彩夺目。当然，反面的典型亦不可少，桀纣之后，昏君暴主逐代层出，弊政、乱政历历可数。这样，政治历史观获得日益丰富的论证素材，似乎在政治上仿从以往的盛世作为，避免过去有过的弊政，就可以解决所有社会问题，达到长治久安了，中国古代社会就在面目相似的盛衰、兴亡中轮回，政治思想也在不断对历史的总结之中周转，不能取得根本性、时代性的突破。

从“殷鉴”发展而来的政治历史观始终含有理性思维的因素，这不时带来思想的活跃，但政治历史观的特点是从以往事例探究出路，总体上很难避免保守、复旧的归宿。理性因素和守旧归宿，是政治历史观运行中的一对矛盾，沿着这一思路探讨社会政治的历代思想家，虽然新论迭出，却常常出现“周而复返”的守旧效应。大量史实表明：政治历史观本身所包含的理性因素，不足以冲破其向后看的守旧指向。唐末曾参加农民暴动的皮日休，在诗文中猛烈抨击昏庸腐败的君主政治，但政治理想则归结为实行尧舜、周公、孔子规定的清明仁政，“圣人之化，出于三皇，成于五帝，定于周、孔”[1]，而后世“制礼作乐，宜取周书、孔策为标准也”[2]。清初，黄宗羲的《明夷待访录》尖锐批判了荼毒天下的皇帝专制制度，甚至讲出“然则为天下之大害者，君而已矣”的惊人论断，这曾被人看作中国典型的民主启蒙思想。然而这只是由于对明末昏暗政治、明清之际激烈变动的反思，通过政治历史观的探讨而发出的激情议论，若全面考察其政治思想，并非一贯否定君权和主张民主。[3]黄宗羲将政治史划分为三个阶段，第一阶段没有君主，“人各其私也，人各

〔1〕《皮子文薮》卷三《原化》，上海：上海古籍出版社，1981年，第21页。

〔2〕《皮子文薮》卷八《题叔孙通传》，第76页。

〔3〕南炳文《黄宗羲政治思想的一个方面——肯定封建君主专制制度》，《清史研究通讯》1989年第1期；程志华《儒学民本思想的终极视域——卢梭与黄宗羲的“对话”》，《哲学研究》2004年第2期。

其利也，天下有公利而莫或兴之，有公害而莫或除之”，当然是一个不好的时代；第二阶段有了圣君明主，“凡君之所毕世所经营者，为天下也”，即最理想的尧舜和夏商周三代；第三阶段从战国时期开始，至秦始皇建立集权制度，一发不可收拾，皇权专制遂成祸害。〔1〕由此可知，他的政治理想其实还是仿从尧舜、三代的社会体制，回复上古那个缥缈的“天下为公”时代，甚至连井田制、分封制等也都可以实行。这并未突破帝王施行仁政的诉求和民本思想的范围，而且颇有复古观念和空想色彩。黄宗羲政治思想的归宿，最能反映中国古代政治历史观的实质。漫长的中国古代，反复地在政治兴衰、政权兴亡和改朝换代之中周转，固然有其多方面的原因，而中国古代思想家也在对现实政治不满和批判中向过去的历史时代寻求理想社会，这不能不说是中国特色的政治历史观起到了总体上的保守效应。

如果说黄宗羲等古代思想家未能突破政治历史观的守旧局限，有着时代的局限和社会条件的制约，那么近代一些思想家的事例更发人深省。在中日甲午战后，康有为是最为激进的维新派思想家，他的政论常常引据历史为依据，具有政治历史观的色彩，主张保皇、尊孔，而最终成为时代的落伍者。章太炎曾经是近代的革命派学者，激烈地批孔议论，但并未脱开政治历史观的思维模式，最后竟然公开表示忏悔，返回到尊孔、复旧的主张。这种思想倒退并非孤立的现象，新史学名作《中国古代史》的作者夏曾佑，具有类似的思想蜕变经历。在西方文化影响日益扩展的民国时期，尊儒守旧的史家不仅有维护旧文化传统的柳诒徵、钱穆等人，而且包括一批从西方留学归来的学者如吴宓、胡先骕等学衡派人士〔2〕，这种局面的形成，

〔1〕《黄宗羲全集》第一册《明夷待访录·原君》，杭州：浙江古籍出版社，1985年，第2—3页。

〔2〕学衡派的人员组成复杂，思想主张多样，但共同的主旨是“昌明国粹”、讴歌孔子和吹捧儒教，文化观念上属于守旧的性质。

大半要从中国固有的、近代仍然延续和发展的政治历史观中探求原因。

（三）政治历史观的“以史为鉴”理念

中国古代政治历史观的基本信念，是确认以往的历史对现实的人与社会有莫大的鉴戒作用，尤其是历代政治上的得失、兴亡，是不能不汲取的经验或教训。统治者、政治家、思想家，平时就需要熟知历史上发生过的沟沟坎坎，成功者引为榜样，失败者作为警戒；遇到当前难以解决的问题，首先应当从历史的先例中获得应对方案、找寻出路。这可以大致地概括为“以史为鉴”的理念。

政治历史观乃是从西周的“殷鉴”观念而导发，“以史为鉴”自然成为最基本的理念，这在中国古代不断地扩展和丰富，无论在官方还是在私家，几乎是毫无异议地得到普遍的认同。“以史为鉴”理念在传统史学内的体现，就是史学经世致用的宗旨，政治的“以史为鉴”与史学的“经世致用”互为表里，聚合成一道政治文化风景线，通过历代政界、学界的反复表述而强化。荀悦在《汉纪》的序言中强调：“凡《汉纪》有法式焉，有监戒焉……惩恶而劝善，奖成而惧败，兹亦有国之常训，典籍之渊林。”唐太宗高度评价著史的作用，称“朕睹前代史书，彰善瘅恶，足为将来之戒……将欲览前王之得失，为在身之龟镜”[1]。著有《通典》的杜佑也坚信“至于往昔是非，可为来今龟镜”[2]。王夫之说：“所贵乎史者，述往以为来者师也。”[3]近代梁启超在其影响巨大的《新史学》中，仍高倡“史学者，学问之最博大而最切要者也，国民之明镜也，爱国心之源泉也”。总之，无论从史学角度还是从政治角度，历史的借鉴作用都被描述得极其重要、不可或缺。

---

〔1〕《册府元龟》卷五五四《国史部·恩奖》，影印文渊阁《四库全书》本。
〔2〕《旧唐书》卷一四七《杜佑传》，北京：中华书局，1975年，第3983页。
〔3〕王夫之《读通鉴论》卷六《后汉光武第十》，北京：中华书局，1975年，第156页。

但是从中国古代乱世多、治世少、政权兴亡屡屡重演的客观史实来看，“以史为鉴”的政治效果并不良好，这其中多有统治者荒唐昏暴、不认真汲取历史教训所导致，但也有“以史为鉴”的后果。三国时曹魏政权对诸王防范压制，“不思屏藩之术，违敦睦之风，背维城之义”〔1〕，造成“委权异族”。西晋以此为鉴，分封诸王而各有兵权，却出现“八王之乱”而致衰亡。北宋以唐代藩镇割据为鉴戒，大削武官兵权，改变军制，导致军力软弱，终于丢掉江山。明朝建文帝以西汉“七国之乱”为鉴戒，力行削藩，导致“靖难之役”而败亡。明朝皇帝汲取前代大臣擅权的历史教训，任用宦官执政，造成“阉党”猖獗，政治黑暗。这些皆属荦荦大端、以史为鉴的具体举措，其得失还有很多值得深入分析。历史事例十分复杂，仅“分封制”之利弊得失，思想家聚讼千年而莫衷一是，其他如法律的严厉与宽松、对域外势力的和与战，都不是从历史中即能直接找出妥当的策略拿来即用的。因此，“以史为鉴”并非至理，应当以历史发展的眼光辩证地具体分析。

四　政治历史观基本理念的症结

政治历史观的理性因素与守旧归宿，在古代就造成这种思维模式二重性效应，即能促使一些新思想的产生，解决一些社会问题，但也会造成结论的错误，导致政治措施的失败，并且总体上指向守旧的归宿，从而不利于社会跨入新的时代。政治历史观的基本理念——以史为鉴，在古代既有实效，也会失效，那么这种理念必有其严重的逻辑缺陷，深入探研，即可发现其症结就在于用过往的历史实例指导现实，淡化和排斥了对当前社会的调查研究。在汗牛

〔1〕孙盛《魏氏春秋评》，见严可均辑《全上古三代秦汉六朝文·全晋文》卷六三，北京：商务印书馆，1999年，第659页。

充栋的中国史籍中，记载了大量的君臣政论，多为引经据典、以史为鉴的发挥，历代思想家多是在社会危机显露之后，倡言历史的经验教训，设想救世方案，总之是在经史、文牍中流连寻绎，而对现实社会状况深入做实际调研者则寥寥无几，皇帝和高官的"微服私访"故事，不过仅存在于小说之中而已。笃信"以史为鉴"的政治家、思想家不出朝堂与书斋，凭借经史典籍、附加天人之际的想象，就可以在思辩的"三联套"内推衍出一系列政治见解。这些见解也可能闪耀思想的火花，但难以解决实际问题。欲解决当前社会问题，而不将研究社会实况置于首位，这正是致命的逻辑错谬。

将"以史为鉴"运用于现实政治的实践，大多采用择取一个或几个历史的实例，与现实问题进行简单类比，从中得出相应判断的模式。这种历史比附类似于天人感应的牵强比附，而缺乏对史事严格考证求真、再进行综合、系统研究的过程。这样，对所借鉴事例本身的理解就可能引向片面和错误，再加上不计时代区别地进行附会，就不能保证结论的正确。因此，"以史为鉴"在古代也不是绝对可以信赖的理念，而在中国古代之所以会有不少成功的范例，全因为政治制度和经济水平的发展缓慢。但发展缓慢并不等于平静安稳，而是治乱、兴亡相交替的动荡，"以史为鉴"的政治观念正好在这种历史背景下产生，同时继续强化"向后看"的意识，增添了社会进步迟缓的惰性因素。

1840 年鸦片战争爆发，中国面对一个前所未有的国际政治局面，中国社会被卷入复杂的国际关系之内，发展历程大不同于以往的历史。随后西学传入，经长期冲突磨合，逐步导致社会转型与文化革新。在新文化运动、五四运动中，旧文化受到强烈冲击与批判，但表现为引史论政、以史为鉴的传统政治历史观依然畅行，史学经世的观念并未被"新史学"思潮所否定，相反，在国难悲情的背景下反而得到强化。这看起来具有某种积极意义，但对整个社会意识和文化形态的负面作用甚大，抗拒科学与民主的保守思潮，无一不是从中国历史上的国情出发而提出倒退的主张。“以史为鉴”理念在近代中国的作用，应当重新予以考量。现代社会与几十年前更加不同，经济、政治、文化的发展极为迅速，且不断涌现前所未有的新趋向，“以史为鉴”的比附思维无所适从，勉强为之，必生误判。在当代，绝不能因护惜“以史为鉴”的传统理念而背上历史的大包袱，拖累前进的步伐。更不能重拣什么儒学、国学之类的经典以及什么神秘的信仰，而重新钻入“三联套”的思维模式。对现实的世界态势和社会状况做实事求是的调查研究，才是应对问题、解决问题的主要方法。在对现实社会做调查研究之际，必然要运用多种自然科学、社会科学的知识与方法，根据所针对的问题，有时也需要历史学知识，但这应当来自对历史求真、求是、系统性研究的概括，要避免将具体历史事例做跨世代的简单附会。

（原载《天津社会科学》2011 年第 6 期）

康熙帝与孝庄太皇太后政治关系的解构

顺治十八年（1661）正月，顺治帝病逝，其子爱新觉罗·玄烨以八岁冲龄继皇帝位，尚不能亲自处理政务，于是由孝庄太皇太后（下文简称“孝庄后”）安排了四位满洲大臣辅政。此时，清廷统治集团内部改制与守旧之间的政治斗争公开地展现出来，满洲贵族的守旧势力占据了主导地位，孝庄后与鳌拜等辅政大臣，即为满洲守旧势力的代表人物，他们的一系列举措，使康熙初年的政治、文化发生明显的倒退。到康熙帝亲政之后，则呈现为年轻皇帝与守旧势力政治博弈的局面。其结局众所周知，康熙帝取得完全的政治主动，政治体制进一步“汉化”和“儒化”。因此，为了梳理和揭示康熙帝与孝庄后之政治关系的实质，必须从顺治朝的相关问题说起。

一 顺治时期满洲统治者的政治斗争

崇德八年（1643），清太宗皇太极突然去世，工于心计的太宗皇妃博尔济吉特氏利用满洲上层复杂的势力格局和利益关系，使其亲生子六岁的福临得以继承皇位，即顺治帝。由睿亲王多尔衮与郑亲王济尔哈朗辅政。而处于幕后的太后博尔济吉特氏仍具有重要的政治地位，她就是著名的孝庄后[1]。孝庄后尽力笼络专权的多尔衮，以保证顺治帝的皇位安全。多尔衮死去仅仅两个月，即在顺治八年（1651）二月，就发生了追

〔1〕博尔济吉特氏于康熙二十六年（1687）逝世，谥号曰“孝庄”，故以“孝庄后”称之。

究多尔衮、清算其罪状的案件，结果定为“谋逆”大罪，虽议罪奏疏由郑亲王济尔哈朗提出，但处理此事的整个进程不能说没有孝庄后从中操控，因为当时顺治帝尚不满十四岁，决策大权实际掌握在其母孝庄后之手。这次政治斗争主要是权力之争，但多尔衮为了适应统治汉族地区实行的依从明朝制度、任用汉官的策略，也必然受到满洲守旧贵族的反对。而顺治帝亲政后，在政治上仍然沿袭多尔衮采取的逐步汉化的方针，并且更加激进。他大量启用汉人，任用汉官，萧一山认为“顺治之任用汉官，乐就文学之士，书思对命，绰有士大夫之风”[1]，并谕旨对明朝亲王、郡王进行恩养[2]，这些都是多尔衮时期所施行的大政方针的延续。顺治帝仿从汉人传统的政治体制和文化制度，又导致了满洲守旧派的不满。当时很有地位的郑亲王济尔哈朗即曾上疏要求顺治帝“效法太祖、太宗，时与大臣详究政事得失，必商榷尽善”，并特别提醒清太宗曾“常恐后世子孙弃淳厚之风，沿习汉俗，即于慆淫”[3]。顺治十二年济尔哈朗逝世，顺治帝加大了汉化的力度，重用汉官是最基本的方针，并开设经筵日讲，研习经史著述。顺治十五年七月，废除内三院而设内阁和翰林院。十六年三月，命金之俊撰写崇祯帝碑[4]。十七年六月，于历代帝王庙罢除辽太祖、金太祖、元太祖的祭祀[5]，理由是他们未能统一天下，行事亦不尽善，贬抑了少数民族政权的创始者，与十六年撰写的崇祯帝碑前后呼应，表明清朝承接的是华夏政权统绪。这不能不引起满洲守旧势力的反感，顺治帝与其母的矛盾也日趋尖锐。据朝鲜使臣李渲于顺治十三年十月来北京时进行的探听，就得知“帝与太后慈孝虽重，但少有不平意，则久废定省之礼”，事载于李渲《燕途纪行》[6]。这就是说，顺治帝长期不去看

[1] 萧一山《清代通史》上卷，北京：中华书局，1986年，影印台湾商务印书馆1980年本，第386页。
[2]《清世祖实录》卷五四，顺治八年闰二月丁丑，北京：中华书局影印本，1985年。
[3]《清史稿》卷二一五《济尔哈朗传》，北京：中华书局，1977年，第8949页。
[4]《清世祖实录》卷一二四，顺治十六年三月丙午。
[5]《清世祖实录》卷一三六，顺治十七年六月己丑。
[6] [朝鲜] 李渲《燕途纪行》，见《燕行录全编》（第1辑）第12册，桂林：广西师范大学出版社，2010年。

望其母孝庄后，可见关系之冷淡已到严重程度。以往学界论及顺治帝与其母的关系紧张，往往仅从顺治婚姻杂事中探寻原因，多偏袒孝庄后而贬抑顺治帝，这忽视了政治见解的分歧和冲突，实际顺治帝在废后问题上的举动，也是政治冲突背景下的表现。顺治帝逝世，政治冲突的真相才呈现清晰。由守旧大臣拟定的所谓顺治帝的“遗诏”[1]，从其内容来看，通篇都是已死的清世祖自罪自责的话语，称其犯有14项大的过错，其中如：

> 自亲政以来，纪纲法度，用人行政，不能仰法太祖、太宗谟烈。因循悠忽，苟且目前，且渐染汉俗，于淳朴旧制，日有更张，以致国治未臻，民生未遂。是朕之罪一也。
>
> 宗室诸王、贝勒等，皆系太祖、太宗子孙，为国藩翰，理宜优遇，以示展亲。朕于诸王、贝勒等，晋接既疏，恩惠复鲜，以致情谊暌隔，友爱之道未周。是朕之罪一也。
>
> 满洲诸臣，或历世竭忠，或累年效力，宜加倚托，尽厥猷为，朕不能信任，有为莫展。且明季失国，多由偏用文臣，朕不以为戒，而委任汉官，即部院印信，间亦令汉官掌管，以致满臣无心任事，精力懈弛。是朕之罪一也。

作为皇帝的遗诏，内容竟然如此，可谓空前绝后，这里明确表达了满洲贵族中守旧势力狭隘的民族情绪，反对“于淳朴旧制，日有更张”的立场十分鲜明。当时最有权势者无疑就是孝庄后，没有她的授意，是不可能公布这样一份遗诏的。可见政治路线的分歧，才是顺治帝与其母之间的根本矛盾。

二 康熙朝初期清廷内部的政治态势

顺治帝当初继位皇帝，也是幼冲年龄，由多尔衮、济尔哈朗两

[1]《清世祖实录》卷一四四，顺治十八年正月丁巳，北京：中华书局影印本，1985年。

位亲王辅政，是满洲政权内各种势力取得均衡的需要，孝庄后只能以其谋略在幕后协调、周旋，以维护顺治帝的地位。当时清政权尚在关外，可以视为创立了一项满洲“淳朴旧制”。而康熙帝继位，又值少年，此时孝庄已经成为势力最强的政治人物，当时曾有一个名叫周南的秀才，上书请求孝庄临朝执政[1]，但她是否可以走到前台来“垂帘听政”呢？笔者认为：孝庄后没有垂帘听政的可能性，第一，满洲政权的创建者努尔哈赤逝世之时，遗命大妃叶赫那拉氏殉死，是为了防止强悍的皇妃干政，孝庄后的丈夫清太宗皇太极，正是逼死努尔哈赤大妃的诸王之一。[2]清初满洲的诸王、贝勒对此记忆如昨，孝庄倘若垂帘听政，立即处于众叛亲离的危险境地。第二，如上文所述，清入关前已经有过设辅政大臣扶助幼主执政的旧制，孝庄的政治理念是复旧，就不能不遵从旧例，于是选择守旧派索尼、苏克萨哈、遏必隆、鳌拜四人为辅政大臣，孝庄后只能身在幕后，此乃历史条件和政治局势的制约。在四大臣辅政的临时体制下，形成“以太后为中心，遗诏为根据，惩于前次摄政之太专，以异姓旧臣当大任，而亲王贝勒监之”[3]的权力结构，孝庄后对朝政并不事事过问，但仍为大政的决策人和意见分歧时的裁决者。

学界往往将孝庄后与清季慈禧太后的垂帘听政做比较，颇有褒孝庄、贬慈禧的倾向，这是一种皮相之谈。孝庄后的政治取向是复旧，其政治基础是当时的满洲守旧势力，根本不能创建女后直接执政的新体制。而慈禧太后在最初的政治斗争中，依靠的是满洲贵族中以恭亲王奕䜣为代表的新派、洋务派，凶狠打击以辅政诸王为首的守旧势力，创建“垂帘听政”的新体制，是水到渠成的趋势。随后，清廷纠正咸丰帝错误、荒唐的对外政策，改善了国际关系，调整了满汉关系，摧毁太平天国等反清武装，开展洋务运动，造成一个

---

〔1〕《清圣祖实录》卷二，顺治十八年三月甲子，北京：中华书局影印本，1985年。
〔2〕见《清太祖武皇帝实录》卷之四，天命十一年八月记载，故宫文献馆1932年排印。
〔3〕孟森《明清史讲义》下册，北京：中华书局，1981年，第410页。

“同治中兴”的局面。这从清政权的角度来看，是为政治革新取得的成就。至于慈禧太后后来政治理念与政治行为的变化，另当别论。

那么，康熙初年在孝庄后和辅政大臣的主导下，清廷干了些什么大事呢？辅政大臣们迫不及待地打起“率循祖制，咸复旧章”[1]的旗号，首先在行政机构上恢复内三院，取消内阁与翰林院，借改变政府机构而将政权操控于手，削弱汉人儒官的权力与地位。与此同时，还兴起“哭庙案”“江南奏销案”等，打击汉人官绅。“哭庙案”是在顺治十八年六月为清世祖治丧期间，江南文人与诸生借机聚众在文庙痛哭请愿，要求罢逐横征暴敛、滥用非刑的吴县知县。清廷以“哭庙”惊动大行皇帝为借口，处斩为首的文人金圣叹等十八人，其余各做惩处。“江南奏销案”亦发生于当年六月，时江宁巡抚把赋税最重的苏、松、常、镇四府及溧阳县拖欠钱粮的缙绅之家13000多名造册申报，这本为例行公事，但清廷竟下令严惩，分别予以撤销官职、革去功名。大批汉人儒官皆被打击，其中在清朝任职的一甲第三名进士（俗称“探花”）叶方蔼，因家中偶欠一文钱，也被免职并革除功名，故有“探花不值一文钱”的流言。[2]此外，还发生惨烈的“庄氏史狱”，事因江南富户庄廷鑨家雇人编纂明史，中间采用南明年号，记述中多处出现清朝忌讳史事、词语和收录的诗文。被人告发，清廷严追猛打，网罗株连，包括最初对此案办理不力的地方官员亦未能幸免。据陈康祺《郎潜纪闻》卷十一记载，文人、学者、名士221人被杀[3]，其中多有并未参与其事，乃庄氏私下列于参校名单的无辜者。这些案件的基本政治取向，既打击了在清廷为官、很有地位的汉人儒臣，打击了顺从清朝统治的读书

---

〔1〕《清圣祖实录》卷三，顺治十八年六月丁酉。

〔2〕清朝官方日后对“哭庙案”“江南奏销案”颇有避讳，官书缺少记述，事件零散见于清无名氏《研堂见闻杂记》《哭庙纪略》，叶梦珠《阅世编》，韩世琦《抚吴疏草》等古籍，以及今人论著。

〔3〕庄氏史狱中处死人数说法不一，《郎潜纪闻》记载名士221人被杀，而张穆《顾亭林年谱》、节庵氏《庄氏史案本末》载死者70余人。今姑取前说。

士子，也打击了不与清廷合作或带有对立情绪的学者、文人。诸案各有具体的起因，但清廷处置之严酷，则从整体上表现为政治的剧烈复旧和倒退，是满洲贵族守旧势力改变顺治朝政的暴厉宣示。这当然不能由年少的康熙帝负责，但孝庄后岂能脱得干系？

因此，待到康熙帝亲政之后，清廷政治上的最大问题，仍然是如何实行适应于内地汉人地区的统治，是做出仿从汉制的改革还是墨守入关前的旧制？这关系到清朝发展的方向，对于亲政后的康熙帝和汉族官绅而言，形势是十分严峻的。谨将态势简析如下：

孝庄后思想处于守旧状况，对政治体制的汉化很为反感，这从顺治遗诏的炮制即可确认。但她要坚定地维系其直系子孙的皇帝位子，这是底线，不可触动，也符合她的最根本利益。另外，如前所述，她不能公然以“垂帘听政”等方式干政，只能隐于幕后，这限制了控制政治决策的程度，也使她操纵朝政要务的行为未能留下显著的文字资料，导致清史研究者的历史评论往往出现偏差。

四位辅政大臣中，索尼年老，康熙六年（1667）七月即已病逝。遏必隆比较软弱，苏克萨哈相对资历浅而势力弱，且与鳌拜存在很深的矛盾。鳌拜最为跋扈，他倚仗以往的战功和孝庄后信重，专擅朝政，培植私党，排陷异己，在康熙帝亲政之后依然气焰不减。因此，守旧势力台前活动的主要成员，是鳌拜及其亲信官员。

康熙帝亲政后虽仍年轻，但皇帝的至尊名位是一大优势，他接受的教育是标准的儒学观念、理学思想，守旧势力不具备与儒学相抗衡的思想武器，康熙帝注定要在儒学的教育下成长，加之统治全国的政治需要，他必然倾向于仿从汉人政权的体制变革，必然倾向实行儒化的政治方针和文化建设。

无论孝庄后与鳌拜在权势上具有多大的优势，守旧派在政治文化方面却无可奈何地处于劣势。朝廷的汉官正是在文化上不断向守旧势力发起挑战，如康熙四年三月，太常寺少卿钱绖上疏：“君德关于治道，圣学尤为急务，请敕谕院部，将满汉诸臣中老成耆旧、德性温良、博通经史者，各慎选数员，令其出入侍从，以备朝夕顾问。先将经史中古帝王敬天勤民、用贤纳谏等善政，采集成书，分班直讲，每日陈说数条，行之无间，必能仰裨圣德。”[1] 康熙六年六月，内弘文院侍读熊赐履遵旨条奏，指责在辅政大臣把持下，“我国家章程法度，其间有积重难返者，不闻略加整顿”，要求正当皇上春秋方富，“伏乞慎选耆儒硕德，置之左右”，“又妙选天下英俊，陪侍法从，以备顾问”[2]。诸如此类奏疏络绎不绝，至康熙七年，熊赐履更上疏言“朝政积习未除，国计隐忧可虑”，请皇帝“时御便殿，接见儒臣，讲论政治”。[3] 这是直接要求儒学官员作为皇帝顾问，改革政治方针。疏入，鳌拜恼怒纠问，欲严加惩办，赖皇帝护持得免。

三　康熙帝对守旧势力的斗争

康熙六年（1667）七月，皇帝亲政，但权势仍在守旧派一方。康熙帝一反其父的做法，对孝庄后这位祖母摆出异常亲近的姿态，每隔几天就要向太皇太后“问安”，似乎成为皇帝的一门必修课。笔者粗加统计，康熙六年玄烨亲政前后到康熙八年鳌拜集团覆灭，康熙帝共向孝庄太皇太后问安达 136 次之多，同是一个时间段，却仅向皇太后问安 79 次，且没有一次是单独向皇太后问安，即问安太后不过是问安太皇太后过程中的附带行为。这在孝庄后的眼中，与顺治帝当年“久废定省之礼”形成极大反差，不能不对康熙帝予以更多的宽容。总之，康熙帝实际是以“亲情”缓冲政见分歧，解释自己的主张以争取孝庄后的认可，尽可能防止鳌拜在其间乘隙挑拨关系，减少推行自己政见的阻力。“问安”，已经成为政治博弈的手段。

对于鳌拜等守旧大臣，康熙帝在亲政前后似乎都有过忍让，如

---

〔1〕《清圣祖实录》卷一四，康熙四年三月丙午。
〔2〕《清圣祖实录》卷二二，康熙六年六月甲戌。
〔3〕《清史列传》卷七《熊赐履传》，北京：中华书局标点本，1987 年。

康熙五年，鳌拜力主他所在的镶黄旗应当调换正白旗的圈占土地，而现有的地亩不足，要继续圈占民间土地加以补充。户部尚书苏纳海、直隶等处总督朱昌祚、巡抚王登联上疏认为不合时宜，鳌拜竟因此兴起大狱，《清圣祖实录》记载：鳌拜、索尼、遏必隆等三位辅政大臣都坚奏将苏纳海等“应置重典”，而康熙帝坚决反对，“上终未允所奏。鳌拜等出，称旨：……情罪俱属重大。苏纳海、朱昌祚、王登联，俱著即处绞，其家产免籍没”[1]，结果是三名高官皆被处死。据实录记述，此次事件经吏部、刑部和御前多次议论，孝庄后自应早已得知，而且了解康熙帝与鳌拜的意见分歧，已有她的口头“懿旨”，否则鳌拜等人怎敢在康熙帝反对的情况下，竟然出门“称旨”而做出处决？所称之“旨”，当是孝庄太皇太后之“旨”，故康熙帝也不能加以阻拦。

康熙帝刚刚亲政，鳌拜又要起威风，借机向另一辅政大臣苏克萨哈发难构陷，议为死罪。康熙帝“坚执不允所请，鳌拜攘臂上前，强奏累日”[2]，强制皇帝默许。康熙帝这种退缩，实因深知孝庄后与守旧派的政治思想一致，未经充分准备，不能过早引发全面的政治冲突。另一方面，也促使鳌拜养成一副狂妄的欺君形象，为日后的处罚增添理据。

康熙帝对守旧势力的反击，仍是先从广义的文化方面开始，亲政的当月即有礼部尚书黄机等上疏，奏请纂修《清世祖实录》。康熙帝随即颁布谕旨曰：“皇考世祖章皇帝励精图治，敬天法祖，无事不以国计民生为念。鸿功伟业，载在史册，理宜纂修实录，垂示永久，以昭大典。”[3]这里，康熙帝对清顺治帝的业绩给予了重新评价，也是对上述所谓的“遗诏”进行否定，另外康熙帝还在谕旨中指出：“卿等督率各官，敬慎纂修，速竣大典，表彰谟烈，以副朕继述显扬

〔1〕《清圣祖实录》卷二〇，康熙五年十二月丙寅。
〔2〕《清圣祖实录》卷二三，康熙六年七月己未
〔3〕《清圣祖实录》卷二三，康熙六年七月己未。

先德之意。”[1]即编纂实录的出发点是以“表彰谟烈”为基调，从而达到“显扬先德”之目的。但在当时的情况下，表彰顺治帝的“谟烈”，也就意味着否定康熙初年守旧派所实施的“咸复旧章”的政策。

康熙七年，又为顺治帝立《孝陵神功圣德碑》[2]，此碑文为康熙帝亲自署名，镌刻并发布，碑文中盛赞清顺治帝的各项政治举措。将此碑文与当初守旧大臣炮制的顺治帝的遗诏加以对比，可以看出碑文是对遗诏的逐条反驳。兹两相对比，可透视碑文之深意：

1．遗诏中列举的第一条过失是“自亲政以来，纪纲法度，用人行政，不能仰法太祖、太宗谟烈”，这是一项最严厉的“自责”，即是守旧势力对顺治帝的谴责。

《孝陵神功圣德碑》的碑文则称顺治帝时“祗奉太祖、太宗成法，治具毕张”，与遗诏所言针锋相对。

2．遗诏第四条谴责清世祖“于诸王、贝勒等，晋接既疏，恩惠复鲜”，第五条又说：“满洲诸臣，或历世竭忠，或累年效力，宜加倚托，尽厥猷为，朕不能信任，有为莫展。且明季失国，多由偏用文臣，朕不以为戒，而委任汉官……以致满臣无心任事，精力懈弛。”充分表现了遗诏制作者狭隘的民族心理，也表现了对顺治帝施行汉制的不满。

碑文称清世祖“虽太平，不弛武备”，“视满汉如一体，遇文武无轻重，破故明人臣朋党之习”。这里否定了遗诏中“偏用文臣”的指责，但没有说明清世祖也对宗室、满官有所倚重来跟遗诏对峙，而是高屋建瓴的“满汉如一体，文武无轻重”的理念，暗指排斥汉人及“委任汉官”而使“满臣无心任事”的说法，是“故明人臣朋党之习”，预示了清圣祖要建立一个满汉联合政体。

3．遗诏第六、七条认为清世祖“夙性好高，不能虚己延纳……

〔1〕《清圣祖实录》卷二四，康熙六年九月丙午。
〔2〕《清圣祖实录》卷二五，康熙七年正月庚戌，载其全文。

未能随才器使，以至每叹乏人”，有“可谓见贤而不能举，见不肖而不能退”。

碑文则盛赞清世祖“立贤无方，丁亥、己亥再兴会试，间广额数，以罗人才”，“尚廉正，黜贪邪，时时甄别廷臣以示激劝”，而且“贤奸立辨，黜陟咸宜”。不仅反驳了遗诏的说法，而且肯定了顺治时期建立的以科举考试来选拔人才的制度。

4. 遗诏第八、九、十条责备清世祖的花费奢侈，言语可谓尖酸，其中有言曰：“金花钱粮，尽给宫中之费，未尝节省发施”，“经营殿宇，造作器具，务极精工，求为前代、后人之所不及”，“丧祭典礼，过从优厚，不能以礼止情，诸事逾滥不经”。

碑文则认为清世祖“素衣菲食，不兴土木之工”，“崇俭去奢，克勤无逸”，这种说法和遗诏的说法大相径庭，也是对其完全否定。

5. 遗诏第十一条批判清世祖明知宦官之隐患，却“设立内十三衙门，委用任使，与明无异，以致营私作弊，更逾往时”。

碑文则明确辩解说清世祖的做法是“阉寺不使外交，立铁牌示禁”。

对于康熙初年四大臣辅政时期撤销宦官“内十三衙门”，清史学界多予以肯定，这也造成清世祖在宦官问题上确实存在很大弊政的印象。其实不然，顺治时期，福临以宫中使用之需，偶用此辈，于是设立“内十三衙门”，阉寺级别不过四品，并没有类似明朝时期宦官专权、祸害严重的现象，然遗诏所言任用宦官“与明无异，以致营私作弊，更逾往时”之说辞，显然是在污蔑清世祖。且清世祖命工部立铁牌镌刻敕谕于上，严禁宦官干预政事，虽然不能尽善尽美，但这对整个清代防止宦官干政起到积极的作用。因此碑文的辩解是近实、合理的。清圣祖没有恢复那种“内十三衙门”的机构，也是理性明智的。

6. 遗诏对清世祖的第十二条指责云：“性耽闲静，常图安逸，燕处深宫，御朝绝少，以致与廷臣接见稀疏，上下情谊否塞。”

碑文则轻轻一语予以掩去，曰："皇考惟是兢业祗慎，无一日遐逸也。"盖皇帝多数具有遇事勤政又时有贪享逸乐的两面表现，遗诏的指责无可深辩。

7. 遗诏最后指责清世祖"每自恃聪明，不能听言纳谏……臣工缄默，不肯尽言"，"既知有过，每日克责生悔。乃徒尚虚文，未能省改，以致过端日积，愆戾愈多"。这是一系列指责中的最后两点，认为清世祖至临终未能改正其过错，为辅政期间将大举复旧而制造理据。碑文本不认为清世祖有什么大的过错，故对此仅以"下诏求言，虚怀纳谏"驳之。

清世祖在位时期，曾几次下诏求言纳谏，同时也有因上书而遭惩处者。然问题不在于清世祖是否真正的求言纳谏，关键是遗诏和碑文两文献具有根本对立的出发点。碑文的发布，是要为正在纂修的《清世祖实录》定下基调，而纂修实录与这篇碑文当时都是向守旧派全面反攻的序曲。回击守旧势力不能不重新肯定顺治时期的许多政策，纂修实录可以作为最好的契机，而纂修实录就不能不否定遗诏的说法。

康熙帝的碑文刻于巨大石碑展示，并且正式发布，无疑起到很大的宣传效果，一定程度上抵消当初顺治帝遗诏的影响，同时，也给《清世祖实录》的纂修定立基调。这篇碑文颁布的当天，康熙帝即"问安"孝庄太皇太后，应解释了碑文内容仅仅表达对皇考的孝思，轻松地得到认可。而实际上给鳌拜及其党羽、实录馆总裁班布尔善以极大压力，使守旧派在思想舆论上陷于被动。班布尔善的对策先是消极拖延，随后则声言"《太宗实录》未修，不可以子先父，遂请停《世祖实录》，重修《太宗实录》"[1]，于康熙八年正月开设了清太宗实录馆，激烈的政治对峙由此可见一斑。

鳌拜对康熙帝皇权的干预和威胁，达到不相容的程度，他网罗

[1] 申涵盼《忠裕堂集·纂修两朝实录记》，见王灏辑《畿辅丛书》，王氏谦德堂校刊本。

党羽，迫害异己，“与伊等相好者荐拔之，不相好者陷害之”[1]，并与其弟穆里玛及班布尔善、玛尔塞等人党比营私，竟“凡事即家定议，然后施行”[2]，甚至于否定康熙帝的批示，“时有红本已发科钞，辅政大臣鳌拜取回改批”[3]。形势迫使康熙帝做出不寻常的决策，经过有条不紊的准备、策划，康熙八年（1669）五月，康熙帝以召鳌拜入宫议事为由，发动突然袭击，一举擒拿鳌拜，随之捉拿其党羽班布尔善等人。擒拿鳌拜之事，《清圣祖实录》仅“命议政王等拿问辅臣公鳌拜等”[4]，具体描述见于清人历史笔记如昭梿《啸亭杂录》、姚元之《竹叶亭杂记》等书，虽细微情节不尽一致，但此次举动是暗中策划，出其不意，不合朝廷正常议罪、撤职、拿问程序，类若宫廷政变的性质，则毫无疑义。这里不得不提出一个问题：孝庄后事先知道康熙帝要对鳌拜出拳重击吗？答案是否定的，一些文艺作品渲染孝庄后支持或指挥了这项举动，纯属肆意美化孝庄的想象，康熙帝早从几年前圈地争议而处死苏纳海、朱昌祚等事件中，认识到如果与鳌拜发生政见冲突来请孝庄后裁夺，十之八九会遭受失败。因此，康熙帝只能将孝庄后也蒙在鼓里，最后以既成事实向孝庄后摊牌。这是一个政治的豪赌，然而赌赢的把握是充分具备的，因为康熙帝当然也了解孝庄后最后的底线在于自己的直系儿孙保持帝位。《清圣祖实录》将擒拿鳌拜记载于康熙八年五月戊申即十六日，实际那只是在朝廷正式宣布拿问鳌拜的日期，据清史专家白新良的考证，突然擒拿鳌拜一定在五月十日（壬寅），主要理由是：第一，新整理公布的满文档案《钦定鳌拜等十二条罪状谕》写于五月十二日（甲辰），所以擒拿鳌拜是在十二日之前。第二，五月十日即壬寅日，“以

[1]《清圣祖实录》卷二九，康熙八年五月戊申。
[2]《清史稿》卷二四九《鳌拜传》，北京：中华书局，1977年，第9683页。
[3] 李桓《国朝耆献类征初编》卷三《宰辅三・冯溥传》，明文书局《清代传记丛刊》，1985年，第136册，第733页。
[4]《清圣祖实录》卷二九，康熙八年五月戊申。

原任户部尚书王弘祚，为兵部尚书”，这个任命表明鳌拜一举就擒，因为王弘祚是被鳌拜集团打击撤职的官员，此时任命关键职务，如果不是鳌拜垮台，首先是难以通过正常程序，其次会暴露康熙帝的秘密策划。[1]这个考证是十分中肯的，现在我们对照康熙帝问安孝庄后的记载进一步解析。

《清圣祖实录》记述：康熙八年五月丁酉即初五日，“上诣太皇太后、皇太后宫，问安”。在擒拿鳌拜五天前问安孝庄后，是汇报将要打击鳌拜吗？当然不是。因为倘若汇报，得到批准就会立即行动，不会延迟五天之久。当然也不是单纯的问安，而是在全部策划基本就绪后，到孝庄后和太后那里窥探风声，因为假如秘密泄露，会在“问安”过程中显现出来。

“甲辰，上诣太皇太后宫，问安”，这正是撰写《钦定鳌拜等十二条罪状谕》的当月十二日，擒拿鳌拜已经两日，局面已经有效控制，康熙帝再次“问安”，实际是向孝庄后摊牌。孝庄后即使不快，却也无计可施，而康熙帝举出鳌拜欺君、专权的罪状，对孝庄后也具有一定的影响力，最后只看众多朝臣对事件的反应了。于是经过部署，清廷于十六日公布鳌拜罪过，得到朝臣拥护。而次日，“辛亥，上诣太皇太后宫，问安”，孝庄只好接受现实。十天之后，“庚申，上诣太皇太后宫，问安”，这是商议对人犯的惩治问题，次日即出台议罪书和定刑决定，鳌拜作为主犯，免死监禁，而附从罪犯班布尔善等多人却被处死，结案是不大正常的。有人认为这是因为鳌拜从前的诸多功绩而得到宽免，这不过是清廷的饰词，在触犯皇权专制、帝位安危的罪名下，以往的功勋并无决定性意义，鳌拜脱逃死罪，毋宁看作是孝庄后与康熙帝达成的妥协而已。

摧毁鳌拜势力，是在打击守旧派斗争中取得的决定性胜利，为了巩固君主一人处理政务的绝对权力，康熙帝励精勤政，此后凡臣

[1] 白新良《康熙擒鳌拜时间考》,《满族研究》2005 年第 3 期。

工奏疏，必亲自批阅，正如他晚年所自称：“各处奏折所批朱笔谕旨，皆出朕手，无代书之人。此番出巡，朕以右手病，不能写字，用左手执笔批旨，断不假手于人。”〔1〕政治方针的改变也随之进行，康熙九年“改内三院为内阁，其大学士、学士官衔及设立翰林院衙门等官，俱着察顺治十五年例议奏”〔2〕，就是一个明显的标志。此外，对于后宫干预政治也设法扼制，康熙八年八月，针对“近见有不安厥分，交通在内近侍，使令人员妄行干求。或潜为援引。或畏威趋奉”现象，谕令要“通行内外及包衣佐领，严加申饬”〔3〕。研究者认为“这里当然包括禁止交通太皇太后身边近侍，妄图通过太后以干求政务者”〔4〕。但实际上，康熙帝还不能完全排斥祖母孝庄后过问朝政，真正做到皇帝的乾纲独断，仍需要新的契机。

四　平定“三藩之乱”与康熙帝的独揽大权

清初的“三藩”，是指占据云南、福建、广东三地封王驻守的平西王吴三桂、靖南王耿精忠、平南王尚可喜，权力之大有如藩镇。三藩各自掌控着当地的军队和赋税，渐成割据势力，其中以吴三桂势力最强，独霸一方，作威作福，威胁着清朝的政治一统，与朝廷和皇权构成日益尖锐的矛盾。藩王也自知处于朝廷防范的境地，吴三桂等在加强实力的同时，常常做出试探性姿态。康熙十二年，吴三桂、耿精忠得知朝廷有撤除广东尚可喜藩镇之意，遂上疏请求撤藩，实乃做出试探。这引起清廷君臣的斟酌和讨论，多数大臣认为仓促撤藩会激起叛乱，不宜实行。但康熙帝毅然决然地坚持撤藩，认为三藩迟早会走向拥兵反叛，不如及早撤除。这种决策，果然激

〔1〕《清圣祖实录》卷二六五，康熙五十四年九月丙寅。
〔2〕《清圣祖实录》卷三三，康熙九年八月乙未。
〔3〕《清圣祖实录》卷三一，康熙八年八月壬申。
〔4〕孟昭信《康熙大帝全传》，长春：吉林文史出版社，1991 年，第 31 页。

起吴三桂等的叛乱，叛军很快攻占南方数省，全国处于大规模内战的状态，形势严峻，清廷将一切国务都置于以战争为中心的轨道之上。经过八年的艰苦奋战，清军才获取全胜，平定“三藩之乱”，达到更高阶段的国家统一，而付出的代价也十分巨大。

对于这段历史，学术界早有充分的史实梳理和分析评论，恕不多述。这里需要提出的是：平定“三藩之乱”的战争，对于康熙帝君权的强化、对于皇帝任用官员的乾纲独断、对于树立权威以利于推行儒学化的朝廷政治路线，都起到扫清障碍的作用，意义重大。在战争期间，康熙帝彻底改变了“太后不预政，朝廷有黜陟，上多告而后行”〔1〕的旧例，这可以视为军情紧急而必需的措置，孝庄后不得不予以认可。战争期间，清廷重用汉官、汉将，已经毫无阻力。在战略上刚刚取得优势的康熙十八年，康熙帝就决定大开博学鸿儒特科〔2〕，笼络汉人名流学者，随即于次年开馆纂修《明史》，当时皆传为盛事，这是亮出推行汉化的儒学政治文化旗帜，其进程颇为顺利。因此，康熙帝冒极大风险毅然撤藩，不惜陷全国于内战，很难说其中没有全盘政治设想的考虑。在一定程度上可以认为，正是平定“三藩之乱”的战争，创造了清朝君主绝对专权的条件，使政治稳固地走上改造后的儒学化路线。

至此，本文可以对孝庄后与康熙帝之间的关系做一概括：

第一，通过康熙帝似乎恭顺的作为，祖孙之间保持表面融洽的姿态，其基础是孝庄后有着坚定维护直系子孙帝位的底线，使温情脉脉的纱幕始终没有被扯破。这蒙蔽了时人以及当今的许多历史学者。

第二，孝庄后作为来自关外的统治者，政治上顽固守旧。由于孝庄后是在幕后干政，加之清廷修史的隐讳，似乎没有留下孝庄后政治上守旧立场的直接资料，但顺治帝遗诏的内容，因“圈地”处

---

〔1〕《清史稿》卷二一四《后妃传·孝庄文皇后》，第8902页。

〔2〕《清圣祖实录》卷七一，康熙十七年正月己未。按：开设博学鸿儒科决定于康熙十七年，次年正式考试。

死户部尚书苏纳海、总督朱昌祚、巡抚王登联等，都可以判定孝庄后是实际的裁决者，证明其政治上认同于满洲贵族守旧派。康熙帝是儒学哺育下成长的政治家，具有改革体制以适应内地统治的强烈愿望，他们在政治上有着根本的分歧，康熙帝的频繁问安，是巧妙的政治博弈手段，是一种“哄”的策略。所谓“哄”者，兼具安慰、讨好与哄骗的内容。这稳住了孝庄后的阵脚，使双方都能理智地审时度势，互有退让。康熙帝与孝庄后虽有着趋新和守旧的矛盾，但毕竟是直系亲属，在帝王时代，维持嫡系家族的统治更为重要。顺治帝对其母的冷淡以及政治上的分歧，都没有导致孝庄后的反目，康熙帝以孝敬的温情稳住祖母，更非难事。在惩治鳌拜的定罪上，康熙帝照顾一下祖母的情绪也在情理之中，关键在于解决执掌朝政的权力问题。

第三，康熙帝在关键时会做出意料之外的决断，这是魄力、能力的体现，例如擒拿鳌拜的举动。随后再以柔和姿态对孝庄后摊牌，可使孝庄感到失落之余也对孙子的能力有所欣慰。随着孝庄后年纪渐老，也只能随机认可。这场博弈，可以说康熙帝摸透了祖母的心思和性情，得心应手地占据了上风。

总之，至今史学界、文艺界对孝庄后的一味颂扬是错误的，不可否认，孝庄后具备政治智慧和见识，但历史评价主要应当看其政见是否符合历史发展的趋向，立场是守旧还是先进。另外，将孝庄后描述为康熙帝的指导者、培育者，更曲解了历史事实，实际上她是在政治博弈中败给康熙帝的人物。不过，康熙帝维护了这位祖母的完美形象，但当代历史学家却没有理由随着清朝帝王的曲调来手舞足蹈。

（原载《齐鲁学刊》2013年第2期）

中外史学比较

中国与西方古代史学的异同及其理论启示

从整个世界来看，古代史学最具活力的两大支派，一是以古希腊、古罗马史学为渊源的西方古典史学，二是以中国传统史学为中心的东亚史学。近代以来，两大支派史学发生碰撞、交流与融合，使中国近现代的史学发展为多姿多态的繁盛局面。无论是史学理论研究还是史学史研究，都必须将中国古代传统史学与西方古典史学予以深入比较，才能认清中国传统史学的真谛以及西方古典史学的特色。把握两大体系史学发展的异同，是推进史学史研究的重要条件。

一　中西古代史学理念的相通之处

作为史学，无论东方抑或西方，在其最初产生之际，都以记载以往的人间事务为基本特征，史学在本质上是记述人类社会的演变历程，描述这一历程中的人物、事件及各种社会景象，并且予以认识、解说和反思。这决定了中西史学必然具有基本理念的相通之处。古代中国、希腊，都很早产生了史学，但因地理悬隔，当时并没有在史学上进行相互交流、相互影响的条件，中西史学是各自发展的状态。比较两种史学在发展中出现的相同之处，有助于探讨历史学的根本性质。

（一）记史求真的史学价值观

中国古代史学很早就具备了“直笔”意识和求真观念，据记载，春秋时期曹刿向鲁国君主进谏时曾说："君举必书，书而不法，后嗣何观？"[1]表明记史制度遵循"君举必书"与讲究一定"书法"的规则，"君举必书"是指无论君主的行为是否合乎礼义，都要记载，这其中已包含了某种求真的意识。《左传·宣公二年》记载晋史官董狐于史册书"赵盾弑其君"，据称后来得到孔子赞扬："董狐，古之良史也，书法不隐"，这里提出以"书法不隐"作为判断"良史"的标准，明确地强化了历史记述的"直笔"观念和求真准则，在中国古代史学发展中产生极其深远的影响。

东汉初期，班固在《汉书·司马迁传》中评论司马迁"有良史之材"，认为《史记》"其文直，其事核，不虚美，不隐恶，故谓之实录"[2]。很显然，这段议论是由先秦"书法不隐"的良史观念延伸而来，表明撰史"文直""事核"而成为"实录"，已是一种公认的史学价值观。东晋史家袁山松认为史书有"五难"，其三就是"书不实录"。[3]这种史学的"实录"原则，也被少数民族政权接受，如北魏太武帝特命崔浩总监史任，指示要"务从实录"，虽然后来崔浩犯讳被诛，但并未从理念上否定史学的直书原则，与崔浩案件有牵涉的史官高允，当时即申明："夫史籍者，帝王之实录，将来之炯戒。今之所以观往，后之所以知今，是以言行举动，莫不备载，故人君慎焉。"[4]更耐人寻味的是南朝梁武帝时，吴均私撰《齐春秋》，"帝恶其实录，以其书不实……敕付省焚之，坐免职"[5]。梁武帝虽讨厌这部史书某些内容的"实录"，却仍然以"不实"的罪名实施禁毁，可见史学"实录"的准则，已经根深蒂固。至唐朝，干脆将官方记载皇帝和朝政的编年体史书命名为"实录"，独占了这个体现中国史

---

〔1〕《国语》卷四《鲁语上》，上海：上海古籍出版社，1988年，第153页。
〔2〕《汉书》卷六二《司马迁传·赞》，北京：中华书局，1962年，第2738页。
〔3〕刘知幾《史通》卷八《模拟》，见浦起龙《史通通释》，上海：上海古籍出版社，1978年，第224页。
〔4〕《魏书》卷四八《高允传》，北京：中华书局，1974年，第1071页。
〔5〕《南史》卷七二《吴均传》，北京：中华书局，1975年，第1781页。

学根本精神的词语。

此后，史学家刘知幾在其史学理论著述《史通》中，极力提倡直书、实录的撰史精神，批斥篡改史实的曲笔。宋代史家吴缜认为撰史的三大要素是事实、褒贬、文采，其中事实居于首要地位，“若乃事实未明，而徒以褒贬、文采为事，则是既不成书，而又失为史之意矣”〔1〕。这些均是在理论上表达了记史求真的观念。而蓬勃发展的中国历史考据学、历史文献辨伪学，更是治史去伪存真理念的实际贯彻，至清朝乾嘉时期，考据学派更提出“实事求是”的治史原则，其成就是中国传统史学遗产的精华。

西方史学可以从古希腊说起，“希腊人是史学创始人，正如他们也是科学和哲学的创始人那样。欧洲的史学无须向更古的时代追溯了”〔2〕。而希腊史学具有显著创始意义的著述是希罗多德（约前 484—前 425）的《历史》（又称《希波战争史》）。《历史》虽然采取有闻则录的编纂态度，但希罗多德对史事往往“亲自观察、判断和探索”，常常在叙述传说之后申明“我是不能相信这个说法的”。〔3〕因此，希罗多德具备了一定的记史求真意识。其后，修昔底德（约前 460—前 396）撰写《伯罗奔尼撒战争史》，声明“这些事实是经过我尽可能严格而仔细地考证核实了的”。美国史学家汤普森指出：修昔底德“相信历史家的首要责任就是消灭那些假的事实”〔4〕，他的著述中没有任何神话的成分。修昔底德真正建立起西方史学的著述规范，就是严格的求真态度。发扬修昔底德撰史传统的史学家波里比阿（约前 201—前 120），更富于严格的批判性，而其史学批判的首要标准，乃是事实的真实可信，他认识到，“在历史作品中，真

〔1〕吴缜《新唐书纠谬序》，载《新唐书纠谬》卷首，文渊阁《四库全书》本。

〔2〕［美］J. W. 汤普森《历史著作史》上卷第一分册，谢德风译，北京：商务印书馆，1996 年，第 31 页。

〔3〕［古希腊］希罗多德《历史》，王以铸译，北京：商务印书馆，1985 年，第 151、306 页。

〔4〕［美］J. W. 汤普森《历史著作史》上卷第一分册，第 40 页。

实应当是凌驾一切的”[1]。而在此前后，西方也出现多样性的史学主张，甚至有“历史是艺术”的说法行世，但除中世纪基督教史学之外，撰写历史就是要真实的理念始终十分强劲。2世纪罗马帝国时期著名诗人、学者卢奇安（约125—192）在《论撰史》一文中，批判挖苦了撰述历史时诸多不顾史实、夸夸其谈的偏向，指出“历史必须努力尽它的本分——那就是写出真实”，“历史家的首要任务是如实叙述”。他还认为历史著述与文学艺术根本不同，“历史家的最大危险是诗兴勃发陷入迷狂”，“不能区别诗与史，确实是史家之大患”。[2]稍后的罗马史家戴奥，谴责了“几乎每件事情，总有一种与真相不符的说法盛行”[3]的记述。这种求真的传统思想，至近代的兰克（1795—1885）史学被发挥到极致，可见记史求真，是西方史学主导的价值观念，这与中国传统史学是一致的。

（二）关于史学之社会功能的认识

中国先秦时期，史册可资借鉴、辅助政治、有益教化的观念即已建立，特别是对《春秋》宗旨的阐发，实际是强调史学具有的强大社会功能，如孟子称“孔子成《春秋》而乱臣贼子惧”[4]。《左传》亦曰：《春秋》有“惩恶而劝善”[5]的作用。随着孔子的圣化与《春秋》被奉为经典，史学“惩恶劝善”的功能成为不容置疑的宗旨。至东汉季年，《汉纪》的作者荀悦在其《申鉴》中，对记史、修史的功能做了十分精辟的论说，他指出：“君举必记，臧否成败，无不存

---

〔1〕［古希腊］波里比阿《通史》2，56，11 — 12，转引自郭小凌《西方史学史》第三章，北京：北京师范大学出版社，1995年，第73页。

〔2〕章安琪编《缪灵珠美学译文集》第一卷，北京：中国人民大学出版社，1998年，第191、203、204页。按：卢奇安（Loucianos）及《论撰史》一文，不同著述译文用字不同，谢德风译《历史著作史》中作“琉细安”、“《应怎样写历史》”。

〔3〕［美］J. W. 汤普森《历史著作史》上卷第一分册，第171页。

〔4〕《孟子·滕文公下》，见朱熹《四书章句集注》，上海：上海古籍出版社，2001年，第320页。

〔5〕《左传·成公十四年》，见杜预《春秋经传集解》卷一三，上海：上海古籍出版社，1978年，第735页。

焉。下及士庶，等各有异，咸在载籍。或欲显而不得，或欲隐而名章，得失一朝而荣辱千载，善人劝焉，淫人惧焉。故先王重之，以嗣赏罚，以辅法教。”[1]此后，关于史学惩劝、垂训、鉴戒、资治、教化等功能的论述日益丰富，可总括为“经世致用”的宗旨。而在宋代理学兴起的背景下，史学“明道”的观念日益畅行，并且升华为凌驾于事功之上的理念性追求，试图达到一个思想体系的完美实现，从而指导社会机制的运行，如朱熹自称《资治通鉴纲目》功能是“岁周于上而天道明矣，统正于下而人道定矣，大纲既举而鉴戒昭矣，众目毕张而几微著矣”[2]。这种“明道”观念最终还是属于经世致用。因此，中国古代对史学社会功能的认识，乃是以经世致用的观念为主导。

西方古代史学自产生以来，同样重视史学的社会功能问题。希罗多德自称其著述目的是保存“那些值得赞叹的丰功伟绩不致失去它们固有的光辉”，实际上是要凸显历史人物做出的创树，通过对比与评议，讴歌雅典的民主政体，提倡先进的制度和文明，正如汤普森的《历史著作史》所言：“在他的整个叙述中，他展示出历代统治者的智慧，使历史以实例进行教诲。”[3]《罗马史》作者李维（前59—17）认为，历史著述的作用是“可以从中看到各种经验教训，犹如显明地刻在纪念碑上，从这些教训中，你可以替自己和替你的国家选择需要模仿的东西，从这些教训中还可以注意避免那些可耻的思想和后果”。[4]中世纪的基督教史学，贯彻着史学为教会服务的宗旨，这当然是史学社会功能的扭曲，但并不是对史学社会功能的否定。人文主义史学、理性主义史学、浪漫主义史学等近代史学流派，也有许多史家倾向于关注现实社会，主张从历史研究中汲取经验和教训。当然，西方也存在着反对治史求用的观点，但表达得大都比较委婉，如

[1] 荀悦《申鉴》卷第二《时事》，上海古籍出版社1990年影印明黄省曾注本，第19页。
[2] 朱熹《资治通鉴纲目序》，见《资治通鉴》卷首，文渊阁《四库全书》本。
[3] [美] J. W. 汤普森《历史著作史》上卷第一分册，第34页。
[4] 转引自 [美] J. W. 汤普森《历史著作史》上卷第一分册，第108页。

被称为“客观主义”史学家的兰克，他没有公然反驳这样的观念：“历史已被赋予的任务就是判断过去，为我们将来的利益教育我们”，却声明自己的历史著述“目的仅仅在于写出事情是怎样发生的”[1]，以谦虚的方式表明了史学的社会功能并非必要。

无论中国抑或西方，记史求真与求用之间存在着孰为首要的矛盾，这个矛盾往往形成对史家的压力，造成史学发展取向的焦虑。此点留待下文论述。

二　中西史学发生和发展中的根本区别

中西史学发展的异同问题，史学界早已多所关注，如马雪萍《中西古代史学发展途径的异同》[2]、胡逢祥《试论中西古代史学演变的不同途径与特点》[3]等论文，从不同角度做出了探讨。马文在中西史学相异处的分析，主要强调了西方古代从“神本主义”转为人本主义再转向“神本主义”，史学发展曲折，而中国古代同时期则一直发展，始终不掩人本主义光辉。胡文叙述了中国官方、私家史学双轨发展，以及西方古代从私史为主到教会垄断一切的史学状况，分析中国儒学与西方基督教对史学的不同影响，等等，很有启发性。但是，已有论著都没有想到及回答，中国与西方史学在发生、发展上的根本区别是什么。笔者认为，中西史学从发生和发展上看，其根本区别就是中国具有纳入政权机制的官方史学，因而形成官方、私家史学的双轨发展，而西方始终以私家史学为主导。中西史学从古至今的不同特点，根源皆在于此。上述一些文章虽然讲到官、私

〔1〕［德］兰克《罗马和日尔曼民族史序言》，转引自J. W. 汤普森《历史著作史》下卷第三分册，第249页。笔者按：［英］古奇《十九世纪历史学与历史学家》，耿淡如译，北京：商务印书馆，1997年，第177—178页。关于兰克的这部著作，书名译为“拉丁和条顿民族史”，所引此段语句的译文亦有歧异，笔者取《历史著作史》译本。

〔2〕马雪萍《中西古代史学发展途径的异同》，《史学理论研究》1993年第4期。

〔3〕胡逢祥《试论中西古代史学演变的不同途径与特点》，《学术研究》1997年第9期。

史学的问题，但评析显然尚未到位。

中国上古直至殷商时代，仍然弥漫着极其浓重的迷信观念，甲骨卜辞反映出当时无论大事小事，皆须求问天帝以定然否，脑力劳动者基本上均担任或兼任占卜、祭祀一类的神职，文化知识主要呈现在直接经验和直接观测方面，整个社会意识缺乏自觉的理性思维，而充满着蒙昧。中国上古理性的历史意识，产生于西周初年的“殷鉴”理念。周灭殷商，在当时是一场巨大的社会动荡，面临殷商顽民反抗的周初统治者，思想也发生大的动荡，他们要思考周政权如何巩固、殷商为什么灭亡、怎样避免殷商的覆辙等。《诗经·大雅·文王》[1]曰“宜鉴于殷，骏命不易”;《尚书·召诰》言“我不可不监于有夏，亦不可不监于有殷”，都是明确地要从历史中汲取鉴戒。“殷鉴”的思想，冲破神天迷信的意识罗网，是中国上古理性思维的第一线曙光。《尚书》中《康诰》《召诰》《酒诰》《无逸》《立政》等，都从不同角度考察了夏、商到周文王、武王的历史，从中概括出一些经验与教训，“惟命不于常”[2]的天命转移观念，“敬德”“保民”的政治方针[3]，都是从历史思考中得出的。

因此，中国真正的历史意识、中国的理性思维，都是从官方的“殷鉴”开始。中国上古的理性思维，最早产生于以“殷鉴”为标志的历史认识，这对中国文化特征的形成具有不可忽视的影响，史学的兴旺发达，官方史学活动的绵延不废，史学与政治的密切结合，等等，都可以追溯到处于源头上的这个思想根基。周初由于具备了“殷鉴”的历史意识，不仅自觉地保存了更多的官方文书，而且整编了殷商时期的历史文献。[4]从注意保存档案、文书到特意记载

---

〔1〕《文王》一诗，据说为周公旦所作，见朱熹《诗集传》，上海：上海古籍出版社，1980年，第177页。

〔2〕《尚书·康诰》，见王世舜《尚书译注》，成都：四川人民出版社，1982年，第161页。

〔3〕“敬德”观念，见《尚书·召诰》等，“保民”观念，见《尚书·康诰》等。

〔4〕据王国维《古史新证》、张西堂《尚书引论》，《汤誓》《盘庚》等篇为西周初年整编。

史事，是历史意识向史学意识的跨越。白寿彝先生根据《墨子·明鬼》的佚文资料，判断“编年体国史的出现在周宣王或其前不久的时期”[1]，这是很有启发性的论述。实际上，官方按年月日顺序记事的体制，可以推断为共和行政的公元前 841 年，这是中国史学从官方产生的最初时间。

中国古代的历法，记日方法和记月方法产生很早，也比较完善，唯独纪年方法十分模糊，至西汉初年也没有多大改善。从现存殷商、西周的甲骨文和铜器铭文来看，长期沿用“唯王”若干年（祀）的纪年方式，而对于在位君王又缺乏明确的称谓[2]，以至于今存铜器铭文即使有其纪年，但所属哪一君王，仍然不易判断，这反映出纪年方法的严重缺陷。在这种纪年方法不完善的情况下，必须形成连续的记事文籍，才能形成确切的纪年体系，连续的、有年数的记事就是编年体史籍的诞生。根据《史记》，中国久已公认的确切纪年始于公元前 841 年的共和行政，所谓共和行政，是周厉王被国人暴动驱逐，暂由共伯和执政。那么凭共伯和的政治眼光，不难明了共和行政只是一个过渡时期，则有必要记录时政，以备将来查验，免遭谴责与祸患。因此可以推断：共和行政开始按时间先后连续地记载史事，从而也有了确切的纪年。那么中国上古史学的产生与准确纪年的起始，是同时的、一致的事件。至春秋时期，东周及各个诸侯国都具有比较完备的记史制度，皆有编年体形式的载籍，且形成“君举必书”“书法不隐”的史学理念，记录历史已成为官方行政机制的组成部分。

在西方，古希腊由于打破了氏族公社的框架，解除了氏族血缘关系纽带对人们个性的束缚，手工业与农业的分工比较明显，商业比较发达，神权的统治比较松弛，政治上形成民主体制等社会条件，

---

〔1〕白寿彝《中国史学史》第一册，上海：上海人民出版社，1986 年，第 210 页。

〔2〕西周君王有谥号，如“成王”“康王”“昭王”等，应为死后所加。史学界有人认为早期这些王号可以“生称”。但从金文中从未出现在位周王的称号来看，“生称”之说难以成立。

产生一批人身与思想皆比较自由的脑力劳动者，理性思维的产生、学术的发展，都表现为私家文化的性质，而且首先在数学、科学和哲学的思考中肇始。公元前6世纪中期之后散文记事家的作品，初具历史叙事之意，却是私家的撰述，它与其他类别的私家著述一样，进入社会文化的运行机制，与政权的行政机制无关。后来标志西方史学正式形成的希罗多德《历史》，以及修昔底德、色诺芬、波里比阿、李维、塔西陀等名家的历史著述，都是私家的著述，不论他们自己如何强调史学的教育作用、鉴戒作用，却并无国家政权予以响应，古希腊和古罗马官方根本无意于史学事业。这种西方私家史学与同属私家治学的思想家、哲学家相比，还缺少由众多学生、追随者构成的学派，历史知识并未制度化地纳入社会教育之内，因而只能是间断、不连续的发展，后来史家不是接续、模仿先前的杰作，而是自辟蹊径，开拓新意。而其成果的状况，要看社会条件或重大事件何时激发出具有何等见识、何等才华的历史家。

西欧中世纪的基督教史学思想僵化，令史学整体上成为神学的附庸，乃是因为撰史者俱为教士、教徒，他们出于虔诚的信仰，自动地以基督教观念理解历史，其撰史事业不是教会有组织地主持其事，更与当时国家政权并无联系，有些著述甚至包含激烈贬低世俗政权的议论。因此，基督教史学仍然是私家史学，有着与古罗马史学大致相似的运行机制。不过，基督教史家都是处于同一思想基础的同一组织之中，历史名著的出现会导致模仿之作，例如攸西比乌斯（约260—340）的《编年史》面世之后，大批仿作、续作络绎不绝，形成教会史学的编年史系列。9世纪时，也曾偶然出现国王组织汇纂的编年资料史籍，即英国《盎格鲁撒克逊编年史》与法国加洛林王朝之《罗耳士年代记》两书。前者由几个寺院的年代记合编而成，后者委托多名教士编纂，各部分良莠不一，差别很大。这都说明官方并未对纂修史籍予以切实的管理和控制，没有严密的组织机构与撰写程序[1]，与中国传统的官方史学相距甚远。总之，西方古代史学的发展机制，是以私家史学的方式运行，治史活动的无组织状态是其显著标志。

中国的战国时期，文化发展呈现全新的、类似古希腊的景象。大量身份自由的脑力劳动者成为思想、文化、学术活动的主要群体，于是诸子蜂起，讲学流行，处士横议，百家争鸣，私家治学活动放射出夺目的光彩。史学上的私家著述如《左氏春秋》《国语》等，虽然当时的声势、影响远不能企及诸子学说，但也达到超越官方的水平。这种状况经过秦朝短期的波折，一直延续到西汉，司马迁著《史记》，标志私家史学对官方的超越达到了巅峰。

需要指出的是，这一漫长时期的中国史学，与西方古希腊、古罗马的史学不尽相同。其一，官方的记录历史制度仍在保持，私家撰述往往以官方史料作为依托，也同时接受官方连续记载史事、史不可或缺的观念；[2]其二，西周、春秋时期官方形成的历史鉴戒观念、以史教化、以史资治的理念，仍在官方与私家中具有普遍的影响，甚至还在强化。到东汉时期，官方即不再专事历史记录，而参照《史记》《汉书》的模式组织纂修纪传体国史《东观汉记》。官方不仅记录史事，而且组织编纂成品的历史著作，标志官方史学与私家史学两条相互联系的轨道已经形成，此为史学发展的一大变化。唐朝设馆修史成为定制，而且取得突出成果，后来各个朝代对此皆加以承袭和强化，中国不同于西方的特殊史学路径完全确立，并且深深地影响了东亚日本及后来的朝鲜半岛政权，使之出现官方的修史活动，这是不可忽视的政治文化现象。

为什么说中国古代史学比西方多出一项官方史学，就是二者的根本性区别呢？这是因为早期官方史学的存在与成熟，不仅仅是添

---

〔1〕参见［美］J. W. 汤普森：《历史著作史》上卷第一分册，第 234、243 页。

〔2〕《左传·僖公七年》载管仲“作而不记，非圣德也”之言。《国语》卷四载曹刿“君举必书”之语，皆含有史之不可缺失的蕴义。

加一类修史的主体，而是影响整个史学的运行机制。对比西方的古代史学，可以从三方面予以分析：

第一，中国官方史学从产生的本源上，就将史学与国家政治紧密地连接在一起，史学活动纳入政权建设和运转，历史观念与政治思想融为一体，形成中国古代特有的“政治历史观”，即政治方针、政治见解多从对历史的分析中得出，而且以历史的事例来论证自己的政治见解，形成政治观点与历史知识的互动与循环。西周“殷鉴”思想就是这种政治历史观的肇始，西汉时陆贾遵汉高祖刘邦指示所著《新语》、后贾谊所撰《过秦论》等，都具有既是政论又是史论的特点。

中国官方史学的发展表明历代统治者十分重视史学，这促使史学兴旺，但也令史学成为政治的附庸，导致无论官方、私家的史学都趋于共同的思维方式，而销蚀个性与学术独立性。东汉官方既记史又修史的举措，以及对司马迁《史记》的模仿形式、批判思想，从而把史学导入以官方为主导的官、私并行机制，荀悦更在理论层面规定撰史宗旨：“一曰达道义、二曰章法式、三曰通古今、四曰著功勋、五曰表贤能”的“五志”[1]，从此私家史学也不能远离王朝的当前政治。源于“殷鉴”等官方理念的“垂训鉴戒”“惩恶劝善”“资治”“翼经”等经世致用思想，成为官、私史学共同的宗旨，其声势大于直书实录的主张。史学的学术性被压抑在致用的原则之下，治史求真、记述如实的理念实际逊位于纲常、名教，所谓“史臣不必心术偏私，但为君父大义则于理自不容无所避就”[2]，意即如斯。

西方古代几乎皆为私家史学，史学从其体制上完全没有附庸于国家政治，除了一些当代史的写作卷入政派斗争，如罗马帝国奥古斯都时期的史学是个例外。不同史家见解不同，主要是在文化的、

〔1〕《后汉书》卷六二《荀淑附荀悦传》，北京：中华书局，1965年，第2062页。
〔2〕 章学诚《章氏遗书》外编卷三，《丙辰札记》，刘氏嘉业堂刻本。

学术的机制中争鸣。尽管对史学宗旨有过形形色色的异说，但记史求真的理念总归是占据主导，强调真实是史学最高原则的论断，气势最为强劲，失真的史籍最终将被批判和淘汰。因此，西方史学思想上多样化的观念，并不能改变历史家的“首要任务是如实叙述”[1]的史学价值观。但中世纪的史学完全成为基督教思想的附庸，在极端化的宗教信仰下，根本不再关注史学求真的问题。不过，基督教史学不是教会组织起来的修史活动，更与国家政权无关，是信徒自愿地以历史来申明信仰，不属于官方史学。

第二，中国朝廷无论记史、修史，都实行官僚制度化的组织方式，这种组织性、制度化的史学活动，要求记录历史的连续性，其发展的趋势自然要求修纂史书的连续性。在官、私史学互动、互补的作用下，中国古代史籍丰富，形式多样，编年体、纪传体、纪事本末体等组成了在记述时间上前后相连的系列史书，这是古代西方所不具备的特点与优点。

官方修史组织多名官员参与，史书的纂修在客观上具有强烈的规范化要求，自史书的结构到词语的运用，无不讲究义例。春秋时期官方记史即有“书法”，此为词语上的规范。司马迁创立纪传体史书，官方采用后很快规范为固定的体式，摒弃了《史记》原有的灵活性，如反对那种为吕后、项羽立本纪的做法。官方对一种史籍形式的规范化，树立了一种权威性，使多数私家取为范本，而私家开拓出新的史书类型，往往被官方采用和私家模仿，又将之规范化。官、私史学在互动中，扩大了中国史学的规范化空间，编年体、纪事本末体、典制史等各种史籍，也都形成较一致的撰写模式。当然，体例规范具有一定的弹性，但史书一般都各自明定凡例，将弹性部分再次定为具体的范式。这种规范化的特点，源于官方史学，自是西方所不具备。

---

〔1〕［古罗马］卢奇安《论撰史》。章安琪编《缪灵珠美学译文集》第一卷，第 203 页。

西方古代私家修史活动，其分散、个体的特点浓厚，到17世纪的博学时代才发生大的变化。在博学时代，由教会、文化机构、学术团体组织了大型系列化历史文献的鉴定、整理、编纂和出版，政府也有时主持、参与。这是大规模的有组织的史学活动，弥补了西方古代、中世纪以及文艺复兴时期单一个体撰史方式的缺陷，在史学机制上增加了新的发展轨道。这与中国官方、私家史学双轨发展的模式，有相当大的相似性，因而17世纪之后，西方史学开始获得中国史学具备的主要优点。但是，这种大型编纂活动，主要都是档案、文献和其他史料的汇集、整理与出版，便于私家撰写自成一家之言的史学著作，实际起到促进私家史学的作用。因此，西方虽然形成有组织的史学活动，但整体上还是以私家史学为轴心，与中国的官方史学仍然不同。而此时的西方，已逐步跨入近代的门槛。

第三，中国古代官方史学与私家史学，是互相矛盾又互动、互补的两条发展轨道。从总体来看，官方起主导方向的作用。第一，官方史学依据中央集权、君主专制的政治体制，具有尊贵的名分和权威的地位，官方认可的史学思想、修史方式，影响力远大于私家之说。官方史学具有私家史学不可比拟的财力、人力资源，官方能够掌握和调动的历史资料也优于私家。而私家的历史名著，大多是直接或间接依靠官方记录和整理的史料来撰写，这样，传统史学处处渗透着以君主为中心的官方立场。第二，官方在史学发展机制中起主导作用，不仅史书纂修趋于规范化，而且思想范式一旦形成便较难变动，尤其史学思想与儒学名教结合一体，更具保守性。西方中世纪的基督教史学，思想范式保守僵化，但在此前后，西方史学则表现为史学理论多元争鸣，常变常新，直至近现代仍然因袭了这样的风格。

综上所述，中西古代史学的主要不同特征，都源于官方史学的有无及其相关机制，这是最大的、根本性的区别。进行中西史学的比较研究，首先应当抓住这个关键，才能得出系统深入的学术结论。

三　中西史学比较研究的理论启示

中国传统史学与西方古典史学的比较，是世界两大史学体系在本源上的异同对照，给史学史研究以多方面的启示，这应当由史学界共同研究和探讨。笔者仅对一个理论性的问题提出见解，以供商榷，这就是：什么是古代史学内在的主要矛盾？

历史学在其产生后的早期，存在和发展尚依赖整个社会文化环境的运行机制。但历史学必须形成内部的矛盾结构，方能在参与社会文化运行中成长壮大，最终独立成学。笔者认为：历史记述的真实性与历史撰述的社会功用之间的矛盾，是历史学发展的内在动力。

如实述史、记史求真，对于明知不实的故事与传闻，不能当作史实而载入史书，是为史学的底线，古代、当代概莫能外。有意违反，其作品就不应属于史学的范围。[1]一个民族和地区，如果在其追忆往事而渐次形成文字撰述的早期阶段，未能形成强烈的记史求真理念，其社会的记忆就会过度呈现为神话想象和文学渲染，从而不能发展出自己的真正意义的史学。我们看到，许多古文明地区，可谓只存有史料与传说，而并无史学。中国上古与西方古希腊、古罗马，记史求真的意识十分强烈，是这两个地区史学支派得以持续发展到今天的主要原因。因此，历史记述的真实性，是史学产生、存在和发展的第一必要条件。

历史撰述产生后的早期阶段，由于史学尚未形成一个相对独立的社会系统，所以史学发展的重要条件之一，是要具备一定的社会功能。舍此不能得到当时社会的广泛关注、认可与支持，不能参与到整个社会政治、文化环境的运行之中。史家相信史学具有某种社会功能，也才会具备撰史的信心、热情与责任感。在中国古代，历

〔1〕这里要将“史学”与“史料”两个概念严格区分，神话、传说、文艺作品等，都可以用作史料，但其本身不是史学。

史记载本是从官方开始，官方的史学思想长期处于主导地位，史学的社会功能主要体现在政治层面。在古希腊、古罗马只有私家史学，史家虽认为史学具有鉴戒作用、教育作用等，但并未与国家的政治机制结合起来，实际乃像文学一样在社会文化机制中运行和发展，其社会功能主要是传播知识，感化读者，无怪乎西方总有人将史学视为一种文学或艺术。

然而，记史求真的理念与社会功用的诉求存在着矛盾，矛盾的焦点是孰为主导的问题。中国传统史学和西方古典史学在发展进程中，应对这项矛盾的方式是不尽相同的。中国古代由于政治与史学密切相连，且官方史学成为主导力量，史学经世致用的观念居于上风，这在上文已经论述。需要说明的是：中国在强调史学具备垂训鉴戒、惩恶劝善、资治、教化、明道等社会功能的同时，并不否认撰史的求真务实，官方、私家都有“君举必书”、直书实录的规范，致用与求实是当作一个理想的统一体提倡的，但在具体实行中，却有着为君父讳、为尊者讳等抵消记史真实度的潜规则，更不用说涉及政治私利时的故意隐瞒和曲笔。但是中国古代反复地改朝换代，即便在同一朝代也政局屡变，这可以使被隐瞒的史实得以揭发。加之尚有私家史学这一轨道，与官方记载相参照，同样起到加强真实性作用。如唐太宗曾问史官：“朕有不善，卿必记之耶？”褚遂良曰：“守道不如守官，臣职当载笔，君举必记”，另一官员刘洎说：“设令遂良不记，天下亦记之矣。”[1]这形象地表明中国古代记史规范与官、私双方记录史事的相互牵制，撰史的真实性与功用性的矛盾，就在官私之间、政局变动流程之中运转。在改朝换代之后，史学求真与以史鉴戒的对立统一往往十分活跃，于是，官私史学都可能出现新的起色。

西方从古希腊开始的私家史学与现实政治的结合远不及中国古代，历史著述像文学艺术那样参与社会文化机制的运行。西方历史

[1]《旧唐书》卷八〇《褚遂良传》，北京：中华书局，1975年，第2730页。

学家对史学社会功能的认识，会有较高的垂训、鉴戒之类的期望，如果其著述的社会功效被许多读者认可，就有助于这部史著的留存与传播。如果认可的读者中包含政界权要，也可以间接发挥政治作用。但这一切基本都是个人行为的组合，而不是中国那样的国家政权的组织行为。被读者认可的史著，除了要具有社会教益作用的知识性、思想性之外，还需其他重要因素，如记述真实而不荒诞，文笔优美而不太枯燥，符合当地、当时读者的心理要求，等等。在这些因素中，记述的真实性为一方，其他因素结合成对读者群体有益的社会功效为另一方，构成西方每部历史著述的内在矛盾。这里，社会功效是广义的，赢得读者，传播知识，引起人们对历史的关注，都属于一种社会功效。西方古代史家有的强调记述真实，有的偏重文笔或知识见解，史学在不同倾向的争鸣中发展。

希罗多德《历史》的撰述宗旨是保留史事的记忆使之不致遗忘，《历史》涉及跨越欧洲、亚洲、非洲广大地区的历史，当时不可能将所有史实考核清晰，因而希罗多德采取几乎有闻必录的撰写方针，包括记录他自己也表示怀疑的传说，这是对真实性与功效性的矛盾找到了合宜的解决办法。但修昔底德并不模仿希罗多德的方法，他明确主张史书力求真实，反对把未经查证的传说载入史籍，即使牺牲趣味性也在所不计。他为自己著述划定的读者是“想清楚地了解过去”并且从中吸取实际教益的人们，而《伯罗奔尼撒战争史》的选题范围也具有更严格考核史实的条件。古希腊、古罗马的史家，基本在记史真实性与实际功效性之间调整，如前述卢奇安《论撰史》主张“写出真实”是史学的根本，而塔西陀更重视“赞美正义、揭露邪恶”的社会功能。波里比阿一方面认为历史的真实最为重要，另一方面又十分重视史学的社会功能，甚至提出：“我觉得可以允许历史家对自己的国家有所偏袒，但不能允许他们写出完全和事实相反的东西。”[1]这句话

---

〔1〕 转引自［美］J. W. 汤普森《历史著作史》上卷第一分册，第54页。

充分展现了历史记述真实性与社会功用性的矛盾。

史学内在的真实性与功用性的矛盾，是从中西古代史学的共同点上概括出来，其矛盾的性质整体上是非对抗的。古代一般表现为真实是史学产生与成立的条件，而一定的社会功能帮助史学发展、壮大。追求史学的社会功用，会冲击真实性的彻底贯彻，而史学在发展中又不断克服社会功用冲击造成失真的不良后果，反复运转，以互动、互补、互为牵制的方式前进。但在特殊政治背景下，利用历史以党同伐异、大兴文字狱，则会出现对抗性的矛盾。

史学真实性与功用性的矛盾，使史学总的发展为逐步强化其学术性，走向史学专业化，形成相对独立的历史学社会系统。这样，史学在其学术机制内运行，历史知识的功用大多成为历史学学术之外的活动。但史学仍然有责任纠正历史知识在利用中的扭曲行为，直至现实社会中各个团体渐渐没有必要通过扭曲历史来追求利益和功效，史学的主要矛盾成为在求真基础上求是与求新之间的矛盾。但这是中西古代社会皆不能达到的层次。随着史学渐渐成为相对独立的社会学术系统，求真与求用之间的矛盾日益弱化，而求真、求是与求新之间的矛盾会渐形渐著，凸显为史学发展的主要内在矛盾。某些史学派别可能因为学术求新的目的，偏离历史学研究的本质导向，伤及记史求真的根底，甚至从理念上否认历史记述能够达到真实，否认历史评论可以取得正确。西方现代和后现代的某些史学流派的观点，正是这种因求新而误入歧途的表现。但记史求真是史学成立的底线，评论历史的求是目标乃史学基干，任何史学流派的任何新说，只要还在历史学的范围之内，就无法摆脱求真底线与求是基干的约束，这可以看作是史学发展的一条定律。

（原载《学术研究》2007 年第 11 期）

中日两国官方史学及其近代转型的比较

中国古代的传统史学，东传日本和朝鲜半岛等域外地区，形成以中国为核心的东亚史学文化，另外，又有在古希腊、古罗马形成发展的古代西方史学，这是世界最有发展活力的两大史学体系。以中国为中心的古代东方史学与西方史学的根本区别，在于是否具有制度化的官方修史活动。而中国史学与受中国影响的日本史学，官方史学的状况亦有显著的异同，将之予以比较，对于拓展史学史研究的广度和深度具有很大的学术意义。

一　中国古代官方史学特征的形成

中国古代具有在世界史学发展史上自创的、独一无二的官方史学，主要表现为以下几点特征：

第一是官方制度化、组织化、历代连续进行的记史与修史活动，并且不同程度地对私家史学施加干预。

第二是官方史学纳入国家政治运行机制，史学与政治紧密连接在一起，政治主导史学，史学辅助政治，从而形成意识形态上强烈的政治历史观。所谓政治历史观，就是政治思想多从对历史的分析中得出，并且多以历史事例来论证政治主张，形成政治见解与历史知识互动，政治判断依从历史鉴戒的观念。与此同时，官方也形成对史学宗旨、史学地位、史学方法、历史编纂等方面的史学思想及理论性总结。

第三是官方逐渐形成从记史到修史的多环节纂修项目，这些项目构成分层次、相搭配的成套体系。例如清代就形成由起居注、功臣传、方略、实录、纪传体国史、一统志、会典等组成的记史、修史格局。其他朝代虽修史种类或繁或简，不尽相同，但从唐至清，官方修纂的多种史籍形成一个复杂系统的格局，则是基本的共性。

除深受中国传统史学直接影响的东亚地区外，西方与世界其他地区虽然也间或出现官方修史的现象，但与上述中国官方史学的特点对比，简直不可同日而语，在史学发展的大势上可以略而不计。

中国古代官方史学的典型特征是长时期逐步形成和完备的，但是从中国史学产生的本源考察，这些特征的形成均有一定的必然趋势。中国史学无论具体活动还是思想理念，皆萌发于官方。早在西周攻灭殷商之际，周王朝的统治集团面临殷商顽民的反抗，思考殷商为何灭亡、周政权统治如何巩固的问题，得出了“殷鉴”的理念，即“宜鉴于殷，骏命不易”〔1〕，“我不可不监于有夏，亦不可不监于有殷”〔2〕，明确提出要从夏、殷兴亡的历史中汲取鉴戒。《尚书》中《康诰》《召诰》《酒诰》《无逸》《立政》等篇，都从不同角度考察了夏、商到周文王、武王的历史，从中概括出一些经验与教训。因此，“惟命不于常”〔3〕的天命转移观念，“敬德”“保民”〔4〕的政治方针等，都是从历史思考中得出的，历史意识从其起源就与王朝最高政治利益共生一体。

周初由于具备了“殷鉴”的历史意识，不仅自觉地保存本朝的官方文书，而且整编了殷商时期的历史文献。〔5〕至共和行政时期，则开始有意识地按时间顺序记载历史，即从官方的历史意识跨越到

---

〔1〕《诗经·大雅·文王》，按：《文王》一诗，据说为周公旦所作，参见朱熹《诗集传》，上海：上海古籍出版社，1980年，第177页。

〔2〕《尚书·召诰》，参见王世舜《尚书译注》，成都：四川人民出版社，1982年，第188页。

〔3〕《尚书·康诰》，参见王世舜《尚书译注》，第161页。

〔4〕“敬德”观念，见《尚书·召诰》等，“保民”观念，见《尚书·康诰》等。

〔5〕据王国维《古史新证》、张西堂《尚书引论》，《汤誓》《盘庚》等篇为西周初年整编。

初步的史学意识。春秋时期，东周及各个诸侯国都具有比较完备的记史制度，皆有编年体形式的载籍，连地处偏僻的秦国也于周平王十八年（前753）“初有史以纪事”[1]，简明扼要的史学理念也逐渐形成，如齐国管仲说：“夫诸侯之会，其德、刑、礼、义，无国不记……作而不记，非盛德也。”[2]鲁国曹刿曾说：“君举必书，书而不法，后嗣何观？”[3]这表明春秋时期记载历史遵循“君举必书”原则，并且讲究一定的“书法”规则，各个政权已经确立制度化记载历史的机制。

战国时期，私家治学活动兴盛发达，诸子蜂起，百家争鸣，史学上的私家著述如《左氏春秋》《国语》等陆续涌现，至西汉司马迁著《史记》，标志着私家史学远远超越了官方单单记录史事的水平。然而官方记载历史的机制并没有废黜，更重要的是史学与政治密切连接的思想仍在加强，例如战国时期儒家推崇《春秋》，乃实际强调了史学具备“惩恶而劝善”[4]功能。西汉之初，高祖刘邦令陆贾“试为我著秦所以失天下，吾所以得之者，及古成败之国”。陆贾著“十二篇，每奏一篇，高帝未尝不称善，左右呼万岁。称其书曰《新语》”[5]。说明西汉建国伊始，就重视史学辅助政治的效用，官方史学的发展也就随时可以蓄势勃发。

东汉自汉明帝时起，官方不但记录史事，而且参照《史记》《汉书》的模式纂修纪传体国史《东观汉记》，将私家创建的修史体例取于官用。官方不仅记录史事，而且编纂历史著作，标志官方史学与私家史学两条相互联系的轨道已经形成，使官方史学重新居于主导地位。三国两晋南北朝，是私家史学大发展的时期，也是官方史学

---

〔1〕《史记》卷五《秦本纪》，北京：中华书局，1963年，第179页。
〔2〕《左传·僖公七年》，杜预《春秋经传集解》卷六，上海：上海古籍出版社，1978年，第263页。
〔3〕《国语》卷四《鲁语上》，上海：上海古籍出版社，1988年，第153页。
〔4〕《左传·成公十四年》，《春秋经传集解》卷一三，第735页。
〔5〕《汉书》卷四三《陆贾传》，北京：中华书局，1962年，第2113页。

建设日益完善的时期。官方对断代史的断限问题、史书义例问题、起居注的体制和地位问题等，都进行了探索与讨论，而且修史机构与史官设置渐成惯例。到政局稳定的唐代，设馆修史成为定制，取得突出的修史成果。后来各个朝代对此皆加以承袭和强化，即使少数民族作为最高统治集团的元朝、清朝，亦不能不采取这种官方史学的政治文化模式。

上述中国官方史学从萌发到确立，是一个必然趋势逐步加强的进程。先秦“殷鉴”理念得到普遍认同与强化、官方记史体制的建立、官方记史规范和史学理念的形成，使中国史学从本源上提供了最终构成官方史学体系的可能性。东汉明帝赞扬《史记》的写作形式，但指责司马迁“微文刺讥，贬损当世，非谊士也”[1]，是官方决定自行修史的信号，东汉官修《东观汉记》乃史学发展一大转折点，朝廷建设完备官方史学体系成为必然趋向。此后，史学在王朝政治上发挥了很大辅助作用，正如唐太宗《修晋书诏》所称：“大矣哉！盖史籍之为用也……彰善瘅恶，激一代之清芬；褒吉惩凶，备百王之令典。”[2]中国历代朝廷，均不能不把官方史学纳入国家政治制度的必备组成部分。

二　中国史学东传后的日本官方史学

中国官方史学对周边各族政权，具有很大影响力，西晋末年北方少数民族政权迭兴，建国多仰仗军事强力，但立国之后却大多仿照东汉以来的官方修史方式记史、修史。道理很简单，官方修史可使一个政权无论地域大小、国祚长短，其事迹皆可长久流传，即所

〔1〕班固《典引·序》，见严可均辑《全后汉文》卷二六，北京：商务印书馆，1999年，第256页。
〔2〕《唐大诏令集》卷八一《修晋书诏》，北京：学林出版社，1992年，第422页。

谓“典谟兴，话言所以光著；载籍作，成事所以昭扬”[1]。因此，中国比较成熟的官方史学，在古代对统治者来说，具有很大的社会功效和文化魅力，在其传布到达的地区，都会被文化发展相对后进的政权接受与仿效。

日本受中国的文化影响源远流长，中国的历史观念最初是随儒学的经典传入日本。据《日本书纪》记载，约391年，就有王仁从朝鲜半岛百济国来到日本，传授各种儒学典籍，6世纪时更屡有中国南朝与百济的五经博士到达日本。600年，日本向中国派出第一次遣隋使，两年后，历法之书传入日本。至604年，日本圣德太子制定的“十七条宪法”，明显袭用《尚书》《春秋左传》《诗经》《礼记》《周易》《史记》等典籍的词句与论断。[2]620年，日本圣德太子等人纂录的《天皇记及国记臣连半造国造百八十部并公民等本纪》，是日本官方纂辑史书的首次尝试，虽其书久佚，但从名称、记载可以推知：这种分类别、有层次记述史事的方式，乃从中国纪传体史籍中得到了启示。720年成书的《日本书纪》30卷，标志着日本已经建立起具有本国特色的官方修史方式，其体裁基本上为编年体，如《汉纪》《后汉纪》，但以每代天皇分卷，略似中国纪传体史书的本纪。

此后180年间，日本官方陆续纂修《续日本纪》《日本后纪》《续日本后纪》《日本文德天皇实录》《日本三代实录》等五部史书，时间上前后连续，与《日本书纪》合称“六国史”。“六国史”的体例大体一致，皆为按一代天皇分卷的编年史。纂修“六国史”的修史机构，曾名为“撰国史所”，“总裁由一名大臣担任，别当（修史机构的实际长官）由一名参议担任。此外，大外记及学者一名，诸司官吏通文笔者四五人。任总裁的大臣，自《续日本纪》以来为藤

〔1〕《魏书》卷五七《高祐传》，北京：中华书局，1974年，第1260页。
〔2〕［日］大庭修《汉籍输入の文化史》，东京：山本书店研文出版，1997年，第26页。

原氏所垄断”。[1]酷似中国的史馆，但规模和官僚层次的严密性远为逊色。

从《续日本纪》开始的后五种官修史，内容与《日本书纪》略有区别，即记载贵族、高官与其他重要人物的去世时间，并且扼要地系以该人生平传记。日本学者据此认为这些史书，乃是“取纪传体的传记部分加入编年体，丰富了记事的内容，弥补编年体的局限……可谓令其史体得到了进展”[2]。意思是说日本发展了史书的编纂体例，这是对中国官方史学不甚了解造成的讹误，其实在编年史中载有重要人物卒年并加入传记，乃唐宋实录的一贯做法，《续日本纪》以下的五种史书不过仿效唐宋朝廷纂修的实录而已。在仿效之中，不能排除会有一些与唐宋实录相异之处，但体裁大致相同。“六国史”最后的《日本三代实录》体例最为齐整，且已使用干支记日，其编纂规范往往被后代日本官修史书所效法。

“六国史”完成之后，这种国史纂修体系没有得到维持和发展，出现很长年代的断裂，但官方修史不绝如缕，当局有时委托官员纂修史书，仍可看作官方修史的一种方式。另外，朝野研习和讲解《日本书纪》的活动延续不断，而且逐步将《日本书纪》视为日本“国学”的元典，誉为“阐发鬼神之幽秘，通贯帝王之经纶，焕乎大哉，昭如日星”[3]。甚至与日本神道结合而神圣化。日本官方的历史观念，特别是关于日本神代历史的观念，蔓延为日本社会最显著的历史意识。

10世纪后期，撰国史所并未解体，曾进行“续三代实录”（又称“新国史”）的纂修，这是日本维持系列性官修史的一次努力，但因政

---

〔1〕［日］坂本太郎《日本的修史与史学》，沈安仁等译，北京：北京大学出版社，1991年，第26页。

〔2〕［日］坂本太郎《关于六国史》，见东京大学史学会编《本邦史学史论丛》上卷，东京：精兴社，1939年，第130页。

〔3〕《日本书纪古本集影·兼夏本奥书》，转引自［日］中村光《中世に於ける日本书纪の研究》，见东京大学史学会编《本邦史学史论丛》上卷，第593页。

局不稳，地方动荡，天皇与中央朝廷势力衰退，以及主修官员谢世等变故，未能成功。此后，日本官方史学式微，仅有少数著述问世，如藤原通宪[1]受鸟羽天皇之命纂修的《本朝世纪》、镰仓幕府纂修的《吾妻镜》、天皇朝廷的“公家”史书《百炼抄》等。11世纪后的日本，私家撰史种类、数量相当可观，官方修史虽少，但“六国史”奠定的官方历史观念与史学思想则延伸推广，除上文所述对《日本书纪》的研习和尊崇之外，私修史籍而体现官方思想、体现天皇“公家”理念者比比皆是，如著名故事性史籍《荣华物语》又名“世继”，隐含撰史事业世代继承的含义。随后《大镜》一书，亦名“世继物语”，这类史籍撰述重点在于“自神代以来历代君王吉庆之事”[2]，而《增镜》则对天皇深切敬慕，表达了作者视天皇的“公家政治为日本唯一政治形态的政治史观”[3]。特别是北畠亲王撰写的《神皇正统记》一书，条理天皇的历代正统世系，宣称天皇为神裔、日本乃神国，天皇的正统统治永世不败。这种贵族、高官的私修史在思想意识上与官修史完全一致，是官修史缺失时的填补之作。而官方史学意识在日本社会的继续和强化，预示着只要具备条件，官方修史活动就可能恢复。

至德川幕府时代，官方修史再度兴盛，但因幕府掌权，官方史学呈现新的发展方式，其成就概略而言有以下几类：

第一，《本朝通鉴》《国史实录》等以天皇为中心的编年体史书。前书是德川幕府将军于1644年指令大学头林罗山主持，体裁仿照《资治通鉴》。林罗山去世后由其子林春斋组建国史馆撰写，完成于1670年，分卷首、前编、正编、续编、提要、附录几个部分，共310卷，记载从神代传说至后阳成天皇时期即德川幕府之前的历史。后书79卷，是《本朝通鉴》的节要。

---

〔1〕藤原通宪（1106—1160），日本平安时代末期贵族、学者，任纳言等官职，曾为天皇信重大臣，死于上层争权斗争的“平治之乱”，著有《本朝世纪》《日本纪注》等。
〔2〕《五代帝王物语》，转引自［日］坂本太郎《日本的修史与史学》，第47页。
〔3〕［日］坂本太郎《日本的修史与史学》，第61页。

第二，编纂德川幕府之前武家的历史与德川幕府本身的历史。如《宽永诸家系图传》《宽政重修诸家谱》《武德大成记》《东武实录》《武德编年集成》《德川实纪》《续德川实纪》等，种类甚多，部帙浩大。古代日本的政治格局中，长期存在公家与武家的矛盾，公家是指天皇的朝廷及其贵族官员，武家则以依托武装力量的军政集团为核心。德川幕府为得势执政的武家，所以撰述这类历史，有显示武家政治及其合法统治的意图。

第三，史料汇编与古文献的整理，以及地方风土记等撰述。18世纪末，在德川幕府批准和支持下建立了和学讲谈所，出版“六国史”时代的史书与律令，编辑其后的历史资料。编辑史料工作主要由著名学者塙保己一[1]及其门人进行，经六十多年不懈的努力，完成以历代天皇为纲领、按时间顺序汇集的史料430册。另外，从第八代幕府将军开始，幕府与各藩皆展开广泛搜集与编纂古文书的工作，或分部类，或按专题，或依地区，纂辑成多种文献总集，极大地推进了历史文献的保存和利用。此外，幕府支持和监修的地方风土记之书，如《新编武藏国风土记》等，成果丰硕。

第四，纪传体通史《大日本史》的编纂，在水户藩藩主德川光圀的倡导和组织下进行。1657年，德川光圀开设史局，随后定名为彰考馆，纂修纪传体日本通史。此书编纂历经起伏，至1897年基本修成，1906年方全书印行，前后历时250年。纪、表、志、传共397卷，另有目录5卷，是日本唯一的一部体例完备的纪传体通史。

三　中日传统官方史学的比较

从上述日本传统官方史学的简要状况，即可看出日本官方修史

〔1〕塙保己一（1746—1821），日本江户时代国学家。少年失明，但终成学者，在幕府支持下，以顽强精神主持浩繁的历代史料编纂工作，成就巨大。

活动不仅起源于学习中国，而且在史书体式、编纂方法上无不采用来自中国的现成经验，两国官修史书整体的文化特征高度一致。但国情及社会条件的区别，造成日本不能完整地移植中国的传统官方史学，而是产生区别与中国的某些变异。认识中日官方史学的不同之处，对深入研究史学史极有裨益。中日传统官方史学，在修史机制、修史成果、史学理念三个方面皆存在较大区别：

1. 在修史的组织机制方面，中国古代主持官方修史的是中央朝廷，一般标以“敕撰”“御定”的名义。至迟于唐代就确立了严密的史官体制与史馆制度，专门记史、修史的史官成为官僚队伍中必设的员缺，一些史馆成为国家机构中必备的组成部分。中国官方记史、修史制度形成之后，即具有连续性，无论天灾战乱、改朝换代，一直维系至清末。地方官府仅可纂修当地的方志，不可纂修全国性的史书。无论政局是否安定、皇权是否强势，起码在形式上大致保持如此体制。

但日本的情况与中国不同，天皇的朝廷之外，武家、幕府、各藩皆可以修纂国史，《吾妻镜》《本朝通鉴》即为明显例证，尤其是《大日本史》竟为水户藩所发起及长期主持，史权越过幕府和朝廷，而无人指责其僭越，且被明治天皇政权承认和支持。这说明日本官方修史虽然强调大义、名分，但未将修史活动的本身连接到名分上的礼法原则。此中缘由，仍是缺乏成熟的关于修史的权力和职责归属观念，但可弥补皇权式微时期官方史学的荒芜，也导致了不同风格的官修史书的产生。

日本从来未能建立严密规整的修史制度，修史机构的组成和修史人员的配备都具有随机性。“六国史”纂修前后，曾有撰国史所存在，但记载模糊，当未成定制。后来德川幕府时期，常令林氏大学头主持修史之事，但其参与程度不一，也存在与大学头无关的修史活动。修史项目往往由官员发起，幕府批准并且支持，发起者自己组织纂修工作。例如《宽政重修诸家谱》1530卷，是堀田正敦[1]提议、幕府将军批准，由堀田氏组织多人纂修，得到幕府官方人力、财力、史料的支持和义例上的关注。[2]总之，史官、史馆的组成皆无定制，修史机构的组织也不严密，是日本官方修史的基本状况。只有《大日本史》的纂修机构（彰考馆）具有比较严密的组织方式，但这是属于一个藩属的史馆，恰好反衬出国家中央政权缺乏严密的史官体制。

2. 在官方修史成果方面，中国各朝官方都修撰多种形式的史籍，众所周知，不必多赘。除了各个王朝编纂本朝史之外，各朝代官修"正史"也组成连续不断的系列，这是中国官方史学兴盛的标志之一。

日本天皇公家政权强势时期，固然可以纂修连续性国史，一旦大权旁落，掌权的武家是否具备正规的修史意识，则未可知。因此日本国家修史未能连续进行，甚而出现几百年断裂，也没有形成类似中国宋朝那样由起居注、时政记、日历、实录、会要、纪传体国史等构成的修史格局。日本官方中央政权一般仅采取编年纪事的方式纂修国史，类若中国的实录，形式上比较单一。德川幕府另进行了史料文献的汇编整理，但这既不属于修史，又非史事的原初记录，仅为原有文献的整理编辑。

3. 在史学理念方面，中国自先秦时期起，就树立董狐、南史那样不惧强权、如实记述史事的史官模范，"书法不隐"成为"良史"的标准。[3]同时，从"殷鉴"延伸为史学辅助政治的观念，越来越

[1] 堀田正敦（1758—1832），初名堀田江由。江户时代历任坚田、佐野、仙台藩主，曾参与幕政。学识丰硕，主持编撰《宽政重修诸家谱》。

[2] [日] 坂本太郎《日本的修史与史学》，第120页。

[3] 《左传·宣公二年》引述孔子语："董狐，古之良史也，书法不隐。"见《春秋经传集解》卷一〇，第541页。

得到强化，通过推崇《春秋》“惩恶而劝善”的作用，将经世的功效确立为史学的根本宗旨。于是，史学上求真与致用的对立统一，成为史学发展的内在矛盾，中国古代史学的兴盛发达、史书的反复纂修和改修，乃至负面的史狱的出现，都与这对矛盾的充分发酵相关。

日本的官方史学则缺少自生的渊源和长期的积累，乃是一举接受了中国比较成熟的史学传统，官方和整个社会都不可能同时形成如同中国的史学观念，而且由于本国政治、文化、社会状况的特点，移植而来的史学观念也必然有所变异。史学的求真与致用的矛盾，仍是日本史学无法回避的问题，《日本后纪》序文自称：

> 无隐毫厘之疵，咸载锱铢之善。炳戒于是森罗，徽猷所以昭晰。史之为用，盖如斯欤。[1]

这说明日本接受了源自中国的记史实和史学经世思想，但从其他官修史的进书表、序文来看，显对史学功用的强调占绝对主要地位。例如《续日本纪》编者藤原继绳的进书表曰“表言旌事，莫不播百王之通猷；昭德塞违，垂千祀之炯光。史籍之用大矣”[2]。《续日本后纪·序》认为“史官记事，帝王之迹攒兴。司典序言，得失之论对出”[3]，均未言及记史求真的问题。《日本书纪》构建出日本神代的故事，将天皇记述成天照大神的真正后裔，这就使日本古代史学不可能凸显记史求真的理念。而沿袭《日本书纪》的历史观念，修史总要维护天皇的神圣地位，即使幕府修史、私家著书，也不能触动这条准则。这样，本来承认改朝换代的中国历史正统论，传至日

〔1〕《日本后纪》卷首《序》，见《新订增补国史大系》第3卷，东京：吉川弘文馆，1961年，第1页。
〔2〕［日］藤原继绳《续日本纪·进书表》，见《类聚国史》卷一四七，《文部下·国史》。《新订增补国史大系》本，第908页。
〔3〕《续日本后纪》卷首《序》，载《新订增补国史大系》第3卷，第185页。

本则变为维护天皇一家一姓“万世一系”的思想。中国君主不观原初历史记载（如起居注）、“君举必书”等官方史学准则，也在日本大为淡化，因而缺少随时随地记载最高统治者言行的机制。

以上三方面的区别，显示出中日官方史学的巨大不同，这种对比提出一个关键的问题，即官方史学这一体制，是古代文化进展的正常胎儿？还是政权与历史意识的连体病儿？

四　中日两国官方史学在近代的转型

日本于明治时期经过以“王政复古”为旗帜的倒幕运动，天皇亲掌政权，随即开始了全面的政治维新，锐意学习西方的政治文化、先进科技，使整个日本迅速进入近代社会的大转型阶段。但在历史学方面，则有着特殊的历程。本来，西方社会科学自幕末就不断涌入日本，明治初年更借维新运动而扩展，史学观念也面临着重大转换。但重新执政的天皇政权，以王政复古方式取得政治强势，在改革开放的同时也试图重振“六国史”时期那种天皇的权威，于是决策编纂国史《大日本编年史》，明治二年（1869）天皇颁诏书略曰：“修史乃万世不朽之大典，祖宗之盛举，但自《三代实录》以后，绝而未续，岂非一大缺憾！今已革除镰仓以来武门专权之弊，振兴政务，故开史局，欲继祖宗之余绪，广施文教于天下。任总裁之职，须素正君臣名分之谊，明华夷内外之辨，以树立天下之纲常。”[1]其奉行中国修史理念、发扬官方修史传统的意图十分明显。

天皇朝廷成立的修史局，几经变动，后由著名史学家重野安绎、久米邦武为主要纂修官。重野安绎（1827—1910），日本史学家，汉学功底深厚，且接受西学。1875年任职修史局。在史学上力主考据求实，为当世考证史学流派的泰斗。曾任史学会首任会长、东京帝

〔1〕 转引自［日］坂本太郎《日本的修史与史学》，第166页。

国大学教授。久米邦武（1839—1931），日本史学家、思想家，比较激进地推重西学。赴欧洲考察后著书倡导西方政治文化，批评日本狭隘的“岛国意识”，声名鹊起。在史学上善于考证，坚决否定旧观念和荒诞、迷信说法，历任东京帝国大学教授、《大日本编年史》临时编委、早稻田大学教授等职。

重野安绎等人承袭幕末时期方兴未艾的考据学风，又受西方兰克学派等的史料批判精神影响，将国史纂修当成推行历史考证学的阵地。他们不断发表论文，申明史学主张，揭示古史、古籍的失实记述。如重野提出真实是史学第一要素，学问最终归于考证，史学研究独立于社会利益，反对历史著述的劝诫功能。这是中国清朝考据学理念与西方史料批判精神在日本的结合，在维新气氛下，对日本历来淡化史学求真的倾向做出勇猛反击，在日本史学史上具有重大意义，当然也遭到强大守旧势力的围攻，被冠以“抹杀史学”的罪名而横加诋毁。

1891年（明治二十四年），久米邦武发表《神道乃祭天之古俗》，揭示神道的起源，剥下其神圣外衣，触动天皇神裔的古来观念，引起一片愤怒斥责。神道界人士批斥久米邦武对皇室大不敬，毁坏日本国体，误导天下后世，侮辱国民历史，漠视国民义务等。次年，官方实施处罚，免去他的帝国大学教授职务，不许参与官修国史。这个事件，被称为“久米邦武笔祸”[1]。次年，重野安绎也辞职离去。

久米邦武笔祸，表面上是史学守旧派获得胜利，但官修国史既不能按新理念继续，也不能按旧思路进行，导致日本官方纂修国史无法进行。因为历史考证的学术成果昭然于世，且已部分写入《大日本编年史》之稿。官方在维新改革的大局势下，即使不能接受这种触及神道、天皇地位的史学观点，也无法从文化上全面后退。这

〔1〕《大久保利谦历史著作集》第7卷第五章“日本近代史学の成立・ゆかめられた历史”，东京：吉川弘文馆，1998年，第135—150页。

样，新旧势力都不愿将官方修史继续下去。1893年按文部省提议，宣布终止政府修史，官方仅做史料的整理出版，编辑了《大日本史料》等多种丛书。而纂修史学著述，全由私家各成一家之言。经历这场文字狱付出的代价，日本官方史学迈出转型的重要一步。

中国的传统史学根底牢固，鸦片战争之后仍转变迟迟，官方史学基本保持原有修史格局，直至清朝灭亡。到20世纪之初，梁启超等疾呼“史界革命”，批判旧史为帝王家谱，倡导“国民的史学”，摒弃皇朝的史学。其思想可谓激进，其影响可谓巨大，但由于近代史家并未认识到官方史学是中国旧史学组成上的核心部分和根本特征，在批判旧的撰史内容与旧史学思想中，没有清算旧的官方史学。民国建立，仿照西方模式设立国家机构，是为摒弃官方史学活动的一大契机。然而，由于没有从理念上讨论对官方修史的废止问题，民国不但出资组织《清史稿》的纂修，也建立了国史馆，还曾由官方正式确定柯绍忞的《新元史》列入历代“正史”系列。寥寥数事，就足以表明传统官方史学的基本理念并未消退。

中国悠久的史学经世致用理念，在西方史学理论的影响下不仅没有减退，反而在抵御外侮、救亡图存的历史背景、社会思潮中大为强化。新的政府对史学辅助政治、历史可资鉴戒有很大的期待，官方史学完全可能以不同于古代的方式兴起。因此，中国官方史学的转型实质是组织方式的有所变化，修史格局的有所转变，而其合理、有益以及史学与政治连接的观念，则完全遗留未变。因此，中国官方修史的传统随时可以着手恢复。

综上所述，中日官方史学在近代都有转型之变，但两国转型的特点不同。日本旧的神代史观念、陈腐的皇国史观长期活跃在史界，这些从根源上都来自官方史学，至第二次世界大战之后才出现思想主流的转变。中国虽然打破以忠君为核心的纲常伦理，但对官方史学却从未明言放弃，官方主导史学方向的理念仍然根深蒂固。通过比较，可以明了中日两国在近代化进程中，都未能完全摆脱旧的官方史学思想和历史观点，表明官方史学这个文化传统有着顽强的影响力。但同时我们也应当看到：无论中国还是日本，近代转型时期都无法完全保持原有的官方史学传统，特别是日本明治政权，做出复兴官方修史的举措又归于失败，说明官方史学不是人类历史学发展的普遍方式，只是中国古代特殊政治与社会环境造就的特别文化，其走向衰落终将难免。

（原载《史学月刊》2008 年第 7 期）

中日两国历史学疑古思潮的比较

中日两国自古就有密切的政治、经济与文化的联系，古代中国的史学东传，导致日本史学的产生和发展，至近代，日本先期所接受的西方史学观念又影响了中国史学的发展。在史学观念、记述内容和编纂形式上，两国史学长时期在体系上颇为类似，但也演变出各自的特点，其中史学疑古思潮的起伏跌宕，与两国不同的政治文化背景纠结在一起，呈现出十分不同的脉络与大相径庭的结局。将中日两国的疑古思潮予以比较和分析，不仅有助于深化中国和日本的史学史研究，而且对于从理论上探索史学学术性与社会功用之间的关系，推动史学建设的健康发展，都具有十分重要的意义。

一 中国古代疑古思想的发展大略

为了分析中日疑古思潮的不同特点和不同境遇，首先需要将两国疑古思想的发展轨迹做出大略的梳理，以弄明基本史实。而疑古思想在中国古代历有源流，自当首先略述梗概。

中国先秦时期就出现对历史文献所记载史事予以质疑的论说，孟子的见解最为典型，他提出："尽信《书》，则不如无《书》，吾于《武成》，取二三策而已矣。"[1]由于汉代之后孟子逐渐取得儒学思想

〔1〕《孟子・尽心下》，见朱熹《四书章句集注》，上海：上海古籍出版社，2001年，第433页。

体系的“亚圣”地位，“尽信《书》，则不如无《书》”的原则在中国传统史学中影响深远，给疑古思想的发展以很大的裨益。

西汉史学家司马迁编撰《史记》，对上古史事的记述是经过了“网罗天下放失旧闻”的资料搜集和“厥协六经异传，整齐百家杂语”[1]的史料整理工作，其中包括对以往记载、社会传说的辨别与判断。他在《五帝本纪》中评论道：“学者多称五帝，尚矣，然《尚书》独载尧以来，而百家言黄帝，其文不雅驯，荐绅先生难言之……余并论次，择其言尤雅者，故著为本纪书首。”[2]在《三代世表》的序言中，司马迁又说：“五帝、三代之记，尚矣。自殷以前诸侯不可得而谱，周以来乃颇可著，孔子因史文，次《春秋》，纪元年，正时日月，盖其详哉。至于序《尚书》则略无年月，或颇有，然多阙，不可录，故疑则传疑，盖其慎也。余读《牒记》，黄帝以来皆有年数，稽其《历谱牒》《终始五德》之传，古文咸不同，乖异。夫子之弗论次其年月，岂虚哉！于是以《五帝系牒》《尚书》集世纪黄帝以来讫共和，为《世表》。”[3]很明显：司马迁对于黄帝的事迹，不过是在纷纭荒唐的黄帝传说中“择其言尤雅者”聊为记述；而《三代世表》，也是因文籍内纷乱、乖异的年数不可相信，退而仅取世系来记载而已。因为西汉经过“黄老之学”的兴旺，黄帝已成为追述上古史不能撇开的对象，司马迁欲撰述“通古今之变”的著述不得不从黄帝起始，但他自己对所记述内容是否属实仍存疑虑。这种状况给后来疑古思想的发展留下了伏笔。

唐代的史学理论家刘知幾撰著《史通》，专有《疑古》篇，公然打出历史学的“疑古”旗号，对于上古“黄金时代”的种种美妙描述进行了质疑，矛头直指儒学权威典籍《尚书》、《春秋》经传、《论语》等，时或引用晋代出土的《竹书纪年》等资料佐证己说。其中

---

〔1〕《史记》卷一三〇《太史公自序》，北京：中华书局，1963年，第3319—3320页。
〔2〕《史记》卷一《五帝本纪·太史公曰》，第46页。
〔3〕《史记》卷一三《三代世表》，第487—488页。

对尧、舜、禹之间所谓禅让的否定，既富于严密的逻辑思辩，又举出古籍中不同记载之间的冲突，指出“远古之书，其妄甚矣”。独到的洞察与雄辩的结论，在思想史和史学史上具有极强的震撼力。

宋朝是中国学术文化迅速发展的时期，由于理学的兴起，理论思维与思辩精神带来学术思想上的活跃，在经学和史学上，疑古思潮兴起，辨伪学风盛行。欧阳修是掀动疑古辨伪风潮最早、最重要的大学者，他对儒学经传各书多有怀疑。例如关于《周易大传》，传统的说法是孔子所作，称为“十翼”。欧阳修在《易或问》中指出“自孔子殁，周益衰，王道丧而学废。接乎战国，百家之异端起，‘十翼’之说不知起于何人”[1]，是完全不可相信的。对于《周礼》，欧阳修也提出质疑，认为是“考之实有可疑”[2]的伪书。在《春秋论上》指出《春秋》三传都不可尽信，他说：“妄意圣人而惑学者，三子之过而已。”[3]在上古史的问题上，欧阳修在《帝王世次图序》一文中进行了深刻的疑古论断，特别指出了将尧、舜、禹、商、周全部描述为黄帝之后裔的荒诞无稽，通过计算《史记·三代世表》的世系，指出周文王竟然比商纣王大十五辈，“而武王以十四世祖伐十四世孙而代之王，何其谬哉”[4]。

欧阳修的讲解并不孤立，年轻学人更是闻风而起，对传统经说纷纷质疑。故司马光曾指出：“新进后生，……读易未识卦、爻，已谓十翼非孔子之言，读《礼》未知篇数，已谓《周官》非战国之书。”[5]思想保守的司马光，虽对疑古风气不满，却也撰有《史剡》[6]之文，对《孟子》《史记》等书所记述的一些史事予以辨别、否定。至于南宋，则出现了吴棫《书禆传》对《古文尚书》的辨伪，朱熹

---

〔1〕欧阳修《文忠集·居士集》卷一八《经旨十一首·易或问》，文渊阁《四库全书》本。
〔2〕《文忠集·居士集》卷四八《问进士策三首》。
〔3〕《文忠集·居士集》卷一八《春秋论上》。
〔4〕《文忠集·居士集》卷四三《帝王世次图序》。
〔5〕司马光《司马文正公传家集》卷四五《论风俗札子》，清乾隆六年刻本。
〔6〕《司马文正公传家集》卷七三。

等人也有类似的观点，这是疑古学风陶冶下取得的一个学术进步。元明两代的疑古风气虽不如宋朝之盛，但也有图书辨伪的不少成就，如梅鷟对《古文尚书》为伪书的论断，在宋人辨伪基础上有所推进。更有胡应麟总结出判断伪书的八条方法，具有辨伪学的理论意义。文献辨伪虽不完全等同于疑古，但与疑古思辩相互推动。

清初学者处于明清易代、社会动荡的历史背景下，提供了对社会政治和思想文化反思的理性精神，涌现了如黄宗羲《易学象数论》、黄宗炎《图书辨惑》、阎若璩《尚书古文疏证》、胡渭《易图明辨》等辨伪考释的著述。尤其是姚际恒的《古今伪书考》，质疑范围涵盖经部、史部、子部，指为作伪之书者达九十多种，开清代重新审视文献真伪之先河。清乾嘉时期考据学兴盛，历史考据已经成为治史的主流方式，但多数历史考据家倾向于信古，被认为“去古未远”的汉代学术得到尊崇。而这种文化氛围，并不能阻止史学疑古思想的涌现，因为历史考据的求实精神和认真态度，终将会触及对古史、古籍的审视，这是学术视野在时间和空间上延伸的必然趋势。崔述（1740—1816）撰写的《考信录》，就是中国古代最杰出的疑古考辨著述。崔述将历史考据的求真态度与善于怀疑的思辩精神结合起来，对上古史的记述体系做一总的清扫，提出许多惊世骇俗的论辩。例如：他指出战国时期以来构建的“三皇”“五帝”帝王体系的荒诞无稽，认为其来源有三，一是战国时《周易大传》《春秋三传》等书“颇言羲、农、黄帝时事，盖皆得之传闻，或后人所追记”，二是《国语》《大戴礼》等“以铺张上古为事，因缘附会，舛驳不可胜计”，三是杨、墨之徒“藉其荒远无征，乃妄造名号，伪撰事迹，以申其邪说”。[1] 崔述还辨定商汤并非夏臣、周文王并非殷商之臣，而是邻国关系，这虽然含有给商汤灭夏、武王伐纣做辩护的因素，但实际动摇了夏、商作为统一王朝的资格，为后世研究中国上古史开

〔1〕 顾颉刚编辑《崔东壁遗书·补上古考信录序》，上海：上海古籍出版社，1983年，第25页。

辟了正确的思路。其他如怀疑《论语》有后人掺杂的内容，认为孔子的弟子仅 70 余人，所谓“弟子三千”乃夸大之词，指出“大抵战国、秦汉之书皆难征信，而其所记上古之事尤多荒谬”[1]。诸如此类的论断，均具振聋发聩之效，因而胡适称崔述为“科学的古史家”。虽然崔述因时代的局限而未能怀疑儒学经典，但他的疑古考据充满缜密的逻辑思辩，对近代中国和日本的疑古思潮都产生了很大的影响。

尽管崔述的学术成就在现代已经得到史学界的充分肯定，但是在乾嘉时期却被极大地冷落。在考据学风最为炽热的时期，崔述的疑古考据几乎得不到当时任何一位有名气史家的认同，得不到任何文官的赏识和扶助，比起重理论探讨而不善考据的章学诚，学术处境还要艰难得多，若没有门徒陈履和倾资为其刊刻遗书，他的思想很可能就会永遭埋没。

二　中日两国近代的疑古思潮

与中国相比，日本的情况有所不同，在古代缺乏强劲的疑古观念，从中国引入且经过改造的史学，被官方强化了为政治服务的理念，甚至早在 8 世纪就构建了“神代”的历史和天皇属于神裔的体系，大为淡化了记史求真的理念。在民间，“物语”（即故事类书籍）畅行，文学性和政治倾向性交织、史实与传说混合并且加入“创作”性的杜撰，同样对史学求真宗旨有所屏蔽，致使日本古代史学整体上逊色于中国的直书、实录精神。但到了近代，则发生重大变化。日本自明治维新伊始，政治、经济、文化都逐步进入近代化的转型，大批史家接受西方的史学观念，有许多史家具有西方留学、访学的经历。日本政府也曾主动引进西方史学理念，1887 年（明治二十年）

---

〔1〕《崔东壁遗书·考信录提要卷上释例》，第 5 页。

更聘任德国兰克学派的重要学者路德维格·利斯（Ludwig Riess）为东京帝国大学史学科教授，后来任教授的日本学者坪井九马三、箕作元八，也都曾留学德国，承袭兰克学派的理念和方法，使推重考证求实的客观主义史学大为流行，这与中国历史考据学的影响结合在一起，催化出一股近代化的疑古思潮。

日本天皇主导的明治维新，在提倡学习西方科技文化和社会管理体制的同时，还有一个背反的政治文化口号即"王政复古"，1869年（明治二年）4月朝廷下诏由官方纂修《大日本编年史》是其中一个典型的举动。拟议中的《大日本编年史》是要按照古时的编年体"六国史"的体系，重新纂修一部贯通古今的史书，突出以天皇为中心的政治系统。"六国史"的第一部史籍《日本书纪》，早就构建了日本的"神代"历史，从而将天皇一族描述为天照大神的后裔。以这样的观念纂修史书，明显是为明治天皇的政治统治服务、为宣扬天皇"万世一系"的国体张目。但明治时期的官方修史，是处于维新变法的背景下，任用的史官则是重野安绎、久米邦武、星野恒等既有深厚汉学功底，又接受西方史学思想、重视史实考证的史学家。于是，撰史求真与政治功用之间的矛盾，就在日本国史纂修问题上得到激化。

重野安绎是近代最早对日本古代历史提出质疑的史学家，他在1884年的一次题为"《日本外史》的批判"的演讲中指出"世上流传的史传多与事实有误"，随后引起了日本史学界对《日本外史》和《大日本史》等史书的考证性评判。重野安绎的代表性学术成果是被称为"儿岛高德抹杀论"的有关考证，他在《儿岛高德考》一文中，详细考察了这位《太平记》中歌颂的忠臣，最后得出结论，认为儿岛高德其实是出于政治目的而杜撰的人物。儿岛高德其人仅见于《太平记》的记述，而《太平记》是一部"物语"类的历史故事书，描述日本南北朝时期史事，站在南朝立场歌颂忠臣义士的事迹。早在日本南北朝结束不久的15世纪之初，今川了俊就撰写《难太平记》一书，指责该书叙述失实。但后来的日本政界、学界确认南朝为正统政权，儿岛高德遂成为极受推崇的忠臣，《太平记》也成为倍受赞扬的史籍。因此，从史实上“抹杀”儿岛高德，具有将求真、征实置于史学第一宗旨的意义，对传统历史观念是一大冲击。重野安绎的主张得到久米邦武、星野恒等史家的全力支持，各自发表了否定《太平记》史学价值的论文，如《太平记无益于史学》（久米邦武）、《太平记果非小说家之作乎》（星野恒）等，试图以此打开廓清日本史学体系的缺口。

久米邦武则在疑古的道路上走得更远，他在 1891 年的《史学会杂志》上发表了著名的《神道乃祭天古俗》的论文。文中写道：“盖神道非宗教，故无诱善利生之旨。只祭天为攘灾招福之祓，与佛教并行而毫不相戾，故以敬神、崇佛为王政之基而流传至今，且其习俗与臣民结合而为牢固之国体。然耽于神事之谬说多矣，故去其神道、儒教之偏执，而以公正之心考之，实乃史学之责任。”[1]这篇文章的要害在于揭示神道势力的老底，切断神道与皇统的紧密联系，威胁了神道祭典渲染之下的天皇神化的“国体”，因而受到神道势力和政界保守派的群起围攻。结果久米邦武被解除东京帝国大学教授与国史纂修的职务，翌年重野安绎也辞职离去。这场“久米邦武笔祸”事件，造成疑古考证史学活动的中止，几年之后，才有高山林次郎、高木敏雄等少数学者从神话学角度探讨日本所谓“神代史”的来源，将之解释为神话，而且包含了起源于国外的神话，这实际也就讽喻了那些古史记述的非信史性质。

到了 20 世纪初叶，日本的疑古史学开始形成思潮，其标志性事件就是白鸟库吉的“尧舜禹抹杀论”。白鸟库吉在中学时代，受教于那珂通世等著名学者。那珂通世将崔述的《考信录》介绍到日

---

〔1〕［日］久米邦武《神道は祭天の古俗》，《史学杂志》第 2 编第 23 号，第 230 页。译文参照刘萍《津田左右吉研究》，（北京：中华书局，2004 年，后同），第 141 页。

本，并且整理出版了《崔东壁遗书》，给日本的批判史学提供了思想来源，日后正是他的学生白鸟库吉扛起了疑古史学的大旗。1887 年，白鸟库吉进入东京帝国大学史学科学习，听到路德维格·利斯的历史学讲授，深受德国兰克客观主义史学的影响。后来又曾在德国柏林大学研修，培育成坚定的考证求实治学理念。1909 年，白鸟库吉发表了《中国古传说之研究》，认为传说中的尧、舜、禹等圣人并不存在。他在文中归纳了尧、舜、禹三王的主要事迹后，认为《尚书》之《尧典》《舜典》《大禹谟》皆非当时所记，并且舜之孝道、禹之治水等事迹从常识上判断均难以置信。[1]这种观点被称为“尧舜禹抹杀论”，当时轰动了史学界。在遭到林泰辅等人的质疑和反驳后，白鸟库吉于 1912 年发表《〈尚书〉的高等批判》，又提出了“中国文化西来说”，认为中国上古许多思想是来自伊朗、印度等地。他在否定尧、舜、禹的基础上，又将伏羲、神农、黄帝的真实性也一并否定。在对中国古史进行疑辩的同时，白鸟库吉又将批判的矛头对准了日本的神代史。白鸟库吉著有《卑弥呼考》，他认为日本古史中的天照大神并不存在，只是《魏志》中具体人物卑弥呼的写照而已。

其后，日本著名的中国学家内藤湖南对白鸟库吉的史学批判做了补充，他在 1921 年发表的《尚书稽疑》中提出了古史的“加上原则”。他认为：“《尚书》中的周书以前关于殷的诸篇离孔子及其门下的时代已甚远，而关于尧舜禹的记载不得不认为更是其后附加上去的。”[2]也就是说，时间愈后的学派创造的历史人物愈古，因此愈是古老的历史愈是后人附加上去的。1922 年，内藤湖南又发表了《〈禹贡〉制作的时代》，认为《禹贡》一书是战国以后的作品，进一步支

---

〔1〕［日］白鸟库吉《中国古传说之研究》，见刘俊文主编《日本学者研究中国史论著选译》第一卷，北京：中华书局，1992 年，第 5 页。原文载《东洋时报》1909 年 8 月第 131 号。

〔2〕［日］内藤湖南《尚书稽疑》，《内藤湖南全集》第 7 卷，东京：筑摩书房，1970 年。转引自钱婉约《“层累地造成说”与“加上原则”——中日近代史学上之古史辨伪理论》，《人文论丛》（1999 年卷），武汉：武汉大学出版社，1999 年；盛邦和《20 世纪初叶日本疑古史学叙论》，《思想与文化》（第 5 辑），上海：华东师范大学出版社，2005 年。

持了白鸟库吉的“尧舜禹抹杀论”。

20世纪的史坛上，对日本神代历史批判最激烈的学者无疑是津田左右吉。在日本的史籍《古事记》和《日本书纪》中，记载了日本的神代历史，认为日本不是普通的国家而是神的国土，是神创造了日本，由此也形成了日本的神道史观。津田左右吉从历史事实出发，对“记纪”进行了批判性的研究，1913年撰著《神代史的研究》，1919年出版《〈古事记〉及〈日本书纪〉的新研究》，进入20年代之后，他不仅撰写新作，而且将旧著修订出版，再次发行。1930年，著有《日本上代史研究》等著述，形成了系统、全面的疑古考辨体系，被称为“神代史上古史抹杀论”。津田左右吉认为：《古事记》《日本书纪》描述的日本神代史，不仅毫无史实可言，也不是日本的神话传说，而是修史者按照当时的政治需要构造出来的。这种见解等于剥夺了天皇为日神后裔的光环。他还通过细密考辨指出：从神代到仲哀天皇部分，包括天皇的家谱在内，都不完全是历史事实的记录。“关于应神天皇、仁德天皇以后的时代，甚至关于皇室的家系记录也都是经年累月地被人们制造出来的，即使没有精确地传下来，大体的情形也在帝纪编纂之时就已为人所知了。关于年代顺序也有同样的情况，书纪在纪年上把应神天皇以后到允恭天皇以前的年限拉长了，但履仲天皇、反正天皇的在位年数又明显地在变短，这恐怕也是为满足某种需要之故。”[1]他说：“大体浏览一下自神武天皇到仲哀天皇的传说记载，就可以很清楚地看到，其中对国家的治理及对敌国的征服都井然有序，由近及远、由内及外的路径一丝不乱。这与其说是对历史事实的记录，倒不如把它看作是一种思想上的构成来得更为恰当。”[2]津田左右吉的学说从根本上动摇日

---

〔1〕［日］津田左右吉《〈古事记〉及〈日本书纪〉の新研究》，见《津田左右吉全集》别卷一。转引自刘萍《津田左右吉研究》，第171页。

〔2〕［日］津田左右吉《〈古事记〉及〈日本书纪〉の研究》，见《津田左右吉全集》卷一，东京：岩波书店，1924年，第474—475页。转引自刘萍《津田左右吉研究》，第175页。

本古代史旧有的基础，对神道史观、皇国史观都予以根本性的批判，使日本社会和日本史学面临不可调和的抉择，即史学的根本宗旨，究竟是追求真实还是曲从于当前的政治需要？二者必须择一而定。这样，引起一场轩然大波已不可避免，这留待后文叙述。

在中国，疑古思想随时都可能闪现，19世纪末以康有为为代表的维新思想家，将政治体制变革的诉求和今文经学的学说框架相结合，提出了不少疑古性的历史论断。但中国史学的近代化转型迟于日本，疑古观念与新史学的结合也受到日本史籍的启示，如20世纪初夏曾佑的《中国古代史》，将太古直至西周都归结于“传疑时代”，即主张现存古籍对西周以前历史的记载都是可以质疑的。

把中国的疑古观念推向高潮的是近代以顾颉刚为代表的古史辨派。1923年，顾颉刚发表《与钱玄同先生论古史书》，提出了“层累地造成的中国古史”的概念，主要包括三个方面的内容：其一，“时代愈后，传说的古史期愈长”，“周代人心目中最古的人是禹，到孔子时有尧舜，到战国时有黄帝、神农，到秦有三皇，到汉以后有盘古等”。其二，“时代愈后，传说中的中心人物愈放愈大”，“如舜，在孔子时只是一个‘无为而治’的圣君，到《尧典》就成了一个‘家齐而后国治’的圣人，到孟子时就成为了一个孝子的模范了”。其三，“我们在这上，即不能知道某一件事的真确的状况，但可以知道某一件事在传说中的最早的状况。我们即不能知道东周时的东周史，也至少能知道战国时的东周史；我们即不能知道夏商时的夏商史，也至少能知道东周时的夏商史”〔1〕。顾颉刚的古史观念立刻遭到史学界和各界人士的非难，他在答复论辩中，又提出对待上古史的总原则，就是必须“打破民族出于一元的观念；打破地域向来一统的观念；打破古史人化的观念；打破古代为黄金世界的观念”〔2〕。在

〔1〕顾颉刚《与钱玄同先生论古史书》，见《古史辨》第一册，上海：上海古籍出版社，1982年，第60页。

〔2〕顾颉刚《答刘胡两先生书》，见《古史辨》第一册，第99—101页。

这种古史观念的引导下，一个以疑古为特征的古史辨派崛起于史坛。从1926到1941年间，他们先后出版了7册《古史辨》，收录了几十位学者的350余篇文章，集中探讨了中国古史的诸多问题，包括许多反对派的论文，表现学术公正和强烈的学理自信精神。古史辨派的学术思潮，是中国近代真正意义的史学革命，因而必然面临极大的社会阻力和各种保守势力的围攻。

三　中日两国疑古思潮境遇和结局的异同

近代日本和中国史学界疑古史家，都遭受到来自社会保守势力的压迫和反对派的抨击，这一点具有共同性。但仔细分析与比较，则可以发现疑古思潮在两国的境遇和结局有着极大的区别。

在日本称为“久米邦武笔祸”的事件中，久米邦武、重野安绎先后离开东京帝国大学与修史馆，这是疑古史学的一个挫折。但是，重野安绎、久米邦武等人的疑古考证仍然在学理上占据绝对的优势，对立的神道势力只能予以“损毁国体”“不敬皇室”“侮蔑国史”之类的政治性谴责，这在学术上是软弱无力的。久米邦武等人的免职，并不是疑古思潮完全的失败，精英史家的牺牲和损失导致了官方纂修《大日本编年史》的瘫痪，日本官方史学从此一蹶不振，只能做史料的编辑、汇总工作，而将历史著作这一领域基本上全部让给了私家史学，这不能不说是日本近代史学转型的一大胜利。

津田左右吉的著述和思想，意味着疑古、求真史学观念与皇国史观的一次决战，在日本军国主义和对外大肆侵略的时期，被打击和迫害的危险性更加严重。他不仅通过上古史的辨正、否定皇室的神的品格，颠覆皇国史观的根基，而且揭露日本所谓“皇国学”极力美化日本古史的荒诞性，打击了利用“国学”助长侵略扩张舆论的思想倾向。津田左右吉于1938年、1939年继续宣传、讲演自己的学术思想，激起了日本右翼势力的强烈攻击，其中以蓑田胸喜为首的右翼组织原理日本社，从狂热的皇国史观和国家专制主义理念出发，以加倍的疯狂对津田左右吉实施迫害。他们在其机关刊物《原理日本》的临时增刊号上，向津田左右吉发起了猛烈的进攻，刊物封面上就直接印有大幅标题“津田左右吉氏的大逆思想”和“神代史上古史抹杀论的学术批判”，与此同时，蓑田胸喜等人还到日本司法省闹事，指责司法省不起诉津田左右吉，就是同样的对皇室不敬。在这种政治压力下，1940 年 2 月 10 日，津田左右吉的几部著作被封禁。1942 年 5 月，东京刑事地方裁判所根据出版法，一审判决津田左右吉因出版《〈古事记〉与〈日本书纪〉之研究》一书，犯有“冒渎皇室尊严”罪，处以三个月监禁，缓期两年执行。[1]津田左右吉对判决结果不服，要求上诉，并且写下了近三十万字的上诉呈报书。最后这个案子以诉讼时效已过，免于起诉，一审的有罪判决也随之失去法律效力。

津田左右吉事件的政治压迫虽然来势汹汹，却与当初的久米邦武笔祸一样，丝毫没有动摇当事人在学术上占据着学理的上风，这也牵掣或化解了政治打击和司法处置的力度。实际上，津田左右吉得到了广泛的同情，东京大学的许多教授和学生都对其声援，有人为其奔走援救，有人主动出面担当辩护士。结果是日本右翼的政治性压制效果十分有限，却使更多的人感觉到津田左右吉思想和见解的正确。1945 年第二次世界大战结束，日本军国主义失败，日本政体改变，天皇也发布“人间宣言”，自我否定了“神裔”的身份。津田左右吉立即享誉整个日本，他的史学思想被称为“津田史观”，在日本史学界占据了主流地位。1949 年，日本天皇向这位否定天皇为神的学者亲手颁发了日本文化勋章，这表明日本的疑古考证思潮取得了决定性的、不可逆转的胜利。

---

〔1〕 刘萍《津田左右吉研究》，第 168 页。[日] 家永三郎《津田左右吉の思想史的研究》，东京：岩波书店，1972 年，第 400—402 页。

但在中国近代，疑古学派的境遇和迄今为止的结局，则是另一番景象。

1923年顾颉刚发表《与钱玄同先生论古史书》引起舆论哗然，不久就有批驳、诘难的文章发表。一般说来，不同见解的论辩应是正常的现象，但只要与日本的情形对照，就可以体察出几分令人诧异之处。对顾颉刚和他所主导的古史辨派予以诘难者，主要来自于学术界，批评是以学术的面目出现，偶有关乎"世道人心"的指责，但并不谋求当局的支持，政治势力也未过多地施加压力。而日本的久米邦武、津田左右吉等都是面临政治权力的压制，真正的学者极少参与，特别是大批接受西方思想的学者和政治家，都没有加入围攻疑古学派的队列。只有白鸟库吉的"尧舜禹抹杀论"，受到林泰辅的具有学术性质的辩驳，但终不能遏止白鸟库吉学派的发展势头和影响。而顾颉刚在中国学术界的论敌，来自各个层面，其中固然多有思想保守派的学者，但具备新史学知识和留学于西方的学者也不在少数，例如颇有西方史学知识的张荫麟、留学归国后在大学讲解西方史学方法的陆懋德、投身于新兴考古学的徐旭生等，都公开发表文章指摘顾颉刚的研究方法，连打着马克思主义唯物史观旗号的马乘风、李季之流，也试图自作聪明地全盘否定古史辨派的理念。他们对疑古学者的诘难，带有很深的主观偏见甚至是无理取闹的成分。

张荫麟反驳顾颉刚的著名论述是说对方滥用了默证法，提出虽然《诗经》中没有尧和舜，也不能说春秋时期之前人们的心目中就没有尧、舜，因为《诗经》不是必须记载尧、舜的文献。[1]其余以此类推，虽然春秋之前所有的文字资料——甲骨文、金文、爻词以及可以确定为春秋之前形成的《尚书》篇目都没有尧、舜，还是不能说那时就没有尧、舜。这样，就剥夺了任何人的疑古权力，人们

〔1〕 张荫麟《评近人对于中国古史之讨论》，见《古史辨》第二册，上海：上海古籍出版社，1982年。

应当反问：当所有的春秋前的文字资料都没有提到尧、舜，反倒能够证明那时就已经有了尧、舜吗？这岂不比所谓“滥用默证法”更加荒唐百倍？实际上，张荫麟撰写的通史著述《中国史纲》，乃从殷商时代开始，并没有记述尧、舜、禹。那么他反驳顾颉刚对尧、舜的质疑，究竟用意何在呢？

陆懋德提出近代西方考古学能够发现久远的历史遗迹，说明后人可以比先人知道更早的历史，借此指责“层累地造成的中国古史”概念不对。[1]这明显脱离中国上古史系统所形成时代的实际状况，类似大而无当的高调只起到把水搅浑、造成认识混乱的作用。马乘风、李季等人的议论在性质和作用上与陆懋德大体一致，马氏主张：历史研究要揭示社会生活的大轮廓，“我们只要知道中国底历史有禅让时代，有洪水时代的地位，那就不管是李四、张三都可以”，他申明的根本态度是不同意疑古派的思想方法，反对在中国古代历史上“乱斫乱杀”[2]。李季直接攻击古史辨派“腰斩中国历史”，主张三皇、五帝传说和“编入的不少的神话”，都反映上古的历史轮廓，“并非全伪，真的因素仍占一大部分”。[3]按照马氏说法，只要预设“禅让”时代、“洪水”时代，把谁说成君位“禅让”、把谁定为治水英雄，“不管是李四、张三都可以”，历史岂不成为任意编造情节的胡说八道？按李季之说，因为上古传说包含真实历史的因素，就不准怀疑其中的具体人物和情节，否则就是“腰斩中国历史”，这好比是对于掺入有毒添加剂的食品，因为里面也包含真实的食品，就不许检验，就要求人们囫囵地吞吃。可见假马克思主义史家的诡辩，比保守派史家的议论更近乎无赖。

然而对古史辨派史学革命潜在破坏力最大者，乃是王国维提出的二重证据法。所谓“二重证据法”，字面上是要以“纸上之材料”

---

〔1〕 陆懋德《评顾颉刚〈古史辨〉》，见《古史辨》第二册。
〔2〕 马乘风《中国经济史》第一册，中国经济研究会1935年印行，第505、540页。
〔3〕 李季《〈为古史辨的解毒剂的解毒剂〉进一解》，《求真杂志》1卷5期，1946年9月。

与“地下之新材料”彼此印证，但王国维举出的“地下之新材料”只有甲骨文和金文，同样为文字资料，与历史文献并无根本区别，高调标榜为“二重证据”，主要目的是反对顾颉刚的疑古思想。因此，他的论述中表现出严重、明显的逻辑错误和信古保守倾向，例如他根据自己考证甲骨文中殷商世系，竟然断言《史记》中夏代的世系也可相信，这违反推理的基本逻辑。[1]徐旭生沿着王国维的思路向前跨越一步，在治学初期就猛烈攻击顾颉刚及古史辨派，确立了坚决信古的立场，并且将古文献的记述与考古工作结合起来应用二重证据法。至50年代，在徐氏主导下更有目标、有计划地寻找夏文化的发掘地点，在河南偃师二里头发现距今约3500至3800年的先民遗址[2]，恰好可与传说中的夏代挂钩，这似乎验证了王国维的二重证据法，对古史辨派理念的冲击比二重证据法本身更有过之无不及。这种按照上古传说有方向地寻找和发掘遗址遗物的方法，本身就值得质疑，在中国华北，农民一镢头下去，就可能发现一处考古宝藏，那么为印证文献和传说选择地点发掘，即使恰好有所发现，也不能就此穿凿比附，轻下结论。

然而自徐旭生以降，将考古发现与旧文献叙述的情节选择性地联系一起，做出相互印证的解释，成为上古史研讨的时髦风尚。让古文献、古传说甚至古神话与考古发现联系起来比附解说，具有十分诱人的发挥想象的巨大空间，不仅靠文献吃饭的先秦史学者乐此不疲，一些考古学者也情有独钟。于是每当新的考古发现，解说者争相驰骋，言人人殊，先秦史的研究兴旺了，热闹了，在中国的考古学，不仅没有淘汰纷纭歧异的古史传闻，反而只嫌其少，百般穿凿。黄帝、炎帝、尧、舜、禹等代表民族一元、地域一统的远古圣王，不仅在世俗社会得到比古代更隆重、更广泛的尊崇和祭祀，而

〔1〕乔治忠《王国维“二重证据法”蕴义与影响的再审视》，《南开学报》（哲学社会科学版）2010年第4期。

〔2〕徐旭生《1959年夏豫西调查“夏墟”的初步报告》，《考古》1959年第11期。

且在许多历史著述中也登基正位，疑古思潮实际已被排抑。顾颉刚曾申明要通过文献辨伪、古史考疑，“替考古学家做扫除的工作，使得他们的新系统不致受旧系统的纠缠”[1]，这个学术宗旨也暂告失败，因为古籍文献与考古发现已经在二重证据法的草堂内联姻，岂止“纠缠”而已，谁还会欢迎别人来“做扫除的工作”呢？

在中国近代史学史的发展历程上，从来没有一个“疑古的时代”，站在古史辨派对立面的学者数量众多，许多史学名家如陈寅恪等即使未介入对古史辨派的论战，实际上也不赞同疑古思潮。至20世纪50年代，疑古考辨的基本治学方向在史学界已经休止，而90年代之后，因学术外的因素所促进，更标榜出一个所谓“走出疑古时代”的概念，意味着信古思潮大规模地卷土重来，许多久经定案的伪书如《今本竹书纪年》《古文尚书》《孔子家语》等，也有人站出来指假为真，摇唇鼓舌，竭力诡辩。这不仅是古史辨理念的失败，也是先秦史学界主导方向的总体性迷失。

四　中日疑古思潮比较研究的学术启示

为什么疑古史学源流较日本更为长远的中国，反而会遭受失败呢？中国疑古思潮的失败，在史学的学术发展上有何影响？我们应当获得怎样的学术启示？这些问题涉及面既广且大，这里仅能略抒浅见，以期抛砖引玉。

关于疑古思潮在中国的结局与日本大不相同的原因，概略而言有如下几项：

第一，日本近代出现“尧舜禹抹杀论”之际，正值日本国内涌动“脱亚入欧”思潮之后，蔑视中国的情绪增长、对外扩张的意图显现。日本具有明显怀疑中国古史的思潮，也恰好是个对中国进行

〔1〕顾颉刚《古史辨》第二册“自序”，上海：上海古籍出版社，1982年，第7页。

放肆侵略的国家，因此白鸟库吉等学者“抹杀”中国上古的圣王，虽从学术研究出发，却与日本社会思想的主流取向相契合，于是疑古考辨的史学思潮得以发展壮大，直至再次转向对日本古史的疑辩。而近代的中国处于国力孱弱、被列强欺凌和蔑视的状态，由于史学经世理念的文化积淀，渲染古代文明的辉煌，往往与民族自强振兴的愿望相联系，给信古思想添加了一种民族情感上的盲目同情，也对疑古学说形成了政治、道德的压力。近代中国的民族主义史学，几乎无法与疑古学说相融合。1931 年“九·一八事变”之后，日本帝国主义侵占中国东北地区，中华民族危机更加深重，连顾颉刚也放下疑古考辨的治学路径，转而组织禹贡学会，对边疆地理进行考察和研究，借以明确中国历来的领土疆域。可见在中国近代国情的制约下，始终坚持疑古考辨的治学方向是何等的不易。

第二，中国古代史学整体上具有记史求真的优良传统，史籍的记载具备很大程度的可信性。中国这种传统史学的优点和优势，也增强了许多人笃信上古传说的信念。然而中国有意识地连续性记史活动的产生，不会早于西周季年，记史求真的理念也是从此才逐步加强，至春秋时期有了明确的“君举必书”“书法不隐”的表述。必须注意的是：这种“君举必书”之类的求真理念，长期以来只是针对当时政权的编年体记载，对更久远史事描述不在其内，也根本不具备对先周历史予以求真的社会条件。即使在春秋时期以后，记史求真的理念也处于与史学社会功用宗旨相矛盾的状态之中，时有偏移和摇摆，更不用说由于知识水平和时代的局限，会造成大量不自觉的记述失真。史学界许多人缺乏对史学史的清晰认知，往往由此及彼地推想古籍中上古史的记载必有依据，造成信古观念的扩展。

第三，中国记录于《史记》等书籍的上古圣王及其事迹，已经被史家“整齐故事”“择其言尤雅者”[1]的筛选、改造，去除了很多

〔1〕《史记》卷一《五帝本纪·太史公曰》，第 46 页。

神话部分和“不雅驯”传说，具备了对神灵“人化”的特征，还发明了许多人间器物和设施，拉近了神灵与社会生活的距离。这在近代社会文化的背景下，显然比日本古史中塑造七代神仙作为皇统渊源的作法更觉合理。因此，日本对本国历史的信古派只是依靠狂热的宗教意识、政治信仰，学术上根本无所作为，能够与白鸟库吉做些学术争论的林泰辅，争辩的也只是中国尧、舜、禹的有无问题。而中国的信古势力貌似温和，却具有更广泛的社会基础、更强的韧性。对于疑古考辨，信古派依赖传统观念的惰性影响，或者冷漠性地排斥和封锁，或者狡辩和曲解，但无论背后有无政治意向，都更倾向于摆出学术性的姿态。这比日本的那种单纯政治打压更具实力，应是中国信古派史学理念能够居于主流地位的原因之一。

第四，二重证据法自王国维提出之后，几十年间没有受到严肃的批判，反而得到大肆吹捧乃至滥用，成为对先秦史学术研究的最大危害。这个二重证据法虽说是王国维的治史体会，但于1925年抛出，就是为了抵制顾颉刚的疑古理念，其一产生，就带着要印证旧有历史体系的守旧性，就包含极严重的逻辑错误，就充满比附思维的主观主义特点。笔者已有评论之文[1]，此不多赘。当年王国维标榜二重证据法以批驳顾颉刚，但姿态柔谦，甚至没有点名，顾颉刚等也回应温和，有如礼尚往来，而未意识到二重证据法的潜在危害，没有痛击其逻辑错谬，反而因王国维的某些考据成就而对之尊重，这其中包含时代的、认识上的局限。二重证据法扩展于考古学与古文献的结合，多年之后则积重难返，成为不少先秦史研究者的立足点，构成一个学术上的共同利益群体，大为增强了信古势力。

上述前三个原因属于有利于信古思想在中国繁衍的社会文化背景，第四点则是一种人为的治史取向，直接成为现代信古思潮的运

---

[1] 参见乔治忠《王国维“二重证据法”蕴义和影响的再审视》,《南开学报》(哲学社会科学版)2010年第4期。

作方式，导致上古史研究之严重的负面后果。

由于对二重证据法的大力推重和毫无批判，许多学者将之奉为著书立说的枢纽，使本来应当重建中国上古文明史的现代考古学，反而被纳入古史体系的旧框架之中，大量考古发现被当作旧文献的印证，被指认、被定性，牵强附会的歧说异见竞相而出，纷纭失准，杂沓乱真。几乎所有的考古发现，只要测定的时间范围、地理位置稍能与上古传说附会，就会产生相应解说，如湖南会同县附近发现远古陶器和疑似水稻的种植而被说成是炎帝故里，山西襄汾陶寺遗址被说成尧舜古都，等等。当然亦有坚持考古规范和严谨慎重的学者秉持异议，但往往处于边缘化境地。考古学在某种程度上成了旧有上古文献的附庸，这是现代学术发展的一个悖论。

中国大地是史前考古资源极其丰富的地区，出土遗址和文物与日俱增。许多在地理和时代上不能与旧有古籍记述搭界的考古发现，实际已经显示出独立地运用考古学方法研究中国远古文明史，具有广阔的、科学的前景。但习惯了二重证据法的史家，仍热衷于按旧的框架构建尧、舜、禹、夏、商、周的一统体系，特别是得到公共资源大力支持的“断代工程”，造成对殷商之前历史的整体性曲解，负面作用颇大。

自从古史辨派发起疑古考辨，直至当前的信古与疑古的分歧，所谓“夏代”的历史乃是不同史学观念相纠葛的焦点。至今，偃师二里头遗址各期文化的定性及归属问题，仍然存在很大的学术分歧；对考古发现遗迹与器物的判断、分析，在考古学的理论、方法上也有不同的主张，这些都使“断代工程”的可信度大打折扣。而在这些涉及复杂专业知识的疑点之外，尚有一个更重要的问题应当提出：

即使二里头遗址属于夏文化，就果真能够证明中国曾经有过“夏朝”“夏代”吗？答案应当是否定的，因为要想证明这个遗址城墙内的主宰者也统治着城外广大的地域而具备一个朝代的规模，是根本不可能的。与二里头遗址同一时代的城邑、聚落很多，都是相互独立的，并不受到二里头那座城邑的统辖。因此，将之想象为“夏都”，乃是预设了夏王朝的存在，而且是用后代王朝的城池来想象上古的城邑。如果非用后代历史来比拟，将二里头的城邑看成类似晋代地主村庄的“坞堡”，或许更确切一些，它只能掌握周围小范围的土地以供种植、采集、捕猎等活动，而且极不稳定，常会受到侵扰。夏国这样的城邑政权在争战中灭亡，根本就是十分平常的现象。

考古学家苏秉琦强调指出：中国上古时期曾是各邦、各族“满天星斗”一样的分布，互无统辖关系。他认为：“古文化是多种多样的，不同的古文化，就会产生不同的古城古国，陈仓、阳平、虢（西虢）都是古国。先商、先周都是与夏并立的国家，更确切地说，是诸多古国并立。”〔1〕另一考古学家王震中说：“在中国，一直到周代还动辄以‘万邦’‘万国’来表示邦国林立的局面……夏代和夏之前未必真有万国，但当时众多族落小国分立各地，小邦小国林立，应为实际状况。”〔2〕著名先秦史专家王玉哲指出：“夏、商、周初时期，中原南北，地旷人稀。当时只是在广大地区内，星罗棋布地分散着无数的不同氏族、部落或小的方国政权，它们各自为政，不相统属，并没有一个所谓‘天子’者统一之。”〔3〕

应当说明：苏秉琦、王震中、王玉哲三位先生，都是不否认夏王朝、不反对二重证据法、不疑古的学者，但只要综合多处考古发现和文献记载，稍有历史研究的客观精神，就会讲出不利于“有夏”成其为一个朝代的历史实况。西周以来的专制统治者将很小的夏国夸张为一个一统政权的朝代，是在塑造“王统”的权威，而疆域的大小却不大紧要。依照这种旧观念，南宋末年奔窜于海岛的赵氏昰、昺，也可以称为正统政权，这与我们今天所维护的领土完整、人民团结的国家统一理念毫无共同之处。因此，无视时间更早、社会发

〔1〕苏秉琦《中国文明起源新探》，北京：生活·读书·新知三联书店，1999年，第142页。
〔2〕王震中《中国文明起源的比较研究》，西安：陕西人民出版社，1994年，第250—260页。
〔3〕王玉哲《中华民族早期源流》，天津：天津古籍出版社，2010年，第94页。

展水平毫不逊色的浙江良渚文化、辽西牛河梁遗址、四川三星堆文化等考古发现，把在河南偃师占据一丁点儿地方的二里头政权定为整个中华民族历史上的一个朝代，学术上是荒唐的，政治方向也是错误的。

中日两国史学的比较，清晰地表明中国近代以来缺乏一场更大规模的疑古思潮，以完成对上古史旧体系的清扫。中国古籍文献汗牛充栋，关于上古史的记述包含着丰富的历史信息，同时也充斥大量的伪误讹闻，充分揭示旧上古史体系的讹误内容及其实质，剖析其形成的原因，对旧资料做科学性的解析，才能建设新的中国上古史构架。这不仅是历史学的学术问题，也是破除帝王崇拜的落后迷信意识、建立先进社会的精神文明所亟需的工作。

应当彻底清算二重证据法这个反科学方法在历史学界造成的不良影响，将中国上古文明的研究真正建立在先进考古学的基础之上。考古发现不是完全不可以与古文献发生联系，但必须是在对考古发现进行独立研究和解析的基础上参看文献，这样得出的判断，必然是否定旧上古史体系的内容居于主导地位，要坚决反对通过穿凿、比附而将考古发现用来印证上古传说的佞古做法。至于考古过程中发现的文字资料，应当以考古学规范整理，即不能随意编辑分类；应按文献资料利用，即与传世文献属于同类，既不构成“二重证据”，也不能视为完全可信的史料。

必须坚定地确立历史学以求真、求是为第一准则，反对打着“史学经世”旗号、鼓吹“增强民族凝聚力”的谎言来制造伪史、谬史。在科学昌明、思想解放趋势日益增进的现代世界，应当以真实无讹、历史观念先进、历史分析科学准确的中国史著述，发挥持久、进步的社会作用。至于精神、文化方面的“凝聚力”，不可一概而论，须做具体分析，当今社会不能依赖对古史的盲目信从和对古圣王的迷信崇拜来凝聚人心，实际上这样做也不能产生明显的效用。在日本，第二次世界大战结束后，津田左右吉的疑古史学取得主流地位，“皇国史观”所凝聚的日本扩张主义大为衰退。日本扩张主义的“凝聚力”的式微，这对日本人民与世界人民都是好事。但日本民族的凝聚力失去了吗？日本人在战后经济建设中的表现已经做出了明确的回答。因此，用上古“圣王”绑架“民族凝聚力”的当代说教，可以休矣！

（原载《齐鲁学刊》2011 年第 4 期）

关于中外史学比较研究问题的解说

南开大学历史学院博士后高希中，以及南开大学史学理论与史学史专业的博士生、硕士生等，曾提出许多涉及中国与外国史学比较研究的问题，已随时予以解答，并且开展讨论。历次答问和讨论中所阐述的理念，往往关乎史学史研究深层次的理论问题，值得与史学界同仁共同研讨，故谨此将之整理，以求正于史学界时贤。

一 关于中外史学比较研究的整体设想

中外史学比较研究这个研究方向，是在中国史学史研究充分发展的形势下，依据学科发展的实际需要而提出的，史学理论及史学史专业的许多时贤都有此共识。笔者曾在文章中认为：史学史研究的学术任务包括三大项：一是清理史学遗产，二是阐述史学的发展进程，三是揭示史学发展规律[1]，这是史学史研究在认识水平和学术目标上逐次深化的三个阶梯。而要探讨史学发展的规律性问题，必须进行中国与外国史学的比较研究。因此，中外史学比较是史学史和史学理论学术发展的必然延展，事实上，中外史学比较方面发表的论文已有相当数量的积累，只是长期未能形成一种自觉的学科建设意识。

---

〔1〕 乔治忠《论中国史学史的学术体系》,《史学理论与史学史学刊》2002年卷，北京：社会科学文献出版社，2003年。

在中外史学比较研究中，中国史学与西方史学的比较研究得到较多的关注，而中日之间、中韩（朝）之间传统史学的比较则少人问津，这是一个应当纠正的偏向。综观整个世界，古代史学的两大支派，一是以古希腊、古罗马史学为渊源的西方史学，二是以中国传统史学为中心的东亚史学，这两种史学的发展持续到近代，终于碰撞、交流与磨合，引出史学发展的许多大的演变。比较不同地区、不同风格史学之间的异同，是深入研究史学发展历程和史学理论的必备条件，中西史学的比较，可以在不同起源的两种史学中发现共同的特点，有助于探索史学发展的社会机制。而进行中日、中韩（朝）之间传统史学的比较研究也十分必要，因为日本、朝鲜半岛的史学是从古代中国输入的，在本民族和本国的社会条件下，既承袭了中国史学的许多传统，也演化出各自的特色。进行这种同中之异的比较研究，了解日本、朝鲜等国对中国史学的影响接受了什么、舍弃了什么、改造了什么，出于什么社会原因进行这种取舍和改造，对于认识中国史学的特点、探索史学在不同社会条件下的运行机制，同样具有十分重要的意义。因此，中西史学比较研究与中日、中韩（朝）史学的比较研究应结合起来，均不可偏废。如有条件，中国与越南古代史学的比较研究也应当进行。

中国史学及其影响下产生的日本、朝鲜、越南等东亚地区的传统史学，可以视为一个同源而分流发展的史学共同体，与古代的西方史学对应，成为世界上最有活力、传承至今的两大史学支派。基于这个认识，笔者提出了关于进行中日、中韩（朝）史学比较研究的理念，主张进行同源分流之东亚史学的比较，并且在南开大学的史学史专业中纳入这个研究方向。进行中日、中韩（朝）史学的比较研究，有助于深化中国史学史的研讨，也是做好中西史学比较研究的必要条件，如果你连中国史学史的研究都不能深入，中西比较也就只能停留在表面与浅层的认识水平。

中外史学比较研究在学术上应是难度很大的课题，首先要通晓中国史学史的基本知识和中国史学的发展脉络，这是最低限度的学术基础。不能对中国史学史和外国史学史皆认识朦胧，随意拈取中国与外国的史书、史家做罗列现象、简单对照的表面文章。例如有人看到古希腊希罗多德被国外说成西方“史学之父”，就将希罗多德及其《历史》与孔子之《春秋》予以比较而撰文，分条罗列二人史学观念与史学贡献的异同。殊不知孔子是否修订过《春秋》尚无可信的确据，后世所侈谈的“《春秋》大义”，大多与孔子的思想无关，而且西方史学可以说是产生于私家的历史著述，中国史学则起源于官方的记载，中国并无“史学之父”可言。随意将不可比较的史学现象勉强拉来比较，往往会造成错误的认识。中外史学比较，不能仅仅选择性地叙述中外史学状况，然后停留在表层现象的罗列对比，而应当致力于解决史学史研究的某些关键性问题，达到史学发展之理论层次的分析，才有可能为宏观性的历史研究提供新的探索。

二　中外史学比较研究的关键性问题

中外史学的比较研究，最高学术目标是要解决史学史和史学理论的关键性问题，但并不绝对排除一些史学现象的比较，因为在学术研究的进展中，总是从比较浅层的研讨开始，逐步深化。不过，进行不同民族或国家的史学发展的比较，就是要解决单独研究一种史学发展历程难以解决的理论性问题，如果仅叙述两种史学表层状况，堆砌史学现象的异同，就没有多大意义。因此，明确中外史学比较研究的某些关键问题，对于初涉此项研究的学者也是十分必要的。

对于中外史学比较这样尚未成熟的研究课题，哪些问题应当成为我们所要探讨的关键性方向，现在还不能做出系统的归纳，但某些重要的、深刻的、指向史学发展本质的问题，应当悬为探索的目标，这将推动学术研讨的进展。

第一，历史学在一个民族或地区原发性产生的社会条件是什么？即史学之起源的问题。这很难在单一国度的史学史研究中获得确切的答案，必须进行不同史学的比较研究。通过中国与日本等国的比较，可知有些民族原发性地产生史学，有些则是次生地引进，上古的中国和古希腊都原发性地产生了史学，那么两处的共同条件有哪些？而其他国家和民族又缺少哪些条件？经过这样的比较，可以明确认识到：不是每个上古民族都会独立形成自己的历史学〔1〕，也可阐明史学之原发性产生的必要条件有如下几点：

1. 比较完备的文字和历法。文字产生并且用于记述史事，与口耳相传有不同的意义，它能够使叙述的内容凝固下来，保持一定的面貌，避免口述往事那种处于不断流动、遗忘及添加的状态。历法也是史事记述能否完备的一个重要条件，没有确切时间的记载，会使事件无法在历史流程中定位，则不能作为历史学产生的标志。

2. 社会运行机制上产生了对于准确历史记忆的客观需要，或社会大变动、大事件引起系统性描述和记载的冲动，促使人们予以总结以及进行理性的思考。

3. 在追忆往事而渐次形成文字撰述的早期阶段，一定的社会历史背景和文化环境，造成较为普遍的自觉记史意识与记史求真的强烈理念，并且此种理念得以立足于社会，历史学才能真正破土萌发。否则，上古对往事的追忆就会演化为神话和文学，仅存历史的影子而不具备历史学的性质。

上述史学产生的三个社会条件中，文字和历法在大多数民族的早期皆已具备，社会动荡和大的事件，在多数国家也都反复发生，唯自觉记史意识与记史求真的强烈理念，或然性很大，一旦错过时机，就只能等待外来文化的影响，这就是许多民族和地区未能产生原发性史学的原因。由于文化的传播，历史学必然扩大影响范围，

〔1〕 例如古埃及文明发达极早，但仅仅留存大量史料，未原发性形成连续发展的史学。作为历史研究的埃及学，乃近代欧洲人创立。

成为世界性的学术。

第二，通过中外史学的比较，特别是不同国家原发性史学的比较，考察中外史学共同的本质，从而得出理论性的概括和抽象。上古中国和古希腊、古罗马的历史学，都具备强烈的记史求真意识与史学的社会功用观念。中国西周季年“国人暴动”“宣王中兴”及后来的东迁，已使历史记述不能肆意隐瞒实情，故周宣王虽为“中兴”之主，而其“不藉千里”、南征丧师等负面事迹依然被记载下来。[1]至春秋时期，明确形成了“君举必书，书而不法，后嗣何观”[2]与“书法不隐”[3]的理念，汉代进一步确立了“其文直，其事核，不虚美，不隐恶”[4]的史学价值观。在古希腊，希罗多德（约前484—前425）撰写《历史》（又称《希波战争史》）具有史学的创始意义，这部《历史》虽然采取有闻则录的编纂态度，但希罗多德对史事往往“亲自观察、判断和探索”，常常在叙述传说之后申明“我是不能相信这个说法的”[5]。因此，希罗多德具备了一定的记史求真意识。其后，修昔底德（约公元前460—前396）撰写《伯罗奔尼撒战争史》，声明“这些事实是经过我尽可能严格而仔细地考证核实了的”。美国史学家汤普森指出：修昔底德“相信历史家的首要责任就是消灭那些假的事实”[6]，发扬修昔底德撰史传统的史学家波里比阿（约前201—前120），认识到“对于一个历史学家来说，求真是最重要的”[7]。可见记史求真的理念，是中西史学的共同准则。

中国先秦时期，以史为鉴、以史辅政、以史教化的观念即已建立，特别是对《春秋》宗旨的阐发，实际是强调了史学具有的强大

〔1〕《国语》卷一《周语上》，上海：上海古籍出版社，1988年，第15页。
〔2〕《国语》卷四《鲁语上》，第153页。
〔3〕《左传·宣公二年》，杜预《春秋经传集解》卷一〇，上海：上海古籍出版社，1978年，第541页。
〔4〕《汉书》卷六二《司马迁传·赞》，北京：中华书局，1964年，第2738页。
〔5〕［古希腊］希罗多德《历史》，北京：商务印书馆，1985年重印本，第151、306页。
〔6〕［美］J. W. 汤普森《历史著作史》上卷第一分册，第40页。
〔7〕转引自张广智《西方史学史》第二章，上海：复旦大学出版社，2001年，第60页。

社会功能，如孟子称“孔子成《春秋》而乱臣贼子惧”[1]。此后的史家大多贯彻“惩恶劝善”、垂训鉴戒、资治明道等经世致用的撰史宗旨。在西方古代史学中，同样倡言史学的社会功能，希罗多德撰写《历史》，具有“使历史以实例进行教诲”[2]的用意，波里比阿强调史学“求真是最重要的”，同时也疾呼“只有以类似的历史情况和我们自己的处境对比，才能从中取得推断未来的方法和基础”[3]。关于史学应当发挥其社会功用，也是中西史家共同具有的理念。

记史求真的准则和史学功用的理念，是中西史学古来发展的共同质素，唯记史求真，才能保持史学的基本特性，是史学能够存在的基本条件；在社会发展的早期阶段，追求史学之具备社会功能，才能获得所处社会的广泛关注、认可与支持，也是史学产生之后能够继续发展的条件之一。但史学的求真与史学的致用是矛盾的对立统一，何者居于首位是一个根本的问题，古代史学就是在这种矛盾运动中发展。进行中外史学的比较研究，发现和探索历史学发展的这一内在矛盾，是史学史研究提升到理论层次的重要契机。

第三，应该通过中外史学的比较，探讨史学发展的社会运行方式，以及史学发展到新阶段的转型问题。历史学具备了相当的学科基础之后，其发展除了内在的矛盾运动之外，还运行于整个社会生活之中。在不同民族、国家的不同社会背景下，史学发展的运行方式是很不一致的，中国古代的史学是与社会政治紧密地连接在一起，史学机制是国家政治机制的组成部分，中国史学的发展又具有官方史学和私家史学两条互动、互补又互有排抑的轨道，官、私互动与政治、史学的互动相纠结，是史学社会运行的显著方式。西方史学显然未与国家政治紧密连接，也不存在连续发展的官方史学，其运行方式与文学、艺术等一样处于社会文化的层次，西方正因此而

[1]《孟子·滕文公下》，见朱熹《四书章句集注》，上海：上海古籍出版社 2001 年，第 320 页。
[2][美]J. W. 汤普森《历史著作史》上卷第一分册，第 34 页。
[3] 转引自[美]J. W. 汤普森《历史著作史》上卷第一分册，第 80 页。

不断出现将史学比拟成文学、艺术的见解。有无连续发展的官方史学，是中西史学最显著和最重要的区别。日本等国的史学是在中国传统史学影响下产生，其运行方式带有中国式的特点，但也部分地有所改变。比较中外史学之社会运行方式的异同，对于深入研究史学史和史学理论，具有重要的推进作用。各国史学的时代性转型，是史学发展及其社会运行的关键点，更应成为中外史学比较研究的焦点。

以上三点是中外史学比较研究中最应关注的基本理论问题，其他如各民族的早期史学如何认识本民族的起源问题，各国史学发展是否经过文献的大规模整理活动以及各有怎样的特点，各国史学发展是否经历了疑古考据运动，受别国影响而次生性的史学（如日本史学）与原发性史学的异同问题，外来史学对本国的政治文化产生的社会作用，等等，都是中外史学比较研究的重要课题，这些问题的探讨必然促进历史学整体研究的深化。

三　中日、中韩史学比较研究的深层次探讨

如上所述，中日史学的比较研究、中韩（朝）史学的比较研究，是中外史学比较研究之不可或缺的组成部分。在古代，日本、韩国的史学都是在中国文化的影响下产生的，在其发展历程中，各个时期仍不断地接受中国史学的影响。这个基本史实，即使单从研究中国史学史的角度，也应当予以深入探讨。台湾学者朱云影早在 1981 年就出版了《中国文化对日韩越的影响》专著，其第一章“中国史学对日韩越的影响”考述了日本等国仿从中国传统史学的体制和方法，指出“中国的史官制度，给各国树立了楷模”；“中国富有变化的史体，启示了各国史学多方面发展的途径”。[1] 其他篇章如“中国

〔1〕 朱云影《中国文化对日韩越的影响》，桂林：广西师范大学出版社，2006 年，第 21 页。

正统论对日韩越的影响”“中国华夷观念对日韩越的影响”等，均考析了东亚各国接受中国历史观影响的现象。这些论述在中日、中韩、中越之间史学比较研究上筚路蓝缕、开辟榛芜，极具学术价值。但是，此书既立足于考察日本等国受到的中国传统文化的影响，因此多列举中日、中韩、中越史学的相同点，这些相同点都是粗犷的表象，而未揭示其细节。作为史学比较研究，更应当比较中日史学、中韩史学在相似大框架内的“同中之异”，分析这些同源史学之间的变异及其政治文化原因、社会背景。而要做到这一点，非进行深层次的研讨不可。

中日、中韩史学比较研究的深层次问题，需在研究进程中根据史实陆续探索，而不可能先验地事先规划。随着近年的阅读史料和认真思考，我们已经认识到东亚各国史学比较的一些问题，不仅对史学史和史学理论的研究十分重要，而且会对一般性历史研究开拓新的视野与思路。例如：

中、日、韩古代官方史学的比较，应为深入研究的问题之一。既然组织化的、连续发展的官方史学，是中国传统史学与西方古典史学最显著和最重要的区别，那么我们考察受到中国传统史学影响而产生的古代东亚各国史学，必须关注其官方史学的发展状况，并与中国做出比较。中国自东汉纂修《东观汉记》起，官方不仅记录历史，而且编纂著作性的传世史书，标志着官方史学与私家史学两条相互联系的发展轨道正式形成。而西晋灭亡后的北方十六国，各少数民族政权纷纷仿从汉人政权的官方记史、修史活动，虽然其间史学的求真价值观与统治者利益发生不少冲突，但总的趋势是传统史学理念影响日益扩大，北朝各政权更进一步发展了这种官方记史、修史体制。这是东汉之前匈奴等少数民族政权从未有过的行为，意义极其重大。为什么在十六国、南北朝时期各族政权战争频发的背景下，会出现空前的民族大融合？重要原因是以史学观念、历史观念为前导的文化认同起到最有力的促进作用。十六国、北朝的各少数民族政权纷纷记史、修史的活动，造就了在汉人政权走弱的形势下，汉文化的主导地位反而得以确立，推动了以汉文化为中心的民族大融合，甚至出现北魏孝文帝时期主动、全面的汉化改革。传统史学已经成为古代中国民族融合的最稳固的因素，在某种意义上可以说：这一时期，传统史学引导了历史，改变了历史。[1]

中国传统史学在日本、朝鲜半岛的传播，迟于对域内少数民族政权的影响。朝鲜半岛的新罗、百济政权，大约在6世纪后期（约中国南北朝时期）有了官方的历史记录，约于中国唐初的620年前后，出现官修史籍《百济本纪》，其传播和影响及于日本。[2]此后在高丽王国时期，开始仿照唐、宋朝廷，建置史馆，纂修实录，编辑《世代编年节要》等编年体史书，还纂修了纪传体史书《三国史记》。朝鲜王国时期，史官建置与修史事项都进一步向唐朝、宋朝的体制看齐，不仅各代国王的实录纂修齐备，而且有纪传体的《高丽史》和编年体通史《东国通鉴》。如典制史、史料纂辑及其他类型的史籍也不断涌现，官、私史学成果丰富多样。这些撰史活动，无疑得自东汉之后中国传统史学的示范。

日本现存最早的史籍《古事记》[3]，显然是受自中国史学的影响，其“序言”赞颂起兵夺位的天武天皇“道轶轩后，德跨周王。握乾符而总六合，得天统而包八荒；乘二气之正，齐五行之序”[4]，称天武天皇超过消灭蚩尤的黄帝与讨伐商纣的周武王，“得天统”而且“齐五行之序”，不难看出，从引用典故、思想理念、语词运用，都呈现出中国史学文化的特征。720年，日本官方修成《日本书纪》30卷，在汲取中国史学观念、史学方法的框架内予以改造，奠定了日

---

〔1〕乔治忠《中国传统史学对民族融合的作用》，《学术研究》2010年第12期。

〔2〕关于新罗、百济政权最初记史、修史的时间，各国学者有不同的见解，这里采取较有确证的说法。

〔3〕此书修成于712年，天皇委令官员编纂，属于官修。

〔4〕《古事记》卷首《序》，日本《新订增补国史大系》本，东京：吉川弘文馆，1961年。

本史学和政治历史观的思想基础。此后日本政权陆续纂修五部仿从中国实录体裁的编年史，与《日本书纪》合称“六国史”，记载史事前后连接，形成官修史的一个体系。“六国史”之后，日本国内因天皇实际统治权的旁落，官方的修史活动长久衰微，但到17世纪德川幕府时期，日本官方史学活动又以新的特色兴盛起来，出现以天皇为中心的编年史《本朝通鉴》《国史实录》及记述幕府将军世系、事迹的大量史籍。特别是水户藩藩主德川光圀主持编纂纪传体《大日本史》，为此专设名为“彰考馆”的史馆，其组织化的程度是日本最接近于中国式史馆的建置。此书1657年始修，至1906年才全书印行，是日本典型的官修史，中国传统史学的正统论观念、纪传体体例、善恶褒贬理念、纲常伦理准则、华夷之分思想、行文的“书法”等，都在此书中得到充分的体现。

认知中国传统史学区别于西方史学的特色，了解了日、韩古代官方史学的梗概之后，对照十六国、北朝时期少数民族政权仿从汉人政权的官方修史行为，可知中国传统史学中官方记史、修史活动，对周边民族和国家具有强大的文化魅力，道理十分简单，官方修史可使一个政权无论地域大小、国祚长短，事迹皆可长久流传，即所谓“典谟兴，话言所以光著；载籍作，成事所以昭扬”[1]。因此，中国比较成熟的官方史学，在其可以传布到达的地区，都会被文化发展相对后进的政权所仿效。然而，日本、韩国古代史学与中国传统史学并不完全一致，两国官方史学仿于中国而皆未能达到中国一样的连续发展与繁荣。日、韩之间也有很大的区别，古代韩国在整体上更认同中国文化，其官方史学在史馆组织、修史形式等方面就比日本更接近于中国。因此，进行中、日、韩三国的古代官方史学比较研究，实为深入进行史学史研究和史学理论研究的重要切入点。

日本列岛和朝鲜半岛自输入和吸取中国传统史学之后，虽产生

〔1〕《魏书》卷五七《高祐传》，北京：中华书局，1974年，第1260页。

了官方和私家的修史活动，但在修史的连续性、多样性和编纂方法的创新上，仍然远远逊色于中国，发展进程仍不断地继续学习中国的史学，其史学机制仍然不及中国健全。那么问题到底出现在何处？通过深层次的比较研究，可见原因在于其未能完全引入中国传统史学的官、私互动机制。

中国古代自东汉之后的官方史学与私家史学的互动，在于官方任用学官修史，也不反对这些官员私下撰史，官方资料迟早可被私家修史使用，官方修史也征集私修史籍用于参考；私家修史多以得到官方认可为标榜，官方修史的体例和方法，往往得自私家修史的成功范例；官方的记史、修史，从资料上给私家提供了素材，私家修史又弥补了官方修史的缺失；官、私史学互动中也包含着互相排抑，私家往往需要创新体例和探索新途径、新方法而自立，官方也谋求撰史的新方式来满足政治需要。这样，中国传统史学就能够丰富、多样、连续地发展。以此为标准对比日本、韩国史学，可知其机制皆未能如此完善，其原因自然是国情、民族、社会背景、政治文化有所区别，研究这些区别对史学机制的影响，探讨社会条件与史学发展之间的关系，也是深化史学史研究的重要课题。

古代的日本、韩国虽然长期处于中国文化的影响之下，但毕竟保持了自己的基本民族和政权疆域，这反映在历史的追述上，既有本民族起源的神话，也多有文明外来（来自中国）的形象化传说。例如日本具有神代历史、天孙下界的神话，也流传着吴太伯开国、徐福东渡的传说；朝鲜有檀君创国的神话，也有箕子封君的传说。诸如此类的具体情节和具体人物是否合于史实，已难以考订落实，而这些神话和传说之间的龃龉，则映射出民族自立心态与大量接受外来文化现实之间的矛盾，这在“华夷”观念上尤其明显。朱云影先生在著作中论述了日本、韩国受到中国“华夷”观念的影响，强调的是东亚各国“华夷”思想的共同特征，而实际上，比较“华夷”观念在日、韩等国的变异，特别是剖析日本与韩国的显著区别更为重要。朝鲜王国时期确立了对明朝的蕃属关系，构建了本国“小中华”的历史定位。日本则从民族自尊发展到民族自大，至德川幕府时期，神国观念和民族自大思想已经压倒部分学者对中国的倾慕情绪，他们拿取从中国学来的概念而自命为“中华”“神州”，反将中国称为“西土”“外朝”。至近现代，韩国的民族思想又经历巨大的嬗变，日本则演变出极端的民族主义和种族主义，最终形成军国主义侵略行径。这一切都具有一定的历史渊源，梳理从民族自立心态、华夷观念至极端民族主义、狭隘民族主义的发展轨迹，分析其中的历史线索和史学表现，具有重要的史学意义和现实意义。

由上述的举例分析可知，中、日、韩史学之间系统、深入的比较研究，有助于开拓历史研究、史学史研究的宏阔视野与新的探索方向。

四　中日史学比较研究的学术新境

古代日本接受中国传统史学的影响而形成本国史学之后，呈现出比朝鲜半岛更有别于中国史学的特点，因此中日两国史学的比较研究，具有尤其重要的学术意义。日本引入中国儒学和史学，一开始就在历史观和史学理念上做出很大的改造，这在历史“正统论”问题上表现得最为典型，影响也最大。

古代中国的历史“正统论”思想，是中国传统政治历史观和史学思想中最具特色的理念，它与中国的“大一统”观念、“华夷之辨”观念、宗族血统观念、“王道”思想、天下地理分野观念等，均有密切的联系，又牵涉统治政权的政治利益，因而在价值判断的标准上也就颇多分歧。中国这种“正统论”观念，经历了从西周至西汉漫长的形成过程，是在中国古代政权多次发生改朝换代和政权并立的背景下，与“大一统”观念、纲常伦理观念相调和而产生的。没有改朝换代和政权并立，就不会有所谓的“正统论”。

在日本，5世纪时出现以大倭政权为中心的统一趋向，乃是自发扩张状态，十分松散且不稳定。日本多零散岛屿，大的岛屿上山岭纵横，这样的地理环境在古代应当难以实现大范围统一政权，更不用说大一统的自觉意识。然而中国业已发育成熟的政治思想与历史观念，一举传入日本后，促使日本超前地建立起认同政治统一的主流意识，遏止了不同思想的萌发，这是日本形成统一国家的主要原因。其中“正统论”观念传入尚未具有改朝换代历史记忆的日本朝廷，既被接受也就不能不被改造，因为任何政权都以“正统”自居，不愿意承认自己将被取代的合理性。于是，日本扬弃了中国“正统论”思想，不仅把其中皇位血缘承袭的标准强化，连儒学中“皇天无亲，惟德是辅”[1]的理念也一并改造，构建了《日本书纪》的创世神话，塑造日本上古的“神代”历史，把“皇天无亲”直接变成“皇天有亲”，天皇就是天照大神的嫡系后裔。在中国因多次发生改朝换代而产生的“正统论”思想，到日本却变成拒绝改朝换代的社会意识，天皇血统要比任何功业更加重要，任何人都不能取代天皇的地位，更遏制了任何人“篡位”念头的萌生。因此，日本分散地理状况下的政治统一，日本天皇“万世一系”的历史景观，都是得益于中国传统历史观念的输入和改造，在某种意义上可以说是中国的传统史学观念，铸成了日本特殊的政治史格局。

这个结论显示的是传统史学对社会历史施加的巨大作用，可与中国十六国、北朝时期传统史学推动民族大融合的作用相媲美，皆为中国史研究、日本史研究、史学史研究的突破性新论，理应引起史学界的关注和讨论。

中日官方史学的比较，上面已经概略提到，即日本虽然仿从中国传统的官方史学活动，但在组织化、连续性、纂修史籍多样性上都远远不及中国发达，韩国虽强于日本，亦不能与中国相比。值得

---

〔1〕《春秋左传注》僖公五年，北京：中华书局，1981年杨伯峻注本，第309页。

注意的是，日本在明治维新初期，史学的近代转型与官方史学的命运系于一起，这与中国史学的近代化进程大不相同，值得比较研究。

日本的明治维新是自上而下的全面改革运动，经济、政治、科学文化都锐意学习西方资本主义社会。但在历史学方面，则有着特殊的表现。本来，西方史学知识自幕府末季就不断涌入日本，明治初年更聘用德国教授，引进客观主义的兰克史学，从而注重史事的考辨和订正。与此同时，天皇政权是以“王政复古”的旗帜推倒幕府而重新执政，为了重振“六国史”时期那种天皇的权威，决定编纂国史《大日本编年史》。1869 年（明治二年）天皇颁布诏书曰：“修史乃万世不朽之大典，祖宗之盛举，但自《三代实录》以后，绝而未续，岂非一大缺憾！今已革除镰仓以来武门专权之弊，振兴政务，故开史局，欲继祖宗之余绪，广施文教于天下。任总裁之职，须素正君臣名分之谊，明华夷内外之辨，以树立天下之纲常。”[1]这里，清楚地表达了“复古”性的官方史学理念。

负责纂修《大日本编年史》的重野安绎、久米邦武等史学家，都具有历史考据功底，又接受西方的史学思想，他们对日本古代史籍的记载予以考订、辨伪，将求真务实作为宗旨。久米邦武更发表《神道乃祭天之古俗》一文，剥下日本神道的神圣外衣，触动天皇神裔的古来观念，引起一片愤怒斥责。神道界人士攻击久米邦武对皇室大不敬，毁坏日本国体，误导天下后世，侮辱国民历史，导致久米邦武被解除修史职务，免去帝国大学教授职务，这就是有名的“久米邦武笔祸”事件。随后，重野安绎也辞职离去，但日本国史也无法再按复古的理路编纂下去，学者辨伪考据的学术成果已经影响深广，官方为了维新运动的大局，即使不能接受这种触及天皇地位的史学观点，也无法从文化上全面后退。1893 年按文部省提议，宣布终止政府修史，

〔1〕转引自［日］坂本太郎《日本的修史与史学》，沈安仁等译，北京：北京大学出版社，1991 年，第 166 页。

官方仅做史料的整理出版，编辑了《大日本史料》等多种资料丛书。而纂修史学著述，全由私家各成一家之言。日本史学的转型，乃是以废止官方修史的方式过渡，并未清算“皇国史观”等旧的史学思想。中国史学的近代化转型是以梁启超《新史学》抨击旧史为帝王家谱，倡导“民史”、疾呼“史界革命”为标志。梁启超等人对旧史学的批判虽然猛烈，却没有触及官方史学这一中国旧史学的特色，没有反省史学的求真准则与致用需求之间孰为根本的问题，留下了与日本不同的另一缺陷。中日史学的近代化转型，都各有缺陷，造成此后史学发展长期存在着伤害学术性的因素。这个教训，应当在中日史学比较研究中得到深刻总结，以探寻强化史学学术性的正确途径。

中日史学在近代都出现疑古考辨思潮与保守“卫道”观念之间的对立和斗争，其实质是史学到底以求真、求是为准则，还是首先满足社会政治的需要？在日本，疑古思潮经过多次起伏和周折，重野安绎、久米邦武等史家的考证成果，被从政治方面压制，但学术性则无法否定。20世纪初，以日本史学家白鸟库吉为代表的疑古思潮兴起，特点是考辨中国上古传说中尧、舜、禹等圣王并不存在，指出《尚书》之《尧典》《舜典》《大禹谟》皆非当时所记，并且大禹治水等事迹从常识上判断则难以置信。[1]这种观点被称为“尧舜禹抹杀论”，其间虽有学者反对，但得到内藤湖南等多名史学家的支持和进一步发挥，在日本学术界占据了学理优势和学脉传承，而且因为讨论的是中国古史，也没有政治上的压力。但随之而起的是津田左右吉对日本历史的“神代史上古史抹杀论”，构成一个巨大的史学冲击和思想冲击。

津田左右吉认为：《古事记》《日本书纪》描述的日本“神代史”，不仅毫无史实可言，也不是日本的神话传说，而是修史者按照

〔1〕［日］白鸟库吉《中国古传说之研究》，见刘俊文主编《日本学者研究中国史论著选译》第一卷，北京：中华书局，1992年，第5页。

当时的政治需要构造出来的。这种见解完全剥夺了天皇为日神后裔的光环。他还通过细密考辨指出:《日本书纪》所记载的从神代到仲哀天皇[1]部分，包括天皇的家谱在内，都不能说是真实的历史记录。时值日本军国主义的对外侵略扩张时期，津田左右吉的历史见解受到右翼势力的围攻，著述遭到封禁，人身面临政治迫害，但获得大批教授和学生的同情与护持，几乎没有学术界人士与之作对。1945年8月，日本军国主义失败，日本政体改变，天皇也发布自我否定“神裔”身份的“人间宣言”，津田左右吉的历史观成为主流思想，日本的疑古考辨思潮获得最后的胜利。

在中国，与津田左右吉大体同一时期，以顾颉刚为主将的古史辨派举起疑古考辨的旗帜，掀起一场史学革命的波潮，引起颇为广泛的回响。顾颉刚的古史辨观念得到学界部分学者的支持，也遭到来自各个层面的非难，反对者固然多有保守派的儒士，但具备新史学知识和留学于西方的学者也不在少数，甚至包括投身于新兴考古学的学者，这与日本津田左右吉的境遇很不相同。众所周知，古史辨派虽然在史学研究上留下丰硕的成果，但其“打破民族出于一元的观念”“打破地域向来一统的观念”“打破古史人化的观念”“打破古代为黄金世界的观念”[2]的学术宗旨，则远未实现，至今史学界还争论着上古史研究是否应当“走出疑古”，这是事关史学研究大方向的理论导向问题。笔者认为其中的是非曲直，必须进行中日两国史学之疑古思潮的比较研究，才能够真正得出清晰的认识。

以上仅就中日两国史学中正统论的异同、官方史学和史学的近代转型的区别、疑古思潮及其结果等三大问题，展示中日史学比较研究对于史学史研究、历史研究所具有的开拓学术新境的意义，而尚待发现的课题仍不可估量、前景壮阔，因为这只是一个刚刚起步

〔1〕仲哀天皇，日本旧时记述的第十四代天皇，相当于中国汉献帝时期。
〔2〕顾颉刚《答刘胡两先生书》，见《古史辨》第一册，上海：上海古籍出版社，1982年，第99—101页。

探讨的领域。十分希望史学界更多的同仁参与研讨，更希望大批青年学子做好知识的积累和理论的准备，矢志于此，共创中外史学比较研究的学术繁荣。

（原载《山东社会科学》2011年第9期）

中国史学史学科发展与中外史学比较

一　中国史学史研究面临的瓶颈

中国史学史作为一门相对独立的史学分支学科，其产生如果从梁启超等人于20世纪20年代的倡导算起，至2012年已有约九十年的发展历程，其间虽有起伏、周折，但总的趋向是学术水平逐步深入、研究范围愈加广泛，学术成果之丰富已经引人瞩目，学术队伍的扩展也十分可观，于今已经呈现出前所未有的繁荣景象。然而中国史学史是比较特殊的学科，正面临发展的一个瓶颈，对此应当有清醒的估量，以做好应对措施，并开拓新的学术增长点。

中国史学史研究在学术上难度较大，简单地介绍史家、史书固为容易，但要深入研讨史家的贡献、史籍的地位和影响，并且达到从中国史学史上定性、定位的水平，则不仅需要通晓中国史学整体的发展脉络，还需要准确了解相应的政治文化、社会背景。对于史书的史料来源、可信程度的评析，更应当投入扎实的考订功夫。因此，史学史的研究对于学者本人的知识、功力和理论素质，都有要求，欲做出突破性的学术成果，相当艰难。这是中国史学史学科的特点之一，学科发展到一定程度，水平的上升自会临近瓶颈而举步维艰。

如果说历史学是对以往社会事件和人物的深刻反思，那么史学史则是对历史学发展历程的反思，是对社会反思的反思，即比反思的层次又高出一层。历史学与现实社会的联系是比较密切的，因为现实社会包含着许多历史遗留的因素，但不可否认的是：历史学毕竟是将以往的社会作为研究对象，与现实社会的联系总不如直接研究现实的经济学、社会学、政治学等。至于更上一层反思的史学史，离现实社会就更远了。于是，在讲求“经世致用”的社会背景下，史学史受重视的程度就被压低。这从全国社会科学部门、大学院校的专业设置、学术立项、机构建设等方面都很清楚地表现出来。学术研讨的助力和资源分布均有不足之处，对中国史学史研究的深化与平衡发展皆有所制约。

中国自古以来，史学呈现出极其兴盛的景象，历史记载和历史著述在时间上连续不断，在形式上丰富多样，造成中国史学遗产比任何一个民族或国家都加倍丰富。梁启超对此有精辟的论述：“中国于各种学问中，惟史学为最发达；史学在世界各国中，惟中国为最发达。”[1]这样丰富的史学遗产，为中国史学史的研究提供了广阔的天地，相对应的是其他国家的史学遗产远远不及中国，大多亦未建立相对独立的史学史学科，中国学术圈提出“与国际接轨”的口号反倒成了中国史学史专业建设的不利因素。

史学遗产的丰富，有利于中国史学史研究的持续发展，但在多若繁星的史家、浩如烟海的史籍之中，真正对史学发展发挥重大影响者，乃是少数。中国历代重要史家、著名史书已经被反复评介和研讨，迄今面世的系统性中国史学通史著述，有三十部左右，每一种都已将史学名家、名著作为论述的骨干，更罔论不可胜计的专题论文和论著，想再对这些名家、名著的研讨取得实质性突破，殊非易事。当然，对三流以下的史家、史籍也有必要关注，这可以扩大史学史研讨的范围，但怎样评析这些史籍在史学发展进程中的地位和作用，却是不好解决的难题。有的篇幅较大的通史性中国史学史

〔1〕梁启超《中国历史研究法》第二章“过去之中国史学界”，上海：上海古籍出版社，1987年，第10页。

著述，揽入很多不大显要的史家、史籍，又未能融汇于史学发展的主导脉络，沦为简单的史家和史书介绍，给人以过于游离和琐碎之感。可见将次要史家史籍作为研究对象，虽能够增加史学史研究的广度，却不一定有助于研究的深化。

以上列举造成中国史学史研究瓶颈的几种因素，有些不是单凭本专业的学术举措即可克服，而是需要史学界整体文化环境的改善，此处暂且置而不论。史学史专业学者可以从学术上做出努力之处，一是需要肩负起史学评论的重担，二是开展中外史学的比较研究。史学评论本就是史学史的学术内容之一，对以往史家、史籍的研究都带有史学评论的性质，但这里所要加强的是对当前历史著述的评论。史学史专业的史学评论，必须坚持从广义的学术角度出发，实事求是、尖锐泼辣，绝不能顾忌学术外的干扰因素，要为端正史学风气尽最大的努力，使史学史研究与当代社会的联系密切起来。李振宏教授曾经呼吁"让学术执行批判的使命"，他指出历史学"要肩负起历史批判的责任"。[1] 史学史学科建设对此责无旁贷，只有将史界之风气端正，历史学整体才能肩负起社会历史评判的重任，此理甚明，要在力行，不必多赘。中外史学的比较，对于中国史学史学科的发展意义重大，却尚未引起应有的关注，这里当予以重点阐释。

二　中外史学比较的整体布局

史学界开展中外史学的比较研究，起步很早，多见于比较中国史学与西方史学的异同，至于如何安排史学比较研究的整体布局，学术界尚缺乏认真的探讨。笔者认为从中国史学史研究的角度进行中外史学比较研究，应当明确树立以下两个理念：

---

〔1〕李振宏《让学术执行批判的使命——李振宏教授访谈》，《学术月刊》2009 年第 12 期。

第一，整个世界的史学从源流上考察，有两大史学脉系，一是以古希腊、古罗马史学为渊源的西方史学，二是以中国传统史学为中心的东亚史学。在史学比较研究的方位上有三个重要视点，即中国史学、西方史学和日本史学。

中国史学源远流长，《尚书》中的某些篇目产生于西周初年，至迟西周季年，就产生了官方自觉按时间顺序记载时事的体制。春秋时期，记史制度在各个诸侯国普遍建立，编年体“春秋”类史籍是历史记载的主要方式，此外还有“语”类、“谱”类等载籍。战国时代，私家史著兴起，《左氏春秋》为其中佼佼者。西汉司马迁将私家史学的发展推至一个新的高度，而东汉朝廷官修《东观汉记》以及荀悦的著述，标志着中国官方史学与私家史学两条相互联系的发展轨道得以形成。此后的中国传统史学，就在这样的基础上向前发展。

西方史学的产生可从古希腊算起，此前虽出现零星的记事之文，但不具备史学产生的规模与影响，美国史学家汤普森《历史著作史》认为：“希腊人是史学创始人，正如他们也是科学和哲学的创始人那样，欧洲的史学无须向更古的时代追溯了。”[1]古希腊史学具有显著创始意义的著述，是希罗多德的《历史》(又称《希波战争史》)，该书视野广阔，记事丰富，影响巨大，促进了此后历史撰述的接踵而出。修昔底德《伯罗奔尼撒战争史》进一步确立历史著述以求真为首要原则，长期生活于罗马城的希腊史学家波里比阿，更明确地强调“在历史作品中，真实应当是凌驾一切的”[2]。2世纪罗马帝国著名诗人、学者卢奇安在《论撰史》一文中指出“历史必须努力尽它的本分——那就是写出真实”[3]。在这种对于史学规范的共识中，西方

[1]［美］J. W. 汤普森《历史著作史》上卷第一分册，北京：商务印书馆，1988年中文译本，第31页。

[2]［古希腊］波里比阿《通史》，转引自郭小凌《西方史学史》，北京：北京师范大学出版社，2009年，第73页。

[3]［古罗马］卢奇安《论撰史》，《缪灵珠美学译文集》，北京：中国人民大学出版社，1998年，第191页。

史学走上私家名著各具特色的发展路径。中国和西方这两条史学脉系，都是原发性的，在古代各自独立发展，直至近代才发生真正的交流和相互影响。中西史学的比较，在不同起源的两种史学中发现共同的特点，有助于探索史学发展的规律。这两种史学脉系的相异之处，亦可凸显中国传统史学的主要特点，从而获得对中国史学史更深入的认识。

日本史学是在中国古代史学的影响下产生的，是一种次生性质的史学，与中国传统史学有不少相似之处。但日本民族引入中国传统史学，一开始就试图将其改造为适于本国政治文化的发展模式，因而非常值得两相比较。了解日本对中国史学的影响接受了什么、舍弃了什么、改造了什么，出于什么社会原因进行这种取舍和改造，对于认识中国史学的特点、探索史学在不同社会条件下的运行机制，具有十分重要的意义。将日本史学与中国史学、西方史学并列的视点，表面看来似乎不太般配，实际不可或缺，舍此找不到在古代既吸收中国文化又加以改型的更好标本，也找不到近代在中西文化之间起到融通、媒介和传递作用的更佳区域。当前史学界对日本史的研究有所重视，但对日本史学的了解和研究则极其薄弱，这是历史学科总体性的缺陷。

第二，进行中外史学的比较研究，应当以中国史学史的认识体系为基础，将中国史学的发展状况作为比较和对照的坐标，以深化中国史学史的探讨为主旨。在这一点上，史学界进行的中西史学比较往往反客为主，应当予以拨正。中国传统史学是世界上发展最为系统、内容最为丰富、连续性进程最为完整的史学，近代以来受到西方史学理论的影响而逐步转型，但大量保存了传统史学的成分，并与西方史学碰撞、磨合、融汇，展现出十分兴盛的发展前景。因此，史学史学科虽然是从西方引进，但在中国最具研讨的条件，中国史学史理应成为中国的特色学科。欲将史学史的研究提高到理论的层次，认识史学产生、发展的社会机制和规律，必须以中国史学史为基点、为坐标系，同时进行中外史学的深入比较。

综上所述，中外史学比较的宗旨，应当是从理论层次上探讨史学发展的机制，从而深化中国史学史的研究，中外史学比较研究是在中西两大史学脉系内，探查中国、西方、日本三个视点的异同，并且研究造成异同的社会原因。抓住这个关键之后，就可以继续扩展，逐步深化，促进整个史学史学术研究体系的更新。

三　中外史学比较的启示和展望

进行深层次的中外史学比较，可以给中国史学史的研究以重要的启示和展望，也有助于史学理论研究水平的提高。

中国传统史学中官方修史活动连续不断，是古代明显的史学现象，明显的程度可以使人司空见惯、视而不见，而将官方修史与私家修史一例看待、混同评议。然而如果以中国古代史学为基点，将其与西方古代史学用心地加以比较，中国官方史学的特殊性、重要性就会凸显出来。西方史学在发展历程中，几乎没有中国这样制度化、组织化的官方史学，更没有中国这样依照官僚等级体制组织、作为国家常设机构的修史馆局。但受中国的影响，日本则存在官方修史活动，只是未能做到如同中国一样的组织完善和连续不断。这启发我们必须从官方史学与私家史学的相互关系上考察中国传统史学的特点，正是中国官方史学与私家史学的互动、互补又互有排抑的矛盾，才造就了中国史学的极大繁荣。对于一些古代的史学遗产如司马迁的《史记》，也应当在官、私史学的关系中予以评析。以这样的思路研究中国史学史，就会打开深化学术认识的新生面。

对中西史学共同特点的概括，可以发现中西传统史学虽然各自独立发展，却都具有记史求真和撰史致用两种理念，而求真与致用之间存在着矛盾，焦点在于何者居于首位。因此，正是求真与致用之间的矛盾，推动史学的发展，这种矛盾在中国与西方有十分不同的表现，中国官方史学与私家史学的关系，就交织于求真与致用的矛盾之中。在中国，由于官方史学的存在，使史学与政治机制的结合尤其密切，特别讲究史学资治、以史为鉴等经世致用的宗旨。而西方史学与政治的直接关联，在总体上要薄弱得多。这启迪我们做这样的思考：求真与致用二者孰为史学最基本的准则？史学经世的观念是否永远具备合理性？详加探讨，将呈现史学理论研究创新的契机。笔者认为，记史求真理念是史学产生、发展的基本条件，撰史致用观念则具有历史性，它曾经与求真理念共同推动史学的兴旺繁荣，但在现代将逐渐衰退，直至求真基础上的求是与学术求新之间的矛盾成为史学发展之主要矛盾，当时的史学成果可能被现实社会所利用，不过已经不是历史学研究所抱定的宗旨。

中西史学与中日史学的比较，以及将其扩展到对若干上古文明的考察，可知不是每一民族、每一国度都会原发性地产生史学，西方史学产生于古希腊而不是产生于文明发祥更早的古埃及，这是值得深入研究的现象。汤普森在《历史著作史》中指出："埃及人从来就不是一个很喜欢写历史的民族"，古埃及虽有丰富的史料，但史料不等于史学，"埃及铭文的历史价值必须经常细心判断，因为诸法老往往把他们祖先的事迹，归到他们自己名下。他们用来达到自己的目的的方法很简单，磨掉石柱或墙壁上已记载的事迹中那位英雄的名字，然后刻上自己的名字就行了；或者把别人的功绩记录抄刻在另一块石板或纪念物上，把过去完成那些功业的真正君主的名字改成他们自己的就行了"[1]。古埃及明显缺乏记史求真的理念，是不能产生原发史学的主要原因。与此相对照，古希腊希罗多德、修昔底德等都有明确的求真意识。中国上古官方的记史体制，求真理念相当强烈，春秋时已经普遍将"君举必书"[2]作为共识，而"书法不

---

〔1〕［美］J. W. 汤普森《历史著作史》上卷第一分册，第 6 页。
〔2〕《国语》卷四《鲁语上》，上海：上海古籍出版社，1988 年，第 153 页。

隐”，乃是“良史”的主要标准。[1]史学的原发性产生和持续发展，既然以记史求真理念为重要条件，那么远古的传说和神话不仅不是史学产生的源泉，而且起到阻碍史学产生的作用。一个民族在上古时期如果没有如实追述往事的理念，追忆就会渐渐转化为神话或传说，而且必然扭曲得面目全非。不过，当史学从另外途径产生之后，神话和传说会被略加修饰而掺入历史的叙述，继续发挥以假乱真的效能。基于比较中外史学之源头的这种分析，令我们必须清醒看待《史记》等古籍中来源于上古传说的记述，盲目信从是大错特错的。王国维者所言“可知《史记》所据之《世本》全是实录”[2]，乃极其荒唐和武断的论断。这关乎中国史学史研究的原则，也是中国上古史研究的根本性问题。

中外史学的比较研究，可以直接看到史学在不同社会背景下的发展，于是史学发展的社会运行机制问题就浮现出来，成为中国史学史需研讨的重要内容。笔者曾经撰文论述中国史学史的学术任务和基本内容，但初做中外史学比较研究之后，就又补充了“史学发展的社会运行机制”[3]一项内容。探索这个问题，需要更高的理论思维能力和更深广的社会历史知识，固然不太容易，但其前景甚为壮阔，会带来史学史认识体系的重大更新，促进研究水平的全面提升。

中外史学比较研究，对于深化外国史学的研究也具有重要的促进作用，这是不言而喻的。仅就裨益中国史学史学科发展而言，也不止于上述几点展望，这是一个别有洞天福地的学术领域，亟待史学史专业学者的踊跃参与。

（原载《史学月刊》2012年第8期）

〔1〕杜预《春秋经传集解》卷一〇，宣公二年，上海：上海古籍出版社，1978年，第541页。
〔2〕王国维《古史新证》第四章“商诸臣”，北京：清华大学出版社，1994年，第52页。
〔3〕乔治忠《中国史学史》，北京：中国人民大学出版社，2011年，第7页。

中国传统史学对日本的宏观影响

日本的古代史学，在中国传统史学的影响下产生。日本接受中国史学的输入之后，与本民族的文化相结合，形成具有日本特色的古代历史学，并且深刻地改变了日本社会历史的进程。因此，探讨中国传统史学对日本史学、日本社会历史的宏观影响，具有十分重要的学术意义，不仅可以深化对中国史学史、日本史学史的研究，更有助于对日本社会历史发展特点的研究做出突破性的探索。

一　中国传统史学发展概况

为了考察中国传统史学对日本的影响，首先应当了解中国古代史学的概况。中国史学源远流长，西周初期，即产生反思历史的"殷鉴"意识，推动了历史文献的整理与保存。而史学正式产生的标志，是官方连续地记录政权和社会所经历的事件，这应当始于西周季年。中国准确的连续纪年的开端，为公元前841年，这一年西周政治上进入了特殊的"共和行政"时期。所谓"共和行政"，是"国人暴动"驱逐了西周厉王，朝政暂由共伯和执掌。据顾颉刚、徐中舒等史学家考索，共伯和实际就是颇具历史意识的卫武公[1]，无论这种考证是否确凿无疑，共伯和既然能够在国乱之时安定局势，执

〔1〕顾颉刚《史林杂识初编》第三十八"共和"条，北京：中华书局，1963年，第203页；《徐中舒历史论文选辑》(下)，北京：中华书局，1998年，第1005页。

政14年之久，随后将政权平稳移交给周宣王，则其见识、眼光绝非平庸之辈，他在执政之初就一定明了“共和行政”只是一个过渡时期，有必要记录时政，以备将来查验，免遭谴责与祸患。因此可以推断：“共和行政”开始了按时间先后连续性的记载史事，从而也有了确切的纪年。

在先秦时期，历法率先在记日、记月上较为准确，纪年方法却很不完善，现存周代铜器铭文中所有的纪年，基本都是“维王”若干年的方式，但不能明确是哪一周王，致使许多铜器制作年代的判断，成了聚讼纷纭的问题。很明显，这种纪年方法上的缺陷，只有通过连续性记事才可补救，从而形成准确的纪年。为什么中国古代准确的连续纪年始于“共和行政”？这只能是因为此时开始了官方的连续记事机制，这种记录史事的做法后来得以承袭和发扬，形成制度，导致了史学的产生。因此，中国古代史学的产生，是从官方连续性记录史事而开启，可以断定为公元前841年的西周“共和行政”时期，即有编年体史籍的出现与连续纪年的产生，二者是合一的。

至春秋时期，按时间顺序连续记史的体制已经扩展到诸侯国，连地处较为偏僻的秦国也于周平王十八年（前753）“初有史以纪事”[1]，可见记录史事已成为春秋时期各诸侯国的普遍举措，并出现了许多著名的史官，形成一定的记史规范。例如曹刿向鲁国君主进谏时曾说：“君举必书，书而不法，后嗣何观？”[2]表明记史制度已经具有了“君举必书”的共识，形成讲究一定“书法”的规则，从曹刿语意上看，这种记史制度早就施行，为时许久了。编年体史册多以“春秋”为名，也有如晋之“乘”、楚之“梼杌”等别名。现今存世的《春秋》，为鲁国的编年记事，据称曾经过孔子的修订，因而地位上升，后世作为儒学经典之一，对政治文化和史学发展，都起

〔1〕《史记》卷五《秦本纪》，北京：中华书局，1959年，第179页。
〔2〕《国语》卷四《鲁语上》，上海：上海古籍出版社，1988年，第153页。

到重大而特殊的作用。

战国时期，是中国思想文化辉煌发展的兴盛时期，众多学派兴起，百家争鸣是其重要特征，而伴随百家争鸣的进行，私家著述大量产生，这是先前所没有的文化现象，私家历史著述如《国语》《左传》，也超越了官方史学的水平。西汉时期，司马迁《史记》的出现，私修史实现了一个巨大的跨越，《史记》纵览今古，内容宏富，开创了纪传体通史的编纂方式，这是世界史学史上独一无二的成就。但是，在《史记》成就被肯定的同时，也泛起批判其思想倾向的声浪，西汉末年，扬雄就曾指责《史记》述史“不与圣人同，是非颇谬于经”[1]，而东汉初续写《史记》的班彪，则批评司马迁“薄五经”“轻仁义”“贱守节”等，“此其大敝伤道，所以遇极刑之咎也”[2]，用语可谓十分尖刻。而班彪之子班固，则认为司马迁不仅在历史观点上“其是非颇谬于圣人”[3]，而且那种通史的写法也是把汉朝“编于百王之末，厕于秦、项之列”，同样有不敬之嫌，于是“探纂前记，缀辑所闻，以述《汉书》”[4]，即以“尊汉”为出发点，专以西汉时期政治兴衰为记述的主线，创纪传体断代史的编纂方式。

汉明帝对班固所撰史稿极其赏识，任其为兰台令史，提供了编撰《汉书》的优越条件。但更值得注意的是：班固同时被任命纂修《世祖本纪》，这实际就是《汉记》纂修的开始，后来又与其他文臣一起撰有列传、载记多篇。《汉记》是东汉官方修撰的纪传体本朝史，编纂历程延续至东汉末年，因东汉后来藏书机构改在“东观”，修史工作也在此处，故该书被称为《东观汉记》。倡导官方纂修《汉记》的汉明帝，对《史记》的思想倾向很不满意，曾公开对文臣宣称：“司马迁著书，成一家之言，扬名后世，至以身陷刑之故，反微

〔1〕《汉书》卷八七下《扬雄传》，北京：中华书局，1962年，第3580页。
〔2〕《后汉书》卷四〇上《班彪传》，北京：中华书局，1965年，第1325页。
〔3〕《汉书》卷六二《司马迁传》，第2737页。
〔4〕《汉书》卷一〇〇下《叙传下》，第4235页。

文刺讥，贬损当世，非谊士也。”[1]明帝阅读了班固《汉书》文稿后，受其体例和宗旨的启示，遂决计官修本朝纪传史，不仅将史学拖回依附于朝廷政治的路径，而且干脆由朝廷纂修本朝的全史，占领这一重要领域。《东观汉记》具备纪、表、志、列传、载记等五种构成体式，经过东汉政权陆陆续续的编纂，至汉末灵帝时史稿已经达到143卷以上的规模[2]，资料丰富，体例完备，流传后世，“晋时以此书与《史记》《汉书》为‘三史’，人多习之”[3]，影响十分深远。迨至唐代，因范晔《后汉书》得到注释和传扬，《东观汉记》地位下降，渐渐散佚，但其宝贵的史料价值和对官方修史的示范作用，不可忽视。

自东汉时起，官方不仅记史，而且修史（即指纂修传世的成品史著），具有重大意义。在中国官方史学的发展中，记史与修史大有区别，记史是将当时史事记录下来，作为一种档案文献予以保存，甚至从制度上就规定要禁止外传，严格保密；修史则要修成一个成品的历史著作，其定稿一般都会公布，使之得以传世。东汉官方在记史之外，更重修史，标志官方史学与私家史学这两条相互联系的史学发展轨道，得以形成，这成为中国传统史学极其繁荣发达的重要原因。在官方史学与私家史学互动、互补也时有冲突的运行机制中，各种史学理念、各类修史活动相互斗争、磨合与调整，成为中国古代史学发展的动力，整个中国古代的史学，大致就建立在汉代形成的这种史学基础之上。此后，中国传统史学依靠官方史学与私家史学的互动关系，无论是社会相对稳定还是战乱频仍、政权分裂时期，都获得持续性发展，对周边民族产生巨大影响。十六国以及

---

〔1〕班固《典引·序》，见严可均辑《全后汉文》卷二六，北京：商务印书馆，1999年，第256页。

〔2〕《隋书·经籍志》著录《东观汉记》143卷，已有佚失，则东汉末年撰就的史稿一定多于这个篇幅。

〔3〕《四库全书总目》卷五〇，史部别史类，《东观汉记》提要，北京：中华书局影印本，1965年，第446页。

北朝的少数民族政权，均仿效汉人政权开展官方的记史和修史，这是汉代以前匈奴等外族政权不曾有过的现象，显示了官方史学的文化魅力和影响力，记史、修史意味着一个政权将自己的功业予以记载流传，许多上层人物亦可青史留名，这是官方史学最明显的功能。

仿从汉人政权的记史、修史体制，必然接收传统的历史观念，少数民族政权从汉族史籍中，领略到中原王朝源远流长的文化传承和正统体系，自然产生向慕之心，欲图将本民族远祖衔接这个体系，例如十六国时期前燕鲜卑族的慕容廆氏，便自认为“其先有熊氏（黄帝）之苗裔”。匈奴族的赫连勃勃“自以匈奴夏后氏之苗裔也，国称大夏”，他雄心勃勃地自称“朕大禹之后”，要“复大禹之业”。建立先秦政权的氐族，说自己是有扈氏的后代。鲜卑宇文氏自称炎帝神农氏之后，其政权命名为“周”，是表示继承周朝大统。北魏拓跋族统治者也声称自己是黄帝的后裔，天兴元年（398），道武帝拓跋珪定都平城、登基称帝之时，便议定“以国家继黄帝之后”。匈奴族刘渊自称汉王，追溯自己的先祖到刘邦，说自己是刘氏皇族的后裔，尊奉汉朝为正统。〔1〕这样的事例尚多，不一一列举。史学遂成为魏晋南北朝时期民族大融合之先导因素和稳固动力，发挥持久的民族文化凝聚作用。〔2〕唐太宗时期，朝廷启动了八部纪传体史书的编纂〔3〕，奠定纪传史的“正史”地位，但与此同时，唐朝创立了以一朝皇帝政务、言行为中心内容的编年体“实录”，成为此后皇朝纂修本朝当代史的最高级别史籍，经唐宋元明清历代历朝，坚持修纂，从不废止，在官方史学发展中具有特殊的地位。唐代中期之后，私家史学亦有新的起色，尤其卓著的是刘知幾的《史通》，为中国古

〔1〕以上依次见《晋书》卷一〇八《慕容廆载记》、卷一三〇《赫连勃勃载记》，《太平御览》卷一二一引《十六国春秋》，《周书》卷一《文帝纪上》，《魏书》卷一〇八《礼志四之一》，《晋书》卷一〇一《刘元海载记》。

〔2〕参见乔治忠《中国传统史学对民族融合的作用》，《学术研究》2010年第12期。

〔3〕唐朝纂修的具有“正史”地位的八部纪传史有《梁书》《陈书》《北齐书》《周书》《隋书》《晋书》《南史》《北史》。

代唯一一部系统的史学理论著作，杜佑的《通典》开典章制度通史之先河，皆为影响深远的优秀史学著述。

在前代史学发展的基础上，宋代史学进一步兴盛，主要表现于私家史学名著大量涌现，如欧阳修《五代史记》、司马光《资治通鉴》、郑樵《通志》、朱熹《资治通鉴纲目》、袁枢《通鉴纪事本末》等，各有特色、各享盛名，充实了古代传统史学遗产的宝库。宋朝官方史学以记史、修史不惮繁复为特征，起居注、日历、时政记等纪事内容大量重复，尤其是一朝皇帝的日历，动辄超过千卷，甚至玉牒也重复记载与起居注类似的政务内容。修史机构反复变化，分合无常，皇权对史学的控制空前加强，国史、实录甚至任用宦官监修，职名称作"管勾""勾当"等。而起居注自北宋起已经送交皇帝审定，极大地破坏了传统史学的官方记史规范。因此，宋代官方史学在繁兴的表象下已经发生扭曲。唯一的积极作用是繁复的历史记载，为私家撰史提供了取之不尽的资料，南宋时期出现李焘《续资治通鉴长编》等多种大型历史著述，即得益于此。元、明两代官方，不可能沿袭宋代繁复的修史活动，因而进入调整阶段，撰述锐减，表面似有衰落，但也出现新的探索，官修《一统志》是个亮点，按政府衙署分类记述典章制度与相关史事的《元典章》《大明会典》，亦为突出成果。这两类史籍，到清代发展成熟，出现官方纂修的重要史籍《大清一统志》《大清会典》及其《大清会典事例》。元初成书的私家著述如胡三省的《资治通鉴音注》、马端临的《文献通考》，堪称名作，其基础则建立于宋代。明代中期以后，普及性史书的编纂与传播异常繁兴，其中以私家撰述为主体，官方也大有投入，史学走向基层，史籍广泛流行，为传统史学进一步的发展准备了社会基础。

明清之际政权更迭，社会动荡，复杂的民族矛盾激发了新的学风、新的观念、新的历史思考，私家史学成果粲然，王夫之《读通鉴论》、顾炎武《天下郡国利病书》、黄宗羲《明儒学案》、阎若璩《尚书古文疏证》、顾祖禹《读史方舆纪要》、马骕《绎史》等，声誉高标，甚具学术价值。清廷也在仿从传统史学建设的路径上逐步前进，康熙时期，借助朝野合作纂修《明史》的过程，官方史学活动积累了经验。乾隆一朝，官修史书不下六十余种，其中多有大型史籍，官方史学进入繁荣兴盛的局面，其中《御批通鉴辑览》系统地梳理和调整朝廷的政治历史观，成为官方史学的思想圭臬；《皇舆西域图志》在历史地理学上颇多创树，理念先进，更具备经世作用。私家史学重于精致的历史考据，在具体史实和文献方面，清理，考释，解决了大量难点和疑点，成就斐然。同时，章学诚《文史通义》和毕沅主导《续资治通鉴》《史籍考》的纂修，表明私家并非放弃史学理论的探讨和大型史籍的编纂。按照《御批通鉴辑览》显示的官方历史观念，清廷系统性强化了史学中的儒学思想体系，将帝王立场和纲常伦理准则严密地贯彻于史籍编纂的义例之中，以此控驭官、私修史，增强了传统史学的影响力和保守性。

总之，中国史学自古以来连续不断地发展，形成多种编纂体例的系列性史籍，史学方法和历史观念皆构成体系，名著星罗棋布。官方史学与私家史学的互动，造就巨大的文化影响力，被十六国、北朝少数民族政权所向慕和模仿，也传入朝鲜，促成半岛内官、私史学活动的萌发。日本虽与中国隔海相望，不相接壤，但一衣带水，仍系结着密切的文化交流，中国的生产技艺、文学艺术、文字、建筑、医药等无不传入日本，传统史学也不例外。梁启超说过："中国于各种学问中，惟史学为最发达；史学在世界各国中，惟中国为最发达。"[1]中国古代既然"惟史学为最发达"，那么传统史学必应对日本产生十分重大的影响。就个案而言，中国史书对日本史学和日本社会产生明显影响者，数量甚多，这里谨条列几种史籍作为示例：

1.《春秋》以及《左传》等解说《春秋》的著述，这在旧的图

---

〔1〕梁启超《中国历史研究法》第二章"过去之中国史学界"，上海：上海古籍出版社，1987年，第10页。

书分类中属于经部，但实质为史籍。无论在中国还是日本，《春秋》的影响更重要的是提供了政治历史观的准则，对日本史学的影响很大，而在政治思想方面影响更引人注目。

2.《史记》《汉书》《汉纪》《后汉纪》等唐朝之前的历史名著，传入日本较早，编纂体式、撰述方法以及大量文辞语句，成为古代日本编纂史书仿效的对象。《史记》《汉书》等，与《春秋》一样曾用于宫廷讲习。

3.《贞观政要》，唐吴兢编著，记述唐太宗君臣关于治国行政的言论、举措，被后代王朝视为帝王政治教科书。日本对此书也十分推重，用于宫廷讲习研讨。至今在日本还保存多种《贞观政要》的稀有珍本，是为重要的文化财富。

4. 司马光《资治通鉴》，为编年体通史，传入日本后倍受重视，在宫廷内讲习，且曾作为日本修史的仿效对象。

5. 朱熹《资治通鉴纲目》，与整个朱子学一起，在日本发挥了巨大影响，“《春秋》大义”与“《纲目》大法”并称，政治导向作用颇大。

6. 元初曾先之《十八史略》，是在日本影响最大的普及性史书，按朝代和帝王顺序编纂，略仿编年体。内容简明扼要，叙述上古至宋末历史，几乎成为日本全民了解中国历史的初级教本，明治维新期间，曾经风行一世。值得注意的是，编纂日本本国史与西方史地学的书籍，也往往采取“史略”的体例和方法，舒缓了“脱亚入欧”风潮与传统文化之间的冲突。

7. 崔述《考信录》，为清代乾嘉时期疑古考据力作，引起日本历史学界重视，有力地推动了现代日本疑古学派的发展。而日本现代疑古史学之坚韧、强大和最终取得胜利，乃是日本史学史上最值得注意的问题。[1]

---

〔1〕参见乔治忠、时培磊《中日两国历史学疑古思潮的比较》,《齐鲁学刊》2011年第4期。

中日学术界对以上史籍在日本的流传和影响，做过不少的论述，而传入日本的史籍不可胜计，其影响是错综交叉的。中国古代刘知幾、章学诚的史学理论、清代历史考据学风、传统史学的历史观念，都对日本史学与社会产生了不可忽视的影响。当然，中国历史观念是与儒学思想体系、三纲五常准则一同深入到日本社会的机体之内。日本还特别重视中国历史地理、兵书战史以及普及性史籍的收集和保存，重视程度皆超过中国本土，都是应当引起学术界注意的史学现象，这些具体问题的研究还存在很大的开发空间。但是，总体性的研讨更为重要，这涉及两大宏观问题的解答，第一是日本史学怎样在中国传统史学的影响下产生和发展，第二是中国史学如何影响了日本整个社会的发展历程。对于第一个问题，50 年前台湾学者朱云影发表《中国史学对日韩越的影响》[1]，初步清理出一些数据和线索，此后长期缺乏更多学者的进一步探索。关于第二个问题，尤其缺乏学术界的关注与讨论。迄今为止，这仍然是我们需要致力弥补的薄弱环节。

二　在中国影响下日本史学的产生及发展

中国的传统史学，在何时以何种方式传入日本，已经难于确考，《汉书》《后汉书》《三国志》等都有对于海上“倭”国的记载，而且常有使者往来。可见中国文化向日本的传播，很早就具备了持续不断和逐渐积累的进程。据《日本书纪》记载，约 391 年，就有王仁从朝鲜半岛百济国来到日本，传授各种儒学典籍。到 6 世纪，屡有中国南朝与百济的五经博士到达日本，经史之学应当已经在日本立足、发展。600 年，日本向中国派出第一次遣隋使，两年后，历法之

〔1〕 朱云影《中国史学对日韩越的影响》,《大陆杂志》1962 年第 24 卷第 9—11 期。又收入氏著《中国文化对日韩越的影响》，台北：黎明文化事业公司，1981 年。

书传入日本，这是后来编纂编年史的必要条件之一。至604年，日本圣德太子制定的《宪法十七条》[1]，明显来自中国的经学和史学思想，而且袭用《尚书》《春秋左传》《诗经》《礼记》《周易》《管子》《孟子》《韩非子》《史记》《汉书》《文选》等典籍的词句与论断。例如《宪法十七条》的第一条主张“以和为贵、无忤为宗”，认为“人皆有党，亦少达者”，故结党拉派的臣僚往往会不忠顺，造成内部分歧和冲突，反对臣僚结党，乃是维护皇权的需要。古代中国儒学的处世伦理，本就倡导一个“和”字，认为臣民结党，将会有伤“和”气。《礼记·儒行》曰“礼之以和为贵”，《左传·僖公九年》载“亡人无党，有党必有仇”之语，可知日本《宪法十七条》第一条乃是源于中国典籍，语句也属雷同。第七条讲“世少生知，克念作圣。事无大少，得人必治”，纯为中国古代的治国理念，其中“克念作圣”一语直接取自《尚书·多方》“惟圣罔念作狂，惟狂克念作圣”。第十六条提到“使民以时，古之良典……不农何食，不桑何服？”实际上日本原本并无“古之良典”，此乃中国古代的“良典”，孔子、孟子都具有这种思想，《汉书·五行志上》载“使民以时，务在劝农桑”，即为圣德太子制定此条的依据。《十七条宪法》第十二条称“国非二君，民无两主，率土兆民，以王为主。所任官司，皆是王臣”，更明显是得自中国古代早已确立的王权主义意识。对于《宪法十七条》汲取中国经史著述的来源，日本大庭修等学者早有揭橥。[2]

公元620年，日本圣德太子等人纂录的《天皇记及国记臣连半造国造百八十部并公民等本纪》，是日本官方纂辑史书的首次尝试，虽其书久佚，而从名称、记载可以推知：这种分类别、有层次地记述史事的方式，乃从中国纪传体史籍中得到了启示。圣德太子等日本上层

---

〔1〕《日本书纪》卷廿二，《新订增补国史大系》本，东京：吉川弘文馆，1961年，第142页。
〔2〕见［日］大庭修《汉籍输入の文化史》，东京：山本书店研文出版，1997年，第26页。

人物的这些活动，表明日本对于中国传统文化，已经跨越了被动地接受影响，而开始有意识地仿从和有目的、有规划地汲取。诚如日本史学家坂本太郎《日本史概说》一书所说，圣德太子具有“文化立国的观念”，儒教和佛教思想“统一在圣德太子一人的人格中，构成了稀有的丰富智慧和深远的理性”。[1]在中国唐代，政治、经济和文化发展逐步走向高度繁荣，对日本的影响也日益扩大。日本大和政权的奈良时代（701—794），官方修史活动呈现跨越性发展，日本史学正式产生，并且奠定了独具本民族历史观念特征的史学基础。

天武天皇[2]之时，委任舍人稗田阿礼，编撰以天皇为中心的历史著述《古事记》，至元明天皇在位的公元712年，由安万侣完成此项修书工作，纂成《古事记》三卷，其中神代内容占有一卷，仅以两卷篇幅叙述历代天皇事迹。天武天皇的修史诏书称：“朕闻诸家之所赍帝纪及本辞，既违正实，多加虚伪。当今之时不改其失，未经几年其旨欲灭。斯乃邦家之经纬，王化之鸿基焉，故惟撰录帝纪，讨核旧辞，削伪定实，欲流后叶。”安万侣也称说元明天皇时“于焉惜旧辞之误忤，正先纪之舛错，于和铜四年（711）九月十八日，诏臣安万侣撰录稗田阿礼所诵之敕语、旧词以献上者”[3]。这不仅记述了《古事记》的编纂概略，也反映出日本在此前存在着所谓“帝纪”“旧辞”等文字形式的历史旧籍。不过，既然有“帝纪”“先纪”“本辞”“旧辞”“敕语”等随意称谓，可以判定这些旧的文籍，只是官方与私家的随意杂录，不成体系，甚至没有固定名称，并没有在圣德太子书籍纂修活动的基础上有所进步，反而更加分散与支离，至《古事记》修成，才算迈开修史上蹒跚但值得惊喜的一步。

---

〔1〕［日］坂本太郎《日本史概说》第三章，汪向荣等译，北京：商务印书馆，1992年，第56页。

〔2〕天武天皇，日本第40代天皇，以军事叛乱方式击败已立为天皇的大友皇子，夺取皇位。在位期间（673—686）国力比较强盛。

〔3〕《古事记》卷首“序”，《新订增补国史大系》本，东京：吉川弘文馆，1966年，第3—4页。

《古事记》只是日本官方修史的又一次尝试，该书基本用汉字撰写，但多有日式异体字以及不规范字样，且往往出现以汉字表达的日本语音，故不能说是纯用汉文。全书值得注意之处，是排列了各代天皇的先后顺序，将天皇描述为神裔，在制造天皇独尊的舆论上前进了一步。然而，本书记事缺乏确切的年代，如同散碎杂记，且其中往往穿插歌谣和荒诞的神异琐事，表明来自口头传说的内容占很大比例。本书对各代天皇的叙事详略不一，差距甚大。例如中卷叙述天皇“大倭带日子国押人命”（后称“孝安天皇”），据说活了123岁，仅用86个字述其名称、婚姻、子女、享年、墓葬等，居然无任何个人作为和国家政务。在《古事记》中，这种无实质政务内容的记述方式相当多见，说明本书所依据的资料十分有限，亦不重视搜辑政务、业绩。从《古事记》序言所记载的编纂缘起来看，是日本政权受中国传统史学影响而立意修史，但修成之书多采神话、传说、歌谣、趣事，乃以文学色彩为主，又不重视人物、事件的时间因素，难以视为规范的史籍，还不能标志为日本史学的正式兴起。

公元720年成书的《日本书纪》30卷，由舍人亲王奉敕撰，虽仅仅迟于《古事记》8年，但体例、内容大为成熟，是日本史学史上划时代的著述。本书基本是正规的编年体，以汉文书写，纪年历法源自中国，从形式到内容都明显地仿从了中国编年史的撰著方法，但也做了一些机动灵活的调整。《日本书纪》的纂修之际，正值中国的唐代，中国传统史学已然相当成熟，日本是现成地接受了中国长足发展的史学成就，修史方式可以做充分的选择。日本学者认为：《日本书纪》仿照中国《汉纪》《后汉纪》等编年体史书，也汲取了《汉书》等的“本纪”，即以一代皇帝为单元的分卷做法，故名曰“书纪”[1]。这种解释自有道理，但前三卷的神代部分乃是编年体之外

〔1〕 参见［日］坂本太郎《日本的修史与史学》，沈安仁等译，北京：北京大学出版社，1991年，第15页。

的灵活处理，因为关于神代的故事，不能以纪年方式编排，于是用无年代的叙事形式。除了神代史之外，《日本书纪》排列从神武天皇到第41代持统天皇的正统世系，并且详叙其事，每届天皇都有言之凿凿的纪年年数。但实际上，这些纪年大都是人为编排的，如第一代神武天皇根据来自中国的谶纬学说，以“辛酉革命”说出发，从推古天皇九年（辛酉）上推21个甲子编造而成，大大延长了历史年限，造成以下的天皇纪年都掺入水分。稍有实据的纪年，应当是从6世纪初的继体天皇开始。[1]修史者编排这样系统的纪年，是出于政治的需要，它显示了天皇正统传承的系谱，历史悠久且年代周详，自然而然给人以敬畏、可信的印象。对于不能编年的神代史，仍为讲故事的叙事方式，反复地采取标明“一书曰”、又“一书曰”的方式，罗列多项传说，似乎很忠于原始资料。实际上，日本当时哪里会有这“一书”又“一书”的许多典籍？至多不过反映了关于日本起源的神话传说，存在稍有不同的内容而已。《日本书纪》对神代内容的编排，以及罗列不同传说假托为“一书曰”、又“一书曰”的形式，透出重要的编纂信息。

第一，《日本书纪》正文一开始，加上超越《古事记》的内容：“古天地未剖，阴阳不分，浑沌如鸡子，溟涬而含牙。及其清阳者薄靡而为天，重浊者淹滞而为地……”[2]这得自中国典籍中的天地起源说，在《淮南子》《广雅》《五经正义》《艺文类聚》等书中皆有记述。加上这一内容，不仅追溯得更古远，而且汲取中国传统文化的意图显得尤为强烈。

第二，《古事记》根据众多的神话传说，编辑了日本史前的神话

---

〔1〕日本幕末史学家伴信友，就曾对此做出考证，参见［日］伴信友《日本纪年历考》。明治时期著名史学家那珂通世发表《上古年代考》，认为《日本书纪》的纪年依照谶纬说法做出人为的编排与延长，至少虚构了600多年的历史。上述日人论文，见［日］辻善之助编辑《日本纪年论纂》，东京：东海书房，1947年。

〔2〕《日本书纪》，东京：吉川弘文馆，1989年，第1页。

体系，将众神、杂事在在多揽，因而事多鄙俚，颇伤神祇尊贵。《日本书纪》的神代部分，则将传说的神话分成两类，一是被采取的内容，二是标以“一书曰”而仅作参考的内容，神代部分占两卷，卷一有“一书曰”42处，卷二有15处[1]，文字比重已占两卷神代部分的三分之二以上。于是，《日本书纪》与《古事记》相比，表面上扩充了神代的篇幅，但构建的神谱系统则大为简化，叙述的行文也大力做去俚俗化的处理。

第三，大量“一书曰”、又“一书曰”的叙述，不是《日本书纪》所要采纳的内容，而只是将之保留、记录。保存异说的做法，起到显示郑重修史的效果，更暗示经过审视、选择的神谱，更为可靠。这种做法，应当也是受到中国史籍如杜预《春秋左氏经传集解》、裴松之《三国志注》的影响。特别是《三国志注》罗列多种书籍的资料，附于正文之下，酷似《日本书纪》神代卷的蓝本，只是《三国志注》罗列者皆有确切书名，《日本书纪》只能虚称“一书”而已。

总之，《日本书纪》的编纂，是经过一番认真的斟酌、研讨，神代卷的设计和人代史的编年系统一样，构建的过程都颇费心机、相当精巧，关键是在着力仿从中国史学文化的方向上能够因地制宜地做出变通。日本学者坂本太郎认为《古事记》与《日本书纪》比较，“在贯彻以天皇为中心和力说皇统尊严方面，《古事记》一以贯之，更为完整”[2]，这是错误的说法。因为不理解《日本书纪》神代卷编纂的匠心，才会以为不如《古事记》“一以贯之”，而在人代内容方面，《古事记》记述可谓支离破碎，实质内容匮乏，这十分明显，焉能说是“更为完整”？日本史学发展的基础，无疑是通过《日本书

〔1〕见日本《国史大系》本《日本书纪》卷一、卷二，《神代》上、下，凡此书编纂者认可、采取的内容，排印为高出一格，而“一书曰”的内容低一格。《国史大系》的排印方式，是正确的。

〔2〕［日］坂本太郎《日本的修史与史学》，沈安仁等译，北京：北京大学出版社，1991年，第11页。

纪》的编纂而奠定，《古事记》尚不具备这样的水平。

《日本书纪》后的180年间，官方陆续纂修《续日本纪》《日本后纪》《续日本后纪》《日本文德天皇实录》《日本三代实录》等五部史书，时间上前后连续，与《日本书纪》合称“六国史”。“六国史”的体例大体一致，皆为按一代天皇分卷的编年史。纂修“六国史”的修史机构，曾名为撰国史所，“总裁由一名大臣担任，别当（修史机构的实际长官）由一名参议担任。此外，大外记及学者一名，诸司官吏通文笔者四五人。任总裁的大臣，自《续日本纪》以来为藤原氏所垄断”〔1〕。酷似中国的史馆，但规模和官僚层次的严密性远为逊色。

从《续日本纪》开始的后五种官修史，内容与《日本书纪》略有区别，即在贵族、高官与其他重要人物去世之际，扼要地系以该人生平传记。日本学者据此认为这些史书，乃是“取纪传体的传记部分加入编年体，丰富了记事的内容，弥补编年体的局限……可谓令其史体得到了进展”〔2〕，意思是说日本发展了史书的编纂体例。这是对中国官方史学不甚了解造成的讹误，其实在编年史中载有重要人物卒年并且加入传记，乃唐宋实录的一贯做法，《续日本纪》以下的五种史书，不过仿效唐宋朝廷纂修的实录而已。“六国史”最后的《日本三代实录》体例最为齐整，且已使用干支记日，这也是中国皇帝实录之书的规范写法。日本编年史从仿照纪传体本纪以及《汉纪》等书，转而仿照唐代实录，是在接受中国史学的影响中有所趋新，与时俱进。

“六国史”完成之后，这种国史纂修体系没有得到维持和发展，据称撰国史所随后仍有编纂《新国史》的活动，但终未定稿成书。国史编修出现很长年代的断裂，但官方修史不绝如缕，当局有时委

---

〔1〕［日］坂本太郎《日本的修史与史学》，第26页。

〔2〕［日］坂本太郎《关于六国史》，载东京大学史学会编《本邦史学史论丛》上卷，东京：精兴社，1939年，第130页。

托官员纂修史书，仍可看作官方修史的一种方式。此后仍撰成十七卷的简略编年史《百炼抄》。日本的官方修史，不止天皇的朝廷，掌权的武家、幕府，都可以成为修史的主体，这与中国古代稍有不同。此外也有不少的私家修史，他们的撰述络绎不绝。例如不明作者的《日本纪略》，由藤原通宪纂修的《本朝世纪》，僧人皇圆编纂的《扶桑略记》，等等，都是有影响的编年史。而镰仓幕府时纂修的《吾妻镜》一书，是又一编年体历史名著，全书达 52 卷，比较详细地记述了 1180—1266 年前后与幕府将军相关的历史。在日本还出现一种历史故事书籍，史事与文学渲染纠合一起，撰者多为私家。例如著名的《荣华物语》。另外，朝野研习和讲解《日本书纪》的活动延续不断，而且逐步将《日本书纪》视为“国学”元典，誉为“阐发鬼神之幽秘，通贯帝王之经纶，焕乎大哉，昭如日星”[1]。甚至与日本神道结合而神圣化。日本官方的历史观念，特别是关于日本神代的历史观念，蔓延为日本社会极为牢固的历史意识。

截至唐代，中国传统史学已经相当成熟，日本一举引进这种充分发展的史学，加以调整，遂使日本史学的产生获得了较高起点。而宋代以后的中国史学，依然输入日本，许多史著以及新的史学理念，如《资治通鉴》《十八史略》《资治通鉴纲目》以及清代历史考据学、崔述的疑古史学、章学诚的史学理论等，得到日本学界推重，对日本史学和政治文化的影响尤其巨大。《资治通鉴》大约在南宋时期传入日本。至江户时代，《资治通鉴》与《资治通鉴纲目》都成为倍受关注的重要史籍，德川幕府及宫廷均将之用于讲习，而学者之中，研习、讲论此类史籍一时之间蔚为风气，史学影响和思想影响颇为显著。德川幕府时期，日本的经济与文化都获得较大的发展，修史事业也繁荣发达。除了纂辑大量史料史籍之外，幕府修史最重

〔1〕《日本书纪古本集影・兼夏本奥书》，转引自［日］中村光《中世に於ける日本书纪の研究》，见《本邦史学史论丛》上卷，第 593 页。

要的成果是委任大学头林罗山父子纂修的编年体通史《本朝通鉴》。

林罗山（1583—1657）名信胜，号罗山，又称道春。在德川幕府初期的学术文化发展中起到重大的作用，因而林家世任“大学头”，相当于首席学官。他崇信朱子学说，对中国儒学和程朱理学多有研究，撰著丰富。在史学上，对《资治通鉴》和《资治通鉴纲目》甚为推重，曾写诗赞扬《资治通鉴纲目》：“紫阳通鉴笔纯精，教使君臣必正名。历代一纲张目万，盛衰治乱眼分明。”[1]

林罗山在完成多种幕府的修史项目之后，开始编纂一部编年体日本通史，生前撰成40卷，记叙了自开国神武天皇到宇多天皇的历史，题名“本朝编年录”。他逝世几年后，幕府将军命其子林恕继续编纂，定书名为《本朝通鉴》，为此组建了国史馆。在官方的大力扶助下，林恕率领儿子、门生以6年的时间修成全书，即《本朝通鉴》40卷，署名仍为林罗山，《续本朝通鉴》230卷，记史下限止于后阳成天皇庆长十六年（1611），外加前编3卷，叙述神代故事，又有提要30卷、附录5卷、卷首2卷。其书《凡例》称：“每岁某年上，横书干支，仿朱子《纲目》例。而记事之法，聊摸温公《治鉴》之体。”这意味着本书主干仿照《资治通鉴》编年叙事，但也汲取了《资治通鉴纲目》的因素，这不仅仅是每年首书干支纪年，正文内容也间有纲、目样式的编写风格，例如卷九文武天皇大宝三年正月，有“定大射禄法”正文，其下低一格书写一段文字，讲解这种规制。这样的实例尚有很多，都类似于有纲有目、互相配合的方法。《续本朝通鉴》将这一特点发挥推广，常常以低一格的详细文字，补充内容和考述史籍的不同记载，类似解“纲”之“目”。但本书没有史论，这不同于《资治通鉴》与《资治通鉴纲目》，探寻其故，应是林氏父子以私家肩负官书纂修，意存谨慎，只直书史事，不作议论。

---

〔1〕［日］林罗山《林罗山诗集》卷六六，转引自［日］中山久四郎《朱子の史学特に其の资治通鉴纲目につきて》，见氏著《读史广记》，东京：章华社，1933年。

林家是崇尚朱子的，编纂此书不用纲目体，大约也是要免于担当以书法定褒贬、发议论和辨是非的责任。

德川幕府时期，水户藩藩主德川光圀于1657年正式开办史局（彰考馆），启动纪传体通史《大日本史》的纂修。此书规模庞大，纂修艰难，几经起伏，至1897年基本修成，1906年方全部印行，前后历时250年。全书纪、表、志、传，共397卷，另目录5卷，是日本唯一的一部体例完备的纪传体通史。本书虽为纪传体，但十分讲求《春秋》大义、纲常名分，执意把早期的神功女皇写入《后妃传》，将被大海人皇子（即天武天皇）夺去政权、兵败灭亡的大友皇子事迹立为本纪，在日本南北朝历史上坚决主张以南朝为正统，自称这些都是贯彻了《春秋》精神、《纲目》准则，号为“三大特笔”。甚至仿照《资治通鉴纲目》的书法，为了被流放的后醍醐天皇在相应的年份特别书写“天皇在隐岐”，如《资治通鉴纲目》“帝在房州”之例。[1]

藩主启动“国史”的编纂，说明日本官方史学的修史权是很分散的，与中国古代大不相同。在后来的明治天皇眼中，幕府修史与藩主修史，其主体地位区别不大，虽然后来都予以有限度的肯定和承认，但毕竟都不是天皇朝廷所主导。因此，明治维新的启动之始，天皇就下令另修“大日本编年史”，其诏书曰：

> 修史乃万世不朽之大典，祖宗之盛举，但自《三代实录》以后，绝而未续，岂非一大缺憾！今已革除镰仓以来武门专权之弊，振兴政务，故开史局，欲继祖宗之余绪，广施文教于天下。任总裁之职，须素正君臣名分之谊，明华夷内外之辨，以树立天下之纲常。[2]

---

〔1〕唐武则天将其子唐中宗废除帝位，放逐房州。《资治通鉴纲目》连续13年于每年正月开篇即书写“帝在均州”（1次）、“帝在房州”（12次），直至返回京城。此被称为以史笔书法申明大义的典型示范。

〔2〕转引自［日］坂本太郎《日本的修史与史学》，第166页。

这里清楚地表达了“复古”性的官方史学理念，语意中隐含着贬抑德川幕府纂修的《本朝通鉴》和水户藩编撰的《大日本史》，欲以天皇主持纂修的通史凌驾其上，占据最高的正史地位。当然，他属意的仍然是编年体，此中似有《日本书纪》和“六国史”的情结。在拟议的《大日本编年史》中，绝不舍弃《日本书纪》构建的神代史，因为天皇政权正在整合日本的神道思想，推行鼓吹天皇神格的“国家神道”观念。然而时代已经不同，整个日本国充满了锐意学习西方政治文化的环境。在史学上，清朝历史考据学的影响和德国兰克史学的输入，孕育了强烈的治史求真的理念，弥补了日本旧史学的先天不足，担任首席纂修官的史学家重野安绎和纂修官员久米邦武，都深受历史考据学和西方史学理论的影响。

重野安绎（1827—1910）汉学功底深厚，且接受西学，1875年任职修史局。在史学上力主考据求实，提出真实是史学第一要素，学问最终归于考证，史学研究独立于社会利益，反对历史著述的劝诫功能。久米邦武（1839—1931），日本史学家、思想家，比较激进地推重西学。他赴欧洲考察后著书倡导西方政治文化，批评日本狭隘的“岛国意识”，声名鹊起。在史学上善于考证，坚决否定旧观念和荒诞、迷信说法。他们不断发表论文，申明史学主张，揭示日本古史的记述失实，早已被守旧势力冠以“抹杀史学”而饱受攻击。1891年（明治二十四年），久米邦武发表《神道乃祭天之古俗》，揭示神道的起源，剥下其神圣外衣，揭发国家神道的老底，终于导致笔祸被罢免。[1]次年，重野安绎也辞职离去。但是，日本的国家修史活动也难以为继，因为无法面对学者所揭出的年代伪造、旧史失真的问题，纂修国史既不能按旧思路进行，也不能按新理念继续。考证学派的学术成果昭然于世，且已部分写入《大日本编年史》之

〔1〕参见《大久保利谦历史著作集》第7卷，《日本近代史学の成立》第五章“ゆかめられた历史”，东京：吉川弘文馆，1998年，第135—150页。

稿。官方在维新改革的大局势下，即使不能接受这种触及神道及天皇地位的史学观点，也无法从文化上全面后退。这样，新旧势力都不愿将官方修史继续下去。1893年文部省提议，天皇旨准，宣布终止政府修史，官方仅仅做史料的整理出版，编辑了《大日本史料》等多种丛书。而纂修史学著述，全由私家各成一家之言，这标志着日本史学的重大演变，初步完成了走向近代化的史学转型。

三　中国史学输入日本的历史作用

中国传统史学输入日本，不仅提供了史书的编纂方式，更输入了中国的史学理念以及与史学紧密关联的政治历史观。中国史学不仅催化日本史学的产生，更影响了日本社会意识的跨越，引导了社会历史发展趋向的改变。当然，中国传统的政治历史观并非原样不动地影响日本社会，而是结合日本国情经过了改造。这里仅分析最重要的几个中国历史观念怎样被日本接收并有所改造，从而如何催化了日本天皇“万世一系”的独特体制，如何造就了日本岛国的统一意识，如何促成了明治维新。进行这些日本社会发展史的考察，依旧需要结合中国传统文化的影响。

在古代中国，政权分裂，历历可数，朝代兴替，屡见不鲜。中国传统的政治历史观念是在不断的改朝换代过程中形成的。中国最早的“殷鉴”历史意识，是由政权的改朝换代催化而生，由历史意识到史学意识，再发展到记史、修史，史学理念的成熟经过了多次政权鼎革。历史观念和史学理念作为客观历史的能动反映，不可能违背中国既有的历史过程，而绝对地否定朝代更迭的合理性。因此，商汤灭夏与周武王伐纣合称的“汤武革命”，被中国古代视为正义之举，孟子甚至认为武王伐纣是“以至仁伐至不仁”[1]。实际上从先秦

---

〔1〕《孟子·尽心下》，见朱熹《四书章句集注》，上海：上海古籍出版社，2001年，第433页。

时期，认可政权鼎革的历史思想就已经上升为“皇天无亲，惟德是辅”[1]、“天惟时求民主”[2]的理念。然而，没有任何一个现存政权愿意被他人所取代，汉代以降，儒学的“三纲五常”被奉为最根本的政治伦理准则，稍不忠于君主就是极大的劣行，图谋篡逆则为不赦死罪。同时，现存政权又都是取代前一政权而建立的，所以又只能在历史理念上认可政权鼎革，这构成中国儒学思想体系内在的逻辑矛盾，自相冲突，难以化解。

当长足发展、趋于成熟的中国思想文化一股脑儿传入日本，其大和政权内还没有朝代鼎革的历史记忆。7世纪初，全面学习中国政治体制和思想文化传统，迅速成为日本社会的主流取向，天皇政权乐于接受儒学的“三纲五常”政治伦理，并且与很强的氏族血缘关系纽带相配合，用以强化集权统治。但不言而喻，他们并不愿接受中国关于政权鼎革的历史思想，为此，必须塑造一个特殊的日本历史，以区别于中国。于是，日本官方构建了《古事记》《日本书纪》内的创世神话[3]，连儒学中“皇天无亲，惟德是辅”的理念一并改造，直接变成“皇天有亲”，天皇就是天照大神的嫡系后裔。借助于日本尚没有改朝换代的历史经历，借助于日本还存在很强的以血缘纽带联结的社会关系，给日本人的思想深深地植入神权血统论观念，整个社会意识给予天皇家族以神格性质，完全排除篡位思想的萌生。因此，在日本古代史上，任何建立丰功伟绩或执掌实权的历史人物，都未曾试图取代天皇的名位。

---

〔1〕《左传·僖公五年》引《周书·蔡仲之命》，见杜预《春秋经传集解》卷六，上海：上海古籍出版社，1978年，第255页。

〔2〕出自《尚书·多方》篇，见王世舜《尚书译注》，成都：四川人民出版社，1982年，第233页。“天惟时求民主”，是说上天时时在为百姓选取君主。

〔3〕在构建神话系统方面，《古事记》将各贵族祖先也说成起源于神，而《日本书纪》则突出天皇一族的神裔身份。二者比较，是《古事记》显得原始、粗糙，《日本书纪》更富于天皇独尊的政治理念。日本学者坂本太郎认为在神代内容上，“《古事记》的说法处于更加发达的阶段”（《日本的修史与史学》中文译本，第11页），甚无道理，不足为训。

后来，日本史家如北畠亲房、虎关师炼[1]、山鹿素行等人，都强调日本天皇“万世一系”的历史，优于中国，山鹿素行（1622—1685）甚至主张日本才是“中朝”“中华”“神州”，将中国称之为“外朝”“西土”。[2]更有甚者，则从历史观上否定政权鼎革的合理性，如水户藩学者藤田东湖（1806—1855）认为：日本“皇统绵绵，传诸无穷，天位之尊，犹日月之不可逾，则万世之下，虽有德匹舜、禹，智侔汤、武者，亦唯有一意奉上，以亮天功而已。万一有唱其禅让之说者，凡大八洲臣民，鸣鼓攻之可也”[3]。幕末学者岩桓松苗[4]认为：“世之末学腐儒读汉土史籍，噭噭然称代德为义、吊民为仁，以汤武革命为天与人归，斥东周之尸位而惜霸主之不王，何无忌惮之甚也！……学者须先辩《春秋》大义，以明汤、武之为逆贼，而后涉诸史，庶乎其无弊也。”[5]这已经不仅仅强调日本历史的特殊性，而将矛头直指中国认可政权鼎革的历史理念。自古代至近代，大凡以“国学”标榜的日本史家，多借此鼓吹日本历史的优越，甚至声称：“大日本者，神国也。天祖开创基业，日神传下统系，我国之此事，异邦所共无，故曰神国也。”[6]而观其来由，不过是对中国儒学纲常伦理与承认朝代鼎革的矛盾，做了舍弃后者的选择而已。

中国古代的大一统思想，显现于战国时期，至西汉已经具备系统的理念表述，与历史正统论互为表里，成为中国古代最具特色的政治历史观念。董仲舒将经典《春秋》的根本精神说成是“大一统”观念，

---

〔1〕［日］北畠亲房（1293—1354），日本天皇宗室，日本南北朝时南朝官员，著《神皇正统记》；虎关师炼（1278—1346），日本僧人，著佛教史书《元亨释书》30卷，其中多有表彰日本历史的见解。

〔2〕［日］山鹿素行《中朝事实》下册，《日本学丛书》本，东京：雄山阁株式会社，1943年，第204—205页。

〔3〕［日］藤田东湖《弘道馆记述义》卷之上，《日本学丛书》本，雄山阁株式会社，1931年，第48页。

〔4〕岩桓松苗（1774—1850），号东园。日本著名学者，撰《国史略》等书。

〔5〕《标记增补十八史略》卷首，岩桓松苗天保九年（1838）《题语》。按：此书初刻于日本宽保年间，据明治十二年第九次翻刻。

〔6〕［日］北畠亲房《神皇正统记》，东京：三秀舍，1940年，第1页。

认为“《春秋》大一统者，天地之常经，古今之通谊也”[1]。中国古代固然常有政权分裂局面，但大一统观念未为稍减，反而强化，其表现有二：一是各个政权互争正统地位，不承认其他政权的平等与合法，因而不断产生繁多的正统论评议；二是有实力的政权总要致力于铲平割据，结束分裂，统一疆域。这种思想渗透于传统史学之中，传布于海外。

5世纪时日本虽然出现了力量较强的大倭政权，统治势力处于自发扩张的状态，但社会结构仍然十分松散且不稳定。日本为一狭长岛链，大的岛屿上也是山岭纵横，这样的地理环境，在古代难以实现大范围统一政权，更不用说大一统的自觉意识。然而中国业已发育成熟的大一统观念和正统论思想，一举传入日本，促使日本超前地建立起认同政治统一的主流意识，如《日本书纪》就杜撰了日本祖先阴阳神创生了各个岛屿：

> ……二神于是降居彼岛，因欲共为夫妇，产生洲国……于是阴阳始媾和为夫妇，及至产时，先以淡路洲为胞，意所不快，故名之曰淡路洲，乃生大日本丰秋津洲，次生伊豫二名洲，次生筑紫洲，次双生亿歧洲与佐渡洲。……次生越洲、次生大洲、次生吉备子洲。由是始起八大洲国之号焉。[2]

日本列岛被说成如此由来，自然应当由神裔的天皇统一管理，《日本书纪》卷二叙述天孙降临，“后拨平天下，奄有八洲”，取得这种一统局面乃是理所当然。应当指出：以上所引并非日本原有创世神话的原貌，而是修史时重加编撰，杰出的日本史学家津田左右吉[3]早就考订《古事记》《日本书纪》的神话不完全是取自民间流

---

〔1〕《汉书》卷五六《董仲舒传》，北京：中华书局，1962年，第2523页。

〔2〕［日］《日本书纪》卷一《神代上》，第5—6页。《古事记》亦有叙述，稍不相同。

〔3〕津田左右吉（1873—1961），日本杰出历史学家，于“二战”之前即剖析了日本“神代史”的本质，指出其完全不是史实，而是因应政治需要的构想，开日本古代史科学研究之先河。著述宏富，有全集行世。

传，其主题是出于实现政治统一的构想。[1]这种构想得自中国的大一统观念和历史正统论的启发，联系《日本书纪》有意识地按照中国谶纬学说编排历史纪年，大幅度提前日本政权的传承年限，可知这是为政治需要编造神话的行为，在当时也不足为奇，如果没有中国文化和史学观念的传入，日本所有上述的构想和编排都不会发生。这种带有神意的一统思想强烈地灌输给社会，遏止了不同思想的萌发，如同一株遮天蔽日的大树移植而来，大树下再难萌生和长成种类不同的树苗。这使日本即使在天皇势力衰微、各地实际割据的时代，也以天皇名义象征着统一。[2]统一的思想意识，高高凌驾于政治与经济发展的水平之上，使日本超前地成为诸多列岛组合而成的统一国度。

中国程朱理学以及《资治通鉴纲目》传入日本，产生了广泛而深远的影响。宫廷及德川幕府均将之用于讲习，而学者之中，研习、讲论，蔚成风气，史学影响和思想影响颇为显著。编纂《大日本史》的水户藩不仅在编纂史书中贯彻《资治通鉴纲目》的历史观念，而且发展成为水户学派。这个学派坚定信奉朱子学说，极力宣扬尊王理念，其逻辑的归宿是天皇具有决定政治的权威，因而始料不及地成为后来倒幕运动的舆论支柱。明治维新是日本重大的历史转折，导致全国走上资本主义的建设道路，而天皇重新掌国执政，是为关键，此后的改革措施都依赖于天皇政治决策的权威。日本的明治维新，一方面是积极仿效西方政体、技艺，又一方面则是“王政复古”，这貌似一个悖论，却相当协调地组成合力，故维新运动的阻力被较快克服，而中国历史观念之“尊王黜霸”思想的影响，不可小觑。

---

〔1〕［日］津田左右吉《津田左右吉全集》别卷第一，《神代史の新しい研究》，东京：岩波书店，1966年，第42页。

〔2〕日本只在14世纪的五十多年的“南北朝”时期，分裂为两个政权，位居南、北的两个天皇属于同一家族。这个分裂时期，却诞生了著名的史著《神皇正统记》，强调南方为正统，主张国家的统一。

从上述的分析中，我们可以惊叹日本自上古就具有的超强引进、改造外来文化的能力，而同时也可以看清日本社会发展自古得益于中国文化的史实。日本应当了解：即使那些自认为优于中国的政治文化，也根源于中国的文化影响；我们没必要因此就轻视日本，毕竟在中国很有局限性的传统思想观念，也能被日本调整改变得“柳暗花明又一村”，这实在是卓特的能力与运会。

四　余论——理论层面的启示

综上所述，中国传统史学对于日本社会、日本史学的产生和发展，影响十分巨大。但日本史学在接受了中国影响之后，发展状况又与中国的史学有很大区别，将二者予以比较，对于深化史学史研究具有不可忽视的学术启示。这里仅从宏观角度分析几处异同，借以展示史学发展的一些理论性问题。

从宏观视野考察，世界上自古至今连续不断发展的历史学有两大体系，一是以古希腊、古罗马史学为渊源的西方史学，二是以中国传统史学为中心的东亚史学。至于近代，二者终于碰撞、交流与磨合，引出史学发展的许多大的演变。比较不同地区、不同风格史学之间的异同，是深入研究史学发展历程和史学理论的必备条件。这既需要中西史学的比较，考察其“异中之同”；也需要进行东亚诸国、诸地区之间史学的比较研究，探寻其中的“同中之异”。这种宏观性的比较研究，是探索史学发展的社会机制，将史学史研究提升到理论层次的必要条件。

就中国传统史学而言，区别于西方的显著标志是中国具有连续发展的官方史学，组织化、制度化的官方修史活动，官僚等级制的史馆设置，这是独一无二的特征，日本、朝鲜的传统史学是对中国的仿效，但总不及中国古代官方史学那样完备和严密。这种官方史学背后的根基，在于史学与政治紧密地连接在一起，史学为政治服务。政治决策从历史中寻求理据的政治历史观，是从西周史学萌发之际即已开端，无论最早的“殷鉴”观念还是后来的以史资治、以史教化、以史明道，都是传统政治历史观的表现。中国传统史学与国家政治捆绑在一起，难以分割，官方史学活动被纳入政权建设和运转，历史观念与政治思想融为一体，是一大特色。在日本引进中国史学的过程中，在编纂《古事记》《日本书纪》时，政治功利主义取向有过于中国史学，为了政治目的不惜杜撰神话、编造纪年，且无所忌惮。这里涉及了史学的最根本的问题，即如何看待历史撰述与历史研究的求真与致用关系。

中国传统史学固然主张经世致用，但同时具备强烈的求真准则，春秋时期就树立“君举必书”〔1〕理念，即无论君主的行为是否合乎礼义，都要记载，这其中已包含了某种求真的意识。历代史官为了如实记史，不惜牺牲生命，在中国古代成为史学家的模范，倍受敬仰。历史学求真与致用的矛盾，是史学发展的内在动力，矛盾的焦点是求真、致用二者孰为第一的问题。官方史学与私家史学的互动之中，也有求真与致用的矛盾，唐太宗曾问史官：“朕有不善，卿必记之耶？”褚遂良曰：“守道不如守官，臣职当载笔，君举必记”，另一官员刘洎说：“设令遂良不记，天下亦记之矣。”〔2〕这形象地表明中国古代记史规范与官、私双方记录史事的相互牵制。撰史的真实性与功用性的矛盾，就在官私之间、政局变动之中运转。此外，官方史学对私家的失实记载也有补正作用，私家与私家之间记述的出入也可互相制约，不同朝代、不同政局下的官方记述同样提供辨伪存真的素材。中国传统史学中求真与致用的矛盾，在官方史学与私家史学兴盛的条件下，在朝代屡屡更替的背景下，大多处于运转正常状态，且多为非对抗性质，保证了历史学连续不断的发展。

---

〔1〕《国语》卷四《鲁语上》，上海：上海古籍出版社，1988年，第153页。
〔2〕《旧唐书》卷八〇《褚遂良传》，北京：中华书局，1975年，第2730页。

但是，日本引进中国史学之后，长期以来并不具有中国古代的这些机制，官方史学实行高度的功利主义，私家畅行“物语”一类的纂述，追求文学性的特征相当明显，同样是求真理念薄弱，没有形成有效的矛盾互动。官方不否认史学应当真实，《日本书纪》等书不乏记述天皇劣行的内容，但归结点仍在于引为鉴戒，以致用为第一宗旨。《日本后纪》序文自称：“无隐毫厘之疵，咸载锱铢之善，炳戒于是森罗，微猷所以昭晰。史之为用，盖如斯欤。”[1]这里“无隐”“咸载”显示了求真观念，但远比“史之为用”宗旨淡薄。《续日本后纪·序》认为“史官记事，帝王之迹攒兴，司典序言，得失之论对出”[2]，《日本三代实录序》言：“窃惟帝王稽古，咸置史官，述言事而征废兴，甄善恶以备惩劝”[3]，都是强调史学的致用功能，并未直接言及记史求真的问题。

在世界上，不是每个民族和地区都能够原发性地产生持续发展的史学，史学的建立除了文字、历法、重大社会变动的激发之外，还必须具有记事欲求真实之社会意识的支持，古希腊、古代中国恰好满足这一条件，而文明发展最早的古埃及，因缺乏记史求真的社会意识，也只能说是有史料而无史学。日本最初连文字、历法也从中国引进和改造，社会意识中更缺少记史求真理念。这样，即使引进史学，也较难自行发展，其官方修史在“六国史”修成之后中断几百年，就是明证。日本史学所以不绝如缕、时起时伏，延续到近代，依靠的是源源不断得到中国传统史学、史书的传入。至德川幕府时期，清人历史考据学的务实学风输送于日本，方使日本史学具有较强的求真观念，明治时期德国兰克史学思想的引进，遂促使日

---

〔1〕《日本后纪》卷首“序”，见《新订增补国史大系》本，东京：吉川弘文馆，1961年，第1页。

〔2〕《续日本后纪》卷首“序”，见《新订增补国史大系》本，东京：吉川弘文馆，1988年，第185页。

〔3〕《日本三代实录》卷首“序”，见《新订增补国史大系》本，东京：吉川弘文馆，1988年，第1页。

本史学完成了向近代的转型。但仔细考察明治时期的史学转型，发现不过是以废止官方修史而回避了久米邦武、重野安绎等“抹杀史学”的辨伪、考实之诉求，给以后“皇国史观”的泛滥留下了祸根。因此，日本史学的近代化转型，也是极不彻底的。

上文考察了中国传统史学对于日本的宏观影响，这种影响实际是在整个中国文化影响下实现的，而不是史学孤军独立地影响于日本。古代日本接受中国史学文化的影响，不仅在史学的发生、发展方面辟开途径，而且使整个社会的进程迅速改观。换言之，就是仿从他国成熟的史学文化，往往会促使本国的社会发展进程得到巨大改观。如果以上结论成立，那么在历史发展的理论上，就意味着一个值得深思的问题：一个民族、一个国度的历史进程，不是独立的，往往是在不同族群、地区、国家之间的联系中发生社会演变，具体如何演变，视民族之间、国家之间联系和相互影响的广度、强度，从而呈现不同的状态。一个相对落后的地区或民族，一旦接受了先进地区文化的影响，便会突飞猛进地改变原有社会面貌，甚至演化出独特的社会特点。以往人们习惯于分区域、分国别、分民族地研究历史，将外来影响看成比较次要的外因，这种思想方法有很大的局限性。须知现代的国家畛域，虽是历史发展的结果，但毕竟是人为势力所划定，在历史的长河中并非自古如此，在人类相互影响和文化联系中，不应强分内因和外因的区别，文化影响力的大小才是值得考察的因素。日本古代大化改新的历史与明治维新史，典型地展示了某种“外来”文化改变整个社会发展状况的实例。

中国传统史学对日本的影响以及中日史学比较研究，只是一个刚刚起步的研究领域。还有大量微观与宏观问题亟待探索，十分希望史学界更多的同仁参与讨论，更希望大批学子做好知识的积累和理论的准备，共创中外史学比较、史学史和史学理论探讨的学术繁荣。

（原载《南国学术》2015 年第 4 期）

中日两国在古史研讨上的政治扰动
——20世纪前期疑古史学及其背景的审思

中日两国相隔仅一衣带水，自古以来联系十分密切。日本的历史学是受中国史学文化影响而产生，在编纂方法与史学思想上具有很多共同特点，特别是都形成了强烈的政治历史观，即将史学运行与政治诉求人为地系结一起。国家政权试图以政治引导史学，而治史者也往往寓入其政治意愿，或自愿为政治目标服务。在古代，这是中日两国史学千百年发展中的泛常状态，虽可促进整个社会对于历史学的重视，但同时也会影响治史求真宗旨的贯彻，甚至造成历史研究方向的扭曲。迈入近代社会之后，历史学已经走向专业化，历史教学和研究者渐渐职业化，与国家政治的捆绑似应有所松动。然而历史文化的惯性力是相当强劲的，中日两国虽接受了西方的学术体制，但旧的政治历史观并未明显改变，治史经世的理念依然名号堂皇，使本来远离现实事务的古史研究，也受到很强的政治扰动，在20世纪前期的中日两国史学的疑古考辨中造成颇多的纠葛，值得反思和评析。

一　日本古史研究的疑古思潮与政治扰动

日本近代的史学转型，与史学疑古思想的萌发有着密切的关系，这要追溯到明治维新时期。日本明治维新运动的特点，是主动学习西方的政治、经济、文化，进行社会体制的改良。在历史学上，有大批史家接受了西方的史学观念，更有不少史家具有西方留学、访学的经历。日本政府也曾主动引进西方史学理念，1887 年（明治二十年）更聘任德国兰克学派的重要学者路德维格·利斯为东京帝国大学史学科教授，日本学者坪井九马三、箕作元八，也都曾留学于德国，承袭兰克学派的理念和方法，使推重考证求实的客观主义史学在日本得以立足和发展，这与中国历史考据学的影响结合在一起，对日本的古史记载审视考察，从而产生怀疑与考辨。但是，日本的维新改革是从倒幕运动、政权重归天皇掌握所肇始，于是在大力学习西方的同时，还进行着强化天皇的权威与神圣的运作，即所谓“王政复古”。1869 年（明治二年）4 月，天皇下诏由官方纂修《大日本编年史》，此为加强“王政复古”的一个举措。但享有学术盛名的编纂官重野安绎以及纂修官久米邦武等人，却反其道而行之，陆续发表文章否定日本古籍的记载，甚至揭示神道势力的老底[1]，颠覆神道与皇统的紧密联系，威胁了神道祭典渲染之下的天皇神化的“国体”，因而受到神道势力和政界保守派的群起围攻，终于导致“笔祸”。1891 年，久米邦武被解除东京帝国大学教授与国史纂修的职务，翌年重野安绎也辞职离去。

但是，日本的国家修史活动也难以为继，因为无法面对学者所揭出的年代伪造、旧史失真的问题，纂修国史既不能按旧思路进行，也不能按新理念继续。日本官方在维新改革的大局势下，无法从文化上全面后退，政府只能选择摆脱修史问题带来的困境。1893 年按文部省提议，宣布终止政府修史，官方仅做史料的整理出版，编辑了《大日本史料》等多种丛书，而编著历史著述，全由私家各成一家之言。这就是日本史学的近代转型，但仅仅是官方废弃了修史活动，而疑古史家也为此付出了代价。日本近代第一轮疑古思潮趋于低落，史学守旧势力依然强大，但矛盾继续存在，东京帝国大学内兰克史学的影响仍在扩展，历史学疑古思想也在积蓄。

---

〔1〕［日］久米邦武《神道乃祭天古俗》，《史学会杂志》1891 年第 2 编第 23 号。

19世纪末期，日本历史学家那珂通世取得多方面学术成就，渐次驰名史学界。他具有考证求实的意识，对《日本书纪》所述古代日本的纪年，曾发文指出其大为失实。1903年初，那珂通世搜集编辑清朝乾嘉疑古考据家崔述的著述，付以出版，为《崔东壁先生遗书》，并且撰著了《〈考信录〉解题》，对崔述的疑古考辨详为介绍和大加推崇。崔述著作在日本的刊行，促使日本疑古思潮的潜流改以质疑中国上古史的方式而喷发出来，这是一个颇为关键的转折，东京帝国大学教授白鸟库吉成为首开先河的学者。

白鸟库吉于1887年进入东京帝国大学的史学科，学习德国史学家利斯的课程，接受了德国兰克学派的客观主义史学思想和史学方法，以这种理念审视崔述的论述，一方面受到崔述疑古见解的启发，另一方面也不难冲破崔述考信依据于儒学经典的局限性。他于1909年首发否定尧、舜、禹为真实人物的论断，指出尧、舜、禹不过是为了表达某种理想而构造出来的传说，被人称为“尧舜禹抹杀论”。这个观点惊世骇俗，但不涉及日本政治上的敏感问题，反而适合对外扩张势力蔑视中国的需求。在当时反对白鸟之说的日本学者，只有林泰辅发表了值得一提的驳论，但其理据弱而声势小，在社会影响上和学术上都居于下风。白鸟库吉在学术建设上业绩很大，在东京帝国大学倡导和建立了史学上的东京文献学派，疑古是这个学派显著的治学特点。但白鸟并非死守书斋的学者，思想与行为相当复杂。1908年，为了深入研究朝鲜和中国东北地区的历史地理，他争取到满铁会社总裁的支持而组织了满鲜历史地理调查部，这固然有利于学术资料的搜集，但也符合日本政府政治利益和东亚侵略战争的考量，其治学取向后来越发贴近于国家政局和时势，反映了政治历史观深入史家头脑的扰动作用。

尧、舜、禹本为中国儒学经典中的圣王，否认其真实性，似乎会伤筋动骨地损害儒教，但白鸟库吉竭力避免这种逻辑归宿，他努力推重儒学、儒教，认为日本必须坚持儒教精神，于是在逻辑上做出一个扭曲，认为虽然尧、舜、禹并非真实人物，但这种传说正好表达了儒教的理想，儒学经典中所叙述尧的公平、舜的孝道、禹的勤勉，是极其宝贵的精神，世界任何国家的人都应当学习。[1]同样道理，白鸟库吉也认为日本神代史不是真实历史，但神代史的传说表达了日本的精神和理想，一定要坚守不懈，不可动摇。这些观点上的反复回转，无一不体现了史学研究被政治的考量、社会的功效所扰动。由白鸟库吉对儒学的推崇来看，其“尧舜禹抹杀论”应当不带有蔑视中国的用意，指责其出发点是为日本侵略政策服务，更不妥当。但是，白鸟库吉还有不少批判中国文化的言论，例如认为满洲、蒙古在历史上不同于中国本土，这是他研究历史地理之后得出的个人见解，而这种见解肯定又与日本“大陆政策”的背景有关，史学经世理念笼罩下的学术研究，与政治现实的联系往往是剪不断、理还乱，难分孰因孰果的。像白鸟库吉这样得到当局优遇的学者，其史学研究于国家政治文化与学术思考之间矛盾摇摆，在中日两国的史学界都很普遍。

另一日本著名史学家内藤虎次郎（1866—1934），为京都帝国大学教授，在中国史研究上颇多创树，与其他一些著名史家构成日本中国学的京都学派。内藤虎次郎与京都学派大多数学者对中国古代的历史文化多有赞誉，反对东京学派主张的“支那停滞论”，因此不少学者认为，京都学派与东京学派在理念上是对立的。内藤氏同样具备疑古思想，而且补充了白鸟氏的论说，他在1921年发表的《尚书稽疑》中提出了古史的“加上原则”，即古史内容乃是被后人逐步添加。他认为：“《尚书》中关于殷的诸篇离孔子及其门下的时代已甚远，而关于尧、舜、禹的记载不得不认为更是其后附加上去的。”[2]内藤与白鸟尽管对于中国古代文化的评估各有轩轾，但都怀

〔1〕《白鸟库吉全集》第十卷，东京：岩波书店，1971年，第278页，转引自赵薇《“尧舜禹抹杀论”与白鸟库吉的日本东洋史学》，《北方论丛》2013年第1期。

〔2〕［日］内藤湖南《尚书稽疑》，见《内藤湖南全集》第7卷，东京：筑摩书房，1970年。译文转引自盛邦和《上世纪初叶日本疑古史学叙论》，香港中文大学《二十一世纪》2005年3月号（总第36期）。

疑中国上古史的旧有体系，可见皆为学术研究的结论，不牵涉政治的立场和动机。

但是内藤氏的一些言论，在切合日本侵略扩张舆论方面，比白鸟库吉有过之无不及，特别是其分别于1914年和1924年撰成的《支那论》《新支那论》，公然认为中国“领土过大”，无力经营，“把满洲分离出去，是有利的”。[1]喜爱中国历史文化的内藤氏有此言论，说明学术理念与政治立场不一定直接对应，学者生活在特定的时代与社会，可以身兼不同角色，思想与言论也十分复杂。

20世纪初至30年代末，大量日本学者卷入贬抑中国历史文化的潮流，所发表的撰述，不同程度地符合日本军阀和政客的扩张意图，如著名史家桑原骘藏，撰写了《支那人的文弱与保守》（1917）、《支那人的吃人肉风习》（1919）、《支那人的妥协性和猜忌心》（1921）、《支那的宦官》（1924）等一系列文章，专拣中国历史上的阴暗之处予以挖苦和讥讽，贬低古代中国的文明。史家箭内亘、中山久太郎等人，都主张满蒙并非属于中国。在史学界之外的媒体时评、社会文艺方面，宣扬的势头更加猛烈，形成了一个大的社会文化环境，时时处处扰动着史家的学术选题和思维走向。

但史学活动是否牵涉政治因素，仍需要具体分析。例如20世纪20年代，饭岛忠夫与新城新藏之间关于中国天文历法史和《左传》成书问题的论战，就无政治干扰的迹象。这个论战是白鸟库吉与林泰辅论辩的延续，因为林泰辅在论辩之时，引《尚书·尧典》内“四仲星”内容为证，认为这不可能出于随意的传说和编造。白鸟及其学生桥本增吉予以回应，认为《尧典》的“四仲星”记述，禁不住科学检验，林泰辅的说法不足为证。林泰辅为日本甲骨学专家，天文历法非其所长，白鸟库吉更不精于此学，辩论未能深入。至饭岛忠夫与新城新藏的论战，才将中国天文学史的探索大为推进。饭

〔1〕［日］内藤湖南《支那论附支那新论》，大阪：创元社，1938年，第93页。

岛忠夫承袭白鸟库吉的中国古代文化西来说法，提出中国的历法来源于西亚或印度，根源在于希腊，于公元前300年前后即战国中叶时期传入中国[1]，新城新藏则认为中国的历法是本土自己发明的，这是双方的根本分歧。二人各举证据，牵涉《左传》《国语》等古籍，饭岛忠夫断定《左传》乃西汉末刘歆所伪造，而新城新藏则认为《左传》成书于战国时期，不存在任何作伪问题。[2]这次论战没有任何政治意图或政治因素，应当完全是学术观点的交锋。

日本学界的疑古对象指向古代中国，以及对中国历史文化的贬低，受到日本当局和右翼或明或暗的鼓励，以东京学派为核心的疑古史学得以壮大。但疑古思潮迟早会回马一枪，刺向日本的古史记载，白鸟库吉的学生、历史学家津田左右吉就是最杰出的代表人物。

津田左右吉早年追随白鸟库吉学习史学，后任早稻田大学教授。1913年撰成《神代史的新研究》，在此基础上继而于1924年撰成《神代史研究》，两书皆探索日本神武天皇以前的神代史，指出《古事记》《日本书纪》描述的日本"神代史"，不仅毫无史实可言，也不是日本的神话传说，而是修史者按照当时的政治需要构造出来的。不仅如此，还证明"关于应神天皇、仁德天皇以后的时代，甚至关于皇室的家系记录也都是经年累月地被人们制造出来的，即使没有精确地传下来，大体的情形也在帝纪编纂之时就已为人所知了。关于年代顺序也有同样的情况，《书纪》在纪年上把应神天皇以后到允恭天皇以前的年限拉长了，但履中天皇、反正天皇的在位年数又明显地变短，这恐怕也是为满足某种需要之故……这与其说是对历史事实的记录，倒不如把它看作是一种思想上的构成来的更为恰

[1]〔日〕饭岛忠夫《支那古代史论》第一章《序论》、第三十六章《〈左传〉〈国语〉的天文历法》，东京：恒星社，1941年。

[2]〔日〕新城新藏《东洋天文学史研究》第一编"东洋天文学史大纲"、第七编"再论《左传》《国语》之著作年代"，沈璿译，上海：中华学艺社，1933年。

当。”[1]这些考论从根本上动摇了日本古代史旧有的基础，是对“神道史观”、对“皇国史观”的严厉批判，终于激起守旧学者右翼分子的极端仇视，津田左右吉因此丢掉了早稻田大学教授职务，著述遭到封禁，又被判为有罪，但在诸多学者声势浩大的辩护下，只以缓刑处理，没有入狱。日本战败，第二次世界大战结束，津田左右吉得到普遍赞扬，后获得日本天皇颁发的日本文化勋章，其历史观念成为日本历史学的主流。

日本疑古史学的发展，颇有起伏跌宕的戏剧性，最后以胜利告终，其事例丰富多样，有的体现了史学与政治问题的牵涉，有的呈现史学与政治的疏离，值得认真研究。日本的疑古思潮，包含对中国传统古史记载的否定，因此与中国学界、政界有着不可切割的关系，必须结合中国的反应及中国的史学加以分析。

二　中国上古史探索的政治境遇

如上文所述，清人崔述疑古史学的著述传入日本，成为日本白鸟库吉等将疑古对象转向中国古史的一大契机，影响巨大而深远。但在中国，情况则不大相同，崔述在世时，考据学正处于兴盛时期，而考据学家大多认同于钱大昕之“护惜古人”的信古观念，连阎若璩、惠栋那种审视《古文尚书》的辨伪之学，也已经边缘化而近于澌灭。近代学者多认为在乾嘉时期，专作史学理论研讨的章学诚受冷落，查其实则不然，章学诚曾被聘入多个高官幕府，并且与钱大昕、邵晋涵等学界名人都有交往。而崔述则孤立无援，官方与名流均对之漠视。事实证明：崔述虽做热门的考据之学但主导思想不同，因而受到加倍的冷落和排斥。幸有一位忠心的弟子陈履和，倾家荡

〔1〕［日］津田左右吉《〈古事记〉及〈日本书纪〉的研究》，见《津田左右吉全集》卷一，东京：岩波书店，1924年，第474—475页，转引自刘萍《津田左右吉研究》，第171—175页。

产来刊刻崔述的著述，否则很可能真的遭到永久性埋没。

时值近代，随着政治与文化价值观缓慢地发生转变，崔述的学术初步影响到顾颉刚的历史思想，加之胡适、钱玄同学术理念的催化，遂培育出顾颉刚这位最勇敢、最坚定的疑古史学家，这期间也有日本史学的直接或间接影响，日本出版和推崇《崔东壁先生遗书》，就是个不小的促进因素，顾颉刚在胡适的支持下，下很大工夫编纂《崔东壁遗书》，资料、体例已经远超日本版本，更对崔述之学深入研究，发挥、开拓出许多新的论断，乃是古史辨派学术业绩的组成部分。早在1923年，顾颉刚发表《与钱玄同先生论古史书》，提出“层累地造成的中国古史”的命题，指出中国旧的上古史体系的不可信从，首先发出对治水圣王大禹真实性的质疑。1926年，顾颉刚主编《古史辨》第一册出版，使辩论更为升级，且随着《古史辨》第二至七册的陆续印行，一波继一波的辩论愈演愈烈。以顾颉刚为代表的古史辨派学者，提出许多具体的辨伪事例，但最根本的理念，是顾颉刚申明了四点学术宗旨：（1）打破中国民族出于一元的观念；（2）打破地域向来一统的观念；（3）打破古史人化的观念，即将神话中古神“人化”，多了一层伪史；（4）打破古代为黄金世界的观念。

从以上四条可以看出：这场“疑古”风潮，实为20世纪中国的史学革命运动。但这场史学革命，却引发大量诘难，面临广泛的批评与排斥。一般说来，不同见解的论辩是正常的现象，但只要与日本的情形对照，就可以体察出几分令人诧异之处。对顾颉刚和古史辨派予以诘难者，主要来自于学术界，批评是以学术的面目出现，偶有关乎“世道人心”的指责，但并不大谋求当局的支持，政治势力也未过多地施加压力。是中国的政局不会出现以政治手段压制学术“异端”吗？当然不是，只不过中国当时尚未建立起那种行政权威，复杂的国内矛盾使当权派暂时无力顾及学术上的争辩，而且无论守旧派还是趋新派，大多不愿被人视为依赖政权而上位。这不能证明中国社会就没有政治干预学术的土壤。实际上，中国的疑古学派面临比日本多一层次的压力，即日人疑中国之古，被认为是怀有不良用意，中国人若与日本人认识近似，是否会被指斥为汉奸？顾颉刚本人可能不大了解白鸟库吉等人的学术观点，但到过日本的钱玄同就不一定也同样闭塞，他对日本白鸟库吉等人的观点也闭口不言，可能是小心翼翼地想撇开与日本疑古学派的干系。

顾颉刚的观念遭遇了多方面的论敌，除历史学的守旧信古者如王国维、柳诒徵等之外，颇具备新史学知识和留学于西方的学者也不在少数，例如学衡派吴宓诸人，以及年岁不大的张荫麟，留学归国后在高校讲解西方史学方法的陆懋德，甚至有半假不真的“托派”马克思主义者例如李季，以考古学者面目出现的如徐旭生等人。没有参与辩论的大学者如梁启超、陈寅恪、陈垣等人，实际也不赞同古史辨派，有时还会给王国维逻辑混乱的《古史新证》捧场，会为胡搅蛮缠的张荫麟叫好。[1]这种文化环境，是由于近代以来中国积贫积弱，却有着丰富的历史记载，一般史家很容易拥传统历史内容以自慰，类似鲁迅《阿Q正传》里的经典话语：“我们先前——比你阔多啦！”如果这算是民族主义或者爱国主义信念，那么否定上古圣王的存在岂不真的会惹起众怒？章太炎曾经斥骂疑古之论是“随日人之后，妄谈尧、禹之伪”[2]，认为“今之疑古者，害人更甚，厥祸尤烈”[3]，甚至会导致亡国后患。由于中国学界的保守气氛如此浓烈，中国疑古考辨的学者，面临的形势远比日本学者严峻。

章太炎的议论，明显属于顽固守旧的意识，也没有提供顾颉刚因袭日本人学说的证据，但近年（2012）还是有人依此借题发挥，

---

〔1〕乔治忠《王国维“二重证据法”蕴义与影响的再审视》，《南开学报》（哲学社会科学版）2010年第4期；《张荫麟诘难顾颉刚“默证”问题之研判》，《史学月刊》2013年第8期。

〔2〕章太炎《论经史实录不应无故怀疑》，见马勇编《章太炎讲演集》，石家庄：河北人民出版社，2004年，第225—227页。

〔3〕章太炎《关于史学的讲演》，见马勇编《章太炎讲演集》，第174页。

试图向顾颉刚泼去抄袭、剽窃的脏水。[1]殊不知早在2006年，倪平英的研究生学位论文《相似外表下的不同内核——白鸟库吉与顾颉刚就“尧舜禹”问题研究比较》[2]之中，已经列出充分证据，指出二者在学术立场、论证过程、学术指向等方面均有较大区别。李孝迁撰《域外汉学与古史辨运动——兼与陈学然先生商榷》[3]、虞云国撰《古史辨“剿袭”案的再辩谳》[4]等文章，都对这种栽赃行为做出了反驳，这里不多复述。但需要说明的是，古史辨派的根本理念是要“打破中国民族出于一元的观念”“打破地域向来一统的观念”等，如上文所述，是伟大的史学学术革命，即使是某些具体论点得自域外学者而未注明，也无关大节。梁启超《新史学》以及《中国历史研究法》，有不少观点和表述取自日本著作，径直论述，并不注明，在那个时代关涉开风气之先的大举动，岂能以今人狭隘胸襟吹求罅隙？更值得注意的是，有一二先生将顾颉刚与日本学者拉在一起，乃是为了诬陷古史辨派为日寇“帮凶”，说是“动摇中华民族的自信心，这正是侵略者想干而难以干成的事情……古史辨学者却替侵略者干到了”[5]，这种议论耸人听闻，给古史辨派学者加以莫须有罪名。其所谓疑古就能“动摇中华民族的自信心”，岂不是说现代的中华民族自信，要依赖上古的所谓圣王来维系吗？不言而喻，其出发点是何等的荒唐！

众所周知，待至1931年日本侵华的“九一八事变”后，顾颉刚宣布要进行历史地理学研究，考证中国边防疆土，开办《禹贡》杂

[1] 陈学然《中日学术交流与古史辨运动——从章太炎的批判说起》，《中华文史论丛》2012年第3期。
[2] 倪平英《相似外表下的不同内核——白鸟库吉与顾颉刚就“尧舜禹”问题研究比较》，华东师范大学对外汉语学院2006年学位论文。
[3] 李孝迁《域外汉学与古史辨运动——兼与陈学然先生商榷》，《中华文史论丛》2013年第3期。
[4] 虞云国《古史辨“剿袭”案的再辩谳》，《文汇报》2014年12月28日。
[5] 转引自张京华《谈廖名春评价顾颉刚的方法论问题》，《淮阴师范学院学报》（哲学社会科学版）2002年第3期。

志借以自明，以学术选题做爱国、反侵略的表态。看来这种表态并不是多余的，但其实也是政治扰动学术的一种表现。至此，我们才会感悟到：傅斯年坚决支持和鼓励董作宾，在八年的抗日战争期间，几乎全无旁骛地研究甲骨学，撰成《殷历谱》一书，此类实例是多么值得学术史特别关注。

另一受到政治扰动的实例，是郭沫若言行的前后变化。1927 年郭沫若开始寓居日本，正是饭岛忠夫与新城新藏辩论中国天文学史的深入之时。至 1930 年，郭沫若已经撰成出版《中国古代社会研究》，成为正宗的马克思主义史学家。而同时他还有其他著述，其中之一是 4 万余字的《释支干》[1]一文。就此文的学术观点而言，疑古考辨和得出的结论，远远超越饭岛忠夫之说，饭岛忠夫不过主张中国古代的天文历法知识是公元前 300 年左右从西方传来，而郭沫若的考订不仅如此，甚至最早的殷商先民都可能是从西亚巴比伦携带文字、干支、历法等文化迁移而来。他将十二个地支的岁阴读法如摄提格（寅）、单阏（卯）……赤奋若（丑）等，结合甲骨文、金文字形与释义，一一与巴比伦的十二星座对应，这不是个别读音的近似，而是整个语言、语意和文字的系统性吻合。例如“卯”字，是源于狮子座，中国甲骨文（卯）字与狮子座的符号♌绝相类似。而“单阏”即“轩辕”，乃皆为希腊语“šαγγų”的音转。[2]在巴比伦与希腊，狮子座的轩辕星乃是天界的主宰神，《史记·天官书》有近似的记述：“轩辕，黄龙体，前大星女主象。”[3]传说的“黄帝”为轩辕氏，即来源于此，这就是说，连中国传说的祖先黄帝轩辕氏，不但是神不是真人，而且是外国的神。《释支干》的论断，真可谓是天才的发现。

但是到了 20 世纪 40 年代，郭沫若回忆这一段在日本的生活，评论他所经历、所了解的人物和事件之时，说法令人惊诧。他提起

---

〔1〕见《郭沫若全集》考古编第一卷，北京：科学出版社，1982 年，第 155—342 页。

〔2〕郭沫若《释干支》，见《郭沫若全集》考古编第一卷，第 244—246、255—258 页。

〔3〕《史记》卷二七《天官书》，北京：中华书局，1959 年，第 1299 页。

经常去读书的东洋文库时说：

> 以白鸟库吉博士为主帅的日本支那学者中的东京学派，是以这儿为大本营。白鸟本人（他便是法西斯外交官白鸟某的父亲）除在东京帝大担任教授之外，在这儿有他的研究室，经常住在这儿的三楼。他的下边的一群学者大多是受了法西斯学派的影响，而又发泄着帝国主义的臭味的。……有一位著名的饭田忠夫博士便是这种人的代表，他坚决主张中国人是没有固有文化的，所有先秦古典，一律都是后人假造。中国的古代文化，特别关于星算之类，是西纪前三三四年（战国中叶）亚历山德大王东征之后才由西方输入的。……这样的论调与其说是学术研究，宁可说是帝国主义的军号。[1]

这里对白鸟库吉、饭岛忠夫的攻击不仅过分，而且不合事实，没有证据和迹象表明饭岛忠夫的论述有任何政治上的意图，如果那就属于“帝国主义的军号”，乃是将学术见解完全政治化，实属牵强，若以同样的思维方式攻讦郭沫若的《释支干》，岂不更加严重？因此，历史学者在评价他人的史学撰述和撰著宗旨之际，应当抑制政治意识在内心的过度扰动。

中国、日本的历史学者，许多人主动或被动地与政治问题纠缠在一起，或多或少地处于政治扰动之下来研究历史或评论他人的史著。这种状况的根源何在？解决的出路何从？是应当认真探讨一番了。

三　近现代如何安放史学与政治的关系？

中国传统史学自先秦产生之际，就在“殷鉴”理念下与政治联

〔1〕郭沫若《我是中国人》，见《郭沫若全集》第十一卷《海涛集》，第362页。

系，成为一种独特的政治历史观，即从历史的叙述与分析中得出政治见解、政治方针，而且以历史的事例来论证自己的政治理念，形成政治观点与历史知识的互动与循环。同时，又按照政治价值观、政治利益构建历史认识体系即传统史学，传统史学再反过来为政治运作提供辅助。“以史为鉴”、以史“教化”、以史“资治”、史学经世，就是中国传统政治历史观的格言性表达，传播广泛，影响深远。但中国先秦时期也形成“君举必书”“书法不隐”的史学求真宗旨，构成史学求真与治史致用的一对矛盾，史学就在这种矛盾运动下发展。至东汉时期，中国史学建构了完整的官方史学与私家史学两条互动、互补又相互排抑的发展轨道，史学求真与致用的矛盾融入官方与私家史学互动的结构之中，由此发展出极其繁荣的中国古代史学，也增强了中国传统史学的文化魅力，为周边不同民族所向慕和仿效。

日本民族原无历史学，在其本身尚不具备产生历史学之条件的情况下，传入了中国业已成熟化的史学，在接受和学习中亦有所改造。公元720年成书的《日本书纪》30卷，是日本正式建立历史学的标志。而从《日本书纪》以及此后的官修史来看，乃是强化了史学的政治功用，淡薄了求真精神。日本古代史学在长期发展中，没有达到中国官方与私家修史相互制约的水平，求真与致用互争首要的矛盾机制也比较薄弱，社会功能的诉求过于强势，这种状况其实不利于史学的存在和发展。日本史学的发展，依靠中国传统史学成就之不断输入来刺激和推动，到德川幕府时期才发生大的转变。因此，日本的政权虽然没有达到中国历代朝廷重视史学的程度，但政治历史观和史学为政权服务的意识，并不逊于中国，而求真理念的相对淡薄，更难以制约从社会功用出发的偏离学术行为。

日本和中国的近代社会转型，大体都是学习源于西方的社会体制，其中史学专业化，史学教学与研究人员职业化，意味着史学与其他学科一样，形成了相对独立的社会系统，理应淡化史学经世的观念，向非功利化的学术文化事业转化。但其实不然，日本史学的近代化转型，只是基本废止了官方纂修史著的机制，虽有重野安绎等提出史学不能追求功用的主张，但影响甚小，根本没有撬动治史致用的社会意识。中国史学的近代化转型以梁启超的《新史学》为标志，只是从政治角度对旧史学斥之为“帝王家谱”，倡导撰写“民史”而已。由于中国近代饱受欺凌，国难不已，史学经世的观念反而更加强化，史家多把史学看作爱国、卫国、强国的工具。于是，不仅政界当权者要求史学为政治服务，就是很有造诣的史家也大多怀着史学经世的抱负。在中日政治纠葛和国家利益冲突中，日本许多史家丧失了对外侵战争非正义性的判断，在研讨历史的选题和论点上贴近于狂热的战争宣传。中国史家则尽量摆脱与日本史学界的干系，甚至将日本疑古考辨与贬低中国的宣传等同起来，认为其中包含替日寇侵华制造舆论的祸心，过度的政治敏感遮蔽了学术正误的评判。

在抗日战争胜利结束几十年后的今天，即使当年的政治、军事问题，也终究会成为学术研究的对象。学术研究有别于鼓动宣传，涉及历史学问题，特别是古代史的内容，更应当首先从学术角度予以分析，关键在于日本与中国学者的疑古论点，是否提出了值得研讨的学术问题？其论述是否在探求客观史实？尽管日本侵略集团利用了某些学术观点做歪曲的宣传，那主要责任也在于侵略分子。日本于甲午战争之后的“大亚细亚主义”的思想，已成为侵略扩张理论，要求中国放弃领土主权，声称武力侵华是为了改变中国的落后状态，必须首先强行建立以日本为盟主的大东亚统一，才能抵御西方白种人的欺压，意思是说：实力暂时落后的中国，就应该被日本来主宰。此类扩张主义舆论，充斥着种族主义和武力至上的法西斯主义邪说，其中有多年以来社会达尔文主义传布的思想基础，中日历史学者中很多人受到这种极端历史进化论的影响，因而能够惑众欺世于一时，这应当成为今天总结与批判的要点之一。

中国即使真的落后、真的存在不文明状况，也不能成为别国来侵犯的理由。反过来说，在法西斯思潮横行的时期，侵略他国不难找到任何借口，希特勒大举侵占法国，根本不必宣传法国是个落后国家，也不用否定法国的古史记载，他自有说辞。因此，谴责与清算近代以来侵略者从历史中寻到的理由和借口，才是历史反思的重点。

对于“尧舜禹抹杀论”，我们现在关注的重点，应是古史中的这些圣王是否真的存在？答案是十分清晰的，尧舜禹传说的产生踪迹，乃是逐步“加上”或者说是“层累造成”的，传说中的尧舜禹事迹，与科学考古所确认的时代背景和文明程度严重地违背，因此质疑尧舜禹的存在确有道理，是学术进步的体现，反之则是守旧的文化意识。因此，无论白鸟库吉“抹杀”尧舜禹的论断，还是林泰辅所持的反对意见，都不必从政治动机来解读，如果将白鸟库吉、饭岛忠夫等人视为侵华势力的帮凶，那么反对“抹杀”尧舜禹的林泰辅是不是反对日本外侵的义士呢？可见将学术问题极力附会出一个政治动机，是十分荒唐的。

本文不是否认史家大多会具有政治立场，不是掩饰史家往往主动将自己的研究贴近于当局的政治需要，也不是反对批判“二战”前日本许多史家助长军国主义外侵舆论的行为，恰恰相反，本文一开始就指出中日传统的史学理念，是造成史学与政治捆绑的思想渊源。但当前的评述与批判，需要对具体问题做实事求是的具体分析。例如白鸟库吉及其东洋文献学派的疑古考辨，原本是从学术研究出发得出的学术见解，甚至推动组织“满鲜历史地理调查部”，初旨也是为学术研究争取更好的条件，但在日本扩张势力的支持与利用下，政治因素与史家治学互动影响，渐渐形成学术探索为对外侵略舆论张目，其渊源也是史家治学经世的意识，而缺乏史学应当独立于现实政治的观念。

又如撰写了《支那人的文弱与保守》《支那人的吃人肉风习》的桑原骘藏，从其行文语调上看，确有蔑视中国的思想和情绪。但文中列举的资料基本摘自中国古籍，确有中国存在的问题和事实，但是有的资料属于传闻，作者不分真伪地堆积在一起，以贬低中国，其总结性的结论颇为片面。对其心态的偏执，我们应当批判，此两文写于1917年和1919年，主要反映作者本人的思想观念，配合日本侵华舆论的作用不大。同时期或稍后，中国学者也有不少类似的论说和描述，鲁迅的作品即为其中的典型，虽出发点不同，但都是关注到中国落后状况的侧面。如果我们不分具体情况，一概上升到批判军国主义侵华帮凶的政治层次，不仅遮蔽了对极端社会达尔文主义和“大亚细亚主义”侵略理论的批判，而且是从另一方向强化了政治对史学的扰动，在思想理论和史学实践上都是偏颇的。

怎样避免政治对史学的扰动，防止史学重蹈为恶劣政治权势服务的覆辙？根本的办法是确立历史学的学术性质和地位，解开史学与政治利益的联系，以求真、求是作为史学的宗旨，历史研究不能预设政治的、功利的目标。以往的政治事件以及一切社会问题，都可以升华为历史学学术研究的对象，但史学研究不应返还为现实政治的需求。现代社会与古代极不相同，社会发展变化日新月异，许多新事物是前所未有的。解决现实问题需要对当前的社会状况予以考察研究，历史的鉴戒作用甚小，容易误解而步入歧途。包括自然科学、社会科学在内的学术研究，整体上越来越具有指导作用，如环境科学对于工业建设的指导，法学与科技对于案件审理的指导等。历史学可以参与到整体学术的指导作用之中，但无可讳言，所占的份额很少。即使在特殊的抗日战争时期，历史学的功能也不能夸大，日本某些史家无论用什么历史著述配合军国主义的外侵，煽动作用也远远不及文艺新闻宣传。而中国爱国史家的著述，作为个人表态固然重要，但抗敌作用则十分微弱，远不及文艺形式、新闻报道和街头的宣传鼓动。因此，现代再高唱史学经世并无多大的必要性，应当解开政治与史学的纠葛，更何况历史知识一旦被移作他用，就走出历史学的范围了，不在学术研究的范围之内。现代的国家制度和社会体制，应当为史学和一切学术提供宽松的政治环境，应当给学术发展以经济上的支持，使其无后顾之忧地进行求真、求是的探索，以期取得不断创新的成就，即只将学术求真、求是与求新作为历史学的宗旨，其效能有助于提高国家、民族的整体素质和智慧。

（原载《史林》2016 年第 4 期）

理论问题新探

中国史学史学科体系的思考

中国史学史作为一门学科，是在近代由梁启超等人倡导而逐步发展起来的，其产生虽得自西方史学界学术著述的启示，但史学史这门学科的建立，特别适合于中国的学术文化史的发展状况，因为中国史学的发展连续不断，多种形式、多种体裁的史籍各自构成从古至今的完整记述，史学遗产之丰富，没有哪一国家和民族可以与之媲美。这决定了中国史学史的研究，必须构成系统的学科体系，而不应当处于支离零散的知识拼合状态。中国史学史学科究竟应当具有怎样的学科体系？笔者认为主要需从三个方面予以思考，以下顺次叙述，以待史学界时贤指正。

一　关于中国史学史学科的任务与内容

史学史是研究历史学发生、发展与各个时期史学活动状况及其与各种社会因素相互关系的学科，是对历史学发展历程的反思与审视。中国史学史的性质，在学术界不存在显著分歧，定义的表述也没有太大出入。但是关于中国史学史学科的学术任务和研究内容，还应当进一步深入讨论，这对于学科体系的建设十分重要。

史学史的学术任务可以归结为逐次深化的三项内容，即清理史学遗产、阐明史学演进过程、揭示史学发展规律。清理史学遗产是史学史学科的基础性工作，中国的史学遗产异常丰富，清理工作有很大的空间尚待开拓，比如发现、开掘各种类型的史学撰述、历史文献以及相关资料，分析历史文献的内容和形式，考察史籍的史料来源、撰述过程、可信程度，探寻历史著述蕴含的史学观点、思想倾向等。这是一项有考证、有分析、有评价的综合性工作，能取得很显著的研究成果，但对于整个史学史研究来说，大部分是属于一个个“点”上的工作，与历史文献学、断代史研究的某些选题，有时类似，有时交叉。阐明史学演进过程，要求把清理史学遗产的各个知识“点”连接成包括时间先后在内的有序线索。这不是各个“点”的简单相连，而是充满了对各个时期史著、史家、史学现象的对比分析和总结概括，指出其间的联系，给各个史家、各种史著做出价值和影响的定位评析，剖析活跃在史学发展中的史学思想和史学方法，评述史学的社会作用。揭示史学发展规律，就是要探讨史学发展的社会条件与内在原因，剖析历史学在不同发展阶段的运行机制，这需要在史学史研究相当深入的基础上，通过中外史学的比较研究来逐步解决。

早在 20 世纪 20 年代，梁启超在提倡建立中国史学史学科之际，就提出了研究中国史学史的四项基本内容，即“一、史官，二、史家，三、史学的成立及发展，四、最近史学的趋势”[1]，现在看来未免有些粗犷，但这里初步规定了中国史学史撰述的大体结构，点明了研讨的入手之处，推动了学科建设与发展。此后，史学界专业学者对中国史学史的内容各有表述，但未曾认真地进行学术讨论，故在整个学术界仍给人以雾里看花似的模糊印象。愚以为中国史学史的研究内容，可以分为 8 个方面：

1. 历史观，是对社会历史的概括性看法，系统化的历史观即为历史哲学，或称历史理论。史学史研究不能将所有的历史观问题囊括其中，因为那是历史哲学的研究对象，而对于史学有重大影

〔1〕 梁启超《中国历史研究法补编》分论三第四章《文化专史及其做法》，上海：上海古籍出版社，1987 年，第 297 页。

响的历史观如“五德终始论”“正统论”等，应当作为史学史的研究内容，而重要史家的历史观融入其历史著述，影响深远，也不能忽视。

2. 史学思想，这是对历史学本身的认识，涉及历史学的性质、功能、治史目的以及与此相关的方法论问题，例如撰史目的是作为“名山事业”还是经世致用？史学的功能有哪些？史家必备的条件和素质是什么？怎样对待记载求真与史学致用的关系？等等。史学思想的系统化即为史学理论，一定社会背景下出现声势较大、影响广泛的史学思想，即可形成史学思潮，皆可广义地统属于史学思想的范围之内。

3. 历史编纂学，这里定义为关于编撰历史著述的具体方式、方法的学问，既涉及史书的编写形式、结构安排，又涉及史书的内容取裁和文字技巧，如史料的整理、鉴别和筛选，对史文的斟酌等。探讨以往历史编纂学的发展状况，是中国史学史的主要内容之一。

4. 官方修史及其相关的制度与举措，这是中国古代史学发展中的独有特点，影响及于朝鲜半岛与日本，成为与西方古代史学最显著的区别。在中国传统史学中，官方修史的成就和影响，足与私家史学匹敌，而且大多时期处于主导地位。

5. 史家的史学活动，是历史观、史学思想、历史编纂学等内容具体、生动、活化的体现，与政治活动、其他学术活动联系在一起，不能截然割裂。因此，研究史家史学活动与研究官方史学活动一样，是史学史中具有综合性、写实性的内容。

6. 史学评论，就是对历史著述进行材料真伪、结构优劣、成就高低、影响大小等方面的判断和论证。史学评论的问题涉及历史观、史学思想和史学方法的各个方面，是一项综合性的工作，为了恰如其分地评价史籍，有时还需要进行必要的考证。史学评论既是史学史学科的一个研究手段，也是史学史研究的一项内容，既要以史学评论的方式研究史学著述，也要研究史学发展中出现过的史学评论。

7. 史学与其他社会文化的联系和相互影响，是指史学史研究必须汲取哲学史、思想史以及历史学各门专业的研究方法和成果，也将自己的成果置于其他关联学科的知识系统中检验与定位。剧烈的社会动荡、声势较大的社会思潮，都可能对史学发展施加显著的影响，史学史研究对于诸如此类的问题，需要予以适当把握和重新审视。

8. 史学发展的社会运行机制，历史学发展的原因、历史学发展的阶段取向、史学功能的发挥、史学潮流的形成和转变等，这些重大的、根本性的史学史问题，都必须置于整个社会背景下、各种社会因素的内在联系中才能够进行具体的探讨。这要比分析具体史学现象与某种社会因素之间的联系更为深入、宏观，将触及历史学发展的规律性问题。

以上诸项内容可以有不同的表述方式，但不应出现大的遗缺，尤其是第 8 项对史学发展的社会运行机制的考察，乃是深化中国史学史研究，使之真正构成学科体系的关键。史学史也不能漫无边际地包含哲学、文学等内容，不能模糊专业学科的界定。

二　探研中国传统史学发展的主导线索

明确中国史学史的学术任务和研究内容，仅仅是构成学科体系的第一步，因为各个项目的研究内容是其学科的板块式组合，作为一种专史，中国史学史研究还应当揭示出贯穿长时段发展进程的主导线索，才能加深对史学发展状况和发展机制的认识。20 世纪 60 年代之初和 70 年代之末，国内两度兴起中国史学史学科建设的讨论，在探索中国史学史研究内容、学科性质的同时，许多学者撰文将“历史规律”的概念引入对史学史研究方向的研讨，涉及中国史学史研究体系之主线以及如何认识史学发展规律的问题。有人提出，中国史学史应当“以时代为纲，以史家、史籍、史体和历史编纂组织为纬，而以阶级斗争作为贯穿史学发展整个过程的一条红线”[1]。也有人将中国史学史任务归结为探讨中国史学发展的规律，阐明中国史学思想领域内的阶级斗争，特别是唯物主义与唯心主义的斗争。[2]这类看法不满足于历代史学状况的描述，体现了对于中国史学史深层认知理路的探索，但观点并非得自史学史研究的充分展开，而是套用社会哲学理论，故难以尽合史学发展的实际状态。

从中国史学史的实际研究中总结和概括中国史学发展的主导线索，探讨史学发展的内在矛盾，应当是深化中国史学史研究的主要方向，这需要辅以中外传统史学的比较研究。中国与西方的传统史学，分别起源，山海相隔，各自独立发展两千多年，分析其间的共同之处，具有史学史研究的理论意义。笔者认为，通过对中国史学史的研究和中外史学的比较研究，可以得出关于史学发展的理论性判断：史学发展的内在矛盾，是记史求真准则与史学致用观念之间的矛盾，史学的求真准则与撰史的致用意念之间的对立统一，贯穿于中国史学发展的历程之中，大多情况下属于非对抗性矛盾，总体上促进了史学的前进。但有时也会出现对抗性表现，如三国时期吴国韦昭的史狱、北魏崔浩的史狱等，在一定时期内破坏或扭曲了史学的社会运行。中国传统史学还具备官方史学与私家史学两条相互联系、互动、互补又互有排抑的发展轨道，这是显明昭著的特点。[3]史学求真与撰史致用的矛盾，交织于官方史学与私家史学的互动、互补又互有排抑的进程之中，因此中国史学史的研究，可以抓住官方史学与私家史学的互动关系，作为考察传统史学发展的主线。以往的中国史学史论著也研讨古代历朝官方的修史活动，但这远远不够，还应当给官方史学与私家史学对等的史学地位，官方史学与私家史学构成两条相互联系的发展轨道，是中国传统史学的独到特点，

---

〔1〕汪伯岩《中国史学史的研究对象问题》，《文史哲》1963年第4期。

〔2〕陈光崇《中国史学史论丛·前言》，沈阳：辽宁人民出版社，1984年，第2页。

〔3〕参见乔治忠《古代中国官方修史视角下的中外史学比较》，《史学理论研究》2009年第2期。

是中国史学之所以连续不断、繁荣兴盛的主要原因。对此思路予以研究，则中国古代史学史研究的宏观结构和具体结论都会出现很大的改观，推动学科体系有所更新。

司马迁的《史记》无疑在中国史学史上占有重要的地位，历来论家甚多。但若置于官方史学与私家史学互动的线索中考察，则可以看出司马迁“成一家之言”的宗旨是私家史学个性精神的张扬，是对史学辅政、以史为鉴观念的疏离。司马迁的史学，是改变中国史学发展方向的一大尝试，但在扬雄、班彪、班固等学者及东汉官方的主导下，又被拖回传统史学的窠臼。东汉官修《东观汉记》的意义，在于官方不仅记录史事，而且修纂成品的、著作性的一代全史，标志着中国古代官方与私家两条史学轨道的形成，奠定了中国传统史学的基础。

魏晋南北朝时期史学现象缤纷多彩，头绪繁多，而从官方史学与私家史学互动发展的视角观察，则条理大为清晰，而且可以发现十六国、北朝少数民族政权竞相记史、修史，具有异乎寻常的历史意义，即促成以汉族文化为核心的民族大融合。讲这一时期形成民族大融合的局面，通过史学史研究，就能够揭示出其先导的原因，在于各族政权均热衷于史学活动的历史文化认同。[1]这实在是中国历史研究的一个重大问题，十六国、北朝这一历史阶段，是汉族和汉族政权相对弱势的时期，而恰恰这一时期，各少数民族政权纷纷开始记史、修史，从而在汉人政权弱势的形势下反而确立了汉文化的主导地位，推动了以汉族为中心的民族大融合，甚至出现北魏孝文帝时期全面、主动的汉化改革。因此在某种意义上可以说，这一时期，传统史学引导了历史、改变了历史。

在对于清代史学的评价中，梁启超《中国近三百年学术史》基本上忽略了清朝官方的修史成就，《御批历代通鉴辑览》、“续三通”、

〔1〕 参见乔治忠《中国传统史学对民族融合的作用》，《学术研究》2010年第12期。

"清三通"、《大清一统志》《大清会典事例》等巨著皆未进入视野。陈寅恪更认为清代"虽有研治史学之人，大抵于宦成以后休退之时，始以余力肄及，殆视为文儒老病销愁送日之具。当时史学地位之卑下若此，由今思之，诚可哀矣。此清代经学发展过甚，所以转致史学之不振也"[1]。此等说法，是陈寅恪从未研究中国史学史也未曾研究清史状态下的臆测，与史实严重违背，正如明清史专家郑天挺所指出："清代史学是有成就的，是和其他学术一样有发展的。不仅如此，它还有突出前代的贡献。"[2]至今许多著述论及清代西北边疆史地学，总是从嘉庆后期说起，认为是边疆政治和领土危机所导致，对乾隆朝统一、经营新疆时期纂修的《皇舆西域图志》视而不见，更不能认识到该书的重要价值和意义。试问：边疆史地学必须要在边疆发生危机的时期才会产生吗？难道在开拓和经营边疆的兴盛时期出现的重要著述就不算数吗？上述诸如此类的片面说法，是民国时期特殊政治文化背景下的产物，必须通过实事求是地研究清朝官方史学才可击破。总之，注重官方史学发展，是研究中国史学史的一个全局性重要问题。

三　划分中国史学的发展阶段

将中国史学的发展历程划分为不同的阶段，概括各个发展阶段的主要特点，显示了对史学史进程的整体把握。这是通过对史学发展状况前后对比得出的结论，包含了对许多个案的探讨，全面归纳、综合的研究，成为对中国史学史知识体系的一种动态的认识，构成学科体系的一个组成部分。因此，给史学的发展历程划分阶段，看似简单，实际上是一种自觉性的深层探讨，在中国史学史的研究中

〔1〕陈寅恪《陈垣〈元西域人华化考〉序》，见《金明馆丛稿二编》，上海：上海古籍出版社，1980年，第239页。
〔2〕郑天挺《及时学人谈丛》，北京：中华书局，2002年，第322页。

是十分必要的。较早做出这种探讨的是仓修良《中国古代史学史简编》[1]，其第二编题目为“以人物传记为中心的汉魏六朝史学”，第三编为“主通明变的唐宋元史学”，第四编为“具有启蒙色彩的明清史学”。这里体现了史学发展阶段的划分和对各阶段史学突出特点的概括。瞿林东《中国史学史纲》[2]在阶段划分上与仓修良区别甚大，如第三章为“史学的多途发展——魏晋南北朝史学”、第四章“史学在发展中的转折与创新——隋唐五代史学”、第七章“史学走向社会深层——明代史学”、第八章“史学的总结与嬗变——清代前期史学”等，分期不同，概括亦异。这里我们不必比较哪一种分期和概括更为允当，但问题很明显：中国古代史学的发展是客观的历史进程，分期和概括不能随意进行，异同之处必有讹误，这是需要众多研究者共同探讨和论辩的问题。

加强对中国古代官方史学的关注，准确估量官方史学在中国史学总体之中的权重，也涉及对中国史学发展阶段的划分。中国古代官方史学与私家史学互动、互补也互相牵制，使记史求真与史学致用的矛盾运动具备了更加丰富的运行机制。官方、私家都有“君举必书”、直书实录的规范，致用与求实是当作一个理想的统一体提倡的，但在具体实行中，却有着为君父讳、为尊者讳等抵消记史真实度的潜规则，更不用说涉及政治私利时的故意隐瞒和曲笔。但是中国古代反复地改朝换代，而且同一朝代也政局屡变，这使原先一些被隐瞒的史实得以揭发。加之尚有私家史学这一轨道，与官方记载相参照，同样起到加强真实性的作用。如唐太宗曾问史官：“朕有不善，卿必记之耶？”褚遂良曰：“守道不如守官，臣职当载笔，君举必记。”另一官员刘洎说：“设令遂良不记，天下亦记之矣。”[3]这形象地表明中国古代记史规范与官、私双方记录史事的相互牵制，撰

〔1〕仓修良《中国古代史学史简编》，哈尔滨：黑龙江人民出版社，1983年。
〔2〕瞿林东《中国史学史纲》，北京：北京出版社，1999年。
〔3〕《旧唐书》卷八〇《褚遂良传》，北京：中华书局，1975年，第2730页。

史的真实性与功用性的矛盾，就在官、私之间、政局变动之中运转。在改朝换代之后，官、私史学的互动机制得以重新组合，撰史求真与以史鉴戒的对立统一往往十分活跃，于是，官私史学都可能会出现新的起色。

由于官方史学与私家史学的互动机制，使中国古代史学求真与致用的矛盾运动，多与王朝兴灭的节律大体相符，所以划分中国古代史学发展的阶段，不必割断已有的王朝体系[1]，学术界曾经设想按重要史学著述如《史记》《史通》为标志来划分史学发展阶段，实际是具有片面性的，已经被多数专业学者所放弃。但史学发展阶段不等于一个王朝阶段，还需根据全面发展状态的综合研讨，若干朝代特点相近，即为一个发展阶段。例如综合考察隋唐五代直至两宋时期的官方史学与私家史学，发展趋向是日益繁荣和成熟，社会的政治动荡也基本上没有打破历史学的发展进程，虽历史时段较长，仍可归并为一个阶段。元朝和明朝的官方史学均经历着调整之中的低落局面，而私家史学也与唐宋时期的状态有较大区别，特别是普及性史学的发展和走向繁荣，元、明两朝是前后衔接的，因此应当归结于一个史学发展阶段。

笔者认为，纵观中国史学截至1949年的发展历程，可划分为这样几个阶段：1. 先秦时期是史学产生与初步发展阶段，史学是从官方产生，而在战国时期出现《国语》《左传》等私修史籍；2. 秦汉时期至东汉末年，私家史学与官方史学两条相互联系的发展轨道形成，中国传统史学的基础得以奠定；3. 魏晋南北朝时期，是官方史学、私家史学都走上多方向探索的发展途径、获得很大进展的阶段；4. 隋唐五代以及两宋，中国传统史学达到发展成熟的阶段，而同时官、私史学出现较多的矛盾，如朝廷对记录史事的超强控制、

〔1〕清代道光二十年发生西方侵犯中国的鸦片战争，为亘古未有变局，整个历史进程改观，另当别论。

私家出现以史明道的倾向；（5）元明两代，史学的发展得到调整和新的探索，官方史学低落，私家编纂普及性史书逐渐兴盛；（6）清代在整个传统文化总结和清理的背景下，史学也表现为大清理、大总结的特色；（7）1840年的鸦片战争，造成巨大的社会动荡，但传统史学虽产生新的应变，整体上和实质上并未解构，传统史学仍占主流地位；（8）20世纪初，中国史学开始了向近代转型的进程，此后史学发展呈现思想、理念、治史取向的多元化状态，马克思主义史学的产生，是近代史学发展的新生面。

中国史学史学科体系的建设，具有不同的构成层次。其学术任务和研究内容的界定，展现出的是学科性质的板块式逻辑结构，明晰了学术研究的切入点，是独立学科地位能够成立的基础。探讨中国史学的发展机制和发展进程的主导线索，以及划分中国史学的发展阶段，是在深入研究下的整体性把握。而对主导线索的描述，体现了对历史学本质问题探索的理论性升华，对史学发展阶段的划分，则是展示了贯通性历史分析的概括，二者密切联系，将史学发展主导线索的认识，直接运用于史学发展阶段的划定。此外，中国史学史重要个案问题的创新性研究，经过一定的积累，必将促成知识体系的逐步更新，这是自然而然的进程，此处暂不备论。

（原载《学术月刊》2012年第1期）

传统历史观念与当代中国

在中国，历史认识历来是与现实事务联系在一起的，先秦的西周初期就产生了“殷鉴”的观念，这是古代中国政治思想和历史意识萌发的肇始，日后中国历史学从官方的产生，亦与“殷鉴”的观念有着不可分割的关系。因此，中国最早的思维方式就带上浓厚的历史性特征。中国史学自先秦时期产生以及初步发展，到两汉时期奠定了传统史学的雄厚基础，从此，认识历史和撰写历史的水平皆迅速进展。与此同时，以史为鉴等思想理念，从先秦以降而历代沿袭，积淀为根深蒂固的传统历史观念，这些传统的历史观念，被认为具备经世致用的功效。但其对于当代的中国是否还具有一如既往的作用？乃是一个值得认真思考的问题。

一　中国古代的以史为鉴及其局限性

中国自古以来的历史观念十分丰富，诸如在大一统思想基础上的历史正统论、历史如何发展变动的认识、以往政权兴衰治乱原因的认识、君主与臣民之间舟与水的关系等，在中国古代历史中发挥了重大作用，都是值得注意的历史观念。但是，历史观念与现实事务的联系，在古代全靠“以史为鉴、以史教化、以史资治、以史明道”的经世理念为枢纽，而“以史为鉴”是最基本的观念，教化、资治、明道等都是在认定历史经验具有鉴戒作用的前提下才得以推导和施行的。因此，这里主要分析“以史为鉴”观念在古代中国的作用和影响。

周灭殷商之后，西周政权仍然面临着殷民的反抗，这引发了周初主要统治人物的忧思：殷商为何败亡？周政权如何巩固？于是导出“我不可不监于有夏，亦不可不监于有殷”〔1〕的观念，即将夏、商兴亡的历史引为借鉴。这种思考得到反复的强调与深化，《尚书》中《康诰》《多士》《无逸》《君奭》《多方》等篇记载周公等统治者详细总结夏、商、周政权变更的历史，认为统治者如果对上天失敬、行为放纵、贪图安逸、弃德任刑、残害无辜，都会被上天遗弃并降下惩罚，甚至转移天命、丧失政权。《尚书·酒诰》的主旨是下令戒酒，文中首先引证周文王的训导，除祭祀之外不可饮酒。其次说明殷商从成汤到帝乙，不仅不喜好饮酒，且因为勤政而根本没有时间饮酒，而后的商王却“荒腆于酒”，终于导致“天降丧于殷”。仅仅是戒酒一类的具体政令，也以历史上正反两方面的事例作为证据来立论，体现了中国上古政治观念与历史观念紧密结合的特征。在《诗经》中，出现了“宜鉴于殷，骏命不易”〔2〕、“殷鉴不远，在夏后之世”〔3〕等诗句，说明“殷鉴”的观念已经获得一定程度的传布，正形成具有广泛影响力的社会历史观念。

春秋时期，以史为鉴的历史观念大行于世，周王朝和各个诸侯国皆重视历史经验和教训。周灵王时，太子晋畅谈往古的兴衰胜败，提出“若启先王之遗训，省其典图刑法，而观其废兴者，皆可知也。其兴者，必有夏、吕之功焉；其废者，必有共、鲧之败”。〔4〕这里不仅是讲历史的鉴戒作用，而且突出了历史记载的作用，是要在“先王之遗训”“典图刑法”中“观其废兴”。晋悼公时，叔向“习于春

〔1〕《尚书·召诰》，见孙星衍《尚书今古文疏证》卷一八，北京：中华书局，1986年，第398页。
〔2〕见《诗经·大雅·文王》。见朱熹《诗集传》卷一六，上海：上海古籍出版社，1980年，第176页。按：《文王》一诗，据云为周公旦所作。
〔3〕《诗经·大雅·荡》，见《诗集传》卷一八，第204页。
〔4〕《国语》卷三《周语下》，上海：上海古籍出版社，1988年，第108页。

秋”，被认为可以做到“日在君侧，以其善行，以其恶戒”[1]，楚昭王时，其史官倚相被视为国宝，因为他“能道训典，以叙百物，以朝夕献善败于寡君，使寡君无忘先王之业”[2]。这些都表现出历史和历史典籍的鉴戒作用，有力地影响着统治者的政治观念。

在先秦时期，由“殷鉴”观念而积淀的历史文化意识，已融入多数政治家、思想家的思维方式。西周至春秋，周王室与各诸侯国判断政治措施的可否，一个重要的标准就是引证“先王”来说明是非。战国时诸子百家的历史观各不相同，但是大多学派、政客及辩士惯于借历史事例或臆造的史事发论，儒家和墨家的辩论更常常言必称尧舜、言必称先王，历史观念和认识现实是联系在一起的。战国后期赵国的虞卿，在政治失意时撰写历史论著，“上采春秋，下观近世，曰节义、称号、揣摩、政谋，凡八篇，以刺讥国家得失，世传之曰《虞氏春秋》”[3]。编纂史籍的直接目的，就是“揣摩政谋”，以史为鉴成为撰史的基本宗旨。

西汉初期，汉高祖刘邦接受陆贾等儒士的建议，开始讲求文治、礼仪，重视历史的经验教训。史载汉高祖刘邦“乃谓陆生曰：‘试为我著秦所以失天下，吾所以得之者何，及古成败之国。’”[4]陆贾于是撰《新语》十二篇，其中《新语·术事》称：“善言古者，合之于今；能述远者，考之于近。故说者上陈五帝之功，而思之于身；下列桀纣之败，而戒之于己，则德可以配日月，行可以合神灵。”[5]可见西汉统治者自汉初始，已将以史为鉴作为政治要则。此后各个朝代，承袭和发扬了这种理念，例如唐太宗说：“朕睹前代史书，彰善瘅恶，足为将来之戒……将欲览前王之得失，为在身之龟

〔1〕《国语》卷一三《晋语七》，第445页。
〔2〕《国语》卷一八《楚语下》，第580页。
〔3〕《史记》卷七六《平原君虞卿列传》，北京：中华书局，1963年，第2375页。
〔4〕《史记》卷九七《郦生陆贾列传》，第2699页。
〔5〕陆贾《新语》卷上《术事第二》，上海：世界书局，《诸子集成》本，1935年，第4页。

镜”[1]，宋神宗盛赞司马光所修之书，赐名为“资治通鉴”，而司马光则希望君主从中“监前代之兴衰，考当今之得失”[2]，清顾炎武称：“引古筹今，亦吾儒经世之用”[3]；等等，以史为鉴的观念已然凝练成历代朝野公认的政治文化准则。

中国古代的以史为鉴观念，对政治社会有很正面的影响，西汉鉴于秦朝暴政造成的危害，采取了较为长期的“与民休息”政策，取得恢复经济、稳定社会的作用。唐太宗在总结和汲取隋朝速亡的历史教训之后，取得“贞观之治”局面，这其中就包含着以史为鉴的思想成果。清朝皇帝鉴于前明的历史教训，坚持亲自处理政务，世代恪守“勤政”准则，基本避免了大权旁落的现象。诸如此类，确为以史为鉴的绩效。但是，从中国古代乱世多、治世少，政权兴亡屡屡重演的客观史实来看，以史为鉴总的效果并不良好，这其中多为统治者荒唐昏暴、不认真汲取历史教训所致，但也有以史为鉴起到相反的后果。三国时曹魏政权对诸王防范压制，“不思屏藩之术，违敦睦之风，背维城之义”[4]，造成“委权异族”，被迫“禅让”而亡国。西晋以此为鉴，分封诸王而各有兵权，却出现“八王之乱”而衰亡。明朝建文帝以西汉“七国之乱”为鉴戒，力行削藩，则导致“靖难之役”而一败涂地。这些皆属荦荦大端，人所皆知。历史事例十分复杂，以史为鉴的具体举措，其得失还有很多值得深入分析之处，仅“分封制”之利弊得失，思想家聚讼千年而莫衷一是，其他如法律严厉与宽松、对域外势力的和战，都不是从历史经验中即能找出妥当的策略。

即使在中国古代，以史为鉴也是一个很不完善的政治理念，第

[1]《册府元龟》卷五五四《国史部·恩奖》，影印文渊阁《四库全书》本。
[2] 司马光《进资治通鉴表》，见《资治通鉴》卷末，北京：中华书局，1956年，第9608页。
[3]《顾亭林诗文集·亭林文集》卷四《与人书八》，北京：中华书局，1959年，第94页。
[4] 孙盛《〈魏氏春秋〉评论》，见严可均辑《全晋文》卷六三，北京：商务印书馆，1999年，第659页。

一，这种观念的特点是从以往事例来探究现实的出路，总体上很容易呈现为支持守旧的倾向，对历史的变动或新兴的事物，往往怀疑、担忧和反对。第二，以史为鉴实际上预设了一个假定，即以古今一体为前提，总是夸大不同时代具有未曾变化与变化不大的内容。中国古代社会确也发展缓慢，这是以史为鉴能够取得一些实效的根据，但历代社会在发展中也会出现很多前后不同的特点，故以史为鉴又有很大局限性。因此，以史为鉴并非至理，应当以历史演进的眼光辩证地分析。

二　古今异势及以史为鉴的症结

如果说以史为鉴在古代中国社会发展缓慢的条件下，有其积极作用，那么在近现代则更加值得检讨，古今异势，思维方式不能不有所更新。中国近代以来，社会历史的变化亦非古代中国所可比拟。1840年爆发鸦片战争，中国面对一个前所未有的国内、国际政治局面，中国社会卷入复杂的国际关系之内，发展历程已经大不同于以往的历史。侵扰中国的英、法、美等西方资本主义国家，是以往历朝历代未曾面对的对手，已经不能等同于历史上的所谓“夷狄”政权。因此，从史籍的记载上用以史为鉴方式寻求解决危机的方案，是无能为力的。一些有识之士试图通过了解和介绍外国状况来挽救时局，如魏源编纂《海国图志》之类的著作，已具有不同于以往的特点，不是从旧史籍、旧史事内引古筹今，而是探索新的未知领域，其进步性应当肯定。但是，在总的思路上并未完全脱离以史为鉴的宗旨，魏源的著述甚至保留了陈旧的华夷观念，所谓“师夷长技以制夷”，是建立在对西方国家间接、片面了解的基础之上。唯徐继畲撰写《瀛寰志略》比较客观和全面，也是间接获得了解，其中有些对西方政体的赞许，已经不被国内当权者和多数士人所认可。因此，从思想史角度可以赞扬《海国图志》《瀛寰志略》等书籍及其作者，然而其解决当时政务问题的实际效果，则无法高估。

鸦片战争之后中国步入近代历史，中国亟须掌握英、法等主要资本主义国家现实的政治制度、决策机制、实力状态、经济利益和外交规则，特别是整个西方世界主导的对外关系规则，至于其地理和历史，虽然应当了解但并非占据最重要地位。显然，《海国图志》《瀛寰志略》等都是以外国地理和历史为主要内容，对其现实的政治体制和对外政策的叙述反而相当薄弱，在这种认识西方的新探索中，以史为鉴的观念起到了负面的影响，所谓“睁眼看世界”，大多是从文献书籍内看到西方各国的地理位置和历史状态，而并没有看清最关键的现实状况，因之也就不能很好地担当起启发民智、应对挑战的重责。

既然以史为鉴在古代就可能失效，在近代更加难于适用，那么这种理念必有其严重的逻辑缺陷。深入探研，可以发现其症结就在于用过往的历史实例指导现实，淡化和排斥了对当前社会的调查研究。在汗牛充栋的中国史籍中，记载了大量的君臣政论，多为引经据典、以史为鉴的发挥，历代思想家多是在社会危机显露之后，倡言历史的经验教训，设想救世方案，总之是在经史、文牍中流连寻绎，对现实社会状况深入实际调查研究者寥寥无几。笃信以史为鉴的政治家、思想家，不出朝堂与书斋，凭借经史典籍，附加一些先验的思维模式，就可以推衍出一系列政治见解。这些见解也可能闪耀出思想的火花，却难以解决实际问题。欲解决当前社会问题，而不将研究当前的社会实况置于首位，这是致命的逻辑错谬。不仅如此，以史为鉴在现实政治的实际运用，大多是择取一个或几个历史的实例，与当前社会问题进行简单类比，从中得出相应的见解。这种历史比附的思维模式，不仅缺少对现实问题的翔实考察，而且对历史状况也缺乏严格的考证求真，更不进行综合、系统的历史研究，其弊端可想而知。如果对所借鉴的历史事例本身的理解就是片面和错误的，又不计时代区别地进行附会，必然十分主观、牵强，很容易导致错误的结论。因此，以史为鉴在古代并不是绝对可以信赖的理念，在变化迅速的近现代更难以凭据。当代的世界局势及当代中国国情，与古代、近代都已大相径庭，而且形势的变化日新月异，以往的历史根本提供不出真正可参考的范例，传统以史为鉴方法的适宜程度已经空前地缩减，而且这种趋势还会进一步加剧。

抗日战争时期出现的战国策派，将中国先秦战国时期与第二次世界大战时期的国际形势做生硬的比附，全然不顾当时世界民主力量对法西斯势力斗争的正义性质，混淆是非，赞同弱肉强食，鼓吹战争决定一切。他们根据对战国时代的分析和借鉴，推崇所谓的“力”，“有了力才可以谈一切”〔1〕。提倡以一人专制的制度和军国主义政策进行抗战，反对政治民主体制，因为民主制度“使天才不得发展，领袖不得自由”〔2〕。假使按照这种思路施行，只能将中国推入被民主阵营唾弃、国际法西斯势力吞噬的可怜虫绝境，其潜在的危害甚至大于汪精卫的投降行径。多亏左派学者迎头痛击了战国策派的喧嚣，而当时的国民政府欲争取美、英等国的支持，也不欣赏其政治历史观念。战国策派的思想是以比附思维贯彻以史为鉴的反面典型，其荒谬和反动至为明显，值得警惕的是，至今仍有学人为之做各种牵强的辩解。由此可知在以史为鉴旗号下的历史比附思维，已造成很大的思想混乱。

历史发展到21世纪，已经积累了极其丰富的历史遗产，这些都是学术研究的资源。但如果将之用作以史为鉴的材料，那么首先会面临无数歧异的史事和龃龉、冲突的因果联系，使选择素材带有很大的主观性，那种抽出某些历史事件比附当前事务的“以史为鉴”，有百弊而无一利。其次，为了以史为鉴而选择的历史事件，如果本身是较为复杂的大事，对其发生原因、事态性质存在的不同认识，将引出不同的鉴戒结论，难以把握何者正确、何者差失。例如以东

〔1〕 林同济《力》，《战国策》第3期，《柯伯尼宇宙观》，见《时代之波》，上海：大东书局，1946年。

〔2〕 陈铨《尼采的政治思想》，《战国策》第9期，1940年8月。

欧社会主义国家在20世纪80年代的改变颜色为鉴戒，曾经得出过中国是收缩改革开放还是加大改革开放力度两种相反的论点，可见探求正确的发展路线，并不能够简单地依赖于以史为鉴。20世纪80年代开始的改革开放，在经济特区问题上发生了很大的意见分歧，反对设立深圳特区的人们将之联系于清季的租界，认为是值得警惕的问题，还公开发表了《旧中国租界的由来》一文[1]，借以史为鉴观念发论立议，体现出因循保守的社会价值观。其症结正是忽视不同的社会背景、不同的政治条件、不同的国际关系格局，仅仅从表层的个别现象把“租界”与“特区”做跨时代的比附，而改革开放的社会实践早已证明那种“以史为鉴”的观念是完全错误的。

时代和社会现实的巨变，要求不可拘泥于以往的历史感受，这本是古人也遵循的道理，如战国时期的法家韩非子说过“世异则事异”、“事异则备变”。[2]至于当今，尤其应该明白古今异势，中国已经不是过去的中国，国际关系也不是过去的国际关系，凡事须从现实的国情民意与国际环境出发，历史的经验、历史的情结，虽不能完全舍弃，但也不能当作制定战略、战术和政策的主要依据。因为当代世界和当代中国社会呈现了无数以往没有过的新现象、新问题，而且变化迅速，必须实事求是地考察研究，认真分析。调查研究和分析总结都应当避免戴上历史经验的有色眼镜，现状是怎样的就应当如实承认，来不得半点从主观意愿出发的曲解，历史的比附很可能成为曲解现实的原因。只有在实事求是地认识现实的基础上，才可能得出正确的方针和策略。

三　史学的功效——智慧和素养

以上剖析了以史为鉴观念的局限性和弊端，但历史是否就可以

[1]《旧中国租界的由来》，《文汇报》1982年3月29日。
[2]《韩非子》卷一九《五蠹》，《韩非子集解》本，北京：中华书局，2003年，第445页。

忘记？历史学是否毫无意义了呢？绝对不是。“殷鉴”的历史思考是中国上古理性思维的最初曙光，直至当今，历史学与其他多种学术门类一样，仍是人类理性思维的源泉。因此，即使以史为鉴的命题不能完全否定，也需要对其中的“史”和“鉴”字做新的解析。以史为鉴的“史”不应当再是具体的、随意抽出的史事，而是整个史学，是经过实事求是、深入研究得出的综合学术成果，是不带主观先验色彩的科学性历史认识；“鉴”也不要理解为直观反映影像的镜子，而应当用其引申义，即对事务的观察以及观察能力，以史学的综合成果为镜鉴，就是与其他学科知识结合一起，提高智慧和素养，让史学参与到促进整个社会智慧和文化素养的提高进程，这里既包括领导者的能力和器度，也涵盖各个阶层民众的聪明与才智。这不是模糊、笼统的遐想，而是有着切实的内容、明晰的方向。

对历史发展和社会演进深入研究后的整体性把握，其中包含对当代史的把握，是制定国策的重要根据之一。根据历史与形势的变化，还应对基本方针和具体策略及时做出部分调整，时势在变，对策不能毫无改变，此乃常识性的道理，而时势在变化中有时段不同和程度大小的区别，当代时势虽然变化迅速，但不同事物、不同范围的形势变化，其速率是绝不相同的，仍然存在着在较长时段发展方向上能够维持的稳定性。例如各国经济在世界范围的联系越来越密切，维护世界和平的政治机制还会长期保持重要作用。包括中国在内的绝大多数国家的民众具有不断提高生活水平和人权保障的需求，科学技术和知识产权在经济和国力中占据显著地位，诸如此类，都是会长期维持的发展方向，将全面研究历史和考察现实结合起来，才能得出清醒、明智的认识，成为宏观大智慧的组成部分，坚持改革开放与和平发展的方针，就是这种智慧的体现。而准确觉察时势的变化和把握长时段稳定的基本方向，必须有历史科学的参与。

在当代中国的具体问题上，经过深入研究提供的历史知识，仍然具有参照作用，这种参照作用不同于简单比附的“以史为鉴”。例如对中国历史上各个朝代的惩治贪污事例，假若只是罗列一些严酷的刑罚如明太祖朱元璋的残忍手段，借此表达加大打击力度的希望，不仅无效，而且是一种错误的情绪化表现。旧王朝如明朝初期，虽然不乏严惩贪腐的事例，却最终效果不佳，大贪巨蠹依然层出不穷，更有许多不曾暴露而终于逃脱处罚者。全面研究其深刻的原因，乃古代王朝的惩贪具有选择性特征，惩治力度也并无准则，其本质是人治高于法制，这正是效果不佳的制度性原因。这种历史教训应当也可以为当前的反腐政策做参照，然而参照作用是整体性的，不必津津乐道于具体的案例。尤其需要清醒地认识到现代的反腐形势，比中国古代复杂得多，政策和制度的建设仍须从现实状况的调查研究出发。

有人将古代的“天人合一”解释成自然与人的和谐关系，用来比附于当今的自然资源开发和保护，出发点虽然是善意的，但思想认识是错误的。古代中国的“天人合一”观念，不具备环保的内容，其中主张的春季不应肆意渔猎和采伐的说法，不过是按照所谓的“天道”发论，春天为萌生之时，人的行为必须顺从天意，而秋季肃杀，不再有此种顾虑。中国历代有太多的严重破坏植被、猎杀动物的行为，各个时代史籍文献的记述反映了自然环境逐渐恶化的走向，这其中有人口特快增长的原因，也有缺乏环保意识的愚昧，从历史地理环境史的研究中，应当得到的是沉痛的教训。大城市人口集中和产业集中造成拥堵、污染等问题，在别的工业化国家曾经发生，研究世界经济史、社会史，理应早些采取措施，避免灾害在中国重现，这种尚不久远的历史，将之引以为戒不仅可行，而且十分迫切。由此可见，实事求是地研究历史，可为当代中国提供知识和智慧，提高全民素养。

以历史学提高全民的文化素质，建立整体性的历史意识尤其重要。中华民族自古以来历史责任感极强，对各种人物和社会事件的历史评价，即为最终的评判，流芳百世成为人生价值的最大体现。

东汉史学家荀悦在论述史学的作用时说:“或欲显而不得,或欲隐而名章,得失一朝而荣辱千载,善人劝焉,淫人惧焉。故先王重之,以嗣赏罚,以辅法教。”[1]其中固然带有旧君主专制时代的陈腐意识,但历史评价包含着对人物生平的终极关怀因素,其正面导向作用亦不可小觑。古代政权以历史评价辅助政治,做出不少举措,例如对高官身后予以谥号,对优秀人物事迹宣付史馆立传,设贤良祠予以祭祀和纪念,等等。这些措施多已过时,不适于当代仿照,然而如何增进各阶层人士,特别是领导层的历史责任感,重视个人和团体在后代的历史名声,促进人们对于当下行为、时事政务的历史性评价予以充分的关注,完全可以从古代史实中获取总体的、原则性的启发。当下,为建立“人们自己创造着自己的历史”信念,公务人员须将对人民负责与对中国历史的负责结合起来,营造高度重视历史和史学的氛围,对现今人物、事件及时做出准确而公正的历史评价,探寻稳妥的表达方式,将之视为人生终极价值观的重要组成部分,乃是全国精神文明建设应当研究的问题。总之,在形势迅速发展变化的当代,历史学的社会功效已经不在于个别具体往事的鉴戒作用,而是通过对历史学系统、深入的把握,与其他科学知识,特别是与现实的调查研究融汇一起,化作一种综合的智慧和素养,从而有助于时务的判断与解决,有助于确立宏观的方针、政策和前进的方向。

(原载上海社会科学院编《中国学》第4辑,上海:上海人民出版社,2014年)

---

〔1〕荀悦《申鉴》卷二,《时事》,上海:上海古籍出版社,1990年,影印明文始堂刊本。

论中国史学史研究的东亚视域

自近代以来，中国史学史研究有了很大的发展，在开拓研究新领域的探讨中提出许多值得重视的见解，例如要求开展对少数民族史学的研究，希望关注各个时代被边缘化的史家和史著，倡导从子部、集部书籍中发掘传统史学思想的内容，重视现代史学史的研讨，等等，而且各方面皆取得不少的成绩。但中国史学史的研究，还需要主动地放开视域，不能将考察的空间局限在现在中国的领域之内，即需要在东亚的视域下进行中国传统史学发展史的研究，对近现代史学史的研究依然如此，再加上关于中西史学交流及史学比较的探索。这对于中国史学史研究的持续、健康与深入，更具有迫切性。

一 中国传统史学的文化图谱

中国的历史学，是在先秦时期本土原发产生的。西周初年周公等统治者萌生的“殷鉴”意识，导致第一部官方文书汇编的史料书籍产生，即《尚书》。最迟至西周季年，官方开始有意识地连续性记载史事，形式类似于今尚存的《春秋》，这种编年体史籍，标志着中国史学的产生。[1]战国时期，私家史学产生并且快速发展，对官方史学有所超越，《国语》《左传》是卓有成就的代表作。西汉司马迁

〔1〕笔者《中国传统史学对日本的宏观影响》一文认为：“中国古代准确的连续纪年之所以始于‘共和行政’，是因为此时开始了官方的连续记事机制。这种记录史事的做法被后人承袭和发扬，形成制度化，导致了史学的产生。”见《南国学术》2015年第4期，第46页。

撰著《史记》，将私家撰史水平提到一个新的高峰，而东汉政权改变了官方仅仅记录史事、宫廷留存史料的做法，着手纂修意图流传于世的史书著作，即纪传体本朝国史《东观汉记》。中国古代官方不仅记录史事以形成史料，而且编纂成品的、著述性的和流传于世的史书，这并不是随便哪个国家和民族都会出现的文化现象，只有古代中国具备原发性产生官方史学的土壤：其一是中国官方有源远流长的"殷鉴"理念，导致官方自历史的反思进而做历史的描述；其二是中国史学原由官方的记史体制而产生，官方记史在起始上远远早于私家所做的任何记史、修史活动；其三是私家史学一度超越官方有所创新，更推动官方对历史问题的注重，特别是司马迁著成《史记》，气度宏大、文采飞扬，但与统治者的思想明显歧异，刺激了东汉朝廷，汉明帝说："司马迁著书，成一家之言，扬名后世，至以身陷刑之故，反微文刺讥，贬损当世，非谊士也。"[1]正是这位皇帝，决心开始由官方纂修本朝纪传史。从此，在中国形成官方史学与私家史学两条互补、互动又互有排抑的发展轨道，这是古代中国传统史学发达繁荣的重要原因。

中国传统史学的繁荣状况，可以图谱化地描述为三个方面：

第一，形成多种编纂形式、多种内容构成的史籍并立发展的局面，自三国、两晋时期，史学的发展就开始了多方向的探索，最后不仅确立了编年体、纪传体、纪事本末体等三种适于撰写一代全史的修纂形式，而且形成《通典》《通志》《文献通考》（合称"三通"）与其后接续到"十通"的序列，加之"会要""会典"等史籍，成为中国古代典章制度史和文化体制史的完整记述。另外，唐朝之后朝廷修史制度组织严密、机能完备，构建了官方起居注、时政记、实录、国史等记史、修史的格局，各个朝代虽繁简不一，但以皇朝实

---

〔1〕班固《典引·序》，见严可均辑《全后汉文》卷二六，北京：商务印书馆，1999年，第256页。

录为中心的编纂活动，从未废止，更有地方官纂修方志直至中央政权编辑全国性“一统志”[1]以及私家撰著历史地理学专著，自成一大史籍系列。除上述骨干性历史撰述外，其余“别史”“杂史”“传记”“史评”等名目还多，具有总结性的清朝《四库全书》把史部之书分作15大类，每种类目内均有传世佳作。中国传统史学遗产如此多样、丰富之图景，在世界各国中是独一无二的。

第二，中国多种不同体式的史籍，组成从先秦以来历朝历代的史籍序列，如纪传体史书由司马迁《史记》开先，班固改撰西汉断代史，此后历代皆有一部“正史”。编年体史籍的时间线索更加明晰，《资治通鉴》纪事始于战国时期而止于唐后五代，随后就有《资治通鉴前编》《续资治通鉴》等书补前续后，纪事本末体史书、《资治通鉴纲目》等亦如此例，甚至补与续者不止一家。“三通”面世后，私家历有续补，至清朝则有官方续修组成“九通”，清季又有刘锦藻在朝廷支持下撰成《清续文献通考》。这种传统，也在方志纂修上得到体现，明清时期还有地方志经若干年必当续修的官方规定。自古中国的史籍前承后继，拾遗补阙，不留空白，构成一幅时间连续性的图谱。

第三，中国古代的历史记载，关注的空间范围十分广大，这以纪传体史书最为突出。司马迁《史记》是一部宏大的通史，不仅时间上通贯古今，内容上通载万有，而且力求地域上通达广远，其《朝鲜列传》《西南夷列传》《匈奴列传》《大宛列传》等篇记述了域外民族政权的历史沿革、地理风情以及与汉朝的关系，尤其是《大宛列传》，记载了张骞开通西域获得的对中亚、西亚的认识，内容涉及安息、条支（今伊朗和伊拉克一带），是包含了一切所见、所闻的空间区域。此后的纪传体正史虽多非通史，但基本继承了《史记》

---

〔1〕隋朝有《区宇图志》，唐代有《元和郡县图志》，宋代有《太平寰宇记》，从元代起全国性地志称为“一统志”。今存清朝嘉庆《大清一统志》编纂精良，史学价值极其重要。

放开视野的撰著风格，周边民族、域外政权往往皆采入记载。如范晔《后汉书》在记述西域区域时，就提出远方的“天外之区”因为“不率华礼，莫有典书”，因此应当由汉人史籍“备写情形，审求根实”[1]。此后的官修正史，记述“四裔”“外国”或外“夷”，基本成为必备内容，唯怀有“天朝上国”的自大观念，不屑于出境考察，所载不免依从传闻而有所失实。而私家著述得之实地旅行者颇多，起到了一定的补充作用，如唐玄奘《大唐西域记》、元周达《真腊风土记》、明巩珍《西洋番国志》、清嘉庆间据谢清高口述成书的《海录》等。所有这些，显示了中国传统史学并不自甘闭塞，而是具有在空间视野上扩大记述范围的觉悟。

对于中国史籍形式多样、著述丰富，以及时间上自古及今的连续性，学界的史学史研究已经多有论述，但关于中国史籍记述空间范围的问题尚少言及。除此之外，中国传统史学还有另一空间图谱，即向外传播至周边的民族和国度，引起重大的社会和文化影响，这在现有的中国史学史著述中，尚属空缺，值得重视。古代中国的史学外传，主要是在东亚地区各族、各国范围内运行，因此，提出在东亚视域下研究中国史学史，不仅是十分必要的，也是相当迫切的学术问题。

二　史学史研究应当纳入史学的外传与影响

迄今出版的中国史学史专著，已经超过20部，数量相当可观，但绝大多数并未述及中国古代史学在东亚区域内的传播与影响问题。而中国史学东传日本、朝鲜半岛，则是不争的史实，其中重要情节是否属于中国史学史的内容范围？是否应当在中国史学史著述内予以重彩描述？此乃关乎整个史学史学科的研究理念，不能不辨析清楚。

中国或其他国家的通史著述，只要篇幅相当，总会记述本国与

[1]《后汉书》卷八八《西域传·论赞》，北京：中华书局，1965年，第2934、2931页。

其他国家的文化交流、经济来往、军事交锋等历史内容。中国通史的著述中，大多包含中国文字、艺术、医药、建筑等传入朝鲜、日本的史实内容，可见作为一种文化形态的史学，如果确实存在外传和发挥影响的事实，在中国史学史乃至通史中予以记述，是理所当然的。事实上中国通史著述也偶尔讲到中国史籍在域外的流布，中国史学史的著述也有的讲述了诸如《史记》对外域的影响。但是中国传统史学整体性的修史理念、修史方法、修史体制外传及其影响，往往被缺略，这是因为文字、建筑、书籍的外传具有实体物象，便于观察、掌握，而史学整体文化形态的对外影响往往不好直接显现，而这正好蕴含了中国传统史学对外影响的深刻性、重要性，中国史学史研究更有责任予以揭示，并且增加到中国通史的叙述之中。

或许有人认为，中国史学在域外的影响，可以归属于外国史学史研究和论述。此说非是，政治交涉、经济来往以及文化事业的跨境交流，是相关各国历史著述都应当关注的内容，但具体情况不很相同。在当前历史学未能摆脱现实政治扰动的条件下（东亚地区尤其显著），历史上的政治交涉，在不同国家的主流史学中往往有着迥异的解读和叙述，也有不少经济关系受到政治的牵连，至于文化交流史，受狭隘民族主义情绪的影响亦未可低估。迄今日本、韩国的史学研究，非但未能深入关注中国传统史学传入和发挥作用的问题，某些论述甚至刻意淡化中国文化的影响。例如坂本太郎《日本的修史和史学》开篇即为“历史书的萌芽”，为屏蔽中国传统史学的影响，将含义飘渺、未知内容的“帝纪”“旧词”升格为“日本最早的历史书”[1]，当作日本史学的起源。实际上，日本同一时期的文献对此就有“帝纪”“先纪”“本辞”“旧辞”“敕语”等随意称谓，尚无固定名称，可以判定这些旧的资料只是官方与诸多私家的随意杂录，散碎支离，不成体

---

〔1〕［日］坂本太郎《日本的修史与史学》，沈仁安等译，北京：北京大学出版社，1991年，第2页。

系，根本谈不上“历史书”的性质。7世纪末到8世纪初，日本在唐朝文化的影响下开始形成明晰的官方修史意识，712年成书的《古事记》3卷，是日本第一部体现自觉修史意识的现存之书，但撰成的结果是多采神话、传说、歌谣、趣事，以文学色彩为主，又不重视历史事件及其时间因素，难以视为规范的史籍。8年之后，即720年修成的《日本书纪》30卷，才可视为日本史学产生的标志，其书以汉字撰写，编纂方法、纪年方式皆雷同于中国的编年史。

朝鲜半岛与中国大陆相连，曾经完全隶属于西汉政权，本为一国，受内地传统文化的影响源远流长，无可否认。但后来的历史变迁、政权分合十分复杂，至今中外史学界在政治观念扰动下，对相关历史问题的论述分歧甚大，例如存在过几百年的“高句丽”政权是否可以视为近代朝鲜、韩国的历史前缘？“高句丽”是否就等同于后来的“高丽”？对此类基本问题的观点尚完全相反，因此探讨朝鲜半岛史学的产生问题，就更加复杂。解决问题的出路，必须在整个东亚的视域下进行史学史研究，对朝鲜半岛的历史与史学，不能孤立、片面地看待，这涉及整个史学研究的理念转换。

东汉时期官方记史、修史，使传统史学对周边民族的影响力大为增强。西晋之末，少数民族政权纷纷建立，争夺北方地区，战乱频发，史称十六国时期。十六国内大多出现了记史、修史现象，第一是其境内的汉人学者私下记述所在之国史事，这些汉人即使在所在之国为官，其私自撰史也不能说是该少数民族政权的修史活动，例如氐族前秦政权的君主苻坚，因史籍记载触犯忌讳，尽加焚毁，而“著作郎董谊追录旧语，十不一存”，董谊的做法当然不是苻坚政权的史学活动。其他如和苞撰《汉赵记》，田融撰写《赵书》，前秦灭亡后赵整“隐于商洛山，著书不辍”[1]，均属此类。第二是十六国

[1]《史通》卷一二《古今正史》，见浦起龙《史通通释》，上海：上海古籍出版社，1978年，第359页。

政权官方的记史、修史，这在《晋书·载记》与《史通·古今正史》中均有丰富的记载，羯族石勒后赵政权，氐族前秦政权，鲜卑族慕容氏建立的前燕、后燕和南燕政权，匈奴族刘渊后汉政权，鲜卑拓跋部北魏政权，等等，都进行过官方记史或修史，虽然修史官往往任用汉人，但仍属于少数民族政权的史学活动，这延续到南北朝时北朝的各个政权，是在中国传统史学影响下的发展。当时朝鲜半岛的高句丽、百济和新罗，与上述少数民族政权的地位完全相同，既可能有汉人学者入其境、任其官而私下撰史，也可能出现官方从事的修史活动。朝鲜古籍《三国史记》载："百济开国以来，未有以文字记事，至是得博士高兴，始有书记。然高兴未尝显于他书，不知其何许人也。"[1]既言"得博士高兴"，则这个"高兴"其人，应是避居于百济的汉族文人，而"书记"到底是私下的史事笔记，还是朝廷的史事记录？则含义模糊不清。《日本书纪》有相当多引述《百济本记》的条文，颇有准确具体的时间，应当是类似起居注一样的官方史事记录，纪事大体与《三国史记》记述"博士高兴"的时间相当[2]，可以认为百济国较早具有编年形式的历史记录。

什么是史学？什么是史学的产生？这不能随意降低标准。凡称之为"学"，必当有其体系，构成知识系统，凡称为某一"学"的产生，不能是火花一闪，多年不见，必须显示一定程度的持续性。其基本的最低要求是：

1. 定义确切，界域分明，其学科人物、内容、宗旨、特点清清楚楚，不能混沌一片。

2. 知识结构具备时空的连贯性与逻辑的条贯性，不能单一简陋，也不能支离破碎。

3. 形成对于其知识系统或知识载体运作的较为自觉理性的认识。

---

〔1〕［朝鲜］金富轼《三国史记》卷二四《百济本纪》，近肖古王三十年条。
〔2〕参见［日］木下礼仁《〈日本书纪〉と古代朝鲜》第一章，东京：塙书房，1993年。

4. 具有发展的继进性和系统的开放性，即能够在广度和深度上继续发展，拥有一段时期的持续进展，并与其他文化体系有所交叉互动。

根据上述标准，我们不能将中国古代的炼丹术说成化学工业或化学学科的产生；不能将“曹冲称象”的故事等同于物理学的阿基米德定律；同样，也不能将支离零碎、内容模糊、虚实掺杂的史料书视为史学建立的标志。《三国史记》记载：新罗官员伊异斯夫奏曰：“国史者，记君臣之善恶，示褒贬于万代，不有修撰，后代何观？王深然之，命大阿居柒夫等广集文士，俾之修撰。”[1]这个上奏，语言、词汇都直接来自中国传统史学的影响，但纂修活动并无下文，新罗政权几百年内再无类似的举措，恰恰说明新罗虽受到中国传统史学意识的影响，但整体上却并不具备建立完备史学文化的必要条件。但此前有了统治者的史事记录，则完全可能，据徐建顺的文章考订，《三国史记》多处提到新罗的“古记”，应于402年之后有了类似起居注的历史记录，因为此后的新罗王世系比较清晰可信。[2]

因此，日本史学的产生，是以《日本书纪》的纂修为开端，而朝、韩史学的产生，尚需深入探索，百济官方记录史事早于新罗，约于4世纪末，相当于东晋后期，可视为朝、韩史学的开端，正与十六国各个政权初涉记史、修史的时代相同，其余支离零散的私家杂撰，无足轻重。日本与朝鲜半岛史学的萌发，都是得自中国传统史学的影响，证据确凿，毫无疑义。必须在整个东亚视域内考察，方能将史学发展和流传脉络理清。将中国传统史学史的研究视域，扩展到整个东亚地区，乃学术上求真、求是所必需的，既体现治学的责任感，也具备重要深刻的意义。当然，中国史学史不可将东亚各国的史学发展状况全盘吞并，但传统史学的外传导致相关区域产

〔1〕《三国史记》卷四《新罗本纪》，真兴王六年秋七月条。
〔2〕徐建顺《朝鲜早期史书辨析》，《东疆学刊》2006年第2期。

生史学的过程，以及发挥了何种社会影响，则必须深加研讨，责无旁贷。

三　中国史学史研究扩展视域的学术意义

中国传统史学史研究扩展为东亚视域，完全出于学术深化的考虑。待到近现代，则不能不继续延伸，去关注西方史学的传入和影响，史学发展的实际状况如此，必当实事求是，不应躲闪回避。若干年来，历史研究往往以区域、国别、民族为单位，国别史占据主要地位，这是以政治史研究为主导的历史研究所导致，“国别”概念是解析问题的方便工具。然而这个思维框架，有很大的局限性，它让人用现代的国土境界割裂往古史事的宏观联系，在近十年来受到“全球史”新理念的冲击，值得关注。史学史的图谱不完全重合于政治史的格局，史学这种文化现象，其发展和传播并非局限于一个既定的国别或区域之内。就中国现代的国境内外而言，古代传统史学对朝鲜半岛、日本的影响，远远超过对国内云贵、青藏地区的少数民族的影响。用“国别”方式研究西方史学史是蹩脚的，用“国别”方式研究中国史学史则是片面和浅层的。因此，在东亚视域下研究中国传统史学史，具有十分重要的学术意义，这主要在于：其一，能够将史学史的研究，提升到理论性的层次；其二，加深对中国史学发展之性质、地位和作用的认识。二者是联系在一起，互为促进的。

历史学与政治、经济以及与神话、诗歌等文化现象，具有很大差异，就是并非一切地区和民族都能够原发性地产生史学，如果不是自外部传播而来，可能很多民族、国家永远不会建立史学。史学在世界上的产生，有原发的史学，例如中国古代和古希腊的历史学，在本土依据一定条件自行萌发；有次生的史学，即接受外来史学文化影响而形成，例如日本、朝鲜半岛以及欧、美、非洲多数国家的历史学科。中国古代的传统史学，东传日本和朝鲜半岛等域外地区，形成以中国为核心的东亚史学文化，另外又有在古希腊、古罗马形成和发展的古代西方史学，成为世界最有发展活力的两大史学体系。这本是明显的事实，但如若不扩大史学史探索的视野，不把中国史学史研究延伸到史学外传和异域比较，就不能得出这样明晰的理论性表述。[1]

在东亚视域下研讨史学史，可以发现朝鲜半岛与日本史学的产生，首先仿效的是中国传统的官方史学，是政权的修史活动，这与十六国、北朝政权史学活动的尝试完全一致，可见官方史学具有更大的影响力。东汉之前，势力强大的匈奴等国未曾有过历史记录，东汉朝廷建立完备的官方史学之后，情况大变，十六国中即便是比较弱小、存在年限不长的政权如前燕、后燕、南燕、后秦等，也热衷于记史，可见官方史学在古代具有很大的文化魅力。官方修史可使一个政权的事迹长久流传，可以借此宣扬统治者的思想价值观，即所谓“典谟兴，话言所以光著；载籍作，成事所以昭扬”[2]。百济、新罗、日本等域外国家政权，看中的也是这一点。因此，在中国史学史研究中，必须格外重视官方史学的问题，将官方与私家视为并立、对等的史学主体，这是中国史学区别于西方史学的重要特点。史学史研究的深化，得力于此。

在东亚视域下研究史学史，自然要做中国史学与日、朝、韩史学的比较。日本、朝鲜半岛的史学是从古代中国输入的，在各自社会条件下，既承袭了中国史学的许多传统，也演化出不同的特色。进行这种同中之异的比较研究，了解诸国对中国史学的影响接受了什么、舍弃了什么、改造了什么，出于什么社会原因进行这种取舍和改造，对于深入认识史学存在和发展的社会机制，极有裨益。

中国古代创建完备的官方史学，其社会政治作用不可小觑，其

---

〔1〕笔者于《关于中外史学比较研究问题的解说》(《山东社会科学》2011 年第 9 期）一文，最早提出上述见解，即将中国史学史研讨扩展于日本史学产生问题的探索。

〔2〕《魏书》卷五七《高祐传》，北京：中华书局，1974 年，第 1260 页。

中有利有弊，有一般性辅政资治，也可能发挥出引导历史方向的功用。例如两晋南北朝时期少数民族政权仿效汉朝官方史学活动，从而接受汉族文化的历史观念，进而将自己的祖先衔接于中国古史体系，自称黄帝、大禹等圣王之后裔，促进了民族的大融合。这样，“传统史学与历史观已经成为古代中国民族融合的最稳固的因素，发挥持久的民族凝聚作用”，“在某种意义上可以说：这一时期，传统史学引导了历史、改变了历史”[1]。在中国影响下成立的东亚国家官方史学，在其社会发展中所起到的作用也十分巨大，在东亚视域下深入探索，具有广阔的学术空间。

（原载《史学理论研究》2016 年第 2 期）

〔1〕 乔治忠《中国传统史学对民族融合的作用》，《学术研究》2010 年第 12 期。

关于人类社会历史发展规律的再思考

关于历史发展规律的问题，曾经是中国史学界的热门话题，而时下却有所冷却。相对于具体历史事物的微观研究来说，历史规律的探索十分艰深困难，非一人一时即可得其要领。但是，是否探索历史规律，关乎历史研究的整体素质和思想水平，其重要性非同一般。历史研究对于人类的认识能力与知识结构，就是要起到放长眼光、扩展视野和洞察时势的作用。因此不能没有对历史进程的总透视，不能仅仅摭取零落的历史碎片。古往今来，诸多思想家、史学家对历史宏观运行法则已经做过各种论说，留下不少丰富的文化财富，很多谬误、片面的见解也形成了深刻的鉴戒。探索历史发展规律的研究如何继续？对历史规律所发出的种种质疑如何面对？这要求学术界做出多角度的再思考与回应。

一　历史研究应当以探讨历史规律为最高目标

历史学是一门内容丰富的学科，在学术之林内具有十分鲜明的特色，其学术宗旨可以概括地归结于求新、求真、求是。求新，显示的是学术研究在学术上的新发现、新认识、新总结、新反思，为历史学持续进展必不可少的活力，但求新必须是在务求历史真相和力求认识正确的基础之上，离开了求真与求是的“求新”，就是荒唐的臆说，就会被历史学界所摈弃，最终除了留下批评和警戒的事例之外，再无学术意义。求真是历史学得以成立与发展的基础，其意义是通过梳理各种记载，排除伪证和误记，尽可能清晰地考述出社会历史事实的真相，这是史学的底线，需要绝对恪守，但历史研究不应该也不可能仅停留在底线而无所提升，在弄清史实的条件下对历史事件、历史人物以及历史事件之间的联系做出准确的分析、判断和评议，从而加深历史认识，乃历史研究的本分，概括言之，即为历史学的“求是”。

在史学的求新、求真、求是宗旨中，“求是”具有比较复杂的内涵，包括了从微观到宏观、从浅层到深入的所有关于历史事物的评论性认识。无论是议论单一事件的历史影响、个别人物的是非功过，还是对一个时代的整体评价、对整个历史进程的概括总结，总之皆出于表达一种自以为正确的历史观点，皆可属于历史研究的“求是”行为。探索历史发展规律是一项宏观性、统摄历史全过程和高度抽象的历史认识，追求的是视野最大、最远、最深刻的历史之真与思想观念的求是，应当作为历史研究的最高目标。不言而喻，历史研究在求是的各个层次上探讨，都会出现观点不同的意见，历史认识正是在不同见解的论辩中发展进步，只要不带有非学术的偏执和钳制，错误的认识终会逐步地厘清，正确的认识以其论据的可靠和逻辑的周密，一定会获得日益广泛的认同。在历史规律的学术探索中，涉及的问题更加宏阔，面临的观念分歧也更加复杂，但终究会呈现认同的趋向。

在人类思想史上，马克思主义的唯物史观是极为重视探索历史规律的，并且在揭示历史规律方面得出了影响最大的论断。而古今中外关注历史规律问题，试图做出表述和结论者代不乏人，这是历史学发展中不可回避的思考。早在战国时期，就出现了邹衍主张的“五德终始论”，将整个历史的发展，描述为具有五行符号标识之政权的循环更替。这虽然给社会历史进程赋予了神秘化色彩，并且呈现为错误的历史循环论，但把社会历史看作一种必然的、具有阶段发展顺序的进程，实际是一种对于历史规律的探讨。“五德终始论”

的历史观念在汉代影响巨大，一度成为主流的思想，既为一种历史循环论，也是神秘化的历史决定论。与历史循环论并行于世者，中国古代还有朴素的历史进化思想，例如《韩非子·五蠹》篇认为历史发展经过了四个阶段，即上古、中古、近古以及“当今之世”，在后一时代仿照前代行为，是落后和可笑的，“然则今有美尧舜汤武禹之道者，必为新圣笑矣”[1]，这意味着后代总是超越前代。不仅法家学派有此朴素历史进化论之说，后来儒家《春秋》公羊学派亦有历史的“三世”说，直至清季康有为仍弘扬这种历史观，虽说法各异，皆具有承认历史规律性进展的思想因素。

西方近代意大利史学家G.维科（1668—1744）于1725年出版了《关于民族共同性的新科学原理》一书，又经大加修订，五年后再版，称《新科学再编》，认为人类各民族即使相隔甚远，也具有共同的发展路向，均经过神的时代、英雄时代、凡人时代等几个阶段，并且一定程度上窥测到对立面的斗争推动了历史的发展。[2]维科的想法并不孤立，德国随之涌现颇多的历史哲学方面的论断，例如学者莱布尼茨（1646—1716）、历史家莱辛（1729—1781）、哲学家康德（1724—1804），都将人类历史视为一个连续进步的过程，康德的论述尤为明确，认为历史学“考察人类意志自由的作用的整体时，它可以揭示出它们有一种合乎规律的进程”[3]。赫尔德（1744—1803）、黑格尔（1770—1831）都是沿着这一思路推进，将历史解释为一个分阶段推进的过程。而源于法国社会学家孔德（1798—1857）的实证主义史学思想，在19世纪一度风行，他们各自以不同门类的自然科学比附历史学，将历史描述为可以像物理学、生物学、心理学那样探讨规律，并且可以通过“实证”方法来做出证明，其中有

[1]《韩非子校注》，南京：江苏人民出版社，1982年，第661页。
[2] 张广智《西方史学史》，上海：复旦大学出版社，2000年，第140页。
[3]［德］康德《历史理性批判文集》，北京：商务印书馆，1990年，第1页。

人自信地称“今天历史也像动物学那样找到了它的解剖术”[1]，“历史科学是可以向完全正确的知识前进的”[2]。因此，在古今中外史学史上，探讨历史宏观规律的努力可谓代不乏人。在历史学获得一定发展的条件下，深入到宏观视野和理论深度的探讨，乃是学术发展的趋势，总会自然地出现一部分学者热心于将历史研究的视野扩大，加强理论层次的思考，直至试图认识历史发展之总的法则。

这种宏观的历史哲学性质的探索，在任何时期都不应当苛求于史学家，实际上大多数史家仅仅致力于具体历史课题的研究，其中有些大学者仍恪守求真务实的清理史实工作，对此应当予以充分的尊重，因为探索历史规律需要立足于充分掌握准确的史实，在具体史事的研究上求真务实、解决疑难，实际也是对于探索历史规律提供支持。但是作为一个大的史学研究机构或团体，倘若其中无人进行宏观理论层次的历史研究，无人关注历史规律的探讨，那就是渺小琐屑、不求上进的团体，倘若整个史学界在很长时期里缺乏宏观理论性的研讨，那就是历史学之可悲的思想苍白时期。因此，史学界乃至整个社会都应该着意以宽松的社会环境和其他得力措施，鼓励学者做历史理论的研究和历史规律的探讨。

19—20世纪，正当马克思主义唯物史观发挥极大影响力的同时，西方史学界、思想界泛起否定历史发展存在规律的思潮，主张历史学仅仅关注个别性，不可寻求普遍性，甚至认为历史学不必流连于“事实世界”，历史学只是关于“价值世界”的知识。[3]至于后现代主义史学，则直接否定历史研究需要反映客观的史实，而把历史学说成类似于想像的文学塑造。所有这些，都是将史家的个人意志强

〔1〕［英］H. 泰恩《英国文学史·绪论》，转引自［美］J. W. 汤普森《历史著作史》下卷第四分册，孙秉莹、谢德风译，北京：商务印书馆，1996年，第613页。

〔2〕［德］亨利希·济伯尔《论历史知识的法则》，转引自［美］J. W. 汤普森《历史著作史》下卷第四分册，第623页。

〔3〕［德］李凯尔特《文化科学和自然科学》，涂纪亮译，北京：商务印书馆，1986年，第87页。

加于历史事实之上，从而进一步消解了客观史实。至20世纪，实证主义历史观明显地暴露出讹误，黑格尔学派思辨的历史哲学已然退落，同时唯物史观在历史科学的论断上达到新的高峰，而且日益成为一种改造社会、进行革命的思想武器，历史规律的探索无疑给旧世界以显著的威胁。这样，在西方思想界不能不引发一系列的反弹，因而出现否定历史学科学性之各种流派理念。从学术角度而言，否认历史学科学性之一途径，是从强调史学家个性和个人作用发轫，这比从政治敏感处引发的理念要稳健得多，因而影响力也广泛长远。不过，强调史家个性和个人作用，也是对人们生产、生活和文化活动皆空前社会化的一种反弹，即个人意愿在现实中受社会化所限，在史学观念上夸张个性就成为一种文化理论的宣泄。一切否认历史学科学性的思潮，都是从史学界之外兴起，故而并不能取代正规的历史研究，那些理论家也无法按照其理念撰述一部像样的史著。美国当代著名历史学家伊格尔斯批评后现代主义是“对西方文明的性质的幻灭感，日益造成了一种对现代科学观的深刻反弹”〔1〕。物极必反，西方在探讨历史规律的整体低潮之后，早晚会发生知识路径的回归，宏观叙事仍会兴起。事实上，法国年鉴学派的“长时段”历史研究，其观点已经相当接近于马克思主义史学的观念，更何况西方马克思主义学派从来没有停止在历史观上的探讨。

一切科学研究和学术研究的最深入目标，都是要揭示探讨事物的本质与发展规律，本质与规律是属于同一层次的认识水平，列宁说：“规律就是关系……本质的关系或本质之间的关系。”〔2〕因此，对历史规律的探讨，乃是将一系列历史事实的内在本质以发展演变的角度联系起来，从而去认识更大范围历史事物的本质。

历史发展是存在规律的，因为任何构成有序系统的事物都有其

〔1〕［美］伊格尔斯《二十世纪的历史学》，何兆武译，沈阳：辽宁教育出版社，2003年，第9页。
〔2〕列宁《黑格尔〈逻辑学〉一书摘要》，《列宁全集》第38卷，北京：人民出版社，1959年，第161页。

内在发展的必然趋势。有人将历史学归于所谓的“人文学科”而否认探讨历史规律的必要性，但是“人文学科”就不具备发展的规律吗？文学艺术无疑属于社会人文的范围，而文学艺术的发展历程明显呈现出规律性，仅从形式上考察，世界各主要民族的文学几乎都是从原始神话开始，经历了诗歌、散文直到较复杂的长篇小说的出现，这类共同现象背后就具有文学的发展规律，因为“规律是现象中同一的东西”[1]。世界历史上同一的现象很多，例如生产力的逐步提高，多数人的人身依附程度逐步减低，各个民族文化知识的普及率提高，人类活动与联系的空间范围逐步扩大，等等，在世界各地、各民族都具有这些共同的趋向，在这些共同趋向的背后，怎能说没有历史规律呢？

探讨历史规律，包括探讨总的发展规律和各地区、各民族、各个历史阶段、各个历史专题事物的特殊规律，不能要求所有的历史工作者都做最宏观的研究，但无论研究什么专门问题，都应当树立探索发展规律的理念。必须将探索历史规律作为历史研究的宗旨，以此提高史学理论思维水平。在历史研究中，学术宗旨的低下和理论思维的苍白，是历史学的最大贫困。而且这样的贫困，是多么大的著述数量也无法弥补的。

二　马克思主义的历史规律学说

马克思对历史发展规律的探讨，遍布于他的众多著作，特别是在《〈政治经济学批判〉序言》内做出了精辟的论断，成为唯物史观得以建立的牢固理论基础，这就是关于生产力与生产关系的矛盾运动决定社会形态发展的学说。马克思指出：

---

〔1〕列宁《黑格尔〈逻辑学〉一书摘要》，《列宁全集》第38卷，第159页。

> 人们在自己生活的社会生产中发生一定的、必然的、不以他们的意志为转移的关系，即同他们的物质生产力的一定发展阶段相适合的生产关系。这些生产关系的总和构成社会的经济结构，即有法律的和政治的上层建筑竖立其上并有一定的社会意识形式与之相适应的现实基础。物质生活的生产方式制约着整个社会生活、政治生活和精神生活的过程。不是人们的意识决定人们的存在，相反，是人们的社会存在决定人们的意识。社会的物质生产力发展到一定阶段，便同它们一直在其中运动的现存生产关系或财产关系（这只是生产关系的法律用语）发生矛盾。于是这些关系便由生产力的发展形式变成生产力的桎梏。那时社会革命的时代就到来了。随着经济基础的变更，全部庞大的上层建筑也或慢或快地发生变革。〔1〕

恩格斯指出："这个划时代的历史观是新的唯物主义观点的直接的理论前提，单单由于这种历史观，也就为逻辑方法提供了一个出发点。"〔2〕恩格斯认为："马克思发现了人类历史的发展规律，即历来为繁茂芜杂的意识形态所掩盖着的一个简单事实：人们首先必须吃、喝、住、穿，然后才能从事政治、科学、艺术、宗教等等；所以，直接的物质的生活资料的生产，从而一个民族或一个时代的一定的经济发展阶段，便构成为基础，人们的国家设施、法的观点、艺术以至宗教观念，就是从这个基础上发展起来的，因而，也必须由这个基础来解释，而不是像过去那样做得相反。"〔3〕经典著作的这些论述，早已被广泛引用，其中的蕴意十分明确：第一，马克思的这段

〔1〕马克思《〈政治经济学批判〉序言》，《马克思恩格斯选集》第2卷，北京：人民出版社，1995年，第32—33页。

〔2〕恩格斯《卡尔·马克思〈政治经济学批判〉第一分册》，《马克思恩格斯选集》第2卷，第42页。

〔3〕恩格斯《在马克思墓前的讲话》，《马克思恩格斯选集》第3卷，第776页。

论述，揭示了人类社会发展的基本动力在于生产力与生产关系的矛盾、经济基础与上层建筑的矛盾，这是对历史发展规律探讨的最根本要旨，是唯物史观理论的总纲，其余都是这个纲领结合具体社会史的展开。某些具体展开的描述，即使有所误差，也不足以动摇总纲的科学性。第二，这条唯物史观的原理，是划时代、破天荒的新发现，既不同于实证主义史学那种机械地比附自然科学的框架，也不同于将历史的发展视为“绝对精神”运动的黑格尔哲学，而是辩证地分析人类社会的内在矛盾，不仅在理论思维的水平上超越形形色色的历史哲学，而且立足于人类的生产、生活的牢固基础之上，更预示了社会发展的未来方向。因此一经产生就显示出强大的思想魅力，很快在世界各地广泛传播。

揭示了人类社会的基本矛盾，不能够就此停顿，因为这还不算完成了历史规律的探索，还应当按此理念研讨人类社会整个发展历程的几个必经阶段。就在《〈政治经济学批判〉序言》中，马克思提出“大体说来，亚细亚的、古代的、封建的和现代资产阶级的生产方式可以看作是社会经济形态演进的几个时代”〔1〕。这段话语在马克思主义学说史上引起了过多争议的波澜，对所谓“亚细亚生产方式”有过纷繁的解读，甚至曾经形成相当大的辩论。然而，绝大多数的长篇宏论都是画蛇添足、毫无意义的。马克思当时感到亚洲的上古历史可能与欧洲有所差异，故姑且用“亚细亚的”与“古代的”相并列，这反映出立言的谨慎，也显示尚未进行充分的研究，后来马克思不再使用“亚细亚”这个词语概括社会形态。恩格斯早就对此有所说明：“在亚细亚古代和古典古代，阶级压迫的主要形式是奴隶制，也就是说，是群众不仅被剥夺了土地，甚至连他们的人身也被占有。”〔2〕按照马克思主义学说，封建制度之前的阶级对抗社会只有

〔1〕 马克思《〈政治经济学批判〉序言》，《马克思恩格斯选集》第2卷，第33页。
〔2〕 恩格斯《美国工人运动》，《马克思恩格斯选集》第4卷，第391页。

奴隶制社会。

确立了阶级社会的三个阶段，再加上原始社会和未来的共产主义社会，就是唯物史观主张的五种社会形态依次更迭的历史规律。马克思本人已有这种见解，恩格斯做了明确的表述，他在《家庭、私有制和国家的起源》中指出："奴隶制是古代世界所固有的第一个剥削形式；继之而来的是中世纪的农奴制和近代的雇佣劳动制。这就是文明时代的三大时期所特有的三大奴役形式。"[1]列宁更清晰地强调这一社会发展规律，仅《论国家》一文就反复申明恩格斯所论述过的以几种社会形态划分历史阶段的发展规律，他指出：

> 世界各国所有人类社会数千年来的发展，都向我们表明了它如下的一般规律、常规和次序：起初是无阶级的社会——父权制原始社会，即没有贵族的原始社会；然后是以奴隶制为基础的社会，即奴隶占有制社会。整个现代的文明的欧洲都经过了这个阶段，奴隶制在两千年前占有完全统治的地位。世界上其余各洲的绝大多数民族也都经过这个阶段。在最不发达的民族中，现在也还有奴隶制的遗迹，例如在非洲现时还可以找到奴隶制的设施。奴隶主和奴隶是第一次大规模的阶级划分。前一集团不仅占有一切生产资料（即土地和工具，尽管当时工具还十分简陋），并且还占有人。这个集团就叫作奴隶主，而从事劳动并把劳动果实交给别人的人则叫作奴隶。
>
> 在历史上继这种形式之后的是另一种形式，即农奴制。在绝大多数国家里，奴隶制发展成了农奴制。这时社会基本上分为农奴主—地主和农奴制农民。人与人的关系的形式改变了。奴隶主把奴隶当作自己的财产，法律把这种观点固定下来，认为奴隶是一种完全被奴隶主占有的物品。农奴制农民仍然遭受

[1] 恩格斯《家庭、私有制和国家的起源》，《马克思恩格斯选集》第4卷，第172页。

阶级压迫，处于依附地位，但农奴主—地主不能把农民当作物品来占有了，而只有权占有农民的劳动，有权强迫农民尽某种义务。其实，大家知道，农奴制，特别是在俄国维持得最久、表现得最粗暴的农奴制，同奴隶制并没有什么区别。

后来，在农奴制社会内，随着商业的发展和世界市场的出现，随着货币流通的发展，产生了一个新的阶级，即资本家阶级。从商品中，从商品交换中，从货币权力的出现中，产生了资本权力。在18世纪（更正确些说，从18世纪末起）和19世纪，世界各地发生了革命。农奴制在西欧各国被取代了。这一点在俄国发生得最晚。俄国在1861年也发生了变革，结果一种社会形式被另一种社会形式所代替——农奴制被资本主义所代替。[1]

由此可知，许多质疑五种社会形态（即原始社会、奴隶制社会、封建社会、资本主义社会、共产主义社会）依次更替之历史规律的学者，将这个学说归属于斯大林所发明，是不符合事实的，这或许是他们的一个发言策略，或许是对马克思主义学说史的极其不了解。五种社会形态的理论，向来就是唯物史观关于历史发展规律学说的重要组成部分，它附从于社会基本矛盾的理论之下，无论是对是错，都不能归于斯大林负责。

诚然，斯大林在为《联共（布）党史简明教程》撰写的一章《辩证唯物主义和历史唯物主义》之中，陈述了由列宁发展了的马克思主义哲学，其中将五种社会形态的依次更替，论述为生产力与生产关系之矛盾运动造成的必然逻辑。因出于“简明教程”的需要，

---

〔1〕《列宁选集》第4卷，北京：人民出版社，1992年，第28—29页。按：有人说列宁《论国家》一文没有产生学术反响，因为当时没有发表，也没有作为内部文件传达。这个说法是错误的。此文乃是1919年列宁在斯维尔德洛夫大学的公开讲演，影响不可低估。作为领袖的讲演，无论是否发表与传达，已经成为俄共中央必须重视和遵从的理论，这无须在学术上有什么反响。

描述的社会发展不免为单线性方向，没有明显地告诫社会发展的复杂性和多样性。后来社会主义阵营将斯大林的论述奉为圭臬，忽略了准确理解整个唯物史观的思想体系，特别是无视列宁的这一观点：“世界历史发展的一般规律，不仅丝毫不排斥个别发展阶段在发展的形式或顺序上表现出特殊性，反而是以此为前提的”[1]，这也不能完全归咎于斯大林，因为从马克思至列宁的著作皆有此类论述。

自20世纪50年代始，五种社会形态（即原始社会、奴隶制社会、封建社会、资本主义社会、共产主义社会）依次更替的学说，曾是中国史学界关于历史发展规律的权威理论。1978年之后，史学界对此的质疑日益加强，这反映了学术思想的解放，值得肯定。但是，对历史规律某种表述的讨论与怀疑，不应当导致否定或回避历史发展规律的倾向，然而遗憾的是，这种倾向比较广泛地存在于史学界。不少历史著述局限于历史现象的罗列，有些虽然貌似构成“体系”，却不过是按时间顺序排列现象而已，各种现象之间是否存在必然性联系，则无所涉及。关于“社会史”的研究中，则存在着从20世纪30年代所关注的社会形态与历史规律问题，后退为满足于琐碎现象的挖掘和整理，其中甚至存在历史垃圾的上市和历史沉渣的泛起。在史学理论方面，存在着过度推重西方几种否定历史客观性之史学流派的倾向，甚至称赞那种完全“解构”史实，把史学说成是各个历史家可以随意构建“文本”的后现代主义。如此就不能视为历史学的进步，而是一种消沉与后退。

在对社会发展五种社会形态的质疑中，最关键处在于：奴隶制社会是否为人类社会的必经阶段？这个问题并未得以解决，学术界存在观点相反的流派，肯定奴隶制是人类社会发展的一个阶段者，被称为“有奴学派”，对此极力反对者被称为“无奴学派”，当前在气势上似乎“无奴学派”的呼声更高些。从“无奴学派”的多篇学

[1] 列宁《论我国革命》，见《列宁选集》第4卷，北京：人民出版社，1992年，第776页。

术论文看，有些民族没有经过奴隶制社会的结论是难以否认的，但这足以抹掉历史发展经过五种社会形态的规律吗？问题是恩格斯、列宁、斯大林在强调历史发展经过五种社会形态的规律之时，了解还是不了解日耳曼民族未经历奴隶制社会？答案是肯定的，恩格斯、列宁、斯大林都十分关注和深知欧洲的历史状况。既然如此，为什么还会以五种社会形态依次更迭来表述历史的发展规律呢？显然，这首先需要考察马克思主义究竟怎样看待“规律”这个哲学范畴，然后继续我们的探索与思考。

三　对于历史发展规律的几点思考

在哲学意义上什么叫作“规律”？解释历来不尽相同。规律当然具有发展的必然性，表现为有力贯彻下去的趋势和方向。但有的规律也具有概然性，例如一枚硬币随意抛起，落地后显示的也许是正面，也许是反面，在概率论上各占二分之一的可能性。我们抛起硬币的次数多并且越来越多，就越发接近于正面、反面各占二分之一的结果，这是一条规律。但这一规律不能保证每抛两次就会出现一次正面的显示。简单的事物既有如此的概然性，复杂的社会发展更难以避免。长期以来我们谈到历史规律，总是强调它是不可违抗、不以人们意志为转移的必然性，总是说“放之四海而皆准”，不容许有丝毫的特殊与例外。在作为一种革命信念的宣传鼓动之时，这无可厚非，但并不合乎理论上的严谨性，这里还是要在此引用前揭列宁的那句论述以纠偏：“世界历史发展的一般规律，不仅丝毫不排斥个别发展阶段在发展的形式或顺序上表现出特殊性，反而是以此为前提的。”

因此，应当以辩证的观点看待社会发展的规律，普遍性的规律因不同的时间、地点和条件而具有多种特殊性，不仅仅纯为抽象性的议论，也是在具体问题的解说中应当贯彻的思想，是普遍概括与具体分析的结合。马克思在论述资本主义社会时说："我们在理论上假定，资本主义生产方式的规律是以纯粹的形式展开的。实际上始终只存在着近似的情况；但是，资本主义生产方式越是发展，它同以前的经济状态的残余混杂不清的情况越是被消除，这种近似的程度也就越大。"[1]他在谈到价值规律时说："总的说来，在整个资本主义生产中，一般规律作为一种占统治地位的趋势，始终只是以一种极其错综复杂和近似的方式，作为从不断波动中得出的、但永远不能确定的平均数来发生作用。"[2]列宁在马克思论述的基础上明确指出，在马克思的经济学说中，"规律性只能表现为平均的、社会的、普遍的规律性，而不同方向的个别的偏离则相互抵销"[3]。在讲到马克思著作中关于资本主义生产中不变资本的增长大于可变资本增长的规律时，列宁列举了德国、法国农业上的一些资料后，指出："历史证明了马克思的规律是适用于农业的，根本没有被推翻。……无论马克思还是他的学生，始终只认为这个规律是资本主义总趋势的规律，而决不是一切个别情况的规律。……我们知道，在资本主义国家的工业史上，有时候这条规律对于许多工业部门都不适用。"[4]很明显，即使有许多"不适用"的实例，列宁还是认为这条规律能够成立，因为规律只反映占统治地位的发展趋势。可见马克思、列宁都没有把经济规律和历史规律看作神圣的、刻板的、命定的和不容许丝毫偏移的东西。历史发展的一般规律，乃是概括整个世界范围内具有代表性的、典型社会形态的演变，不能将之当作教条来套用在一切具体民族与地区的研究，也不能搜寻个别民族与地区的差异来诘难、否定普遍规律。在历史规律研究结论的表述上，包含着

〔1〕马克思《资本论》第3卷，《马克思恩格斯文集》第7卷，北京：人民出版社，2009年，第195—196页。
〔2〕马克思《资本论》第3卷，《马克思恩格斯文集》第7卷，第181页。
〔3〕列宁《卡尔·马克思》，《列宁选集》第2卷，北京：人民出版社，1992年，第435页。
〔4〕列宁《农业中的资本主义》，《列宁全集》第4卷，北京：人民出版社，1959年，第93页。

实例的典型化及其所处条件的提纯，因而论点是明晰的、确定的；而社会实际在规律的运行中，则有若干不确定因素和环境、条件上的诸多“杂质”，因而表现出摇摆、偏移和近似性。唯其如此，唯物史观的历史规律学说才与天命论、命定论区别开来，而不具有神秘化的色彩。

当今，整个世界的社会发展出现了50年前所不曾有过的新现象，科学技术的进步、文化事业的发达，变化和进展皆日新月异。这对唯物史观既提出了若干挑战，也提供了进一步发展的条件和机遇。在社会发展规律的问题上，不应当疏离或放弃，而需要结合新的情况、新的资料进行新的思考和探索，克服以往出现过的绝对化解说方式，将之置于辩证法的思维方式之中。

第一，历史规律体现着历史发展的必然性，但不能将历史规律的必然性绝对化，因为必然性之外还有着非常丰富的偶然性事物，二者的关系是辩证的。偶然性事物不仅时时在历史上发挥作用，而且有时是重大作用。这就是说，偶然相对于必然并非总是无例外地处于弱势的、附从的地位。历史必然与历史偶然之间的辩证关系，表现为偶然性可以向必然性转化。人类不是一经产生就具备了社会发展的规律性，最初能够生存、繁衍并且壮大为地球上最高级动物，带有一系列的偶然性。原始人中一些部族在极为恶劣的环境中灭绝，一些原始人寻得富饶、舒适、优越的环境而不思进取导致发展迟滞，直到世界的近代还处于原始状态。也有一些人恰好获得既有挑战也不过于严酷的自然环境。人类初始既然出现这三种状况，那么都属于历史的偶然性。而第三类型的原始人发展形成繁盛的人类社会，掌握了不仅适应自然，而且能够在一定程度上按自己愿望改造自然的强大能力，才使社会具备了内在的发展动力，形成一定的发展规律。因此，历史发展规律不是从人类刚一产生就完全具备的，而是后来获得的，是由一系列偶然性事物的积累而转化为必然性。只有人们生活的群体达到相当规模并且达到相当的组织程度，生产力达到一定的水平，从而使生产力与生产关系的矛盾运动成为促进社会前进的主要力量，社会历史的发展才会出现必然性规律。这也许要在新石器时代才逐步确立。如果说人类刚刚产生，还无法保证不被自然环境完全灭绝的情况下，就已经具有发展到如今繁盛局面的规律，那实际与宿命论的神话没有区别。

又如文字的创造和运用，并不是每个民族都具有的，直至现代也还有很多民族没有真正可以运用的文字。哪个民族可以产生文字，不是个必然现象。因此，文字在一些民族的产生，应当视为人类整体上的偶然创树，当然，偶然的事物也有其发生的社会原因。在人类的各个群体中，拥有文字的群体优越性极其明显，大为增强该部族的内部凝聚力和对外的竞争力，促进了该部族的全面发展，遂使文字具备了在全人类普及和发展的规律。因此，整个人类社会以及具体的社会构成部分，都可以将偶然性转化为具备内在发展动力的必然规律。

第二，客观规律是有层次、分等级的，宇宙有其宏大的演化规律，太阳系有其运行规律，地球这一独特的行星也有地质时代的变化规律，人类社会依存于自然环境，但有着与自然界不同的发展规律。这诸多的规律不是完全平等和互不相干的，而是存在等级与层次。

人类社会是从自然界分化出来的一个相对独立的系统，但仍然包含在太阳系、地球等自然环境之更大的系统之内。一般而言，较大的系统比较小的系统具有更高等级的发展规律，大的规律制约着小的规律。因此，人类社会的历史规律，完全可能被更大的自然界系统的规律所打断，例如在公元前1500年左右，爱琴海克里特岛人有着辉煌的米诺斯文化，但后来突然灭绝了，其原因可能是附近锡拉岛一次强烈的火山爆发，引起巨大海啸，随即而来的火山灰覆盖了克里特岛。规律的不同等级表现为贯彻其必然性力量的大小，而这种等级之差又取决于该事物系统的有序性。

在人类社会，任何依照一定关系组成的集团、民族、国家等，都可以看作一个社会系统。随着社会联系的扩大，直至全世界人类组成一个大的社会系统。而自然界与人类社会又时时呈现为自然—社会的生态系统。作为一个社会系统，具有的内在发展必然趋势和必然程序，以及抗拒外来干扰、贯彻这种必然性的能力，可称为系统的有序性。系统的有序性至少由三个因素所决定：1. 系统内部结构的完整和严密的程度，一个政体较完善的民族、国家比组织松散、充满敌对冲突的民族和国家有序性强；2. 系统所占据的时空地位的状况，如历史悠久、地理形势优越的大国，有序性一般较强；3. 系统内部矛盾运动的展开程度与系统的发展水平，如发达的资本主义国家比小农经济国家有序性强。如果一个社会系统的有序性不足以抵抗较强外来因素的冲击，它的自身发展规律就可能被打断，米诺斯文化的灭绝，美洲印第安人、非洲多数民族、近代中国的发展趋向被西方入侵势力所改变，都可以这样解释。[1]但从更大的空间上看，其实这也是更高等级的规律所发挥的作用。需要说明的是：虽然有些个体的发展规律可能被打断，但也不足以否定这种规律，正如无论有多少数量的个人发生夭折或者早老，也不应否认人生经过初生婴儿、幼年、青年、壮年、老年、逝世几个阶段，这是人类生命的普遍规律。这种比拟不是将社会发展降格为人体的生物学进程，而是意在说明比生命历程大为复杂的历史发展，更不能以进程之“未完成态”的实例来否定普遍规律性。

第三，历史规律的得出和成立，要在总体性和典型性的观念上理解。人类社会发展规律的阐释，是指向全人类的普遍性发展趋势，是宏观的命题。不能以个别特殊的具体实例质疑总体性的概括，总体性规律不必要求对于每一个具体事例的完全符合，这在上文已经论述。因此，列宁在叙述规律时常用的词语是“总的说来”，这里不否认个别的例外现象。

---

〔1〕这一段落内的部分观点，曾发表于笔者与刘泽华教授合写的《论历史研究中的抽象性认识》，《红旗》1988 年第 11 期。

他还明确指出“我们强调‘总的’一词，是因为无论马克思还是他的学生，始终认为这个规律是资本主义总趋势的规律，而决不是一切个别情况的规律”[1]。但是，当不合总规律的事例不是一个、两个，而是被发现的数量很多的情况下，将如何对待呢？这需要分辨不同的情况，予以具体分析。一种情况是对于总规律的总结和概括不准确，应该修订或摈弃，提出更完备的总规律表述，以达到理论更新的效果。简单否定是不足取的，因为这会导致负面作用，在历史理论建设上并无益处。另一种情况是不必要考虑与总规律相疏离之事例的数量，因为规律可以建立在典型性事物之上，尽管典型性不占全部同类事物中的绝对多数。前所列举的人之生命进程的规律，也可以说明这个问题，因为在现代医学技术成熟和普及发展之前，夭折的人数长期超过出生总人数的一半，但我们仍然可以将人的生命历程总结为历经婴儿、幼儿、少年、青年、壮年、老年直到逝世等若干阶段的规律，何以如此？那是由于完成全部历程的人才是完整的典型，典型性具有总体上的代表性。社会历史自然比生命人体复杂得多，典型性民族与地区可以依从这样的标准来判断：1. 文化、生产力以及社会组织方式具有明显的先进性；2. 对其他民族或地区有很强的影响或干预，力度之大足以改变或部分改变对方的经济、文化和社会结构；3. 在一定时期起到引领社会发生跨越发展的作用；4. 整个社会经济、社会组织、科学文化、人的素质、对外关系发展得较为全面，成为世界上繁华兴盛的中心。

中国社会没有经历完整的资本主义制度，西方各国率先成为资本主义列强，强力影响和干预了中国的社会。像中国这样没有完整经历全部社会形态的第三世界民族国家，数量很多，却不能据以否定五种社会形态递进的历史规律，因为当时的西方是探索历史规律的典型性地区。

此外，对于历史发展规律的探索，更有许多空间可待开拓。例如历史发展的规律既然不是人类与生俱来的，那么从逻辑上分析，

---

〔1〕 列宁《农业中的资本主义》，《列宁全集》第4卷，北京：人民出版社，1959年，第93页。

也不一定总是一条规律贯彻人类社会发展的始终。一个大而复杂的社会系统，主要组成部分一旦发生本质的改变，本质之间的关系也发生改变，从而出现规律的更新。事物的本质是否可以改变？这原是黑格尔、马克思的哲学辩证法早已解决的问题，辩证法质量互变规律讲的就是这个道理。如果事物的本质永远不变，那就不会有生物的进化，不会有人类的产生。我们既然承认社会历史各个阶段可以具有本阶段的特殊规律，也应当承认更长时段的转折，可以造成总规律的更新与转变。例如分析生产力与生产关系的矛盾运动，不能解决人类社会最后是否必定终结的问题，但这从自然科学角度上已经多所探讨。比如，地球毁灭、太阳熄灭，人类还会存在吗？加上这种研讨，才是社会发展更大些的总体规律。有人主张人类终将结束，有人主张人类可以部分地迁移到其他星球，如果实现了后一种预想，迁移到新环境的那些人们，其社会还会继续地球人类的发展规律吗？这些玄想着实缥缈，可以存而不论。但其中的启示是：辩证思维的领域是极其广阔的，“辩证法对每一种既成的形式都是从不断的运动中，因而也是从它的暂时性方面去理解；辩证法不崇拜任何东西，按其本质来说，它是批判的和革命的”〔1〕，马克思这段论断的精神实质，是要求思维与探讨不可终止，任何既成的理念都具有补充、发展和更新的需要，唯物史观的历史规律学说也不例外。

（原载中国社会科学院历史研究所编《理论与史学》第1辑，北京：中国社会科学出版社，2015年）

〔1〕 马克思《〈资本论〉第一卷第二版跋》，《马克思恩格斯选集》第2卷，第112页。

试论史学理论学术体系的建设

中国历史学的产生和发展可谓源远流长，在史学长足发展的基础上，理所当然地产生予以总结和概括的要求。对历史学发展状况进行抽象性的概括，实现从具体研讨到理论思维的升华，这样形成的史学理论，在历史学整体结构中具备高层次、宏观性的特征，应为历史学科的核心内容，需要坚持不懈地建设与发展。迄今为止，史学理论的研究虽有了很多论著，但如何建立并完善中国史学理论的学术体系，还有诸多亟需探索的问题，而厘清学术的基本概念和范畴，是必不可少的起点。

一　历史与史学

史学理论的建设从何说起？首先应当厘清史学理论这一范畴的内涵和外延，方能够形成提出问题与解决问题的目标导向。但史学理论的概念、内容并不是孤立的，它混含在史学发展和中外史学交流过程的概念系列之内，需要从头道来。

在中国古代，单音词多所盛行，“史”字最初是指执行某种使命的官员，即所谓史官，当史官中分配出一部分人作为内史，参与从事撰述政府公文和记载事宜之职务，就越来越倾向于把史官看作记事、记言的职官，这显现于西周末期到春秋时代，也正是中国上古史学萌发和早期发展阶段。约于战国时期，“史”渐渐代指史官记载的文化产品，孟子说：“晋之《乘》，楚之《梼杌》，鲁之《春秋》，一也。其事则齐桓、晋文，其文则史，孔子曰：其义则丘窃取之矣。”[1]《庄子·天下》篇称：“其明而在历数者，旧法世传之史，尚多有之。”这里的“史”，都明显是指史文、史书。但是，史官与史书都言之为“史”，两义并行，在中国古代长期处于这种一词多义状况，撰史之人与撰写的史籍，二者在语词上不严格划分，全凭整句整段语义加以理解，却很少会出现误读。对于以往的史事，多直言某朝某事，或以“古”字表达，“殷鉴”就是以殷商的史事为鉴戒，“唐鉴”就是以唐代的政治得失为鉴戒。唐太宗说：“夫以铜为镜，可以正衣冠；以古为镜，可以知兴替；以人为镜，可以明得失。”[2]请注意语句中是“以古为镜”而不是“以史为镜”。宋代刘随上奏说：“臣闻以古为鉴，可以知兴亡。不敢远稽前典，且以近代言之：唐太宗何如主也！十八起义师，二十四定天下，二十九即帝位。监情伪之理，明治乱之由，圣文神武，高于三代。然犹每与大臣会议，政事必令谏官、宪臣、史官预闻之。苟诏令不便，大臣不直，刑赏不当，邪正未分，则谏官得诤之，宪臣得弹之，史官得书之。是以上下无壅，而君臣同德，太平之风可谓至矣。”[3]刘随虽然引证最近的唐代史事，仍称“以古为鉴”。近代以来几乎成为口头禅的“以史为鉴”这种语词表达，在中国古代直至清朝前期，却是极其罕见的。诚然古代也有“史鉴”这个词语，但“史鉴”乃是指可以用来作为鉴戒的史籍，如明黄佐、廖道南撰《殿阁词林记》卷九载明英宗谕旨：“翰林官中有才识忠行者，日轮二员入直东阁，凡经书、史鉴有关君德者，日录所闻以赞朕不逮”；清《钦定国子监志》卷五三载大臣王熙上奏要求国子监“设立课程，定期稽查，必使各习一经，

[1]《孟子·离娄下》，见朱熹《四书章句集注·孟子集注》卷八，北京：中华书局，1983年，第295页。
[2]《旧唐书》卷七一《魏征传》，北京：中华书局，1975年，第2561页。
[3] 刘随《上仁宗论当今所切在于纳谏》，见《宋朝诸臣奏议》（上）卷五一，上海：上海古籍出版社，1999年，第554页。

兼习史鉴，详为讲解，俾令贯通，务期成材，以收实用”[1]。以史鉴与经书相对应，其意甚明，均为正宗而有益的经史典籍。即使极其偶然出现“以史为鉴”的语句，其中“史”的含义仍然是史籍，清乾嘉时倪思宽读书笔记《二初斋读书记》有言曰“古称史，今亦称鉴，‘鉴’字，本于《说苑》公扈子曰‘《春秋》，国之鉴也’一语。宋司马温公编集《历代君臣事迹》，神宗赐名《资治通鉴》，以史为鉴，殊觉意味深长”[2]。此处“以史为鉴”是说宋神宗把“史”称为“鉴”[3]，这与现代所言“以史为鉴”的内容、含义是大不相同的。

以上的辨析，并非无端的咬文嚼字，绵延几千年的语词、话语的特征，应当映射某种基本的观念和认知。中国古代在史学的发展中，“史”字虽然从史家、史官等人员的指称延伸到对典籍的指认，却避免了客观史事与历史撰写混为一谈，即单一的“史”字，很少用以表示过去所发生的客观史事，史事与史事记述，二者有清晰的分界。在东晋到南北朝时期，还出现了“史学”这个词语，先是北方少数民族石勒政权委令“任播、崔浚为史学祭酒”[4]，后南朝刘宋政权于元嘉年间“上留意艺文，使丹阳尹何尚之立玄学，太子率更令何承天立史学，司徒参军谢玄立文学”[5]，此后历代言“史学”者充满官私文献和四部之书，表明在中国古代已经明确了史学是一种专门的学问。与此大体同时，中国古人也将“事实”这一概念，用来表示与书史记载可能不同的真实史事，例如《晋书·裴秀传》载其《禹贡地域图序》说大量书籍记述的历史地理“或荒外迂诞之言，不合事实，于义无取”[6]；《宋书·裴松之传》言裴松之“以世立私

[1] 王熙《请严国学官学疏》，见文庆等编《钦定国子监志》（下）卷六七《艺文一》，北京：北京古籍出版社，2000年，第1166页。
[2] 倪思宽《二初斋读书记》卷九，清嘉庆八年涵和堂刻本。
[3] 除了上引倪思宽的语句之外，笔者再未发现中国古代有“以史为鉴”的词语运用。
[4]《晋书》卷一〇五《石勒载记下》，北京：中华书局，1974年，第2735页。
[5]《南史》卷七五《雷次宗传》，北京：中华书局，1975年，第1868页。
[6]《晋书》卷三五《裴秀传》，北京：中华书局，1974年，第1039页。

碑，有乖事实，上表陈之”[1]；北宋史家范祖禹指出史官应当“执简记事，直书其实而已”，但“后之为史者，务褒贬而忘事实，失其职矣”[2]。所谓的“事实”，是与“史学”之记述相区别的概念，相互对比，反映了客观历史与历史认识之间的辩证关系，这是中国传统史学在概念体系上的重大成果，值得引为重视。

整个世界历史学的发展，自上古就形成了两大最具活力的史学体系，一是以中国传统史学为核心的东亚史学，另一是以古希腊史学为起源的西方史学。在古代，两大史学体系各自独立发展。西方史学的概念与观念，与中国传统史学存在许多异同之处。至近代，西方史学依靠政治、经济、思想文化各个方面的综合优势，影响东方，而最初的一些新概念通过日本以汉字翻译西文的方式传入中国，其中包括“历史”这一词语，很快就被中国史学界、文化界所接受。遗憾的是：在西方的概念中，客观的历史与历史的撰述含混不分，在词语上都可以用 history 来表示，自希罗多德之后两千年没有产生如同中国“史学”一语的明确概念。这反映了西方古典史学的一个先天的不足。虽然西方古代学者也有人坚持历史撰述绝不同于文学作品，但大部分史家还是将历史撰著的文学色彩作为最重要的追求，因为古代西方没有中国传统史学中组织化、制度化的官方史学，不像中国史学那样被纳入国家的政治机制，西方史著不仅依靠内容的鉴择，也需要笔法的睿智和文采，才会博得社会的接受，文学性是古代西方历史著作生存、传世的条件之一。把史书的文采和文学性当作撰述的焦点，这不可避免地限制了对于真实历史与史籍记述之间关系的理论性关注。

“历史”这个词语，由日本对西文的翻译而输入中国，如果用于表达人类社会业已经历过的客观进程，包括以往所有的人物、事迹、

〔1〕《宋书》卷六四《裴松之传》，北京：中华书局，1974 年，第 1699 页。
〔2〕 范祖禹《唐鉴》卷六《太宗四》，《丛书集成初编》本，北京：商务印书馆，1936 年，第 45 页。

生产、生活，确是非常有价值的概念，与“史学”一语配合，一个表示客观历史，一个表达对于客观历史的记述与研究，有助于形成确切的学术理念。杨鸿烈《史学通论》指出：“概念不明了的结果，可使人的思想混乱……‘历史’是历史，‘史学’是史学，两者皆然为二事。现在若更进一步，寻本溯源，就不得不要首先明白‘什么是历史？’‘什么是史学？’”[1]

区分“历史”与“史学”这两个概念，看上去简单，实际意义颇大，为史学理论建设正途的第一步。承认以往客观“历史”的独立存在，意味着“史学”研究必须力求符合历史的真实，即求真是其学术的底线，这与马克思主义认识论若合符契。人类社会曾经存在过一个不以今天人们意愿为转移的历史过程，这是极其简明、无可置疑的常识，但在唯物史观之外，西方近现代各种史学流派，大多回避或曲解这一常识，把客观历史消解在无休止的诡辩之中。例如意大利思想者克罗齐有“一切真历史都是当代史”[2]的论点，直至21世纪我们有些学者还为之叫好，这是理论界很悲哀的事情。克罗齐立论的理由是说，只有与“现在生活的一种兴趣打成一片”、表现当下之思想的撰述才算“真历史”[3]。他划定的“历史”圈子排除了史料汇编性的“编年史”，排除了历史的叙述，将之定性为“死历史”；也排除了充满爱憎激情而对历史人物、事件评论的史著（克罗齐称之为“诗歌性历史”），排除了自然史，将之归结为“假历史”[4]。那么克罗齐的“真历史”还剩下什么？他既然提倡连接“现在生活的一种兴趣”才是“真历史”，是不是要主张历史学为现实中的政治或其他利益服务呢？有些人正是这样把克罗齐的观念联系到

---

〔1〕杨鸿烈《史学通论》第一章《绪论》，长沙：商务印书馆，1939年，第2页。

〔2〕在克罗齐等人的理念中，根本没有以往客观史实的内容，我们姑且将他们所云的“历史”视为史学。

〔3〕［意］贝奈戴托·克罗齐《历史学的理论和实际》，傅任敢译，北京：商务印书馆，1986年，第2、8页。

〔4〕［意］贝奈戴托·克罗齐《历史学的理论和实际》，第17、23、27、28、105页。

中国的“史学经世”思想。可是真的对不起！克罗齐倘若有知，也会对此报以耻笑，因为他对所谓“实用性历史”也颇多微词，“偏颇的历史，如果细加考虑，其实不是诗歌性历史就是实用性历史”，实用性历史“它并不是历史”，它讲究的是“道德功效”，而“真历史”是“作为思想的历史”，它应当具备的是现在“思想的生活兴趣”〔1〕。于是，克罗齐的“真历史”只剩下一种，就是像他的著述那样，驰骋个人思想而不时地选择一些史事当作实例，没有历史叙述，没有对历史事件的褒贬，没有历史评论。如同史学界之外的一个思想暴君，断然否定了以往几乎所有历史著述作为“历史”的资格，当然，对于独立于史著之外的客观历史，更从论述的开始就抛到九霄云外了，用克罗齐自己的话说就是达到了“这种思想主观性的高度”〔2〕。有的学者认为按照克罗齐的理论，就是“根本不可能写出一部真实的历史”〔3〕，是很正确的评判。

英国史家卡尔（Edward Hallett Carr）广泛流传的著作《历史是什么？》提出：“历史是历史学家与历史事实之间连续不断的、互为作用的过程，就是现在与过去之间永无休止的对话。”〔4〕这里承认历史事实的存在，甚至还承认历史研究是一种社会的过程，现在与过去的对话“不是一场抽象的、孤立的个人之间的对话，而是今日社会与昨日社会之间的对话”〔5〕。这表面上声称历史学家与历史事实之间是平等、互动的关系，但实际仍然以折中主义和诡辩论方法取消了客观历史事实的独立地位，抛弃历史学最根本的求真准则，在所谓“对话”中选择事实并加以解释，都是由历史学家做主，怎能实现与事实之间的平

〔1〕［意］贝奈戴托·克罗齐《历史学的理论和实际》，第23、28、29、30页。
〔2〕［意］贝奈戴托·克罗齐《历史学的理论和实际》，第23页。
〔3〕刘修明《非“一切真历史都是当代史”——兼评一种现代史学思潮的形成与前途》，《江汉论坛》1987年第5期。
〔4〕［英］爱德华·霍列特·卡尔《历史是什么？》，陈恒译，北京：商务印书馆，2007年，第115页。
〔5〕［英］爱德华·霍列特·卡尔《历史是什么？》，第146页。

等和互动关系？卡尔同样认为只有被历史学家选择的事实才会成为历史，并且断言："历史学家当然对事实有所选择。相信历史事实的硬核客观独立于历史学家解释之外的信念，是一种可笑的谬论。"[1]这清楚地体现了一切主观唯心主义史学理论都着意混淆客观历史与历史学的区别，否定客观历史独立存在的地位，从而消解史学必须力求符合真实历史的原则，以便于任凭己意地选择史事和随意解说。

总之，区分客观历史与史学，虽然是中国古代学者就清晰得出的常识，但至今仍是坚持正确历史观念和史学观念的基点，是在概念组合中建设史学理论体系的底线，必须明确历史是指客观的、独立于历史学者之外的、以往人类社会的发展历程，而史学则是人们对于客观历史的系统性研究，史学的研究结论必须符合历史的真实状况。这个求真的进程是持续推进的，其中某些问题的偏差要在研究进程中纠正和修订。历史的一去不返并不影响其独立地存在并且对史学探讨起到约束作用，因为，第一，大量史料（包括文献、实物与遗迹）的存在，可以考订历史的真相；第二，运用系统性知识的推理，可以弥补一些史料的缺乏，如掌握太平天国自广西金田起事后的多次战役和定都南京，可基本推断其主力的进军路线和壮大过程。学术界自会有学者将考订史实当作"思想的生活兴趣"，而不容许自由的思想者任意解说历史。在面对形形色色史学流派云遮雾罩的辩词之时，只要用是否承认客观历史的存在、是否主张史学求真为原则来检测，其观念体系与宗旨就可以烛照无遗。由此可见，无论理论多么抽象和高深，最基础的概念总会是很有效的试金石。

二　历史理论与史学理论

历史研究与其他门类的学术研究一样，认知的积累会逐步形成

---

〔1〕［英］爱德华·霍列特·卡尔《历史是什么？》，第93页。

系统性的知识结构，与此同时，历史认识会采取概括提炼、抽象总结的理论化趋向，逐步形成系统的历史观即历史理论。具备宏观性和高度抽象性的历史理论，也被称作历史哲学。当然，历史理论除了具有指导具体历史研究的作用之外，它本身也要进一步经受历史认识的检验，进而做出改造和修订，有些历史理论体系会被否定，被否定的历史理论也可能留下某些启示和借鉴。这是历史认识发展的一般规律。

历史理论与其他历史认识的具体知识一样，都是人们对于人类社会以往生活历程的反思，这种反思得比较丰厚、比较系统的形式即可成为史学，历史进程的系统描述和系统概括，都是史学研究的成果，换言之，史学就是对人类历史的较丰厚、较系统的反思。史学处于不断发展的进程之中，它本身的认知积累也一定会反思，其反思采取两种方式，一是系统描述性的反思，即史学史；二是抽象概括性的反思，即史学理论。这种以历史认识论反思角度考察的关系，可以作图示意如下：

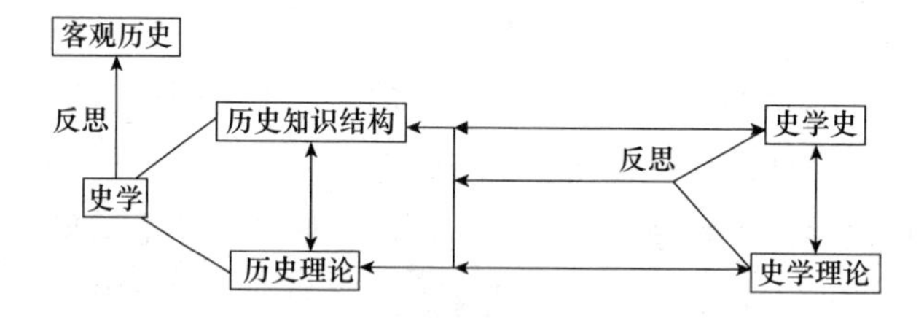

上图的单箭头表示着反思的指向，双箭头表示具有明显的学术互动关系。而客观的历史作为所有广义历史认识的依据，史学之内所有发展出来的认知之间有着互动、互补、互为检验的关系，都是不言而喻的，图中不做标示。这里需要注意的是历史理论与史学理论的联系与区别，重点在于厘清二者为不同的概念，具有很不一致的内涵。在上文已经辨明“历史”与“史学”两个概念之区分的基础上，顺理成章，历史理论与史学理论的区别也应当是清晰的。然而情况并不那么简单，因为历史理论和史学理论都在广义的历史认识范围之内，都是历史学科中的事项，许多人没有察觉将之区别开来的需要，而且二者确有较为密切的联系，很容易混淆在一起。西方史学大多流派既然不分历史和史学，也就没有区分历史理论与史学理论的概念。中国的马克思主义史学，虽然对客观历史与历史学的区别有明确的认识，但马克思主义的经典作家，主要致力于历史理论即唯物史观的探索和论述，无暇进行史学理论方面深入系统的研究。所有这些因素，致使史学界长期忽略了历史理论与史学理论的区别，至今行世的大量书名中标示为“史学理论”的撰述，内容多含有高比例的历史理论的内容，甚至完全以历史理论的论述为主，可见其普遍与严重的程度。

历史理论与史学理论的联系，主要在于研究方法，二者都体现着理论思维的高度概括性、抽象性，历史理论先行发展，其较为成熟的思维方法，特别是提升到哲学层次的方法论，被史学理论的探讨所借鉴。历史理论与史学理论的区别，是研究对象的不同。历史理论研究和思考的是客观历史的发展问题，是对以往客观历史的概括和抽象，是宏观考察古今中外历史发展的总结，提出和所要解决的问题有：人类社会是怎样产生的？人类社会组成结构的根本机制是什么？历史上个别人物与人物群体的关系如何？不同群体之间的关系在历史进程中如何演化？历史人物与事件的评价标准如何掌握？人类历史是否发展？历史发展的动力是什么？社会的发展有无规律？社会发展的进程和方向如何？诸如此类，都是针对客观历史的深入探讨。史学理论则是对于历史学的概括性、抽象性认识，研究和思考的是史学的发展问题。诸如历史学是如何产生的？历史学产生的基本条件是什么？历史学的基本属性是什么？历史认识能否符合客观历史的真实概括？历史认识如何检验？凡此均为探索史学本身的理论，与历史理论隔着一个反思和总结的层次。学术研究的方法论在很多学科中可以相通，但研究对象是决定学术方向的标的，是决定学术属性的关键。如果把历史理论与史学理论含混地视为一体，谈论史学理论往往跑题到历史哲学问题，就会使真正的史学理论问题淡化、隐没而不彰明，造成亟须解决的理论问题得不到关注，反而把形形色色历史哲学的议论重复组合，烦琐炒作，不着边际。为了正本清源，现在强调一下史学理论与历史理论的区别，是必要的，因为将二者混淆的时间和程度已经很过分了。

值得提出的是：西方许多史学流派虽没有客观历史与史学相区别的意识，但在理论的探研中还是体会了历史理论与史学理论的区别，因为二者思考与研究的对象明显不同，但他们用另外的话语来表达，即所谓“历史哲学由思辨向分析的转移”。自 20 世纪以来，西方史学流派杂沓纷呈，例如文化形态史观、新黑格尔主义史学、新文化主义史学、后现代主义史学等等，而在理论上的一个共同的话语之一是区分“思辨的”与“分析的”历史哲学，这是一个值得关注的重要问题。什么是思辨的历史哲学？什么是分析的（也称为“批判的”）历史哲学？学术界有过多次同样的解释，“思辨的历史哲学试图在历史中（在时间的过程中）发现一种超出一般历史学家视野之外的模式和意义”〔1〕，其含义指探索历史发展的动力及其规律性，考察历史事物的评价和意义，很明显，这是对社会历史做理论层次探讨的历史理论。“分析派的历史哲学”乃是“从解释历史事实的性质转移到解释历史知识的性质上来……是对历史学的探讨和解释”〔2〕，这也很明显，乃是对历史学做理论性总结的史学理论。因此，所谓：“思辨的”与“分析的”历史哲学，实质不过是历史理论与史学理论而已，此乃中国史学界早就具备的学术概念。

西方学者之所以采用了词不达意和蹩脚的表述方式，部分原因是语词的贫乏，西方缺少区别“历史”与“史学”的语词概念，但这绝非主要原因，因为语词很容易根据需要而构建出来。如果明确划分历史与史学的概念、划分历史理论和史学理论的范畴，一开始

---

〔1〕［美］威廉·德雷《历史哲学》，王炜、尚新建译，北京：生活·读书·新知三联书店，1988 年，第 8 页。

〔2〕何兆武《从思辨的到分析的历史哲学》，《世界历史》1986 年第 1 期。

就清晰地展示了客观历史与历史认识的区别和联系，这是西方“分析派”历史家所不愿意看到的，他们主张历史依赖于史家的主观精神、个人思想，从而以主观主义或相对主义的方法消解了客观历史。历史理论与史学理论的概念，是平行存在的，二者各有探索领域，不可混淆也不可取代，而所谓“历史哲学由思辨向分析的转移”，乃是抛弃历史发展理论的研究。在现代西方史学流派看来，历史是无客观性、无规律性的，因此反对宏观地研究“大写历史”，转移到关注史学理论的问题。“思辨的、分析的历史哲学”，不管原文还是译文，皆表意模糊，扞格不通，却正好被用于填塞反历史科学的议论。一些中国学者对本国史学界固有的准确概念熟视无睹，却津津乐道地向西方流派学舌，如果不是故弄玄虚，就是在理论上的糊涂。中国史学界毫无必要接纳“思辨的、分析的历史哲学”一类话语，区分历史与史学、历史理论与史学理论，这是中国史学界的理论优势，这一点与现代西方史学理念格格不入，但符合马克思主义的唯物史观。

历史理论与史学理论的区别原本十分明显，而其联系也很明晰，史学理论可以将以往的历史理论作为史学现象予以总结和反思，而史学理论的研究也离不开先进历史理论的原则和方法，如唯物史观和唯物辩证法对史学理论的建设具有原则性的指导作用。但只有厘清二者的区别，才能把握二者的联系，否则只是一团迷茫。遗憾的是多年以来，国内史学界习惯于把史学理论看作唯物史观的附庸，或者在史学理论的论著中填塞关于唯物史观的常识性知识，而对于史学理论的探索尚难差强人意，许多问题语焉不明。当前的史学理论研究，应当打破现代西方史学概念工具的套路，建设成具有中国话语指征的史学理论体系，这是历史学界当前的要务。

三　史学理论建设的基础与构想

将史学理论作为一个相对独立的专业来建设，在逻辑上必然面对一个问题：史学理论的研究的起点和基点何在？史学理论建设所依靠的知识基础和学术前提是什么？这是不能不提出的问题。对此，我们先从历史理论的来源说起。众所周知，历史唯物论是马克思主义的历史哲学，且与辩证唯物主义构成马克思主义哲学的完整体系。历史唯物论虽然贯穿唯物辩证法，但其全部观点和结论，不是将辩证唯物主义套在历史问题上得出来的，而是立足于对历史事实的研讨和考察。真实的历史进程如何，真实的历史状况如何，才是历史唯物论的基点和研究的起点，唯物辩证法只是研究中的指导思想，而且是在研究史实中发展、完善的。这就是说，历史唯物论是从历史真情实况的研究出发。恩格斯说："如果不把唯物主义方法当作研究历史的指南，而把它当作现成的公式，按照它来剪裁各种历史事实，那末它就会转变为自己的对立物。"〔1〕很明显，马克思主义历史理论并不是从哪种一般的哲学体系中推衍出来，而是必须通过研究历史来做出总结、概括和抽象，整个研究过程当然包含着科学思想方法的指导，但研究历史和参考历史研究已有的成果，是必不可缺的基础。

正如历史理论是对历史事实和社会发展真实历程的抽象性概括，史学理论的建设基础也应当来自历史学发展状况和发展历程的总结。这里仍然需要唯物辩证法的指导，但不能简单地套用某种历史哲学的范畴和观念。对史学发展状况予以描述性总结的学科，就是史学史，不言而喻，史学理论应当以史学史的研究为基点，从史学史研究的可信成果出发，抽象出理论化的论断，建立自己的认识体系。不少史学理论的著述习惯从唯物史观的论断推衍出史学理论的论述，总想着怎样套用马克思主义哲学的观点，似乎坚持了马克思主义的理念，但这种做法其实从一开始就违反了马克思主义的唯物论，不

〔1〕恩格斯《致保·恩斯特》，《马克思恩格斯选集》第4卷，北京：人民出版社，1995年，第688页。

从史学发展的史实出发，而把历史唯物论当作现成公式来剪裁史学事例的错误，乃是根本思想方法的问题。平实而言，以某种哲理推衍具体的学术问题，可以提出某种富于启发性的见识，但不能获得关键的核心认知，不能解决主要的难点，更不能建立系统而正确的理论体系。根据唯物辩证法的认识论原理，史学理论的研究务必摒弃观念推衍的论述方式，将之牢牢立足于史学史研究成果的基础之上。

中国史学史在世界文化史中占有十分特殊的地位，梁启超说："中国于各种学问中，惟史学为最发达；史学在世界各国中，惟中国为最发达。"[1]作为史学理论建设的知识基础，中国史学史不能缺位，而根据中国连续发展的史学发展史且参照西方史学史，概括为史学理论，就能够取得高屋建瓴的学术水平，这样得出的史学理论，毫无疑问会带有中国自古以来优良史学遗产中的概念、命题与思想因素，即具有明显的中国式话语指征，这应是史学理论新建设的特点之一，也是其优点之一。

中国史学在长足的发展中，形成了丰富的概念组合，如表达史家必备资质的史才、史学、史识、史德等概念，反映史籍存在官修、私修以及不同级别的国史、野史、正史、杂史等概念，说明史学社会功能的鉴戒、资治、经世等概念，彰显治史准则的直书、实录、实事求是等概念，归纳史书编纂方式和内容范围的体例、书法、通史、断代史等概念，揭示史学内在结构和层次的事、义、文等概念，不胜枚举。这些概念经过新的整合与阐释之后，大多能融汇到当代史学理论之中，发挥积极的作用。例如意大利思想家克罗齐认为：只有灌注了当代思想和精神的历史才是"真历史"，他说："既然一件事实只有当它被人想起时才是一件历史事实"，那么在史学家思想之外，"事实其实并不存在"[2]。而中国传统史学关于区分史学事、义、文层次的理念，

---

〔1〕梁启超《中国历史研究法》第二章《过去之中国史学界》，上海：上海古籍出版社，1987年，第10页。

〔2〕［意］贝奈戴托·克罗齐《历史学的理论和实际》，第54、83页。

即可破解克罗齐的观点，北宋史家吴缜说：“夫为史之要有三，一曰事实，二曰褒贬，三曰文采……至于事得其实矣，而褒贬、文采则阙焉，虽未能成书，犹不失为史之意。若乃事实未明，而徒以褒贬、文采为事，则是既不成书，而又失为史之意矣。”[1]作为历史思想的“义”是附从于史事的，二者关系不能颠倒，也不可搅和一团，克罗齐的主观主义狡辩是站不住脚的。以唯物辩证法的思想方法为指导，充分利用中国史学史的知识体系，进行史学理论建设是大有可为的。总结和概括几千年来中国史学以及史学思想的发展，必须得到格外重视，让中国话语成为当代史学理论的显著指征。建设中国的史学理论，并非盲目排外、闭门造车。相反，史学理论的探索，应当观照古今中外的史学发展状况，外来史学理论的优秀成果，需要认真鉴别和汲取精华。新的史学理论体系的建设，正是需要理解中外史学史的系统知识，从而进行中外史学发展状况的深入比较，探索其中的异同并且解析造成这种异同的原因，方可概括出深切的史学理论。

关于史学理论的组成结构，史学界、理论界进行了长期的研讨，提出许多卓识。例如将史学理论的内容概括为本体论、历史认识论、史学方法论三大组成部分（当然也有不同的意见）。其所谓本体论，是指历史唯物论的主要观点和基本原理。于是给人以这样的印象：既然本体在于历史哲学，那么似乎史学理论还是历史唯物论观念的延伸。现在的作为，应当贯彻区分历史理论与史学理论的理念，贯彻对中外史学史的总结、比较与概括的思路，加以调整、充实、更新和提高，以建设史学理论的新体系。

史学理论的结构应当包括三个组成部分，即史学本体论、史学认识论、史学方法论。史学本体论不应叙述唯物史观的原理，因为那属于历史理论的范围。史学本体论要探讨历史学的本质是什么，

---

〔1〕吴缜《新唐书纠谬序》，见《新唐书纠谬》卷首，上海：商务印书馆，1936年，《四部丛刊三编》本。

是科学还是艺术？客观历史与历史学的关系如何？历史学是如何产生和发展的？是否各个民族或地区都会原发性地产生史学？史学存在和运行的社会机制是什么？历史学的发展有无规律？等等。

史学认识论，是史学理论的核心内容，大量难点皆在此中，例如：历史认识能否达到符合客观历史的真实概况？历史认识是否可以检验、如何检验？历史学研究的宗旨是什么？不妥善解决这些难点，马克思主义的史学理论就不能说已经建立起来。对此，回避不可以，随便解说不可以，套用别的观念也不可以，必须结合史学史的研究予以阐明，没有史学认识论的史学理论，不仅是残缺的，而且缺少了主要内容，回避要点与难点，就不成为一种系统的理论。将史学理论建立在史学史研究的基础上，那些认识论的难点就可以解决。例如，历史认识如何检验的问题，是主观唯心论历史观否认历史学科学性的主要说辞，从史学史上考察，凡属正确可靠的历史论点，都是史学研究者在求真、求是准则下，经过研究与论辩得出的。因此，在求真、求是理念下，历史学界共同进行的历史学学术实践，才是检验历史认识的唯一标准。求真与求是乃历史学的根本宗旨。

史学方法论的主要内容，不应只是讲述研究历史的具体技能，那种如何搜集史料、如何判别文献史料和其他资料等具体方法和事例，可以提到一些，但必须将治史方法概括、提高为理论化的总结，以高度抽象的纲领，纳入具体实例。在方法论的层面上，历史研究的根本方法只有三项：历史的方法、逻辑的方法、系统与层次的分析方法。

历史的方法是社会科学和人类思维活动的基本方法之一，其特征是事物的产生、发展从何时何地开始，我们的考察就从该时该地开始，按照事物本身的发展过程展开研究，通过事物发展中包括时间顺序在内的有机联系，探索其因果关系、演化过程与发展趋向，从而得出深入系统的历史认识。逻辑的方法是暂时摆脱事物的原初状态，抓住典型、有代表性的现象，进行一系列归类、分析、综合、概括以透视历史内涵；以归纳、演绎等推理来揭示事物的本质。逻辑的方法具有抽象性，在运用中往往撇开事物的曲折过程与偶然的、枝节的表象。系统和层次的分析方法具有总体、宏观地考察事物的特征，即将持续存在、有序发展的事物视为一种系统。就社会而言，每一个由社会关系组成的集团、民族、国家，都可以看作一个社会系统，随着社会联系的日益广泛，直至全世界人类社会组成一个大的系统；同时，社会与自然又时时组成自然—社会生态系统，这是系统由分支组成整体的进程，而系统内部又有不同的层次。分析历史现象，要将之放在不同层次的系统中考虑，既注意总的整体系统的作用，注意大的系统的作用，也要注意子系统、小系统相对独立的作用，在系统与层次的结构中研究事物所处的地位及内外联系。其余具体的研究方法和技能，或者是从大的方法论中衍生出来，或者如历史比较方法、计量史学方法、心理史学方法等，虽也被称为历史研究的基本方法，但其实仅可针对某些具体课题，并不普遍适用，故不能归结为史学方法论，将之视为历史研究的一种切入方式更为妥当。

史学理论在本体论、认识论、方法论的探讨上，有着广阔的待开发领域，还有许多问题需要解决，其学术前景灿烂辉煌，但也充满难点。发现史学发展的动力和社会运行机制，揭示史学发展的规律，是史学理论臻于成熟的标志，不解决这一史学本体论的高端问题，史学理论体系的建设就不算成功。源远流长、连续不断、兴盛发达的中国史学，为史学理论的探研提供了丰富、清晰的素材与发展线索。运用唯物辩证法深入研究，可以揭示中国史学起源与繁荣的原因和机制，阐明中国史学的发展规律。解决中国史学的理论问题，进而考察整个世界史学的发展机制与规律，总结其方法和理路，反过来就会给社会历史规律的探讨以启迪，推动历史理论研究的进展。当然，理论研究工作的每一进展，都是十分艰难的，需要史学界更多的学者勇于投入，锲而不舍，共同努力。

（原载《中国史研究》2017 年第 2 期）

构筑中国史学史的学术高地

——乔治忠教授访谈录

被采访人乔治忠，南开大学历史学博士，南开大学历史学院教授、博士生导师，从事史学理论及史学史专业的教学和研究工作。现为廊坊师范学院特聘教授。

采访人金久红，北京师范大学历史学硕士。廊坊师范学院教授、《廊坊师范学院学报》编辑，从事史学理论及史学史专业研究。

金久红（下文以姓氏简称）：乔老师您好！在多次学术会议上听到您的学术报告，也读过您的著作和多篇论文，感觉您研讨中国史学史有很多新颖的思路，颇受启发。今天能否请您谈谈自己的治学体会，以及对史学史学科的综合性看法？您是怎么选择要研究中国史学史这门专业的呢？

乔治忠（下文以姓氏简称）：我能够进入中国史学史的研究领域，可以说是经历了几次个人选择以及与所处环境调整的结果，并非很早就选定这门专业。我在中学时期，偏爱物理学和数学，立志要成为一位科学家，所以初中时将高中的数、理、化课本一起自学，阅读了大量科普读物，甚至订阅了《科学大众》期刊。但当时各种媒体和舆论都在强调以哲学指导科学研究，有的还引述爱因斯坦“哲学可以认为是全部科学研究之母”一类的言论，因而在痴迷自然科学知识的同时，我又花了很大精力研读哲学书籍，找到作为大学课本的艾思奇《辩证唯物主义历史唯物主义》一书精读。所谓精读，那是要对照相关著述，做比较、思考，做笔记和写心得的。这样，语文课以及历史课、地理课等“副科”自然被排挤掉了，上课时也不听讲，反而阅读另外的书籍。后来遇上史无前例的政治运动，无缘升学，在农村劳动的十余年间才阅览了一些文史书籍。恢复高考后，深知年岁已经较大，当初做科学家的志愿已很难实现，于是1978年报考了文科。结果历史一门考分最高，考了百分制的95分，遂进入南开大学历史系。我曾在《100个博士的少年情》（少年儿童出版社，1996年）的征文稿中坦言：自己进入历史系读书，可谓是历史的“惩罚”，因为中学时期我最不重视的课程就是历史。

高考得分虽高，但实际上整体知识还是薄弱的，必须加紧补习。如果立志做学术研究，年龄和其他条件都容不得再三心二意，同班年轻的同学中也有人把精力用在文学或别的事情上，但我不敢折腾。经过两年学习，我打算报考杨志玖先生的隋唐史研究生。可到了1981年，我被允许与77级的毕业生一同报考研究生，但只能补报本校导师，而杨志玖先生当年又决定只招元史研究生，于是我临时改报了史学史专业，提前本科毕业，进入了研究生阶段的学习。

对于史学史，大学二年级时还没有什么了解，至三年级时听杨翼骧先生讲课，许多同学都被杨先生精彩的讲授所征服，因此改报史学史专业也不是纯属偶然，应当属于面对治学环境的又一次选择和调整。

金：听您刚才所言，可以想见您在大学本科阶段一定是非常用功的，成绩自然是优秀，而除此之外，您在这一阶段还有没有撰写学术论文？

乔：因为中学偏科的影响，历史知识比较薄弱，直到1980年才写出一篇学术性的历史论文，题目为“唐代士族、庶族的合流及科举制在其中的作用”，此文刊载于《南开史学》，流播不广，但含有不少研究特见。此前史学界认为士族与庶族地主处于不断斗争状态，该文则提异议，认为二者在唐代趋于合流，而科举制度就是士族与庶族合流的枢机。文中所列举的相关史实相当丰富，论据还是蛮充足的。更重要的是，文中隐含反对将“斗争哲学”推衍到同一阶级的不同阶层，即反对阶级斗争的扩大化，只是没有明确申明这一思想，是当时思想不大解放，过于谨慎了，否则，学术影响会增进许多。这是曾经选定专攻隋唐史时的学习心得。

1981 年研究生考试结束，还要赶写学士学位论文，与 77 级本科生同时毕业。这时已经考入史学史专业，毕业论文自然应当是中国史学史内容，题目是“《史记》‘太史公曰’浅析”，综合研讨了《史记》全书中“太史公曰”的内容、特点、思想及价值，约 11000 字，由杨翼骧先生评阅。杨先生对拙文很是赞许，将之推荐待发。然而《浙江师范学院学报》1982 年第 2 期刊出俞樟华先生的《试论〈史记〉中的“太史公曰”》，虽与我待发之文之间绝无信息参照的可能性，却又是高度的“所见略同”，连论述“太史公曰”与《史记》正文具有“浑然一体，不相分离”的特点，使用词语也都相同。这样，我的文章只好主动地撤回封存了。本科学习阶段的两篇论文，从发表和影响上看都不大成功，但从内容实质上看却是学术研究已经初步入门的标志。通过本科阶段的学习经历，可以总结出这样一些经验、教训和体会：

第一，学习和研究方向既需要审时度势的调整，也需要树立坚守学术目标的意识，过多、过大地改变研究方向，是时间和精力的浪费。我从攻读史学史硕士学位始，就坚持研习中国史学史，矢志不移，不管其他专业有多么“热门”，也不见异思迁。

第二，专业性的学习和研究，有两个环节缺一不可，首先，要不断提高思考和分析问题的能力，这需要重视理论的学习，尤其是掌握和运用辩证法。我在中学时期认真学习的马克思主义哲学，没有白费功夫，辩证思维方法始终是我研究史学问题的利器。其次，应当掌握系统的本专业知识，知识结构不能是东一点、西一点的断片式样。

第三，对《史记》“太史公曰”归纳和概括这样的研究，一般学者都能够做到，故难免雷同，应当追求独到的思考、独到的考订，做出比史学现象总结、归纳更为深层次的探索。理论思维能力和系统的知识结构，仍是发现和解决问题的最基本的条件。

金：您刚刚说到的第三条治学体会，包含着很高的学术标准，做起来似乎不太容易，您在中国史学史的研究中是怎样具体践行的？我也常常听到这样的主张，即历史研究应当以唯物史观为指导，但实例多为宏观性的历史论述，中国史学史中一些具体史实的清理怎样来运用理论思维方法呢？

乔：我所说的理论思维、理论分析是要体现在研究思路、研究方法上，而不是套用历史理论的现成结论。当然，这里说的研究方法不是指搜集资料、归纳资料等技能，而是具备理论色彩的方法论。从史学方法论层面看，研究方法只有三种。（1）逻辑的方法，包括形式逻辑和辩证逻辑。逻辑方法的特点是暂且摆脱事物自然的发展历程，对经过鉴定和选择的资料进行归类、分析、综合、概括、推理、判断，运用形式逻辑（如归纳法、演绎法）和辩证逻辑（如探寻事物内部的对立统一要素）探讨其内在性质。（2）历史的方法，是按照事物本身的发生、发展进程展开我们的研究程序，其重要的特征乃是注重事物发展的时序性，从而描述与概括事物的发展状况。（3）系统与层次的考察方法，即将研究对象置于相关事物的整体联系中认识，事物整体的有机联系就是系统，这种考察不能笼统，需要分层次地探研、扩展、深入，使整体和局部都得以清晰化，类若医学体检的CT。这样既能够形成系统的宏观认识，也能够将具体研究对象在整个系统中做出定性和定位的分析，避免研究结论的孤立和片面。

我的硕士毕业论文是研究章学诚的史学思想，这是早有很多研究成果的热门话题。流行的学术观点认为：章学诚将自己的史学理论应用于纂修方志，从而创立了方志学。而我的新见解是章学诚的史学创见，主要来自于他纂修方志的实践，即章氏的史学理论和方志学理论，都是得益于实际的修志活动。这个论点在学位论文答辩中，被赞许为符合辩证唯物主义的认识论。但得出这个论点的途径并非套用“实践—认识—实践”的认识论公式，而是将章学诚历次纂修方志得出的见解，以及随后的论文如何发展这种见解，按时间顺序清理出来，构成各项史学创见来源于修志实践的清晰线索。这种方法就是“历史的方法”，论据立足于确凿的史实。一般研究章学诚的学术思想，惯于采取“逻辑的方法”，即分类论述他的史学理论、方志学见解、校雠学观点等，掩盖了章氏成学的历程，于是得出他将史学理论应用于纂修方志的讹误说法。只要以“历史的方法”检验一下，就可以发现章氏很早就纂修方志，而史学理论成熟甚晚，有胡适、姚名达之《章实斋先生年谱》做参考，这并不困难，关键在于产生这个思路。宏观理论不应作为考订历史的证据，但可能有助于提出新的问题，并且引出一条思路。

我的博士学位论文题目是“清朝官方史学研究”，后于1994年在台湾出版。这是具有开拓性的题目，其中考订和清理了许多史实，例如关于努尔哈赤政权何时开始记录满文的“档子”（姑依台湾影印本书名，称之《旧满洲档》），台湾著名满学家广禄、李学智等学者论定为天命六年（1621），此前的内容都是后来追记的。这个结论多年无人质疑，却是错误的，因为天命四年（1619）明确记载着努尔哈赤令部下发誓效忠，把誓言记在档子上，但哪一年开始记档，史无明文。记录《旧满洲档》是官方的政治文化体制，努尔哈赤政权这一阶段体制的较大变动当然是在立国号的天命元年（1616），我有了这个判断，经细致梳理史料，终于从《旧满洲档》1615年内容的综合解析中，理出次年即天命元年开始记录档子的确切证据（详见《后金满文档册的产生及其史学意义》，《社会科学阵线》1994年第3期）。

又如这种《旧满洲档》到清太宗崇德元年（1636）戛然而止，原因何在？相关的史实和史料有：1. 天聪九年（1635）设立内三院，其中内国史院的职掌规定要编录文献、史料，为纂修实录做准备；2. 现存文献有内国史院满文档案，为编年体史事记述，从清太宗朝延续至顺治时期；3. 天聪九年和次年进行了许多重大的政治变革，特别是天聪十年四月改元崇德、改国号为清，清太宗称皇帝，随之进行一系列改变官制、举行典礼的活动。在这样的整体背景下，《旧满洲档》的停止，很可能是由内国史院的满文档案承续了其职能。但内国史院满文档案起始时间，却不是从崇德二年开始，它与《旧满洲档》有从天聪元年（1627）到崇德元年（1636）十年的重叠。如果内国史院满文档案确是接续了《旧满洲档》的编录，那么这十年时段的重叠应当是内国史院档案乃抄录《旧满洲档》而成，对此予以考证实为关键。我在《〈旧满洲档〉与“内国史院档”关系考析》（《历史档案》1994 年第 1 期）一文中，以确凿证据做出了考订和论证。于是，清太宗时期官方史学的整体状况也得以清晰地展现：从清太宗崇德二年起，由内国史院编录经过改进的记事性满册，取代了原先的“汗的档子”记事体制，所以《旧满洲档》只记载到崇德元年而止。内国史院编录满文记事性档册的同时，也追补了清太宗天聪年间的史事内容，其目的是为了将来纂修《清太宗实录》而准备一套完整的史事长编。而追补天聪年间史事的方法，是筛选《旧满洲档》的记事予以抄录，也添加其他案牍的少量内容。待这种选录工作完成，待崇德元年的各种典礼告竣，内国史院自己编录满文档案的工作才正式取代《旧满洲档》系列，故《旧满洲档》至崇德元年终止，次年改弦更张，由内国史院按照将来纂修实录的预想编辑满文档案，其行政作用端委减退，而官方的史学功能增强。

上述史事考订和史事清理的事例，都是依据史学方法论的思维方式发现问题、导出思路和解决问题，具体考证过程有许多逻辑方法和历史方法的运用，而且不难看出论证中连接了整体的政治文化背景，对史料和史实具有系统性和层次性的解析。如果没有理论思维方法的运用，很难发现问题，更不容易找到解决问题的路径。

金：以史学方法论的理论思维方式开辟史事清理和历史考订的

思路，从而发现问题和解决问题，这个理念十分新颖，对中国史学史的深入研究很有意义。许多著述谈论历史考据方法，多强调搜集史料、鉴别史料的功力问题，不言史学方法论的运用。而随着史学的发展，从史料中找到考证史实的直接记载的机会正在减少，您的研究方法对于清理那些缺少直接记载的重要史事，会有别开生面的效果，以后有机会还想聆听您的详细讲解。现在，我想知道您对中国史学史这个专业的发展，有什么愿景与设想？我们怎样才能进一步做好这一学科的建设工作？

乔：史学理论及史学史虽早已定为二级学科，但在国内的发展还不尽如人意，历史学界对史学史学科的重视还严重不足。这就需要更多的有识之士做舆论、学理和学术实践上的工作，树立起将中国史学史专业构筑为学术高地的目标，将这个学术目标化作史学界多数人的共识，并且付诸行动，就是我的最大愿望。

史学史的研讨对象是以往历史学的实践活动及其成果，史学史是系统清理、总结和反思历史学发展历程，并且述评史学发展中重要事态的学科。一个地域、国家或民族能否实现自身范围内史学史学科的兴盛，要视其自古以来是否具备广阔、连续的史学活动，是否具有丰富的史学遗产，这个前提条件是十分重要的。中国自古以来史学异常发达，人所共知，梁启超《中国历史研究法·过去之中国史学界》说："中国于各种学问中，惟史学为最发达；史学在世界各国中，惟中国为最发达。"中国史学史的学科建设，有取之不尽的资源，这是任何国家和地区都不可比拟的，史学史学科理应在中国蓬勃发展，成为具有中国学术特色的显学。

金：您所说的将中国史学史专业构筑为一块学术高地，"学术高地"的内涵是什么？难道史学史学科比历史学的其他专业例如古代史、断代史更高级、更重要吗？

乔：不是的，不能这样理解"学术高地"的概念。学科、专业之间没有等级高下之分，不仅历史学内部各个专业不能分判带有优劣意味的等级，即使历史学与经济学、政治学、物理学、数学之间，也不能规定孰为上等。这里说中国史学史可以构筑为学术高地，乃是基于史学史在认识论上的位置与研讨范围、研究宗旨的一些特点，比如历史哲学上讲经济基础和上层建筑，并不是上层建筑优于经济基础，而是依据其形成机制、性质和功能而言。史学史的学科特点，暂且可以从三个方面加以说明：

首先，如果说历史学是对人类社会以往进程的反思，那么史学史就是对于历史学的一种总结性、描述性的反思，是人类社会“反思的反思”，过去说史学史是“史之史”也是这个意思。从认识论上看，史学史是反思的又一层次，它不能仅看作是历史学的分支，还担负着总结、描述整个历史学历程的功能，可以说是从历史学中产生出来又凌驾其上的那个层次。

其次，史学理论也是对以往历史学的反思，是以概括、抽象的方式予以反思和总结，这与史学史既有明确的区别又有密切的联系。简言之，史学理论应当以史学史研究为基础，发展、充实的史学理论又促进史学史的研讨，正如历史理论与历史学的关系一样。现在学界往往从历史理论、历史哲学中推衍出史学理论的阐述，对史学史的知识却不甚了了，故不免存在诸多扞格不通、承讹袭误之处。因中国史学遗产无比丰厚，中国史学史的研究也有条件跃居最成熟、最深入的一流水平，这可能会促使中国史学理论的蓬勃发展。我提出中国史学史的研究，包含揭示史学发展规律的任务与探讨史学运行机制的内容[1]，就是要将史学史研究提升到理论的层次。

最后，史学史的研究内容之一是史学评论，或称之为史学批评。史学史研究以往的史家、史书、史学状况，离不开史学评论的手段。而当代人的史学活动和历史著述，在其完成之时就将要进入史学史的视野，因此当代史学评论实际仍是史学史研讨的延续。史学评论

〔1〕《中国史学史》，北京：中国人民大学出版社，2011年，第5—8页。

者并非都是史学史学科的从业人士，史学评论的文本也并非都具有史学史研究的性质，但史学史角度的史学评论，是将评论对象置于史学发展的整体线索中进行定性和定位分析，评论的眼光是长时段的、广视野的，这明显地具有学术优长之处。当前历史学的各种评价机制，大多是短期的、狭窄的，一部史书被部分人赞扬，或获得较高奖项，然而一旦放到史学发展史内评议，其论点是否禁得起检验，究竟有何超越前人的创新，是否值得今后的史学史著述写上一笔，这才是最终的审判。此乃史学史学科在历史学内的可敬可畏之处，也是史学史学术体系的价值取向。

历史学必须通过反思，清理自身的演进历程，才能更为成熟，诚如梁启超《中国近三百年学术史·科学之曙光》所言，“凡一种学问经过历史的研究，自然一不会笼统，二不会偏执”。在中国历史学内部，史学史的研究属于后发性，是对既往史学活动及其成果的审视，居于认识论的高一层次，因此，将中国史学史筑成一个学术高地，以高屋建瓴的气势梳理和总结历史学的来龙去脉，评析已有的历史学著述，不但有利于史学理论的建设与历史学的健康发展，而且是完全必要的。

金：照您所讲，史学史学科的学术品位如此之高，中国史学史研究的任务和职责如此之重，真可谓是任重道远。对于从事这门专业的研究者，似乎应有更高的要求。您认为研究中国史学史的学者，除了一般史学工作者应该具有的治学素养之外，还需要在哪些方面引为注意、做出努力？

乔：研究史学史与研究其他历史学专业，所需要的学术素养是一致的，原则上没有什么特殊化要求，如坚持实事求是的原则，以求真、求是为根本宗旨，打好专业基础，完善知识结构，掌握基本的治学技能等，适合各个专业的研习、探讨。而研究中国史学史，我有几条体会，这里提出来请同行时贤特别是年轻学者引为注意，在学术活动中予以参酌：

1. 必当加强史学理论的学习与思考，否则，史学史的研究就难以深入。因为史学史与史学理论有着密切的联系，已如上述，其理甚明，不必多赘。

2. 中国史学史的研究，不能现成地接受其他专业提供的具体结论，而必须重新加以审视。因为史学史本来就是要审视以往史学成果及发展状况，如果糊里糊涂接受其他专业对史学问题的议论，岂不是学术失职？例如中国古代有《世本》一书，先秦史学家根据其记述内容，认为成书于战国后期的赵国，有的中国史学史著述将之称为古代中国的第一部通史，误上加误。通过史学史研究对史料的细致梳理，可发现《世本》乃是西汉时刘向在整理图书工作中，将先秦零散文献分类汇编而成书，内中史料形成于先秦，而成书则在西汉，正如《全唐文》内的文章都写于唐朝，编辑成书却在清朝，不可依据书中内容判断成书时间，其理甚明。二十四史中的《明史》，为清朝官修，然而流行说法却多将纂修之功归属于以明遗民自居的万斯同。查其说源流，初起于清初遗民学者的渲染，后继于民国时期排满情绪笼罩下的学界，清理《明史》编纂进程，即可知其与史实不符。万斯同固然有较大贡献，但距离成书的水平相差甚远。此类事例很多，必须重新审视与考核。

3. 中国史学史乃属于历史学的学术史研究，学术史必须全面、如实地总结以往的学术历程，这是基本准则，应当彻底地坚守。史学史的研究者，要坚决反对片面颂扬一说而隐瞒学术真相的不良倾向。例如王国维《观堂集林》卷十三《鬼方昆夷玁狁考》一文，通过一系列的字音、字形的转变，认为上古时期的鬼方、昆夷、玁狁"亦即一族之种，自音韵学上证之有余矣"。而王玉哲教授早在1945年发表的《鬼方考》(《华中大学国学研究论文专刊》第一辑）中，便从音韵学运用的规则、上古鬼方等部族的地理分布、各部族文化水平的差距等方面，彻底批驳了王国维的错误。自此，王国维《鬼方昆夷玁狁考》一文已然没有学术价值，王玉哲之文也因此获得了当时教育部的学术发明奖金。但匪夷所思的是，直至 1983 年，仍有著名学者声称“王国维的《鬼方昆夷玁狁考》一文，可谓独步于近代史坛”〔1〕。王国维《殷卜辞中所见先公先王考》及其续篇对殷商君主世系予以考订，也被著名学者丁山、陈梦家指出了其中的严重错误，即所谓殷商“先公”，其实“那群祖宗都是神祇”，殷人也是将之作为神来祭祀的。〔2〕先秦史界的“主流”有意无意地忽略或隐瞒这些学术实况，造成不良影响，史学史研究不能再随波逐流，必须全面梳理历史学的学术史，诸如鲁实先教授的甲骨学解读体系、石泉先生的荆楚历史地理学考证，等等，无论是否同意其观点，都必须纳入中国史学史研究的视野，因为那曾经在学术史上切实存在，还没有人证明他们的观点在整体上是错误的。

金：我觉得以上三条对史学史的研究确实十分切要，对其他专业的研究也能够适用。您的观点已经深入到学科理论层面，值得史学界注意和讨论，很希望您的主张能被学者群体广泛接受。具体到您自身，在中国史学史研究中，主要做了哪些工作呢？

乔：如你刚才所说，中国史学史的学科建设任重道远，不是几个人就能够担当起来的，需要本专业所有同仁共同努力，还需史学界以及社会文化环境的配合与扶助。但具体到每位同仁，都应该各尽所能。我从事中国史学史的教学与研究已经 30 多年，前年出版了一本《中国史学史》，融入了我多年以来的大部分研究心得，在个案的研讨上，每一章都有重要的独到发现或独特见解，这里不能一一列举。现结合我的其他论著，仅就一些关乎史学理念与知识体系的成果，略述梗概，以求正于时贤，殷切希望引起讨论和批评。

其一，提出中国传统史学存在官方史学与私家史学两条相互联系、互动、互补又互有排抑的发展轨道，这是中国古代史学繁荣兴

〔1〕林幹《王国维对匈奴史的研究》，载《王国维学术研究论集》第一辑，上海：华东师范大学出版社，1983 年。
〔2〕丁山《中国古代宗教与神话考》，上海：龙门联合书局，1961 年，第 547—549 页。

盛而超越其他各国的主要原因。描述了官方史学与私家史学产生和发展的主要线索，例如：西周“殷鉴”观念对史学产生的重大影响，战国时期私家史学迅速兴起，有超过官方的趋向，东汉官修《东观汉记》，开启了朝廷不仅记史而且纂修正式史书，是官、私史学两条发展轨道形成的标志，等等。中国传统史学一直在两汉奠定的史学基础上运行和发展。

前面说过，我的博士学位论文是《清朝官方史学研究》，研究成果除了以上提到的之外，还首次考察了清朝官方的修史制度，根据历史档案细致梳理了清代国史馆的组织结构、考核制度和修史项目，评析了清朝皇帝特别是清高宗的史学思想，等等。在个案性研究中，订正了学界先前流行的许多讹误观点。在整体的问题上，提出由于清朝是从少数民族政权兴起、壮大，其官方史学独立经历了萌芽、发展、繁荣和衰落的完整过程，而业绩显著。清朝官方史学兴盛的程度，足以与私家史学并立，甚至处于强势，影响对整个清代史学的总体评价。此后，我对清朝官方史学陆续做出一些新的研究，如考析清太宗时期汉文档案文献的保存和利用，探讨乾嘉时期的官方史学与私家史学的关系，比较清高宗与章学诚的史学思想，等等。随之将研究清朝官方史学的视角和方法延伸到对整个中国古代史学史的考察，得出了新的系统性认识，即要从官方史学与私家史学之互动关系上，研究中国史学的发展脉络，形成新的中国史学史知识体系。

其二，提出在中外史学比较中深化中国史学史研究，中外史学比较包括中西史学比较与东亚内中日、中韩史学的比较，二者并重，不可偏废。通过中外史学比较，得出一个认识，即治史求真与撰史致用之间的矛盾，是史学内在的发展动力。这对矛盾在中国，交织于官方史学与私家史学的互动之中，故中国古代史学发展有随着改朝换代而脉动的现象。因此，划分中国古代史学的发展阶段，必须观照官方史学的发展状况，不应以某种史学名著或史学事件为标志而割断朝代。只有近代史学的建立以梁启超疾呼的“新史学”为起点，因为其中有西方史学影响的因素以及国外力量提供的条件，况且已值清末，清廷已经尽失控制社会文化的能力。

其三，通过中外史学比较，提出并非所有民族、国家都会原发性地产生史学，除了别的条件之外，一个民族必须在追忆往事而渐次形成文字撰述的早期阶段，就形成记事求真的强劲理念，才可能原发地产生史学。上古中国和古希腊恰好具备相应的条件，但史学产生的途径不同，中国是从官方产生，古希腊是从私家产生，于是出现世界上两大不同的史学体系。具有连续不断的官方史学活动，是中国传统史学区别于西方史学的显著特色。官方史学虽然不是史学发展的必备方式，但在古代颇有文化魅力，容易令周边相对落后的民族政权竞相仿效，朝鲜和日本都引进和仿效了中国的官方史学，但没有发展到可与中国比拟的程度。

就整个人类社会而言，历史学终究会产生和发展，但具体到某个民族和地区则不一定自行产生历史学，而是逐渐用引进和仿效的方式建立史学。明晰于此，有助于对于历史和历史规律的认识，其中包含着事物普遍性与特殊性的辩证关系。

其四，提出中国近代史学的转型，既迟缓且不彻底，传统旧史学与各个流派的西方史学交织共存，形成多样化、多途径的发展，因而显得十分兴盛和丰富多彩。但旧的史学理念和旧的历史系统没有经过充分的清理和扬弃，遗留下很多问题，拖累新史学，也拖累社会文化的进步。近代史学的学术旨趣，则是逐渐向两个端点凝结，一端是历史考据的研究成果备受推重，另一端是试图对中国历史做出系统性认识，重视历史理论。尤其是第二个趋势很有利于马克思主义史学发挥影响，扩大传播。

其五，提出要以史学史的角度审视一般历史的探索，促进整个历史研究的去伪存真、求是黜非。这一点我刚刚开始尝试，如对于两晋南北朝时期民族大融合原因的考察，揭示了传统史学极其重要的作用。十六国、北朝的各个少数民族政权，都致力于仿效传统史学的记史和修史行为，从而导致历史观、史学意识的文化认同，甚至形成祖先血脉的认同，构成持久的民族凝聚力。这在某种意义上可以说：这一时期的传统史学引导了历史、改变了历史。

以上都是我在论文中发表过的观点，其中关于史学内在矛盾的论述、中国传统史学贯穿着官方史学与私家史学互动关系的见解等，乃是为了揭示史学发展规律做出的探讨。我把揭示史学发展规律作为史学史研究的任务之一，树立探求规律的学术目标，可以起到促进缜密思考、推动深入研究的效力。

金：您的谈话富于治学的启发性，听了之后，感到中国史学史的研究有广阔空间以供开发，学术队伍应当有所扩大才好。学术探索的广度和深度都没有止境，您今后的研究工作准备做哪些安排？

乔：中国史学史的许多具体问题还需要探讨，以上提出的一些观点仍需验证和深化，承担的研究项目也要完成。此外，最想做一项纯属史学理论的研究，对此已经有些思考、有所准备，我的理念是：应当先掌握比较充实的史学史知识，再做史学理论方面的研究。

金：您今天的一番话真是令人眼界大开，受益良多，我想如果能认真地吸收、消化，便会对整个中国史学史的学术发展有更加清晰的理解。真希望以后能有更多机会再与您交谈，祝您今后在史学研究中取得更大的学术成就！

（原载《史学月刊》2013年第8期）